Axel Frey

Velhagen & Klasings Monatshefte

Axel Frey

Velhagen & Klasings Monatshefte

ISBN/EAN: 9783741147050

Hergestellt in Europa, USA, Kanada, Australien, Japan

Cover: Foto ©Lupo / pixelio.de

Manufactured and distributed by brebook publishing software
(www.brebook.com)

Axel Frey

Velhagen & Klasings Monatshefte

Velhagen & Klasings

Monatshefte.

Jahrgang 1896/97.

II. Band.

Bielefeld und Leipzig.

Verlag von Velhagen & Klasing.

Inhaltsverzeichnis.

XI. Jahrgang 1896/97. — Zweiter Band.

= Die illustrierten Beiträge sind mit * bezeichnet. =

Romane, Novellen und Verwandtes.

Gedichte, Sprüche.

Vom Schreibtisch und aus dem Atelier.

Kunst und Litteratur.

Sonstige Aufsätze.

Neues vom Büchertisch.

Kunstbeilagen.

Einschaltbilder.

Selbständige Abbildungen, Studien- und Skizzenblätter im Text.

Gratisbeilage:

Velhagen & Klasings Romanbibliothek. VII. Band, Nr. 7 bis 12:

Cantacuzène-Altieri, Olga: Das Traurigste von Allem. Roman. Übersetzt von Helene Lübke. (Schluß.) Seite 193—198.

Russell, William Clark: Die Piraten. Seeroman. Übersetzt von Friedrich Meister. S. 199—345.

Tizian. Selbstbildnis des Meisters. Gemälde in den Uffizien zu Florenz.
(Nach einer Originalphotographie von Braun, Clément & Cie. in Dornach i. E., Paris und New York.)

Velhagen & Klasings

Monatshefte.

Herausgegeben von Theodor Hermann Pantenius und Hanns von Zobeltitz.

XI. Jahrgang 1896/97. Heft 7, März 1897.

Tizian.

Von

Hermann Knackfuß.

Mit einem Titelbild, zwei Einschaltbildern und vierzehn Illustrationen.

Am südöstlichen Ausgang des Ampezzothals, unweit der Grenze zwischen Friaul und Tirol, liegt das Städtchen Pieve di Cadore. Die ganze Erhabenheit des Hochgebirgs umgibt den Ort, über ihm ragen die seltsamen Riesenzacken der Dolomiten zum Himmel empor, unten windet sich im engen Thal die reißende Piave südwärts, an deren Ufer sich von altersher der kürzeste Verkehrsweg zwischen den Hochalpen und Venedig entlang zieht. Die Landschaft Cadore, deren Hauptort Pieve ist, hat im Wechsel der Zeiten bald zum Deutschen Reiche, bald zum Patriarchat von Aquileja gehört, bis sie im Jahre 1420 der Republik Venedig einverleibt wurde.

In einer der Gassen von Pieve di Cadore steht das durch eine Inschrifttafel kenntlich gemachte Haus, in dem der große Meister der venezianischen Malerschule, der größte Farbenkünstler Italiens überhaupt, Tiziano Vecellio, im Jahre 1477 geboren wurde.

Tizians Vater, Gregorio Vecellio oder Vecelli — der Familienname wurde nach Willkür in der Einzahlform oder Mehrzahlform geschrieben —, gehörte einer vornehmen alten Familie an, die in vielen Geschlechtern sich hervorragende Verdienste um ihre Heimat erworben hatte. Von ihm wird berichtet, daß er „ebenso durch seine Weisheit im Rat von Cadore wie durch seine Tapferkeit im Felde sich auszeichnete;“ gegen Ende des XV. Jahrhunderts wurde er zum Befehlshaber der Wehrmannschaft von Pieve ernannt, und als im Jahre 1508 die Landsknechte Kaiser Maximilians durch das Ampezzothal in das venezianische Gebiet eindrangen, hatte er reichliche Gelegenheit, seine Kriegstüchtigkeit zu bewähren. Tizians Mutter Lucia gehörte ebenfalls dem Geschlecht der Vecelli an. Tizian wurde im Alter von neun Jahren zu seiner Ausbildung nach Venedig gebracht zu einem dort wohnenden Oheim. Ob von vornherein die Absicht bestand, ihn der Kunst zuzuführen, erscheint fraglich. Jedenfalls erhielt Tizian in Venedig schon früh Unterricht in der Malerei.

Die Nachrichten über Tizians Lehrjahre sind sehr dürftig. Es heißt, er habe seinen ersten Unterricht bei einem Mosaikarbeiter Namens Sebastian Zuccato bekommen und sei von diesem dem Giovan Bellini zur weiteren Ausbildung übergeben worden; später habe er sich den Giorgione zum Vorbild genommen.

Der Altmeister Giovan Bellini, der Lehrer vieler vortrefflicher Künstler, war der eigentliche Begründer der besonderen venezianischen Malerei mit ihrer gesunden Kraft und Schönheit und ihrer herzerfreuenden Farbenpracht. Auch Giorgio Barbarelli, der unter der Benennung, die ihm seine Freunde gaben, Giorgione (der lange Georg), der Nachwelt bekannt geworden ist, war sein Schüler. Giorgione war Tizians Altersgenosse. Er war ein ausgezeichneter Künstler und ein Maler von allererstem Range. Er starb 1511 im Alter von vierunddreißig Jahren als ein berühmter Mann. Es hat nichts Befremdliches, wenn der junge Tizian von einem Gleichaltrigen, der solch eine hervorragende Begabung besaß, zu lernen sich bemühte. Tizian scheint kein Wunderkind gewesen zu sein, sondern vielmehr sein außerordentliches Können durch arbeitsamen Lerneifer sich erworben zu haben. Auch von dem um zwei oder drei Jahre jüngeren Mitschüler Jacopo Palma, gewöhnlich Palma Vecchio („der Alte") zum Unterschied von einem gleichnamigen späteren Maler genannt, einem Meister in der Schilderung blühender Frauenschönheit, hat Tizian vieles gelernt. Man braucht darum die Selbständigkeit seiner Kunst nicht geringer zu veranschlagen. Daß unter jungen Leuten, die in gleichen Verhältnissen gleichen Zielen zustreben, einer von dem anderen annimmt, ist nur natürlich. Auch erklärt der Umstand, daß in der Schule Bellinis mehr als irgendwo anders zu jener Zeit nach dem Leben gemalt wurde und daß daher die nämlichen Modelle verschiedenen Malern dienten, manche Ähnlichkeiten. Jedenfalls hat Tizian, der auch den Palma überlebte, später diesen sowohl wie den Giorgione übertroffen.

Das erste erhaltene Gemälde Tizians, das eine einigermaßen sichere Zeitbestimmung zuläßt, befindet sich im Museum zu Antwerpen. Es stellt den venezianischen Prälaten Jacopo Pesaro vor, der mit der Kriegsfahne Papst Alexanders VI. in der Hand vor dem Throne des Apostels Petrus kniet und diesem von dem Papste selbst empfohlen wird. Die Zeitereignisse, auf die dieses Gemälde anspielt, lassen auf seine Entstehung schließen: frühestens im Jahre 1501, in dem Jacopo Pesaro zum Befehlshaber einer gegen die Türken ausgerüsteten päpstlichen Flotte ernannt wurde; und schwerlich nach dem Jahre 1503, in dem Alexander VI. starb.

Es versteht sich von selbst, daß der junge Maler, dem von einem Manne wie Pesaro ein derartiger Auftrag anvertraut wurde, vorher schon bedeutende Proben seines Könnens geliefert haben mußte. Eine Anzahl von Gemälden ist vorhanden, die zwar der äußeren Anhaltspunkte zur Bestimmung der Zeit ihres Entstehens entbehren, die sich aber durch die Art ihrer Auffassung und Ausführung als Jugendwerke Tizians zu erkennen geben.

Die Nationalgalerie zu London besitzt ein Gemälde, bei dem ein Zweifel darüber, ob es ein Werk Tizians aus seiner Jugendzeit sei, wohl kaum bestehen kann. Es stellt die Anbetung der Hirten dar.

In dem sehr schönen Bild machen sich auffallende Unvollkommenheiten der Zeichnung bemerklich. Ehe noch Tizian die Form ganz beherrschte, war er schon imstande, sein dichterisches Farbenempfinden zu voller Geltung zu bringen.

Ein unbestritten echtes, gleichfalls noch ziemlich frühes Jugendwerk Tizians ist ein Marienbild in der kaiserlichen Gemäldegalerie zu Wien, das im Volksmunde die sonderbare Bezeichnung „Zigeunermadonna" führt (Abb. 1). Hier ist die Formengebung schon eine durchaus sichere. Ein allerliebstes gesundes Knäblein ist dieses Jesuskind, das, an die Mutter angelehnt, auf einer Steinbrüstung steht und spielend mit dem einen Händchen die Falten von Marias Mantel, mit dem anderen die Finger der haltenden Mutterhand anfaßt. Diese Maria ist durchaus keine gesuchte Idealschönheit, sondern nur eine hübsche Venezianerin; aber es liegt etwas Weihevolles über ihrem stillen, bescheidenen Antlitz und über ihrer von Schleier und Mantel umhüllten Gestalt, das mit der Stimmung der Linien und Töne des ganzen Gemäldes zusammenklingt und dasselbe zu einem echten Andachtsbilde macht. Den Hintergrund bildet zum Teil ein grünseidener Vorhang, zum Teil ein Blick ins Freie; da sieht man in eine Hügellandschaft, in der ein volles Gefühl für die Poesie der unter blauem Himmel sich ausdehnenden Weite sich ausspricht.

In der nämlichen Galerie zeigt ein anderes Marienbild, die sogenannte „Kirschenmadonna" (Abb. 2), uns den Künstler wieder auf einer reiferen Stufe der Entwickelung, im Vollbesitz reichen malerischen Könnens, das den feinsten Farbenempfindungen Ausdruck zu geben vermag. Maria, holdselig und vornehm, mit einem Gesicht von lieblicher Fülle der Formen, heftet einen echt mütterlichen Blick auf das Kind, das mit freudiger Eile ihr einige von den Kirschen anbietet, die vor ihm hingelegt worden sind und auf die der kleine Johannes mit einem kindlichen Verlangen hinblickt, das ebenso natürlich wiedergegeben ist, wie die Mitteilensfreude des kleinen Jesus. Zu beiden Seiten des roten, golddurchwirkten Stoffes, der für die mit einem faltenreichen hellroten Gewande und blauem Kopftuch bekleidete Jungfrau den Hintergrund bildet, werden Joseph und Zacharias sichtbar, dunkle Köpfe, die sich kräftig von der blauen Luft abheben — der erstere

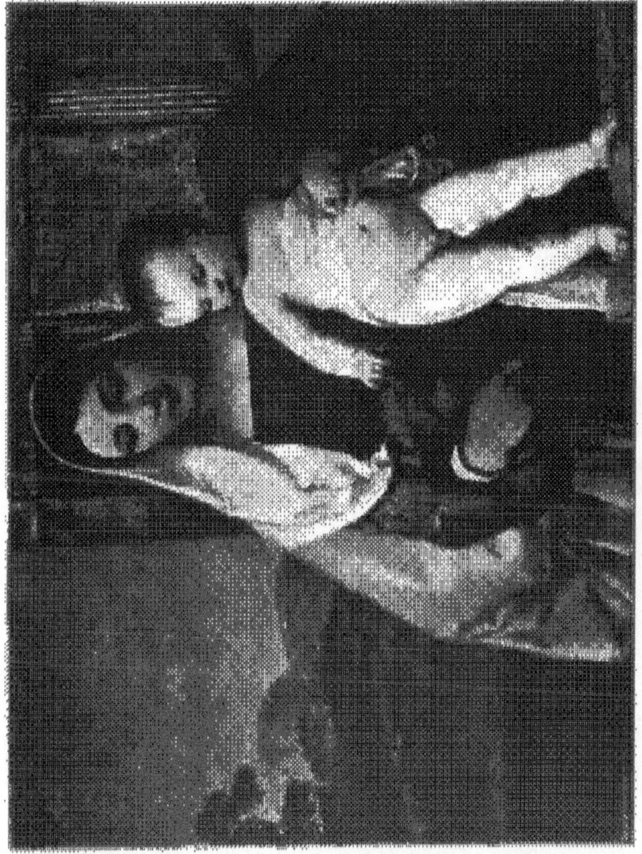

Abb. 1. Madonna mit dem Kinde (sogenannte „Zigeunermadonna"). Original in der k. k. Gemäldegalerie zu Wien.
(Nach einer Photographie von Franz Hanfstaengl, München.)

leider durch charakterlose moderne Übermalung verunstaltet.

Ähnliche Stimmung, aber reichere Wirkung zeigt das herrliche Bild der Dresdener Gemäldegalerie, auf dem das Jesuskind, auf dem Knie der Mutter stehend und von Johannes, dem Täufer, der hier als erwachsener Mann erscheint, unterstützt, sich drei herantretenden Heiligen zuwendet (Abb. 3). Die Lichtgestalt des Kindes wird hier einerseits durch einen dunkelgrünen Vorhang, vor dem die kleine Figur des Johannes in braunen Tönen sich unterordnend steht, andererseits durch das rote Kleid Marias hervorgehoben. Auf dem Schoß Marias liegt der blaue Mantel, und ihr Kopf steht ganz hell in hell, indem er sich mit einem weißen Schleier von der weißbewölkten Luft absetzt. Auf derselben Luft steht dann ganz dunkel der Kopf eines im tiefsten Schatten des Bauwerks, das weiterhin den Hintergrund bildet, befindlichen Heiligen, der sich in ehrfürchtiger Verneigung vorbeugt und den der wallende Bart und das Schwert als den Apostel Paulus kenntlich machen. Der Schatten überzieht auch das ganze sichtbare Stück des Bauwerks und, nach vorn an Tiefe abnehmend, die Gestalt des heiligen Hieronymus, der als Büßer dargestellt ist, wie er in heißem Gebet zu einem Kruzifix aufblickt, mit herabgestreiftem Kardinalsgewande und entblößter Schulter. Die ganze Dunkelheitsmasse, die auf diese Weise gebildet ist, wird wieder geteilt durch die helle Gestalt einer weiter vorn stehenden weiblichen Heiligen. Von der Seite einfallendes Licht und der Lichtwiderschein von der Hauptgruppe überziehen das weiße Seidenkleid und die feine Haut und das blonde, künstlich geordnete und mit einem blaßvioletten Bande geschmückte Haar dieses Mädchens mit einem weichen Schimmer. Es ist Maria Magdalena, die das Salbengefäß, durch das sie gekennzeichnet wird, dem Christuskinde darbietet. Ihre

Abb. 2. Marienbild (sogenannte Kirschenmadonna). Original in der k. k. Gemäldegalerie zu Wien.
(Nach einer Photographie von J. Löwy, Wien.)

Abb. 8. Maria mit dem Kinde und vier Heiligen. Original in der kgl. Gemäldegalerie zu Dresden.
(Nach einer Photographie von Franz Hanfstaengl, München.)

rechte Hand, die das Gefäß hält, wird durch den von der Schulter herabgeglittenen Mantel, dessen anderes Ende sie mit der Linken gefaßt hat, zugedeckt; dieses Stück Mantel, das sich an die Dunkelheit des Paulusgewandes anschließt, bildet einen dunklen Trennungsstreifen zwischen den beiden weiblichen Figuren. Wunderbar im Ausdruck ist die Gegenüberstellung der beiden Frauen: die ganz von Scham erfüllte reuige Sünderin vor dem Angesicht der Allerreinsten; wunderbarer noch der milde Ernst des Verzeihens in dem milden Blick des Kindes.

An den Schluß der Reihe von Muttergottesbildern in Halbfiguren, die uns von Tizians Jugendentwickelung innerhalb eines Zeitraumes, dessen Grenzpunkte sich nicht bestimmen lassen, die beste Anschauung gewährt, kann man ein liebliches Gemälde in der Uffiziengalerie stellen, ein Meisterwerk kostbarster, liebevollster Ausführung. Das Jesuskind, gleich seiner Mutter eine Erscheinung von süßer Holdseligkeit, ruht halb liegend, halb sitzend auf den Armen Marias und auf dem Mantel, den sie von Arm zu Arm herüberzieht; es hält die Händchen voll Rosen und wendet das Köpfchen einer weiteren Rosenspende zu, die der kleine Johannes diensteifrig mit hochgestrecktem Arm ihm darreicht. Seitwärts steht der heilige Einsiedler Antonius, ein wunderschöner Greis, mit beiden Händen auf den ihn kennzeichnenden T-förmigen Stab gestützt, und versenkt sich mit stiller Innigkeit in die Betrachtung des Kindgewordenen Gottessohnes. Den Hintergrund bildet zum größten Teil ein Vorhang von bräunlicher Farbe; nur ganz seitwärts, an den Köpfchen der beiden Kinder, wird ein Stückchen duftiger Landschaft unter einer leichten Wolkenwand sichtbar (Abb. 4). In dem Bewußtsein, etwas Wohlgelungenes geschaffen zu haben, hat Tizian dieses Bild mit seinem Namen bezeichnet.

Soviel Poesie auch in solchen Halbfigurengruppen Tizians lebt: das volle Maß seiner malerischen Dichtkunst offenbart sich erst da, wo der Künstler die Darstellung ganz ins Freie verlegt und aus Figuren und Landschaft ein stimmungsvolles Ganzes

Abb. 4. Madonna mit dem heiligen Antonius Eremita. Gemälde in den Uffizien zu Florenz. Nach einer Originalphotographie von Braun, Clément & Cie. in Dornach i. E., Paris und New York.

Abb. 5. Die heilige Jungfrau mit dem Jesuskind, Johannes dem Täufer und der heiligen Katharina. Gemälde in der Nationalgalerie zu London.
Nach einer Originalphotographie von Braun, Clément & Cie. in Dornach i. E., Paris und New York.

zusammenwirkt. Solch eine Tizianische Landschaft ist nicht, wie etwa bei Raffaels Madonnen im Grünen, nur eine reizvollere Art des Hintergrundes; sondern in ihr steckt ebensoviel künstlerisches Empfinden, wie in den Figuren, sie sind etwas Beseeltes, in dessen Wesen der Maler sich mit Schönheitswonne vertieft, und das er zum vollendetsten Zusammenklange mit der Formen- und Farbenstimmung der Figuren gebracht hat. Die Nationalgalerie zu London besitzt ein Marienbild von dieser Art, von dem man nach der großen Ähnlichkeit des Kopfes der Jungfrau mit der ebengenannten Florentiner Madonna wohl annehmen muß, daß es um dieselbe Zeit wie dieses entstanden sei. Maria sitzt auf einer Bodenerhöhung; neben ihr, in ehrerbietigem Abstand, der kleine Johannes, der auch hier wieder Blumen darreicht. Ohne die Augen von der zärtlichen Betrachtung des auf ihrem Schoße liegenden Kindes zu erheben, nimmt die Jungfrau die Blumenspende aus der Hand des Johannes. Vor ihr kniet die heilige Katharina und herzt mit mädchenhafter Freude das Jesuskind. Das gelbe Kleid Katharinas und das Rot und Blau der Gewandung Marias bilden einen vollkräftigen Zusammenklang der drei Grundfarben. Und dahinter spannt sich ein landschaftlicher Farbenzauber aus. Dichtbelaubte Bäume stehen auf dem grünen Hang des Hügels, auf dem die Gruppe ruht; eine dunkelbewaldete zweite Höhe senkt sich zu einer Ebene hinab, in der Hirten ihre Herden weiden lassen; der Spiegel eines Sees erglänzt in bläulicher Ferne, und weiterhin schweift der Blick über sanfte Hügelwellen bis zu dem ragenden Hochgebirge; auf den Gipfeln lagern Wolkenmassen. Das Licht der Abendsonne bringt durch die Risse des Dunstschleiers und färbt den Rand eines dichten Wolkengebildes mit rötlicher Glut. Oben in diesem Wolkenrand erscheint ein Engel, um die Hirten auf der Flur, die ein Wiederschein des goldigen Lichtes erhellt, zur Verehrung des göttlichen Kindes herbeizurufen (Abb. 5).

Andachtsbilder waren damals, wie man zu sagen pflegt, das tägliche Brot der Werkstatt, und Tizian hat früh bewiesen, mit welcher Innigkeit des Empfindens er solche zu gestalten wußte. Sein berühmtestes Jugendwerk aber, vielleicht von all' seinen Schöpfungen, die am meisten beim Publikum beliebte und am weitesten durch Nachbildungen verbreitete, ist sein religiöses Bild.

Es ist das im Palast Borghese zu Rom befindliche Meisterwerk von Farbenpoesie, das den zweifellos ganz unzutreffenden Namen „die himmlische und die irdische Liebe“ führt (Abb. 6). Eine im XVII. Jahrhundert verfaßte Beschreibung nennt das auch damals hochbewunderte Bild mit der gleichgültigen Bezeichnung: „Zwei Mädchen am Brunnen.“ Es ist eine Allegorie, deren Gedanke sicherlich nicht von Tizian ausgeklügelt, sondern von dem Besteller ihm gegeben worden ist. Glücklicherweise ist die Enträtselung des dunklen Sinnes keine Vorbedingung für den klaren Schönheitsgenuß, den das Werk gewährt. Eine idyllische Landschaft dehnt sich hinab zum Meer, dessen tiefblaue Linie den Gesichtskreis schließt; das Linienspiel der Hügel wird durch das Spiel der von den weißen Wolken geworfenen Schatten poetisch belebt. Nach vorn steigt das Gelände, ein paar Bäumchen durchschneiden mit kräftiger Dunkelheit die Luft, und ganz vorn steht im Grünen eine Brunneneinfassung von weißem Marmor, in der Gestalt eines antiken Sarkophags gebildet, und mit Reliefdarstellungen geschmückt. Auf dem Rande des Wasserbeckens sitzt ein blondes junges Mädchen, nackt bis auf ein um den Schoß geschlungenes weißes Schleiertuch; das abgestreifte rotseidene Gewand haftet nur noch an dem linken Oberarm und seine herabwallenden Falten begleiten reizvoll den anmutigen Linienfluß der enthüllten Gestalt; aber die holdseligste Unschuld ist das Kleid des Mädchens. Als ein fast überflüssiges äußeres Sinnbild der Reinheit und Aufnahmefähigkeit dieser Seele hat der Maler eine offene Schale von spiegelndem Silber neben die Figur auf den Brunnenrand gestellt. Die liebliche Jungfrau hält mit der Linken ein Gefäß empor, aus dem Opferdampf aufsteigt, und blickt über ihre rechte Schulter mit großen fragenden Augen auf den klaren Wasserspiegel im Brunnen. Von hinten aber ist ein Liebesgott an den Brunnen getreten und beugt sich wie ein spielendes Kind über den Marmorrand; er taucht sein Händchen in die Fläche, und ein leichtes Plätschern wird die ruhige Klarheit zerstören. Den Gegensatz zu dem jungen Mädchen, das etwas Unbekanntem in kaum erwachender Ahnung entgegensieht, bildet ein an der anderen Seite des Brunnens sitzendes, blühendes junges Weib. Diese Gestalt ist in einen Anzug von weißer Seide mit rotem Unterzeug gekleidet, der mit weiten Falten ihre Formen umhüllt; selbst die Hände sind mit Handschuhen bedeckt. Sie sieht den Beschauer groß und ruhig an, ohne Frage und ohne Spannung; sie ist ganz Ruhe und Befriedigung. Auf ihrem halbblonden Haar liegt ein schmaler Blätterkranz, die linke Hand ruht auf einem geschlossenen Gefäß, die Rechte hält gleichgültig ein paar abgerissene Rosen.

Das Reliefbild an der Vorderseite des Marmorbeckens zeigt verschiedene Gruppen von Kindern, deren Thun und Treiben sicherlich eine mit dem Sinne des Ganzen zusammenhängende Bedeutung hat. Zwischen den Kindergruppen ist über dem Ausflußrohr des Brunnens ein Wappen angebracht, zweifellos dasjenige des Bestellers; aber selbst dieses Wappen spottet aller Bemühungen der Forschung, aus ihm auf die Person des Auftraggebers und demnach vielleicht auch auf die Bedeutung des Gemäldes Schlüsse zu ziehen. Hier erkennt man recht, wie untergeordnet für die Wirkung eines Kunstwerkes dessen gegenständlicher Inhalt ist. Kein Mensch weiß den Sinn dieser Darstellung in völlig befriedigender Weise zu erklären; aber von ihrem künstlerischen Gehalt wird ein jeder bezaubert, der überhaupt des Kunstgenusses fähig ist.

Die erste Nachricht über Tizians Thätigkeit, welche eine sichere Zeitbestimmung bietet, ist zugleich die erste Kunde von seiner Beschäftigung an einem öffentlichen Werk. Aber nicht als selbständiger Empfänger eines Auftrags, sondern als Gehilfe des Giorgione erscheint hier der Künstler, der doch bereits in sein dreißigstes Lebensjahr eingetreten war. Es handelte sich um Freskomalereien an den Außenwänden eines Staatsgebäudes.

Das als Wohn- und Warenhaus für die deutschen Kaufleute in Venedig von der Regierung eingerichtete und unterhaltene Gebäude war im Jahre 1505 abgebrannt; und es wurde nun alsbald die Erbauung eines neuen Hauses für diesen Zweck ins Werk gesetzt. Schon im Sommer 1507 war der neue „Fondaco de' Tedeschi" am Canal grande, ganz in der Nähe der Rialtobrücke, im Bau vollendet, und sicherlich wurde nun gleich mit der umfangreichen malerischen Ausschmückung desselben begonnen. Giorgione erhielt den Auftrag, und er übertrug einen Teil der Arbeit an Tizian.

Im Spätherbst 1508 waren die beiden Freunde mit den Freskomalereien, die sich über zwei Fronten und den Innenhof erstreckten, fertig. Sie hatten das massige Gebäude mit einem bunten Spiel von Figuren und Zierwerk umkleidet. Ein innerer Zusammenhang der dargestellten Gegenstände läßt sich aus den Beschreibungen nicht erkennen. Heute sind von dieser einst höchlich bewunderten Dekorationsmalerei kaum noch einige ganz schwache Spuren wahrnehmbar; in der Seeluft können Fresken sich nicht halten. Der zeitgenössische Künstlerbiograph Vasari hat sich über diese Malereien sehr mißfällig ausgesprochen: sie waren ihm, wie man in der Ausdrucksweise unserer Zeit sagen würde, nicht „stilvoll" genug entworfen. In den Augen anderer aber bildete gerade das Freie, Lebendige, Malerische und scheinbar Willkürliche dieses Farbenschmuckes dessen besonderen Reiz.

Tizians Thätigkeit bei der Ausschmückung des Fondaco mußte ihn naturgemäß in häufige Berührung mit deutschen Kaufherren bringen. Wie wäre es damals einem Deutschen in Venedig möglich gewesen, irgend ein Werk der Malerei entstehen zu sehen, ohne in Gedanken einen Vergleich zu ziehen mit den Schöpfungen des großen Landsmannes Albrecht Dürer, der ja ganz vor kurzem erst die Lagunenstadt verlassen und dem der Altmeister Bellini die unverhohlenste Bewunderung gezollt hatte? Daß Tizian und Dürer sich persönlich kennen gelernt hatten, kann bei dem Aufsehen, das die Arbeiten des deutschen Malers in Venedig erregten, wohl keinem Zweifel unterliegen, wenn auch in Dürers erhaltenen venezianischen Briefen Tizians Name nicht genannt wird. Dem Wetteifer mit Dürers Kunst schreibt eine Erzählung, die zwar erst im XVII. Jahrhundert aufgezeichnet wurde, aber sich auf glaubhafte mündliche Überlieferung stützte, die Entstehung einer der vollendetsten Schöpfungen Tizians zu. Gegenüber der Behauptung, daß kein italienischer Maler ein Bild in dem Maße auszuführen vermöge, wie es Dürer thue, soll Tizian sich anheischig gemacht haben, zu zeigen, daß auch er imstande sei, ein Gemälde mit vollem Kunstfleiß durchzubilden, und zwar ohne dabei, wie Dürer, ins Übermaß zu geraten. Das Ergebnis dieses Entschlusses soll das jetzt in der Dresdener Galerie befindliche Gemälde gewesen sein, das unter der Benennung „der Zinsgroschen" bekannt ist.

Dieses Bild ist in der That etwas in jeder Hinsicht Vollkommenes. Gegenstand

Abb. 6. „Die himmlische und die irdische Liebe." Gemälde in der Galerie Borghese zu Rom. Nach einer Originalphotographie von Braun, Clément & Cie. in Dornach i. E., Paris und New York.

der Darstellung ist die Zurückweisung der an den Heiland gerichteten Pharisäerfrage, ob es erlaubt sei, dem Kaiser Zins zu zahlen. Das Gemälde enthält nur das zum Aussprechen des Gedankens unbedingt Notwendige: Von Christus sieht man etwas weniger als die halbe Figur, von dem Pharisäer, der ihm die Münze zeigt, nicht viel mehr als das Gesicht und die Hand mit dem Geldstück (Abb. zwischen Seite 16 u. 17). Tizian hat sein Wort gehalten. Er hat hier alles mit der äußersten Vollendung der Einzelheiten durchgeführt. Aber er hat alle Einzelheiten der natürlichen malerischen Gesamterscheinung unterzuordnen gewußt. So wirkt das Haar, von dem das Christusantlitz eingerahmt ist, als eine ruhige dunkle Masse; aber in der Nähe erkennt man die einzelnen lose heraustretenden Härchen. So sind die Kleinigkeiten von Formen und Farben, welche die Haut beleben, alle vorhanden, ohne daß dadurch die große, einfache Wirkung des Fleischtons beeinträchtigt würde. Aber nicht nur als eine Leistung des größten malerischen Könnens ist das Bild das Wunderwerk, als das es zu allen Zeiten angesehen worden ist. Auch in tieferem Sinne hat Tizian gezeigt, daß er den Vergleich mit dem deutschen Meister herausfordern dürfe. Er hat sich mit ganzer Seele in den Inhalt der Darstellung versenkt und hat diesen ganzen Inhalt in klarster, schönster Kennzeichnung zum Ausdruck gebracht. Die heimtückische Verschmitztheit des Fragestellers, sein schleichendes Herandrängen und die göttliche Ruhe, die hoheitsvolle Überlegenheit des Heilandes, die bestimmte und doch so vornehm leichte Bewegung, mit der seine Hand die Gegenfrage: „Wessen ist das Bild?“ begleitet, — das alles spricht so klar und deutlich, wie es nur jemals höchster Kunst möglich gewesen ist. Und mit welcher erhabenen Einfachheit hat der Künstler das alles zum Ausdruck gebracht! Dabei die wunderbare

Abb. 7. Der heilige Antonius von Padua heilt einen Jüngling. Freskogemälde in der Scuola del Santo zu Padua. Um 1511.

Durchführung des Gegensatzes der Charaktere in jeder Form der beiden Köpfe und der beiden Hände! — Es ist wohl begreiflich, was erzählt wird, daß ein Gesandter Karls V. beim Anblick dieses Bildes laut sein Erstaunen darüber ausgesprochen habe, daß es einen Maler gebe, der so mit Dürer zu wetteifern imstande sei. Der Gesandte dachte selbstredend nicht an Dürers Formenäußerlichkeiten, sondern an das Wesen von dessen Kunst. Und ein Wehen von Dürers tiefem Geist hat Tizian verspürt, als er dieses Werk schuf. Daß er bei allem anderen seine Farbenkunst nicht vergaß, daß er die verschiedenartigen Fleischtöne und Haarfarben, das Rot des Rockes und das Blau des Mantels in der reinsten Harmonie zusammenklingen ließ, versteht sich von selbst.

Vasari sah den „Zinsgroschen" im Arbeitszimmer des Herzogs von Ferrara. Ob der Herzog Alfonso d'Este, für den später Tizian eine ganze Anzahl von Bildern malte, der Besteller des Gemäldes war oder ob er dasselbe als ein fertiges, von dem Künstler aus eigenem Antrieb gemaltes Werk erwarb, darüber fehlen die Nachrichten. Nach Dresden ist das Bild im Jahre 1746 als ein Bestandteil der von König August III. dem Herzog Francesco d'Este abgekauften modenesischen Sammlung gekommen.

Im Jahre 1511 begab sich Tizian nach Padua, um dort eine Anzahl von Freskobildern auszuführen. Es handelte sich um die Ausschmückung der „Scuola del Carmine," des jetzt als Taufkapelle dienenden Raumes neben der Karmeliterkirche, welcher der Versammlungsort der zu dieser Kirche gehörigen Bruderschaft war, und der „Scuola del Santo," des Bruderschaftssaales der St. Antoniuskirche. Tizian bediente sich bei diesen Arbeiten, die nur mäßig bezahlt wurden, der Beihilfe eines von ihm gedungenen, wahrscheinlich in Padua einheimischen Malers. Von den Freskobildern in der Scuola del Carmine, deren Inhalt die Lebensgeschichte der Jungfrau Maria ist, rührt nur eines von Tizian her. Es hat die Begegnung von Joachim und Anna an der Pforte des Tempels zu Jerusalem — nach der alten Legende von den Eltern Marias — zum Gegenstand. Daß das Bild mit einer gewissen Eilfertigkeit hingestrichen ist und daß die Ausarbeitung mancher Einzelheiten dem Gehilfen übertragen war, läßt sich nicht verkennen. Dennoch ist es ein schönes Bild, dessen mit wenigen Tönen hergestellte malerische Wirkung durch die schlechte Erhaltung zwar beeinträchtigt, aber doch nicht zerstört worden ist. — Die Fresken in der Scuola del Santo hatten Wundertaten des heiligen Antonius von Padua zu schildern, des berühmtesten Angehörigen der Stadt, der dort schlechtweg „der Heilige" (il Santo) hieß und heißt. „Der heilige Antonius läßt ein unmündiges Kind zum Beweis der Unschuld seiner verleumdeten Mutter reden," ist der Gegenstand des ersten Gemäldes. In der Mitte des Bildes steht der Heilige in seiner graubraunen Kutte, ruhig, sanft und überzeugungsvoll; neben ihm kniet ein Ordensbruder und hält in tiefer Erregung das kleine Kind empor, das mit dem lebendigsten Ausdruck des Sprechens Kopf und Händchen gegen seinen Vater, den Ankläger der Mutter, vorstreckt. Dieser, ein vornehmer Herr in reicher Kleidung, starrt mit einer unwillkürlichen Bewegung des Zurückweichens das Kind an; in seinem Gesicht vollzieht sich der Übergang vom Zweifel zur Beschämung. Seine Gattin, ebenfalls sehr vornehm gekleidet, vernimmt in würdevollem Tugendbewußtsein die wunderbare Offenbarung der Ungerechtigkeit des gegen sie ausgesprochenen Verdachtes. Rechts und links stehen bunte Zuschauer, die von dem Wunder jeder in seiner Weise ergriffen werden. Den Hintergrund bildet einerseits die dunkle Wand eines Gebäudes, vor der ein antikes Marmorstandbild steht, andererseits eine grüne Landschaft mit reizvoll gezeichneten Bäumchen vor heller Luft. — Das zweite Gemälde Tizians: „Der Heilige heilt einen Jüngling, der sich den Fuß, mit dem er nach seiner Mutter getreten, abgeschnitten hat," schildert einen Vorgang auf dem Lande. Das Bild hat eine ländliche Stimmung. Man sieht unter einem von Wolkenstreifen durchzogenen Abendhimmel weithin über eine reizende Landschaft, die das Meer in Bogenlinien säumt; auf einer leichten Bodenerhöhung liegt ein Städtchen, vor dessen Thoren Schafe weiden, unweit des Ortes, wo das Ereignis eine dichte Menschengruppe zusammengeführt hat. Wie prächtig sind die

Bauersfrauen geschildert! Die Mutter, die, von einer andern Frau unterstützt, den wie leblos am Boden liegenden schwerverwundeten Sohn hält und mit wilder Angst und mit Hoffnung zugleich die Blicke auf den Heiligen heftet, und ein starkknochiges junges Weib, das den Umstehenden lebhaft und wortreich erzählt, wie das alles so gekommen ist. Und wie vornehm im Gegensatz zu diesen Persönlichkeiten der Heilige! Er tritt dicht an Mutter und Sohn heran, und indem er sich vorwärts neigt, zieht er seine Kutte leicht herauf, um deren Saum nicht in der großen Blutlache am Boden zu besudeln; er streckt die Rechte vertrauengebietend aus, und unter dem Segensspruch seines Gebetes schließt sich die Wunde in dem Beine des Burschen. Als Begleiter des Heiligen sieht man außer einem jungen Mönch einen fürstlichen Herrn, der einen Bewaffneten und einen Schildträger bei sich hat (Abb. 7). — Das dritte Bild ist kleiner als die beiden anderen; es ist am stärksten beschädigt, bringt aber doch seine großartige Farbenstimmung noch mächtig zur Geltung. „Der Heilige ruft eine von ihrem Manne aus Eifersucht ermordete Frau ins Leben zurück." Mit diesem gegebenen Gegenstande hat der Maler sich in der Weise abgefunden, daß er, anstatt in allzu beschränktem Raume eine Komposition aufzubauen, die inhaltlich eine große Aehnlichkeit mit derjenigen des vorigen Bildes gehabt haben würde, die Missethat darstellt, deren Folgen der Heilige nachher wieder gut zu machen hat. Der Ort der Handlung ist eine öde Landschaft, ein wüster Platz hinter einem steilen Lehmhügel, wie zu einem Verbrechen geschaffen. Der Eifersüchtige hat die Frau an ihren blonden Haaren zu Boden gerissen und holt mit fürchterlicher Wildheit zu einem Dolchstoß aus. Am Himmel jagen die Wolken, der Wind peitscht die Zweige der kümmerlichen Bäumchen, die auf dem Hügel stehen. Nur im Hintergrunde, in einem kleinen Durchblick neben dem Hügel, wird der aufgeregten Stimmung des Bildes gegenüber die Beruhigung angedeutet. Da wird auf das Eingreifen des Heiligen hingewiesen in einer Nebendarstellung, die, nach der bei Tizian zwar seltenen, jener Zeit im allgemeinen aber noch geläufigen Art bildlicher Erzählung, das zeitlich Abliegende in räumlicher Entfernung zur Anschauung bringt: der Heilige wandert mit zwei Begleitern durch die Ebene, in der das Landhaus des Ehepaars liegt, und ihm wirft sich der nach geschehenem Verbrechen von Reue gejagte Missethäter hilfeflehend zu Füßen.

Wahrscheinlich bald nach seiner Rückkehr nach Venedig, die im Frühjahr 1512 erfolgt sein wird, wurde Tizian mit der Anfertigung eines Gemäldes für die Kirche Santo Spirito in Isola beauftragt, in dem der Schutzheilige der Markusrepublik verherrlicht werden sollte. Man vermutet, daß die in diesem Jahre zustande gekommene Beendigung der Feindseligkeiten mit Kaiser Maximilian, die im Herbste 1511 auch Tizians Heimat wieder in Mitleidenschaft gezogen hatten, die Bestellung dieses Bildes mit veranlaßte. Auch dem Dank für das Erlöschen der Pest, die ein Jahr vorher in Venedig gewütet hatte, sollte in dem Gemälde Ausdruck gegeben werden. Darum wurden dem heiligen Markus der heilige Kriegsmann Sebastian und der Schutzpatron der Pestkranken, der heilige Rochus, zugesellt. Weiterhin kamen, unbekannt aus welchem Grunde, die Heiligen Kosmas und Damian auf das Bild. — Tizian löste auch die Aufgabe, ein Altargemälde aufzubauen, vom malerischen Gesichtspunkt aus mit Verschmähung der architektonischen Regelmäßigkeit, die bis dahin für Altarwerke als künstlerisches Gesetz galt. Im Malerischen liegt die Großartigkeit der Wirkung dieses prächtigen Gemäldes, das sich jetzt nicht mehr an seinem ursprünglichen Aufstellungsorte, sondern in der Vorsakristei von Santa Maria della Salute befindet.

Als im März 1513 Leo X. den päpstlichen Thron bestieg, erhielt Tizian alsbald von Rom aus eine Aufforderung, in die Dienste des Papstes zu treten. Aber er zog es vor, seine Kraft Venedig zu widmen. Er richtete am 31. März ein Gesuch an den Rat der Zehn, worin er, unter Hinweisung auf den ruhmverheißenden Vorschlag des Papstes, um Beschäftigung im venezianischen Staatsdienst bat. Insbesondere sprach er den Wunsch aus, in der Halle des Großen Rats im Dogenpalast, an deren Ausschmückung mit Gemälden schon seit geraumer Zeit gearbeitet wurde,

Abb. 6. „Rühre mich nicht an!" Gemälde in der Nationalgalerie zu London.
Nach einer Originalphotographie von Braun, Clément & Cie. in Dornach i. E., Paris und New York.

ein Schlachtengemälde ausführen zu dürfen, an das sich bisher wegen der Schwierigkeit der Aufgabe noch niemand gewagt hatte. Er habe die Malerei nicht sowohl aus Gewinnsucht, als aus dem Verlangen, einigen Ruhm zu erwerben, erlernt, erklärte Tizian; so sei er auch bereit, sich mit jedem Lohn, den man für seine Arbeit entsprechend halten würde, zu begnügen. Doch bat er zugleich, um der Sicherstellung eines besseren Einkommens willen, um Gewährung derselben Vergünstigungen, die Giovan Bellini genoß. Das war die Stellung von zwei Gehilfen und Lieferung der Farben und sonstigen Erfordernisse auf Staatskosten und außerdem die Verleihung eines Amtes, das um seiner Einträglichkeit willen viel begehrt war: des Amtes eines Maklers am Fondaco de' Tedeschi. Die Deutschen in Venedig und die anderen Ausländer, denen mit ihnen das Recht, im Fondaco zu wohnen und Waren niederzulegen, eingeräumt war, durften weder kaufen noch verkaufen ohne die Vermittelung eines staatlichen Maklers (sansere — sensale). Die Zahl dieser Beamten betrug dreißig; und ausnahmsweise wurde es begünstigten Personen gestattet, die Einkünfte dieses Amtes zu beziehen, ohne die Obliegenheiten desselben auszuüben. Tizian bewarb sich in seinem Gesuch um die Verleihung der nächsten frei werdenden Stelle eines Sansere auf Lebenszeit.

Der Rat genehmigte, offenbar von der Befürchtung, einen solchen Künstler durch die Übersiedelung nach Rom der Heimat entzogen zu sehen, getrieben, Tizians Gesuch in allen Punkten und räumte ihm eine Werkstatt in einem dem Staate gehörigen Hause ein.

Tizian war hierdurch von Staats wegen als ebenbürtig mit dem alten Bellini anerkannt worden, der seit Jahren damit betraut war, die Ausführung derjenigen Bilder in der Ratshalle, die er nicht selbst malte, wenigstens zu beaufsichtigen. Bellini aber war trotz seiner 87 Jahre nicht gewillt, sich einen Künstler als gleichberechtigt zur Seite stellen zu lassen. Es begann ein geheimer Kampf zwischen dem alten und dem jungen Meister, der sich in den Ratsbeschlüssen wiederspiegelt. Schon im Frühjahr 1514, als Tizian nach der Vollendung der Vorarbeiten eben mit der Ausführung des großen Gemäldes begonnen hatte, wurde ihm die Anwartschaft auf die nächste Maklerstelle und die Besoldung der Gehilfen entzogen; im Herbst desselben Jahres aber kam es wieder zu einer Verständigung. Im folgenden Jahre wurden die Kosten, welche die Ausschmückung der Ratshalle verursachte, geprüft und dabei festgestellt, daß das ganze bisher befolgte Verfahren ein verschwenderisches gewesen sei; daraufhin wurde ein neues Verfahren, wonach mit dem besten Maler über den Preis eines jeden einzelnen Gemäldes besonders verhandelt werden sollte, beschlossen. Tizian machte hiernach neue Vorschläge, und diese wurden gebilligt. Am 30. November 1516 starb Giovan Bellini, und Tizian rückte nun in die hierdurch frei gewordene Maklerstelle, mit Übergehung aller vor ihm angemeldeter Anwärter, ein.

Aber über diesen Hinziehungen hatte Tizian die Lust an der unterbrochenen Arbeit verloren. Endlich ans Ziel gelangt, gab er seinerseits zunächst nichts weiter als das Versprechen, die Arbeit der Ratshalle wieder aufzunehmen.

Mehr Vergnügen mochte er jetzt an der Ausführung von Gemälden finden, die der Herzog von Ferrara, Alfons von Este, bei ihm bestellte. Ein Aufenthalt Tizians am Hofe dieses großen, fürstlichen Kunstfreundes wird zum erstenmal für das Jahr 1516 bezeugt; damals verweilte er im Februar und März mit zwei Gehilfen dort. Außerdem fesselte ihn der Auftrag, für die Franziskanerkirche (S. Maria dei Frari) ein Altargemälde von ungewöhnlicher Größe zu schaffen.

Über das, was Tizian in den zunächst vorhergehenden Jahren während seiner Enthaltung von der Arbeit im Ratssaale gemalt hatte, darüber fehlen die Nachrichten. Mit ziemlicher Sicherheit kann man zwei ausgezeichnete Meisterwerke jener Zeit zuteilen. Beide befinden sich in London; das eine, die Erscheinung des auferstandenen Heilandes vor Maria Magdalena, in der Nationalgalerie (Abb. 8), das andere, ein Gegenstand freier Erdichtung, bekannt unter dem Namen „die drei Lebensalter,“ in der Sammlung des Lord Ellesmere.

Das große Altarbild für die Frarikirche wurde am 19. März 1518, im zweiten Jahr nach der Erteilung des Auftrages, über dem Hochaltar jener Kirche in einem reichen Marmorrahmen aufgestellt. Jetzt befindet sich dasselbe in der Sammlung der Akademie von Venedig. In diesem Gemälde von überlebensgroßem Maßstabe schuf Tizian ein Werk von machtvoller Erhabenheit, durch das er auf einmal zum gefeiertsten Maler Venedigs wurde. Der Gegenstand der Darstellung ist die Aufnahme der allerseligsten Jungfrau in den Himmel (Santa Maria Assunta). In dem unteren Teile des Bildes sieht man die am Grabe Marias zusammengekommenen Apostel, die in höchster Erregung über das von ihnen wahrgenommene Wunder unter den verschiedenartigsten Äußerungen des empfangenen Eindrucks emporblicken.

Das Grab ist auf einem Berge befindlich gedacht, und der Horizont ist ganz tief genommen; die erhobenen Köpfe und Arme der Apostel heben sich von einer Luft ab, die das dunkle Blau des hohen Himmels zeigt. Die Gestorbene aber, die auf einer mit jubelnden Englein angefüllten Wolke den Zurückbleibenden entschwebt, wird über die Höhe des Erdenhimmels hinausgehoben; ihre ganze Gestalt ist schon von der blendenden Helligkeit eines goldenen Lichthimmels umgeben. Von unendlicher Wonne durchbebt, breitet die Verklärte die Arme aus, und ihre glückseligen Augen schauen das Angesicht Gottes, das sich ihr aus der Lichtflut entgegenneigt. Scharen von Cherubim, silberfarbige Lichtgebilde, schließen sich an die Englein auf der Wolke an und bilden um die Erscheinung Gottes eine

Wölbung, die im Lichtglanz der Unendlichkeit verschwimmt (Abb. 9). Leider kommt die vom Künstler beabsichtigte Wirkung des Gemäldes bei der jetzigen Aufstellung, wo es zu niedrig, zu eng und zu hart und gleichmäßig beleuchtet steht, nur unvollkommen zur Geltung. Denn Tizian hatte in der Behandlung und Abstimmung der einzelnen Teile des Bildes auf die gegebenen Raum- und Lichtverhältnisse des Altarplatzes in wohldurchdachter Weise Rücksicht genommen.

Mit welcher Sorgfalt Tizian die Raum- und Beleuchtungsverhältnisse, für die seine Bilder bestimmt waren, in Betracht zog, davon ist auch in dem zwischen ihm, dem Herzog von Ferrara und dessen Geschäftsträger in Venedig, Jacopo Tebaldo, geführten Briefwechsel ein Zeugnis erhalten. Da erbittet sich Tizian, bevor er ein bestelltes Bild anfängt, ganz genaue Angaben, an welche Stelle einer bestimmten Wand im herzoglichen Arbeitszimmer dasselbe kommen soll.

Dieser Briefwechsel enthält auch sonst manches Bemerkenswerte. Wir erfahren daraus, daß der Maler von dem Herzog ganz ausgearbeitete Anweisungen über die zu malenden Gegenstände bekam, die unter Umständen sogar von Zeichnungen begleitet waren.

Etwas in den Briefen des Herzogs immer Wiederkehrendes ist seine Klage, daß Tizian ihn so lange warten lasse. Und Tizian gibt seinem Drängen gegenüber neue Versprechungen zu den noch uneingelösten alten. Das erklärt sich zum Teil daraus, daß Tizian zeitweilig mit größeren Arbeiten beschäftigt war, um derentwillen er die Bilder für den Herzog beiseite legte. In die Zeit seines Briefwechsels fällt nicht nur die Ausführung des großen Himmelfahrtsbildes, sondern auch die Vollendung einer Altartafel mit der lebensgroßen Dar-

Abb. 9. Mariä Himmelfahrt.
Altargemälde in der Akademie zu Venedig, vollendet im Jahre 1518.

stellung von Mariä Verkündigung für den Dom von Treviso. Dieses Bild wurde aller Wahrscheinlichkeit nach im Jahre 1519 auf seinen Platz gebracht, auf dem es sich noch befindet.

Ein Hauptgrund der Verzögerungen, die den Herzog von Ferrara zur Ungeduld reizten, war neben der Bevorzugung der Kirchenarbeiten die Art und Weise, wie Tizian bei der Ausführung seiner Gemälde zu Werke ging. Er war ein ausgesprochener Feind des Improvisierens. Wenn er ein Bild angelegt hatte, so stellte er es gegen die Wand. Erst wenn er es längere Zeit hindurch gar nicht gesehen hatte, holte er es wieder hervor, um es mit frischem Blick zu prüfen, damit die weitere Ausführung auch eine Verbesserung enthalte. Dieses Verfahren wiederholte er, bis er durch mehrmalige Übermalungen in längeren Zwischenräumen das Bild zur Vollendung brachte.

Es versteht sich von selbst, daß Alfonso d'Este, nachdem er mit Tizian in Verkehr getreten war, auch sein Bildnis von ihm malen ließ. Das Porträt wurde so schön, daß Karl V. später den Wunsch, dasselbe zu besitzen, aussprach. Der Herzog mußte dem Wunsch des Kaisers willfahren, und so ist das Bild nach Spanien gekommen, es befindet sich jetzt im Pradomuseum zu Madrid. — Daß Tizian auch die Herzogin, die schöne und bei der Nachwelt vielleicht mehr als bei den Zeitgenossen verschrieene Lucrezia Borgia, gemalt hat, davon dürfte man überzeugt sein auch ohne die ausdrückliche Nachricht, daß ein solches Porträt vorhanden gewesen sei. Aber dieses Bild ist verschollen.

Seit 1517 weilte Ariosto, der kurz vorher seinen „Rasenden Roland" vollendet hatte, am Hofe des Herzogs Alfonso. Daß der Dichter und der Maler sich einer von dem anderen angezogen fühlten, ist leicht begreiflich; die Überlieferung hat dieses Freundschaftsverhältnis mit lebhaften Farben ausgeschmückt. Tizian hat den Ariost vermutlich mehrmals gemalt. Ein schönes Bildnis in der Nationalgalerie zu London wird aller Wahrscheinlichkeit nach mit Recht mit dem Namen Ariost bezeichnet. Es zeigt in sitzender Halbfigur einen schmächtigen Mann — Ariost war kränklich in gewählter Kleidung, mit feinem, gedankenvollem Gesicht, das von lang herabwallendem Haar umgeben ist, vor einem Hintergrund von Lorbeerzweigen (Abb. 10).

Lucrezia Borgia starb im Sommer 1519. Ein Mädchen von bürgerlicher Herkunft, Laura Dianti, ward ihre Nachfolgerin. Vasari erwähnt ein staunenswürdiges Bildnis Lauras, das Tizian vor deren Erhebung zur Gemahlin des Herzogs malte. Ein im Louvre befindliches Gemälde, das eine junge Dame beim Ankleiden zeigt, führt jetzt die Bezeichnung „Laura Dianti." Man erkennt nämlich in dem Kopfe eines diensteifrigen Verehrers, der hinter der Schönen erscheint, eine Ähnlichkeit mit dem Herzog Alfonso. Früher trug das Bild den Namen „Tizian und seine Geliebte." Mit dem Meister selbst hat jener im Dunkel des Hintergrundes verschwimmende Kopf allerdings keine Ähnlichkeit; aber die Ähnlichkeit mit dem bekannten Bilde des Herzogs ist nur eine sehr unbestimmte. Dagegen wird man durch Form und Haltung des weiblichen Kopfes lebhaft an das allbekannte liebliche Mädchenbild in den Uffizien erinnert, das mit dem Namen der Blumengöttin bezeichnet wird.

Diese „Flora" gehört zu denjenigen Werken Tizians, die eine gewisse Ähnlichkeit mit den von Palma Vecchio geschaffenen Gestalten zeigen. Und man glaubt in ihr das Bildnis von Violanta, einer der schönen Töchter Palmas, zu erkennen, von der die Sage erzählt, daß Tizian sie geliebt habe. Eine jugendliche Erscheinung von vollen runden Formen, nur leicht verhüllt durch ein feines, dünnfaltiges, weißes Gewand, tritt sie in halber Figur aus einem lichtgrauen Hintergrund hervor. Prachtvolles Haar von jener rötlichschimmernden Goldfarbe, die die Venezianerinnen jener Zeit durch künstliche Mittel hervorzubringen wußten und die wir bei fast allen weiblichen Figuren Tizians finden, umrahmt die feinen Linien von Gesicht und Hals; am Scheitel sorgfältig geordnet, wallt es mit seinen weichen losen Enden auf Schultern und Brust herab. Die linke Hand hält ein umgeworfenes Obergewand von blaßviolettem Damast, und die leicht vorgestreckte Rechte bietet weiße Rosen und Veilchen dar. Der Kopf wendet und neigt sich nach der rechten Schulter hin; ein Ausdruck ruhiger, wohlwollender Freund-

Der Zinsgroschen. Gemälde von Tizian in der kgl. Galerie zu Dresden.
(Nach einer Originalphotographie von Braun, Clément & Cie. in Dornach i. E., Paris und New York.)

lichkeit begleitet den Blick der sanften, unschuldigen Augen, die an einer seitwärts außerhalb des Bildes befindlichen Person zu haften scheinen (Abb. zwischen Seite 24 u. 25).

Die Unzufriedenheit des Herzogs Alfonso über Tizians vermeintlichen Mangel an Eifer seinen Bestellungen gegenüber erreichte ihren höchsten Grad im September 1519. Er beauftragte Tebaldi, den Maler von seinem ernsten Unwillen und der Absicht, diesen Unwillen empfindlich fühlbar zu machen, in Kenntnis zu setzen und die Anwendung von Zwangsmaßregeln anzudrohen. Tizian ließ sich durch diesen Zornesausbruch nicht beunruhigen, sondern antwortete einfach, wenn das Bild, um das es sich eben handelte, so weit wäre, würde er es nach Ferrara bringen, wo es an seinem Bestimmungsplatze die letzte Vollendung bekommen sollte. Gegen Ende Oktober erfreute er den Herzog durch die Überreichung eines herrlichen Meisterwerkes. Es war die Darstellung eines Bacchusfestes, bestimmt, im Verein mit einem Gegenstück, das der Venus gewidmet war, die Hauptwand in des Herzogs Arbeitszimmer zu schmücken. — Sowohl das „Bacchanal“ wie das „Venusopfer“ sind nachmals in den Besitz König Philipps IV. von Spanien gelangt und befinden sich jetzt im Pradomuseum.

Abb. 10. Ariosto. Gemälde in der Nationalgalerie zu London.
Nach einer Originalphotographie von Braun, Clément & Cie. in Dornach i. E., Paris und New York.

Der Vorwurf zu dem „Venusopfer“ ist dem griechischen Schriftsteller Flavius Philostratus entnommen, der in der ersten Hälfte des III. Jahrhunderts n. Chr. unter dem Titel „Bilder“ die erläuternde Beschreibung einer neapolitanischen Gemäldesammlung veröffentlichte. Da wird unter der Überschrift „Liebesgötter“ in reizvoller Weise geschildert, wie auf dem Rasengrund eines Gartens und in den Zweigen der Apfelbäume die Liebesgötter sich tummeln, eine Schar, „deren Zahl so groß ist, wie die Vielheit der Wünsche des Menschengeschlechts“; ihr Kinderspiel deutet die Mannigfaltigkeit des Wesens der Liebe an. Am Bach, der die Wurzeln der Bäume benetzt, steht das Bild der Venus, der Herrin der Nymphen, die sie zu Müttern der Liebesgötter macht. Das Bild ist mit den Opfergaben der Nymphen behängt, einem silbernen Spiegel und anderen Gegenständen, die durch die Inschrift als Weihgeschenk bezeichnet sind. — Tizian hat sich sehr genau an diese Schilderung gehalten. Nur hat er die opfernden Nymphen mit in die Darstellung gezogen: am Fuße des Marmorstandbildes der Venus zeigen sich zwei jugendliche weibliche Gestalten, von denen die eine, eilig, die Gunst der Liebesgöttin zu erlangen, einen Spiegel auf das Postament hinaufreicht, während die andere still lächelnd auf ein Inschrifttäfelchen mit dem Worte „munus“ (Weihegeschenk) zeigt, um damit zu sagen, daß sie schon geopfert hat. Aber die Darbringung des Opfers, nach der das Bild benannt zu werden pflegt, ist räumlich und gegenständlich nur Nebensache. Das Wesentliche ist das niedliche geflügelte Kindervolk, das in wirklich un-

Abb. 11. Der Garten der Liebesgötter („das Venusopfer“). Gemälde im Pradomuseum zu Madrid. Nach einer Originalphotographie von Braun, Clément & Cie. in Dornach i. E., Paris und New York.

zählbarer Schar den Garten füllt. Was Philostratus von dem Treiben der Liebesgötter erzählt, hat Tizian Gruppe für Gruppe getreulich verbildlicht, aber wie zwanglos wirbelt das durcheinander! Auch den Schlußsatz hat er nicht vergessen, daß die Kleinen der Göttin Äpfel darbringen, um sie zu bitten, sie möge den Garten immer so lieblich erhalten. Etwas Lieblicheres, als wie Tizian diesen Garten gemalt hat, kann man sich nicht denken. Es ist ein unbeschreiblicher, sonniger Kindergarten. Wie entzückend heiter ist das Ganze gestimmt! Die Luft ist licht, und die Bäume prangen in saftig weichem Grün. Nur wenig Dunkelheiten sind vorhanden, und nur wenige starke Farben: die Kleider der beiden Nymphen zeigen Blau und Karminrot, in das rosig-goldige Gewoge der Kleinen tragen viele blaue Flügelchen wie im flatternden Spiel die Gegensatzfarbe hinein (Abb. 11).

Hier, wo Mädchen die Göttin anflehen, sie mit einem Liebesgott zu beschenken, und die Flügelknaben noch ihre Waffen nur im Spiel gegeneinander gebrauchen, hier mutet der Gesamteindruck des Bildes uns an wie ein wonniger südlicher Frühlingstag. In dem Gegenstück aber, dem „Bacchanal," lebt die tiefere glühende Stimmung des Hochsommers. Süßes, heißes Genießen wird hier geschildert. Bacchantinnen schwärmen mit ihren Genossen in Wein, Gesang und Tanz. Die Luft ist tief dunkelblau; blendend weiß leuchtet das Gewölk an diesem Gluthimmel, und in noch tieferem Blau liegt unter ihm das Meer. Das Grün der Bäume ist dunkel und bräunlich. Ein scharfer Sonnenblick fällt auf den mit weichem Rasen bedeckten Hügel, wo die Schar ihr Wesen treibt, und überzieht einzelne Gestalten mit leuchtender Helligkeit, während die Mehrzahl der dunkelbraunen Männer, die den goldigweißen Mädchen Gesellschaft leisten, vom tiefen Schatten der Bäume umhüllt ist. Ein paar bunte Farben von Gewändern klingen kräftig hinein. Das ganze augenberauschende Bild ist Luft, Wärme, Sonnenschein.

Beide Gemälde gehören zu Tizians glücklichsten Schöpfungen. Nebeneinander betrachtet sind diese so schön zusammenpassenden Gegenstücke in ihrer Stimmungsverschiedenheit ein wunderbares Zeugnis von der Feinheit seiner malerischen Empfindung.

Auf neue Bilder, die Tizian ihm versprochen hatte, wartete Herzog Alfons im Jahre 1520 wieder vergeblich. Tizian vollendete in diesem Jahre auf Bestellung eines in Ragusa ansässigen Venezianers ein Altargemälde für die St. Franziskuskirche in Ancona, mit einer Darstellung der zwischen Engeln in den Wolken thronenden Mutter Gottes und des unten knieenden Stifters, dem der heilige Franziskus und der heilige Blasius zur Seite stehen. Jetzt befindet sich das Bild in der St. Dominikuskirche zu Ancona.

Außerdem arbeitete Tizian damals an einem dreiteiligen Altarwerk, das der päpstliche Legat in Brescia für eine dortige Kirche bestellt hatte. — Auch im Jahre 1521 erübrigte Tizian, der außer jenem noch mehrere andere Kirchenbilder zu malen übernommen hatte, keine Zeit für den Herzog. Selbst die Lockung des Letzteren, er wolle ihn mit nach Rom nehmen, wenn er sich dorthin begebe, um dem Nachfolger Leos X. zu huldigen, blieb ohne Erfolg.

Im Jahre 1522 wurde das Altarbild für Brescia fertig. Das treffliche Werk befindet sich noch dort in der Kirche S. Nazaro e Celso, für die es gemalt worden ist. Es hat die altertümliche Anordnung eines Flügelaltars. Auf der Mitteltafel ist die Auferstehung Christi dargestellt. Die beiden seitlichen Tafeln sind quer geteilt. In ihren oberen, kleineren Abschnitten ist die Verkündigung durch die Halbfigur der Jungfrau Maria und des Erzengels Gabriel verbildlicht. In den unteren, höheren Feldern der Seitenflügel stehen einerseits die Heiligen Nazarus und Celsus neben dem Stifter, dem Legaten Averoldo, der knieend den Auferstandenen anbetet; andererseits der heilige Rochus mit einem Engel und, weiter im Vordergrund, der an einen Baum gebundene heilige Sebastian.

Im Sommer dieses Jahres schickte der Rat der Zehn eine ernstliche Ermahnung an Tizian, er solle seine Arbeit im Dogenpalast vorwärts bringen; widrigenfalls würde er durch Entsetzung von seinem Makleramt und durch Einziehung der ihm bereits gewährten Vorschüsse gestraft werden. Tizian malte nun in der That eine Zeitlang in der Halle des Großen Rates. Es ist zweifelhaft, ob das Gemälde, für dessen Vollendung ihm in jenem Ratsbeschluß ein Termin gesetzt wurde, das Schlachtenbild war, mit dem er vor neun Jahren einen Anfang gemacht hatte, oder ein anderes, von Bellini unfertig gelassenes, das Tizian als dessen Nachfolger zu vollenden hatte; der Gegenstand dieses letzteren war die sagenhafte Demütigung Kaiser Friedrich des Rotbarts vor Papst Alexander III. in der Markuskirche.

Im Januar 1523 schickte Tizian endlich wieder ein Bild an den Herzog von Ferrara. Er selbst reiste, bevor er sich dorthin begab, nach Mantua. Denn dorthin hatte ihn der regierende Herr, Friedrich von Gonzaga, ein Neffe des Herzogs von Ferrara, eingeladen.

Dieser neue Gönner behandelte den Maler, im Gegensatz zu dem bisweilen etwas barschen Ton seines Oheims, mit der ausgesuchtesten Liebenswürdigkeit. Er entließ Tizian mit der Bestellung eines Bildnisses und mit einem Schreiben an den Herzog, in dem er diesen bat, ihm den Meister möglichst bald wieder zurückzuschicken.

Das Gemälde, dem Tizian damals in Ferrara an seinem Bestimmungsplatze die letzte Vollendung gab, war eine mythologische Darstellung, die sich den anderen, dem „Venusopfer“ und dem „Bacchusfest,“ mit denen sie auch im Format übereinstimmt, anschloß. Das Bild befindet sich jetzt, nach mancherlei Wanderungen, in der Nationalgalerie zu London. Gleich jenen beiden ist es ein wunderbares Meisterwerk voll glühender Farbenpoesie. In genauem Anschluß an ein Gedicht Catulls ist geschildert, wie Bacchus, mit seinem Gefolge einherziehend, am Strand von Naxos Ariadne findet und von Liebe zu ihr ergriffen wird.

Wohl niemals ist ein Maler einem derartigen Gegenstand aus der klassischen Mythe besser gerecht geworden, als Tizian in diesem sprühenden Bilde von Genußfreude und Übermut, dessen Ungebundenheit durch die Anmut beherrscht wird (Abb. 12).

Über das Bildnis, welches Federigo Gonzaga bei Tizian bestellt hatte, erfahren wir nichts Näheres. Im August 1523 bescheinigte der Markgraf den Empfang eines Gemäldes, das ihm sehr gefallen habe. Inzwischen war der Meister durch die Erledigung verschiedener heimischer Aufträge in Anspruch genommen.

Gewissermaßen eine dienstliche Obliegenheit war es für ihn durch sein Einrücken in die Stellung Giovan Bellinis geworden, das Bildnis des regierenden Dogen zu malen, das in der Halle des Großen Rats den Bildern von dessen Vorgängern an-

Abb. 12. Bacchus und Ariadne. Gemälde in der Nationalgalerie zu London.
Nach einer Originalphotographie von Braun, Clément & Cie. in Dornach i. E., Paris und New York.

gerecht wurde. Zum erstenmal trat diese Aufgabe an ihn heran, als Antonio Grimani im Juli 1521 zum Oberhaupt der Republik erwählt wurde. Der bei seinem Amtsantritt im siebenundachtzigsten Lebensjahre stehende Herr hatte Tizian schon vor Jahrzehnten gesessen; es heißt, daß er sich im Jahre 1498 und im Jahre 1510 von ihm habe malen lassen. Und jetzt, als regierender Fürst, gewährte er dem Meister mehrmals diese Gunst. Das pflichtmäßige Bildnis Giovannis für den großen Ratsaal scheint Tizian aber erst im Frühjahr 1523 gemalt zu haben, kurz vor dem Tode des alten Herrn. Denn als ihm das Honorar für dieses Porträt ausgezahlt wurde, war Giovannis Nachfolger Andrea Gritti (gewählt am 20. Mai 1523) schon im Amte. Auch dieser Doge, der Tizian seine besondere Gunst zuwendete, saß ihm außer zu dem amtlichen zu vielen anderen Porträts.

Auch im Jahre 1523 erregte die Enthüllung eines großen Altargemäldes Aufsehen in Venedig, besonders in Malerkreisen. Tizian hatte sich nach Vasaris Versicherung bemüht, in diesem Werke etwas Hervorragendes zu bieten. Das Bild war für dasselbe Kloster bestimmt, wie die „Assunta“; aber nicht für die Hauptkirche, sondern für die im Innern des Klosters liegende kleine Nikolauskirche. Daher die Benennung, mit der es bezeichnet zu werden pflegt: Madonna von S. Niccolò de' Frari. Es kam in der zweiten Hälfte des vorigen Jahrhunderts nach Rom und befindet sich jetzt in der vatikanischen Pinakothek; leider in verstümmeltem Zustande, da man ihm unbegreiflicherweise den halbkreisförmigen oberen Abschluß abgeschnitten hat, um es viereckig zu machen. Gegenstand des Gemäldes ist die Verehrung der Muttergottes durch den heiligen Nikolaus und mehrere andere Heilige. Einen Beweis der Befriedigung, die Tizian selbst über dieses Werk empfand, darf man in der Thatsache erblicken, daß er das Bild zum Zwecke der Vervielfältigung auf Holz zeichnete.

Das Jahr 1524 hindurch wartete der Herzog Alfonso vergeblich auf versprochene Werke von Tizians Hand bis zum Dezember, wo der Meister sich endlich zu einem kurzen Aufenthalt in Ferrara entschloß. Was für Gemälde es waren, die er damals dort fertig machte, darüber fehlt jede Kunde. Im Anfang des Jahres hatten fieberanfälle ihn verhindert, den Wünschen des Herzogs nachzukommen, und dann wurde er durch Aufträge des Dogen, deren Erfüllung er wohl allen anderen vorangehen lassen mußte, an Venedig gefesselt. Andrea Gritti beschloß im Mai 1524 die Neuausstattung einer im Dogenpalast gelegenen Kapelle und beauftragte Tizian mit der Freskenausschmückung dieses Raumes. Leider ist von diesen Fresken keine Spur übriggeblieben. Dagegen hat sich ein einzelnes Freskogemälde erhalten, das Gritti um dieselbe Zeit durch Tizian in dem Treppenraum zwischen den Wohngemächern des Dogen und dem Senatssaal ausführen ließ. Der Gegenstand dieses Bildes ist der heilige Christophorus. Weil das Wasser, durch welches der Riese das Christuskind trägt, die Lagune von Venedig ist, hat man vermutet, daß hier eine politische Anspielung versteckt sei. Aber wahrscheinlicher ist es doch, daß der bejahrte Doge bei dieser Bestellung von nichts anderem geleitet wurde, als von dem Volksglauben, der den heiligen Christophorus als Beschützer gegen plötzlichen Tod verehrt.

Im Louvremuseum befindet sich ein Prachtbild, das alle anderen dortigen Meisterwerke Tizians in Schatten stellt: „Die Grablegung Christi“ (Abb. 13). Das Bild stammt aus dem herzoglichen Schlosse zu Mantua und es gehört vermutlich mit zu den ersten Arbeiten, die Tizian für Friedrich Gonzaga ausführte. Raffaels berühmte Darstellung desselben Gegenstandes erscheint als ein kaltes Formenspiel im Vergleich mit diesem Gemälde, das den tiefsten Empfindungen farbenglühenden Ausdruck gibt. Im hellem goldigen Sonnenschein wird der Tote aus dem schönen Licht des Tages hinweg in das kalte Dunkel des Grabes gebracht. Von der Landschaft sieht man nichts, als die düstere Felsenwand, die den Grufteingang enthält und die sich mit einigen mageren Bäumchen traurig von der leuchtenden Luft abhebt. Zwei Männer tragen den auf ein Leintuch gelegten heiligen Leichnam. Einen Augenblick hemmen sie die Schritte, da einer von ihnen einen Stein am Wege benutzt, um sein Knie aufzusetzen und das Leintuch an den Füßen des Toten besser zurechtzulegen. Der Jünger Johannes, der, die rechte Hand des Heilandes in der seinen haltend, nebenhergeht, wendet sich in diesem Augenblick schmerzdurchbebt nach Maria um, die gebeugt und mit wankenden Knieen, von Magdalena gestützt, nachkommt. Die Komposition ist in ihrer Einfachheit ergreifend, aber das, wodurch sie am stärksten auf das Gemüt des Beschauers wirkt, ist die Farbe im Verein mit der bewegten Helldunkelwirkung des Bildes.

Abb. 13. Die Grablegung Christi. Gemälde im Louvre zu Paris.
Nach einer Originalphotographie von Braun, Clément & Cie. in Dornach i. E., Paris und New York.

Im Jahre 1525 erübrigte Tizian wohl nicht viel Zeit für kleine Bilder. Denn er setzte jetzt seine ganze Kraft an die Vollendung eines großen Altargemäldes, das ihm schon lange bestellt worden war, und für das die aufgespannte Leinwand seit dem Herbste 1519 in seinem Atelier stand. Auftraggeber war jener Jacopo Pesaro, Titularbischof von Paphos, der sich von Tizian in dessen frühester Jugend in einem Votivbilde hatte malen lassen. Auch das jetzige Gemälde war ein Votivbild; es sollte dem Danke des Stifters für den Schutz des Himmels, den er in jenem Türkenkriege erfahren, Ausdruck geben und ihn im Verein mit anderen Angehörigen seines Hauses in dauerndem Gebete vor den himmlischen Beschützern zeigen. Aber während man sonst derartige Bilder in bescheidenem Maße zu halten pflegte, ließ Pesaro dem Gemälde eine gewaltige Größe geben. Auf die Zeit der Vollendung kann man aus dem Umstande schließen, daß in den von der Familie Pesaro aufbewahrten Quittungen über die Bezahlung des Bildes am 27. Mai 1526 der Empfang der Restsumme bescheinigt wird. — Das Gemälde ist an seinem Aufstellungsorte, über einem Seitenschiffaltar der Franziskanerkirche, geblieben. Es ist an Größe der „Assunta“ fast gleich und hat ebenfalls überlebensgroßen Maßstab. Den Umstand, daß das Altargemälde vor allem ein Votivbild war und daß für solche eine Profilkomposition, die den Anbetenden dem Heiligen gegenüber stellte, die natürlichste und auch schon lange eingebürgerte Anordnung war, hat der Künstler benutzt, um ganz mit der bei

Abb. 14. Madonna des Hauses Pesaro.
Altargemälde in der Kirche St. Maria de' Frari zu Venedig.

Altargemälden gebräuchlichen Symmetrie zu brechen und mit voller Freiheit rein malerische Grundsätze an die Stelle der architektonischen zu setzen. Die Hauptmasse der Figuren zieht sich in zusammenhängender Gruppierung schräg durch das Bild. Ganz seitwärts rechts sieht man ein Stück von der Eingangswand eines Kirchengebäudes in schräger Perspektive. Eine Säulenhalle von mächtigen Abmessungen ist dem Gebäude vorgelegt; zwei der Riesensäulen sind sichtbar, und ihre granitenen Schäfte wechseln in breiten Streifen mit der sonnigen Luft. Oben durchschneidet eine vom Himmel herabgesenkte kleine Wolke die senkrechten Formen; auf der Wolke halten zwei Englein das Kreuz des Erlösers. Die Sonne beleuchtet und durchleuchtet das Wölkchen und wirft dessen Schatten auf die Säulenschäfte. Mit seinem hellsten Lichte verweilt der Sonnenschein auf der Gruppe der Jungfrau mit dem Jesuskind. Marias weißer Schleier, der, an ihrer rechten Seite herabhängend und an der anderen Seite von dem Jesuskind emporgehoben, einen Rahmen um beide Figuren bildet, gibt der Lichtwirkung die höchste Steigerung. Maria sitzt auf dem Podest der Säulenhalle; ein Teppich hängt von ihrem Sitz aus über den hohen Marmorabsatz herab. Mit Rücksicht auf die Kirche, in die das Bild gestiftet wurde, erscheint die Jungfrau als „heilige Maria der Frari (Minoriten)“: neben ihr stehen, auf einem tieferen Absatz, die Ordensheiligen Franziskus und Antonius; das Jesuskind wendet sich freundlich scherzend dem ersteren zu, der seine Hände ausbreitet, um deren Wundmale zu zeigen. Der eigentliche Vermittler aber zwischen der Mutter Gottes und dem betenden Jacopo Pesaro ist der Apostelfürst Petrus; der Beschirmer des Papsttums steht auf der obersten Stufe unterhalb des Podestes und blickt, die Augen von seinem Buche erhebend, auf Pesaro, den päpstlichen Legaten, dem der Befehl über eine päpstliche Flotte anvertraut war, herab. Auf Pesaros besonderes Verdienst um den heiligen Stuhl weisen die an seiner Seite sich zeigenden Figuren hin: ein geharnischter Krieger, der das lorbeergeschmückte Banner mit dem Wappen Alexanders VI. emporhält, führt ein paar gefesselte Türken herbei. Jacopo Pesaro kniet, innig betend, ganz unten in der linken Ecke des Bildes. Sein weites schwarzes Seidengewand steht in malerischer Gegenwirkung zu der Farbenpracht, deren Höhen in dem Rot und Blau der Gewänder Marias, dem gelben Mantel des Petrus und dem golddurchwirkten roten Fahnentuch liegen. Dem Jacopo gegenüber knieen die nicht unmittelbar bei dem Vorgang beteiligten übrigen Mitglieder des Hauses Pesaro, der vorderste von ihnen in einen prächtigen Brokatmantel gekleidet. Sie alle sehen in andächtigem Gebet vor sich hin; nur der jüngste, ein hübscher Knabe, vermag die Sammlung nicht zu wahren, sondern blickt unbefangen zum Beschauer heraus (Abb. 14).

Während Tizian dieses hohe Meisterwerk der Vollendung entgegenbrachte, wurde ihm von seiner Gattin der erste Sohn geschenkt. Über den Zeitpunkt, wann Tizian die Ehe mit Frau Cecilia schloß, und über deren Herkunft haben sich keinerlei Nachrichten erhalten. Mutmaßlich fand die Vermählung im Jahre 1523 oder 1524 statt.

(Schluß folgt.)

Aus dem Leben.

Von

Alb. Roderich.

Er zog hinaus im stolzen Jugendmut,
Erklimmen wollte er des Adlers Feste;
Er kehrte heim, und, froh nur, daß er ruht,
Freut er sich still an einem Schwalbenneste.

„Flora." Gemälde von Tizian in den Uffizien zu Florenz.
(Nach einer Originalphotographie von Braun, Clément & Cie. in Dornach i. E., Paris und New York.)

Vom heißen Stein.

Roman

von

Ernst Muellenbach (Lenbach).

(Fortsetzung.)

Neuntes Kapitel.

Hans erzählte, und der holländische Herr hörte schweigend zu. Nur zuweilen maß er mit einem schnellen, scharfen Blicke die Züge des Erzählers, als ob er an ihnen die Zuverlässigkeit des Berichts ablesen wollte. Hans ertrug diese prüfenden Blicke sehr ruhig, und der alte Herr schien mit dem Ergebnis zufrieden zu sein.

„Warum rieft Ihr den Kerl da vom Bock, anstatt uns gleich zu warnen?“ fragte er endlich.

„Damit er uns nicht entrinnen oder gar beim ersten Wort mit Euch und dem Wagen weiterjagen könnte,“ antwortete Hans.

Der Holländer nickte befriedigt. „Das ist gut so. Ihr bedenkt Eure Sache vorher. — Nun, Ihr habt mit dem Willen des Höchsten meiner Tochter und mir einen großen Dienst gethan. Dafür bin ich in Eurer Schuld und will's nicht vergessen.“ Er faßte die Hand des Retters und schüttelte sie herzhaft. Hans war fast verwundert, da ihm das, was er gethan, eigentlich als selbstverständlich und keines großen Lohnes bedürftig erschien. Mehr noch verwirrte ihn der Dank, den ihm nun auch das schöne Fräulein mit vielen, hastig gestammelten Worten ausdrückte.

„Wer seid Ihr denn aber, wie heißt Ihr, und wohin zieht Ihr in so wunderlichem Geleit?“ fragte der Herr, auf den Raben deutend, der jetzt auf dem Handschuh seiner neuen Freundin saß.

Hans überlegte einen Augenblick, dann erwiderte er: „Hans Maybrunner heiß' ich, war vordem ein Türmer und ziehe nach Bacharach in — in besonderen Geschäften. Seid Ihr bekannt auf dem heißen Stein, Herr?“

Der Holländer sah ihn mit einem seltsamen Lächeln an. „Ich denke wohl, daß ich es bin,“ erwiderte er langsam; „aber was wollt Ihr auf dem heißen Stein, Hans Maybrunner?“

„Herr,“ stotterte Hans, „ich — man — man braucht mich dort.“

„So!“ versetzte der Herr noch immer lächelnd. „Nun, ich sehe wohl, daß ich nicht weiter in Euch dringen soll. Auf den Weg will ich Euch gleichwohl dorthin helfen. Aber zuvor müssen wir den Kerl da an den kurfürstlichen Statthalter oder, wie sie's hier heißen, Amtmann in Boppard abliefern und Euer Zeugnis niederlegen. — Erschreckt nicht,“ fuhr er fort, da er sah, wie sich Hans bei der Aussicht auf ein polizeiliches Verhör verfärbte, „wir sind beide Fremdlinge in diesen Grenzen, und es ist mir so lieb wie Euch, wenn ich die Geschichte abkürzen kann, indem ich mich für Euch verbürge. Ich denke, das kann ich jetzt, Hans Maybrunner,“ setzte er mit freundlichem Lächeln hinzu.

Unterdes waren sie an einer Wegkreuzung angelangt, wo der Wald sich lichtete. Zwischen dem Buchengrün schimmerten vom Ausgange des breiten, wohlgepflegten Querweges, über Obstgärten und Rosenhecken, die weißen Mauern und Türme eines weitläufigen schloßartigen Baues herüber. Der Holländer winkte etlichen Wegarbeitern, die neugierig grüßend von ferne standen, und übergab ihnen mit einigen Worten den Gefangenen; Hans merkte an dem Benehmen dieser Leute, daß sein neuer Bekannter, wenn auch ein Fremder, hier in großem Ansehen stand. „Das ist das Benediktinerinnenstift Marienberg,“ erklärte ihm der Holländer. „Sie nennen es das hohe Kloster, wegen seines Reichtums und weil alle die katholischen Prinzessinnen vom Rheine hier erzogen werden, auch viele von ihnen hier als Chordamen bleiben. Ich hör eben, daß der Amtmann heute im Stifte zu Besuch weilt, und wie mir scheint, sehe ich ihn da hinten schon neben dem Wagen der Äbtissin reiten. Das spart uns Weg und Zeit.“

Auf dem breiten, kiesbestreuten Wege näherte sich ein glänzender Zug langsam der Waldecke: drei schönbespannte Staatskarossen, besetzt von Damen in vornehmem Ordenskleide, geleitet von einer Schar berittener Diener und Kavaliere. In dem vordersten Wagen saß eine ältere, streng blickende Dame, mit funkelndem Kreuz auf der Brust, einer etwas bescheidener gekleideten Gefährtin gegenüber. Neben dem Wagenschlag ritt ein ziemlich junger Herr in prunkvoller Galakleidung, die zahlreichen goldenen Quasten und Knöpfe an seinem seidenen Mantel. Die breite gestickte Feldbinde und die Agraffen seiner Hutfedern funkelten fast noch anspruchsvoller als das goldene Kreuz auf dem dunklen Mantel seiner Dame.

„Das ist die hochwürdigste Äbtissin Amalia,“ erklärte der Holländer leise, „und der neben ihr reitet, ist der gnädige Herr Amtmann zu Boppard, Junker Damian von der Leyen; nun paßt auf und macht mir keine Dummheiten.“

Unterdes hatte der gestrenge Herr sich umständlich von den Damen verabschiedet und trabte nun mit einigen von seinem Gefolge näher, während die stiftlichen Wagen langsam weiterfuhren. „Quel accident! Ihr macht uns neugierig. Kommt Ihr schon wieder von Eurer Moselfahrt zurück, und in solchem Geleite, Mynheer Adriaen van Tessel?“ rief er höflich besorgt. „Ich will nicht hoffen, daß Euch oder dem liebwerten Fräulein ein Unfall in unserem Bezirke widerfahren sei!“

„Es ist noch Gott sei Dank gut abgelaufen, Euer Gnaden,“ antwortete der Holländer, „weil dieser junge Mann hier, mein Bote Hans Wächterlein, der mit einer geschäftlichen Botschaft an einen meiner Geschäftsfreunde in Bacharach von der Mosel unterwegs war, uns zur rechten Zeit Warnung und Beistand gab. Sonst wäre es uns übel ergangen.“ Dann berichtete er dem Amtmann, der von seinem Pferde gestiegen war und fast ängstlich zuhörte, mit kurzen Worten sein Erlebnis und ließ auch Hans wiederholen, was er von den beiden Wegelagerern und ihrem Gespräch wußte.

Der Amtmann quittierte zunächst mit wortreichen Äußerungen seines Bedauerns und versicherte sich in besonders zierlichen Wendungen, ob auch dem Befinden des werten Fräuleins dies erschreckliche Abenteuer nichts geschadet habe. Sogar für Hans fielen einige lobende Worte mit ab. „Ja, es ist ein ganz zuverlässiger junger Mann,“ bestätigte der Holländer. Offenbar aber war es dem vornehmen Amtmann bei alledem nicht recht geheuer.

„Und was gedenkt Ihr nun in der Sache zu thun, insonders verehrter Herr?“ fragte er schließlich sehr zuvorkommend.

„Nun, Euer Gnaden,“ meinte Mynheer van Tessel, „es wäre mir lieb, wenn wir's einfach und ohne die bürgerlichen Ortsgerichte machen könnten. Den Kerl habt Ihr ja, unser Zeugnis auch, wir können es ja nachher zu einer Euch gelegeneren Stunde zu Protokoll geben, und ich möchte für mein Teil die Gerichte nicht weiter angehen, da ich eilig bin und auch den Hans Wächterlein gerne bald mit Briefen von mir weiter rheinaufwärts reisen säh.“

Das Antlitz des Vertreters Seiner kurfürstlichen Durchlaucht verklärte sich bei diesen Worten zusehends. „Ganz Eurer Meinung!“ rief er. „Ihr seid nicht bloß ein großer Kaufherr, Mynheer van Tessel, sondern auch ein weiser Mann, der sich in der Welt auswei߸. Natürlich werde ich sogleich eine Streife nach den Schnapphähnen abordnen, und wenn sie noch dort am Sanct Hubertushäuschen hocken, so werden meine Landreiter sie schon kriegen. Anderenfalls freilich, wenn sie schon ins Pfälzische hinübergewechselt haben, oder auf Rhens zu in Seiner kölnischen Durchlaucht Gebiet, dann müssen wir erst schriftlich verhandeln. Aber wir lassen sie dann wohl ein andermal. Hingegen, wenn sich die Dickköpfe da unten, die Bopparder Schöffen, darein mischen, so gibt es ein Geschreibe bis zum Kurfürsten hinauf und eitel Belästigung für Euch — und auch für das kurfürstliche Amt. Sie sind immer dabei, wenn es gilt, uns und unserer Fürsorge für die Sicherheit in ihrem sogenannten Stadtwalde etwas nachzureden. — Kommt nur heute nachmittag um die vierte Stunde zu mir unten auf die Burg, wir nehmen ein Protokoll auf, ich werde sorgen, daß der Kerl bis dahin alles gestanden hat, was wir brauchen, um ihn kraft unserer Vollmacht hängen zu lassen, und dann ist der Fall erledigt. Kann ich Euch sonst dienen, — wollt' Ihr eine Schutzwache durch den Wald —"

„Vielen Dank, Euer Gnaden," erwiderte Mynheer van Tessel höflich. „Ich denke, daß ich heute noch rheinab bis Coblenz fahre, unsere Diener haben wir schon voraus dorthin gesandt. Ich wollte meiner Tochter ein Stück Mosélland zeigen, aber das kann ich auch von Coblenz aus flußaufwärts. Aber wenn Ihr mir einen Paß für meinen Boten hier —"

„Sollt Ihr haben, Mynheer, natürlich; heute nachmittag kann er ihn mitnehmen. Bis dahin lebt wohl, ich muß der hochgeborenen Frau Äbtissin nach, — Damendienst, Damendienst! Tout pour Dieu et les dames, — nicht wahr, mein liebwertes Fräulein? Aber wirklich ganz hergestellt von dem Schrecken? Ach, ich wäre untröstlich, wenn es nicht so wäre! — Also auf Wiedersehen, — Euer Diener, Fräulein Renata. — Sorgt doch, Vetter Friedrich, daß der Kerl gleich krumm geschlossen wird, — vielleicht helft Ihr ihm auch schon zu einigem Geständnis!"

Die letzten Worte rief der Amtmann von Boppard schon vom Sattel aus einem seiner Kavaliere zu; dann sprengte er mit bewunderswerter Eleganz dem Wagenzug nach, während der Angeredete den Verbrecher von einigen Knechten binden ließ und auf einem Seitenwege nach der am Strome oberhalb der Stadt gelegenen Burg geleitete. Mynheer van Tessel blickte dem Zuge der Reiter und Wagen mit seinem gewohnten Lächeln nach, dann wandte er sich zu Hans und sagte: „Nun, Hans Wächterlein, wie Ihr jetzt einstweilen heißen müßt, ich würde Euch gern im Wagen mitnehmen, aber Ihr habt mit Euren offenen Ohren wohl vernommen, daß der Herr dort" — er winkte mit der Schulter hinter dem Amtmann her — „alles Aufsehen vermeiden will. Ihr werdet Euch deshalb auch noch einigen äußeren Änderungen unterwerfen müssen; ich besorge das. Einstweilen folgt uns langsam nach, beim Wirte zum ‚Schwanen', unter der Burg am Rhein, werdet Ihr Euer Quartier bereit finden. Für Euern Einlaß am Stadtthor sorge ich, nennt nur meinen Namen. Ihr kennt ihn doch?"

„Jawohl, Mynheer van Tessel," antwortete Hans völlig verblüfft. Der Wagen des Holländers war schon lange verschwunden, als der neugetaufte Hans Wächterlein noch auf demselben Flecke stand und mit den Erlebnissen dieser Stunde rang; und erst als er sich endlich anschickte, dem Wagen zu folgen, bemerkte er, daß sein Rabe fehlte. Der hatte sich einfach von der schönen Dame im Wagen entführen lassen.

Die Wache unter dem alten baufälligen Thor ließ Hans auf den Namen Mynheers van Tessel nur mit einem brummigen „Weiß schon!" passieren. Schwieriger war es ihm, sich in der Stadt selbst zurechtzufinden; denn die Straßen waren zumeist nur krumme und überaus enge Durchgänge zwischen den größtenteils aus Holz und Fachwerk gebauten, mit allerlei verräucherten Schnitzereien und hohen Spitzgiebeln geschmückten Häusern, dazu waren die oberen Stockwerke vielfach noch in die Gasse vorgebaut, also daß man ohne Gefahr, zu fallen oder ein erhebliches Streifchen Himmel zu sehen, aus einem Speicher auf den anderen quer über die Straße steigen konnte. Auf den Gassen selbst lag vieles, was nicht dahin gehörte, und dazwischen tummelten sich Kinder, Hunde, Hühner und sogar etliche schnuckfende Schweinchen mit mehr Behagen als Rücksicht auf den Wanderer umher.

Ein ganz anderes Bild that sich urplötzlich vor Hans auf, als er sich endlich durch die dumpfigen Gassen zum Rheinstapel hingefragt hatte. Da lag wieder vor ihm im blendenden Mittagsscheine der Rhein, von grünen, burggekrönten Bergen ringsum fast wie ein See umschlossen, belebt von

Nachen mit weißgrauen Segeln und blitzenden Rudern. Über das Steinufer des schmalen Stapelplatzes ragten die Masten mehrerer großer Frachtschiffe auf, die hier anlegen mußten, die abwärts fahrenden, um den Durchgangszoll zu entrichten, die zu Berg fahrenden, um die Zugpferde zu wechseln; der Platz wimmelte von Menschen, das Wiehern und Stampfen der Pferde vermischte sich mit dem Geschrei der Schiffsführer, die sich mit den kurfürstlichen Zöllnern über die Höhe des Zolles herumstritten und beteuerten, die Hessischen in St. Goar, die Pfälzer in Caub hätten ihnen nicht halb so viel abverlangt. Dazwischen klangen die rauhen Trinklieder rastender Halfterknechte. Über dem ganzen Gewirre von feilschenden, lärmenden und teils betrunkenen Männern ragte stolz und drohend die kurfürstliche Burg auf, mit vier starken Ecktürmen und tiefem Wassergraben, über dem aus den Mauerluken die unheimlichen Mäuler der Kanonen erschrecklich hervorgähnten.

Unterhalb der Burg lag ein friedlicheres Haus, über dessen Thor sich ein großer, weiß angestrichener Vogel mit unglaublich langem Halse wiegte. Als Hans sich, ganz verwirrt von all dem Lärm, diesem Hause zuwandte, sah er Mynheer van Tessel neben dem dicken Wirte winkend im Thorweg stehen.

„Das ist Hans Wächterlein, Meister Wirt," sagte der Holländer; „zeiget ihm sein Losament und gebt ihm, was er braucht; er wird alsdann mit meiner Tochter und mir in der Rosenstube oben speisen. Und im übrigen — keine Entschuldigungen mehr! Die Geschichte ist ja gottlob gut abgelaufen, und Ihr werdet künftig vorsichtiger in der Annahme neuer Knechte sein."

Damit wandte er sich ab und stieg die Treppe hinauf. Der Wirt murmelte noch etliches sehr verlegen und kleinlaut hinter ihm her, alsdann geleitete er Hans mit einer Höflichkeit, die diesem beinahe unheimlich vorkam, auf ein dieser Höflichkeit entsprechendes, erstaunlich nett ausgestattetes Zimmer.

„Dies ist Euer Losament, lieber, junger, wertgeschätzter Freund," sagte er. „Es ist das beste, was ich nach denen von Eurem Herrn und dem Fräulein Tochter habe. Gefällt es Euch?"

„Es ist ein ganz gutes Zimmer," erwiderte Hans, der allmählich in die Diplomatie hereinwuchs und sich vornahm, über nichts mehr verwundert zu erscheinen.

„Das ist es," bestätigte der Wirt bescheiden, „und ich darf sagen, es haben schon vornehme Leute darin logiert. Erst vorigen Herbst, zu Martini, hat sich der hochgeborene Herr Rheingraf in Person in diesem Zimmer recht christlich betrunken. Aber für Euch, hochgeschätzter, insonders lieber Freund, ist mir ja gewiß nichts zu schade. Ihr habt mir ja nicht bloß meine zwei guten Gäule und den Wagen, sondern durch nebstbei statthabende Errettung des Herrn und des gnädigen Fräuleins auch den guten Ruf meines Hauses sozusagen bewahrt! Und nicht wahr," setzte er vertraulich hinzu, „Ihr leget ein gutes Wort für mich ein bei Mynheer und lasset die Geschichte nicht weiter verlauten? Es soll Euer Schade nicht sein! — Ach Gott, es ist schon schwer genug für mich! Die hohe Frau vom Marienberg droben weiß ja doch schon um die Geschichte, was soll die dazu sagen, daß ihr durch meine Unvorsichtigkeit ein Mann wie Mynheer Adriaen van Tessel beinahe verloren ging, der dem Stift erst voriges Jahr zu Martini wieder fünfundvierzig Fuder abgekauft hat, und alles mit guten Wechseln auf Frankfurt glatt bezahlt!"

„Was ist das für ein Packen auf dem Bette?" fragte Hans, um dem verwirrten Gerede des Dicken ein Ende zu setzen.

„Das habe ich für Euch hingelegt, wie Mynheer befahl. Ich hoffe, Ihr werdet zufrieden sein, — noch ganz neu, mein Bruder, der Schneider, hat es für den Stiftsjäger gemacht, aber der Kerl zahlt ja doch nie. Und Ihr habt just dieselbe Statur, der liebe Gott hat es sichtlich so gefügt."

Als der Dicke sich nach vielen Komplimenten entfernt hatte, untersuchte Hans den Packen, der auf dem sauber gedeckten Bette lag, und betrachtete den Inhalt eine Weile sehr erstaunt. Sodann wusch und strählte er sich und begann bedächtig sein abgetragenes Türmer- und Spielmannsgewand mit dem anderen zu vertauschen, das er dem Packen entnahm; und als er sich dann musterte, gestand er sich errötend, daß er freilich in diesem seinen grünen

Wams mit grauen Kniehosen und Strümpfen schon eine andere Figur vor fremden Leuten mache. Da er nun aber unversehens noch eine neue Überraschung in der Tasche des Wamses entdeckte, errötete er noch viel mehr und suchte hastig den Weg nach der Rosenstube auf.

Mynheer saß im Vorzimmer am Schreibpult. Er empfing Hans sehr freundlich und musterte ihn mit wohlgefälligen Blicken. „Ich freue mich, daß Ihr es mir nicht abschlagt, Euch als meinen Boten zu verkleiden, da ich Euch doch für einen solchen ausgeben und gebrauchen will," sagte er.

„Herr," erwiderte Hans, indem er einen kleinen, wohlgespickten seidenen Beutel aus der Tasche zog, „das Gewand habe ich angezogen und nehm' es an, da Ihr es zu wünschen scheint. Aber das hier nicht. Ich habe Euch nicht um Geld geholfen, den Kerl festnehmen."

Mynheer van Teffel lächelte und legte ihm die Hand auf die Schulter. „Das braucht Ihr mir nicht erst zu sagen," erwiderte er. „Mit Geld bezahlt man so etwas überhaupt nicht. Das bezahlt der liebe Gott schon auf andere Weise. Aber wenn Ihr den Beutel als Andenken behalten wollt, — meine Tochter hat ihn mir einmal gestickt, so thut Ihr mir und ihr gewiß auch eine Freude. Und nun laßt uns zu Tisch gehen, meine Tochter sitzt schon nebenan mit Eurem schwarzen Kameraden und wartet auf uns."

Zehntes Kapitel.

Hans Maybrunner hatte noch niemals an vornehmer Leute Tisch gesessen; und wenn er versucht hätte, sich bei dieser ersten Gelegenheit wie ein „galanter und courtoiser Kavalier" zu benehmen, so wäre er auf dem schlüpfrigen Boden hoffnungslos ausgerutscht. Weil er aber derartiges eben gar nicht kannte, so lief die Sache ganz gut ab; denn er besaß den natürlichen Anstand, der besser vorhält als alle mühsame Überkleisterung innerer Roheit. Nur vielleicht ging die Offenheit etwas zu weit, mit der er seine schöne Nachbarin bewundernd musterte. Allerdings hätte ihre fremdartige Anmut auch dem blasiertesten Kavalier auffallen müssen. Jetzt, da sie ohne Mantel, im Reisekleid, doch immer noch prächtig angethan, vor ihm saß, empfand Hans erst recht, wie sehr sie sich von allen Schönen, die er bisher gesehen, unterschied. Sie war überaus zierlich gebaut, zumal ihre Hände waren sehr schmal und klein; was ihm aber am meisten auffiel, war die Farbe dieser Hände, des ovalen Gesichts und des schlanken Halses. Es war ein lichtes, fast wie Mattgold schimmerndes Braun, aus dem sich die vollen tiefroten Lippen und die großen, von langen dunklen Wimpern geschützten schwarzen Augen gar eigen abhoben. Auch das Haar, das sich in mehreren schweren, mit Perlen umwundenen Flechten um das Köpfchen schlang, war glänzend schwarz. In ihrem seltsamen Wesen, wechselnd zwischen träumerischem Schweigen und plötzlicher, fast leidenschaftlicher Beweglichkeit, erschien sie wie ein bunter, fremder Vogel, den Wind oder Menschen aus seiner tropischen Heimat in die kühleren Lande des Nordens gelockt. „Wie ein Vögelchen" nährte sie sich auch, nur gleichsam an den Speisen naschend und dazu aus zierlichem Kelchglas einen dunkelroten, süßen Wein schlürfend. Ihr Vater zog den Bopparder Wein vor, er sprach den derben, nach rheinischer Sitte scharf gewürzten Speisen fleißig zu, ermahnte auch Hans zu gleichem Fleiß und sorgte dafür, daß der Römer des Gastes nicht leer blieb; an der Unterhaltung der beiden beteiligte er sich wenig, hörte nur behaglich zu und wechselte ab und zu einige Worte mit dem Wirte, der selbst aufwartete und ganz selig über die freundliche Stimmung Mynheers war. Das Fräulein sprach ein böses Deutsch, nicht immer verstand Hans sogleich, was sie mit leiser, etwas verschleierter Stimme sagte; offenbar aber fanden beide bei dem Gespräch ein Vergnügen, das durch kleine Mißverständnisse noch erhöht wurde. Der Rabe saß auf Renatas Stuhllehne, sie lachte wie ein Kind über seine Streiche; Hans konnte sich nicht satt an ihrer heiteren Anmut sehen. Sogleich aber wandelte sich ihr Wesen zur vollkommensten vornehmen Würde, als gegen Schluß des Mahles der Wirt einen blondlockigen jungen Mann hereingeleitete, der die Kleidung eines Pagen in den Farben des Junkers von der Leyen trug und ein zierliches, mit Mandelkonfekt und Blumen gefülltes Körbchen in der Hand hielt.

Dieser blonde Jüngling schien bei dem

Herrn, dessen Farben ihn schmückten, ordentlich Anstandsstunden genommen zu haben, so umständlich und überhöflich begrüßte er Herrn Adriaen van Tessel und besonders Renata, um dieser dann schließlich mit einer halben Kniebeugung das Körbchen zu überreichen:

„Mein gnädigster Herr läßt dem hochverehrten Fräulein mit nochmaliger sonderlicher Gratulation zur glücklich gehabten Bewahrung vor affreusen Gefahren dieses unwürdige Geschenk als ein Dessert überreichen, hoffend, sie werde solches seiner Bitte gemäß mit eben solchem Gemüt zu nehmen nicht verschmähen, als aus dem es gesandt wird.“

Während Renata das Körbchen mit einigen dankenden Worten annahm, empfand Hans das unerklärliche, aber sehr lebhafte Gefühl, als ob er den blondlockigen Boten, der ihn völlig zu übersehen schien, am liebsten vor allen Menschen durchprügeln möchte. Aber dieser thörichte Wunsch legte sich sogleich wieder, als das Fräulein nach Verabschiedung des amtsmännischen Pagen anfing, dem Raben einiges von dem Konfekt zur Auswahl vorzulegen. Dieser schien ebensowenig Neigung für die Leckereien aus der Burg zu haben wie sie; er ließ die Stücke nach kurzer Prüfung aus dem Schnabel fallen und gab seiner absprechenden Meinung durch einige kraftvolle Krächzlaute Ausdruck, wobei er die Augen vorwurfsvoll verdrehte.

„Er mag dergleichen nicht,“ erklärte Hans, den das Fräulein ratlos ansah, „es ist wider die Natur dieser Vögel; sie würden davon sterben, und das wissen sie.“ Und da ihn ihre schwarzen Augen noch immer so aufmerksam anschauten, begann er einen eingehenden Vortrag über die Neigungen und Abneigungen der Raben. Das Fräulein hörte so andächtig zu wie ein braves Schulkind, die Lippen vor Neugier ein wenig aufgezogen, so daß dahinter die weißen Zähnchen durchschimmerten; als aber der Docent dazu überging, die geistigen Vorzüge seines Gegenstandes durch Beispiele zu erläutern und den Raben seine besten Kunststücke eins nach dem anderen vormachen ließ, schlug sie die Händchen vor Vergnügen zusammen und lachte, als ob sie noch nie etwas Herrlicheres gesehen hätte.

Ihr Vater hatte sich unterdes in das Nebenzimmer zurückgezogen, um einen Brief fertig zu schreiben, den er Hans mitgeben wollte. Als er, durch die Heiterkeit Renatas angezogen, belustigt durch die Thür schaute, lief sie zu ihm hin und flüsterte ihm, die zarten Arme um seinen Nacken schlingend, mit bittender Miene eifrig zu, in einer fremden, wohlklingenden Sprache.

Mynheer zog ein bedenkliches Gesicht. „Meine Tochter hat sich ganz in Euren schwarzen Tausendkünstler da vernarrt,“ sagte er zu Hans, „sie meint, ob Ihr ihn ihr wohl verkaufen wolltet? Sie wolle ihn so gut halten wie ihre drei Papageien in Amsterdam.“

„O, viel, viel better!“ beteuerte Renata und sah Hans mit gefalteten Händen erwartungsvoll an, „wilt gy, Mynheer?“

„Nein,“ sagte Hans, „um Geld gebe ich ihn nicht, aber wenn das Fräulein ihn als eine Verehrung von mir annehmen will, so soll es mir eine große Freude sein,“ — und damit sprach er ganz wahr; denn als ihm nun das Fräulein und ihr Vater jedes in seiner Weise dankten und Renata ihr neues Besitztum liebkosend streichelte, empfand er eine Freude, als wäre er der Großmogul und hätte soeben einem guten Freunde zum Geburtstag die Insel Ceylon oder eine ähnliche Kleinigkeit verehrt.

Es war ihm fast wie das Erwachen aus einem schönen Traume, als Mynheer ihn jetzt an das Ziel erinnerte, dem er doch vor kurzem noch mit phantastischer Sehnsucht zugestrebt. „Dieser Brief ist an den Domine Govaert Friso, jedes Kind in Bacharach kann Euch zu ihm führen, und er wird Euch auch den Weg auf den heißen Stein weisen,“ setzte er lächelnd hinzu. „Nun aber ist es Zeit, daß wir zur Burg gehen.“

Ziemlich beklommen folgte ihm Hans. Es verlief aber alles sehr glatt und schnell. Junker Damian von der Leyen, der sie in einem überaus ehrwürdig aussehenden Amtszimmer hinter einem riesigen Aktentisch empfing, hatte die Zeit wahrhaft ausgenutzt. „Es ist alles schon in Ordnung, Mynheer,“ rief er dem Eintretenden zu. „Der Kerl — die zwei anderen fassen wir nächstens — hat alles gestanden, was wir von ihm wissen wollten; einer von unseren Karmeliterpatres hat ihn schon in der Arbeit, um ihn auf sein letztes Stündchen vorzubereiten. Es ist eigentlich eine unnötige Formalität, daß Ihr Eure Zeugenaussage unterschreibt, der Prozeß ist ja erledigt. Aber wenn Ihr wollt, — hier habe ich sie aufschreiben lassen, bitte, seht zu, ob es stimmt. Und da ist der Paß für Euren Boten, gültig in meinen beiden Ämtern Boppard und Oberwesel; durch die ketzerischen Ämter Sanct Goar, Bacharach und so weiter kann ich ihm nicht helfen, aber da werdet Ihr schon mit einer Empfehlung von Euch weiter reichen als mit jedem Paß. Wenn also das Protokoll stimmt, — ja? — nun dann wäre ja alles in Ordnung, — unterzeichnet nur, — kann der Bursch da auch schreiben? Wahrhaftig, ja. Ich sag's ja, diese Holländer, alles können sie, sogar ihren Knechten bringen sie das Schreiben bei. Und hier ist der Paß. — Also, Ihr wollet wirklich fort, hochgeehrter Herr? Nun denn, empfehlet mich ganz besonders dem liebwerten und holdseligen Fräulein, reiset mit Gott und kommt bald wieder, unsere katholischen Winzer können das holländische Geld allezeit so gut brauchen, wie Eure calvinischen Glaubensgenossen oben in Bacharach. Geld hat keinen Glauben. Au revoir, hochgeehrter Herr, au revoir!" —

„Da seht Ihr, Hans, wie die Fürsten und ihre Stellvertreter in Eurem Vaterlande mancher Orten Gesetz halten," sagte der Holländer ernst, als sie wieder aus der Burg waren. „Es sind gottlob nicht alle so. Aber merkt es Euch und lernet daraus, wenn Ihr einmal klagen hört, daß so viel Armut und Unlust im Lande sei. Das kommt von oben. Gerechtigkeit erhöht ein Volk. Nun aber kommt und nehmt den Abschiedstrunk mit uns, dort liegt das Schiff, das uns nach Coblenz hinunter tragen soll. Ihr bleibt am besten bis morgen früh hier im Schwanen, Eure Zeche ist schon gemacht. Vergeßt nur Euren neuen Namen nicht, ehe Ihr in Bacharach seid!"

Elftes Kapitel.

Um die dritte Stunde am folgenden Nachmittag kehrte Hans zu einer kurzen Rast in dem uralten Gasthaus zur Lilien in Sanct Goar ein. Er hatte an diesem Tage schon mehrerer Herren Länder durchwandert und viel Schönes unterwegs betrachtet, mit dem ganzen Behagen eines, der mit Geld und Papieren genügend ausgerüstet ist, um auf der breiten Heerstraße sorgenfrei zu reisen. Bei den hessischen Zollwächtern am Thore zu Sanct Goar und bei dem Lilienwirt genügte die bloße Berufung auf Mynheer van Tessel, um dem Boten dieses einflußreichen Kaufmanns dieselbe Anerkennung zu schaffen, die ihm die kurtrierischen Thorhüter und Landreiter angesichts seines Passes zu teil werden ließen. Es war köstlich, nach vier Wochen eines polizeischeuen Vagabundenlebens so anerkannt und sicher zu reisen; köstlicher noch, während des Wanderns immer wieder daran zu denken, wie freundlich Renata von Tessel ihm noch vom Schiffe aus zugenickt und nachgeschaut hatte. Diese Erinnerung beherrschte seine Seele so völlig, daß selbst die Neugier, was und wen er nun auf dem heißen Stein finden werde, dahinter zurücktrat.

Einem unverdorbenen Herzen wandelt sich die Freude unschwer zum Wunsche, anderen Freude zu machen. Während Hans vor seinem Mahle saß, hörte er draußen vor der Hausthür den Wirt scheltend und abweisend reden, und hinausschauend gewahrte er zwei Franziskanermönche, die den ketzerischen Wirt demütig um einen Imbiß baten. Sie waren ihm schon unterwegs aufgefallen, noch im katholischen Gebiete, wo sie vor einem Winzerhäuschen bei einem guten Trunk Weines saßen, während er im Staube der Straße vorüberschritt. Nun hatte sich das Blatt gewendet. Hans aber that es leid, die beiden bärtigen Männer — einer war schon in hohen Jahren — so kläglich betteln zu sehen, zumal er daheim in der Reichsstadt von ihren Ordensbrüdern manche kleine Freundlichkeit empfangen hatte. Er winkte dem Wirt und hieß ihn, auf seine Kosten den Fremden Speise und Trank zu bieten. Die beiden Mönche dankten überrascht und gerührt mit manchem lateinischen und deutschen Spruch für die unvermutete Gabe, die sie draußen, bescheiden auf der Bank vor der Thüre sitzend, verzehrten. Der Wirt schien etwas beschämt. „Eigentlich habt Ihr recht," sagte er zu Hans, „es sind doch auch Menschen wie wir, und ich bin wahrhaftig kein karger Filz. Aber ich darf es nicht thun, um meiner Stammgäste willen.

Ich würde ja riskieren, daß unser Pfarrer es nächsten Sonntag von der Kanzel herab rügte, wenn es herauskäme, daß der Wirt zur Lilien ein paar papistischen Glatzköpfen etwas umsonst gegeben hätte. Bei Euch ist es etwas anderes, Ihr seid ein Reisender und mögt schenken, wem Ihr wollt. Überhaupt seid ihr Holländer ja nicht so, ich bin selbst in Amsterdam gewesen und habe gesehen, wie sich Reformierte und Katholiken da gegenseitig helfen. Einem Wirt könnt's schon recht sein, wenn wir auch etwas davon annähmen." Da sich unterdes einige einheimische Gäste einstellten, brach er seine freigeistigen Reden vorsichtig ab, aber er bediente Hans sehr freundlich, und bei der Abrechnung fiel der Posten für die Franziskaner merkwürdig niedrig aus.

„Wenn ich Euch raten darf," meinte der Wirt, „so solltet Ihr noch ein Stündlein oder zwei bleiben. Es zieht ein böses Wetter überm Hunsrück zum Rhein her."

Hans lehnte den guten Rat ab, aber nach einer kurzen Strecke Weges fand er, daß der wetterkundige Mann wahr gesprochen. Eine schwere, dunkle Wolkenmasse, in deren fahlen Rändern es unablässig flimmernd aufzuckte, schob sich vom Westen her, und das Unwetter brach los, als der Wanderer eben in jene unheimlichste Enge eingetreten war, wo der Strom schmal, tief und dunkel sich zwischen hohen, schaurig steilen, von keiner menschlichen Wohnung belebten Felswänden hindurchpreßt. Zumal eine ungeheure, massige Felskuppe des rechten Ufers stemmt sich in furchtbarer Schönheit den Fluten entgegen. Diesem Berge gegenüber, unter einem die Straße überwölbenden Felshang, barg sich Hans in einer kleinen Grotte, um das schlimmste Unwetter vorüberzulassen. Die Finsternis der tiefhängenden Wolken und der ungeheure Regen verpfählten ihm die Aussicht fast ganz. Nur wenn ein besonders greller Blitz hindurchfuhr, erschien das Riesenhaupt des jenseitigen Felsens einen Augenblick wie in Feuer gebadet, und in der sogleich wieder niedersinkenden Finsternis scholl dann der rollende Donner, vom Wiederhall einmal über das andere zurückgeworfen und wieder aufgefangen, doppelt schaurig.

Ebenso plötzlich aber, wie das Unwetter losgebrochen war, brach es auch nach einem letzten furchtbaren Blitz und Donner ab. Der Regen rieselte nur noch leise nach; die Wolken zerrissen und die eben noch empört aufwallenden Wogen glätteten sich im freundlichsten Sonnenschein.

Schon in den einzelnen, sekundenlangen Pausen des Gewitters war es Hans ein paarmal gewesen, als hörte er ganz in seiner Nähe ein einförmiges Gemurmel von Menschenstimmen, ohne daß er die Worte zu erkennen vermochte. Als er nun aus seinem Versteck vortrat, sah er kaum fünf Schritt weiter, unter einer zweiten Grotte, die beiden Franziskaner stehen.

„Benedicite," rief der Ältere, als er ihren Gönner wiedererkannte, „treffen wir uns hier? Da haben wir Euch ja gleich mit unserem Gebet ein wenig für Eure Gutthat danken können. Nun wahrhaftig, das war ein Wetterchen! Da kann einem ein bißchen Fürbitte bei den Heiligen nichts schaden, wenn man auch ein Ketzer ist wie Ihr, junger Freund. Und noch dazu an einem solchen Orte. Wißt Ihr auch, daß Ihr jetzt recht eigentlich bei dem heiligen Goar zu Gaste gewesen seid? In dieser Grotte hier hat er sein erstes Bett gehabt, und auf der Klippe dort seine erste Predigt gehalten, recht im Angesicht des Widersachers, wie es sich für einen Heiligen schickt. Denn wie heißt jener Fels da drüben? Die Lurlei heißt er, das ist verdolmetscht der Stein des Lauers, — des Bösen, — diaboli petra! Drüben auf der steilen, düstern Wand lag er wie ein Raubvogel, um den Seelen der Scheiternden aufzulauern, bis der heilige Gottesmann ihn mit manchem kräftigen Sprüchlein herunterscheuchte, daß er ins Wasser fuhr, und es zischte auf, wie wenn ein glühendes Eisen hineinfährt. Lest nur in der Legende nach, oder wenn Ihr einmal nach Coblenz kommt, fragt bei unserem Bruder Pförtner nach dem Bruder Sebastianus, so will ich es Euch verdolmetschen. Aber freilich, jetzt glauben sie in dem Nest da drunten nicht mehr an den Heiligen, von dem es doch den Namen hat, und da hat auch der Böse wieder Macht bekommen und lauert wie zuvor. He?! Ist nicht erst voriges Jahr ein Kahn mit gutem Rheinwein für unser Kloster an dieser verruchten Stelle versunken?"

Nach diesen beweiskräftigen Worten schlug der Bruder Sebastianus ein Kreuz

Die schöne Geflügelhändlerin.

Nach dem Gemälde von Alois Eckardt.

nach der Lurlei hinüber und wandte sich mit dem Jüngeren, der bewundernd zugehört hatte, zum Weitergehen. Hans freute sich der Weggenossen, die sich als heitere und gesprächige Männer erwiesen und ihn mit aufrichtigem Wohlgefallen behandelten. Auch bestanden sie darauf, daß er mit ihnen bei ihren Ordensbrüdern in Oberwesel einkehre und im kühlen Refektorium einen Becher leere. „Dort sind wir wieder auf kurtrierischem Boden, — und habt Ihr uns mit Eurem ketzerischen Rheinfelser getränkt, so soll Euch unser gutkatholischer Engelhöller auch munden.“

Die beiden Mönche hatten ein Geschäft ihres Coblenzer Klosters in Lorch, gegenüber Bacharach, zu bestellen. „Bis an die Bacharacher Grenze gehen wir mit Euch,“ meinte Bruder Sebastianus, „dort wohnt ein frommer Fährmann, der uns um Gotteslohn ins Mainzische übersetzt. Denn Eure pfälzischen Calviner in Bacharach lassen uns nicht hinein.“

Sie hatten Oberwesel und die Schönburg schon hinter sich, als sie an einem Winzerhäuschen vorüberkamen, das völlig unbewohnt schien und mit den letzten Spuren eines einst sorgsam gepflegten friedlichen Heims doppelt traurig von der Schönheit der Gegend abstach. Die Barfüßer wandten den Blick ab und bekreuzten sich. Dann, als sie vorbei waren, sagte der Ältere: „Da hätte Euch auch ein frommes Sprüchlein nichts geschadet, junger Ketzer. Auf die Jungen und Hübschen hat es der Teufel immer am ärgsten.“

„Da habt Ihr wohl recht, Bruder Sebastian,“ sagte der Jüngere. „Die Maria Schäfferin in dem Häuschen da war ja auch so ein junges Blut. Und dann erst das Kind. Erzählt dem jungen Gesellen die Geschichte doch.“

Es war eine Geschichte, dergleichen die Welt damals zu Hunderten in einem Jahre erlebte. Die Maria Schäfferin war eine junge Winzerswitwe gewesen, die mit ihrem zehnjährigen Töchterchen in jenem Hause lebte. Eines Tages hatte man sie und das Kind eingezogen auf die Aussage einer Hexe hin, die auf der Folter unter anderen auch diese beiden als Teilnehmerinnen bei den Teufelstänzen auf dem Königsstuhl bei Rhense angezeigt hatte; und vier Wochen darauf waren sie beide, „nach erlangtem Geständnis,“ verbrannt worden. Ihre Habe verfiel dem Fiskus.

„Ich verarg's Euch nicht, wenn Euch eine Gänsehaut überläuft,“ sagte der Bruder Sebastian. „Wenn man denkt, wie mächtig der Teufel ist!“

„Gewiß,“ meinte der andere Mönch. „Denkt doch nur an die Geschichte, die uns gestern unser gelehrter Bruder Marcellus erzählt hat!“

„Wie war das eigentlich, Bruder Placidus?“ fragte der Ältere. „Ihr wißt, ich war gestern mit dem Esel terminieren und bin ums Zuhören gekommen.“

„Ja, genau habe ich den Fall auch nicht verstanden. Aber ich glaube, so war es. Es war da in irgend einer Stadt, unten nach dem Niederlande zu, eine alte Turmwächterswitwe, eine gräuliche Hexe muß es gewesen sein. Und sie hatte einen Raben bei sich. Die kommt eines Tages und sagt, ihr Neffe, der Turmwächter, sei am Morgen nach der Walpurgisnacht von einer Taube fortgerufen worden und aus der Stadt gegangen. Und den Raben habe er mitgenommen. Wie aber die Herren die Sache näher besahen, da fanden sie, daß der Teufel in dem Raben saß. Der habe den jungen Kerl — Hans Mabuern hieß er, oder so ähnlich — umgebracht und fortgeschleppt.“

„Nun, das ist ja nichts Neues,“ meinte Bruder Sebastian und strich sich den grauen Bart. „Eine Hexe muß dem Teufel immer von Zeit zu Zeit eine Seele liefern.“

„Ja, wartet nur. Das Merkwürdigste kommt noch. Die Hexe haben sie natürlich eingesperrt, und anderen Tages —“

„Haben sie sie peinlich befragt?!“ schrie Hans so entsetzt, daß beide Mönche ihn mitleidig anstarrten und Bruder Sebastian etwas wie „weiches Kinderherz“ murmelte.

„Nein,“ fuhr der Jüngere fort, „das ist es ja. Als sie sie anderen Tags befragen wollten, war sie weg. Rein weg. Der Teufel hat sie durch die Wand geholt.“

„Hm, so,“ murmelte Bruder Sebastian. „Aber so was kann vorkommen. Ich erinnere mich, der Guardian erzählte uns einmal über Tisch eine Geschichte aus Benevent, — Ihr wißt, das ist für die welschen Hexen, was der Königsstuhl für die unsrigen und der Blocksberg für die luthe rischen Hexen aus Sachsen ist. Da hatte der Teufel eine dicke alte Frau in einem Nadelbüchschen aus dem Gefängnis geholt, als Henkersknecht verkleidet. Das Nadelbüchschen haben sie hernach gefunden, aber die Hexe war nicht mehr drin."

„Ja, aber jetzt kommt das Allermerkwürdigste," sagte Bruder Placidus und hob den Zeigefinger auf. „Die Geschichte ist einem Jesuiten in die Finger gefallen, der in selbiger Stadt Professor ist, und der hat natürlich gleich eine Schrift darüber aufgesetzt, worin er beweist, wie und warum der Teufel in dem Raben saß und den jungen Burschen holte. Und unseren Fratres in selbiger Stadt hat er dabei auch einen Hieb versetzen wollen, weil der junge Bursch bei denen etlichemal die Predigt gehört habe."

„Natürlich," brummte Bruder Sebastian. „Wann läßt ein Jesuit auch einmal die frommen Brüder ungeschoren? Aber sie haben's ihm hoffentlich heimgezahlt, dem Schleicher?"

„Ja, darum haben sie ja gerade an den Bruder Marcellus geschrieben, weil der sozusagen ein Ausgelernter in dem Fach ist. Und denkt euch, just an dem Tage, wo Bruder Marcellus morgens den Bericht kriegt, kommt nachmittags ein fahrender Spielmann mit einem Äffchen, ein Hinkefuß noch obendrein, ins Kloster und erzählt so ganz nebenbei, daß derselbige angeblich vom Teufel geholte Wächter Hans Maiwurm mit seinem Raben eine ganze Zeit mit ihm und seiner Bande als Musikus herumgezogen sei."

„Benedicite," rief der Bruder Sebastian und blieb stehen, „was sagt Ihr da?! Dann war am Ende der vermeintliche Wächter selber der Gottseibeiuns?"

„Beinahe habt Ihr's getroffen; aber nicht ganz. Ach, Ihr kennt den Bruder Marcellus nicht! Das ist ein homo profunditatis, ein tiefer Geist. Nun, ich will's Euch nur sagen: der junge Bursch war freilich mit im Teufelsbündnis, aber der Rabe — war die Hexe selbst."

„Ah!"

„Der Rabe war die Hexe," wiederholte Bruder Placidus fast schwärmerisch. „Die beiden ziehen jetzt zusammen hier im Land herum, aber man wird sie doch noch einmal fassen. Der Kommandant in Ehrenbreitstein hat gleich gestern abend darum an den Amtmann in Boppard Bericht geschickt, daß man auf sie fahnden soll."

„Aber weshalb hat sie denn die Geschichte den Herren erzählt?" fragte der Ältere.

„Nun," meinte der andere, „das ist ja eben das Feine. Einfach nur, um die Herren und nebenbei die Spürnase von Jesuiten zum Narren zu halten! Sie wußte ja doch, daß der Teufel sie nachts aus dem Gefängnis holen würde. Und dann ist sie als Rabe ihrem sauberen Neffen wieder zugeflogen. Wer weiß, wieviel Seelen die zwei jetzt schon wieder auf dem Gewissen haben."

„Schrecklich," murmelte Bruder Sebastian. „Es kann einem ordentlich bang werden. Aber auf die Schrift von unserem Bruder Marcellus wider den Jesuiten freue ich mich. Er hat eine spitzige Feder und wird es dem Schwarzrock schon zu fühlen gegeben. Aber da wohnt ja unser Fährmann, — und dort ist auch schon das Bacharacher Rheinthor; da seid Ihr am Ziel, junger Freund. Nein, hat Euch die Geschichte angegriffen! Man sollte meinen, Ihr hättet den Hans Maitrunk, oder wie er heißt, mit seinem Raben selber gesehen."

„Was denkt Ihr!" stotterte Hans.

„Nun, nun, es war ja bloß Scherz. Lebt wohl, und hütet Euch vor allem Teufelswerk!"

Zwölftes Kapitel.

„Wenn Ihr zu dem Domine wollt," sagte die kurpfälzische Schildwache am Bacharacher Rheinthor und deutete mit der Pike nach einem hochgelegenen weißen Häuschen zwischen den Weinbergen, „steigt nur dort hinauf. Er wird noch oben sein."

Der Aufstieg, über glatte Schieferhänge und unebene, steile Treppchen, war nicht leicht. Dergleichen war Hans von seiner Turmtreppe her gewohnt. Niemals aber hatte er diese mit einer Last erstiegen, wie er sie jetzt auf dem Herzen trug. Ganz erschöpft ließ er sich auf der Bank nieder, die einige Schritte vor dem Häuschen auf einem kleinen Felsvorsprung angelegt war. Sie stellte dem Geschmack dessen, der sie sich als Ruhesitz gebaut, ein gutes Zeugnis aus. Der köstlichste Ausblick eröffnete sich von hier auf die Stadt, die inmitten ihrer sechzehntürmigen starken Mauer im engen Thale wie in einer Wiege von Reben lag, überragt von der gewaltigen Burgfeste Stahleck, deren Flanke als köstliches Kleinod die rotschimmernde Sankt Wernerskirche schmückte. Über die Stadt hinaus schweifte der Blick bis zum Niederwald über die wald- und weinreichen Höhen hin, von deren Scheitel stolze Burgen auf langgestreckte Dörfer im Thal niedergrüßten, und zwischen den grünen Ufern schimmerte der Rhein im letzten Tagesscheine wie ein silbernes Band im farbigen Wappenschilde. Die laue Luft war erfüllt von köstlichem Duft der Reben und wilden Rosen, und von allenthalben her klangen fröhliche Lieder und Rufe feierabendfroher Menschen.

Aber für Hans war all dies Liebliche verloren. Seine Sinne waren verschlossen durch die ungeheure Sorge, die der verworrene Bericht des Bruders Placidus auf sein Gewissen geladen hatte. Nun wußte er, welch schreckliches Schicksal er durch seine Flucht auf sich und auf seine einzige Verwandte beschworen hatte. Überall folgte ihnen nun das blutdürstige Gespenst eines Irrwahns, der am ersten die bedrohte, die sich von ihm innerlich frei zu halten wußten. Hans gehörte zu diesen. Sein Vater, der das eigene Kapital an Aberglauben ganz in theologische Mystik umgewechselt hatte, war frei vom Hexenwahn gewesen und hatte auch seinen Sohn davon frei erhalten, — immer freilich mit der Mahnung, die aufgeklärtere Ansicht für sich zu behalten und der Obrigkeit, die das Schwert in der Hand hat, nicht dreinzureden. Das war der Grundsatz vieler Tausende, Gelehrter und Ungelehrter: auch Hans war mit ihm bis dahin ausgekommen, zumal er in seinem weltfernen Dasein wenig Gelegenheit gehabt hatte, die schrecklichsten Äußerungen des herrschenden Irrwahns kennen zu lernen. Jetzt aber hatte ihn das Gespenst am Kragen, — durch seine eigne Schuld, wie er sich verzweiflungsvoll wiederholte. Am meisten bedrückte ihn das ungewisse Schicksal seiner Muhme. Soviel hatte er dem unklaren Gerede des Mönches entnommen, daß sie noch rechtzeitig ihren Peinigern entrückt worden sei: aber durch wen und wohin? Hätte er jetzt durch eine offene, rasche That nur das Schicksal der Alten aufklären können, er hätte zugegriffen, ohne sich zu bedenken. Aber dazu wußte er keinen Weg. War er doch eben selber erst in zwölfter Stunde noch dem Gebiet des Trierer Kurfürsten entwichen, dessen Amtleute vielleicht jetzt schon nach dem jungen Hexenmeister mit dem Teufelsvogel fahndeten! Dabei fiel ihm ein, daß er seine einstweilige Rettung nur dem Zufall verdankte, der ihn mit den Holländern zusammengeführt. Nur Mynheer van Tessels Freigebigkeit und Renatas Neigung zu dem Raben hatten ihn von den Kennzeichen befreit, unter denen die Häscher nach ihm suchten; und dieser Gedanke löste seine Beklommenheit in einem innigen Dankgebete auf.

Indes war aus der Thür des weißen Häuschens ein Mann hervorgetreten, der den Betenden aufmerksam betrachtete. Erst als Hans aufblickend mit Erröten gewahrte, daß seine Andacht nicht ohne Zeugen geblieben war, trat der Mann einige Schritte näher und sagte mit einer sehr tief und voll tönenden Stimme: „Ihr waret, glaub' ich, in einem Geschäft, bei dem man keine Seele stören soll. Nun aber sagt mir: Wer seid Ihr, wie kommt Ihr hierher und was sucht Ihr?"

„Ich komme von Boppard und habe einen Brief von Mynheer van Tessel an den Domine Govaert Friso zu bestellen."

„Der bin ich," erklärte der Mann und nahm den Brief, den er sogleich öffnete.

Während er las, hatte Hans Muße, den Mann zu betrachten. Er wußte, daß die holländischen Calvinisten ihre Geistlichen Domine nannten, und das Gewand des überaus hoch und stark gebauten Mannes konnte zur Not als Haustracht eines Geistlichen gelten: ein schwarzes Wamms mit breitem weißen Umlegkragen, schwarze Kniehosen und weiße Strümpfe nebst derben Lederschuhen: auch der buschige, schon weißgefärbte Knebelbart war nichts Ungewöhnliches an einem Diener der Kirche. Das Gesicht aber war überaus verwittert, sonnverbrannt und an Stirn und Wangen von mehreren tiefen Narben durchquert, deren größte sich zwischen den Augen bis unter die langen, flachsfarbenen Haare hinaufzog.

Der Domine hatte während des Lesens mehrmals innegehalten, um den Boten mit einem scharfen Blick aus seinen großen, von langen buschigen Augenbrauen überhangenen Augen zu messen. Nun faltete er den Bogen sorgfältig zusammen, reichte Hans die Hand und sagte: „Ihr gefallt mir. Der liebe Gott lohn' Euch, was Ihr gethan habt, und wenn er den Domine Govaert Friso dazu brauchen kann, soll's an mir nicht fehlen. — Nun aber sagt einmal, Hans Maybrunner, was wollt Ihr eigentlich auf dem heißen Stein, warum seid Ihr der alten Brigitt in der Walpurgisnacht ausgerückt, und wie war das mit den Tauben?"

Erschrocken fuhr Hans zurück und starrte den Vielwissenden an. „Herr," sagte er, „davon habe ich Mynheer van Tessel nichts erzählt, ich sehe wohl, Ihr wißt von der Sache mehr, als in dem Briefe da stehen kann, so will ich es Euch auch alles berichten; denn ich bin ganz zerschlagen und uneins im Herzen, und mir ist, als ob Ihr mir helfen könnt."

Aufmerksam, zuweilen lächelnd, hörte der Domine die Beichte an, dann, nachdem Hans geendet, stand er auf und trat seitab bis an den Rand der Klippe. Dort stand er eine Weile mit betenden Händen, das Antlitz halb aufwärts gerichtet, sein langes Haar leuchtete im Wiederschein der rosigen Abendwölkchen. Endlich wandte er sich wieder zu Hans und begann lächelnd:

„Ihr gebt einem viel aufzuladen, und man muß sich schon einmal mit dem Meister oben bereden, ehe man das alles ordentlich verstauen kann. Nun aber will ich Euch sagen, wie ich's meine. Seht, wenn Ihr die Geschichte einem anderen erzähltet, wie Ihr eine Taube mit einem Verschen am Schweif eingefangen habt und nun allen Ernstes meintet, die rufe Euch als Botin, damit Ihr ein schönes Fräulein befreien sollt, — der müßte Euch wohl für einen Narren halten. Und Euch selbst kommt der Einfall wohl schon ein bißchen verrückt vor. Ist er auch. Aber ein großes Wunder Gottes ist er doch wieder. Denn seht,

Aus unserer Studienmappe:

Silen mit Bacchuskind. Von Carl Begas.

indes Ihr meintet, der Taube nachzulaufen, die irgend ein anderes närrisches Menschenkind losgelassen hatte, kamt Ihr auf den rechten Weg und zur rechten Zeit, um wirklich ein schönes Fräulein, und den prächtigsten alten Herren obendrein, vor dem greulichsten Ende zu bewahren. Da sieht man, wie wundersam der Herrgott uns die Karten mischt; aber wir Esel nennen das dann Zufall, oder ein Astrologus kommt und beweist uns hinterher, daß es alles nur kommen mußte, weil es in den Sternen stand. Mein alter Freund, der Amtmann auf Stahleck drüben, hat mir ja schon bewiesen, wie es nur an den Sternen lag, daß jener schielende Schuft, der Hieronymus, mein früherer Knecht, bei mir hier vorwörigen Sommer einbrechen wollte und ich ihm mit Gottes Hilfe eine Kugel ins Bein jagte, von der er noch hinkt, wie ich aus Eurem Bericht nicht ohne Vergnügen vernehme. Nun wird er mir wohl auch nächstens aus den Sternen erklären, warum derselbe Hieronymus just Euch auf den heißen Stein schicken und mir dadurch die liebsten Menschen, die ich noch habe in der Welt, erretten mußte. Ich aber sage: Herr, wie sind deine Wunder so fein und mächtig! Dir sei Lob und Preis in Ewigkeit, Amen!"

„Aber wo ist denn nun der Weg zum heißen Stein?" fragte Hans ganz verwirrt.

Der Domine sah ihn groß an. „Ihr seit doch ein Wunderknabe," sagte er. „Sitzt auf dem heißen Stein, und merkt es nicht. Hier dieser Weinberg heißt so, und wenn Ihr heute Mittag gekommen wäret, statt am kühlen Abend, würdet Ihr auch merken, warum. Drum hab' ich ihn ja so gern und habe mir das Häuschen hier gebaut, weil es ein schönes Plätzchen ist für einen, der in Indien gelernt hat, was Sonne heißt. Und die Reben wissen das auch. 's ist ein guter Tropfen, der hier auf dem heißen Stein wächst, und ich denke, Ihr sollt ihn mir noch loben heute Abend. Ja, seht Euch nur um. Ihr seid auf dem heißen Stein. Habt ihn Euch wohl anders vorgestellt? Lieber Gott, am Ende geht es uns allen so, daß wir einmal am Ziel stehen und wissen es nicht. So heiß, wie der in dem Kinderreim, den irgendwer Eurer Wundertaube an den Schwanz gehängt, ist er freilich nicht. Denn da ist das Hochgericht gemeint, auf dem sie die Hexen verbrennen. Von dem aber werdet Ihr wohl keine holen sollen; auch nicht Eure Muhme Brigitte. Denn die ist in Sicherheit, der Teufel hat sie zwar nicht geholt, aber mein alter Freund, der Maler Balthasar Schnurrfeckel, Ihr kennt ihn ja auch, hat sie als Haushälterin in sein Haus zu Diez gesetzt, und da gibt es keinen Hexenprozeß, weil der brave Graf zu Nassau statt der Hexen die Ankläger ersäufen läßt. — Also das ist auch in Ordnung. Hier steht Ihr auf dem heißen Stein, wollt Ihr hier durchaus eine schöne Jungfrau befreien, so müßt Ihr warten, bis eine da ist. Einstweilen haust nur ein alter Domine hier, der Euch indes zum Warten Herberge bietet und alles, was er Euch sonst geben kann."

Nach diesen Worten holte der alte Herr einen breitkrempigen Schifferhut und einen großen Knotenstock aus dem Häuschen und verriegelte die Thür umständlich. „Gehen wir in mein Haus hinunter," sagte er, „es dämmert schon tüchtig, und die Wege sind steil hier zu Lande." Noch einmal betrachtete er Hans lange und strich ihm freundlich die Locken aus der Stirn. „Wahrhaftig," sagte er, „Ihr gefallt mir, und noch besser in Person, als auf dem Blatt in Meister Balzers Buch, das ich jüngst bei ihm sah, als er meinem Freunde Adrian und mir von Eurer wunderlichen Flucht erzählte. Ihr habt Euch viel Gutes von mir verdient, und ich denke, es wird mir Freude machen, daran abzuzahlen."

Dreizehntes Kapitel.

„Ihr könnt mit Euerer Wundertaube immerhin zufrieden sein," hatte der Domine gesagt, als sie zusammen in die Stadt einzogen; „sie hat Euch in ein schönes und merkwürdiges Stück Land geführt." Hans brauchte nicht viele Tage, um die Wahrheit dieser Worte zu erkennen. Ein gesegnetes, an Merkwürdigem aller Art fast überreiches Gebiet war es, das der Amtmann von der Feste Stahleck aus im Namen des fernwohnenden Pfälzer Kurfürsten beherrschte. Vieles freilich von den bunten Farben des Lebens vergangener Zeiten hatte der calvinistische Glaubenseifer weggewischt. Es zogen keine Prozessionen mehr mit Musik und flatternden

Fahnen zu Schiff den Rhein hinab, seltener erklang das volle Geläut der Kirchenglocken, die leuchtenden Malereien im Inneren der Kirchen waren weiß übertüncht, und einzelne, wie die einst alljährlich von vielen Tausenden fremder Pilger besuchte Wallfahrtskirche Sankt Werners, standen geschlossen; nur ein einsames Glöckchen im halbzerfallenen Dachstuhl des rosenfarbenen Wunderbaus ließ noch ab und zu seinen wehklagenden Ruf durch die Nacht ertönen, wenn der Wind, sein einziger Küster, es heftiger bewegte. Aber mächtiger als aller Glaubenseifer hatte der eigentliche Beherrscher des Landes, der Wein, seinen fröhlichen Einfluß auf Menschen und Sitten gewahrt; ja er regierte recht eigentlich statt des Kurfürsten. Denn noch war Bacharach der fast alleinige Stapelplatz des ganzen mittelrheinischen Weinhandels, und in den Händen des Bürgerausschusses, der als „Rat der vier Thale“ diesen Handel überwachte und leitete, lag zugleich auch die eigentliche Regierung der „vier Thale,“ Bacharachs und seiner Nachbardörfer.

Auch der Domine Govaert Friso spielte in dieser merkwürdigen Weinrepublik eine wichtige Rolle, und nicht bloß als Freund des reichen Amsterdamer Kaufherrn, der auf den Weinmärkten zu Martini „den Markt machte.“ Um seiner eignen Tüchtigkeit und Weinkenntnis willen war er, obgleich ein „Zugezogener“, zum Mitglied der „Zechherrenschaft“ gewählt worden, der es oblag, den Weinbau im Lande zu überwachen und alljährlich den Mindestpreis für alle Sorten festzusetzen. Überhaupt zählte er zu den angesehensten Männern in den vier Thalen. Er bewohnte mit einem ihm an Jahren und Leibesgröße fast gleichkommenden holländischen Diener und einer einheimischen Köchin ein hübsches Haus in Bacharach, unfern des Zollturmes, der die Stadtmauer am Rheine nach Süden abschloß. Nach der Rheinseite war an den oberen Stock ein bedeckter Altan angebaut, der sich beinah auf die Stadtmauer lehnte und einen bequemen Blick auf Stapel und Strom gewährte. Noch schöner und freier aber war der Ausblick von der darüber gelegenen Giebelstube, in der nun Hans als Gast wohnte. Es war dasselbe Zimmer, in welchem, wie ihm der alte Diener sogleich beim Einzug erzählte, ein halbes Jahr lang, — bis vor wenigen Tagen die „jonge Juffrouw Renata van Tessel“ gewohnt hatte. Wie hätte er es mit dem köstlichsten Fürstensaale vertauschen mögen!

Viele und vielerlei Leute verkehrten alltäglich im Hause des Domine; es war erstaunlich, für was alles er um Rat gefragt wurde und Rat wußte. Der fromme Doktor Crusiactus, der als Inspektor oder wie man jetzt etwas schwieriger ausspricht: Superintendent die Geistlichkeit des Landes führte, holte sich bei ihm Trost in pfarramtlichen Bedrängnissen, und die weltliche Obrigkeit, der Amtmann mit dem langen Namen Johann Erhard Knebel von Katzenellenbogen, schätzte die Meinung des Domine in Sachen der Artillerie und „Fortifikation;“ übrigens standen sie auf du und du und pflegten neben kriegerischen Dingen eifrig die Musik, wobei der Domine die Schnabelflöte blies, während der Ritter die Kniegeige künstlerisch und fein zu streichen wußte. Wenn einem Bürger der Wein im Fasse trübe geblieben war oder wenn eine Bürgersfrau fand, daß ihre Hühner zu wenig Eier legten, so mußte auch wieder der Domine helfen. Mitunter aber erschienen auch auswärtige Leute mit geheimnisvollen Gesichtern und scheuem Wesen, und nach solchen Besuchen verreiste der Domine auf einige Tage, wie er behauptete, um irgend eine Weinsorte an Ort und Stelle zu probieren. Seine Mitbürger aber wußten es besser und schrieben ihm diese Reisen höher an, als alle sonstigen Verdienste. Denn sie erkannten in ihm einen der Schifferpastoren, — einen von jenen unerschrockenen Geistlichen, die freiwillig das gefährliche Amt ausübten, ihren zerstreuten und unterdrückten Glaubensgenossen in den katholischen Ufergebieten heimlich, zumeist bei Nacht an Bord eines Schiffes, das Wort Gottes auszulegen und die Sakramente zu spenden. Um dieses frommen Dienstes willen vergaben ihm die Eiferer unter seinen Mitbürgern sogar die Vorliebe für die Musik, die den calvinistischen Geistlichen hier zu Lande sonst sehr verargt wurde, und die noch sündhaftere Neigung zum Tabakrauchen.

Holländische Gastfreundschaft war berühmt, und jedenfalls erwies sich der Domine als Meister in dieser vornehmen

Kunst. Er beanspruchte nichts von der Zeit seines jungen Gastes. „Seht Euch um, wo und wie Ihr wollt,“ sagte er. „Lernt die Menschen und die Dinge kennen, bis Euch Gelegenheit und Neigung zeigen, wohin Ihr nun Euer Streben richten sollt. Solange Ihr wollt, seid Ihr in meinem Hause daheim.“

Hans benutzte diese Freiheit wohl. Es entging ihm nicht, wie günstig der Domine ihm unter der Hand bei den Leuten durch Erzählung dessen, was er für Renata und ihren Vater gethan, vorgearbeitet hatte.

Der greisenhaft milde Doktor Crustarius und der bärbeißige Amtmann kamen dem jungen Helden mit gleicher Huld entgegen, und durch sein bescheidenes, ruhig heiteres Wesen sicherte er sich ihre Gunst vollends. So oft er aber an die Pforte des Altanzimmers pochte, fand er auch seinen Gönner bereit zu vertraulicher Aussprache. Der Domine ließ sich seine Erlebnisse und Eindrücke schildern, ohne ihn auszuhorchen, er berichtigte sie, wo es not that, mit Bemerkungen, aus denen die Erfahrung eines überaus reichen Lebens und die Weisheit einer tiefen Seele sprach. So wurden sie viel schneller und gründlicher vertraut, als durch die ermüdende Ausschließlichkeit eines beständigen Verkehres, bei dem man einander zuletzt vor lauter Rücksichtsnehmerei lästig wird, und es bildete sich zwischen ihnen ein schönes Verhältnis, wie zwischen einem klugen Vater und einem den Knabenschuhen entwachsenen, lernbegierigen Sohne.

Übrigens hatte das Altanzimmer noch eine ganz eigne Anziehungskraft für Hans. Dort, über dem Tische des Domine, hing ein großes Bildnis Renatas, von einem holländischen Meister kunstvoll gemalt. Auch auf diesem Bilde trat das Eigenartige ihrer Schönheit scharf hervor, und es bestärkte Hans in einer Vermutung, die er endlich, nach langem Zögern, dem Domine vorsichtig andeutete.

Der Domine schüttelte lächelnd den Kopf. „Nein,“ sagte er, „Mevrouw van Tessel war keine Jüdin. Obzwar das auch nicht so schrecklich und unerhört wäre, wie Ihr in Eurer deutschen Reichsstadt es zu betrachten gelernt habt. Wir stehen mit unseren portugiesischen Juden zu Amsterdam anders als Ihr mit den Eurigen, es sind angesehene Kaufherren und große Gelehrte unter ihnen, und es wäre nicht der erste Fall, daß sich eine schöne Tochter Juda in eine gut christliche Mevrouw verwandelt hätte. Aber hier liegt die Sache noch mehr im wunderbaren, und weil Ihr mir nach Gottes Willen die beiden da gerettet habt, die mir die Nächsten auf der Welt sind, so will ich Euch die Geschichte auch rein erzählen.“ Er blickte eine Weile zärtlich sinnend nach dem Bilde. „Nein,“ wiederholte er sinnend, „Renatas Ahnherren haben niemals an den Wassern zu Babylon gesessen .... Sie beherrschten ein anderes Land, ein sonniges, üppiges Wunderland, wo die Blumen schneller aufblühen, heißer duften — und schneller welken als irgendwo. Es ist ein Land voll Reichtum, aber kein Land für unsere Art, die im Winter ihren Schnee und ihr Eis haben will und im Sommer ihre Nachtigallen; und wenn unsereins es dort auf zehn Jahre übersteht, so zählen die Jahre doppelt, wie Kriegsjahre. Ich kann davon reden, und Adriaen van Tessel auch. Obzwar nicht bloß die Sonnenglut uns vor der Zeit die Haare weiß gefärbt hat. Das Leben hat auch dazu geholfen, — und die Menschen. Seht, Hans, ich bin jetzt sechzig Jahre alt. Als der Herzog von Alba in Brüssel anfing, das Blut unserer Edlen zu vergießen, aus dem die niederländische Freiheit nach Gottes Willen aufsprießen sollte, lief ich als ein zehnjähriger Fischerbursch in den Dünen herum. Manches von dem, was mir nachmals in meinem geistlichen Amte am meisten frommte, hab' ich nicht auf Schulbänken, vielmehr an den Wachtfeuern der Wassergeusen gelernt. Es war eine große Zeit, aber auch eine schwere Zeit, und ich hab' mein Teil an ihren Stürmen durchgemacht, bis ich im Hafen einer Dorfpfarre landete. Dann hab' ich ein liebes Weib heimgeführt, und als ich erst mit ihr im Lallen unseres Sohnes die lieblichste Stimme vernommen, mit der unser Hergott in irdischer Weise spricht, was fehlte mir da noch zum Glück? Aber als es in Krieg und Handel meinen werten Landsleuten so trefflich von statten ging, fingen sie an, einander das Leben sauer zu machen, sonderlich die Herren Theologen, die zankten und zanken noch um Dinge, die für menschliche Weisheit doch nicht zu ergründen sind, sie spalteten Haare, und wer's nicht mitmachen wollte, dem rissen sie alle Haare aus. Na, Ihr habt ja gesehen, wie es die Katholischen und Protestanten widereinander hatten, — bei uns trieben es die Protestanten untereinander noch ärger. Ich wollt's nicht verstehen, aber da kam ich übel an. Weil ich erklärte, daß es mir besser anstehe, andere und mich an unseres Herrgotts Gnadenwerk zu erbauen als über anderer Meinung von selbigem Gnadenwerk mich auf der Kanzel zu erbosen und sie zu verdammen, verdammten sie mich selber, stifteten Unfrieden und Haß in der Gemeinde wider mich und trieben mich zuletzt aus Amt und Brot hinaus. Und das geschah just zur selben Zeit, als im Lande eine Seuche wütete, die der Krieg mitgebracht und zurückgelassen, und mein Weib und Kind starben auch daran." Er hielt eine Weile inne und blickte starr auf seine gefalteten Hände; dann fuhr er leiser fort: „Der Herr hat's gegeben, der Herr hat's genommen! — Das ist ein tiefes Wort des Trostes nach bitterem Leiden. Aber Leid will Zeit haben, und damals bin ich nicht so friedlichen Sinnes aus meinem Hause gezogen, als ich es als ein verwaister Bettelmann verließ. Einer aber half mir durch, das war ein Schulfreund von mir, Adriaen van Tessel. Der hatte mittlerweile den Studien Valet gesagt und war geworden, was sein Vater gewesen war, ein Kaufmann. Aber einer von denen, die den Reichtum nicht in der Rechenstube abwarten. Er jagte ihm nach auf den Meerwogen, die unserem Volke allezeit freundlich gewesen sind, sonderlich wenn es ihnen beherzt den Kampf anbot. Auf seinem Schiff fand ich eine Heimstätte — und einen Beruf. Denn das Schiffsvolk fragt nicht nach theologischen Haarspaltereien, das braucht einen Mann, der mit herzlichem Vertrauen Gottes Wort und Trost mit ihnen teilt. Wißt Ihr, wie man auf unseren Schiffen den Geistlichen nennt? Siechentröster. Damit ist alles gesagt, was man von ihm will. Und ein solcher Siechentröster bin ich dann gewesen, viele Jahre: auf dem Führerschiff meines Freundes und in den indischen Kolonien, die wir dazumal den Spaniolen und ihren unglückseligen portugiesischen Untertanen abjagten. Ei, ich sag' Euch, es war eine wilde Jagd, und wie es dabei herging, wenn es hieß: alle Mann an Bord, und wer leben will, der kämpfe drum! — das könnt Ihr an meinem Gesicht ablesen. Die größte Schmarre hier, da zwischen den Augen, die danke ich einem malayischen Fürsten auf der Insel Java. Es war ein hochgebietender Herr, er hatte es auch machen wollen wie ich daheim auf meiner Pfarre, sagte zu den Portugiesen: Bleibt ihr mir rechts vom Leibe, und zu uns: Bleibt mir links vom Leibe. Aber es erging ihm nicht besser als mir, und als wir erst die Portugiesen untergekriegt hatten, die selber nicht frei waren, und sich für ihre neuen spanischen Zwingherren nur mit halbem Mute wehrten, da mußte er auch daran glauben. Zuletzt aber, als unsere Leute seine Edelgarde zusammengehauen und er selber auf der Schwelle seines Bambusschlosses gefallen war, da machten noch nach des Landes Sitte seine Weiber und Töchter mit ihren Mägden einen Ausfall, und ich danke Gott, daß ich derweil im schönsten Wundfieber lag und nicht mit ansehen mußte, wie sie mit ihren Bambusspießchen in den zarten Händen von unseren Kugeln fielen. — Aber der Wahrheit die Ehre, unsere holländischen und friesischen Burschen schonten, was zu schonen war, und unter denen, die mit dem Leben davon kamen, — sehr wider Willen; viele von den armen Weibern brachten sich selber um — war auch die Tochter des Fürsten. Sie hatte sich bis zuletzt gewehrt, Mynheer van Tessel hatte selbst einen Pfeil von ihrer Hand im Arme stecken, und wenn wir Spanier oder Portugiesen gewesen wären, so wäre es ihr bös ergangen. Aber Adrian van Tessel war ein braver Holländer, der das Ebenbild Gottes ehrt, — und dazu war er ein junger, schmucker Herr.

Ich weiß nicht, wer von den beiden zuerst an den Brauch dachte, der dort zu Lande unter dem braunen Volk das Eroberungswerk zumeist mit der Hochzeit endigen läßt, — die alten Griechen beim Homer haben's auch so gehalten, mag sein, daß unsere Frauen und Mägdlein anders denken, dem spanischen Philipp wäre wohl kein holländisches Edelfräulein gefolgt, wenn er sie für sein Brautlager begehrt hätte. Aber dort zu Lande denkt man anders, und als

Aus unserer Studienmappe:

ich wieder auf zwei festen Beinen herumwandelte, wurde mir an einem Tage die Freude zu teil, die schönste javanische Prinzessin erst durch das Taufsakrament zu einer christlichen Jungfrau Renata und alsdann durch meinen Segen zu einer Mevrouw Renata van Tessel zu machen. Weiß nicht, ob meine seelsorgerliche Belehrung oder ihre Liebe zu dem jungen Admiral sie so schnell für die Wahrheit unseres Glaubens gewann; die Wege des Herrn sind wunderbar über alle Maßen, so mag ihm wohl auch einmal der heidnische Gott Cupido die Wege ebnen müssen. — Aber eine fromme Christin ist sie wirklich geworden, und eine überaus glückliche Ehe war's, — nur währte sie kurz wie das meiste reine Glück auf Erden. Denn es sind Kinder der Sonne, die schönen Menschenblumen aus jenem heißen Lande: wenn sie unter einen blasseren, kühleren Himmel kommen, wo es unser einem erst wieder frei und wohl wird, so welken sie hin, und ehe Adriaen van Tessel das Landhaus, an dem Meerbusen, den wir bei Y nennen, fertig hatte, worin er seiner Hausfrau ein ganz klein Stückchen von ihrer Sonnenheimat nachbilden wollte, da war die Blume schon hingewelkt, und er blieb allein mit seinen Schätzen — und mit seinem dreijährigen Töchterlein, das den Namen der Mutter führt und jetzt zu ihrem Ebenbilde erwachsen ist, — ganz ihr ähnlich. — Fast schreckhaft ähnlich," fuhr er leiser, wie im Selbstgespräch nach einem langen, kummervoll zärtlichen Blick auf das Bild fort. „Auch ein Kind der Sonne, das sich unwissend nach der heißen Heimat sehnt." — Er strich sich über die Stirn und fuhr lauter fort: „Das ist die Geschichte von Renata van Tessel. Ihr wißt nun, woher sie die Farben hat, die Wunderaugen und das Wunderwesen. Wenn Ihr sie mit ihrem Vater in einer fremden Sprache kosen hörtet, das war nicht hebräisch, wie Ihr meintet, vielmehr die Sprache ihrer Mutter. Eine weiche, süße Sprache. Sie liebt sie, und sie paßt zu ihr. — Ja, und was soll ich Euch noch weiter von mir erzählen? Es ist rasch abgetan. Als ich damals vor vierzehn Jahren zuletzt in Amsterdam landete, war ich wieder der Pfarrer ohne Amt. Sie waren mittlerweil nicht milder in ihren Lehrstreitigkeiten geworden; und einen Landpfarrer mit den Schriftzügen da im Gesicht hätten sie am wenigsten genommen. Nicht einmal bei unserer Armee war ich mit meinem geistlichen Beistand auf die Dauer zu gebrauchen; und dann fingen unsere Hochmögenden ja auch schon ein paar Jahre darauf an, mit den Spaniern über den Waffenstillstand zu verhandeln, den sie jetzt glücklich genießen. Für mein Auskommen hatte ich an dem, was mir Mynheer van Tessel als meinen Anteil überwies, übergenug, aber ein Amt hatte ich nicht. War auch nicht mehr recht dafür geschaffen, nach den acht Jahren in Indien und auf dem Meere. Die Theologie, die man da lernt, paßt nicht immer in eine holländische strenggläubige Landkirche. Da bin ich so herumgekreuzt und habe zuletzt hier Anker geworfen. Es ist eine stille Bucht, wo man in Frieden alt werden kann; und eine gewisse Amtstätigkeit habe ich ja auch gefunden, — ich vermute, Ihr habt schon gehört, was die Leute davon erzählen, mir ziemt es nicht, davon zu reden. Adriaen van Tessel, — ja der ist flott geblieben. Wie das so mit den Kaufleuten geht; je mehr sie verdienen, je eifriger wollen sie es vermehren. Aber nach Indien ist er nicht mehr gefahren; das überläßt er den Kapitänen und Kommissaren unserer ostindischen Kompanie, die er damals nach unserer Rückkehr mitgestiftet hat. Dafür kommt er seit dem Waffenstillstand alle Jahr einmal hier herauf, — unser ganzer Weinhandel geht beinah allein durch seine Hände, — und es ist erstaunlich, wie ihm alles glückt. Erschrecklich fast. Möchte er nie den Neid des Glückes, wie die alten Heiden es nannten, erfahren!"

„Begleitet Fräulein Renata ihren Vater allemal auf seinen Reisen?" fragte Hans.

„Meist. Die beiden hangen ja unbeschreiblich aneinander. Nur vorigen Herbst, da hat er sie hier lassen müssen. Die Ärzte in Amsterdam meinten, es sei besser für sie, wenn sie einmal einen Winter nicht an der See bliebe." —

Mächtig hatte die Geschichte der schönen indischen Prinzessin auf Hans gewirkt. Sie umgab Renatas Bild in seiner Seele mit einem zauberisch bunten Rahmen, aus dem ihr zartes Antlitz ihm doppelt rührend entgegenlächelte. Aber noch in einem anderen

Punkte wurden die Erinnerungen des Domine, in denen kühne Mannesthat, Kampf und Sieg einen weit größeren Raum einnahmen als die Gottesgelahrtheit, für ihn bestimmend, — in der Wahl seines zukünftigen Berufes.

Vierzehntes Kapitel.

Eines Nachmittags saß der Domine mit Doktor Crusiarius und dessen Diakonus Paul de Leonardis in seinem Altanzimmer beim Weine. Es war am Sonntag nach dem Johannisfeste, und der ehrwürdige Oberpfarrer hatte, wie immer an diesem Tage, viel zu klagen über die unausrottbaren Zauberbräuche, die sich zur Sonnwendfeier aus urgermanischer Zeit ins Christentum gerettet hatten und auch der Reformation standhielten. „Sie werden mir wieder von Heidelberg aus einen ordentlichen Rüffel senden, daß es so etwas noch immer bei uns gebe," meinte er. „Aber deshalb ist es mir noch nicht so verdrießlich. Das Schlimmste ist, daß sich über kurz oder lang hinter dem Feuertanzen, Viehsegnen und Wundenbesprechen auch der scheußliche Hexenwahn sachte einschleichen wird. Ein Aberglaube zieht den anderen nach. Unsere Leute sehen nicht umsonst drüben im Mainzischen und Trierischen Jahr für Jahr die Scheiterhaufen rauchen."

„Da habt Ihr, leider Gottes, Recht, Herr Bruder," meinte der Domine. „Unser Hans kann ein Liedchen davon singen, wie leicht einen die Leute mit dem Teufel zusammenkuppeln. Aber um von ihm zu reden, — zu einem Diener der Kirche, wie sie heutzutage zum Beispiel Euer Oberkirchenrat in Heidelberg verlangt, ist der so wenig zu gebrauchen wie ich. Und zu einem Kaufmann auch nicht, obzwar er in Herrn Adriaen den besten Lehrer fände. Bei Licht besehen, — ich glaube, er taugt nur zum Kriegsmann."

„Das ist ein Beruf voll Anfechtung und Beschwerden der Seele," meinte Doktor Crusiarius kopfschüttelnd. „Die das Schwert führen, werden durch das Schwert umkommen."

„Ist wohl nicht so ganz wörtlich zu nehmen," erwiderte der Domine. „Bis jetzt sind doch noch immer einige übriggeblieben."

„Es ist aber noch etwas anderes dabei zu bedenken," versetzte der Diakonus bedächtig. „Die Vorurteile des Standes — —"

Ein lautes Freudengebell unterbrach ihn, vermischt mit dem drohenden Baß einer kräftigen Kommandostimme.

„Der kommt gerade zur rechten Zeit," meinte der Domine und eilte dem Junker Amtmann entgegen, der mit fröhlichem Gruß eintrat, umtollt von zwei mächtigen Doggen, die an dem Domine ungestüm emporsprangen.

„Wollt ihr Ruhe geben, ihr Lümmel," wetterte der schwarzbärtige Junker. „'s ist aber deine Schuld, Domine Govaert, warum hast du mir sie so verwöhnt! — Ihr entschuldigt die zwei Kerle wohl, ehrwürdige Herren? In die Kirche darf man sie ja nicht mehr mitbringen, wie es vor Zeiten Brauch war, aber sie sind fromm erzogen, ich bürge für sie. — Wart' ein wenig, Domine, ich hab' mir den Brummkasten nachbringen lassen, nicht wahr, es paßt dir doch?"

Die beiden Geistlichen blickten etwas verlegen auf den Violakasten, den der alte Diener des Domine hereinbrachte. „Ach ja," lachte der Junker, „Verordnung vom Hohen Oberkirchenrat in Heidelberg, nicht wahr? Die Diener am Wort sollen sich des Lautenierens und aller weltlichen Musika enthalten. 's ist doch fast zu streng. Der Doktor Luther hat's anders gehalten und war doch auch ein Mann nach dem Herzen Gottes, wie Ihr selber sagt, Herr Doktor."

„Laß gut sein, Hans Erhard", meinte der Domine und schob seinem Freunde Sessel und Humpen zurecht, „zuhören dürfen sie ja doch."

„Was ich sagen wollte," bemerkte der Oberamtmann, „ich muß auch wegen deines jungen Schützlings mit dir sprechen."

„Eben redeten wir von ihm," erwiderte der Domine, während er seinem Freund eine gefüllte irdene Tabakspfeife reichte und sich selber seine Pfeife an einem kleinen Becken voll glühender Kohlen frisch anzündete. Auch die beiden anderen Geistlichen nahmen an dem neumodischen Vergnügen teil und hatten jeder seine lange holländische Thonpfeife in der Hand. In diesem Punkte war die Verführungskunst des Domine und seines Kumpans gegen die Bedenken des hohen Oberkirchenrats zu Heidelberg siegreich geblieben.

„Der Junge muß Soldat werden, glaube ich,“ fuhr der Domine fort. „Und dazu solltest du uns helfen, Hans Erhard.“

„Will ich auch. Hat er denn schon mit dir gesprochen?“

„Nein.“

„Aber mit mir. Drum komm' ich ja eben. Heute vormittag nach der Predigt war er deswegen bei mir. Strammer Bursche; gefällt mir.“

Der Domine ließ vor Erstaunen fast die Pfeife fallen und sah den geistlichen Herren fragend in die lachenden Gesichter. „Hat man so etwas je gehört?“ rief er. „Da sitze ich hier und simuliere, und derweil geht er hin und zerhaut den Knoten selber.“

„Wie Alexander,“ ergänzte der Oberamtmann. „Er greift stracks durch, geht an die Quelle. Gefällt mir.“

„An eine bessere Quelle konnt' er ja freilich nicht gehen,“ meinte der Domine, „er hätte denn gleich heimlich nach dem Haag zu deinem Lehrmeister, unserem Prinzen Moritz von Oranien, reisen müssen, was ich ihm beinahe auch zutraue. Na, also dann wären wir über das Gröbste hinaus. Weißt du, ich dachte mir schon, du solltest ihn ganz richtig in die Lehre nehmen. Von unten herauf, natürlich.“

„Ganz von unten herauf,“ bestätigte der Junker Hans Erhard und leerte seinen Becher. „Wen ich lehre, dem wird nichts geschenkt. Drum hab' ich auch seit vier Jahren und drüber keinen einzigen von meinen jungen Herrn Vettern und Gefreundten bei der Garnison im ganzen Oberamt. Das geht lieber an den Hof und bewundert die Hoffräulein unserer schönen Engländerin oder umgekehrt. Und dann avanciert es, heidi, hast du nicht gesehen.“

„Das ist eben, was ich vorhin sagen wollte,“ meinte der Diakonus bescheiden. „Wenn ein junger Kriegsmann noch so tüchtig ist und ist nicht von Adel, so kommt er, wie die Welt einmal ist, doch nicht über den Feldwebel hinauf, es sei denn, daß es Krieg gebe, wovor uns Gott bewahren wolle.“

„In unserem Kurstaat ist's leider so, Euer Ehren,“ bestätigte der Junker seufzend, „und wir werden ja sehen, wohin das führt, wenn erst der Krieg da ist. Aber anderswo ist man bescheidener. In den Städten zum Beispiel. Und wenn mir der Domine da seinen Hans in die Lehre gibt, so soll es mir keine Kunst sein, ihn in ein paar Jahren für ein reichsstädtisches Fähnlein kapabel zu machen, wenn er nicht höher hinaus will. Freilich ein Stück Geld wird's alsdann noch kosten; denn da macht alles hohle Pfoten.“

„Ich will aber höher hinaus, Hans Erhard,“ seufzte der Domine. „Was das Geld angeht, dafür stehe ich dir, ich und wenn's not thut, Mynheer van Tessel dazu. Das genügt schon. Aber meinst du, du sollst mir aus dem Jungen einen Tagedieb machen, der so ein Häuflein städtischer Krachwedel lehrt, die Köpfe hintern Wall ducken, wenn die Feinde draußen ein Feldstück auffahren? Dafür ist er mir zu schade und du auch. Das kann er auch bei dem einarmigen Feldwebel lernen, der dir mit seinen vier Invaliden die Pfalz im Rhein da unten bewacht. Nein, er soll bei dir lernen von unten auf, damit er hernach auch in einer anständigen Armee die Feldbinde tragen kann. In fünf Jahren läuft unser Stillstand mit dem Hispanier ab. Da sollst du sehen, wie unsere Hochmögenden nach Offizieren schreien. Und wir Holländer sind nicht so. Wir messen die Leute nicht nach dem Wappen.“

„Ereifre dich nicht, Alter,“ meinte der Junker. „Wenn ich Pfalzgraf wäre, ich suchte mir meine Leutnants auch nicht wie die Stiftsdamen aus, nach der Zahl ihrer Ahnen. Also kurz, ich nehme den jungen Herrn. Die Vollmacht hab' ich für solche Fälle. Morgen tritt er mir oben auf Stahleck an. Urlaub will ich ihm bisweilen geben, daß du und unser Doktor Crusiarius hier ihm ab und zu noch einiges aus euerer Gelehrsamkeit beibringt. Denn darin bin ich schwach. — Übrigens, paß auf, er macht sich. Ich habe meinen Blick dafür. Und dann“ — er flüsterte das folgende geheimnisvoll, mit erhobenem Zeigefinger sich vorbeugend —, „ich weiß ja, ihr glaubt nicht dran, aber wahr ist's doch: ich habe mir seine Geburtsstunde geben lassen, sein Vater hatte sie zum Glück in einem kleinen Gesangbuch notiert, das er bei sich führt, — es stimmt alles. Er ist unter den günstigsten Aspekten geboren, Venus ist ihm hold und der rote Mars obendrein. Da kann es ihm gar nicht fehlen.“

Aus unserer Studienmappe:

Porträtstudie. Nach einer Zeichnung von August Helmberg.

„Na, so gratuliere ihm nur," erwiderte der Domine ruhig. „Ich will dir aber auch etwas anvertrauen, Hans Erhard. Ich hab' mir das Datum in dem Büchlein auch angesehen, und bei mir paßt's auch. Denn dasselbe Datum ist mir tief ins Herz geschrieben. Er ist just am selben Tage selbigen Jahres geboren, wo mein einziges liebes Kind zur Seligkeit entschlief. Siehst du in den Sternen Gottes Willen geschrieben, warum soll ich ihn nicht auch aus dem Zufall lesen, wo meines Herzens Neigung dazu ja und Amen sagt? Und also, ihr Herren, wenn der Junker hier den Hans zum Lehrling nimmt, so will ich ihn zum Sohn nehmen, ich hoffe, er wird auch dazu nicht nein sprechen. Das ist mein Entschluß, und nicht erst seit heute."

„Ich glaube, Ihr thut wohl daran, Herr Bruder," meinte Doktor Crustarius nach einer kleinen Pause; auch sein Diakonus nickte freundlich, und der Junker drückte seinem Freunde ganz gerührt die Hand. „Wie diese Holländer mit Namen umspringen," rief er. „Großartig. Der eine verwandelt vor den unfehlbaren Augen meines galanten kurtrierischen Amtsbruders in Boppard den Hans Maybrunn oder wie er hieß in ein Wächterlein, und nun will uns der hier nächstens aus dem Wächterlein einen Mynheer Jan Friso machen. Aber recht hast du, Bruder; gefällt mir sehr. Übrigens wer will nun noch zweifeln, daß die Sterne recht haben, he? — Aber nun laß ihn einmal antreten, meinen Rekruten, wenn er hier im Hause steckt, oder soll ich ihn ausschellen lassen?"

„Ich ruf' ihn, Euer Gnaden," sagte der alte Diener, der während der letzten Reden mit frischem Wein eingetreten war und an seinem Kredenztisch freudestrahlend gelauscht hatte, und alsbald kehrte er mit Hans zurück.

Es dauerte eine ziemliche Weile, bis man aus dem Gewirre von Ankündigen, Danken, Glückwünschen und Minnetrinken wieder hinlänglich zur Ruhe gekommen war, „um die Geister mit Tönen zu be schaffigen," wie sich der Junker ausdrückte. Seinem neuen Rekruten wies er als erste Dienstleistung zu, derweil für die Pfeifen und Becher zu sorgen und den eignen Durst mit Maß zu stillen. Die geistlichen Herren lauschten den kunstreichen Duetten mit großem Behagen. Nach dem dritten oder vierten „Stück" meinte der Junker, sich den Schweiß abtrocknend: „Sie hat ihre Reize, die Frau Musika, aber auch ihre Mucken. Aber hier, ihr Herren, haben wir etwas, das wird euch einfacher eingehen, und wir sind es dem Domine schuldig, ja auch dem neuen Holländer da. Der muß doch auch etwas zum Ruhme seiner neuen Nation hören. Er kann uns übrigens mit seinem Hörnlein dabei helfen, so weit reicht seine Kunst und sein Naturinstrument schon."

„Dann wollen wir aber ganz bis ans Fenster gehen, daß die draußen auf dem Rheine auch ihre Freude haben," meinte der Domine lächelnd und deutete nach dem Zollstapel hinaus, wo ein schmucker Zweimaster lag, mit zwei großen bunten Wappenschildern am Bug. Hans holte sein Hörnchen, sie rückten ihre Noten zurecht, und feierlich gemessen, fast wie ein Choral, und doch wieder trotzig machtvoll wie eines Helden Rede klang die Melodie in den stillen Sommerabend hinaus. Merkwürdig aber war ihre Wirkung auf dem Schiffe. Nach den ersten Tönen belebte sich das Deck mit breitnackigen Burschen in ungeheuer weiten Hosen und Teerjacken, stolz flatterte die Flagge am Heck empor, und ein kräftiger Chor stimmte in die Weise ein. Denn es war die Weise, zu der die Worte im Herzen jedes braven holländischen Soldaten und Matrosen eingeschrieben standen — das Lied von „Wilhelmus von Nassouwen."

„Und nun, ihr Herren," sagte der greise Doktor Crusiarius, nachdem sie noch eine Weile plaudernd gesessen hatten, „zum Abschied noch ein geistlich Lied! Dawider hat auch der Oberkirchenrat nichts. Seht, drüben die Berge leuchten schon rötlich. Es will Abend werden. Setzt Euch an Eure Hausorgel, Herr Bruder, Ihr kennt mein Lieblingslied, -- wißt Ihr, das vom Doktor Martinus Luther."

Der Domine nickte, klappte seine kleine Hausorgel auf, ein kurzes Vorspiel, und sie sangen:

Mit Fried' und Freud' ich fahr' dahin,
Ist's Gottes Wille:
Getrost ist mir mein Herz und Sinn,
Sanft und stille.
Wie Gott es mir verheißen hat:
Der Tod zum Schlaf ist worden.

Der alte Geistliche hatte dem Gesange der anderen still gelauscht; seine Augen leuchteten wunderbar. „Mit Fried' und Freud' ich fahr' dahin," wiederholte er leise. „Es wird nicht lang mehr währen. Gottlob, daß ich dann sagen kann: Der Tod zum Schlaf ist worden. Unser großer Lehrer Doktor Ursinus zu Heidelberg, da er im Sterben lag, ließ sich noch einmal den Artikel von der ewigen Seligkeit vorlesen und flüsterte: ‚Certissimus, — des bin ich gewiß.' Möchtet auch Ihr es allezeit und auch im Tode noch sagen können, mein lieber junger Kriegsmann. Das ist der beste Segen, den Euch ein alter Theolog mit in Euer neues Leben geben kann."

Fünfzehntes Kapitel.

In Mechthilds Garten auf dem Mechterhof waren die letzten Sternblumen und Reseden verblüht. Die patrizischen Herrschaften hatten die Freuden des Herbstes auf ihren Landgütern zu Ende genossen und waren zurückgekehrt, um sich in ihren festen Stadthäusern mit den dicken Mauern und den großen Kachelöfen vor dem Regen zu bergen, der unaufhörlich niederfloß. Am Ausgang des Septembers, während droben im Rheingau, noch im heitersten golddustigen Nachsommer, die Winzer ihre Trauben schnitten, hatte es hier in der Ebene schon angefangen zu regnen, im Oktober war man den Regen satt geworden, und jetzt, nach Allerseelen, rann er noch immerfort. Aber die Reichsstadt konnte er doch nicht sauber bekommen, wenn die Schieferdächer auch von Feuchte schimmerten wie Seehundshaut und die Löwenmäuler an den Giebeln der Patrizierhäuser ganze Wasserfälle ausspieen. Als Meister Balzer etliche Tage nach Allerseelen einzog, um seiner Gewohnheit nach in der Reichsstadt Winterquartier zu nehmen, geriet er trotz aller Erfahrung und Umsicht gleich am Thor in einen knietiefen Naturweiher, den der Regen dort zwischen den dürftig verteilten Pflastersteinen gebildet hatte. Der wachhabende Stadtsoldat, der ihm wieder heraushalf, trug über der Uniform einen umgestülpten Sack als Regenmantel. „Ich sehe schon,“ sagte der Meister Balther, „in euer Stadt ist noch alles wie zuvor.“

Die Eingeborenen meinten das auch und verlangten durchaus nicht nach Neuerungen. Zwar die Angelegenheit der verschwundenen Hexe, der Brigitt vom Martinsturm, hatte noch einigen Lärm nach sich gezogen. Gegen den gelehrten Pater Kleudermann war ein gleichfalls sehr gelehrter Franziskaner aus Koblenz aufgetreten, der unter anderem die aufregende Behauptung verfocht, der weiland Feuerwächter Hans Maybrunner sei statt in die Hölle ins Kurtrierische gefahren und treibe sich dort mit seiner in einen Raben verwandelten Muhme als Hexenmeister herum. Da aber der Rat von diesen Dingen auch einiges wußte und seine Gründe hatte, sie nicht noch breiter schlagen zu lassen, so mußten die geistlichen Herren ihren Streit auf höhere Anweisung hin einstellen, und das öffentliche Gespräch wandte sich anderen, erfreulicheren Stadtneuigkeiten zu, wie z. B. der Hochzeit des schönen Fräuleins Johanna Reynolds mit dem reichen Ratsherrnsohn Jobst Kannemann, die im September auf dem Brautlaufshaus unter unendlichem Pomp gefeiert worden war. Noch wochenlang sprach man in den Werkstätten und Wirtsstuben von dem wunderbaren neuen Tanzspiel, das die vornehmen Herrschaften dabei aufgeführt hatten: eine Schachpartie, bei der die weißen Offiziere von den schönsten jungen Damen, die schwarzen von ihren Kavalieren dargestellt wurden, während halbwüchsige Söhne und Töchter der vornehmsten Häuser in der Rolle der Bauern ihr erstes Auftreten im Tanzsaale feiern durften; als Königspaar aber wirkten auf der weißen Seite Bräutigam und Brautführerin, auf der schwarzen Brautführer und Braut. Ein entfernter Verwandter Mechthilds, der Domherr von Hernoth, hatte als eifriger Schachspieler diese reizvolle lebendige Partie erfunden und leitete sie. Auch der Junker Lambertus von Halveren hopste dabei als schwarzer Springer herum, aber der Domherr, dem seine Erscheinung mißfiel, wußte es einzurichten, daß er alsbald von einem niedlichen weißen Bäuerlein genommen wurde. Nur von fern durfte er zusehen, wie Mechthildis als Brautführerin und weiße Königin zuletzt die Braut mit einer zärtlichen Umarmung „nahm,“ den Brautführer mit höflicher Verneigung „matt setzte“ und ihre schöne Beute dem siegreichen weißen König auslieferte. Einen Trost fand Junker Lambertus dabei: die Brautjungfer war noch schöner als die Braut. Der dumme Kerl Jobst Kannemann hatte doch die Schönste für ihn übriggelassen.

Schärfer blickende Beobachter hätten ihm sogar sagen können, daß in dem Wesen seiner schönen Base Mechthildis neuerdings ein Zug stiller Ruhe hervortrat, der sich sehr von ihrer früheren, fast spöttischen Kälte im Umgang mit den Standesgenossen unterschied, und die Kranken und Armen in den Bauernhütten des Mechtershofs wußten, wie warm und tröstlich diese großen braunen Augen, die vordem so gleichgültig blickten, jetzt auf fremdem Elend ruhten. Aber dergleichen gehört nicht zu den Veränderungen, die ein junger Stutzer in den Zügen seiner Nachbarin zu lesen weiß.

Auch über Mechthilds Oheim war seit Anfang des Sommers ein ganz neues Wesen gekommen, das seinen Kollegen viel zu denken gab. Vom Ratsschreiber hatte er sich eine Unmenge alter Akten zur Durchsicht ausliefern lassen, darunter auch alle, die sich auf die bisher in der Stadt verhandelten Hexenprozesse bezogen. Nur um diese war es ihm zu thun; aber der Vorsicht wegen ließ er sich auch die übrigen vorlegen und kam dadurch plötzlich in den Ruf eines beispiellos fleißigen und gewissenhaften Bürgermeisters, zumal er nach Aussage seiner Diener auch zu Hause noch tief bis in die Nacht hinein über allerlei gelehrten Büchern wachte. Auch hatte man bemerkt, daß er verschiedenemal mit dem Domherrn von Hernoth unter vier Augen konferierte, als ob er vorhabe, auf seine alten Tage zu spekulieren; denn der Domherr von Hernoth war durch eine merkwürdige Neigung bekannt, die ihn fast noch mehr beschäftigte als das Schachspiel, — er war unermüdlich darauf aus, für andere unter der Hand Kauf- und Tauschgeschäfte zu vermitteln, ohne Vergütung und aus reiner Liebhaberei, wie er auch die weltlichen Geschäfte des Stiftes Marienforst und anderer Klöster unentgeltlich verwaltete. Nebenbei erwies sich Herr Winand jetzt als großer Verehrer der volkstümlichen Orden, er machte Geschenke in seinem und seiner Nichte Namen an Jesuiten, Kapuziner, Franziskaner, so daß einige Spötter meinten, er stelle sich an, als ob er vermittelst geistlicher Beihilfe in den Rat gewählt werden wolle, wo er doch schon Bürgermeister sei. Man wurde nicht klug aus seinem Treiben; das aber war unverkennbar, daß das eifrige Studium — und vielleicht auch der starke Wein, mit dem er sich dabei labte, ihm nicht zuträglich war. Seine Gesichtsfarbe ward immer unheimlicher, seine Zunge schwer und seine Hände zitterten.

Herr Sebaldus von Halveren verfolgte die Änderung im Wesen seines Kollegen sehr aufmerksam und fand, daß sie vortrefflich in seine eigenen Zukunftspläne paßte. Es konnte nichts schaden, wenn Herr Winand zeitig das Irdische segnete und die Vormundschaft über Mechthildis, wie anzunehmen, an ihren zukünftigen Schwiegervater übertrug. Denn daß er das werde, davon war Herr Sebaldus bei der hohen Meinung, die er von den Vorzügen seines Lambertus hegte, nach wie vor überzeugt; und Herr Winand hatte seinen vorsichtigen Andeutungen über diesen Punkt nicht widersprochen. Daß es unsittlich sei, in solcher Weise auf den Tod eines Verwandten und Befreundeten zu hoffen, fiel Herrn Sebaldus gar nicht ein. Seine Moral bezog er vom Rechenbrett. Mit dieser Moral hatte er sich den Ruf eines umsichtigen und rechtlichen Kaufherrn und sogar eines vortrefflichen Politikers erworben und hoffte mit ihr auch das Glück seines Sohnes zu begründen.

(Fortsetzung folgt.)

Pythia.

(Abdruck verboten.)

Hat einmal ein Mädchen die Muhme gefragt,
Was Liebe denn eigentlich sei.
Da machte die Alte ein pfiffig Gesicht
Und lachte so eigen dabei.

„Die Liebe? Das ist ein verschlossener Schrein,
Sieht außen unschuldig aus,
Doch hebst du im Fürwitz den Deckel, mein Kind,
Da springt wohl ein Teufelchen 'raus!"

Das Mädchen ist 'gangen, es ließ ihm der Spruch
Der Alten nicht Frieden noch Ruh',
Stand bald mit dem lustigen Teufelein
Im Kästchen auf du und du!

Anna Ritter.

Wappen des fürstlichen Hauses Hohenzollern.

Heraldische Streifzüge.

Von

Hanns von Zobeltitz.

Mit vierundvierzig Abbildungen.

Nichts leichter heutzutage, als sich ein recht schönes Wappen zu verschaffen. In Berlin, in München und, ich glaube, auch in Dresden, gibt es förmliche Geschäfte, die aus eigner Machtvollkommenheit Wappen verleihen. Seit sich erfreulicherweise auch bürgerliche Familien gern des verbindenden Gliedes eines gemeinsamen Wappens erfreuen, blühen diese „heraldischen Bureaux.“ Ihr Geschäftsprinzip ist meist sehr einfach. Aus einem alten Wappenbuch, etwa dem braven Siebmacher, besteht ihr ganzes Inventar. Wendet

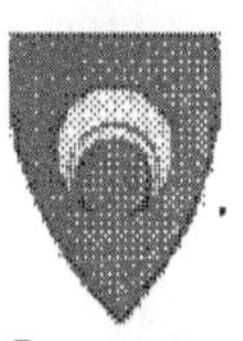

Wappen: von der Pfordten.

Wappen: von Sickingen.

Wappen: von Zobeltitz.

sich irgend ein wappenlustiger Herr — vielleicht ein Herr Rosenbach — an das Geschäft, so blättert der Inhaber seine litterarische Quelle durch: Halt! Da gab es ja eine Familie von Rosenbach, und hier ist ihr Wappen! Flugs wird es fein säuberlich, aber vielleicht auch mit einigen hübschen Schnitzern, auf Karton abgemalt, und die Familie Rosenbach hat ihr Wappen: das Schild von Silber und Schwarz geteilt, im oberen Felde ein wachsender schwarzer Löwe mit rot ausgeschlagener Zunge; als Helmzier der Schildlöwe

Wappen: Fuchs von Bimbach.

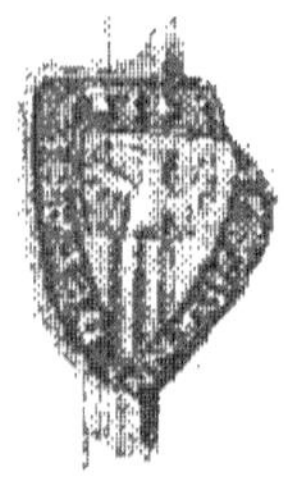

Siegel des Tietmann von Zobeltitz (1270).

wiederholt. Und zahlt Herr Rosenbach noch zehn Mark Zuschlag, so wird ihm diplomartig bescheinigt, daß Reinhard Rosenbach ums Jahr 1300 auf seinen Gütern in der Grafschaft Erbach saß, daß Wieprecht Rosenbach um 1600 Großprior des Johanniterordens war, und daß das Wappen sich in der beberühmten Wappenreihe der berühmten Ritterkapelle zu Haßfurt abgebildet befindet. Ein Herr Hase erhält das Wappen der schlesischen Hasen von Turnick, ein Herr Stein etwa das der Steins von Ostheim, und Herr Fuchs vielleicht den springenden roten Fuchs der fränkischen Füchse von Bimbach.

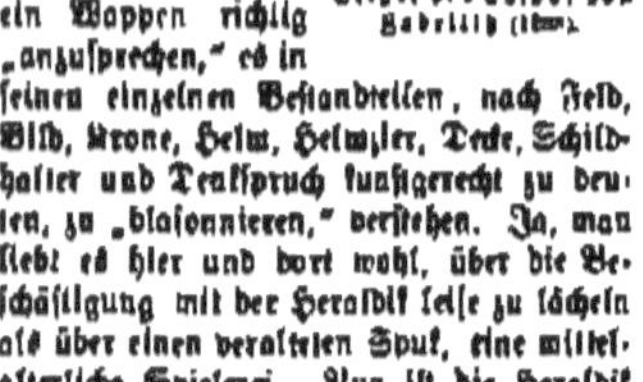

Siegel des Walter von Zobeltitz (1[illegible]).

All dieser „Wappenzauber" ist nur möglich, weil die Kenntnisse der Heraldik in unserem Volke, auch in den gebildeten Kreisen desselben, sehr geringe sind. Immer noch ist die Schar derer sehr klein, die ein Wappen richtig „anzusprechen," es in seinen einzelnen Bestandteilen, nach Feld, Bild, Krone, Helm, Helmzier, Decke, Schildhalter und Denkspruch kunstgerecht zu deuten, zu „blasonnieren," verstehen. Ja, man liebt es hier und dort wohl, über die Beschäftigung mit der Heraldik leise zu lächeln als über einen veralteten Spuk, eine mittelalterliche Spielerei. Nun ist die Heraldik freilich eine sehr ernste Hilfswissenschaft der Geschichte. Aber selbst wenn man davon absieht, wenn man die Beschäftigung mit der Wappenkunde nur als Liebhaberei betrachtet, so ist es jedenfalls eine sehr vornehme Liebhaberei, edler als so mancher moderne Sport.

Heroldsbild: Balken.

Heroldsbild: Schach.

Ich selbst bin nicht mehr als ein Dilettant in der Heraldik, kein gelehrter Fachmann, der auf den ersten Blick auch das seltenste „Heroldszeichen" richtig zu deuten, jede Helmform in ein bestimmtes Jahrhundert zu weisen vermag. Ich bin ein bescheidener Liebhaber, der durch das Studium des eignen Familienwappens auf die Beschäftigung mit der Heraldik geführt und von ihr, die immer neue Rätsel zu lösen aufgibt, immer mehr gefesselt wurde.

Heroldsbild: Kreuz.

Lediglich als Liebhaber einer edlen Kunst will ich in dem engen Raum, der mir hier zu Gebote steht, auch nur die Grundbegriffe der Heraldik unter möglichster Vermeidung alles schweren fachwissenschaftlichen Beiwerks erörtern. Man mag es mir nicht als unbescheiden auslegen, wenn ich, dem Gang meines eignen Studiums entsprechend, an mein eignes Wappen anknüpfe. Ich hege dabei einen kleinen selbstsüchtigen Nebenzweck: vielleicht findet ein Leser dieses Aufsatzes — kundiger als ich — die Lösung einer Frage, die mich bereits seit Jahren beschäftigt.

Schild und Helm sind die wesentlichsten Stücke jedes vollständigen Wappens. Während der Schild mit der Wappenfigur aber das unerläßliche, ursprüngliche Bestandteil ist, ist der Helm nicht unbedingt notwendig. In der Zeit der Entwicklung der Heraldik — vom XI. bis zum XIII. Jahrhundert — stellte der Schild sogar allein das Wappen dar; erst in einer späteren Periode, der Blütezeit der Heraldik, etwa bis zum Ende des XV. Jahrhunderts, kam der Helm mit seinem Schmuck dazu.

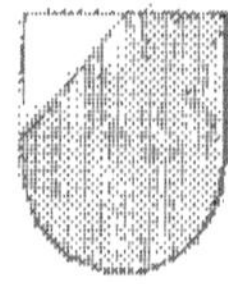

Heroldsbild: Schräghaupt.

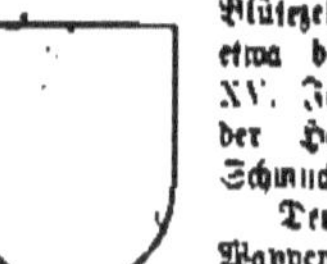

Heroldsbild: Spitze oder [illegible].

Der älteste überlieferte Wappenschild meiner Familie stammt von 1270 und zeigt bereits die bei-

Heroldsbild: Stufe.

den charakteristischen Teile, die das Wappen bis heute behalten hat: als „Heroldsbild“ im unteren Teile drei Pfähle, im oberen als „gemeine Figur“ den Adler. Heroldsbilder nennt die Kunstsprache der Heraldik die Teilung des Schildes in Farben durch gerade oder krumme, regelmäßige Linien, die bis an den Schildrand reichen müssen. Gemeine Figuren dagegen stellen Gegenstände aus der Natur, Gegenstände der menschlichen Erfindung oder Phantasie dar; sie müssen nach einer uralten heraldischen Regel mindestens auf zwei Seiten frei im Felde stehen.

Heroldsbild: Gezinnter rechter Schrägbalken.

Es gibt der Heroldszeichen, der „Ehrenstücke,“ eine große Zahl, die aber doch an bestimmte Formen gebunden ist. Um außer den Pfählen nur einige zu erwähnen, seien die wagerechten „Balken,“ die durch Verbindung von Längs- und Querlinien gebildeten „Quartiere,“ das „Schach,“ das „Kreuz,“ das „Schräghaupt,“ die „Schrägbalken,“ die „Rauten,“ die „Spitze“ oder der „Gern,“ die „Stufe,“ die „Zinnen,“ der „Krückenschnitt,“ der „Wellenschnitt,“ der „Schneckenschnitt,“ die „Eisenhütlein“ genannt. So finden wir im Dasselschen Wappenschild (Seite 52) einen Querbalken, im alten Zollernwappen vier Quartiere, im Waldkirchschen Schilde (S. 53) den Gern, auch Keil genannt.

Heroldsbild: Krückenschnitt.

Aber auch schon die einfache Teilung des Schildes durch eine einzige Linie ist ein Heroldszeichen, wie z. B. auf dem Wappen der von Tümpling (S. 52), dessen Feld der Heraldiker der einfachen senkrechten Linie halber als „gespalten“ (coupé) bezeichnen würde.

Heroldsbild: Eisenhutschnitt.

So groß die Zahl der Heroldsbilder und ihrer Kombinationen ist, weit größer ist die der gemeinen Figuren, die man

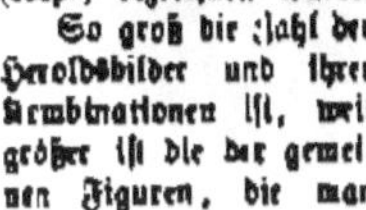

auch „entlehnt“ nennt, weil sie der Natur oder den Künsten entnommen sind. Ja, es gibt kaum einen Gegenstand, der nicht schon einmal in einem Wappen Verwendung fand. Gestalten der Sage und der Geschichte, Körperteile, Tier- und Pflanzenreich, Bauwerke, Werkzeuge, Kleidungsstücke und Waffen aller Art finden sich in den Wappen. Sirenen und Meerweibchen, der Vogel Greif, der Drache, Löwe, Bär, Pferd, Ochs, Elefant, Steinbock und Einhorn, Adler, Hahn, Pfau, Merletten (in französischen Wappen häufig wiederkehrende entenartige Vögel); Fische, Schlangen und Muscheln; Stämme, Äste, Blätter, Früchte der Linde, Eiche, Buche, des Apfelbaums, Trauben, Kleeblätter, Lilien und Rosen; Berge, Wolken, Regenbogen, Blitze; Sonne, Mond und Sterne; Thüren, Thore, Mauern; Pfeile, Schwerter, Köcher, Fahnen, Kanonen; Schachfiguren, Hammer, Beil, Amboß, Schlüssel, musikalische Instrumente; Ringe, Kugeln, Münzen, Räder; Schuhe, Hüte, Kronen sind beliebte Wappenfiguren — die Reihe aber ließe sich bis ins unendliche vermehren. Auch Kuriosa fehlen nicht: so führen die Frauen eines sehr bekannten alten norddeutschen Geschlechts ein anderes Wappen, als die männlichen Mitglieder der Familie, deren Schild eine so drastische Figur aufweist, daß sie wirklich für eine Dame unmöglich ist.

Wappen: von Zollern. Aus der Wappenrolle von Zürich.

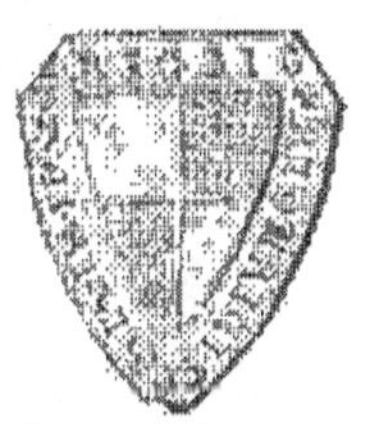

Siegel von Zollern ([illegible]).

Aber im allgemeinen werden alle Wappenfiguren nicht naturgetreu dargestellt, sondern mehr oder minder stilisiert. Man kann wohl von einem besonderen heraldischen Stil sprechen, darf aber nicht vergessen, daß dieser doch auch im Laufe der Jahrhunderte gewechselt hat und zwar im Anschluß an den allgemein herrschenden Geschmack. Ein Kenner vermag nicht selten fast auf den ersten Blick aus der Art der Stilisierung die Zeit zu bestimmen, aus welcher das Wappen eines Geschlechts stammt — freilich ist dabei nicht zu übersehen, daß das Wappenbild selbst in früheren Jahrhunderten keineswegs absolut feststand, vielmehr bisweilen wechselte. Oft genug war dafür die Willkür allein maßgebend,

Wappen von Taffel

Wappen der Fürsten zu Fürstenberg

mehr und mehr ornamentale Form an, um schließlich unter der Herrschaft des Barock und Rokoko zu verschnörkeln.

Ein geschultes Auge erkennt sofort die eigentümliche Stilisierung der Figuren in ihren so verschiedenen Abformungen. Nehmen wir z. B. den Leu, der so häufig wiederkehrt. Er hat, gleichviel, ob er je nach dem vorhandenen Raum „steigend" aufrecht oder „schreitend" gezeichnet ist,

oft Verleihungen der Landesherren, öfter der Erwerb bestimmter Besitzungen oder Ämter, Erbschaft oder Heiraten; es kam aber auch vor, daß bestimmte Wappenfiguren oder Heroldszeichen durch Kauf in andere Hände übergingen: so erwarb z. B. 1317 Burggraf Friedrich IV. von Nürnberg von Leuthold von Regensberg, Freier im Konstanzer Bistum, dessen „Klainod, das brakenhoupt" um 30 Mark Silber.

Im allgemeinen sind die ältesten Wappenfiguren derb und rundlich; in der Blütezeit der Gotik werden sie schmäler, eckiger, schärfer, nehmen dann mit der Renaissance

Wappen: von Tümpling

Wappen. von Egloffstein.

Wappen: von Hohenlohe.

herzlich wenig Ähnlichkeit mit einem wirklichen Löwen, er ist stets nur ein Sinnbild für ihn. Mindestens drei Dutzend Abarten, Einzelkennzeichen aber unterscheidet — ganz abgesehen vorläufig von der Farbe — der Heraldiker an dem Löwen. Er berücksichtigt, ob der Kopf gekrönt oder nicht gekrönt, wie weit der Rachen geöffnet, wie die Zunge gezeichnet, ob die Zähne sichtbar: „ob er mit Zähnen bewaffnet ist;“ er trennt die ältere Bildung der Branken (Tatzen) in Form von drei fast kleeblattartigen Ballen mit einer Nagelzehe unterhalb von der neueren mit mehr gesonderten, weiter gespreizten Krallen (Seite 54); er unterscheidet endlich einen Doppelschweif von einem gebüschelten ꝛc.

Wappen. von [illegible].

Mich hat stets der Adler als Wappenfigur besonders interessiert. Der Heraldiker unterscheidet scharf zwischen dem eigentlichen, stets ornamental behandelten, aber stets auffliegend, wie zum Angriff bereiten einköpfigen Adler und dem zweiköpfigen Doppeladler (Seite 54), dem Wappentier des heiligen römischen Reiches deutscher Nation, der auch heute noch — neben einem vollen Dutzend anderer Adler — im großen österreichischen Wappen prangt. Der Doppeladler ist stets der Gegenstand besonderer Beschäftigung für den Heraldiker gewesen, und es gab eine Zeit, wo sie ihn sehr tiefgründig auf die Vereinigung des abend- und morgenländischen Kaiserreichs deuteten. Eine ganze Litteratur existiert über das Fabeltier. Thatsächlich war aber auch der Wappenadler des Deutschen Kaisers ursprünglich einköpfig; der zweiköpfige Adler erscheint — in Beziehung zum kaiserlichen Wappen — zuerst um 1330 auf einer Münze Ludwigs des Bayern und im Reichswappen regelmäßig erst seit dem Anfang des XV. Jahrhunderts, wobei hier unerörtert bleiben mag, ob er ursprünglich wirklich ein eigentlich zweiköpfiger oder ein durch Vereinigung zweier halber Adler gebildeter war. Wohl aber kommt er schon weit früher in den Wappen und Siegeln einzelner alter Geschlechter vor, z. B. der Grafen von Savoyen, der Grafen von Botenlauben und Henneberg als Burggrafen von Würzburg, der Herren von Stutternheim (1317), der Herren von Schlatt. Als Kuriosum sei auch erwähnt, daß bereits 1299 die Juden von Augsburg einen Doppeladler in ihrem Wappen führten.

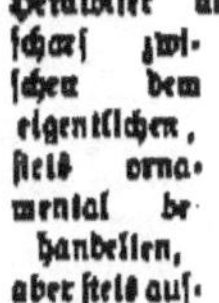

Wappen: Graf von Leiningen

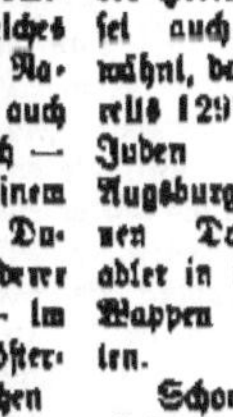

Siegel: von Zollern (1270).

Wappen: von Dalberg.

Schon die ältesten erhaltenen Wappen meiner Familie

Wappen von Thüngen.

Wappen. von Castell.

zeigen nun ebenfalls den zweiköpfigen Adler: ein Siegel von 1270 nicht absolut deutlich, ganz unverkennbar aber ein zweites von 1255. Dabei taucht aber die Frage auf, ob der Adler ein ursprünglicher Bestandteil unseres Wappens war, oder ob dessen Schild nicht anfangs nur die Pfahlteilung zeigte, und der Adler später hinzukam, was aus manchen Gründen wahrscheinlich ist. Wenn dies aber der Fall ist, woher entnahmen meine Vorfahren diesen Doppeladler? Daß er uns etwa vom Kaiser verliehen sein könne, wie später wohl Lehnsleute Teile des Wappens ihrer Lehnsherrn annehmen durften, ist nach der obigen chronologischen Auseinandersetzung nicht möglich. Möglich ist dagegen, daß er irgendwie „erheiratet“ ist, oder daß er in irgend einer Beziehung zu polnischen Dynasten steht, wofür freilich die Geschichte meiner Familie keine Anhaltspunkte bietet. Vielleicht findet einer der Leser dieser Zeilen eine Lösung.

Löwe älterer Form.

Löwe jüngerer Form.

Weil jünger, als der Schild, ist als Wappenbestandteil der Helm, und er kommt streng genommen nur ritterlichen Wappen zu. Gemeinden und Städte, Geistliche und Frauen führen ihn daher meist nicht. Seine Form hat im Laufe der Zeit gewechselt: an den Kübel- und Topfhelm des XIII. und XIV. Jahrhunderts schloß sich später der sogenannte Stech- und der Spangenhelm (Seite 53). Selbstverständlich müssen in einem Wappen Schildform, die Art der Teilung des Schildes und die Form des Helms einen gemeinsamen Zeitcharakter tragen; man kann also nicht etwa auf einen verschnörkelten Barockschild einen Topfhelm setzen.

Heraldischer Adler I.

Heraldischer Adler II.

Reichsadler.

Der heraldische Helm wird erst vollständig durch die Helmdecke und durch die Verbindungsglieder — Kronen, Wulste, Kissen — auf dem Helm befestigte plastische „Kleinod“. Als solches erscheinen entweder das Wappenbild des Schildes oder Teile desselben oder endlich selbständige Figuren: Hörner, Flüge, Schirmbretter, Kissen, Hüte, Federn, Menschen, Tiere &c. Um einige Beispiele anzuführen, zeigt das Tasselsche Wappen als Helmkleinod die Lindenblätter des Wappenschildes, außerdem aber Hörner, das Ebersteinsche Wappen ein Mohrenweibchen (Seite 56). Wir selbst führen als Helmkleinod einen sitzenden Zobel, und damit wurde unser Wappen zu einem sogenannten „redenden,“ d. h. einer seiner Teile gibt den Vorklang des Familiennamens wieder.

Es gibt sehr sehr viele „redende“ Wappen. Die Voß führen einen Fuchs, die Rochows drei Rochen, die Quasts drei

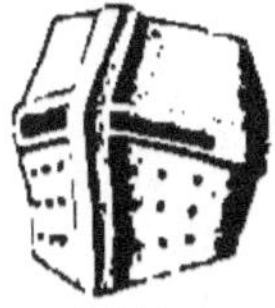

Kübelhelm.

Cnöste, die von Donop eine Sturmleiter (angeblich von do nop = da hinauf), die Sternbergs einen Stern über einem Berg, die Kettler ein Kesseleisen, die Einsiedel einen Einsiedler, die Grafen Horn drei Hifthörner ꝛc. Viele der redenden Wappen sind gewiß sehr alt; in anderen aber ist das Bild, das sie zu einem redenden machte, erst eine spätere Zuthat, man stempelte das Wappen in einer Zeit, als seine Bestimmung noch im Fluß war, künstlich zu einem redenden. So geht es uns: der Name Zabeltitz oder Zobeltitz, ursprünglich Zabuloiec, stammt aller Wahrscheinlichkeit nach aus dem Slawischen, bedeutet „hinter dem Morast“ und lehnt sich an einen Ort bei Meißen an. Erst gegen Ende des XV. Jahrhunderts scheint einer unserer Vorfahren den Zobel als Helmkleinod angenommen zu haben, und die ursprüngliche Willkür ist dann Gebrauch geworden. —

Der Einfachheit halber habe ich bisher noch mit keinem Worte der Wappenfarben, wie der Heraldiker sagt: der Tinkturen, gedacht, die den Wappen erst ihren vollen künstlerischen Reiz verleihen. Eigentlich gibt es nur vier heraldische Farben, Rot (Meninge oder Zinnober), Blau (Kobalt oder Ultramarin), Grün und Schwarz; außerdem zwei Metalle, Gold (bei einfacheren Darstellungen Schwefelgelb) und Silber (Weiß). Erst in neuerer Zeit wendet man auch sogenannte Naturfarben an, gibt einer menschlichen Figur also z. B. Fleischfarbe, malt einen Hirsch braun. Allgemeiner Grundsatz für die Tinkturen ist, daß nie Farbe auf Farbe, Metall nicht auf Metall stehen darf: ein roter Löwe darf also

Eronzenhelm.

z. B. nicht auf blauem Grund stehen, sondern nur auf Gold oder Silber; ein goldener Stern nicht auf silbernem Feld, sondern auf blau, rot, schwarz oder grün. Eigenartig ist die Darstellung des Pelzwerkes. Der Heraldiker gibt den gewöhnlichen „Kürsch“ in schuppenförmigen Reihen wieder, den Hermelin mit eigentümlichen schwarzen Kreuzchen auf silbernem Grunde; außerdem kennt er — was aber nicht allgemein anerkannt wird — ein sogenanntes „Feh,“ Eichhornfell, das er meist in Blau auf Silber in Form von Eisenhütlein (Seite 51) darstellt. Schließlich gebraucht er auch den Purpur, aber nie im eigentlichen Wappenbild, sondern nur an Kronen, Mänteln ꝛc.

Der Kürsch.

Für den praktischen Gebrauch bedient man sich aber nicht immer der Farben und Metalle als Tinkturen. Schon seit Jahrhunderten hat sich eine ganz bestimmte Art von Schraffierung eingebürgert, mittels derer man die Farben in Schwarz-Weiß charakteristisch wiedergibt. Unsere Abbildung auf Seite 56 überhebt mich der eingehenderen Beschreibung, in welcher Weise dies geschieht. Übrigens schreibt man jetzt vielfach wieder für Silber w., Gold g., rot r., schwarz s. ꝛc. mit kleinen Buchstaben in die betreffende Figur ein; hierbei bleibt die schöne Zeichnung klar.

Hermelin.

Das Studium der Heraldik wird besonders dann interessant, wenn man in den Vorkenntnissen so weit vorgeschritten ist, sich mit den Wappen alter großer Familien zu beschäftigen, in denen sich fast regelmäßig ein gut Teil von deren Geschichte widerspiegelt. Unwillkürlich führt das „Ansprechen“ solch eines Wappens zur Beschäftigung mit irgend einem historischen Stoff, und im Auflösen der Einzelbestandteile des Wappens reiht sich eine Frage an die andere.

Wer sich an eine größere Aufgabe wagen will, der versuche einmal — etwa an der Hand von W. v. Cheyns „Ehrenherold" — das schöne österreichische Gesamtwappen (S. 57) zu zerlegen, wie es Kaiser Josef II. im Jahre 1780 feststellen ließ. In seiner mannigfachen Zusammensetzung, die, der Geschichte der Habsburger entsprechend, Wappenteile aus fast allen Ländern Europas in sich vereinigt, bietet es des Interessanten unendlich viel.

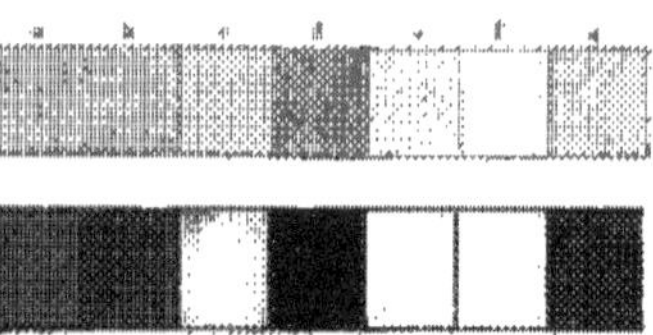

Tinkturen.

Ich muß mich hier auf eine etwas einfachere Aufgabe beschränken und wähle dazu das Wappen des fürstlichen Hauses Hohenzollern nach dem Werke von Dr. K. Th. Zingeler, dessen Abbildung unsern Artikel einleitet.

Wappen: von Hohenlohe.

Wappen: von Nesselrode.

Wappen: von Grumbach.

Vorausschicken muß ich, daß, will man ein Wappen „ansprechen," man sich stets vergegenwärtigen soll, daß alle Bezeichnungen, welche sich auf rechts oder links beziehen, für den (gedachten) Träger des Schildes gelten, also nicht vom Beschauer aus zu rechnen sind. Ferner, daß die rechte und obere Seite des Schildes nach altem Gebrauch als die vornehmere, das rechte „Obereck" als des Schildes vornehmste Stelle gilt, mit der bei jeder Beschreibung begonnen werden muß. Sind, wie in unserem Beispiel, mehrere Wappen vereinigt, so beginnt man mit dem vornehmsten.

Wappen: von Oberstein.

Im fürstlich hohenzollerischen Wappen ist das vornehmste der in die Mitte gestellte alte, in Silber und Schwarz viergeteilte Zollernschild, welcher im Jahre 1248 zum erstenmale erscheint; er löste damals den roten Löwen im Silberfelde mit gelbschwarz gestücktem Rande, den die Zollern bis dahin geführt, ab, und wurde wahrscheinlich angenommen, um die fränkisch-schwäbischen Linien auch schon äußerlich von den Hohenberger Zollern, denen sie feindlich gegenüberstanden, zu scheiden.

Die rechte Oberstelle nimmt das Wappen der Burggrafschaft Nürnberg (1241) ein: in Gold mit einer von Silber und Rot gestückten Einfassung ein schwarzer, rotbezungter, rotbewehrter Löwe mit gedoppeltem Schweife.

Die linke Oberstelle enthält als Zeichen des 1505 verliehenen Erbkämmereramts im roten Felde zwei goldene Scepter.

Die rechte Mittelstelle ist in Silber und Rot quergeteilt. Es ist dies das Wappen der

Herrschaften Haigerloch Werstein, welche die Hohenzollern 1497 resp. 1550 erwarben; es findet sich auch im Wappen des Königlich Preußischen Hauses.

Die linke Hüftstelle ziert im roten Felde auf grünem Hügel ein schreitender goldener Hirsch: das Wappen der Grafschaft Siegmaringen, die 1534 an die Hohenzollern kam.

Die rechte Schildfußstelle enthält im goldenen Felde drei rote, mit dem Grind nach rechts querliegende Hirschstangen für die 1534 erworbene Grafschaft Veringen.

Die linke Schildfußstelle zeigt im silbernen, von schwarzem, mit elf goldenen Kugeln belegten Rande umgebenem Felde einen roten, goldbewehrten, goldgepunkten und goldgekrönten Löwen mit gedoppeltem Schweife -- das Wappen der Grafschaft Berg, die durch Heirat und Erbschaft 1712 aus dem Besitz der alten und reichen Grafen Berg's Heerenberg, Marquis von Berg-op-Zoom, Grafen von Walhain, Bozmeer und Champlite, Barone von Boxtel und Wisch rc. in hohenzollerische Hände überging.

Sieben Helme ruhen auf dem Schilde. In der Mitte der Helm mit dem goldenen Erbkämmererscepter; nach rechts die Helme mit dem alten zollerischen Brackenhaupt, dem Löwen der Burggrafschaft Nürnberg, den Hiefhörnern von Haigerloch und Werstein; nach links die Helme mit den roten Hirschstangen für Veringen, den goldenen Hirschstangen für Siegmaringen und dem goldenen Adlerflug für Berg.

Schildhalter endlich sind zwei zollerische rotgezungte Bracken mit in Silber und Schwarz viergeteilten Ohren.

Wappen des österreichischen Kaiserhauses

Vom Schreibtisch und aus dem Atelier.

Wie in Ägypten ausgegraben wird.

Von

Professor G. Steindorff-Leipzig.

Mit zwei Zeichnungen von **Paul Hey.**

„Nur wollene Decken mitbringen, wir erwarten Sie zwölften in Barud." Dieses kurze, auf dem Postamte von Negâde in Oberägypten aufgegebene Telegramm überreichte mir Freitag, den 8. Februar, der Portier in Shepheards Hotel in Kairo, wo ich, eben von Alexandrien kommend, nach einer staubigen Fahrt durchs Delta gelandet war. Der Absender der Botschaft war mein Freund, der englische Archäologe Flinders Petrie, der mich bei meinem letzten Besuche in London ebenso liebenswürdig wie dringend aufgefordert hatte, sobald ich nach Ägypten käme, zu ihm zu stoßen und an seinen Ausgrabungen, wo immer sie auch stattfänden, teilzunehmen. Mit Freuden hatte ich damals seine Einladung angenommen; konnte ich doch von keinem anderen in die schwere „Kunst vom Spaten" besser eingeführt werden als von diesem durch eine vierzehnjährige Praxis geübten, dazu vom Findeglücke wunderbar begünstigten Engländer, dem Entdecker der Griechenkolonie Naukratis. Und doch kam mir die Depesche jetzt nicht ganz willkommen. Nach stürmischer Meerfahrt hatte ich eben erst den Boden des Nilthals betreten und nun gehofft, mich ein oder zwei Wochen lang in die neue Welt des Orients einleben und in Ruhe die Vorbereitungen zur Fahrt nach Süden treffen zu können. Nun sollte es Hals über Kopf weitergehen, ohne daß es mir gelungen wäre, der neuen Eindrücke einigermaßen Herr zu werden und mich in dem wunderlichen Kulturgemengsel, das Kairo Ende Januar und Anfang Februar bietet, wo die höchste europäische Civilisation und der unverfälschte Orient sich brüderlich die Hand reichen, zurecht zu finden. Petries Depesche war zu bestimmt gewesen, als daß mir eine Gegenäußerung angebracht erschienen wäre; weiter wußte ich auch nicht, wohin ein Telegramm zu richten. Das seine war in Negâde aufgegeben, in Barud sollte ich in Empfang genommen werden; aber wo hatte er selbst sein Zelt aufgeschlagen? Die vierundzwanzig Stunden, die mir bis zur Abfahrt noch blieben, wurden mit den nötigen Besorgungen, Beschaffung von Empfehlungen, Besuchen zugebracht, und schließlich nahm ich noch eine Einladung an zu einer Wagenfahrt nach den großen Pyramiden von Gise; denn es wäre mir doch zu schwer geworden, wenn ich in Kairo gewesen wäre und die gewaltigen Grabdenkmäler der Pharaonen nur als kleine Dreiecke am fernsten Horizont gesehen haben sollte. Also fuhr ich noch in letzter Stunde hinaus — um mich gründlich enttäuschen zu lassen. Von den Pyramiden mag ich nicht reden, zu deren Bewunderung ließ mich die unvermeidliche Staffage nicht kommen; ihre überwältigende Größe habe ich erst Monate später in einer wunderbaren Vollmondnacht empfunden. Aber die Menschen ringsum: Beduinen, von einer

Zudringlichkeit, daß ihnen gegenüber ein neapolitanischer Droschkenkutscher das Prädikat „bescheiden" verdient; als ich auf die Spitze der Cheopspyramide geklettert oder besser hinaufgeschoben war, fand ich drei Reisegefährten, die auf der breiten Plattform ihren „Skat" fortsetzen wollten, und als ich auf den dunklen Gängen in das Innere vorgedrungen war und mich gerade am Sarge des Pharao die Schauer der Ewigkeit ergreifen wollten, erschien ein Berliner Paar, um auf dem glatten „Granitparkett" einen Walzer zu drehen. Ich hatte genug und freute mich nur beim Weggehen eines redegewandten Berliners, der zu den Beduinen, die, glaub' ich, den zehnten Bakschisch von ihm verlangten, sagte: „Na Kinderchens, ihr scheint mir auch en bißken jeldjierig zu sein." — Ich war in meiner Schwärmerei etwas abgekühlt, und als mich abends um neun Uhr auf dem Kairoer Bahnhof liebe Freunde in den Wagen des oberägyptischen Schnellzuges befördert hatten, war ich mit Petries Depesche ausgesöhnt und glücklich, dem „modernen" Kairo entronnen zu sein und so bald in das richtige Ägypten kommen zu können.

Als ich mich am nächsten Morgen nach sechs Uhr von dem Polsterlager des Waggons erhob, stieg gerade der runde Sonnenball in feuerroter Glut über dem gelben arabischen Gebirge, das im Osten das Nilthal begrenzt, empor. Es war ein erhabener Anblick, und ich begriff zum erstenmale, wie bei dieser die Sinne überwältigenden Erscheinung die alten Ägypter ihren Sonnengott als den „einzigen, großen, der sich selber geschaffen," preisen konnten und selbst im Totenreiche noch den Wunsch hatten, die Sonne zu schauen jedesmal, wenn sie aufgeht. Gegen Mittag fuhr der Zug in Girge ein, gegenwärtig der Endstation der oberägyptischen Eisenbahn. Von hier aus wird der weitere Verkehr nach Süden bis zu den ersten Nilkatarakten durch kleine Dampfboote vermittelt, die die Post mit sich führen, und auf denen auch der Tourist, der sich nicht zu den hohen Preisen der Salondampfer aufschwingen kann, bequem und verhältnismäßig billig Oberägypten bereisen kann. Nur mit Mühe hatte ich in Kairo noch einen Kabinenplatz auf dem „Ibis" erwischt, der jetzt gerade in der hohen Saison von europäischen Reisenden überfüllt war. Die Gesellschaft, die sich auf dem Boote zusammenfand, war sehr mannigfaltig; der größte Teil bestand aus Engländern, die sich ja jetzt im Nilthal als die eigentlichen Herren des Landes fühlen, in den Hotels ihre heimischen Sitten eingeführt haben und hierin sogar so weit gegangen sind, daß man selbst bei den Ruinen des alten Theben, im Hotel von Luxor, beim „Dinner" im Frack oder wenigstens im „Smoking" erscheinen muß. Zu ihnen kam ein Teil Landsleute, Berliner Kaufleute mit ihren Damen, ein Professor aus Heidelberg, ein liebenswürdiger alter Herr, ein junger Arzt, weiter ein italienischer Wasserbauingenieur, der schon seit Jahrzehnten im Lande lebt und mir mit praktischen Ratschlägen manchen Dienst leistete. Die Fahrt auf dem Nil war prächtig, ein leiser Nordwind milderte die Glut des Tages; an den Ufern erschienen und verschwanden die kleinen arabischen Dörfer mit ihren hohen Taubentürmen, den charakteristischen Merkmalen Oberägyptens. Hier knarrte ein von einem Büffel gezogenes und einem braunen Fellahknaben geleitetes Schöpfrad, dort hob ein nackter, kupferbrauner Bauer in emsiger Arbeit den Wassereimer wieder und wieder empor. Wäre nicht von Zeit zu Zeit ein arabisches Minarett oder ein weiß getünchtes, von einer runden Kuppel bekröntes Scheichgrab auf der Uferhöhe erschienen, ich hätte gemeint, ich wäre nicht durch das moderne, sondern durch das Ägypten der Pharaonenzeit gezogen. Die Sonne war schon seit drei Stunden zur Rüste gegangen, im Westlande von dem Jubel der seligen Toten begrüßt, als unser „Ibis" im Hafen von Farschut vor Anker ging. Eine feenhafte Vollmondnacht brach herein, die schlanken Stämme und schmalen Blätter der Palmen hoben sich in der klaren Luft scharf vom Horizonte ab, in tausend Lichtern glitzerte das Mondlicht auf dem sanft wallenden Wasser. Stille herrschte ringsum, und nur ein letztes Knarren des Schöpfrades oder der näselnde Sang eines spät wachenden Arabers tönte zu dem schlummernden Schiff herüber. Um vier Uhr morgens wurde das Rad des Dampfers schon wieder in Bewegung gesetzt, und um die Mittagsstunde trafen wir in Kene ein, wo am Westufer des Nils dem schönen, wohlerhaltenen Heiligtume der Liebesgöttin Hathor in Dendera ein kurzer Besuch abgestattet wurde. Endlich um drei Uhr nachmittags näherten wir uns der kleinen Landungsbrücke von Barud, die schnell geknüpften Reisebekanntschaften wurden gelöst, der Dampfer stoppte am Ostufer, und mit meinen beiden Koffern verließ ich den letzten Rest abendländischer Kultur. „Was nun?" dachte ich mir, aber noch ehe ich überlegen konnte, kam schon ein bildhübscher, schlanker Fellah auf mich zu mit einem Briefchen, dessen Adresse deutlich Petries Schrift verriet: „Folgen Sie unbedenklich dem Überbringer, der Sie zu uns geleiten wird."

Zunächst wurde ich mit meinem Gepäck in eine Fähre geladen, die uns mit gewiß drei Dutzend Arabern, Männern, Frauen und Kindern, über den Fluß an das linke westliche Ufer brachte. Eine drückende Glut herrschte auf dem Wasser, und noch lästiger wie diese waren die Tausende von Fliegen, die uns umschwirrten und sich in Scharen auf Gesicht und Händen niederließen. Die Araber machten ein verdutztes Gesicht, als sie sahen, daß ich mit den zudringlichen Gesellen den Kampf aufnahm und bald mit der Rechten, bald mit der Linken um mich schlug. Sie ließen sie ruhig gewähren, und nur wenn sich auf Wangen und Augen eines einjährigen Babys etwa ein halbes Hundert niedergelassen hatte, sah sich die sorgende Mutter veranlaßt, die Biester zu verscheuchen. Am Ufer erwartete uns der Packesel, der mit meinen beiden Koffern beladen wurde; bald kam auch noch ein zweites Maultier, das mich selbst tragen sollte. Ich kam mir wie in einer anderen Welt vor, kein europäisches Wort drang ans Ohr, nur die mir gänzlich unverständlichen arabischen Laute. Immerhin konnte ich meinem trefflichen Führer klar machen, daß ich furchtbaren Durst habe, und da ich damals noch eine mir ärztlich eingedrillte Abneigung gegen unabgekochtes Nilwasser hatte, so nahm ich mit Fremden aus einem Korbe eine Handvoll Tomaten, deren herber Saft mich wundervoll erquickte. Nun begann der Marsch. Zunächst durch ein kleines Bauerndorf, Zaweida hieß es, über kleine Rinnsale, an Schöpfrädern vorüber, westwärts der Wüste zu. Die Felder waren wohlbestellt, die grünen Halme waren schon emporgeschossen und die Lupinen so hoch gewachsen, daß sie selbst den Eselreiter überragten und einen willkommenen Schatten gewährten.

Nach etwa einstündigem langsamem Marsche hatten wir das Ende des Fruchtlandes erreicht und ritten nun über Sand und Steingeröll am Wüstenrande weiter. Die Ebene dehnte sich etwa noch drei Kilometer westwärts aus und wurde in der Ferne durch die dreihundert Meter hohen, steilen Abfälle des libyschen Gebirges oder besser der Hochebene begrenzt, die sich nach Westen zu bis ins Unendliche ausdehnte. Bald gewahrte ich in der Ferne auf der Spitze eines kleinen Hügels eine Hütte und hoffte schon am Ziele meines Rittes zu sein und den unbequemen, aus Binsen zurechtgemachten Eselsattel verlassen zu können, als mich mein Führer belehrte, daß dies erst Mr. Quibells Haus sei. Ich kannte auch diesen Engländer von London her, wußte, daß er Assistent Petries sei und freute mich des Wiedersehens. Bald stand ich vor seiner primitiven Wohnstätte und wurde von ihm und seiner jungen Schwester, die ihn hierher begleitet hatte, um von einem hartnäckigen Leiden Genesung zu finden, herzlich bewillkommnet. Beim Five o' clock-tea, den Miß kredenzte, erfuhr ich nun auch endlich Näheres über die Dinge, die meiner harrten. Petrie sei im Begriffe, eine große Nekropole freizulegen, die sich an eine alte Stadt, die er teilweise schon untersucht habe, anschlösse. Er, Quibell, grabe hier weiter nördlich, während Petrie einige Kilometer südlich hause und seine Untersuchungen führe. Ich konnte auch schon eine Reihe der neugefundenen Stücke sehen, Töpfe, flache grüne Steine in mannigfachen Formen, Perlen und anderes mehr, alles Dinge, die höchst wunderbar waren und ziemlich unägyptisch aussahen. „Ja, wir haben die Kannibalen gefunden," triumphierte Quibell, und „Kannibalen" und „Kannibalen" war das Leitmotiv des Gesprächs. Die Gräber selbst zu sehen, war ich heute zu müde, die Zeit war auch zu weit vorgeschritten, da ich ja noch vor Eintritt der Dunkelheit Petries Lager erreichen wollte. So brach ich denn bald wieder auf und hatte auch zur festgesetzten Stunde mein Ziel vor mir. In einem kleinen, langgestreckten Hause hatte Petrie mit seinen Arbeitsgenossen sich ein Quartier bereitet. Das Gebäude war von ihm selbst erst errichtet worden aus Ziegeln, die die benachbarte Stadtruine geliefert hatte. Es enthielt eine Reihe von Zimmern, einen Teil bewohnte er selbst oder hatte er als Magazinräume für die gefundenen Schätze eingerichtet; in dem anderen waren seine Arbeiter einquartiert, die er mit sich gebracht hatte oder die zu weit wohnten, um allabendlich zu ihrem heimatlichen Dorfe gehen zu können. Petrie und sein Stab bereiteten mir einen liebenswürdigen Empfang; ich wurde in dem „Speisezimmer" einlogiert und fühlte mich bald ganz zu Hause. Der Raum dieses „dining-room" war freilich einfach genug. Eine große Kiste, die zum Transport von Konserven gedient hatte, war der Tisch, kleinere Kisten die Stühle, ein großes arabisches „Bettgestell," das aus Palmenstäben zusammengefügt war, vertrat bei Tage die Rolle des Sofas, während es bei Nacht meine müden Glieder auf sich nahm. Durch die Thüröffnung empfing der Raum genügendes Licht. Eine Thüre selbst existierte nicht; bei Nacht wurde der rechteckige Eingang mit einer Matte verhangen, durch die der kühle Wind — das Thermometer sank meist auf den Nullpunkt, während es bei Tage im Schatten bis 40° C. zeigte — kräftig genug hindurchblies und mir trotz aller wollenen Decken einen tüchtigen Nordlandsschnupfen zuführte.

Der nächste Morgen sah mich zeitig auf den Beinen, und ich begann nun, mich unter Petries Führung auf dem Ausgrabungsfelde zu orientieren und mit den bereits gelieferten Ergebnissen vertraut zu machen.

Unser Haus lehnte sich unmittelbar an die ziemlich hohen, aus Luftziegeln erbauten Umfassungsmauern des alten Tempelbezirkes. Innerhalb der Mauern lag ein kleines Heiligtum, das von Thutmosis I., dem ersten Könige der achtzehnten ägyptischen Dynastie (um 1600 v. Chr.), erbaut worden war und in den folgenden Jahrhunderten noch in Benutzung gestanden hatte. Es war dem Lokalgotte der Stadt, dem Set, geweiht, der in der Gestalt eines fabelhaften, einem Esel recht ähnlichen Tieres dargestellt wurde. Die aus blendend weißem Kalkstein bestehenden Eingangsthore des Heiligtums, die mit Reliefs geschmückten Wände verschiedener Räumlichkeiten, Reste von Säulen, die einst die Decken getragen, ließen sich noch deutlich erkennen. Die Stadt selbst führte, wie sich aus den vorhandenen Inschriften leicht erkennen ließ, den ägyptischen Namen Enboi, der einem griechischen Ombos entspricht. Und dieses neuentdeckte, eben ans Tageslicht geförderte Ombos war keine unbekannte Stadt, sondern schon in der römischen Poesie verewigt. In einer seiner geistsprühenden Satiren gießt der von Kaiser Domitian nach Ägypten verbannte Juvenal seinen scharfen Spott auch über die ägyptischen Götterkulte aus und schildert bei dieser Gelegenheit den Kampf der Bewohner der beiden Nachbarstädte Tentyra (Dendera) und Ombos, der gelegentlich eines Festes in der Stadt Koptos (am rechten, östlichen Nilufer) zum Ausbruch gekommen war. Beide Städte hegten seit lange einen tiefen Haß gegeneinander und zwar wegen der Götter, die sie verehrten. In Tentyra verfolgte man nämlich das Krokodil, das in Ombos als dem Set geweiht für hochheilig gehalten wurde. So kam es zu einer großen Schlägerei; dabei schlugen die Tentyriten einen Mann aus Ombos tot und — fraßen ihn auf! — In besagtem Ombos stand ich nun, im Heiligtum des Set und seines Krokodils. An dem Tempel schlossen sich zahlreiche Gebäude, in denen wohl die Wohnhäuser der Priester und Speicher erkannt werden müssen. Außerhalb der Mauern lag die eigentliche Stadt, deren Stätte durch große Schutthügel gekennzeichnet wurde. Sie waren zum Teil schon durchwühlt und zwar durch die Bauern, die sich von hier, wie aus allen ägyptischen Ruinen, eine stark natronhaltige Erde, den sogenannten Sebbâch, zum Düngen ihrer Felder holten. Auch jetzt war wieder ein Dutzend Leute beschäftigt, mit ihren Hacken die alten Stadttrümmer zu durchsuchen und abzutragen, auf daß „neues Leben aus den Ruinen blühe."

Etwa 10 Minuten südlich von Ombos dehnte sich auf dem Wüstenboden ein weites Gräberfeld aus, dessen Ausgrabung bereits in Angriff genommen war und fürder den Hauptgegenstand der Arbeiten bildete.

Die Gräber bestanden in rechteckigen, kaum tiefer als etwa 1,50 Meter in den steinigen Boden gegrabenen Öffnungen. War der Sand, der die Grube füllte, weggeräumt, so fanden sich auf dem Boden die Skelette der Toten und zwar meist in zusammengekauerter Stellung, der Kopf nach Süden, das Gesicht nach Westen gerichtet. Nicht selten lagen die Gebeine säuberlich geordnet in einer Ecke, hier der Schädel, daneben der Rumpf, die Bein- und die Armknochen, alles so dicht bei einander, daß das Fleisch sich bei der Bestattung nicht mehr an den Knochen befunden haben konnte. Wie war diese wunderbare Art des Begräbnisses zu erklären? Diese Frage wurde beständig von uns besprochen. Anfangs herrschte die Meinung, daß wir vor den Gräbern von „Kannibalen" ständen, die die Gestorbenen beim Leichenschmause zerstückelt und verzehrt und die dann erst die Reste des Mahles dem Grabe übergeben hätten. Später wurde diese kühne Menschenfresseridee aufgegeben, und ich glaube eher, daß man, wie dies nach Schweinfurths Erzählung noch Stämme am Kilimandscharo thun sollen, die Toten erst verwesen ließ und dann bestattete. Gelöst ist freilich diese Frage auch jetzt noch nicht, und es wird noch neuer Untersuchungen bedürfen, um für die auffallende Erscheinung eine endgültige Erklärung zu finden.

Eines war freilich von vornherein sicher: Ägypter waren es nicht, die hier bestattet waren. Denn soweit unsere Kenntnisse vom ägyptischen Begräbniswesen reichen, sind die Ägypter niemals in dieser Weise der Erde übergeben worden. Daß es sich um „Barbarengräber" handelte, wurde auch durch andere Funde bestätigt. Den Leichen waren nämlich verschiedene Beigaben mitgegeben worden, die die Toten im Jenseits benutzen sollten und die sich zum großen Teil noch unversehrt vorfanden. Hauptsächlich waren es Thongefäße, die zum Aufbewahren von Speisen und Getränken für die Nahrung der Toten bestimmt gewesen waren. Sie hatten die mannigfachsten Formen und Verzierungen. Die meisten zeigten eine prächtige, braunrote Glasur, während der obere Rand ein tiefes Blauschwarz besaß. Andere waren hellbraun und, was sich bei ägyptischen Töpfen nie findet, mit Ornamenten, Spiralen, plump gezeichneten Figuren von Menschen, Steinböcken, Straußen, Schiffen verziert, ein Beweis, daß das Volk, das sie gefertigt, sowohl mit dem Leben der Wüste als auch mit der Schiffahrt vertraut war. Andere Gefäße zeigten einen schwärzlichen Überzug, auf den geometrische Verzierungen mit weißer Farbe aufgetragen waren. Merkwürdigerweise waren viele dieser Töpfe nicht auf der Scheibe gedreht, sondern noch in einer sehr primitiven Technik mit der Hand geformt.

In großer Anzahl fanden sich flache, grünliche Steine, die die Formen von Fischen, Vögeln, Nilpferden und anderem mehr besaßen und, wie die in ihnen befindlichen Löcher zeigten, angehängt werden konnten. Der Zweck dieser Steine ließ sich aus den Resten grüner Farbe, die sich auf mehreren erhalten hatte, ohne Schwierigkeit erschließen: sie hatten als Platten, auf denen grüne Schminke zum Färben der Augenbrauen gerieben wurde, gedient. Auch die Steine, mit denen die Farbe zermahlen wurde, kleine, überaus fein polierte braune Kiesel fanden sich vor. Erwähne ich noch Knochenfiguren, Perlen von Halsketten, Feuersteinmesser, die vielfach von bewundernswerter Feinheit der Arbeit waren, so sind wohl die wichtigsten Beigaben der Toten namhaft gemacht. Das Auffallendste aber war, daß rein ägyptische Gegenstände, etwa Reste von Fayencegefäßen, Fayenceperlen, Stücke mit ägyptischen Schriftzeichen oder Verzierungen oder Siegelsteine in Form von Käfern, sogenannte Skarabäen, die sich in ägyptischen Gräbern aller Zeiten in großer Menge vorfinden, sich gar nicht oder nur in sehr spärlicher Zahl nachweisen ließen, ein neuer Beweis, daß wir es hier mit einer fremden Bevölkerung zu thun hatten. Die Leute hatten wohl keine glänzende soziale Stellung innegehabt; denn wertvolle Gegenstände aus Gold oder kostbaren Steinen fehlten gänzlich, und das Vorhandene zählte zu der billigen Ware. Die wichtigste Frage, die zunächst zu beantworten war, war die nach dem Alter der Gräber. Zum Glück löste sie sich schnell. In der Nähe der Friedhöfe der „Kannibalen" lagen andere, rein ägyptische Gräber. In einem von ihnen, das der ältesten Periode der ägyptischen Geschichte, etwa der Zeit um 2500 v. Chr., angehörte, war später ein Grab der fremden Bevölkerung angelegt worden, das also demnach jünger als 2500 v. Chr. sein mußte. In einem anderen Grabschachte, der mehrfach benutzt worden war, fanden sich in der größten Tiefe ein Begräbnis aus der ältesten Zeit, in der oberen Schicht Reste aus der Zeit um etwa 1800 v. Chr., und in der Mitte war einer jener rätselhaften Fremdlinge beigesetzt worden. Nach diesen Befunden, die noch durch andere vermehrt wurden, ergab es sich mit großer Wahrscheinlichkeit, daß die neuentdeckten Gräber aus der Zeit zwischen 2500 und 1800 v. Chr. stammten. So war es also keine Urbevölkerung Ägyptens, wie zuerst vermutet war, sondern ein fremder Volksstamm, der neben der ägyptischen Bevölkerung zu einer Zeit, als diese schon eine hohe Stufe der Kultur erreicht hatte, sich ansässig gemacht und zum Teil noch an seinen eigenen, primitiven Sitten und Gewohnheiten festgehalten hatte. Das Wahrscheinlichste dürfte nun sein, daß diese eingewanderten Leute fremde Krieger libyschen, vielleicht auch nubischen Stammes waren, die von den Ägyptern in Sold genommen und neben ihrer Stadt angesiedelt worden.

In der Nähe der Friedhöfe fanden sich sowohl im Norden als auch im Süden von Ombos

Trümmerhügel, deren Untersuchung ähnliche Ergebnisse wie die der Gräber ergab, und in denen wir mit Sicherheit die Reste der fremden Ansiedelung erkannten, in denen die „Barbaren" mit Weib und Kind ihr ärmliches Dasein geführt hatten.

Im ganzen sind im Laufe der Ausgrabungen mehrere tausend Gräber geöffnet und untersucht worden; über 3000 Schädel wurden aus ihnen zu Tage gefördert, die durch regelmäßige Züge, eine kurze Adlernase und wohlentwickelte Stirn ausgezeichnet sind. Sie sind mit der Mehrzahl der Funde nach England gegangen und werden hoffentlich, von kundigen Anthropologen untersucht, noch neues Licht über die Stammeszugehörigkeit des neuen Volks verbreiten. Gegenüber diesen Entdeckungen, der Freilegung des Tempels von Ombos und der Auffindung der „Kannibalengräber", treten die übrigen Ausgrabungen, die Aufdeckung von Gräbern verschiedener Zeiten, sehr in den Hintergrund, um so mehr, als sie auch nichts Neues ergaben.

Die Grabungen wurden von fünfzig Arbeitern ausgeführt. Mehr Kräfte anzustellen, war nicht rätlich erschienen, da die einzelnen genau überwacht werden mußten, um jedes gefundene Stück noch an Ort und Stelle aufzeichnen zu können. Die Lage eines Grabes war äußerlich nach einiger Übung leicht zu erkennen, und die Arbeiter besaßen eine große Sicherheit im Auffinden neuer Stätten. Wo sich ein Grab befand, hatte sich der Wüstenboden um einige Centimeter gesenkt und eine flache Vertiefung gebildet. War die Oberfläche mit der Spitzhacke gelockert, so wurde der Schutt mit dem Spaten ausgegraben und in großen, geflochtenen Körben fortgeschafft. Sobald die erste „Antika" ans Tageslicht kam, gebot der Vorarbeiter Halt. Einer der unteren wurde gerufen, und nun wurde der Sand auf das sorgfältigste mit den Händen fortgenommen, damit ja kein Stück beschädigt werde oder gar verloren ginge. Alles wurde zunächst so, wie es gefunden, belassen und genau aufgezeichnet. Jedes Grab wurde mit einer seiner Lage entsprechenden Nummer versehen, jeder darin gefundene Gegenstand mit derselben Nummer bezeichnet, so daß man selbst noch nach Jahren imstande sein könnte, die im Oxforder Museum oder sonstwo befindlichen Gefäße und anderen Beigaben samt den Gebeinen der Toten in ihrem alten Grabe wieder genau so beizusetzen, wie sie vor Tausenden von Jahren bestattet worden waren. Die Arbeiten wurden morgens etwa um 6 aufgenommen und bis Mittag fortgeführt. Dann trat während der größten Hitze, von zwölf bis zwei Uhr, eine Ruhepause ein. Die Arbeiter kehrten mit den Fundstücken beladen zum Lager zurück, um der Ruhe zu pflegen. Um zwei Uhr ging's wieder ans Werk, das erst gegen Sonnenuntergang aufhörte. Sobald die Sonne hinter den Bergen der libyschen Wüste zu verschwinden anfing, ließ jeder die Arbeit ruhen und verrichtete, das Gesicht gen Mekka gerichtet, sein Abendgebet. Dann wurde der Heimweg angetreten und die einfache Abendmahlzeit, die meist aus einer warmen Brotsuppe bestand, genossen. Ein wundervolles Bild gewährte es, wenn dann nach dem Essen die ganze Gesellschaft im Freien zusammen hockte, ihren Kaffee schlürfte, Cigaretten rauchte und dem näselnden Gesange eines der Ihren lauschte; war das Lied zu Ende, so folgte wohl ein langes, gedehntes „Aah" der Zuhörer als Beifallszeichen, oder ein vielstimmiges „Kamān" („noch mehr") forderte den Sangeskundigen zu weiteren Spenden seiner Kunst auf. Ich habe überhaupt keine gutmütigeren, bescheideneren und fröhlicheren Gesellen kennen gelernt als diese von der Kultur noch nicht verdorbenen ägyptischen Fellachen. Und doch welch' schweres Dasein führen sie, wie wenig bietet ihnen das Leben, wie klein ist der Lohn, der ihrer mühseligen Arbeit winkt! Bei unseren Ausgrabungen erhielt jeder für den Tag zwei ägyptische Piaster, das sind vierzig Pfennige, die länger erprobten Vorarbeiter bekamen etwas mehr, Knaben unter fünfzehn Jahren, die zum Wegtragen des Schuttes verwendet wurden, nur einen Piaster! Diese Summen entsprechen etwa denen, die ein Feldarbeiter Tagelohn empfängt, von dem er auch bei den geringen Ansprüchen an Lebensunterhalt eine Familie von vier Köpfen ernähren kann. Da die Ausgrabungen in die Zeit fielen, in denen die Erntearbeiten ruhten, so war dieser Verdienst den Leuten überaus willkommen und darum anfangs ein so großer Andrang von Arbeitskräften gewesen, daß Petrie Dutzende trotz ihres Bettelns, beschäftigt zu werden, wieder in ihre Dörfer schicken mußte. Freilich erzielten die meisten auch noch ganz beträchtliche Nebeneinnahmen. Denn auf jedes bessere Stück, das gefunden wurde, war ein Preis gesetzt, der seinem Werte im Antikenhandel entsprach und von zehn Pfennigen bis zu vier Mark oder noch höher stieg.

Durch diesen „Bakschisch" wurde sehr geschickt vermieden, daß Stücke heimlich entwendet und an Händler, die allenthalben auf Beute lauerten, verkauft würden. Während bei anderen Ausgrabungen — ich habe dies selbst erlebt — sehr oft die besten Stücke durch Diebstahl verloren gingen und bald bei irgend einem Händler auftauchten, sind solche Unterschlagungen bei Petrie nur äußerst selten vorgekommen.

Auch unser Leben verfloß in einfachster Weise. Des Morgens wurde Thee eingenommen, mittags gab es ein warmes Frühstück, zu dem der Koch Hühner oder Tauben bereitet hatte, und Abends wurde ein Dinner von Tauben oder Hühnern serviert. Konserven — Fruchtgelees, Fische, Zunge, Schoten, die bei den Engländern sehr beliebten eingemachten Mangonüsse — brachten etwas Abwechselung in das eintönige Menu.

Und doch wie wohlthuend war dieses Einerlei, diese Ruhe, in die kein unruhiger Laut drang, diese Stille, jeden Tag Neues und Unerwartetes bringende Arbeit, dieser Verkehr mit gleichstehenden Genossen, mit simplen Bauern, die uns durch ihre naive Fröhlichkeit stets erheiterten. So ward es mir denn trotz mancher Entbehrungen recht schwer ums Herz, als an einem Sonntagmorgen wieder zwei Esel vor unserem Hause standen, um mein Gepäck und mich von dannen zu führen. Dankbar nahm ich von den fremden Abschied, bald verschwand der Hügel von „Ombos" meinen Blicken, die Wüste ging ins Fruchtland über, und als die Abendglocken der kleinen protestantischen Kirche von Argado zum Nachmittagsgottesdienste riefen, hatte ich den Nil und die Kultur wieder erreicht. Wie aus einem Traume weckte mich der Glockenton, und erst als ich auf dem Postdampfer nach Norden fuhr und deutsche Stimmen hörte, fand ich mich wieder in der „Welt" zurecht.

Russische Sinnsprüche.

Provinziellen Sprichwörtern nachgebildet von

Maximilian Bern.

Ist des Großen Macht vorbei,
Wagt sich Haß in seine Nähe;
An dem toten Adler rupft
Grimmig eine jede Krähe.

*

Ein mächtiges Talent erreicht
Sein Ziel nur spät und schwer;
Viel schneller als der große kommt
Der kleine Fluß zum Meer.

*

Wer schon am Rabenkrächzen
Sich zu erfreu'n vermag,
Kann schwer Gefallen finden
Am Nachtigallenschlag.

*

Reichtum und Armut.

Es schlägt der Blitz — als schonte er
Den Reichen bei Gewitterschauern —
Viel selt'ner in des Gutsherrn Wald,
Als in den Einzelbaum des Bauern.

*

Reiche besitzen gar keine Mängel,
Geld macht den Teufel zu einem Engel.

*

Der die Glocke goß, gedachte
Nicht bei seiner Arbeitsbürde,
Daß, die eben er vollbrachte,
Ihn zu Grabe läuten würde.

*

Zu den Auserwählten zählen
Oft die nichts an sich bedeuten;
Wo die großen Glocken fehlen,
Pflegt die kleinen man zu läuten!

*

An einer goldnen Krücke
Der Lahme schneller geht,
Als ihr den Armen laufen
Mit heilen Beinen seht.

*

Geld zu sehen taugen
Selbst ganz blinde Augen.

*

Hilfe.

Hilf ergiebig, daß ans Ziel kommt,
Wem geholfen werden muß;
Es ist eine böse Brücke,
Die nicht reicht über den Fluß.

*

Wer Hühner dem Habicht als Futter bestimmt,
Gewöhnlich nur die seines Nachbars nimmt.

Kein Raum.

Eine Kadettengeschichte

von

Ludwig von Plötz.

(Abdruck verboten.)

Wer mit der Bahn von Berlin nach Potsdam fährt, sieht linker Hand hinter dem Villenorte Lichterfelde ein rotes geschlossenes Häusergebirge aus freiem Felde steil aufragen. In der Mitte erhebt sich über den vielgegliederten Backsteinfronten, wie ein Patriarch über seiner Gemeinde, eine breitgeschwungene Kuppel, die gekrönt ist von der bronzenen Gestalt des schwertschwingenden Erzengels Michael.

Das ist die Königlich Preußische Hauptkadettenanstalt. Vor zwei Jahrzehnten, als die alten Kasernen in Berlin zu eng und dunstig wurden, hat man ihr auf plattem Lande dieses neue stolze Heim gebaut.

Wie ich die staubige Landstraße entlang schreite, die vom Bahnhofe führt, taucht es wieder auf vor mir das rotgemauerte Riesenschloß. Neben mir wogt es einher, ein bunter, hastender, lachender Schwarm; sie sind alle, wie ich, aus Berlin gekommen, um den Korso mitzufeiern, jenes Turnfest, welches die Kadetten alljährlich den Freunden der Anstalt herrichten.

Ob ihnen allen heute das Blut so rasch fließt wie mir? Der Himmel zeigt, daß er der Jugend gut gesonnen ist, er strahlt in satter Klarheit, die Juliwärme mildert ein kühler belebender Wind.

Sollte es so lange her sein? Ich reibe mir die Stirne und kann es nicht fassen, daß so viele Jahre vergangen sind, seitdem ich zum letztenmal aus diesen Thoren schritt, um die Welt zu gewinnen. Wie im Traume schreite ich an dem martialischen Portier vorbei, noch dasselbe Gesicht wie damals. Ich biege in die kurze Gasse ein, die an Speisehaus und Kasino vorbei zum großen Exerzierhofe führt und sauge gierig das alte Bild ein, die alte Welt, die meinem jungen Herzen Rast und Heimat bot.

Es ist ja alles noch wie damals, jeder Stein, jedes Haus, nur die Bäume haben sich höher herausgereckt.

Vom Festplatz, der im Anstaltsgarten hergerichtet ist, schallt jubelnde Marschmusik herüber und kündet den Beginn der Vorstellungen an. Eine Schar Akrobaten in

„Ich fange Dich doch!" Nach dem Gemälde von H. Kaulbach.

buntschillernden Tricots kommt in langen Sprüngen in die Arena gestürmt und weckt durch ihre Kunst tosenden Beifall. Nummer auf Nummer folgt, wunderbare turnerische Leistungen: man sieht es, die Jungen haben nicht verlernt, was die Alten konnten.

Ja die Alten. Ich habe mich vom Feste getrennt und schreite einsam über den großen Exerzierhof auf die Kasernen der achten Kompanie zu. Nichts rührt sich, sie sind alle beim Feste. Vergangenes wird lebendig, ich sehe sie wieder über die Steinplatten schreiten Arm in Arm. Diese alte laute Fröhlichkeit, dieses lärmende Hoffen, dieses Himmelstürmen. Und was ist aus ihnen allen geworden? Manch einer steht noch voran in den Kämpfen, mancher litt Schiffbruch in den Stürmen des Lebens, mancher schläft stillen Schlaf unterm grünen Rasen.

Jugend — — Hoffen — —

Einer, der war anders wie die übrigen.

Ich kann mich der trüben Gedanken nicht erwehren, obwohl sieghaft die Musik vom Festplatz herüberschallt.

Wie oft habe ich den Kleinen hier auf den Asphaltplatten spazieren gehen sehen, Arm in Arm mit einem seiner Freunde, und wie habe ich mich gefreut, wenn er mir mit seinen großen träumerischen Augen zunickte:

„Tag, wie geht's?“

Ich schreite auf die verlassene Kaserne der achten Kompanie linker Hand zu und steige die breiten Steintreppen hinauf, auf denen meine Tritte widerhallen. Fast in der Mitte des langen Ganges, der das Gebäude durchschneidet, liegt eine Thüre, welche die Nummer 12 trägt. Die Stube ist wenig ausgestattet und grau angestrichen wie ein richtiges Kasernenzimmer. In der Mitte der rechten Wand hängt ein Bild, den alten Wrangel darstellend, wie er zur Schlacht anreitet.

Vom offenen Fenster weht leiser Wind herein und spielt mit den graugestreiften Vorhängen. Ich lehne mich über die Brüstung und sehe in das weite flache Land hinaus. Dort rechts bleibt der Blick an einer Baumgruppe auf dem Felde haften, eine niedrige Mauer läuft ringsum, einige Holzkreuze glänzen in der Nachmittagssonne auf . . .

Ich kann mich nicht losmachen von der Geschichte und starre mit verschränkten Armen ins Freie . . . Da . . . Was war das? Eine Thräne ist auf meine Hand gefallen.

Ich will erzählen.

* * *

Es war der erste Mal, der Tag, an welchem in der Hauptkadettenanstalt ein neues Unterrichtsjahr beginnt, die Kompanien neu gebildet und die aus den Voranstalten überwiesenen Kadetten als neues Blut dem alten Stamm zugeführt werden.

Über den Exerzierhof flutete der Schall der Trommel: Tarom, Tarom.

„Die Stunde des Appells ist da, heraus, ihr Kadetten,“ das bedeutete der Schlag.

Vor dem Signal wurde es lebendig in den roten Kasernen, die mit ihren hundert Augen verschlafen in der Mittagssonne blinzelten. Gestalten huschten an den Fenstern vorüber, und noch waren nicht fünf Minuten vergangen, als, von Unteroffizieren geführt, die Kompanien in strammem Schritt aus den seitlichen Thoren marschierten, jede auf den für sie bestimmten Appellplatz.

Am Nordende des Hofes dort, wo der eherne Flensburger Löwe sich auf hohem Postamente reckt, stand die achte Kompanie.

Im ersten Gliede waren es starke, fast ausgewachsene Gestalten, denen das strenge militärische Leben einen frühreifen Ausdruck auf die jungen Gesichter gelegt hatte; hinten in der letzten Reihe ging es mit der Größe mählich bergab, bis man zu denen gelangte, welchen der Berliner Schusterjunge nachzurufen pflegt:

„Du August, wo will denn dein Säbel mit dir hin?“

Von der Kaserne her kam langsam mit gespreizten Beinen ein Offizier geschritten.

„Still-- ge—standen,“ kommandierte der führende Unteroffizier, ein blonder junger Mensch, warf zornig den Kopf zurück und musterte mit gebieterischen Blicken die leblose Masse.

„Der vierte Mann im zweiten Gliede von unten, Kopf hoch . . . wer zuckt da hinten noch mit der Wimper . . . sonst komm' ich und helfe nach . . . Redow, sind Sie des Deibels, Brust raus . . .“

„Augen rechts,“ schrie er wieder, indem seine Wangen blutrot wurden vor Eifer. Dann schritt er kerzengerade und würdevoll zugleich auf den Ankömmling zu.

„Achte Kompanie zur Stelle, Herr Hauptmann."

Nach geschehener Meldung war er wie der Blitz verschwunden und stand, ein Muster von Strammheit, am rechten Flügel der Truppe, die er seit heute als ältester Selektaner zu führen die Ehre hatte.

Der Hauptmann Heilwig war ein großer, stattlicher Offizier, der vor der Front seiner Kadetten noch hünenhafter erschien. An seinem Überrocke, dem man es ansah, daß er bei einem Modeschneider nicht gefertigt war, trug er das Band des eisernen Kreuzes. Der starke Schnurrbart war militärisch nach oben gebürstet, das Auge hatte einen ruhigen, fast starren Glanz, aber wenn es einen der kleinen Untergebenen aufs Korn genommen, fühlte man, daß es kein Verbergen vor ihm gab.

Wir konnten etwas davon erzählen.

Der linke Arm fehlte ihm zur Hälfte. Beim Sturm auf die Schanze von Dijon hatte er das untere Stück hergeben müssen. Von jener gewaltigen Nacht, vom heißen Ringen im Kugelregen, erzählen zu können, war noch heute sein höchster Stolz. Alles in Allem: er war ein Soldat von echtem Schrot und Korn, einer vom Schlage derer, die überhaupt nicht fassen können, wie ein Mensch mit gesundem Blut sich unter einem anderen Kleide, als dem zweierlei Tuch, wohlfühlen kann.

Hauptmann Heilwig holte sein Dienstbuch hervor und durchblätterte dasselbe lässig.

„Ist die Belegung der einzelnen Stuben der Kompanie bekannt gemacht, Unteroffizier von Gödicke?"

„Zu Befehl, Herr Hauptmann," brüllte es vom rechten Flügel her.

„Haben sich bereits die aus den Voranstalten überwiesenen Kadetten eingefunden?"

„Nein, Herr Hauptmann."

Die Kompanie stand indessen wie angewurzelt, keine Miene zuckte.

Heilwig überflog mit wohlwollendem Blicke die starre Linie.

„Rührt euch," gab er die Erlaubnis zu ungezwungener Körperhaltung. „Ich werde vorab die eingegangenen Briefe verteilen. Unteroffizier von Gödicke, passen Sie auf, und, sowie Sie sehen, daß die Voranstalten kommen, will ich Meldung."

„Zu Befehl, Herr Hauptmann."

Heilwig holte ein Päckchen aus der Rocktasche hervor, zusammengebundene Briefe. Was Vater oder Mutter ihrem lieben Jungen an Grüßen sandten, war darin zusammengeschnürt. So mancher hatte eine weite Reise gemacht, hinten aus der kleinen Garnisonstadt an der Mosel oder aus der Pollackei, wo sich die Füchse und Katzen gute Nacht sagen.

Heilwig löste die Schnur und begann die Namen der Bedachten aufzurufen.

„Kadett Wolde."

„Hier!"

„Gefreiter Selow I."

„Hier!"

„Kadett Heidebraun."

„Hier!"

„Wollen Sie gefälligst rascher vorkommen, Heidebraun, wenn ich Sie rufe. Soll ich Ihnen Beine machen."

Wie der Blitz kam Gödicke vorgesprengt, als stünde ganz Lichterfelde in Flammen.

„Herr Hauptmann, sie kommen," meldete er, diensteifrig die Hacken zusammenschlagend.

Heilwig gab rasch die letzten Briefe aus, ließ den Kadetten von Heidebraun mit dem Schreck davonkommen, wandte sich um und beobachtete, den Schnurrbart zwirbelnd, das kleine Häufchen, das quer über den großen Exerzierhof mit festem Schritt gerade auf die achte Kompanie zu marschierte.

„Halt! . . . Richt euch! . . . Augen rechts! . . . Die von Potsdam, von Bensberg und von Plön überwiesenen Kadetten sind zur Stelle," meldete der führende Gefreite.

„So nehmen Sie Aufstellung am linken Flügel."

In untadelhafter strammer Haltung marschierten die Neulinge, das „frische Blut," an dem alten Stamm vorbei zu ihrem Platze, sie reckten ihre Köpfe in die Höhe, der Ehrgeiz brannte auf ihren Wangen, den „Alten" zu zeigen, daß man in Potsdam, Bensberg und Plön „auf der Höhe" war.

Der Hauptmann holte wieder sein Notizbuch hervor und rief die Namen der neuen Seelen auf, deren Zukunft und Heil seiner Hand anvertraut war. Dabei ruhte sein

Blick scharf und durchdringend auf jeden einzeln.

„Ich werde es schon herausbekommen, wes Geistes Kind du bist."

Wie er den Namen Hans von Schleußingk nannte, trat aus den Reihen der Potsdamer ein winziges Kerlchen hervor, das noch nicht vierzehn Jahre zählen mochte. Auf dem schmächtigen Körper ruhte ein großer Kopf mit weichen anmutigen Zügen. Unter der breit ausladenden Stirn schauten zwei große blaue Augen fast hilflos in die fremde Umgebung.

„Was soll man mit so einem Knirps?" flüsterte der rechte Flügelmann der Kompanie seinem Nachbar zu. „Es wird schon die reine Kleinkinderbewahranstalt hier."

Hellwig sah schmunzelnd auf den Kleinen herab. Hier und da kicherte es unter den „langen Leuten" des ersten Gliedes.

„Napoleon war auch kein Riese, Schleußingk, treten Sie ein."

Der Hauptmann schritt langsam gerade in die Mitte vor die Front, griff mit der rechten Hand an den zweiten Knopf des Überrocks, zog das Kinn an den Hals und räusperte sich vernehmlich. Das waren alles Anzeichen dafür, daß er eine Rede halten wollte.

Und er fing wirklich an, indes er seinen Säbel in die Hand nahm und vor sich in den Sand stemmte.

„Kadetten . . . heute beginnt ein neues Schuljahr oder sagen wir lieber ein neues Dienstjahr . . . das klingt forscher . . . das klingt militärischer . . . Zunächst sei es den Neuen gesagt, daß sie es als eine hohe Ehre anzusehen haben, auf die achte Kompanie gekommen zu sein, denn die achte Kompanie ist eine ganz besondere . . ."

Seine Stimme glich dem Donner, wie er das sagte. Und das war gut, denn er ersparte sich hierdurch die Begründung, weswegen eigentlich die achte Kompanie eine besondere sei. Es war allen sofort klar, daß es so seine Richtigkeit habe.

„Und nun seid willkommen," fuhr er ruhiger fort, „unter Ihre Conduiten aus der Voranstalt mache ich einen Strich, einen dicken schwarzen Strich. Wir nehmen ein neues Blatt, und nun zeigen Sie, was Sie können, mit ganzer Kraft. Es wird Ihnen hier manches fremd vorkommen, man wird hier nicht mit Glacéhandschuhen angefaßt, sondern es geht hier derb und tüchtig zu. Es wird hier eben der strenge Geist ausgesäet, der Preußens Armee groß gemacht hat, das bedeutet, Kadetten. Also haltet euch brav, damit Sie gute Soldaten werden und Tod und Teufel nicht fürchten. Die Hauptsache ist: stramm im Dienst . . . und Ordnung . . . und Pünktlichkeit . . und Soldat sein mit Leib und Seele und . und ."

Es war ihm eingefallen, daß er auch etwas über die Wissenschaft sagen müßte, denn die Kadetten waren nicht nur Soldaten, sie waren auch Schüler, die ihr regelrechtes Examen ablegen mußten, bevor sie in das Heer eingestellt wurden. Das fühlte er jetzt heraus.

. . . „und in drei Teibels Namen, daß sich mir keiner bei den Lehrern etwas zu schulden kommen läßt, denn das muß nun auch mal sein . . und nun, Kadetten, es lebe der König!"

„Hurra!" ging es brausend durch die Glieder.

„Es ist gut, Unteroffizier von Gödicke, lassen Sie wegtreten."

Mit strammen Schritten eilte der Angeredete wieder vor die Front, reckte sich auf, und, indem er am ganzen Leibe zitterte vor Eifer, kommandierte er:

„Still—l—l—lgestanden! . . . Tre—e—eiet weg!"

Wie eine buntschillernde Seifenblase vor einem Windhauch zerplatzt, so stob vor Gödickes Kommando die stolze achte Kompanie auseinander. Lärmend eilten sie gruppenweise der Kaserne zu.

Auf den kleinen Schleußingk hatten sich unmittelbar nach dem „Wegtreten" zwei langbeinige ältere Kameraden, zwei Stoßvögeln gleich, gestürzt.

„Hurra, der Professor! Haben sie dich glücklich nach Lichterfelde gelassen . . . und der Dusel, zu uns zu kommen."

Hans reichte ihnen freudestrahlend die Hand.

„Tag, Tag, ihr Guten."

Noch mehr „alte Potsdamer" fanden sich ein, und bald war Schleußingk von einem dichten Haufen umringt.

„Was macht Potsdam . . . wie geht's Brinkmann . . . Raugenstedt . . . was macht die ganze Schwefelbande? Haha . . . der Professor, der Professor."

Die beiden Langbeinigen befreiten den Kleinen von den anderen und nahmen ihn jeder an einen Arm.

„Erst ‚wanken‘ wir mit dir zum Mittagessen ..., übrigens sehr viel anständigerer ‚Fraß‘ hier wie in Potsdam, dann ‚wanken‘“ (es war dieses der Lieblingsausdruck der beiden) „wir mit dir auf die Montierungskammer, damit du endlich deinen Vorkorpskittel wegwerfen und einen anständigen Lichterfelder Rock auf'n Leib ziehen kannst.“

„Auf welche Stube bin ich gekommen?“ fragte Hans ängstlich und bewußt, daß er eine sehr wichtige Frage that.

„Stube Nr. 12 zum Kompanieführer.“

Der „Neue“ sank fast in die Kniee. „Das ist wohl eine sehr große ‚Bolle*)‘?“

Die anderen lachten sich halb krank. „Er wird dich schon nicht fressen, Professor. Streng ist er ja, aber 'n Leuteschinder ist er nicht.“

„Das ist man gut,“ atmete er auf.

Die beiden faßten den neuen Kameraden fest an und rasten, ihn wie ein Bündelchen hinter sich herzerrend, mit ihm der Kaserne zu.

Der Hauptmann Hellwig sah den Davoneilenden nach.

„Professor nennen Sie den Knirps, er trägt einen Namen von gutem militärischem Klang. Ob wir aber 'n guten Soldaten aus ihm machen werden? — ist wohl mehr Material zum Bücherwurm. Aber wir werden es ja sehen.“

* * *

Für die Neuen war heute ein bedeutsamer Tag gewesen.

Es ist ein großer Schritt für den Kadetten aus der Voranstalt hinein in das Hauptkorps. Während Potsdam, Bensberg, Oranienstein, und wie sie alle heißen, die Vorstufen für Lichterfelde, mehr den Charakter eines Erziehungsinstituts tragen, in welchem der trauliche Duft der Kinderstube noch mit dem harten militärischen Geiste ringt, weht unterhalb des schwertschwingenden Erzengels Michael eine schärfere Luft.

Der Lichterfelder Kadett fühlt sich als Soldat. Er trägt ein Gewehr und hat stramm damit zu exerzieren, er hat einen Helm und eine „Plempe,“ und an seinem Rockkragen glänzen zwei breite gelbe Litzen, so daß man ihn wohl für einen Gardisten halten kann, wenn er groß genug ist.

Dann wird er kommandiert von Unteroffizieren, ‚den Selektanern,‘ welche auf derselben Stufe stehen wie die Portepeefähnriche und in absehbarer Zeit als Sekondeleutnants in die Armee des Königs eingestellt werden.

Und zuletzt — wer kann das großartige Faktum leugnen, daß die Lichterfelder an den großen Paraden des Gardekorps teilnehmen in vollem Wichs, mit Helm und Haarbusch, mit Patronentasche und Gewehr, auf dem das Bajonett aufgepflanzt ist? Im dröhnenden Schritt bei klingendem Spiel über das Feld von Tempelhof zu ziehen, genau wie das große erste Garderegiment, indes der alte Kaiser Wilhelm gnädig herübernickt — da könnt ihr sehen, wo ihr dagegen bleibt, ihr Potsdamer und Bensberger, die ihr nicht einmal ein Seitengewehr tragen dürft.

Alles dieses machte der kleine Hans sich jetzt so recht klar, als er nach dem gemeinsamen Abendessen der achten Kompanie mit seinen Zimmerkameraden auf Stube Nr. 12 saß. Er schwoll fast über vor Stolz, seit heute mittag ein Lichterfelder zu sein.

Als es zehn Uhr schlug und draußen die Trommel rasselnd das Schlafengehen befahl, lag es ihm schwer auf der Seele, daß er heute noch nicht dazu gekommen war, seinem Vater Nachricht von den großen Umwandlungen, die sich in seinem bescheidenen Dasein vollzogen hatten, zu geben. Deswegen bat er seinen Stubenältesten um die Erlaubnis, noch eine halbe Stunde länger aufbleiben zu dürfen.

„Es wird Ihnen auch besser sein, Schleußingk, wenn Sie nach diesem für Sie doch gewiß anstrengenden Tage schlafen gehen,“ beschied ihn Gödicke.

„Es liegt mir so sehr an einem Brief an meinen Vater, Herr Unteroffizier.“

So bekam er die Erlaubnis und saß nun mutterseelenallein in dem großen kahlen Kasernenzimmer, während die Kameraden in die Kammer nebenan gegangen waren, um sich schlafen zu legen.

Er breitete sein Briefpapier auf dem Tisch aus und brachte Tinte und Feder heraus. Aber er fand keine Ruhe zum Schreiben, sein Kopf war zum Springen voll.

*) Strenger Stubenältester.

Diese gewaltige Umwandlung „von Potsdam nach Lichterfelde“ war gar nicht zu fassen.

Leise ging er an den schmalen Schrank, der ihm als Aufbewahrungsort seiner Siebensachen zugewiesen war, holte den neuen Uniformrock hervor und betrachtete ihn liebevoll. Auf der Innenseite war er häßlich, grobes Leinwandfutter, auf das eine große 63 aufgekleckst war, seine Montierungsnummer, die sich auf allen seinen Kleidungs- und Wäschestücken wiederfand, aber die Außenseite, die war geradezu glänzend. Vorne acht Metallknöpfe und an jeden Ärmel auch noch zwei. Und dann die wundervollen Gardelitzen, das war eine reine Wonne.

Eine plötzliche Lust beschlich ihn, sein Putzzeug hervorzusuchen, und nun fing er an, mit dem Lederlappen die auf die Holzgabel aufgereihten Knöpfe blank zu machen. Zuletzt holte er auch die Kleiderbürste hervor und suchte jedes Fuselchen vom Tuch ab, daß nur alles so strahlte.

„Genau wie ein Gardist. Die Leute müssen einen ja ohne Rettung für einen Gardisten halten ... freilich, wenn man ein Kerl danach wäre.“

Er gedachte wehmütig seiner geringen Körpergröße und ahnte bereits, daß die Schusterjungen hinter ihm her rufen würden:

„Du August, wo will denn dein Säbel mit dir hin?“

Das Seitengewehr nahm er auch vom Riegel ... Wie das breite kräftige Ding lustig funkelte, es war wirklich eine Pracht! ... Und so ein Schlachtschwert an der Linken tragen zu dürfen ... Hans betrachtete die Waffe andächtig von allen Seiten ... hier oben war sogar „Solingen“ eingestampft, sie war also ganz echt und dort die Vorrichtung war dazu da, die Klinge aufs Gewehr zu pflanzen.

Wieder nahm er seinen Putzlappen hervor und begann die Metallteile zu bearbeiten, daß ihm zuletzt die Augen fast geblendet wurden von all dem Glanz.

Ein furchtbarer Verdacht lähmte ihn plötzlich. In Potsdam hatte einmal ein Kadett erzählt, daß in Lichterfelde an den Seitengewehren der Tertianer die Klingen in die Scheide festgelötet wären. Das wäre deshalb, weil die Tertianer noch nicht würdig seien, eine blanke Waffe zu tragen.

„Wenn das seine Richtigkeit hätte!“ Der Kleine zog kräftig am Griff und hätte am liebsten gebrüllt vor Freude, denn er hielt ein blankes, nacktes Schwert in der Hand.

Er packte es fester und hob es drohend in die Luft. Dieses wundervolle Gefühl, nun so ein Ding führen zu können. Im Geiste sah er sich in Berlin mitten in der Nacht in einsamer Gegend. Hilferufe ertönten, wie ein grimmiger Adler flog er über die Straße, das rächende helfende Schwert hoch in der Faust. Wie der Donner klang seine Stimme: „Nieder, Halunken, gebt das Mädchen frei!“

Hans schlug in jugendlicher Begeisterung mit der Klinge von rechts und von links und dann wieder von rechts Lufthiebe und freute sich ganz unbändig, als es das eine Mal ein wenig „pfiff.“

„Ich will ein braver Soldat werden, ich will's,“ stöhnte er dazu.

Da geschah etwas Unerhörtes. Die Thüre zur Kammer sprang auf, und laut lachend drangen die Kameraden in ihren Hemden herein.

„Der Professor ist verrückt geworden.“

„Er will uns alle morden.“

Sie lachten noch immer, nur Gödicke sah sich veranlaßt, ernste Saiten aufzuziehen.

„Ihr Indianertanz war ja sehr interessant, Schleußingk, aber zu solchen Dummheiten habe ich Ihnen nicht die Erlaubnis gegeben. Passiert das noch einmal, so erscheinen Sie bei mir im geputzten Anzuge zum Rapport. Schreiben Sie schnell Ihren Brief und dann Marsch ins Bett! Verstanden?“

„Zu Befehl, Herr Unteroffizier,“ donnerte Hans.

Aber dieses alles konnte ihm sein Glück nicht rauben. Er packte seine Sachen fort und machte sich an den Brief. Seine Gedanken flogen weit fort von der Stube Nr. 12 nach Ostpreußen, wo sein Vater als Major in einer kleinen erbärmlichen Garnison stand und in Treue seinem Könige diente, „bis der letzte Knopf platzte.“ Die Mutter war längst gestorben, er war damals vier Jahre alt gewesen und entsann sich ihrer kaum mehr. Geschwister hatte er nie gehabt. Alles, was er auf Gottes weiter Welt besaß, war sein Vater, der in seiner Witwerhäuslichkeit, in der ein schwarzer Bursche aus der Wasserpollakei die Rolle der Hausfrau spielte, an diesem wichtigen Tage wohl recht herdenken mochte an seinen Jungen.

Der Brief war ziemlich lang geworden.

Zuerst hatte Hans von seinen Erlebnissen gesprochen, von seinem Abschied aus dem alten Kadettenhause in Potsdam, von seiner Reise und von seiner Einführung in Lichterfelde mit allen ihren Einzelheiten. Dann war er allmählich hineingekommen, die Zukunft mit rosigen, hoffnungsvollen Farben auszumalen.

Wenngleich er auch eigentlich nicht das „Zeug" zum Militär habe, so würde er es doch schon zu einem tüchtigen Soldaten bringen. Das sei sein Wille, und es würde auch schon so kommen. Er habe guten Mut, und der liebe Vater sollte darum auch guten Mut haben, und er würde auch hier schon glücklich werden.

Seine Augen leuchteten seltsam beim Schreiben. Er wußte, daß es für ihn, den alten eingefleischten Krieger hinten in Ostpreußen, vom Schlage des Hauptmanns Hellwig, keine schönere Hoffnung geben konnte, als die, daß sein lieber Junge auch ein Mann würde, der dem Teufel in die Zähne lachte, wie er.

Nachdem Hans den Brief zugesiegelt hatte, schlich er auf den langen, dunklen Kasernenflur und suchte den Holzkasten auf, aus welchem in der Morgenfrühe der Aufwärter die Korrespondenzen der achten Kompanie zur Post brachte.

Ehe er sich schlafen legte, wollte er noch eine Weile ins Freie sehen und über das nachdenken, was er geschrieben hatte. Das Fenster führte zum Garten des Kommandeurs hinaus. Auf das große Rasenrondel warf der Mond sein bleiches Licht. Nur der schwarze Schattenballen der hohen Zinnenmauer, welche hoch, unübersteigbar, niemandem ein Entrinnen gewährend, rings um die Anstalt lief, unterbrach die Helle.

Ein gespenstiges Etwas huschte am Fenster vorüber, und gleich darauf klang das klagende Lied eines Käuzchens durch die Nacht. Hans hielt den Atem an. Er hätte schwören mögen, daß der Vogel sagte:

„Wird nichts. Wird nichts."

Eine tiefe Traurigkeit überkam ihn, und er bereute, den Brief so vertrauensselig abgefaßt zu haben. Leise trat er in die Kammer voller Besorgnis, die Kameraden nicht zu wecken, und trat an sein Bett. Zu seiner Freude konnte er feststellen, daß dasselbe nicht so hart war wie sein altes in Potsdam, und daß es auch breiter war wie jenes.

„Es ist doch immerhin ein ander Ding in Lichterfelde," dachte er, „und ich bin doch ganz froh, daß ich hier bin."

Vor dem Einschlafen vergaß er nicht, ein Vaterunser zu beten. „Denn ein Soldat, der's mit dem Herrgott nicht hält, ist den Deibel was wert," hatte ihm sein Vater eingeschärft.

So kam für den kleinen Hans die erste Nacht in der großen roten Kaserne.

* * *

Hans war ganz zufrieden, daß er auf Stube Nr. 12 gekommen war.

Die älteren Kameraden waren von Anfang an freundlich zu ihm gewesen und waren es auch so geblieben.

Wer sollte auch nicht dem neuen Genossen gut sein? Seine kindliche Unbefangenheit, seine naive Harmlosigkeit waren ihnen allen eine beständig fließende Quelle der Belustigung. Als jene, bisweilen rohen Scherze, welche ältere Kadetten an den ‚Neuen' auszuüben pflegen — Sternegucken, Löffelbarbieren, und wie sie alle heißen — an dem Kleinen vorgenommen werden sollten, erklärte dieser sich so rasch und so gutmütig bereit, daß sie beschämt von ihm abließen.

Der neue Tertianer war zudem diesen „Alten" gegenüber stets bescheiden und gern zu kleinen Diensten aller Art gefällig. Sah er doch mit einer gewissen Ehrfurcht zu diesen „Herren" hinauf, die sich schon so eingelebt hatten in das militärische Treiben und sich so sicher fühlten darin.

„Es sind tüchtige Kadetten," sagte er sich, „das muß man ihnen lassen."

Außer ihm und dem Unteroffizier von Gödicke „lagen" noch die Primaner Klüher und die Sekundaner von Pochhann und Malwinck auf der Stube Nr. 12.

Klüher, eine untersetzte, kräftige Gestalt, galt auf allen acht Kompanien als der beste Turner. Für ihn gab es einmal keine größere Lust, als waghalsige Unternehmungen aller Art. Im Anfang hatte er manche Wette hierdurch gewonnen. Jetzt wollte sich keiner mehr mit ihm einlassen, und es blieb ihm nichts weiter übrig, als von nun an ohne Aussicht auf Gewinn seinen Hals zu wagen. Vor vierzehn Tagen war er in der Nacht auf den Flensburger Löwen geklettert und hatte diesem eine Riesenbrille aus Pappe auf das eherne Antlitz gesetzt. Das war freilich keine so schlimme Leistung, aber dafür hatte er sich jetzt etwas ganz Tolles ausgedacht: er wollte auf die große Kuppel der Anstaltskirche steigen und dem Erzengel Michael ein Schnupftuch um sein geheiligtes Schwert binden. Dieser Plan beschäftigte ihn seitdem Tag und Nacht.

„Mach' keine Dummheiten, Klüher, du brichst dir Hals und Beine, daß dir Hören und Sehen vergeht dabei," warnten ihn die anderen.

„Ich muß es erst herausbekommen, wie ich es machen kann; es scheint nicht einfach, aber geschafft wird es früher oder später, da könnt ihr Gift darauf nehmen, denn, was ein rechter Soldat ist, für den darf es keine Gefahr geben."

Der Kadett Malwinck war dagegen ein ruhiger, phlegmatischer Mensch, der seine Freistunden mit Malstudien aller Art ausfüllte.

„Du solltest den bunten Rock an den Nagel hängen und Künstler werden, Dicker, du hast das Zeug dazu," meinten die anderen.

Dann pflegte Malwinck jedesmal eine recht feierliche Miene an den Tag zu legen:

„Laßt das, Kinder, red't nicht so was. Ich mal' ja gerne und habe auch vielleicht Anlage und Talent, aber Offizier Seiner Majestät des Königs von Preußen, hol's der Kuckuck, das würde ich doch noch zehnmal lieber, denn wessen Vater bei Wörth fiel, wessen Urgroßvater bei Möckern, alle zwei im Dienste des Königs von Preußen, dessen Seele ist nun einmal dem preußischen, bunten Tuch verschworen. Hol's der Kuckuck, da hilft kein Gott, da hilft nix."

Der zweite der beiden Sekundaner war der lange blasse Pochhann, der es liebte, bei jeder irgendwie passenden Gelegenheit davon zu sprechen, daß er bei den schwarzen Husaren ‚eintreten' würde.

„Ich habe eine Tante, und diese hat einen Schwager, der aufs innigste befreundet ist mit dem Bruder des Generals von Albedyll, des Chefs des königlichen Militärkabinetts."

Durch diese Kette von Verwandtschaft und Freundschaft hielt er seine Einstellung bei den schwarzen Husaren für unumstößlich gesichert.

Auf der Innenseite seines Schrankes hatte er eine kleine Reitpeitsche angenagelt, für jeden ein Symbol, daß er sich die Kavallerie als Waffe auserkoren hatte.

„Das Ding ist von der Art, wie man sie bei den schwarzen Husaren zu gebrauchen pflegt," äußerte er sich hierüber.

Auch einen Revolver hatte er unter seinen Sachen.

„Es ist das neueste Kavalleriemodell; in ‚meinem' Regiment sind alle Offiziere damit ausgerüstet."

Er wußte, wie man dort im Kasino aß, welche Sorten man dort trank, welche Walzer üblich waren. Genug, sein Körper befand sich in Lichterfelde auf der achten Kompanie, sein Geist war drüben bei ‚seinem' Regiment.

Als er ein Jahr später mit Müh' und Not das Fähnrichexamen hinter sich gebracht hatte, wurde er freilich durch den Willen des Militärkabinetts, dem es nun einmal beliebt, die Kadetten dorthin zu stecken, wo man sie braucht, und nicht, wohin sie sich's wünschen, in ein Infanteriebataillon ganz hinten an der französischen Grenze versetzt, dessen Garnison noch nicht tausend Seelen aufwies.

Aber damals ahnte er dieses Unheil noch nicht, damals lebte und webte er noch bei den schwarzen Husaren.

Natürlich hatte der gute Pochhann dem kleinen Schleußingk gleich am ersten Tage beigebracht, welcher glänzenden Aussichten er sich erfreute.

„Sagen Sie mal, mein lieber ‚Professor'" — dieser Potsdamer Spitzname war schnell bekannt geworden — „sagen Sie mal," wandte er sich gnädig an den „Schnappsack"*)," „in welches Regiment wollen Sie eigentlich eintreten?"

Auf diese Frage war aber Hans nun ganz und gar nicht eingerichtet, denn über

*) Bezeichnung der Neueingetretenen im Kadettenkorps.

das, was werden würde, wenn sein Fähnrichexamen hinter ihm lag, hatte er auch noch nicht ein einziges Mal nachgedacht. Es schien ihm ja noch so weit bis dahin.

„Ich weiß wirklich noch nicht," stammelte er.

„Wie? Mein lieber Schleußingk," Pochhann geriet ganz außer Fassung, „das ist mir ja völlig unverständlich. Ein richtiger Lichterfelder Kadett muß sich ja längst über diese wichtige Zukunftsfrage klar sein. Sehen Sie, als ich noch Quartaner in Bensberg war, da wußte ich bereits, daß ich zu den schwarzen Husaren — Sie werden von diesem berühmten Regimente gehört haben — gehen wollte." —

Über diesem Völkchen nun schwang sein Scepter der Stubenälteste von Gödicke, er, der dem Hauptmann gegenüber für jeden Knopf, der seinen Kadetten fehlte, für jeden Roststeck, den ihr Seitengewehr aufwies, verantwortlich war.

Infolge seiner dienstlichen Stellung konnte er ein innigeres, freundschaftliches Verhältnis zwischen sich und den Stubengenossen nicht aufkommen lassen. Es lag etwas Unnahbares in seinem Wesen, das ihn gleichsam über den Kameraden mit ihren Interessen, Wünschen und kleinen Thorheiten stehen ließ.

Und doch schlug ein so warmes Herz unter dem bunten, mit den Unteroffiziertressen geschmückten Rock.

Sie hatten alle Respekt vor ihm, Primaner, Sekundaner und Tertianer, und wenn er die Stirne runzelte, ging ihnen das Blut schneller, denn sie wußten, er kannte in dienstlichen Angelegenheiten keine Schonung.

Aber sie sahen auch, daß er sich selbst nicht schonte, daß er auch von sich viel verlangte. Zudem empfanden sie es wohlthuend, daß er außer Dienst stets die kameradschaftliche Seite herauskehrte. So hatten sie ihn trotz seiner Schärfe doch gern.

Eifrig im Dienste, ein guter Kamerad und voll frischer Begeisterung für die taktischen Wissenschaften, welche in Lichterfelde

Aus unserer Studienmappe:

Eine Weise. Studie von Konrad Starke.

Aus unserer Studienmappe:

Studie von Max Liebermann.

den Selektanern von älteren Offizieren gelehrt werden, war dieser siebzehnjährige junge Mensch schon frühzeitig einer jener glänzenden militärischen Charaktere, um welche das Ausland die preußische Armee allezeit beneidet hat.

Selbstverständlich wurde auch auf ihn wie auf jeden Vorgesetzten nach Kräften geschimpft; „das Raisonnieren bring' der Teufel aus meinen Soldats," soll einmal der alte Fritz geklagt haben. Aber die Worte waren nicht böse gemeint, man erkannte willig Gödickes Vorzüge an.

Nur der einfältige „schwarze Husar" hatte einen stillen Haß auf ihn geworfen und bezeichnete ihn als einen albernen Streber, der niemals einen wahrhaft eleganten und vornehmen Offizier abgeben würde.

Gödicke war an dem ersten Tage des neuen Dienstjahres gleich nach dem Appell für Berlin beurlaubt worden. Erst spät am Abend unmittelbar vor dem Schlafengehen kam er zurück und konnte daher den ihm neu überwiesenen Kadetten Schleußingk nur kurz begrüßen.

Am nächsten Morgen jedoch, nachdem die achte Kompanie von dem gemeinsamen riesenhaften Speisesaal, in welchem sämtliche tausend Kadetten zu gleicher Zeit die Mahlzeiten einnehmen, zurückgekehrt war, rief er ihn beiseite und ging mit ihm in die Schlafkammer hinein.

„Jetzt kriegt der Professor seinen Eröffnungssermon. Er wird das arme Wurm noch ganz verrückt machen, sollte lieber seinen Quatsch für sich behalten," so näselte Pochhann.

„Ich habe Sie herausgerufen," begann Gödicke mit einer gewissen Feierlichkeit zu dem Untergebenen, der in strammer Haltung ihm fest ins Gesicht sah, „um Sie auf meiner Stube willkommen zu heißen. Ich habe die Hoffnung, daß Sie sich bei mir wohl fühlen, und daß wir gut auskommen werden. In allen dienstlichen Angelegenheiten verstehe ich keinen Spaß, Sie werden mich in dieser Beziehung als rücksichtslosen Vorgesetzten kennen lernen, ich thue damit nun einmal meine Pflicht, dazu bin ich da. Aber außer Dienst wollen wir gute Kameradschaft halten. Also thun Sie nur Ihre Schuldigkeit, dann wird alles gut gehen."

Das wollte denn auch Hans ganz entschieden thun, und es klang fest und überzeugt, wie er sagte: „Herr Unteroffizier, es soll alles geschehen."

Gödicke wollte gehen, aber der rätselhafte Glanz in den großen Augen des Kleinen hielt ihn zurück.

„Sagen Sie mal, Schleußingk, Sie sind wohl noch sehr jung?"

„Im Herbste werde ich vierzehn Jahre, Herr Unteroffizier."

Gödicke nickte. Das war allerdings noch sehr jung. Das war fast noch Kind.

„Und haben Sie auch schon die rechte Lust am soldatischen Leben, mein lieber Schleußingk?" Sein Auge hatte ganz den strengen militärischen Ausdruck verloren und blickte voller Herzlichkeit auf den Untergebenen. Der Mann, den sie alle fürchteten, meinte es gut mit ihm, fühlte Hans, und so beschloß er, ihm voll Vertrauen alles zu sagen.

So begann er zu erzählen, wie sein Vater mit Leib und Seele Offizier sei und durchaus gewollt habe, sein Sohn solle auch ein Soldat werden wie er, wie er jedoch nie Lust dazu gehabt habe und trotz aller Schläge und Schelte nicht nach Potsdam gewollt habe. Aber da habe ihn eines Tages sein lieber Vater so sehr gebeten, das sei ihm ans Herz gegangen, und er habe gehorsamst nachgegeben. Er habe immer gehofft, die Lust würde noch kommen, aber bis jetzt sei dieses noch immer nicht so recht geschehen, das müsse er nun einmal bekennen, doch glaube er, es würde ja alles anders werden, und er wolle jedenfalls seine Pflicht und Schuldigkeit thun, damit der Herr Unteroffizier mit ihm zufrieden wären.

Gödicke schüttelte ihm voller Rührung die Hand.

„Ich habe mich darüber gefreut, daß Sie Vertrauen zu mir haben. Lassen Sie es nur gut sein, es wird alles schon werden. Das geht manchem so wie Ihnen. Lassen Sie nur den Mut nicht sinken, Kopf hoch und die Schuldigkeit gethan! Uns zu plagen, dazu sind wir da. Gehen Sie nur mit einer rechten Freudigkeit an Ihre Pflicht, Sie werden einsehen, daß Ihnen dann vieles leichter wird. Und zuletzt werden Sie dann zu der Überzeugung kommen, mein lieber Schleußingk, in diesem harten militärischen Leben, das jede Stunde ausnutzt, das jede Kraft anspannt und entwickelt, liegt das Glück.

Der Unteroffizier schüttelte noch einmal dem Kleinen die Hand und ging nachdenklich in die Stube Nr. 12 zurück.

Hans sah ihm lange nach.

„Du bist glücklich hier, das wußte ich längst," sprach er leise vor sich. „Aber du bist auch ein anderer Kerl wie ich ... du bist groß, ich bin ein Zwerg ... du bist stark, ich bin ein Schwächling ... du hast einen raschen, sich am soldatischen Leben freuenden Geist ... ich bin ... ein Träumer."

* * *

Durch ein Quadrat von Lindenbäumen, die in langen Linien gleichmäßig wie eine Truppe Soldaten aufgereiht sind, wird der große Exerzierhof zu Lichterfelde in zwei Teile geteilt. Rechts ist der Platz für das erste Bataillon und links für das zweite Bataillon der Kadetten. Hier an den Linden verengt sich der Hof ein wenig und empfängt so die Form einer riesigen Acht. Die beiden größten Gebäude der Anstalt sind hier vorgerückt, westlich die Kirche mit dem Erzengel Michael und östlich das Lehrgebäude.

Der kleine Hans kam in die Obertertia I, ein großes mit Gipsfiguren und Landkarten geschmücktes, im obersten Stock belegenes Zimmer. Da er einen regen, schnell erfassenden Geist hatte, stand er von Anfang an auf gutem Fuß mit seinen Lehrern, mit denen im bürgerlichen Rock und denen in Uniform — denn auch die Offiziere geben hier Unterricht —. Vor allem aber hegte er eine besondere Liebe zu seinem Lehrer in der Chemie, dem Geheimrat von Meinhardt.

Das war ein untersetzter, zierlich gebauter Mann mit glattrasiertem Antlitz. Das Merkwürdigste an ihm war, daß von seinen hellglänzenden Augen zwei tiefe Falten senkrecht über die Wangen gingen. Sie sahen aus wie Rinnen, die geschaffen waren, um die Thränen ablaufen zu lassen, wenn er einmal weinen sollte. Man nannte ihn den Dachs mit Spitznamen.

Es ist eine alte Geschichte, daß die Kadetten den Lehrern im Bürgerrock nur soviel Achtung entgegenbringen, als man einem „Civilisten“ überhaupt gewähren kann, aber mit dem Geheimrat von Meinhardt — mit dem war es doch ein ander Ding.

Wenn der über den Hof ging, stieß einer den anderen an.

„Da kommt er, es ist doch ein ‚famoser Mann.‘“

Denn erstens wußte man, daß er aus einer alten Soldatenfamilie stammte, daß der Vater ein namhafter Heerführer in den Befreiungskriegen gewesen war. Und dann galt er auch als eine große Leuchte der Wissenschaft. Die Kreuzzeitung hatte kürzlich einen längeren Artikel über ihn gebracht, und außerdem war der Kronprinz Fritz, als er die Anstalt das letzte Mal besichtigte, auf den kleinen, ernsten Mann geradeswegs zugegangen und hatte ihm die Hand geschüttelt.

„Ach, da sind Sie ja, mein lieber Meinhardt,“ das hatte der Kadett Klüher, der in der Nähe stand, deutlich gehört.

Auf der achten Kompanie erhöhte noch den Respekt vor dem Geheimrat, daß er der Onkel des Unteroffiziers von Gödicke war.

Meinhardt bewohnte eine Villa in Wannsee. Fast jeden Tag reiste er von diesem Vorort Berlins in die Hauptstadt hinein und hielt dort öffentliche Vorlesungen, die einen großen Ruf im Lande erlangt hatten. In Lichterfelde hatte er wenig zu thun, nur an zwei Tagen in der Woche fuhr er dorthin.

Zu den Klassen, in welchen er Unterricht erteilte, gehörte also auch die Obertertia I, der Hans zugewiesen war. Auf diese eine Stunde freute sich der Kleine die ganze Woche hindurch, denn die Chemie, noch dazu bei dem fesselnden Vortrage des geistvollen Lehrers, packte ihn ganz gewaltig.

Mit leuchtenden Augen, den Kopf weit vorgestreckt, saß er auf seiner Holzbank da, begierig, jedes Wort in sich aufzunehmen.

Den Kameraden wurde dieser kindliche Eifer bald eine Zielscheibe des Spottes, und eines Tages gingen während der Pause eine Anzahl Karikaturen von Bank zu Bank, welche den „Streber“ als Hosenmatz mit einer riesigen Fibel und dem bewußten in die Höhe gehobenen Zeigefinger darstellten und schallendes Gelächter erweckten. Daß aus diesem Bücherwurm niemals etwas Gescheites werden konnte, darüber war man sich natürlich längst klar.

Gleich in den ersten Wochen des neuen Unterrichtsjahres traf Meinhardt auf dem Platz vor dem Lehrgebäude mit dem Hauptmann Hellwig zusammen.

„Hören Sie mal, lieber Hauptmann, dem Schleußingk von ihrer Kompanie muß ich das Zeugnis ausstellen, daß er ein aufgeweckter und vorwärts wollender Mensch ist,“ rief er ihm zu. „Ich habe allen Grund, mit ihm zufrieden zu sein.“

„Freut mich, freut mich, Herr Geheimrat,“ erwiederte der andere im Vorbeieilen, „hoffentlich wird er nun auch in den militärischen Dingen seinen Mann ebenso stehen.“

Darauf kam ihm mehr an.

* * *

Hellwig nahm den Nachwuchs seiner Kompanie aus den Voranstalten besonders scharf aufs Korn.

„Muß sehen, wes Geistes Kind die Jungens sind.“

Er beobachtete die Kadetten strenge während der Exerzierstunden, er sah ihnen nach, wenn sie auf dem Hofe in kleinen Gruppen mit ihren Kameraden spazieren gingen. Für jede ihre Bewegungen hatte er ein Auge.

„Dieser Schleußingk mit dem schönen Beinamen der Professor, da ist kein Mumm dahinter, glaube kaum, daß aus dem etwas Gescheites wird. Sollte mir leid thun, sieht ganz sympathisch aus, der Kleine, trotz seiner unbedeutenden Figur.“

Das hatte er nun schon mehr als einmal gesagt.

Unten im Erdgeschosse der Kaserne lag die Dienstwohnung Hellwigs. Ein mit Waffen aller Art kriegerisch ausgeschmücktes Wohnzimmer und eine Schlafkammer dahinter, das war sein Reich. Die übrigen ihm zugewiesenen Zimmer — die Wohnung war für den Haushalt eines Verheirateten berechnet — waren abgeschlossen. Er als Junggeselle hatte keine Verwendung dafür.

Hier in seinem Heim wich der strenge, dienstliche Zug von seinem Antlitz. „Hier wurde der Hauptmann ausgezogen.“

In einer behaglichen Joppe, die Pfeife, ein liebes Andenken an die Feldzugsjahre.

im Munde, saß er vor seinem Schreibtisch, über dem das Bild des alten Kaiser Wilhelm auf ihn herabschaute, seines obersten Kriegsherrn, dem er sich mit Leib und Seele verschworen hatte.

Auf einem Nebentisch lag ein großes, graues Buch. Hierin war jeder Kadett seiner Kompanie eingetragen und jeder hatte eine große Rubrik, in der Notizen über seine wissenschaftlichen und militärischen Leistungen standen.

Heilwig holte das Buch hervor und blätterte lässig Seite für Seite desselben durch. Da zogen sie alle an ihm vorbei, Namen für Namen, seine „Bengels.“ Wenn sie wüßten, wie sehr ihr aller Wohl ihm am Herzen lag, und wie er sie alle doch ein bißchen lieb hatte, obwohl er ihnen gegenüber schroff und strenge auftrat! War es doch sein Beruf, harte Männer und tüchtige Soldaten aus dieser Jugend heranzuziehen, Leute, die Tod und Teufel nicht scheuen!

Für die wissenschaftliche Seite der Erziehungsaufgabe hatte der Hauptmann freilich wenig Verständnis, und die Lehrer hatten sich mehrfach bitter über ihn beklagt, daß er ihren Bestrebungen, die lässigen Schüler anzuhalten, in seiner Kompanie so wenig Unterstützung gewährte.

Ja es war schon zu einer Beschwerde bei dem Obersten hierüber gekommen, und es hätte Heilwig den Abschied gekostet, wenn ihm der Kommandeur nicht den strammen Geist, der nun einmal, wie niemand leugnen konnte, in der achten Kompanie herrschte und den alten Waffenruhm von Siebzig her, den Glanz des Tages von Dijon, wo der linke Arm geblieben war, zu gute gehalten hätte.

„Verdammte Paukers,“ hatte er sich damals geäußert, „wozu all der Kohl für die Jungens? Der alte Wrangel hat nicht richtig schreiben können und hat mehr geleistet, wie die ganze Bande zusammen.“

Er hatte eben seine eignen Ansichten, der gute Hauptmann.

Heute verweilte sein Blick lange auf der Seite, die den Namen: Kadett Hans von Schleußingk trug.

„Seine Klassenleistungen sind gut, das habe ich auch gar nicht anders erwartet; ich werde also seinetwegen keine Scherereien mit den Paukers haben. Aber was die militärische Seite anbetrifft, so scheint er mir nicht aus dem Holze geschnitzt zu sein, aus dem die Wrangels stammen — zu weich — kein Mumm dahinter.“

Heilwig klingelte nach seinem Burschen.

Ein ungeschlachter Grenadier erschien und fragte nach dem Befehl des Herrn Hauptmann.

„Geh' rauf, Neumann, und hole mir den Unteroffizier von Gödicke von Stube Nr. 12.“

Inzwischen warf sich Heilwig wieder in seine Uniform. Dies war eine dienstliche Angelegenheit, darum wurde „der Hauptmann wieder angezogen.“

Als Gödicke erschienen war, blieb er in kerzengerader Haltung an der Thüre stehen.

„Treten Sie näher, Unteroffizier. — Nicht wahr, auf Ihrer Stube ‚liegt‘ der Kadett von Schleußingk?“

„Zu Befehl, Herr Hauptmann.“

„Was halten Sie von ihm?“

„Wir mögen ihn gern, Herr Hauptmann; er ist ein guter Kamerad, fleißig in seinen häuslichen Schularbeiten, hat viel Interesse für die Wissenschaften —“

Heilwig zuckte ungeduldig mit den Schultern.

„Und weiter?“

„Er ist ein bescheidener, fast schüchterner, stiller Mensch.“

Und die Ordnungsliebe?“

„Die läßt zu wünschen übrig, Herr Hauptmann.“

„Und der Schneid, die Strammheit im Dienste?“

„Läßt auch zu wünschen übrig, Herr Hauptmann.“

Heilwig nickte und dieses Nicken bedeutete: „Das wußte ich längst.“

„Unteroffizier,“ begann er nach einer Pause, „wir müssen auf den Mann ein Auge haben. Ich habe freilich noch kein großes Vertrauen, daß er es jemals zu etwas Gescheitem bringen wird, aber wir müssen unsere Pflicht thun, Unteroffizier, damit wir den Mann zu einem brauchbaren Soldaten machen mit allen Mitteln, die uns zu Gebote stehen. Und wenn Sie Balken biegen müßten. Verstanden? — — Achten Sie ganz besonders auf ihn — — Verstanden?“

„Zu Befehl, Herr Hauptmann.“

„Dann ist es gut, dann können Sie gehen.“

Aber Gödicke wollte noch etwas sagen und runzelte verlegen die Stirne.

„Ich weiß nicht — Herr Hauptmann — — ob ich vorhin auch gemeldet habe, daß wir auf der Stube ihn alle gerne haben und daß er ein kleiner, lieber Mensch ist.“

Er hatte noch schnell eine Lanze brechen wollen für seinen Untergebenen.

Hellwig nickte. Dieser Zug gefiel ihm an seinem Sekondaner.

„Es ist gut — Hauptsache ist, daß er ein tüchtiger Soldat wird.“

Nach kurzer Kehrtwendung war der Unteroffizier von Gödicke schnell, wie er gekommen war, verschwunden.

Indessen saß der „Mann,“ der doch nicht viel mehr als ein Meter hoch war, in der Stube Nr. 12 an dem großen Tisch in ein mathematisches Exempel vertieft und war glücklich, daß in dem harten militärischen Leben, das ihn umgab, ihm doch seine „Wissenschaften“ geblieben waren.

* * *

Von da an begannen für den kleinen Hans schlimme Tage.

Sein Stubenältester saß ihm scharf in dem Nacken. Man nennt das in der Kadettensprache: er „faßte“ ihn.

„Sie scheinen die guten Worte, die ich Ihnen bei Ihrem Eintritt gegeben habe, sich nicht gerade zu Herzen genommen haben,“ schalt er, „so muß ich denn andere Saiten aufziehen, um Sie zu Ihrer Pflicht und Schuldigkeit anzuhalten.“

Die kleinste Nachlässigkeit im Dienst wurde mit harten Scheltworten gestraft oder auch mit dem Befehl, vor dem Abendessen in Helm und Seitengewehr sauber geputzt zum Rapport zu erscheinen.

So zu später Stunde, während die anderen sich ausruhen durften, das Putzzeug hervorzuholen und das Metall blank zu reiben, bis ihm die kleinen Hände schmerzten, das war für Hans ein bitterer Genuß.

Aber Gödicke konnte ja nicht anders, er that nur seine Pflicht.

Nach dem Abendbrot freilich, da war Waffenstillstand. da erklärte Gödicke jedesmal, jetzt wäre die Stunde der Erholung, jetzt wünsche er nicht als Vorgesetzter betrachtet zu werden, sondern als Kamerad unter Kameraden.

Dann wurden die beiden Lampen angezündet und die Fenstervorhänge heruntergelassen, und es wurde fast behaglich in dem Kasernenzimmer. Es war ein großer Raum mit graugestrichenen, kahlen Wänden. An der einen derselben hing ein Bild, den alten Wrangel darstellend, wie er zur Schlacht anreitet. Das hatte einst der Hauptmann Hellwig der Stube Nr. 12 geschenkt und dabei gesagt: „Den Mann da auf dem Schimmel, den könnt Ihr Euch alle zum Muster nehmen, das war ein Soldat von echtem Schrot und Korn.“

Das Mobiliar des Zimmers bestand nur aus fünf schmalen Schränken, die nicht höher waren, als die Besitzer derselben. In der Mitte stand ein rohgezimmerter grüner Tisch.

Eine rege Unterhaltung entspann sich. Gödicke erzählte von taktischen Angelegenheiten, von dem neuen Armeegewehr, dessen Vorzügen und Schwächen, von neuen Exerzierinstruktionen, von der Bedeutung der Infanterie und Kavallerie im Gefechte und von anderem.

„Es hat alles so Hand und Fuß, was er sagt,“ dachte Hans bewundernd.

Wenn freilich der Unteroffizier einmal den Einfluß der Kavallerie auf die Schlachten zu sehr herabsetzte, dann erlaubte sich der schwarze Husar, eine energische Lanze für „seine“ Waffe zu brechen.

„Denken Sie doch nur an den siebziger Feldzug, an die Attacke der Halberstädter Kürassiere und der sechzehnten Ulanen, da hat man gesehen, was ‚wir‘ Kavalleristen vermögen. Ich meine gerade, daß ‚wir‘ die Seele der Armee sind. Seht Euch mal so einen Reiter hoch zu Pferde gegen so einen lumpigen Infanteristen, das macht Respekt, das macht Eindruck — —“

„Eine gute Büchsenkugel hat aber vor dieser Pracht keinen Respekt, mein lieber Pochhann.“

„Nun, und ist es nicht auch bezeichnend, daß die Prinzen zumeist bei der Kavallerie eintreten — —“

Wenn Pochhann dann gar zu arg prahlte, sprangen Blüher und Malwinck mit ein und behaupteten, es wäre ja noch höchst unsicher, ob er wirklich zu den schwarzen Husaren käme, der König würde ihn schon in irgend ein kleines verwunschenes Nest an der Grenze stecken.

Das brachte Pochhann erst recht in Aufregung und er schwur Stein und Bein, Alsbedyll würde ihn nicht im Stich lassen, und er würde schon in „sein" Regiment kommen.

Zur Beruhigung der Gemüter fing Klüher wieder an, Bericht zu erstatten, wie weit sein Plan, auf den Erzengel Michael zu klettern, gediehen war.

„Ich habe mir den Kirchturm genau angesehen, es wird gehen — — Nur scheint mir ein dickes Seil von ungefähr sechs Meter Länge mit einem Eisen daran zum Einhaken nötig zu sein. Aber ich will mir's überlegen, vielleicht geht es auch so."

„Laß doch diese Tollheit sein, Menschenkind," warnten ihn die anderen.

Dann begann Klüher ein gewaltiges Zukunftsgemälde zu entrollen.

„Was ist im Kriege die Hauptsache? Der Überblick. Wer aber sieht am weitesten? Der, welcher auf dem Kirchturm sitzt. Und nun denkt Euch mal, die Schlacht bricht an. Der Luftballon ist in Feuer aufgegangen. Hinten im Süden, weit hinten, ertönt Geschützfeuer. Und der gute Moltke steht auf dem Berge und ringt die Hände und weiß nicht, von wem das Feuern kommt. Ordonnanzen sind noch nicht zurück. Man wird wohl die Schlacht verlieren deswegen. Da kommt der gute Klüher und sagt: ‚Mein lieber Moltke, haben Sie keine Angst,' und dann klettert er hinauf auf den Kirchturm hoch hinauf auf den Hahn und sieht alles und weiß alles. Und durch ihn wird eine große Schlacht für Deutschland gewonnen."

Malwincks Gespräche waren meist friedlicher Art. Er liebte es, davon zu erzählen, wie er sein Leutnantsleben einzurichten gedächte. Er wollte viel in den Familien verkehren und den Regimentsdamen den Hof machen. Im Kasino wollte er solide sein und für gewöhnlich nur saueren Moselwein oder Bier trinken. Für Sekt habe er ja auch nie viel Geschmack übrig gehabt.

„Die Trauben sind ihm zu sauer," näselte der mit weniger festen Grundsätzen behaftete Pochhann, denn er wußte, daß Malwincks Vater arm war und seinem Sohne nur eine knappe Zulage mitgeben konnte.

Nur der kleine Hans nahm an diesen Gesprächen nicht teil. Er hörte lieber still zu und bewunderte die Hoffnungsfreudigkeit und die Lust am militärischen Treiben, die aus ihnen allen sprach.

„Wenn ich doch auch so einer wäre," dachte er.

„Sie sollten sich doch auch an unserer Unterhaltung beteiligen, mein lieber Schleußingk, das wäre wirklich ganz gut für Sie," riet ihm Gödicke wiederholentlich.

„Lassen Sie den kleinen Professor nur, Herr Unteroffizier," spottete der ‚schwarze Husar,' „er hat Besseres zu thun; er denkt wahrscheinlich über eine neue französische Grammatik nach, die er schreiben will. Der ‚große Plötz'*) wird einen scharfen Konkurrenten an ihm haben."

* * *

Der Hauptmann Hellwig war noch immer nicht mit Hans zufrieden.

Draußen auf dem großen Kasernenhof wurde jetzt fleißiger exerziert als sonst, denn die Sommerparade stand vor der Thür. Man übte den großen Frontmarsch zuerst in den einzelnen Gliedern und dann in der ganzen Kompanie.

„Es muß doch einen erhabenen Eindruck machen, wenn wir so in der ganzen Breite über den Platz gestampft kommen," dachte Hans, als wieder einmal exerziert wurde, und war ordentlich stolz, daß er auch mit „stampfen" durfte.

„Schleußingk, eine bessere Haltung," hatte es heute schon einmal über den Hof getönt, und „Schleußingk, bringen Sie die Beine heraus, Himmelkreuzmillionenbombenelement," scholl es wieder herüber, daß der Kleine erbebte.

Er schien heute besonders schlechter Laune zu sein, der Hauptmann.

Als er die Kompanie hatte wegtreten lassen, hieß es: „Der Kadett von Schleußingk bleibt hier."

Und nun fuhr der große starke Offizier auf den kleinen Hans ein, als wollte er ihn verschlingen.

„Mann, was war das heute wieder für eine Bummelei, für eine Schweinerei,

*) Die im Kadettenkorps eingeführte französische Grammatik.

für eine Exerziererei von Ihnen! Reißen Sie sich gefälligst zusammen, Mann! Sie sind ja gar nicht wert, auf der achten Kompanie zu stehen. Sie sind ja ein Jammerkerl. Merken Sie sich das!"

Wie ihn das böse Wort verwundet hatte! Er zuckte zusammen und biß die Lippen aufeinander. Wie im Taumel schritt er mit dem Gewehr über der Schulter den anderen nach in die Kaserne.

Auf Stube Nr. 12 herrschte tolle Ausgelassenheit. Matwinck hatte den Buchhorn als schwarzen Husar gezeichnet, und das Bild hatte ganz merkwürdig krumme Beine.

Aber der Lange fühlte sich eher geschmeichelt als verletzt:

„Ihr wißt eben nicht," meinte er so von oben herab, „daß so etwas für einen Husaren eher ein Vorzug ist."

Während die vier herzhaft lachten, schlich der kleine Hans leise, wie ein Hund, der einen Fußtritt bekommen hat, herein und setzte sich still auf seinen Platz. Er wagte nicht einmal aufzusehen, denn in den Ohren summte und sauste es: „Jammerkerl!"

„Seht nur den Professor, er sieht aus, als wenn er Fliegen gefressen hätte," meinte der schwarze Husar, um den Spott von sich abzulenken.

Und dann fingen sie alle mit Ausnahme von Gödicke, der einen langen, ernsten Blick auf den Kleinen warf, laut an zu lachen, daß Hans in eine unbändige Wut geriet und am liebsten einen Menschen gewürgt hätte, er, der sonst viel zu gutmütig war, um eine Mücke totzuschlagen.

(Schluß folgt.)

Morgenlied.

(Nachdruck verboten.)

O Morgenglück, wenn auf den Zweigen
Das erste Licht sich lächelnd wiegt
Und noch ein süßes Kinderschweigen
Rings auf den jungen Fluren liegt.

Du siehst und weißt nicht, was da kommen wird,
Und stehst und horchst, und weißt nicht, welchem Laut,
Die dir zuletzt so hold beklommen wird,
Wie ihres Ritters harrt und bangt und harrt die Braut.

O heimlich Glück, o Glück des Ungewissen,
Du Vorhofsglück, das nur der Fromme kennt.
Noch ist der Vorhang nicht hinweggerissen,
Der ihn von seinem heil'gen Wunder trennt,
Doch rührt sich schon die erste Falte
Und drängt sich durch die kaum erschloss'ne Spalte
Ein Glanz von jenem Licht, das er nur stammelnd nennt.

Gustav Falke.

Hamburger Schauspielerinnen.

Von

H. E. Wallsee.

Mit dreizehn Porträts.

Bis in unsere Tage hinein hat sich in den großen Hamburger Theatern ein Brauch erhalten, der von allen anderen Bühnen Deutschlands, soweit sie Anspruch auf höhere Geltung erheben, längst schon abgethan ist: die Veranstaltung von Benefizvorstellungen für ihre hervorragenderen Mitglieder. Die von der Presse unternommenen Versuche, diesem Brauch, der für den feinfühligeren Künstler manches Deprimierende in sich schließt, auch das Interesse der Kunst insoweit nicht gerade befördert, als er häufig ein rasches Drauflosspielen ohne ausreichendes Probieren erforderlich macht, zu steuern, waren so wirkungslos als die Einsprache einzelner Schauspieler, die der Zumutung, an einem bestimmten Abend im Jahre sich im Angesicht des Publikums mit allerlei Grünzeug garnieren zu lassen, keinen Geschmack abzugewinnen vermochten. Die Direktoren erklärten rundweg, an diesem Brauche halten zu müssen, da er das Gefühl der Zusammengehörigkeit zwischen Bühne und Publikum wesentlich mitbefestige.

Es mag an diesem Glauben ja mancherlei Berechtigtes sein, wenn auch schwerlich mehr als an jedem anderen Aberglauben. Thatsache ist indes, daß die für Benefizvorstellungen bestimmten Tage sich des stärksten Abonnements erfreuen, und daß die Theater schon im Beginn des Jahres für diese Benefizabende ausverkauft sind. Dieser kleine Zug genügt wohl, um das Verhältnis zwischen Publikum und Bühnenkünstler in Hamburg zu kennzeichnen. Es ist etwas Familiäres darinnen. Trotzdem würde man irre gehen in der Annahme, daß auch außerhalb des Schauspielhauses die Fühlung zwischen beiden Teilen lebhaft fortbesteht. Während es in der Gesellschaft kaum eine Familie gibt, die nicht an diesem Darsteller oder jener Darstellerin so zähe hält, daß die Erinnerung an den Geschiedenen oder Verstorbenen für die neueintretende Ersatzkraft gar leicht zur Klippe werden kann, an der sie scheitert, kann man in allen einigermaßen Geltung habenden Kreisen und Häusern lange verkehren, ehe man auf ein Mitglied unserer Bühnen trifft. Die Erklärung für diese Erscheinung ist in dem Fehlen einer materiellen Gelegenheit gegeben, die Künstler und Publikum einander näher brächte. Einerseits widerstrebt dem die hier geltende Tageseinteilung, die die Mittagsstunde ganz nahe an die Zeit des Theaterbeginns herangerückt hat, und andererseits ist der Personenstand der gesellschaftlich in Betracht kommenden Theater wieder so sehr eingeschränkt, daß gerade jene Bühnenkünstler, die die vornehmeren Kreise ganz gern bei sich sähen, infolge ihrer fast unausgesetzten Inanspruchnahme so gut wie nicht erreichbar sind. Somit bleibt das zwischen Bühnenkünstler und Publikum geschaffene Verhältnis, das in Städten mit ungleich weniger entwickeltem Theatersinn so mancherlei geistfördernde Keime ausstreut, in Hamburg „auf Distanz“ gestellt.

Franziska Ellmenreich als „Maria Stuart.“

Unter den wenigen zur Zeit hier thätigen Bühnenkünstlerinnen, die Geist und Geschmeidigkeit genug besitzen, um die gewichtigen Anforderungen ihrer Kunst mit den kaum weniger gewichtigen Ansprüchen der Gesellschaft in Einklang zu erhalten, steht Frau Franziska Ellmenreich obenan. Frau Ellmenreich einem gebildeten Leserkreise vorstellen wollen, ist eigentlich ein etwas anmaßliches Unterfangen. Denn bevor die Künstlerin in Hamburg dauernden Aufenthalt genommen, hat sie vor den Kundigen so ziemlich aller hierin maßgebenden deutschen und auch vieler außerdeutschen Städte Proben ihrer eminenten Begabung als Heroine, Salonlöwin und Sentimentale von Geist und Geschmack abgelegt. Da ich Sie indes hier mit jenen Bühnenkünstlerinnen bekannt zu machen wünsche, in denen die künstlerische Augenblicks-Physiognomie unserer Stadt den sprechendsten Ausdruck findet, so wäre ein stillschweigendes über Frau Ellmenreich Hinweggehen eine Unart und eine Unwahrheit zugleich. Das Eigenartige der in unserer Stadt bestehenden Theaterverhältnisse, die Vereinigung der Leitung der drei hier in Betracht kommenden Bühnen in Hamburg-Altona nun schon im zweiten Jahre in einer Hand bringt es mit sich, daß das hamburgische Sprechdrama in der Woche fünfmal in Altona zu Be-

Franziska Ellmenreich als „Lady Milford.“
Nach einer Originalaufnahme aus dem Atelier von E. Bieber, Hofphotograph, Hamburg und Berlin.

suche weilt und nur zweimal etwa im eigenen Hause in Hamburg empfängt. Daß bei diesem fortwährenden Hin und Her zwischen Bühnen, die in ihrer räumlichen Verschiedenheit beiläufig in demselben Verhältniß zu einander stehen wie ein Landhaus zu einer großen städtischen Zinsburg, die Kunst der feinen Rede Gefahr läuft, in die Brüche zu gehen, weiß jeder, der den Wert des Festhaltens an dem intimen Zusammenhange zwischen Darsteller und dem Orte der Darstellung kennt. Nicht zuletzt auf diesen Umstand ist das Stillestehen so mancher Begabung zurückzuführen, die vielversprechend hierher gekommen, unter anderen, stabileren Verhältnissen sich in der Folge auch reich entfaltete — wie z. B. die jetzige Heroine des Berliner Schauspielhauses, Fräulein Poppe — in ihrem hiesigen Engagement aber ziemlich unbemerkt verblieben ist. Daß für Frau Ellmenreich die aus diesem Zweibühnenverhältnis hervorgehenden Schäden sich weniger fühlbar gemacht, ist wohl zunächst darauf zurückzuführen, daß sie, nach einem vorübergehenden Aufenthalte im Anbeginn ihrer Bühnenlaufbahn, zu bleibender Thätigkeit hierher erst als festgeschlossene künstlerische Individualität gekommen ist, die nichts aufzunehmen, sondern stets nur abzugeben hatte, was sie in den nun bald neun Jahren, die sie insgesamt hier thätig ist, denn auch in der freigebigsten Weise sowohl im Rahmen des modernen Konversationsstückes wie der klassischen Komödie gethan. Zwar hat die Zeit so manchen lichteren Stein aus dem Rollenkranze dieser Künstlerin gebrochen — Gretchen, Klärchen, Desdemona, Minna von Barnhelm —, und andere Steine von dunklerem, satterem Glanz dafür eingefügt — Lady Milford, Orsina, Donna Isabella, Emilia (in „Othello“) —, doch ihre künstlerische Individualität hat darum nicht aufgehört, das Interesse auf sich zu ziehen, sobald sie auf der Bühne erscheint. Im Fall ihrer Rede von einem eigenartig realistischen Zug getragen, ist sie doch von einem hohen Respekt vor dem Vers erfüllt, und so trifft, namentlich in Schillerschen Rollen, ihr Ton wie ein Weckruf auf die edelsten und zartesten Instinkte ihrer Hörer, dient ihr Spiel dem Schönen, reißt es zum Großen mit und regt zum Nachdenken an. Und noch ein Zug, der, klein an sich, doch nicht eines pikanten Beigeschmackes entbehrt, weil er kennzeichnend ist für die Künstlerin — als Frau. In einer Zeitungsnotiz, die von Frau Franziska Ellmenreich u. a. erzählt, daß sie als Tochter des Schweriner Hofschauspielers Albert Ellmenreich geboren ist, war als Jahr ihrer Geburt 1853 angegeben. Über die Ziffer 3 hat die Künstlerin nun mit ruhiger Hand eine Null gezogen und so die drei Jahre eskamotiert, um die ein galanter Autor oder auch nur ein achtloser Setzer sie hat jünger machen wollen. Man wird eine gleiche Ehrlichkeit nicht bei vielen Frauen finden. Bei einer Künstlerin ist sie geradezu monumental!

Auch Charlotte Witt ist ein Kind der Bühne. 1871 als Tochter des Direktors des damals „Luisenstädtischen“, jetzt „Thalia-Theaters“ in Berlin geboren, begleitete sie schon mit zwei Jahren ihre Eltern übers Meer, wo sie bis zu dem 1879 erfolgten Tode ihres Vaters verblieb. So in ihrer frühesten Jugend zwischen Berlin und Amerika gestellt, schien sie von allem Anfang vom Schicksal für Hamburg vorbestimmt zu sein. Auf dem

Franziska Ellmenreich.
Nach einer Originalaufnahme aus dem Atelier von E. Bieber, Hofphotograph, Hamburg und Berlin.

Charlotte Witt.
Nach einer Originalaufnahme aus dem Atelier von E. Bieber, Hofphotograph, Hamburg und Berlin.

Umwege über Mainz und Barmen-Elberfeld ist diese Vorausbestimmung in Erfüllung gegangen. Wie man angesichts der Verhältnisse am Hamburger Stadttheater, die wir oben kurz skizziert, sagen kann, zu ihrem Glücke, geriet die damals Neunzehnjährige an das Thaliatheater, wo der seither verstorbene Direktor Gustav Maurice regierte, ein seelenguter Mann, der voll ehrlicher Hochachtung war vor jeglichem Talente. Und da diesem dunkeläugigen und schwarzhaarigen Wesen, mit den einladenden kirschfrischen Lippen, um die her es beständig schalkhaft wetterte und zuckte, das Talent in allen Fingerspitzen saß, sie um die Wette mit ihrem Lachen zum Mitlachen, mit ihren Thränen zum Mitweinen hinzureißen verstand, war sie über Nacht zur Diva aufgerückt. Sie durfte ihre Hand nach was immer für Rollen strecken, es wurde ihr keine versagt. Was immer in den letzten Jahren seither an Stücken entstanden ist — man weiß, wie unendlich nachsichtsvoll Apoll leider nach dieser Seite hin gewesen ist! — wurde ihrer Lust am Spielen zum willkommenen Tummelplatze. Und als sie alles Muntere, Naive, Sentimentale der Reihe nach durchgenommen, dazwischen auch manche Perle der älteren Bühnenlitteratur — so z. B. die Rachel in der „Jüdin von Toledo“ — aufgegriffen, richtete sich der Flug ihrer Wünsche auch nach den Sardouschen berühmten Frauengestalten, einer „Andrea“ und „Cyprienne.“ Hier aber nahm die zünftige Kritik, die bis dahin dem fröhlichen Durcheinanderspielen dieses schönen Talentes, das sich so völlig selbstkräftig entwickelte, mit verschränkten Armen zugeschaut hatte, die Künstlerin wider sich selbst in Schutz — und nicht vergebens. Obwohl auch auf dem schlüpfrigen Boden der Pariser Skandalkomödie die Kraft ihres Talentes sie vor dem Falle schützte, ist Fräulein Witt hier nicht weitergegangen. Sie erkannte wohl selbst, daß die liebliche Rita im „Talisman,“ die resolute Franziska in „Minna von Barnhelm,“ der lose Kobold Puck im „Sommernachtstraum“ und die weihnachtlichen Märchengestalten „Sneewittchen“ und „Aschenbrödel,“ in denen sich bei uns Groß und Klein mit rührender Ausdauer erfreut, ihrer Natur Zusagenderes bieten, als die von dem Pariser Lebensbaum geschüttelten, abgewelkten und wurmstichigen Früchte. Selbst die Aufnahme der „Madame Sans Gêne“ in ihr Repertoire, so glänzend auch der äußere Erfolg sich stellte, erwies sich durch die Folgewirkung für Fräulein Witt als ein Fehlgriff. Trotz durch das oftmalige Wiederholen dieser derbdrolligen und unweiblichen Rolle stahl sich in die Laune der bis dahin gerade in ihrem Humor so mädchenhaft anmutenden Künstlerin ein Zug zum Derben. Es war durch eine Weile, als hätte diese Rolle wie der Reif gewirkt, der in der Frühlingsnacht gefallen... Das ist jetzt, dank der Energie, mit der die Künstlerin an ihrer Entwicklung arbeitet, freilich wieder so gut wie überwunden. Immerhin ist es ein Fingerzeig, eine Mahnung zur Vorsicht .. Fräulein Witt ist noch für ein Jahr durch ihren Hamburger Vertrag gebunden. Doch schon heute denken manche mit Kummer an die Stunde ihres Gehens und fragen, was dann, wenn sie geschieden? Nun, für das Thaliatheater, so sehr der Verlust auch hier sich im Anfang fühlbar machen dürfte, wird sich die Frage wohl von selbst regulieren. Was hat gerade das Thaliatheater nicht schon alles im Laufe der Zeit für Sterne von seinem Firmamente verschwinden sehen und ist selbst doch nicht untergegangen! Für Fräulein Witt aber ist von ihrem Eintritt in das ungleich strenger censurierte Wiener Burgtheater, an das sie von hier aus übersiedeln soll, nur Gewinn zu hoffen. Gerade junge Begabungen ihrer Art, mit heißwallendem Blut und unersättlichem Thatendrang, bedürfen einer zügelfesten Hand, soll die Zukunft erfüllen, was die Gegenwart verheißt. Und daß die vornehme Wiener Bühne von der Zukunft dieses seines künftigen Mitgliedes gar viel erwartet, hat jene wohl zur Genüge damit angedeutet, daß, als vor kurzem ein Gerücht in Umlauf war, Fräulein Witt trüge sich mit der Absicht, an Stelle des mit dem Wiener Theater eingegangenen, einen anderen Vertrag — mit Gott Hymen zu setzen, ein Vertrauensmann des Wiener Theaters eigens hierher geeilt ist, oder sein soll, — solche Dinge lassen sich bekanntlich nicht verbürgen —, um der Künstlerin doch die Wahrung der älteren Rechte der Wiener Bühne eindringlichst ans Herz zu legen. So wird erzählt.

Charlotte Witt als „Theaterteufelchen.“

Als durch einen notwendig gewordenen Abgang in schon vorgerückter Spielzeit die Stellung einer ersten Liebhaberin am Thaliatheater frei geworden war, traf bewerbend eine junge Dame hier ein, Frau Adele Doré aus Köln. Schlank, brünett, über Mittelgröße, mit dunklen Haaren und dunklen, sprechenden Augen, etwas Herbes, etwas Schroffes in Auge und Art. Gleich ihr erstes Ziel war hoch gerichtet — auf Ibsens „Nora.“ Und sie gefiel. In den ersten Scenen wollte es zwar mit dem Sprechen nicht recht klappen. Man sah, die Angst — und zwar nicht so die Angst der Nora vor ihrem Gatten, als vielmehr die der Fremden vor dem ihr neuen Publikum — saß heiß und schnürend an ihrer Kehle. Doch das löste sich, und bald floß ihrer Rede voller Strom breit und frei, von einer klangvollen, gesättigten Stimme getragen. Das, was sie wohl von ihrem Manne, dem Recitator Milan, übernommen haben mag: die Kunst zu sprechen, war für ihren Erfolg und für ihr Engagement entscheidend. Und das mit Recht. Man weiß ja, daß unter den vielen Bühnenkünstlern, die da sprechen zu können vermeinen, nur wenige sind, die in dieser Ausnahme nicht irren. Und Frau Doré ist thatsächlich eine dieser wenigen. Jedes Wort erhält bei ihr sein Recht, jeder Vokal ist voll angesetzt und klingt vernehmbar aus. Von den verschiedenen Rollen, die Frau Doré seither gegeben, hat zwar keine gleich ihrer Nora gefallen, doch hat auch keine den erst geschaffenen Eindruck als das Spiel des bloßen Zufalls, als das gewisse Goldkorn hingestellt, das auch die blinde Henne einmal findet. Im Gegenteil, in Adelheid von Runeck, der Rolle, die sie zuletzt gegeben, traten verschiedene jener Quali-

Charlotte Witt als „Madame Sans Gêne.“
Nach einer Originalaufnahme aus dem Atelier von E. Bieber, Hofphotograph, Hamburg und Berlin.

Adele Doré.

täten wieder voll hervor, die uns ihre „Nora“ gleich so wert gemacht haben. Den Eindruck, den ich persönlich durch ihr erstes Auftreten empfangen: hier eine ehrlich ringende Begabung vor mir zu haben, die jeden Schritt nach aufwärts zur lichten Höhe der Kunst mit einem Tropfen ihres besten Blutes bezahlt, bestätigt ein Schreiben, in dem die Künstlerin von ihrer Laufbahn spricht: „Geboren 1867 als Tochter eines Musikers der Wiener Hofoper, kam ich nach absolvierter Theaterschule 1885 nach Amsterdam, 1888 nach Köln, von dort nach hier. . . Was ich in den zehn Jahren meiner Bühnenlaufbahn alles erlebt, an Freud und Leid — an Leid allein! — es würde manch' einer kunstnaive Begeisterung dämpfen, wenn sie's erführe: die meine aber ist trotz alledem noch ungebrochen geblieben. Denn wenn auch die Bitternisse groß sind, die unser Beruf mit sich bringt, das Glück ist größer.“ Wer nach zehn Jahren Bühnenthätigkeit noch so hoch von seinem Berufe zu denken vermag, der ist aus gutem Stoff, man darf auf ihn vertrauen.

Auf dem Wege nach einem böhmischen Badeorte besuchten Vater und Sohn Maurice das Theater in Chemnitz. Ein schlank und fein gebautes junges Fräulein, die geborene Naive, erregte die Aufmerksamkeit des alten Talentefinders Chéri Maurice, der zu seinem Sohne Gustav sagte: „Du, die Kleine scheint etwas zu können.“ Obwohl für das Lessingtheater verpflichtet, gelang es doch, Direktor Blumenthal zur Freigabe dieser „Kleinen“ zu bewegen, die seither — es sind mittlerweile sieben Jahre vergangen — mit zu denen zählt, die das theatersinnige Hamburg nur ungern in dem Rahmen des Thaliatheater-

Henriette Steimann.
Nach einer Photographie von [illegible], Hamburg.

ensembles missen möchte. Der Name dieser Künstlerin ist Henriette Steimann. Ihre Specialität waren die längste Zeit über vornehmlich die freundlichen, heitern Mädchen, die aus guten Augen lieb zu schauen und herzig zu lachen wissen. Im Laufe der Zeit hat sie sich aber auch auf das Spielen von Lehrjungen und anderem jungen Volk eingeübt, das in Hosen paradieren will, dabei aber noch zu grün ist, um von männlichen Darstellern, und doch schon wieder zu reif, um von den gewissen schauspielerischen Wunderkindern gemimt zu werden. Sie hat auch auf diesem Gebiete eine ungewöhnliche Sicherheit und Schneidigkeit entwickelt. Ja, sogar als Sentimentale hat sie sich schon wiederholt auf das allerbeste bewährt, zuletzt in dem L'Arrongeschen Volksstück „Annas Traum," in dem sie Töne und Empfindungen aufschloß, die bis dahin niemand hinter dem schlank und fein gebauten Mädchen gesucht. Bei Naiven, als welche Fräulein Steimann zur Zeit offiziell indes noch immer gilt, ist es bekanntlich weder ratsam, noch auch ist es notwendig, vom Alter zu sprechen. Nun brauchte Fräulein Steimann nach dieser Seite hin zwar keinerlei Offenheit zu fürchten, gleichwohl hat sie in einem auf ihre Personalien bezugnehmenden Schreiben es vorgezogen, nur kurz zu erklären: „Geboren in Soest in Westfalen —." Und das ist vielleicht auch so am richtigsten. Schließlich ist das Geborensein ja doch die Hauptsache.

Frau Margarete Körner, seit einigen Jahren Gattin des ersten Heldendarstellers an unserem Stadttheater, Herrn Otto, zählt achtundzwanzig Jahre. Schauspielerkind, in Hamburg geboren, hat sie, wie sie selber fröhlich einbekennt, „von der Pike auf" gedient. Sie selbst schreibt hierüber u. a.: „Nach zweieinhalbjährigem Vagabondieren ging ich an das Residenztheater nach Hannover als Possensoubrette. Thomas, damals Direktor in Berlin, hatte mich schon für sein Theater engagiert. Da sah er mich gelegentlich seines Hannoveraner Gastspieles und sagte: ‚Mädchen, du bist ja viel zu lang und zu schmal für die Faxerei, du mußt Salondamen spielen.' Und da wirklich Not an Mann oder an der Frau war, so spielte ich die Athenais im ‚Hüttenbesitzer.' Den Abend vorher noch in ‚Pechschulze' mit dem Besen, und jetzt in langer Schleppe. Der Erfolg war überraschend." Aufzuzählen, welche Etappen Frau Körner durchlaufen, bis sie endlich — vor sechs Jahren — in den Verband des Hamburger Stadttheaters getreten, wäre ebenso weitläufig, als den Kreis der Rollen umschreiben wollen, die sie schon gespielt hat und noch spielt. Für die leichte Conversationskomödie, die Posse, das moderne deutsche Lustspiel, das französische Sittenstück bringt sie ein fröhlich sprudelndes Leben und eine Sicherheit mit, die den Zuhörer über gewisse seichte Stellen in gewissen seichten Stücken förmlich im Sturme hinüberwirbelt. „Ich spiele eigentlich kein Fach, sondern alles, und auf meinen Gastspielen macht es mir specielles Vergnügen, heute ‚Heimat,' morgen ‚Cyprienne,' heute ‚Fedora,' morgen den Fähndrich im ‚Hause des Majors' zu spielen. Adelheid in ‚Götz,' Orsina, Milford, Georgette sind Rollen meiner Zukunft, die ich jetzt vorbereite, wenn ich nach drei Jahren mir einen anderen Wirkungskreis suchen werde." Es wäre schade, wenn man auch dieses auffrischende Talent wegziehen ließe, das schon durch das schöne Gefühl des Vertrauens in die eigne Kraft ein Anrecht erworben hat auch auf das Vertrauen anderer. Die letzte Rolle, in der ich Frau Körner gesehen, war die Schauspielerin in dem Rosmerschen Lustspiel „Zukunftsmusik."

Margarete Körner-Otto als Magda in „Heimat."

Margarete Körner-Otto als „Fräulein Doktor."

Die Rolle an sich ist klein, nicht fein, aber furchtbar „echt." Wer je Gelegenheit gehabt, eine verzogene und zugleich ungezogene Theaterdiva im Studierzimmer zu genießen, wo von der Schminke, die im Glanz der abendlichen Lichter so wundervoll wirkt, in der matten Dämmerhelle des dünn einfallenden Tages nur die Fettflecke sichtbar sind, der fand Zug um Zug diese Gestalt in dem Spiel der Frau Körner verlebendigt. Gerade solche Rollen aber erfordern viel und sind eine verläßliche Handhabe zur Beurteilung des Könnens des Darstellers. Was die sogenannten Schauspielerstücke an sich betrifft, so ist die dagegen bestehende Abneigung im allgemeinen nicht unberechtigt. Denn den Zuschauer hinter die Coulissen blicken zu lassen, ist für die Kunst ebensowenig zuträglich, als es dem Appetit förderlich ist, wenn man den Gast vor dem Essen Zeuge sein läßt der Zubereitung der Speisen. Was aber das Spielen von Schauspielerrollen betrifft, so ist die Anforderung, die sie an ihre Darsteller stellen, nicht gering. Denn sich selbst so zu wiederholen, daß es den Anschein des völlig Echten hat und dabei doch wieder nicht voll echt sein dürfen, das ist im Grunde doch noch schwerer, als sich in eine völlig neutrale Gestalt verwandeln, in die der Darsteller sich mit ganzer Seele hineinspielen kann, ohne befürchten zu müssen, aus dem Intimsten heraus gegen sich selber indiskret zu werden.

Das, was der Wiener Jargon so bezeichnend einen „feschen Kerl" nennt, und wofür man im Sprachschatz des Nordens schon darum vergebens nach einem gleichwertigen Ausdruck suchen würde, weil der bezügliche Begriff sich auf zwei Eigenschaften stützt, die man im Norden ja nur selten kennt: nämlich auf Chic und ein zu allerlei lustigen Streichen hinneigendes Temperament, findet am Stadttheater in Fräulein Antonie Tetzlaff, Tochter des bekannten Oberregisseurs, verkörperten Ausdruck. Die geborene Soubrette, versteht sie es doch ebenso reizvoll fürchterlich zu sein als enfant terrible in Hosenrollen, wie als gereifter Backfisch in dem von Zeit zu Zeit immer noch aufflackernden alten „Feuer in der Mädchenschule." Nehmen wir noch vom Thaliatheater Fräulein Olga Engl, die als formgewandte Vertreterin feinerer Repräsentationsrollen so wohl ihren Platz ausfüllt, wie als Darstellerin von munteren Grisetten und ähnlichen Personagen, über die man laut seufzen kann, wenn man ihnen im Leben begegnet, die man auf dem Theater aber mit stillem Vergnügen immer wieder gerne sieht; Frau Horbath als diskrete Interpretin der feineren, und Fräulein Ella Gröger als die berufene Vertreterin des Faches der derberen komischen, älteren Frauen; und vom Stadttheater Frau Bertha Bayer-Braun, in deren Bethätigungskreis alle jene älteren Frauenrollen fallen, deren Wiedergabe Gemüt und Würde erfordert, so haben Sie so ziemlich die Bekanntschaft aller jener weiblichen Kräfte gemacht, die die künstlerische Physiognomie der vereinigten Hamburger und des Altonaer Theaters zur Zeit bestimmen helfen. Wäre die in den Trägern dieser Namen gegebene Summe von Geist, Talent und Humor an einem einzelnen Theater vereinigt, so wäre Hamburg wohl imstande, sich einer Musterbühne rühmen zu können, wie sie keine zweite deutsche Stadt besitzt. Dadurch, daß der Direktor der beiden großen Hamburger Theater auch noch Leiter des Altonaer Stadttheaters ist, ist eine solche Vereinigung jedoch ausgeschlossen. Denn da der Direktor stets bedacht sein muß, daß keines seiner drei Theater

Antonie Tetzlaff.
Nach einer Originalaufnahme aus dem Atelier von E. Bieber, Hofphotograph, Hamburg und Berlin.

Olga Engl.
Nach einer Originalaufnahme aus dem Atelier von E. Bieber. Hofphotograph. Hamburg und Berlin.

von dem anderen überflügelt werde, ist so manche Kraft, die am Theater A sehr gut zu gebrauchen wäre, an das Theater B oder C verwiesen. Kaum anders verhält es sich mit den Stücken, die nicht so sehr nach Maßgabe der vorhandenen Kräfte, als unter Rücksichtnahme auf die verschiedenen lokalen und Abonnementsverhältnisse dem einen oder dem anderen Theater zugewiesen werden, so daß das alte Sprichwort: „Es giebt nichts Vollkommenes unter der Sonne“ auch in Ansehung der Verhältnisse an den Hamburger Theatern volle Bestätigung findet.

Weniger einverstanden möchte ich mich zum Schlusse hingegen mit einem anderen Sprichworte erklären, das nicht zum wenigsten gerade in Ansehung der in Hamburg obwaltenden Theaterverhältnisse als ziemlich inhaltlose Phrase erscheint. Dieses Sprüchlein handelt von dem Undank der Nachwelt, der angeblich dem Mimen keine Kränze flechten läßt. Abgesehen davon, daß überhaupt kein Mensch, wenn er erst einmal tot ist und begraben, merkt, daß und was die Nachwelt etwa willens ist, ihm zu flechten, der Schauspieler also in diesem Punkte jedenfalls sich in keiner übleren Lage befindet, als der Rest von den anderen Sterblichen, steht auch die Behauptung von dem kurzen Gedächtnisse des Publikums den Meistern der Schaubühne gegenüber mit den Thatsachen im Widerspruch. Dieses Gedächtnis ist vielmehr recht lange und andauernd, zumal in unserer Zeit, die so sehr darauf aus ist, im Vergangenen zu schürfen. Noch heute werden die Namen der antiken Komöden C. Roscius Gallus und des Tragöden Aesopus von allen Leuten, denen das Theater mehr ist als ein bloßer Zeitvertreib, mit Ehren genannt, und an einzelnen Künstlern ist gerade das Umgekehrte von dem in Erfüllung gegangen, was das oben erwähnte Sprüchlein sagt, wie dies z. B. der große Ludwig Schröder an sich erfahren, den seine Mitwelt mit Hohn und Spott überschüttete, als er, gerade vor hundert Jahren — im März 1796 — es aufgegeben, auf eigenem Boden sich mit Engländern und Franzosen in einen unkünstlerischen Wettstreit einzulassen, und dem erst die Nachwelt voll gerecht geworden ist. Doch um zur Erhärtung unserer Behauptung auch Näherliegendes ins Auge zu fassen, sei hier in kurzem nur noch das folgende bemerkt: Zwölf Jahre sind es her, seit die köstliche Naive des Thaliatheaters, Clara Horn, im Grabe ruht, zehn, seit die treffliche Repräsentantin vornehmer Salonrollen, Fräulein Rossi, den Glanz der Bühne mit dem solideren Schein einer Freiherrnkrone getauscht hat — und heute noch kann man bei jeder Gelegenheit in den Kreisen des Hamburger Theaterpublikums hören: „Diese oder jene Schauspielerin ist ja nicht übel, aber eine Horn ist sie nicht!“ oder: „Das hat die Rossi denn doch ganz anders gespielt.“ Ja, Greise gebärden sich noch wie Jünglinge bei der einfachen Nennung des Namens Fifi Goßmann (verehelichte Gräfin Prokesch-Osten), die vor mehr als vierzig Jahren hier mit nur einer einzigen Rolle — „Fanchon“ in „Die Grille“ — sich eine Unvergeßlichkeit erspielte, die sich heute noch in dem Fortbestehen von vertraulichen Beziehungen ausspricht, die die Künstlerin damals mit verschiedenen ersten hiesigen Familien angeknüpft hat und mit denen sie seit jener Zeit in brieflichem und persönlichem Verkehr verblieben ist.

Man sieht also, daß von einem raschen Vergessenwerden hier nicht gut gesprochen werden kann. Doch selbst wenn diese Art des Fortlebens im Nachruhm an innerem Wert zurückstehen sollte hinter jener Kurrente, von der umgeben die Namen bevorzugter Dichter und Denker aus der Vergangenheit herüberleuchten in die Gegenwart, wäre dieser Ausfall nicht überreich aufgewogen durch das volle Auskosten des Augenblicks, der dem gefeierten Mimen alles im Erfolg gelegene Beseligende gewährt?

Man summiere die Zahl solcher „Augenblicke“ im Leben eines großen Mimen und halte dagegen, was Zeit und Nachwelt dem Dichter an gleichen Gaben gewähren, auf dessen Schultern jener groß geworden ist, und man wird das Haltlose der erwähnten Phrase bald erkennen.

Olga Engl.

Erdbeben.

Von

Dr. Klein.

Wenn man die Frage stellt, welche Regionen der Welt den Menschen bis heute am unbekanntesten geblieben sind, so muß die Antwort lauten: das Erdinnere. In der That wissen wir von demselben durch unmittelbare Wahrnehmung so gut wie nichts, denn die 1750 m Tiefe, bis zu welcher man die Erdrinde in Schladebach angebohrt hat, verschwinden vollkommen neben den 6366 Millionen Metern von der Oberfläche bis zum Erdmittelpunkte. Anderseits weiß man dabei, daß die Erde im Innern sehr viel dichter sein wird, als in den oberflächlichen Schichten und daß in den Regionen gegen den Erdmittelpunkt hin ein ungeheurer, jede Vorstellung übertreffender Druck herrschen muß, endlich, daß die Erde im Innern wärmer wird, je tiefer man eindringt. Am Grunde des Bohrlochs zu Schladebach traf man auf eine Temperatur von 57° C. und überhaupt hat man gefunden, daß bei einer Tiefezunahme von ungefähr 33 m die Temperatur des Erdinnern um 1° C. steigt. Fände diese Wärmezunahme bis zum Erdmittelpunkt hin ununterbrochen statt, so müßte schon in der Tiefe von einigen hundert Kilometern eine Hitze herrschen, bei welcher alle uns bekannten Mineralien schmelzen. Allein, ob eine derartige Wärmezunahme stattfindet, ist eben fraglich, da wir noch nicht bis zu 2000 m Tiefe in den Erdkörper einzudringen vermochten. Das eigentliche Erdinnere, der tiefer liegende Teil des ungeheuren Balles, den wir bewohnen, verhält sich der Oberfläche gegenüber völlig passiv, nur die obersten Regionen desselben, das, was man ohne bestimmte Abgrenzung nach innen zu die Erdrinde nennt, bietet Vorgänge dar, welche auch an der Erdoberfläche bemerkbar werden und dann deren Zustand mehr oder weniger verändern. Es sind dies die Erdbeben und Vulkanausbrüche, die furchtbarsten Naturerscheinungen, welche der Mensch aus unmittelbarer Erfahrung kennt und denen er nichts entgegensetzen kann als die Flucht, falls solche möglich ist. Am großartigsten und furchtbarsten stellen sich die Vulkanausbrüche dar, aber unzweifelhaft mächtiger und schreckhafter sind jene gewaltigen Bodenerschütterungen, die sich über Länder und Meere ausdehnen, ja bisweilen einen erheblichen Teil der ganzen Erdoberfläche gleichzeitig umfassen. Einen besonders tiefen Eindruck auf den Menschen, welcher Zeuge eines Erdbebens ist, macht der Umstand, daß die ungeheure Kraft, welche den starren Boden erschüttert, aus geheimnisvoller Tiefe wirkt und man über ihren Sitz nichts weiter weiß, als daß er sich im Erdinnern befinden muß. Aber welches ist diese Kraft? Wo ist der Arm, der die Erdfeste schüttelt, daß die Felsen zittern, Bergspitzen in die Thäler stürzen und die Wasser der Weltmeere bis in ihre Abgründe aufgerüttelt werden, so daß sie in gewaltigem Wogenschwall die Ufer überfluten und alles fortschwemmen, was in ihren Bereich gelangt? Seit jeher hat der Menschengeist darüber nachgegrübelt, allein erst in der neuesten Zeit ist man zu befriedigenden Ergebnissen gelangt. Die alten griechischen Philosophen, deren Heimat an den östlichen Gestaden des Mittelmeeres häufig von Erdbeben heimgesucht wurde, haben über die Entstehungsweise der letzteren die sonderbarsten Ansichten ausgesprochen. Thales meinte, die feste Erde schwimme wie ein Schiff auf den Wassern des Ozeans und die vom Winde verursachten Schwankungen derselben seien die Ursache der Erdbeben. Der Wahrheit viel näher kam Demokritos, indem er lehrte, die Erderschütterungen entständen durch den Zusammenbruch unterirdischer Hohlräume, und mit ihm stimmte Anaximenes überein, nach dessen Ansicht die Erde alt und morsch ist und gelegentlich Stücke von ihr abbrechen, welche durch ihren Sturz Erzittern des Bodens verursachen. Im ganzen genommen waren diese Ansichten aber nichts als Einfälle der alten Denker und Philosophen, Meinungen, die sich auf Gründe nicht stützten, sondern lediglich auf Spekulationen, und eben deshalb gingen sie auch weit auseinander. Im Mittelalter befaßte man sich überhaupt nicht sonderlich mit dem Studium der Natur, sondern verharrte bei den Meinungen der Alten und hielt alles, was durch diese nicht erklärt worden war, überhaupt für unerklärbar. Nachdem das Schießpulver erfunden worden, glaubte man auch hinter die Ursache der Erdbeben gekommen zu sein und fabelte von unterirdischen Höhlen, in denen sich „zufällig“ Kohlen, Schwefel und Salpeter vereinigt hätten, um nach ebenso zufälliger Entzündung mit der explosiven Gewalt des Pulvers zu wirken. Als im vorigen Jahrhundert das schreckliche Erdbeben von Lissabon die Gemüter erregte, tauchten zahlreiche Erklärungen der Ursache dieser Erscheinung auf, die aber größtenteils doch auf die Wirkungen unterirdischer Feuersgluten zurückgreifen. Später, als man die Elektrizität besser kennen lernte, dachte man an elektrische Ursachen der Erdbeben, kurz, es gab zuletzt keine Kraft im Himmel und auf der Erde, die man nicht als Verursacherin der Bodenerschütterungen in Anspruch genommen hätte. Alle Erklärungen aber waren unbefriedigend, sie fügten sich nicht den Thatsachen der Erfahrung oder konnten mit diesen nur gezwungen in einige Übereinstimmung gebracht werden. Erst als in der ersten Hälfte des gegenwärtigen Jahrhunderts die Wissenschaft der Geologie festeren Boden gewann, kam man zu begründeten Anschauungen. Die beiden großen Forscher Leopold von Buch und Alexander von Humboldt brachten die Erdbeben mit den vulkanischen Ausbrüchen in enge Verbindung. Humboldt, der nicht wenige Erdbeben selbst erlebt, sprach sich dahin aus, daß es hochgespannte Dämpfe seien, welche die Erdbeben verursachten. Die thätigen Vulkane, sagt er, sind als die Schutz- und Sicherheitsventile für die nächste Umgebung zu betrachten, und die Gefahr des Erdbebens wächst, wenn die Öffnungen der Vulkane verstopft sind. Ein solcher Zusammenhang zwischen Vulkanen und Erdbeben ist in vielen Fällen in der That nicht zu leugnen. Indessen zeigten gerade die gewaltigsten und am weitesten ausgebreiteten Erdbeben, wie z. B. jenes von Lissabon, keinen Zusammenhang mit vulkanischen Ausbrüchen und die Untersuchungen der neueren Zeit haben endgültig erwiesen, daß die Annahme eines lediglich vulkanischen Ursprungs der in den Erdbeben auftretenden Kraft unhaltbar ist. Das furchtbare Erdbeben von Zante am 31. Januar 1893, welches die ganze östliche Hälfte der Insel verheerte und dem zahlreiche schwache Stöße in den Monaten August bis Dezember 1892 vorausgingen, hat mit vulkanischen Vorgängen durchaus nichts zu thun. Das Centrum, von welchem die Stöße ausgingen, lag nach den Untersuchungen von Professor Philippson unter dem Boden des Jonischen Meeres und steht in ursächlichem Zusammenhange mit dem fortdauernden, ruckweisen Einsinken des Bodens in jenem Meeresbecken.

Erderschütterungen können aus den verschiedensten Ursachen entstehen. Durch die große Pulverexplosion zu Mainz am 18. November 1856 wurde der Erdboden auf einer Fläche bis nach Kassel im Nordosten und nach Karlsruhe im Süden erschüttert. Ebenso bringt jeder Schlag des Kruppschen Riesenhammers eine Erderschütterung hervor. In höhlenreichen Gegenden, wie in Krain, erzeugt das gelegentliche Zusammenbrechen unterirdischer Hohlräume wirkliche Erdbeben, die aber nur in der nächsten Umgebung bemerkbar sind. Genaue Beobachtungen an außerordentlich empfindsamen Apparaten haben sogar gezeigt, daß selbst der Wind, wenn er heftig ist, den Boden erzittern macht. Dieses leise Erzittern des Bodens ist zuerst in Italien anhaltend beobachtet worden. Man fand, daß dort der Boden besonders im Frühlinge und im Herbste

erzittert, auch hörte de Rossi mittels des Mikrophons während dieser Erdpulsationen im Boden oft Geräusche ähnlich einem Brausen oder glockenähnliche Töne, nicht selten auch Explosionen, einzeln oder in Salven auftretend. In Japan hat man diese Beobachtungen mit großem Eifer seit 1880 aufgenommen und an zahlreichen Punkten Instrumente aufgestellt, welche die leisesten, dem unmittelbaren Gefühl gar nicht wahrnehmbaren Regungen der Erdrinde registrieren. Dabei hat sich herausgestellt, daß die leisen Zuckungen der Erdoberfläche thatsächlich mit dem Winde zusammenhängen, oft traten sie aber auch an Orten und zu Zeiten auf, wo der Wind schwach war. Als man indessen die täglichen Wetterkarten verglich, fand sich, daß zu diesen Zeiten heftige Winde gegen gewisse Berge wehten, welche 100 bis 300 km von dem Beobachtungsort entfernt waren. Japan ist ein Land, welches häufig von gewaltigen Erdbeben heimgesucht wird, und schwächere Bodenerschütterungen kommen dort in überaus großer Zahl vor: durchschnittlich kann man täglich auf zwei Erdstöße rechnen. Es hat sich dabei ergeben, daß für die japanischen Inseln eine Menge von Erdbebencentren existiert, d. h. von Punkten, welche als Erregungspunkte der Bodenerschütterungen anzusehen sind. Nur selten fallen dieselben mit Vulkanen zusammen, weit häufiger dagegen mit alten Bruchlinien, so daß sie dadurch auf das Absinken gewaltiger Schollen in tiefer Schicht der Erdrinde hindeuten. Bei dem großen Erdbeben, welches am 28. Oktober 1891 in Japan erfolgte und wodurch Tausende von Menschen den Tod fanden, entstand auf eine Länge von 112 km ein Bruch an der Erdoberfläche, ein Absinken derselben, welches deutlich den Vorgang, der sich in der Tiefe abgespielt, erkennen ließ. Man darf aber nicht wähnen, daß dem Zusammenbruch oder Nachsinken der tieferen Erdschichten, wodurch Erdbeben von gewaltiger Ausdehnung entstehen, auch immer erhebliche Bewegungen des Bodens an der Oberfläche entsprechen. Allerdings ist man nach den bloß auf dem Gefühl oder dem persönlichen Eindruck beruhenden Schätzungen geneigt, schon bei mäßigen Erdbeben an erhebliche Bodensenkungen zu denken, vor allem, wenn man die dadurch verursachten Zerstörungen an Gebäuden in Betracht zieht. Indessen haben die genaueren Messungen mittels der feinen Instrumente, welche in Japan aufgestellt sind, ergeben, daß selbst bei solchen Erdbeben, die allgemeinen Schrecken erregen, die ganze Bodenbewegung noch nicht 1 mm übersteigt, so daß bei einer Bewegung von 10 bis 20 mm der Umsturz ganzer Städte erfolgen müßte. Auch ist merkwürdig, daß bei starken Beben die Bewegung in geringen Tiefen unter der Oberfläche erheblich schwächer ist. Man hat dies schon früher in Bergwerken bemerkt und die genauen Beobachtungen in Japan haben gezeigt, daß besonders heftige Erdbeben in tiefen Gruben milder auftreten, während schwache Erschütterungen keinen wesentlichen Unterschied zwischen der Oberfläche und der Tiefe erkennen lassen.

Die meisten Erderschütterungen sind von unterirdischem Getöse begleitet, welches sehr verschieden bezeichnet wird: bald als dumpfes Rollen, Brausen oder Rasseln, bald als Gebrüll oder Donnerschläge. Die Heftigkeit dieses Getöses steht übrigens in keiner direkten Beziehung zu der Heftigkeit der Erdstöße, ja die furchtbare Katastrophe, welche am 4. Februar 1797 die Stadt Riobamba umstürzte, war von gar keinem Geräusch begleitet. Im allgemeinen gehen die Schallerscheinungen meist den Bodenstößen vorher, und die Fläche, auf welcher man das Getöse wahrnimmt, ist durchaus nicht immer die gleiche, welche erschüttert wird. In Gegenden, wo oft leichte Erdstöße auftreten, hört man bisweilen unterirdisches Getöse ohne jede Bodenerschütterung. Am 30. April 1812 vernahm man in Caracas und an den Ufern des Rio Apure in einer Landstrecke von über 2000 Quadratmeilen Fläche ein ungeheures, donnerartiges Getöse ohne jede Spur von Erdbeben. „Solche Schallerscheinungen,“ sagt A. v. Humboldt, „wenn sie von gar keinen fühlbaren Erschütterungen begleitet sind, machen einen besonders tiefen Eindruck selbst auf die, welche schon lange einen oft erbebenden Boden bewohnen. Man harrt mit Bangigkeit auf das, was dem unterirdischen Getöse folgen wird. Das auffallendste, mit nichts vergleichbare Beispiel von ununterbrochenem unterirdischem Getöse bietet die Erscheinung dar, welche auf dem mexikanischen Hochlande unter dem

Namen des Gebrülles und unterirdischen Donners von Guanaxuato bekannt ist. Diese berühmte und reiche Bergstadt liegt fern von allen thätigen Vulkanen. Das Getöse dauerte von Mitternacht des 9. Januar 1784 über einen Monat. „Es war, vom 13. bis 16. Januar, als lägen unter den Füßen der Einwohner schwere Gewitterwolken, in denen langsam rollender Donner mit kurzen Donnerschlägen abwechselte. Das Getöse verzog sich, wie es gekommen war, mit abnehmender Stärke.“ Die Schallerscheinungen bei Erdbeben dringen aus den tiefen Schichten der Erdrinde empor, wo die gleitenden Gesteinsmassen, welche die Bodenerschütterungen verursachen, sich aneinander reiben. Diese Gleitflächen, welche den eigentlichen Herd der Erdbeben darstellen, haben sicherlich eine große Ausdehnung, in einzelnen Fällen mögen sie sich viele Meilen weit in der Länge erstrecken, während die niedersetzende Bewegung nur gering ist. Schwer ist es aber, über die Tiefe dieses Herdes oder des Hypocentrums, wie die Geologen sagen, etwas Sicheres zu ermitteln. Man hat zwar mehrere Methoden erdacht, um diese Tiefe entweder aus der Lage und dem Verlauf der Risse in den Mauern der beschädigten Gebäude oder aus der Zeitdauer, welche die Erdbebenwelle gebraucht, um sich über das erschütterte Gebiet auszubreiten, oder endlich aus der ungleichen Heftigkeit der Erschütterung an den einzelnen Punkten der Oberfläche zu berechnen. Diese Methoden sind aber ohne Ausnahme sehr unzuverlässig, und man kann heute nur soviel mit ziemlicher Sicherheit behaupten, daß der Herd der Erdbeben nicht in sehr großen Tiefen unter der Oberfläche, nicht in dem eigentlichen Kern der Erde, sondern in der festen Rinde unseres Planeten zu suchen ist, also in Tiefen, welche einige Meilen nicht oder nur ausnahmsweise überschreiten. Dies steht in Übereinstimmung mit der Anschauung, welche als Ursache der großen über weite Gebiete hinausgreifenden Erdbeben Bewegungen im Felsgerüste der Erdrinde erblickt, die im allgemeinen auf Senkungen und Zusammenbrüche der Schichten hinauslaufen. Überhaupt treten die meisten Erdbeben in Gegenden ein, welche Gebiete jüngerer Gebirgserhebungen sind und die Schütterlinien fallen vielfach mit Bruchlinien im Gebirgsbau zusammen. Viele Gegenden der Erde giebt es, wo Bodenerschütterungen überaus selten und stets nur schwach auftreten, hierhin gehören Norddeutschland und Rußland; andere Gegenden werden dagegen, soweit die Geschichte reicht, sehr häufig von Erdbeben heimgesucht, so Süditalien, Griechenland, Kleinasien, Persien, Japan, Südamerika, in einzelnen Distrikten sind hier Erdstöße eine so alltägliche Erscheinung, daß die Eingeborenen nachts die Zimmerthüren offen lassen, um im Augenblick der Gefahr nicht den Weg ins Freie versperrt zu finden.

Eine merkwürdige Thatsache ist es, daß bei den meisten Erdbeben, welche in Küstengebieten beobachtet werden, der Ausgangspunkt der Erscheinung nicht auf dem Festlande, sondern irgendwo unter dem Meeresboden anzunehmen ist; auch zeigen die Meeresbecken gerade in ihren mittleren Teilen die stärksten Erschütterungen. Am gewaltigsten tritt in dieser Beziehung der Große Ocean hervor, das jüngste unserer großen irdischen Meeresbecken, dessen ungeheure Küstenlinien in weiten Erstreckungen häufig gewaltig erzittern. Gleichzeitig aber wird durch die Erschütterung des Meeresbodens auch die Wassermasse selbst in schwingende Bewegung versetzt, die sich einem Schiffskörper gegenüber als Stoß bemerkbar macht, aber nicht als Oberflächenwelle sichtbar wird. Nach den sehr sorgfältigen Untersuchungen von Dr. Rudolph, welcher ziemlich alle vorhandenen Berichte geprüft hat, ist der Eindruck eines Seebebens stets der, als wenn das Schiff den Boden berührt hätte und mit schneller Fahrt darüber hinweggezogen würde, oder als ob es, wie beim Stranden, auf den Grund geraten oder auf ein Korallenriff gestoßen wäre. In einzelnen Fällen macht sich nur ein leises, aber fremdartiges Zittern des Schiffes bemerkbar, bei starken Stößen werden selbst schwere Gegenstände umgeworfen und Leute in die Höhe geschleudert, ja die furchtbarsten Stöße können Schiffe entmasten und sonstige gefährliche Beschädigungen anrichten. Erdbeben, welche gleichzeitig Küstenstrecken und Teile des Seebodens erschüttern, verursachen häufig ungeheure Wasserwogen, welche niedrige Uferstrecken überfluten und alles vernichten, was in ihren Bereich kommt. Besonders an der südamerikanischen Küste des Großen Oceans sind diese Erdbebenfluten gefürchtet, und der Ruf „die See zieht sich zurück“ treibt die Anwohner zur schleunigen Flucht auf die nächste Anhöhe. Diese Meereswogen infolge von Erdbeben sind schon früher beobachtet worden. So wurde 1586 die Stadt Callao von einer ungeheuren Welle vernichtet und ein Schiff weit in das Land hineingetragen; ebenso drang bei dem furchtbaren Erdbeben 1783 in Calabrien eine Woge in den Hafen von Messina, brachte sämtlichen Schiffen darin den Untergang und flutete dann in die Stadt, wo sie zahlreiche Häuser fortspülte und mehr als 12000 Menschen tötete. Bei dem großen Erdbeben vom 20. Februar 1835 in Südamerika wurde die Stadt Talkahuano durch eine Meereswoge überschwemmt und vernichtet. Die Trümmer waren nach Darwins Schilderung so durcheinander geworfen und die Stadt bot so wenig das Ansehen eines bewohnten Platzes dar, daß es kaum möglich war, sich ihr voriges Aussehen ins Gedächtnis zurückzurufen. Über das Auftreten und die Wirkungen der Flutwelle, die gelegentlich des Erdbebens vom 9. Mai 1877 die Küste von Peru verheerte, liegen genauere Berichte vor. An der Atakamaküste kündigte sich die Erderschütterung durch unterirdisches Brüllen an, dem ein heftiger Ruck und mehrere schwächere Stöße folgten. Noch zitterte der Boden, als die See in wilder Aufregung heranrollte; eine Welle von 20 Meter Höhe warf sich auf die Strandbauten und Häuser und zerstörte im Augenblick alles, über welches sie ihren Weg nahm. Die in dem Hafen liegenden Schiffe wurden gegeneinander geworfen und zum Teil eingedrückt, andere von den Ankerketten gerissen und fortgetragen. In der Stadt Cobija warf der Erdstoß die Menschen zu Boden, und gleich darauf brach die heranbrausende Brandung herein und schwemmte alles fort. In Chanavaya warf die Bodenerschütterung in manchen Häusern die Tische um, brennende Petroleumlampen fielen zu Boden und bald standen viele der hölzernen Wohnungen in Flammen. Da sah man plötzlich die See rauschend sich zurückziehen, der Boden, welcher sonst von der Flut bedeckt war, lag trocken. Die Strandbewohner aber kannten die Erscheinung, und mit dem Rufe: El Mar, el Mar sale! Das Meer tritt aus! eilte jedermann in wilder Hast der nächsten Höhe zu. Und die See kam. Wie eine ungeheuere Wasserwand eilte sie in rasendem Laufe dem Ufer zu, in wenigen Augenblicken stiegen die Wogen über das Gestade und drangen in die Stadt. Sogleich ward zwar der Brand erstickt, aber alles von Menschenhand Errichtete zerstört und fortgeschwemmt. Dann zog sich die See abermals zurück und kam wieder, bis auf die Spitze des benachbarten Hügels spritzte der Gischt der empörten Wogen und dieser Ansturm wiederholte sich zweimal. Zahlreiche Menschen wurden von den Wellen erreicht und rettungslos fortgeschwemmt, andere kamen unter den Trümmern der abgespülten Hügelwände um; fast sämtliche Häuser wurden fortgewaschen und die Molenbauten vernichtet.

Diese Flutwellen bei Erdbeben machen sich auf ungeheure Entfernungen längs der Küsten bemerkbar. Bei dem Erdbeben von Iquique am 9. Mai 1877, dessen im vorhergehenden gedacht wurde, durchlief die Flutwelle den ganzen Stillen Ocean, streifte die amerikanische und japanische Küste. Von Südamerika aus erreichte sie nach vierzehn Stunden die Sandwichinseln, vier Stunden darauf die Küste Australiens und sechs Stunden später die Gestade Japans. Ähnliches ereignete sich bei dem Erdbeben von Arica am 13. August 1868; die Welle lief von der Küste Perus in achtzehn Stunden über den Stillen Ocean bis zu den Ostgestaden Neuseelands. Die Geschwindigkeit, mit der die Welle den Ocean kreuzte, findet sich in den beiden Fällen 1868 und 1877 ziemlich gleich groß und betrug 360 Seemeilen in der Stunde, nahezu die gleiche Geschwindigkeit, mit der sich der Schall durch die Luft fortpflanzt. Diese Geschwindigkeit hängt ab von der Tiefe des Oceans, so daß man aus jener auf diese Tiefe schließen kann. Die Rechnung ergibt, daß die durchschnittliche Tiefe des Großen Oceans zwischen Südamerika und den Sandwichsinseln über 5000 Meter beträgt, was mit den direkten Tiefenmessungen gut übereinstimmt. Die Frage, ob bei dieser Erdbebenflut das Meer sich an der Küste zuerst zurückzieht oder zuerst anschwillt, ist noch streitig, die meisten Berichte sprechen zuerst von einem Zurückweichen des Meeres. Nach den Untersuchungen, welche Professor Geinitz über die Flutwelle beim Erdbeben vom 13. August 1868 angestellt hat, verursachte der Erdstoß zunächst eine sogenannte Hubwelle, der ein Wellenthal folgte, diesem eine zweite Welle und sofort in mehrfacher Wiederholung.

Erdbeben können zu allen Jahreszeiten und zu allen Tagesstunden eintreten, sowie bei jeder Witterung, doch haben die statistischen Aufzeichnungen ergeben, daß im Winter häufiger Erderschütterungen eintreten, als zur Sommerszeit. Auch mit dem Mondlauf hat man die Häufigkeit der Erdbeben in Beziehung gebracht und Perrey fand, daß Erdbeben öfter zur Zeit des Neu- und Vollmondes, als um das erste oder letzte Viertel herum eintreten, auch sind sie häufiger, wenn der Mond in der Erdnähe, als wenn er in der Erdferne steht. Der Unterschied ist nicht sehr groß, aber an der Thatsache selbst ist nicht zu zweifeln. Falb und andere haben daraus geschlossen, daß der Mond, ähnlich wie die Ebbe und Flut des Meeres, auch eine Ebbe und Flut des glühendflüssigen inneren Erdkerns verursache, und daß durch diese die Erdbeben hervorgerufen würden. Indessen ist diese Schlußfolgerung unhaltbar, nicht nur weil die Voraussetzung eines glühendflüssigen Erdinnern unerwiesen ist, sondern auch weil die Erscheinungen sich ganz anders darstellen müßten, wenn ein freier flüssiger Erdkern vorhanden wäre. Die wahren Ursachen, welche die großen, weit ausgebreiteten Erdbeben veranlassen, haben wir kennen gelernt, sie wirken unregelmäßig bald hier, bald dort, je nachdem das Felsgerüst der Erdrinde zusammenbricht oder die Schichten sich falten, was zuletzt mit dem allmählichen Zusammenschrumpfen des Erdballes zusammenhängt. Der Mond (und neben ihm die Sonne) übt aber eine periodisch stärkere oder schwächere Anziehung auf die Erde aus und dadurch erleidet nicht nur die Oberfläche des Meeres Gestaltveränderungen, sondern auch das Festland, wenngleich in wesentlich geringerem Grade. Dieses wiederkehrende, bald schwächere, bald stärkere Pressen und Dehnen der Erdschichten durch die Mondanziehung ist es, welches den sonst unregelmäßig eintretenden Erderschütterungen eine periodisch größere Häufigkeit verleiht. Daß man aber daraus nicht auf die besonderen Umstände zukünftiger Erdbeben, nach Ort und Zeit, schließen kann, ist klar, auch ist es bis jetzt niemand möglich gewesen, ein Erdbeben für eine bestimmte Lokalität richtig voraus anzukündigen.

Ob in früheren Zeiten Erdbeben häufiger waren als gegenwärtig, läßt sich mit Gewißheit nicht entscheiden. Aus einer Untersuchung über die Erdbebenerscheinungen der oberrheinischen Tiefebene schließt Dr. Langenbeck, daß dort in historischen Zeiten zwei Perioden häufiger Erdbeben stattgefunden hätten. Die erste fällt in die Jahre 1348—1372, die zweite in die Zeit von 1609—1674. Eine dritte größere Erdbebenperiode scheint in der zweiten Hälfte des IX. Jahrhunderts stattgefunden zu haben, doch sind die Nachrichten zu dürftig, um darüber etwas Bestimmtes aussagen zu können. Der berühmte Geologe Sueß glaubt dagegen nicht, daß die bisherigen Nachrichten über eine Periodizität der Erderschütterungen zu sicheren Schlüssen berechtigen. In den früheren Erdperioden, vor dem Auftreten des Menschen, sind dagegen Erdbeben von weit größerer Heftigkeit zweifellos aufgetreten. Wir müssen dies schließen aus der gewaltigen Zertrümmerung der Erdoberfläche, durch welche einerseits mächtige Gebirgsmassen aufgeworfen wurden, anderseits aber auch die gewaltigen Becken einstürzten, welche heute die oceanischen Wasser ausfüllen. Solche ungeheure Massenbewegungen konnten nicht ohne die furchtbarsten Erschütterungen der ganzen Erdoberfläche vor sich gehen und im Vergleich zu jenen Vorgängen in der Urzeit ist der heutige Zustand der Erde ein überaus ruhiger.

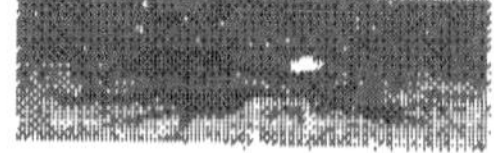

Abb. 1. Palazzo Caffarelli (Deutsche Botschaft).

Deutschland in Rom.

Von

Sigmund Münz.

Mit neunzehn Abbildungen.

In der „Hauptstadt der Welt,“ wie sich Rom nicht ungern nennt, haben von jeher alle Nationen ihre Altäre aufgeschlagen. Den Deutschen zumal, deren erleuchtete Geister seit den Tagen Winckelmanns und Goethes ihre künstlerische Taufe in den Wellen des Tibers nahmen, war Rom stets ein Gegenstand der Sehnsucht. Auch als Deutschland noch in viele Staaten zersplittert war, schlang Rom neben Weimar ein ideales Band um alle Deutschen.

Vom Kapitol, diesem Rom in Rom, grüßt uns von weitem die deutsche Flagge. Dort residiert im Palazzo Caffarelli (Abb. 1) Deutschlands Botschafter, und nahe dabei ist eine Stätte deutscher Wissenschaft, geweiht durch edle Traditionen. Wir meinen das deutsche archäologische Institut. So bietet sich uns ein Bild von Deutschlands politischer und geistiger Macht.

Deutschland tritt uns in Rom in allen Formen seiner politischen Entwickelung entgegen: von dem Großdeutschtum, wie es sich einst in dem römischen Kaiser deutscher Nation verkörperte, bis zu dem Stadium deutscher Einheit, die im Königsschlosse zu Versailles geboren ward. Und es fehlt auch nicht an Symbolen einstiger deutscher Kleinstaaterei und der noch fortdauernden föderalistischen Gliederung des Reiches. Ein preußischer Gesandter am Vatikan, die beiden bayrischen Gesandten am Quirinal und am Vatikan erinnern uns daran, daß das Deutsche Reich ein Bundesstaat ist. Freilich empfindet man gerade in der Siebenhügelstadt, daß nun der Gesamtbegriff „Deutschland“ die Landeskinder der einzelnen Staaten im Auslande schützt und hebt. Auch die größten unter den Bundesstaaten nächst Preußen und Bayern: Sachsen, Württemberg, Baden stellen ihre Angehörigen in Rom unter den ausschließlichen Schutz des Reiches. So stark ist der Kitt, der die Deutschen Roms zusammenhält, daß nicht nur die Grenzpfähle verschwinden, die Land und Land in Deutschland scheiden, sondern daß sogar die alte Vorstellung vom Reiche, in der Österreich eingeschlossen war und die in Rom so vielfältig historisch verewigt ist, noch in der deutschen Gesellschaft insofern ideale Geltung hat, als sich auch die Deutschösterreicher zu dieser zählen.

Ein Monument von altem Reichscharakter ist die römisch-katholische Nationalkirche der Deutschen — ein Bauwerk aus einer Zeit, in der selbst die Niederlande Bestandteile des Reiches waren. Neben dem päpstlichen Zeichen prangt der alte deutsche Reichsadler über dem Portal dieser Kirche, die als Santa Maria dell' Anima (Abb. 2) bekannt ist. Das Wappen der Kirche zeigt in Marmor zwei im Fegefeuer befindliche Seelen, die zur Madonna flehen. Die Jungfrau ist von den Flügeln des Doppeladlers beschützt, und darin äußert sich die Gönnerschaft des Herrschers des heiligen römischen Reiches über die deutsche Nationalkirche. Heute steht diese unter der Obhut des Kaisers von Österreich, dessen Vorgänger ja die alten deutschen Kaiser waren. Tritt man in die Kirche, so wird man in eine Epoche zurückversetzt, in der auch zuweilen Deutsche auf dem Stuhle Petri saßen. Der letzte Deutsche, der die Tiara getragen, Papst Hadrian VI., ein Utrechter von Geburt, der finstere Nachfolger des heiteren Mediceers Leo X., ist in der Kirche bestattet. Schaut man nach dem Chor aus, so wird man dort die liegende Statue des melancholischsten aller Päpste gewahr, der, von den Schatten der Dämmerung umfangen, auf dem eignen Grabe ausruht. Er erscheint wie in Schlaf versunken. Es ist, als hörten wir ihn kummervoll aus dem Traume seine Grabschrift rufen: „Proh dolor, quantum refert, in quae tempora vel optimi cuiusque virtus incidat.“ (Ach, wie viel kommt es doch darauf an, in welche Zeit auch des besten Mannes Tugend fällt.) Die Jahrhunderte, die seit Hadrian VI. verflossen, haben nicht das Andenken an den düstern Mann, welcher der Lehrer Kaiser Karls V. war, ausgelöscht.

Abb. 2. Santa Maria dell' Anima (Römisch-katholische Nationalkirche der Deutschen).

Die deutsche Kirche war freilich nicht immer durch so schwerfällige Träumer in Rom vertreten. Wir eilen über Jahrhunderte hinweg, von der Vergangenheit zur Gegenwart. Vor kurzem hat man einen anders gearteten Prälaten auf dem deutschen Friedhofe bei St. Peter bestattet. Wer in Rom kannte nicht den vornehmen, lebensfreudigen weltlichen und kirchlichen Fürsten, der durch seine Familienbeziehungen dem deutschen Kaiserthrone und durch seine Würde dem Papstthrone so nahe stand? Hat man ja von dem **Kardinal Hohenlohe** (Abb. 3) sogar scherzweise bemerkt, die apokryphe Prophezeiung eines mittelalterlichen Erzbischofs hätte auf ihn als den Nachfolger des Papstes Leo XIII. hingewiesen, so daß dann in ihm vier Jahrhunderte nach Hadrian VI. wieder ein Deutscher die Tiara getragen hätte. Jene Prophezeiung des Erzbischofs Malachia weissagt nämlich den Sturz des Papsttums, mit dem auch das Ende Roms zusammenfallen würde. Da heißt es: Es werde kommen eine Crux de cruce (Kreuz vom Kreuze), was man auf Pius IX. bezog, der Kreuz vom Kreuze Savoyens gewesen. Dann ein Lumen in coelo (Licht am Himmel), worin man Leo XIII. erkannte, dessen Familienwappen einen Kometen führt. Dann werde der Kirche ein Ignis ardens erstehen. Es gab nun Leute, die in dem deutschen Kardinal „das brennende Feuer" entdeckten, denn aus dem Namen Hohen-Lohe lodere Lohe. Der deutsche Kirchenfürst allerdings hegte nicht einmal im Schlafe solche Ambition und sagte lieber: „Se non è vero, è ben trovato" (Wenn es nicht wahr ist, so ist es gut erfunden).

Wenn wir Hohenlohes Namen nennen, so taucht an seiner Seite eine Anzahl von Charakterköpfen auf, die der deutschen Gesellschaft Roms Richtung und Gepräge gaben. Zunächst **Franz Liszt**, wohl Ungar von Geburt, doch durch seine Zugehörigkeit zu der Sphäre von Weimar und Bayreuth ein Adoptivsohn Deutschlands. Der Kardinal hatte die Wandlung des großen Tonkünstlers als teilnehmender Zeuge begleitet, ihn den Weg vom Konzertsaale in die Kathedrale zurücklegen und sich aus Don Juan in den Abbé verwandeln gesehen. Und diesem Milieu gehörte auch die Egeria Liszts, die **Fürstin von Sayn-Wittgenstein**, an, die geistsprühende „Sibylle der **Via Babuino**," wie sie Gregorovius nannte. In ihrem Salon hielt die schwärmerisch veranlagte Frau Hof. Bei ihr sah man neben dem Kardinal und dem Abbé auch einen vielgenannten preußischen Staatsmann, in dem man wohl auf den ersten Blick kaum den Diplomaten vermutet hätte. Es war der preußische Gesandte am Vatikan, Herr von Schlözer (Abb. 4).

Abb. 3. Kardinal Hohenlohe.

„Kardinal Schlözer" nannten ihn seine Freunde lächelnd, denn obzwar Protestant, verstand er es gar wohl, sich auf den Ton der Kardinäle zu stimmen. Es gab allerdings keinen größeren Gegensatz als zwischen den aalglatten Monsignori, die den Salon der Fürstin besuchten, und dem etwas amerikanisch-demokratischen Diplomaten, der in seiner Haltung eher nachlässig als elegant war.

Und wie man sich in der **Via Babuino** zusammenfand, so gab es auch häufige Stelldichein auf dem Tuskulum des Kardinals Hohenlohe, der **Villa d'Este in Tivoli** (Abb. 5 u. 6), wo Seine Eminenz sich heimischer fühlte als in Rom selbst. Wie einst Kardinal Ippolito d'Este, der Erbauer dieser Villa, im sechzehnten Jahrhundert Gäste aus aller Herren Ländern empfing, so war auch Kardinal Hohenlohe gewöhnt, Freunde und Fremde in Menge in dem Renaissancepalaste zu begrüßen, den ihm der Herzog von Modena überlassen hatte. Trat man in die Villa ein, über der das deutsche Wappen stand, so fiel sofort die Büste Liszts auf. Hier pflegte der Löwe des Pianos in stillen, zaubervollen Nächten die Geister der Campagna durch sein mächtiges Spiel zum Leben aufzurufen. „Tivoli" ist ein Gedicht Heinrich Vierordts betitelt, in dem es heißt:

Im Mondlicht schlummert silberbleich
Der Villa d'Este Märchenreich.
Cypressen flüstern in der Nacht ....
Der Springborn plätschert wie verträumt ....
Von oben aus der Villa tönt's,

Bald zitternd bebt's, bald donnernd dröhnt's,
Bald bricht es durch wie Himmelsglanz,
Bald rast es wie Zigeunertanz.
Den Tasten raubt den wilden Ton
Franz Liszt, der Pußta kühner Sohn.
Dämonisch rauscht der Klänge Strom —
Als Hörer lauscht der Papst von Rom;
Vom Zauber wie versteint er träumt —
Die Pinie rauscht, das Wasser schäumt;
Uralte Stimmen fallen ein:
Der Garten glänzt im Mondenschein.

Viele von denjenigen, die einst in der Villa d'Este mit dem Kardinal pokulierten, sind tot. Den Kardinal selber birgt der deutsche Friedhof bei St. Peter (das Cimitero dei Tedeschi). In Erde, die vom Kalvarienberge aus dem heiligen Lande hergeholt ist, ruht hier gar mancher berühmte Deutsche katholischen Bekenntnisses. So der Maler und Radierer Josef Anton Koch, der Freund von Carstens, dann Ernst Platner, Mitarbeiter Niebuhrs und Beschreiber Roms, der Bildhauer Johann Martin von Wagner, Freund Ludwigs von Bayern und Genosse Thorwaldsens, dann Pater Theiner, der berühmte deutsche Jesuitengelehrte. Auch die Fürstin Sayn-Wittgenstein ist hier begraben.

Abb. 6. Kurd von Schlözer, ehemaliger preußischer Gesandter am Vatikan.

Doch noch größere Erinnerungen knüpfen sich den Deutschen an den protestantischen Friedhof bei der Pyramide des Cestius (Abb. 7).

Es wogt und wallt wie ein Geisterheer
Um Cestius' Pyramide her ....

lesen wir in einer Dichtung Scheffels. Es sind einige erlauchte Geister, die hier bei der Porta San Paolo in der Nähe des ägyptischen Grabmals des alten protzigen Römers Rast halten.

In majestätischer Düsterkeit sticht das schwarzgrüne Gräbereiland von der heiteren Reinheit des italienischen Himmels ab. Nicht leicht findet man irgendwo so üppige Cypressen, und ihr strenger Ernst stimmt so gut zu der Heiligkeit des Ortes. Auf einem Grabsteine lesen wir den Namen Goethe filius — ein Porträtrelief läßt ihn dem Vater ähnlich erscheinen — und zollen

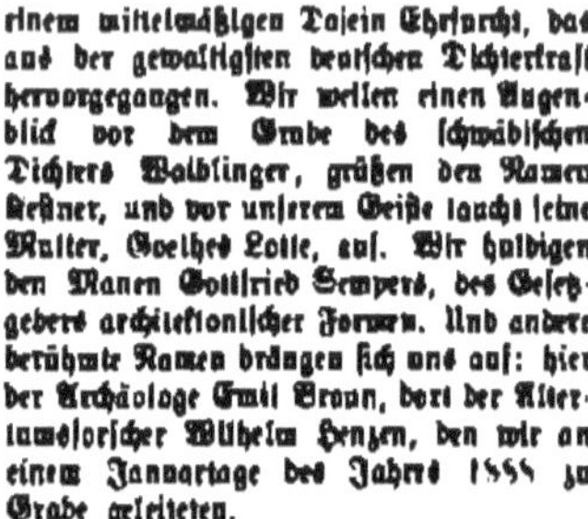

einem mittelmäßigen Dasein Ehrfurcht, das aus der gewaltigsten deutschen Dichterkraft hervorgegangen. Wir weilen einen Augenblick vor dem Grabe des schwäbischen Dichters Waiblinger, grüßen den Namen Kestner, und vor unserem Geiste taucht seine Mutter, Goethes Lotte, auf. Wir huldigen den Manen Gottfried Sempers, des Gesetzgebers architektonischer Formen. Und andere berühmte Namen drängen sich uns auf: hier der Archäologe Emil Braun, dort der Altertumsforscher Wilhelm Henzen, den wir an einem Januartage des Jahres 1888 zu Grabe geleiteten.

So erfüllte sich nicht wenigen Deutschen, die in Rom heimisch geworden, der Wunsch, den sie mit Platen ausgesprochen:

Möchten hier einst meine Gebeine friedlich
Ausgestreut ruhn, ferne der kalten Heimat.

Doch lassen wir die Toten, denn die Lebenden fordern ihr Recht. Gar viele Deutsche leben in Rom, und wenn es auch schwer ist, die Statistik der deutschen Kolonie zu erheben, so steht es doch fest, daß sie außer ihren wechselnden Elementen auch einen sicheren Stock von zahlreichen Mitgliedern hat. In der Via Margutta, einem Künstlerghetto von altersher, haben unter den vielen italienischen Künstlern auch Deutsche, unter ihnen Meister Josef Kopf, der schon seit Decennien in Rom bildhauert, ihren Sitz aufgeschlagen.

In kompakterer Schar hausen sie in der Villa Strohl-Fern draußen vor der Porta del Popolo neben der Villa Borghese. Dieses deutsche Künstlerheim mag manchem aus den Schilderungen bekannt sein, die das zerrissene Gemüt des frühverstorbenen hochbegabten Malers Stauffer aus Bern entworfen. Ein munteres Treiben herrscht zu weilen in der Villa. Aus der Ferne schon hört man die Kugeln rollen, die Kegel fallen und die lauten Bemerkungen der lustigen Kumpane. Der deutsche Künstler bewahrt seinen Frohsinn, auch wenn er keinen Soldo im Sacke hat. Und wie vielen geht es recht schlecht! Es gibt Musensöhne mit langem Haar, breitem Hute und schäbiger Sammetjacke, die wohl gern wieder die deutsche Heimat aufsuchten, wenn sie nur das Reisegeld aufbringen könnten.

Zu einer Kunstakademie in Rom, wie sie Franzosen und Spanier haben — die ersteren in der Villa Medici, die letzteren auf San Pietro in Montorio —, haben es die Deutschen noch nicht gebracht. Doch in allen Quartieren der ewigen Stadt finden sich Deutsche, die malen und meißeln, manche auch, die musizieren oder dichten. Rom ist ein Prisma, das die deutsche Kunst in allen Farben spiegelt. Wir treffen den deutschen Künstler fast vom Bruder Straubinger an bis zum Inhaber des eleganten Ateliers, das von den vornehmsten Fremden aufgesucht wird. Oft haftet schon solch einem Atelier wegen der Stelle, auf der es steht, eine gewisse Weihe an. Lenbach malte im Palazzo Borghese im Anblicke der Werke Tizians und Rafaels. Der Bildhauer Tausch (Abb. 8) hat seine Werkstätte in dem einstigen Atelier Canovas in der Via San Giacomo, einer Nebengasse des Corso. Und welche Originalität atmet gar das Studio des Bildhauers Ezechiel, der zwar Amerikaner ist, doch durch die Beziehungen, die ihn an den Kardinal Hohenlohe knüpften, den deutschen Kreisen Roms sehr nahe gebracht ward! Er arbeitet unter dem Dache der Diocletianischen Thermen (Abb. 9), im Sommer hatte er, solange sein Gönner, der Kardinal, lebte, einen Raum im Erdgeschosse der Villa d'Este inne.

Abb. 5. Blick aus der Villa d'Este in Tivoli auf die Gärten.

Abb. 6. Villa d'Este in Tivoli.

Abb. 7. Der protestantische Friedhof bei der Pyramide des Cestius.

Auch die österreichischen Künstler haben keine Kunstakademie, doch räumt man ihnen von jeher Ateliers im Palazzo Venezia (Abb. 10) ein, dem altehrwürdigen Sitze der österreichisch-ungarischen Botschaft. In diesem burgartigen Gebäude der Frührenaissance finden aber immer nur wenige Erkorene Platz. Da sahen wir den Böhmen Knüpfer, den Maler des schäumenden Meeres, und den Wiener Brioschi, den Schilderer der römischen Landschaft, flott bei der Arbeit.

Constantin Dausch

Im allgemeinen baut sich der deutsche Künstler nur für eine Reihe von Jahren seine Hütte in Rom. Doch hat es auch immer Künstler gegeben, die es Jahrzehnte, Vierteljahrhunderte, Halbjahrhunderte in Rom aushielten. Wie lange ist es nun her, daß der alte Professor Gerhardt auf seiner Passeggiata di Ripetta den Marmor bearbeitet! Und manch einer gründet geradezu eine deutsch-römische Künstlerdynastie. Wir nennen die aus Kreuznach stammende Bildhauerfamilie Cauer (vgl.

Abb. 8. Die Thermen des Diokletian. Mit dem Atelier des Bildhauers [illegible]

Abb. 11 u. 12) und die deutschen Schweizer Corrodi (Abb. 13), eine Malerfamilie. Noch sehen wir den alten, nun verstorbenen Cauer mit seinem weißen Michelangelesken Barte in dem Atelier in der Via Brunetti walten, und jetzt meißelt an der gleichen Stelle der Sohn. Und der alte Corrodi — eine unter den Deutschen Roms wohlbekannte, behäbig joviale Figur! Nun ist er tot, nachdem er seinen Sohn Arnold ins Grab hatte steigen sehen. Jetzt ist es Hermann Corrodi — auch er kein Knabe mehr —, der die Kunst des Vaters und des Bruders forttreibt. Sein Atelier in der Via degli Incurabili ist wohl die glanzvollste unter den Werkstätten deutscher Künstler in Rom.

Abb. 10. Palazzo Venezia. (Österreichisch-Ungarische Botschaft.)

Schade, wenn keiner von den gegenwärtigen älteren deutschen Künstlern Roms seine Erinnerungen aufzeichnete! Wie vortrefflich berufen wäre dazu etwa Josef Kopf, der nun wohl fast ein halbes Jahrhundert in Rom weilt, wohin er in den ersten Jahren des Papstes Pius IX. per pedes apostolorum von seiner württembergischen Heimat aufgebrochen war. Er hat sich noch der Gönnerschaft von Cornelius und Overbeck erfreut, er war gern gesehen bei dem alten Kaiser Wilhelm, der ihm in Baden-Baden zu einem ganzen Dutzend Büsten gesessen — er hat gar viele deutsche Männer, die ihm nahegestanden, in Marmor verewigt: Döllinger, Gregorovius, Ebers, Henzen. Manches seiner besten Werke ziert die Hauptstadt des Landes, in dem er vor siebzig Jahren als Sohn eines Ziegelbrenners geboren war. In seinen Memoiren sollte nicht das Kapitel „Kopf, der Verbrecher" fehlen. Das sind nun dreißig Jahre her, daß ihn die päpstliche Polizei in das große Loch zu Montecitorio steckte, wo heute die Deputierten Italiens beraten. Damals war Herr von Arnim preußischer Gesandter. Als ihn die deutsche Kolonie aufforderte, Genugthuung für den Unschuldigen, der mittlerweile befreit worden war, zu verlangen, weigerte er sich vorzugehen. Er sei preußischer Gesandter, und Kopf wäre Württemberger. „Auch hier zeigt sich wieder," schreibt Gregorovius zu Weihnachten 1868 in seinen „Römischen Tagebüchern," „die noch fortdauernde Zerrissenheit unserer deutschen Verhältnisse."

Eine noch längere römische Zeit als Kopf hat der Arzt des deutschen Hospitals (Abb. 14), Dr. Wolfgang Erhardt, hinter sich. Dieser vortreffliche Mann, ein Badenser, der, wenn wir nicht irren, den Achtzigen näher ist als den Siebzigen, kam bereits in den letzten Jahren des Papstes Gregor XVI. nach Rom. Nestor unter den deutschen Ärzten Roms, zu denen nun auch sein Sohn Walter, österreichischer Botschaftsarzt, zählt, hat er gar vieles gesehen und erlebt. Wohl wenige Deutsche von Bedeutung kamen nach Rom, ohne sein Heim zu besuchen, das, zuerst in der Via Mario de' Fiori, sich nun auf der Piazza di Spagna befindet. Wie zur Familie gehörten da auch der nahe Verwandte des Hauses, Lindemann-Frommel, der Landschaftsmaler, der durch seine Capribilder berühmt geworden, und Ferdinand Gregorovius, der Geschichtschreiber des mittelalterlichen Rom.

Abb. 13. Bildhauer Cauer.

Der höchste Repräsentant des Deutschtums in Rom ist natürlich der Stellvertreter des Kaisers. Wir sagten es schon, daß der Botschafter im Palazzo Caffarelli auf dem Kapitol residiert. Was würden die Italiener darum geben, wenn das Deutsche Reich den Palast, von dem man einen berauschenden Blick über die ewige Stadt genießt, und vor dem die schönsten Palmen grünen, an den italienischen Staat oder an die Stadt Rom veräußern wollte! Es ist den Italienern ein etwas unliebsamer Gedanke, daß ein, wenn auch verbündetes, so doch fremdes Land eine so schöne Stelle, wie es der Palazzo Caffarelli ist, auf ihrem heiligsten Hügel besetzt hält. Dieser dreihundert Jahre alte Palast war schon vor Gründung des Reiches Residenz des preußischen Gesandten am Vatikan. Auch noch heute hat dieser hier seine Kanzlei, aber nicht mehr seine Wohnung.

Es trifft sich eigens, daß jetzt zwei Männer gleichen Familiennamens Deutschland am Hofe des Königs von Italien und Preußen beim päpstlichen Stuhl vertreten: Bernhard von Bülow (Abb. 16), früher Gesandter in Bukarest, ist deutscher Botschafter am Quirinal, Otto von Bülow (Abb. 15), früher Gesandter in Bern, ist preußischer Gesandter am Vatikan. Mit Rücksicht darauf, daß sich die Gesellschaft Roms in eine königlich gesinnte und eine päpstlich gesinnte, in eine „weiße" und eine „schwarze" teilt, nennt man den Quirinal-Bülow den „weißen," den Vatikan-Bülow den „schwarzen Bülow," den einen den „profanen," den anderen den „heiligen Bülow."

Der Botschafter spielt an sich im Leben der deutschen Kolonie eine hervorragende Rolle. Diese seine Bedeutung steigert sich aber noch, wenn er ein Mann von dem geistigen Kaliber des gegenwärtigen Botschafters ist. Bernhard von Bülow, schon in seinem Äußern eine imposante Erscheinung, ein blonder Recke, zeichnet sich durch hohe Bildung, gewinnende Formen und ein sicheres und festes Wesen aus. Ein Sohn des verstorbenen Staatssekretärs Bernhard Ernst von Bülow, des bekannten Mitarbeiters des Fürsten Bismarck, und auch dem Hause Humboldt verwandt, kultiviert er die Überlieferungen seiner Familie. In seinem vornehmen Walten wird er durch seine Gemahlin unterstützt, die zwar Italienerin ist, doch bereits seit Dezennien mitten im deutschen Gesellschafts- und Geistesleben steht. Marie von Bülow, geborene Prinzessin Camporeale, ist eine

Abb. 14. Im Atelier des Bildhauers Cauer.

zarte Dame von sizilianischem Typus, eine feine Figur von magischem Reiz. Ihre nicht gewöhnliche musikalische Begabung haben Rubinstein, Liszt und Richard Wagner zu schätzen gewußt. Mancher hervorragende deutsche Litterat, wie Adolf Wilbrandt und der Wiener Dramaturg Alfred von Berger, und in Rom namentlich die feinsinnige Malvida von Meysenbug, die Verfasserin der „Memoiren einer Idealistin,“ zählten zu dem Kreise geistreicher Menschen, der sie zu umgeben pflegte. Eine Heimstätte namhafter Geister bildet denn auch der Palazzo Caffarelli. Und neben den Deutschen ist es die Blume der italienischen Gesellschaft, die sich dort versammelt, an ihrer Spitze die Mutter der „Botschafterin,“ Donna Laura Minghetti, Witwe des berühmten Staatsmannes Marco Minghetti, mit dem sie in zweiter Ehe vermählt war. Da sehen wir an der Wand das Porträt des Italieners, gemalt von Lenbach. Es ist nicht mehr Minghetti auf der Höhe des Wirkens, sondern der schon in seiner Gesundheit verfallene Staatsmann. Und hier prangen auch die Porträts der Hausfrau, das eine gemalt von Lenbach, das andere von Makart.

Abb. 18. Salomon Corrodi.

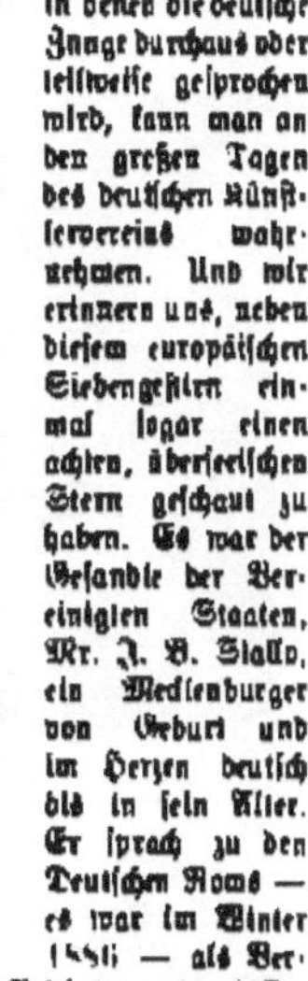

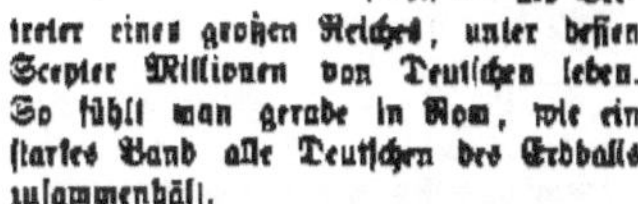

Der Palazzo Caffarelli hat oft seine Inhaber gewechselt. Kurz war das Regiment von Bülows Vorgänger, des Grafen Solms. Es währte nur wenige Jahre. Größere und segensreiche Spuren hat dessen Vorgänger Robert von Keudell (Abb. 17) in der deutschen Kolonie Roms zurückgelassen. Er war nicht nur Diplomat, sondern auch Meister auf dem Klavier. Sein Haus stand allen guten deutschen Elementen offen. Allem Schönen brachte er Teilnahme entgegen. „Ein moralisch und physisch kerngesunder Mann, klar und fest, von vorwiegender Verständigkeit; der weichere Kern des Gemüts verschlossen in einer harten Schale,“ urteilte Gregorovius über Keudell.

Manchmal ist den Deutschen Gelegenheit geboten, ihre ganze Diplomatie bei der Kolonie zu Gaste zu sehen: den deutschen Botschafter, den preußischen Gesandten, die beiden bayerischen Gesandten, die beiden österreichischen Botschafter, den schweizerischen Gesandten. Solch einen Generalaufzug der Diplomatie der Länder, in denen die deutsche Zunge durchaus oder teilweise gesprochen wird, kann man an den großen Tagen des deutschen Künstlervereins wahrnehmen. Und wir erinnern uns, neben diesem europäischen Siebengestirn einmal sogar einen achten, überseeischen Stern geschaut zu haben. Es war der Gesandte der Vereinigten Staaten, Mr. J. B. Stallo, ein Mecklenburger von Geburt und im Herzen deutsch bis in sein Alter. Er sprach zu den Deutschen Roms — es war im Winter 1886 — als Vertreter eines großen Reiches, unter dessen Scepter Millionen von Deutschen leben. So fühlt man gerade in Rom, wie ein starkes Band alle Deutschen des Erdballs zusammenhält.

Der deutsche Künstlerverein war stets das gesellige Centrum der Deutschen Roms. In Rom fand sich kein hervorragender Deutscher ein, der seine Schritte nicht nach dem Verein gelenkt hätte, wo er sozusagen das Vaterland auf italienischem Boden begrüßte. Der Künstlerverein setzt sich keineswegs ausschließlich aus Künstlern zusam men, sondern faßt Deutsche aller Stände in sich. Künstler allerdings gaben die erste Anregung zur Bildung des Vereines, dessen Protektor der deutsche Kaiser ist. Der Verein wechselte in den letzten Jahren sehr häufig sein Heim. In diesem Augenblicke ist er im Palazzo Serlupi in der Nähe des Pantheons untergebracht. Er hat nicht nur die Geselligkeit, sondern auch den vaterländischen Gedanken gepflegt. Die Deutschen Roms thaten gern ihr Bestes zur Blüte des Vereines. Manches schöne und erhebende Fest ist dort gefeiert worden. Auch das deutscheste aller Feste, Weihnachten, wird regelmäßig vor einem prächtigen Christbaume abgehalten. Wir erinnern uns

Abb. 16. Das deutsche Hospital.

eines Weihnachtsabends, der durch die Anwesenheit Liszts verherrlicht ward. Es war in den letzten Jahren des großen Musikers, und noch immer zündete sein Spiel in den Seelen aller Anwesenden.

Es liegt im Berufe mancher in Rom lebender Deutscher, daß sie sich von den Stammesgenossen etwas absondern. Die Deutschen, die das katholische Priesterkleid tragen, mischen sich nicht leicht unter die Laien und schon ganz und gar nicht unter die „mondänen" Elemente. Denn das kirchliche Leben erfordert an sich eine gewisse Abschließung. Schon die jungen deutschen katholischen Theologen leben für sich. Sie werden an dem Collegium Germanicum in der Via San Nicolò di Tolentino herangebildet. Feuerrot gekleidet sind die Jünger dieser Jesuitenschule, die in dem früheren Hotel Costanzi besteht. Unter den deutschen Jünglingen sind wahre Hünengestalten, und paarweise spazieren sie, stets eine größere Schar, auf dem Pincio, betrachten sie das Bild der Sonne, die ihre letzten Strahlen über die Kuppel von St. Peter und den apostolischen Palast ergießt. Tritt man in die Nähe der Feuerroten, über deren rosige Gesichter sich breite schwarze Hüte wölben, so hört man sie in allen Dialekten Deutschlands plaudern, zumeist aber im rheinischen und westfälischen.

Einer der Lehrer des Kollegiums, der die Geschichte der Anstalt geschrieben, der Bayer Steinhuber (Abb. 15), ist vor einiger Zeit von Papst Leo XIII. mit dem Purpur belehnt worden. Eigentlich ist dieser Sohn Loyolas jetzt der einzige deutsche Kardinal in Rom. Graf Ledochowski, ein Greis von fast 80 Jahren, lebt wohl auch in Rom. Doch diese Eminenz, der vielgenannte Märtyrer des Kulturkampfes, hat stets mehr die polnische Nationalität als die deutsche Reichsangehörigkeit betont, und so haben wir kein Recht, den einstigen Erzbischof von Posen, der nun Präfekt der Propaganda ist, unter den Deutschen Roms aufzuzählen.

Es ist begreiflich, daß die Katholiken Deutschlands in Rücksicht auf ihre Kirche mit mehr Fäden an Rom hängen als die Protestanten. Die Kraft des Protestantismus beruht ja auf der Losreißung von Rom. In der von der päpstlichen Herrschaft befreiten Stadt aber haben die Protestanten die größte Freiheit gottesdienstlicher Übungen. Es giebt jetzt in Rom eine ganze Anzahl protestantischer Andachtsstätten, freilich Räume ohne künstlerische

Bedeutung. Die deutschen Protestanten finden sich zum Gebet in der Botschaftskapelle im Palazzo Caffarelli zusammen.

Dem Deutschen allerdings ist Rom voll idealer Heiligtümer, angesichts deren das engere Glaubensbekenntnis vor dem universelleren deutschen Gewissen kapituliert. Pietätsvoll geht er an den Stätten vorbei, an denen große Männer Deutschlands geweilt. Draußen bei der Porta del Popolo hält er vor dem Kloster, in welchem vor Jahrhunderten der Augustinermönch Martin Luther abstieg. Und wer bleibt nicht vor dem Hause stehen, in dem Goethe wohnte? Auf einem gelbgetünchten dreistöckigen Gebäude, Corso Nr. 17—18, lesen wir eine italienische Inschrift: „In diesem Hause dichtete und schrieb unsterbliche Dinge Wolfgang Goethe. Die Stadt Rom setzte im Jahre 1872 diese Tafel zum Andenken an den großen Gast."

Und so ist Rom überreich an deutschen Erinnerungen. Wir sehen es, wenn wir vom Pincio über die Trinità dei monti nach der Via Sistina und Via Gregoriana gehen. Hier ist die Kirche der Santissima Trinità, zu der eine hohe Treppe führt. Es geht zur Dämmerung, und der Vesper-

Abb. 15. Otto von Bülow,
preußischer Gesandter am Vatikan.
Nach einer Originalaufnahme aus dem Atelier von E. Bieber,
Hofphotograph, Berlin und Hamburg

Abb. 16. Bernhard von Bülow,
deutscher Botschafter am Quirinal.

gesang der Damen von Sacre Coeur tönt durch die Hallen. Einst komponierte hier Mendelssohn-Bartholdy einige Motetten für die Nonnen. Ein Schritt weiter, und da ist die Casa Bartholdy. Das Haus heißt so nach dem preußischen Generalkonsul Bartholdy, der es im Jahre 1816 von Cornelius, Overbeck, Veith und Schadow mit Fresken ausmalen ließ, die vor einigen Jahren nach Berlin geführt worden. Wieder ein Schritt, und wir sind in der Via Sistina vor dem Hause, in welchem Angelika Kaufmann wohnte. Das Grab der berühmten Malerin müssen wir in der Kirche von Sant' Andrea delle Fratte suchen. Etwas weiter ist die Villa Malta. Da gedenkt man des reizvollen Lebens, das sich innerhalb der Mauern dieses Palastes zu Anfang des Jahrhunderts abspielte, als Kronprinz Ludwig von Bayern, der spätere König, hier Hof hielt. „Vierzig Jahre lang," sagt Gregorovius, „ist Villa Malta das römische Sanssouci des kunstliebendsten aller deutschen Fürsten gewesen." Hier wohnte auch eine Zeitlang Wilhelm von Humboldt, während er als preußischer Gesandter in Rom einen glänzenden Kreis von Gelehrten und Künstlern um sich scharte. Auch Thorwaldsen war unter ihnen.

Den Deutschen erging es wohl, wenn

die preußische Flagge in so guten Händen war wie in denen Wilhelm von Humboldts oder seiner Nachfolger Niebuhr und Bunsen. Der letztere hat das protestantische Hospital auf dem tarpeischen Felsen und auch das archäologische Institut auf dem Kapitol geschaffen, das nun seit mehr als zwanzig Jahren in einem auf Kosten des Deutschen Reiches von dem Architekten Laspeyres erbauten reizenden Hause gedeiht. Die jungen Stipendiaten, die das Reich zum Studium hierher schickt, sind unter dem Scherznamen „I ragazzi Capitolini“ (die Knaben des Kapitols) bekannt. Unter der Führung des Leiters und des Sekretärs des Instituts — es sind dies derzeit der Archäologe Eugen Petersen, früher Professor in Dorpat und Prag, und der Epigraphiker Hülsen, ein Schüler Mommsens — durchqueren sie die Stadt, das Forum und den Palatin, um die Topographie des alten Roms kennen zu lernen und die Inschriften alter Steine zu entziffern.

Zu dieser kapitolinischen Familie gehört sozusagen auch Theodor Mommsen (Abb. 19), der größte Kenner des alten Rom in unseren Tagen. Von Zeit zu Zeit taucht seine weiße Mähne hinter den grünen Gebüschen des Pincio auf. Denn stets nach einigen Jahren fliegt dieser römische Adler von der Spree her zu seinem Horst zurück. Der fast Achtzigjährige, der schon in seinen Jünglingsjahren Rom geliebt hat, ist eine in der Tiberstadt, und keineswegs von den Deutschen allein, wohlgekannte Persönlichkeit. Sein durchdringender Geist, sein sarkastischer Witz haben noch zuletzt im Winter 1895/96 die Gesellschaft manches römischen Salons belebt. Er spricht gut italienisch, wenn auch mit pronon-

Abb. 18. Kardinal Steinhuber.

ciert norddeutscher Färbung. Weilt er in Rom, so ist er ganz bei seinen Studien. In der Villa Adriana bei Tivoli sahen wir ihn einmal im Frühling 1888 auf den antiken Trümmern einherwandeln, ganz versunken in sein Altertum. Von der Seite hing ihm eine lederne Tasche, die mit Büchern angefüllt war, und in der Hand hielt er einen alten Klassiker und las im Gehen.

Doch wie dieser greise Denker ganz bei der Sache ist, wenn er studiert, so ist er ganz beim Weine, wenn er die feurige Blume der lateinischen Hügel vor sich hat. Mit seinem alten Freunde Horaz sagt er dann: „Nunc est bibendum!“ Leicht wird es ihm, den Übergang vom Salon zur Osteria zu finden. Auch darin ist er so recht ein deutscher Mann.

Denn gern kneipen die Deutschen und insbesondere die Künstler, und wäre es auch in rauchgeschwärzten Räumen und an wurmstichigen Tischen. Der Deutsche macht es manchmal sogar wie einst der Augsburger Domherr Johann Fugger, der auf einer Reise durch Italien seinem Diener auftrug, vorauszureisen und an jeder Osteria, wo ein guter Wein wäre, ein „Est“ anzuschreiben. In Montefiascone traf es sich, daß der Wein ganz besonders gut war, und der Diener schrieb an die Schenke: „Est, est, est.“ Der Domherr nahm nun so viel von dem köstlichen Saft, daß er sich glücklich ins Jenseits hinübertrank. Auch in Rom soll es des öfteren geschehen sein, daß mancher deutsche Künstler zu viel von dem edlen Naß geschlürft hat.

Abb. 17. Robert von Keudell, ehemaliger Botschafter in Rom.

Wie viele deutsche Dichter und Künstler schlürften die Poesie der römischen Osteria in vollen Zügen! Da saßen sie in den

In Gedanken. Nach dem Gemälde von Leop. Wiblitzka.

lauschig dämmernden Zecherbuden, verträumten manche Stunde und ließen sich zum Weine die grünen Fave (Bohnen), die man in Salz taucht, und die süßen braunen Ciambelle (Brezeln) schmecken. An Sonntagnachmittagen halten durstige Deutsche gern Rast in den Osterien von Albano und Frascati. Manchmal geht es gar hinaus nach Olevano in die Sabinerberge.

„Nirgend war's so wohl, so
Waldursprünglich grundbehaglich
Wie allhier in Casa Baldi
Ob der Stadt Olevano."

So singt Scheffel in seinem „Gaudeamus." Mit seiner reizenden Dichtung „Abschied von Olevano" lockt er seit Dezennien die Deutschen nach dem behaglichen Gebirgsnest, das heute deutscher ist als je. Deutsch — das ist wörtlich zu nehmen! Nicht weit nämlich von der Casa Baldi, dieser alten beliebten Künstlerherberge, steht ein Eichenhain, Serpentara genannt. Der Name ist den Schlangen entlehnt, die einst hier gehaust. Im Fremdenbuche der Casa Baldi liest man: „Am 25. September 1873 wurde die Serpentara als Eigentum der deutschen Künstler von dem Notar der kaiserlich deutschen Botschaft in Rom angekauft. Die Unterzeichneten empfehlen sie dem Schutze aller Künstler und Naturfreunde." Das kam so: Von jeher waren die deutschen Künstler, die von Rom aus nach der Casa Baldi wallten, gewöhnt, Motive aus der Serpentara zu malen, wo deutsche Eichen in so herrlicher Fülle wachsen. Eines Tages aber hieß es, die Olivetaner wären im Begriffe, den Hain zu lichten, die Eichen zu fällen. Da nun traten einige deutsche Männer dazwischen, brachten mehrere hundert Scudi zusammen, kauften die Serpentara an und machten sie durch Vermittelung des Botschafters dem Deutschen Reiche zum Geschenk. Seither ist dieser Eichenhain ein deutsches Idyll auf italienischer Erde geblieben — ein Stück Deutschland bei Rom.

Abb. 19. Theodor Mommsen.

Nach Jahren.

([illegible])

Dann stand ich wieder an der Stelle
Vor deinem Haus in Dunkelheit.
Und siehe! von der lieben Schwelle
Hub sich verschollnes Herzeleid.

Ich kannt' es wohl: zu diesen Stufen
Zog mich's durch Nacht und Regenwind.
Es schwieg. Es hat mich nur gerufen
Mit Augen, die gestorben sind.

Neues vom Büchertisch.

Von

Heinrich Hart.

Vor einigen Jahrzehnten hat Henrik Ibsen der Verspoesie ihren baldigen Untergang prognostiziert. Seiner Ansicht nach gehört der Vers zu den aussterbenden „Lebewesen", und eine nahe Zukunft wird ihn nur noch als Fossil kennen. Alles aber, was Ibsen verkündete, hat ihm ein Teil unserer Jüngsten getreulich nachgebetet. Freilich nur eine Zeitlang. Zugleich mit der Abkehr vom Naturalismus, die hier und da zu einer Flucht ins entgegengesetzte Extrem, in die tollste Romantik, ausgeartet ist, hat sich die Rückkehr zum Vers vollzogen. Gerhart Hauptmann hat bereits, als er „Hanneles Traum" schuf, eingesehen, daß gewisse Stimmungen mit Notwendigkeit den Versrhythmus fordern, und selbst der alles mitmachende Sudermann versucht sich neuerdings in zierlicher Reimspielerei. Und es kann auch nicht anders sein. Der Vers ist keineswegs ein Jugendstadium der Sprache, das von selbst vergehen muß, sobald die Sprache zum Mannesalter, zur Prosa heranreift. Der Vers ist einfach Sonntags- und Festsprache, und nur die Feierstimmungen der Seele soll er wiederspiegeln: die Prosa dagegen ist in der Dichtung überall da am Platz, wo es sich, wie im Roman und zum Teil im Drama, hauptsächlich um Darstellung des realen Tageslebens handelt. Es unterliegt gar keinem Zweifel, daß auf allen Entwickelungsstufen der Kultur die Prosa neben dem Verse hergegangen ist. Auch in der Jugendzeit der Völker hat die Mutter ihren Kindern die Märchen nicht in Versen, sondern in Prosa erzählt. Und wenn uns aus den Tagen der älteren griechischen, deutschen und indischen Litteratur nur Verse erhalten geblieben sind, so ist der Grund leicht erkennbar: solange wie die Litteratur nicht schriftlich fixiert, sondern nur mündlich überliefert wurde, konnte die Versdichtung sich leichter von Geschlecht zu Geschlecht vererben, denn der Vers haftet sicherer im Gedächtnis als die Prosa. Wie es aber war, so wird es auch sein, in alle Zukunft werden beide Ausdrucksweisen nebeneinander bestehen. Trotzdem, so irrig die Ansicht Ibsens ist, ein berechtigtes Empfinden liegt ihr doch zu Grunde. Nirgends wird sprachlich mehr gesündigt, als in der Versdichtung, nirgends sonst macht sich das Pfuschertum so breit. Es ist kein Wunder, daß den echten Künstler, der ein Meister auf dem Instrument der Sprache ist, ein Schauer überkommt, wenn er sieht, wie gerade im Verse die Sprache verhunzt zu werden pflegt, wie der Vers des Pfuschers den Empfindungsausdruck erniedrigt, verwässert, in Ketten zwängt, statt ihn zu erhöhen, zu befreien, zu verklären. Ich habe nicht die Anmaßung, mich für einen Sprachkünstler auszugeben, aber etwas von jenem Schauer hab' ich doch auch empfunden, als ich in diesen Tagen die Masse der Versdichtungen durchblätterte, die sich auf meinem Büchertisch angesammelt. Das meiste ist unter der Kritik und nicht einmal der Satire wert; ich werde mich hüten, Proben davon zu geben, denn, wie mich dünkt, ist es durchaus nicht nötig, das geliebte deutsche Publikum von der Verslektüre abzuschrecken. Dies geliebte Publikum scheut ohnehin den Vers mehr, als es gut ist, und unter seiner Scheu muß der Künstler mit dem Pfuscher leiden. Meinerseits möchte ich daher lieber locken, als abschrecken, denn so viele Wüsten auch unsere Verslitteratur aufweist, so sprudeln doch andererseits in ihr Quellen, aus denen gerade das heutige Geschlecht, das sicherlich noch zu harten Kämpfen berufen ist, lebendige Erquickung, neue Strebenslust schöpfen könnte. Während unser Drama, unser Roman fast ausschließlich den „Tagesfragen“ sich widmen, führt unsere Lyrik abseits in heimliche Waldesgründe, auf einsame Höhen und erregt in der Seele den Sinn für allerlei Ewigkeitsfragen. Zum Glück entdecke ich auf meinem Lesetisch unter all dem Geröll mehr als ein Büchlein, das in solcher Art ganz wie ein geistiges Stärkungsbad wirkt, in dessen Genuß ich mich selbst von meinem Schauer über die landläufige Verspfuscherei erholt habe. Da sind zunächst die „Gedichte“ (Stuttgart, J. G. Cotta Nachf.) aus dem Nachlaß Emanuel Geibels. Sie bieten freilich nur das, was eine Nachlese auf dem Ernteteld zu bieten pflegt, sie fügen keinen neuen Zug zum Bilde des Dichters hinzu. Und zweifellos würde das Buch als Ganzes einen tieferen Eindruck hinterlassen, wenn es um die Hälfte weniger enthielte. Besonders von den Jugendgedichten, die durchweg älteren Meistern nachempfunden sind, wäre die Mehrzahl leicht zu vermissen. Geibel gehört nicht zu jenen überragenden Persönlichkeiten, jenen Bahnbrechern, von denen jede Zeile als ein Zeugnis aufstrebender Entwickelung bedeutsam ist. Er hat größere Aussicht auf Fortdauer, wenn künftighin nur sein Reifstes die Aufmerksamkeit in Anspruch nimmt, zumal er kein reicher, weltumspannender Poet ist, sondern nur einige wenige Themata hundertfach variiert. Auch der vorliegende Band wirkt hier und da durch die Gleichartigkeit des Stoffes, durch Wiederholungen desselben Themas ermüdend. Aber für alle Abspannung entschädigen die Perlen der Sammlung. Da sind soviel süßer Wohllaut in der Sprache, soviel Feinsinniges in den Gedanken und vor allem soviel Idealität des Gemüts, wie sie nur eine anima candida von der Art Geibels aus sich entfalten kann. Und jedes der Gedichte trägt seine Tonbegleitung gleich mit sich, aus jedem klingt es wie innere Musik. Mir wenigstens ist es, als hört' ich das gleichmäßige Rauschen des Windes im Walde, durchtönt von leisem an- und abschwellenden Guitarrenklang, wenn ich ein Abendlied lese, wie das folgende:

Die Vesperglocken hallen aus, es dunkelt
Das Meer von fern,
Und überm Wipfel der Cypressen funkelt
Der Abendstern.

Dies ist die Stunde, da der Hirt am Brunnen
Die Herde tränkt;
Auf wilder See der Schiffer an die Wonnen
Der Heimkehr denkt;

Da an des Klosters Pforte voll Verlangen
Der Pilgrim klopft,
Und der Erinnrung Zähre von den Wangen
Der Nonne tropft;

Da im betürmten Schloß am Fensterbogen
Die Jungfrau lehnt,
Und nach dem Falken sich, der ihr entflogen,
Mit Thränen sehnt.

Heimwärts mich träumend im Platanengrunde
Reit' ich allein;
Und du, mein fernes Lieb, zu dieser Stunde
Gedenkst du mein?

Aber nicht nur die Liebessehnsucht, auch der Liebesschmerz löst sich bei Geibel ganz in Musik, in sanfte Harmonie, auch sein Schrei ist wiegender, taktmäßiger Rhythmus.

Keinen Gruß, keinen Kuß hat dein roter, roter Mund
Mir gegönnt, als auf immer wir schieden,
Was du fühltest, kein Wort, keine Thräne that es kund,
Und dahin ist, dahin ist mein Frieden.

Geibel selbst fordert in einem Sinnspruch, daß alles Leid in der Dichtung nur abgeklärt zum Ausdruck komme. Mir scheint aber, daß ein Gram, der so schwebend, so zart „dahin, dahin“ gleitet, auch nur eine sehr oberflächliche Wirkung macht, ja nicht einmal recht glaublich ist. Und wichtiger als die Abgeklärtheit der Form ist doch jedenfalls für den Dichter, daß man ihm glaubt, daß der Ernst seines Schmerzes sich mit dem Ernst der Worte deckt. Ein Schmerz, der nicht erschüttert, nicht ins Herz des Hörers schneidet, ist gar kein Schmerz, sondern eine Gefühlständelei. Sein Bestes gibt Geibel denn auch nicht in den reinen Empfindungsliedern, sondern in den Gedichten, in denen seine Reflexion sich wehmütig oder feierlich kundgibt. So in dem Sonett auf den Tod eines Dichters:

Er ging dahin. Schon liegt im schwarzen Schreine
Des Genius arme Hülle kalt und blaß;
Sein Auge brach in Schmerz, doch ohne Haß,
Und Hoffnung strahlt' in seinem letzten Scheine.

O ew'ge Macht, gib Antwort auf das eine:
Was gossest du dies heil'ge Feuernaß
In ein zerbrechlich, halbgesprungen Glas
Und füllst den Goldpokal mit schalem Weine?

Und doch, ich fühl's: es waltet die Natur
Geheimnisvoll gerecht in allen Dingen;
Die Perle wächst in kranker Muschel nur.

Aus morschen Türmen siehst du Blumen dringen;
Und wer nicht heimisch auf der Rosenflur,
Hat Flügel, sich zur Sternenflur zu schwingen.

Wieviel Grabpredigten gibt es, die so trostvoll, so versöhnend wirken, wie diese schlichten und doch so treffenden Bilder? Durch ihre treffende Zuspitzung erfreuen auch die Epigramme, in denen Geibel — ein immer wacher treuer Eckhart — wie in einem Spiegel das ganze nationale Leben und Treiben unserer Tage auffängt. Besonders reizvoll ist der Vergleich zwischen den Thaten Bismarcks und den Arbeiten des Herkules durchgeführt. Was hier der Dichter dem Altmeister zuruft, das könnte auch der heutigen, das könnte aller Staatskunst ein Wegweiser sein:

Dir auch ward es verhängt, den Stall des Augias zu säubern,
Doch kein Besen genügt für den unendlichen Wust.
Mächtig leite die Wogen der Zeit in die starrenden Wände,
Und der lebendige Strom schwemme den Moder hinweg!

In den Gedichten Geibels tritt der Künstler stärker in den Vordergrund, als der Mensch; ein anderes jüngst erschienenes Buch „Auf Schwarzwaldwegen" (Freiburg i. B., Lorenz & Waetzel) fesselt in erster Reihe durch den Reiz des Persönlichen, durch das Bild, das der Leser aus den Gedichten von der umfassenden und anziehenden Menschlichkeit des Dichters gewinnt. Das soll nicht heißen, daß der Künstler als solcher der Beachtung unwert wäre; im Gegenteil, daß keins der Lieder nur ersonnen und ausgedacht, daß alle erlebt sind, das gibt ihnen nicht nur den rechten Persönlichkeitswert, es erhöht auch ihren Kunstwert. Georg von Oertzen ist einer vom älteren Geschlecht; daß er sich aber die Frische, die rege Teilnahme an allem, was lebt und blüht, bewahrt hat, davon zeugt jeder seiner Verse. Köstlicher aber noch berührt es, daß er — der Weltwanderer, der, wenn ich nicht irre, lange Jahre hier und dort in der Fremde, im Norden und Süden im Dienste des Reiches thätig war, sich diesen starken, innigen Heimatssinn bewahrt hat, wie ihn sein Schwarzwaldbuch aus allen — ich hätte fast gesagt aus allen Poren — atmet. Und — warum soll es nicht gesagt sein? — es ist in der That ein lebendiges Buch. Der ganze Schwarzwald lebt darin mit seinen Tannen und murmelnden Bächen, mit seinen hartschädeligen Bauern und seinen saftigen Dirnen, mit Städten und Dörfern, mit seinen Sommerfrischlern und prellsüchtigen Wirten. Muntere, von Wanderlust durchwehte, von Sonnenschein durchglühte Weisen wiegen vor, aber auch vom Sinnigen bis zum Weihevollen ist jede Stufe vertreten, und hier und da schlägt der Dichter Töne an, in denen sich ein Ringen nach den letzten Tiefen der Erkenntnis, eine Sehnsucht nach dem Höchsten offenbaren. Eine Auslese zu treffen, fiele mir schwer. Und daher, — nicht um vom Guten das Beste zu sondern, sondern nur um gleichsam durch Aushängeschilder zur Lektüre des Buches selbst anzureizen, weise ich auf dies und jenes der Lieder hin. So auf die Wanderlieder „Wenn das Jahr zu Mittag steht, wenn es sommern will im Lande," „Heute gehn und morgen bleiben, morgen wandern, heut im Sprung," „Die Sonne ist's, die Führerin, hoch droben überm Wald," auf die Naturbilder „Des Herrgotts Schmiede" „Abendrot hat Goldes wundervielˮ „Welche Purpurflügel senkt das Abendlicht," „Lindes Wehn im jungen Laube," „Mit sich selber spricht die Nacht in den Wipfeln nur," aber schließlich auf die Sehnsuchtsklänge „Wie zum Nest die Turteltaube," „Es ist ein altes Träumen von einer guten Fee" und das stimmungsvolle:

Klingen die Lüfte?
Läutet die Welle
Oder, Kapelle,
Du diesen betenden Frühgesang?

Über den Häuptern
Horchender Mannen,
Klippen und Tannen
Rinnet es lösend den See entlang.

Flügel zum Lichte
Droben zu dehnen,
Wurde das Sehnen,
Wurde die Kraft, die beschwingte, mir wach.

Wimpel und Flügel
Fern in die Weiten
Wollen sie gleiten,
Wollen dem heiligen Heimweh nach.

Daß aber auch eins von den munteren Kindlein des Dichters sich präsentiere, setze ich noch mit allen vier Strophen den Sang vom Städtlein Hasle hierher:

In Hasle drin im Schwarzwald haust
Ein Stamm von guter Art,
Der Mann ist Mann, und keiner zaust
Ihm ungestört den Bart.
Wehren kann jedes Kind sich
Zu Hasle an der Kinzig.

Das schafft und streit, das denkt und schwätzt,
Wie grad sein Sinn ihm steht,
Ja wer sich mal zum Trinken setzt,
Hat doch ein Maul, das geht.
Die Moßkrüg sind nicht winzig
Zu Hasle an der Kinzig.

Und wenn die Wiege dort gewest,
Will dort sich auch sein Grab,
Haslacher Wurzeln halten fest
Gar noch den Wanderstab.
Wer fort gemußt, besinnt sich
Auf Hasle an der Kinzig.

. . . Und fragt ihr, wer dies Lied erdacht?
Ein Durstiger beim Wein.
Der Firne hat ihm Schlaf gemacht,
Noch sang er's und nickt ein,
Wacht wieder auf und findt' sich
Zu Hasle an der Kinzig.

Nicht immer ist der Ausdruck Oertzens so leicht und gewandt; hier und da hat seine Sprache etwas Schwerfälliges, so daß es manchmal Mühe kostet, aus der Verflechtung und Verschlingung der Worte den Empfindungsgehalt herauszulösen. Es scheint sogar, daß er eine gewisse Dunkelheit liebt und gern den Leser allerlei Beziehungen und Voraussetzungen erraten läßt. Solch ein Raten hat freilich zuweilen seinen Reiz, aber nur zu oft, wie z. B. in den erzählenden Gedichten, lohnt sich die Arbeit kaum.

Wie ein Nachklang aus den Tagen der alten Romantik, den Tagen Eichendorffs und Uhlands, muten die „Gedichte" (Stuttgart, Greiner & Pfeiffer) Friedrich Karl Kretzmanns an; kaum ein Hauch von dem, was wir modern nennen, weht aus dem kleinen Buch. Und doch berührt es warm und lebensvoll, einfach deshalb, weil das Empfinden, das der Dichter ausspricht, echt und wahrhaft ist in jedem Zug. Es ist keine große und keine reiche Kunst, die er zu bieten hat, aber was er an Naturgefühl und Liebessehnsucht kundgibt, das hat alles etwas ungemein Zartes und in seiner Schlichtheit Ergreifendes. Einzelne dieser Stimmungslieder sind von bezaubernder Lieblichkeit, so das köstliche: „Nun hat es ausgewittert, die Luft ist klar und rein, der bleiche Halbmond zittert über dem dunklen Rhein . . ." Oder das andere: „Unter goldgesäumten Wolken flugverirrte Schwalben ziehen, einsam von den Bergen fliehen wandermüde Melodien . . ." Natur- und Liebesempfinden in eins zu verschwelgen, darin zeigt der Dichter vor allem seine Eigenart. Wie einfach, wie natürlich sich diese Verknüpfung vollzieht, davon eine Probe

Heut' war der erste Frühlingstag,
Da ist mir die Liebste begegnet,
Da hat's in Träumen vom knospenden Hag
Auf mich wie Blüten geregnet.

Da sah mich an ihr süß Gesicht,
Und durch des Herzens Saiten
Fühl' ich's wie goldnes Sonnenlicht
Vom Frühlingshimmel gleiten.

Und wie sie mir vorbeigeschwebt
Errötet, doch ohne Laut,
Da hab' ich, bis zum Grund durchbebt,
Ihr lange nachgeschaut.

Und als im weiten Lindengang
Sie fern entschwunden war,
Da klangen mächtig im Gesang
Die Saiten, silberklar.

Nur hier und da fällt Kretzmann **ins allzu** Weichliche.

Leidenschaftlicher klingt es aus den Gedichten, die Sophie von Khuenberg unter dem Titel „Psyche“ (Hamburg, C. Kloß) zusammengestellt hat. Es giebt wenige Bücher, in denen sich eine edle, tiefangelegte Frauennatur so weich und anziehend offenbart, in denen jede Zeile so ganz und gar erlebt, erlitten, erjubelt ist. Was die Gedichte künstlerisch kennzeichnet, ist ihre Klarheit, ihre sonnenhelle Deutlichkeit, die im einzelnen dann und wann ans Nüchterne streift, im allgemeinen aber des Stimmungszaubers nicht entbehrt. Wie von selbst gliedert sich das Buch, weil es gleichsam der Auszug eines Lebens ist, in die drei Abschnitte: Liebeslust — Eheleid — Mutterglück. Dazwischen hinein klingt hier und da der Lärm der Außenwelt, aber das Herz der Dichterin haftet am Heim. Ihre Liebeslieder sind wie ein einziger Jubelhymnus, die Erde scheint der Dichterin, vom Maienlicht der Flitterwochen bestrahlt, zum Paradiese geworden zu sein:

Und ist die Nacht, die weichen Lüfte streichen,
Verwaiste Sterne leuchten auf im Blauen,
Verschwinden wieder, gleich dem Lichtgedanken
In eines Menschen Brust. Berauschend duftet
Aus dämmernden Gebüschen der Jasmin,
Und über die verträumten Wege ziehn
Die Scharen heim, die sorg- und schuldbeladnen,
Leichtfertig plaudernd oder müd' verdrossen. —
Ich aber denke dein! Und wie ein Lied
Umklingt mich schönheitstrunken der Gedanke
An unser stilles, liebvertrautes Glück.
Was kümmert's uns, wenn auch ein Schwarm von Mücken
Sich summend breit macht in dem Reich der Blüten?
Wir schmiegen uns wie Vögel tief ins Grün,
Wir singen, schnäbeln, hüten das geliebte,
Verborgne Nest, das mählich froh sich füllt,
Und unser ist das Leben, ist die Freude!

Aber der Mai ist bald verblüht, die Zeit, die ihm folgt, bringt herbe Enttäuschung, und schmerzvolle Klage, bittere Anklage wird jedes Gedicht.

Wie Kinder sehnend nach der Mutter rufen,
Vom Spiele weg das Lockenhaupt erheben,
Hinlauschend nach der Thür, ob nicht ihr Schritt
Ihr leiser, weicher, schon im Flur erklinge, —
So wart' ich auf die Heimkehr deiner Liebe!
So stumm und fremd stieg sie hinab die Stufen,
Ich rief ihr nach mit schmerzlichem Erbeben.
Sie aber ging und sah nicht, was ich litt!
Nun träum' ich hier, ein scheues Kind, und singe
Und warte auf die Heimkehr deiner Liebe!

Der Schmerz würde zur Verzweiflung werden, wenn das Herz nicht für die verlorene Mannesliebe in der Mutterliebe Ersatz fände, die nicht empfangen und nehmen, die nur immer geben, spenden und Opfer bringen will. „Weltlust ist gar ein schönes Ding und lieblich Liebesworte, doch nur ein Kindermund erschließt des Edens rechte Pforte.“ Wie mir scheint, erwerbe ich mir ein Verdienst, wenn ich deutschen Frauen dies Buch einer echt deutschen Frau zur Mitfreude und zum Mitleid so warm wie möglich empfehle.

Seltsam berückend wirkt die zierlich ausgestattete Sammlung „Passiflora“ (Zürich, Karl Henckel & Co.) von Gertrud Pfander, weniger ihrer dichterischen Eigenart, als der Persönlichkeit halber, die sich in diesen Poesien wiederspiegelt. Karl Henckel, der die Gedichte herausgegeben, nennt in seiner Vorrede, die selbst ein duftiges Lied ist, die Verfasserin eine „junge Bernerin,“ und er spricht von den „feindfeligen Rosen auf ihren Wangen,“ aber auch von dem „feuchten Glanz ihrer großen Augensterne, die mit träumendem Durst das glühende Leben zu trinken schienen, um so durstiger, je schroffer und jäher die Schatten des Schicksals es schon zu verdunkeln und zu verschatten drohten.“ In diesen Worten liegt alles, was den Reiz des Buches ausmacht. Knospende Jugendlichkeit, krankhafte, nervöse Launenhaftigkeit, die von einer Stimmung zur anderen springt, träumendes Versenken in die Natur, und gleich darauf ein Schrei nach Lebensgenuß, bis zu guter letzt die Seele in mystischer Gottesliebe den Frieden sucht, — das sind die Wesenszüge, aus denen sich das Buch und zugleich die Persönlichkeit der Dichterin zusammensetzt. Lebensgieriger Realismus und himmelsuchende Mystik in einer Brust, — umspannt diese junge Bernerin nicht im Grunde das innerste Wesen unserer Zeit? Künstlerisch tragen ihre Gedichte nur zum Teil das Gepräge der Vollendung; ein jedes aber zeugt von der großen Anlage dieser Dichternatur. Ihre Eigenart, die vorzugsweise malerische Stimmung sucht, spricht sich mit besonderer Deutlichkeit in dem letzten Gedicht der Sammlung aus; wenn auch der Form an einzelnen Stellen die letzte Feile fehlt, so ist die Schilderung um so berückender, die Empfindung um so weihevoller. Das Gedicht führt die Bezeichnung „Ermattung“:

Ein letztes Lebewohl die Sonne winkt,
Darob der Berg in jäher Glut errötet,
Noch einen späten, leisen Triller flötet
Die Amsel halb im Traum. Der Tag versinkt.

... Dann wird es still, behutsam rauscht der Fluß.
Ein eigentümliches Entfärben, geisterhaft,
Umzieht die Höhen, die noch eben lilafarbig
Aufflammten im Topas, wie gold'ner Guß.

Und sieh', im Osten glimmt es wunderbar,
Wie Seidenfibre kommt's heraufgezogen;
Firnartig weiß gesäumte Wolkenwogen
Bau'n dort sich auf zu einem Hochaltar.

Und jetzt, vom schneidend scharfen Firne los
Löst sich der Mondesscheibe erstes Funkeln;
Gigantisch ragt der Berg davor im Dunkeln,
Mit Mauerwall und Zinne — riesengroß.

Die Gralsburg! Siehe, und mit sanftem Strahl
Ruht auf dem Wolkenthron des Mondes Schale,
An edlen Formen gleich dem Heilspokale,
Des sich der Herr bedient beim Abendmahl.

Hast du der alten Sage auch gedacht?
Dein Auge seh' ich wundermächtig flimmern.
Auch du hast einst auf deines Glückes Trümmern
Den heil'gen Graal gesucht in tiefster Nacht?

... Gewiß, er steht uns allen noch bereit,
Es beut ihn selbst die Hand des Lebensfürsten,
Und wer da trinket, den wird nimmer dürsten,
Nicht hier, nicht dort und nicht in Ewigkeit.

Gern möchte ich in diesen Versen meine kritische Betrachtung ausklingen lassen. Aber ich habe noch auf ein Werk hinzuweisen, das, wenn von neueren Gedichtsammlungen die Rede ist, nicht übergangen werden kann, auf die Blütenlese „Ungarischer Dichterwald,“ die von der Deutschen Verlagsanstalt in Stuttgart veröffentlicht, von Georg Ebers bevorwortet ist. Das Werk umfaßt in vortrefflichen Übersetzungen die gesamte ungarische Lyrik des letzten Jahrhunderts, das Volkslied wie den Kunstgesang. Es spiegelt nicht nur die Entwickelung der Litteratur, sondern auch die ganze Volksart der Magyaren, ihr Wollen und ihr Hoffen, ihre Kämpfe und ihre Leiden wieder. Das Elegische überwiegt, aber natürlich fehlt es auch nicht an Klängen der Leidenschaft und an witzigen oder satirischen Ausfällen. Von dem älteren Geschlecht interessiert am meisten Petöfi, unter den jüngsten scheinen Palagyi (geb. 1866), Varsanyi (geb. 1863) und Komjathi (geb. 1858) die Bedeutendsten zu sein. Herausgeberin der Sammlung, von der auch sämtliche Übertragungen herrühren, ist Irene Tierholmi; in den Einleitungen, in denen sie die einzelnen Dichter kurz charakterisiert, übertreibt sie hier und da das Lob ihrer Landsleute. So wenn sie die Schöpfungen Komjathis „zum Herrlichsten rechnet, was die Weltlitteratur hervorgebracht hat.“ Aber es gehört wohl zum Beruf einer Herausgeberin, ihre Sympathien etwas entschiedener auszudrücken, als gerade nötig ist. Die Verlagshandlung hat das Buch sehr vornehm ausgestattet und es mit den Miniaturporträts der Dichter geschmückt. Damit aber diese trockene Bemerkung nicht den Schlußstein meines Berichtes bilde, kröne ich ihn lieber noch mit einem der ungarischen Volkslieder, wie mit einer anmutigen Giebelverzierung:

Wenn du fortgehst, geh' ich mit,
Ich verlaß dich keinen Schritt!
Liebst du mich, Schatz, so, so, so,
Liebe ich dich ebenso!

Gehst hinaus du, folge ich,
Vor dem Thor umarm' ich dich.
Liebst du mich, Schatz, so, so, so,
Liebe ich dich ebenso!

Kehrst du ein, geh' ich hinein,
Küsse dich im Kämmerlein.
Liebst du mich, Schatz, so, so, so,
Liebe ich dich ebenso!

Wenn du stirbst, so sterb' auch ich.
Gott im Himmel segne dich!
Liebst du mich, Schatz, so, so, so,
Liebe ich dich ebenso!

Zu unsern Bildern.

(Abdruck verboten.)

Unser Heft steht unter dem Zeichen Tizians, die Abbildungen der Werke des großen Venezianers drücken seinem künstlerischen Schmuck ihr Gepräge auf, und da Professor Knackfuß das Schaffen Tizians in seiner unübertrefflichen Anschaulichkeit eingehend schilderte, können wir uns an dieser Stelle bescheiden. Nur auf das Titelbild des Heftes möchte ich für einen Augenblick die Aufmerksamkeit der Leser lenken. Und zwar nicht, um das herrliche Selbstbildnis Meister Tizians nach seinen künstlerischen Qualitäten zu würdigen, vielmehr nur, um auf das schöne Blatt als eine hervorragende Leistung moderner Reproduktionstechnik hinzuweisen. Es ist doch erstaunlich, zu welcher Vollkommenheit sich in den letzten Jahren die mechanischen Reproduktionsmethoden entwickelt haben, wie sie die Handschrift des Künstlers, die Eigenartigkeit seiner Technik, das Charakteristische seines Schaffens wiederzugeben vermögen. Man betrachte nur einmal aufmerksam den Kopf Tizians, die einzelnen Züge des Antlitzes — ist es nicht, als ob sich der Pinselstrich des Meisters in der Reproduktion wiederspiegelte! Wie fein kommen Licht und Schatten zum Ausdruck, wie klar ist der Schimmer des Auges! Was indessen von dem weiteren Kreise der Kunstfreunde, von vielen auch derer, welche mit unseren so verschiedenartigen modernen Reproduktionsmethoden eingehender bekannt sind, unbeachtet bleibt, ist die Thatsache, daß es denn doch keineswegs nur das Verdienst der Werkstatt des Photochemikers ist, wenn schließlich ein Blatt, wie unser Titelbild, zustande kommt. Eine andere, weit weniger in die Erscheinung tretende, aber überaus verantwortungsvolle Thätigkeit muß ergänzend hinzutreten: die des Druckers.

Die Zahl der deutschen Offizinen, in denen nach unseren neueren Verfahren hergestellte Blätter wirklich tadellos gedruckt werden, ist nicht übermäßig groß — sie kann auch nicht groß sein, denn solch ein Druck erfordert Kräfte, die, man darf wohl sagen, künstlerisch geschult sein müssen, und solche Kräfte sind selten. Man muß es selbst mit angesehen haben, wie das „Zurichten“ solch eines Blattes in der Druckerei vor sich geht, um die Schwierigkeiten ganz zu verstehen, die in der Arbeit liegen. Der Laie stellt sich den Vorgang meist derart vor, als ob der Stock, das Galvano, einfach in die Presse gebracht, mit Farbe bestrichen, und als ob dann, wie im Fluge, die große Auflage heruntergedruckt wird. In Wirklichkeit bedingt das Zurichten vielstündige Arbeit und ein feines Verständnis. Um nur eins zu erwähnen, darf der Druckcylinder der Maschine — grobkörnig ausgedrückt — nicht glatt bleiben: der Drucker klebt auf ihm Papierlagen fest, die hier stärker, dort schwächer — dem Schatten und dem Lichte auf dem Bilde entsprechen, und lediglich von seinem Feingefühl und seiner Erfahrung hängt es ab, ob er damit das rechte Maß hält. —

Dem klassischen Meister italienischer Renaissance stellen wir eine Anzahl von Künstlern der Gegenwart gegenüber. Da ist zunächst der Münchener Maler Alois Eckardt. Seine „schöne Geflügelhändlerin“ ist — im besten Sinne gesagt — ein echtes Publikumsbild, ein Bild voll Frische und Leben, gemalt ohne Anspruch auf die Lösung tiefgründiger Probleme, aber in der rechten Freude am Schaffen selbst.

Hermann Kaulbach erscheint wieder einmal als liebenswürdiger Kindermaler. Der kleine Krauskopf, der, mit dem gewaltigen Hut des Vaters bewaffnet, auszieht, den entfliehenden Viegnach wieder einzufangen, ist von entzückender Anmut und Drolligkeit. — Von Meister Defregger bringen wir den schönen Mädchenkopf „Vroni“ — mir fielen, als ich das Bildnis sah, die meiner Ansicht nach sehr treffenden Worte ein, mit denen Muther seine Betrachtungen über Defregger und seine Stellung in der modernen Kunst schließt: „Die Tiroler wurden durch Defreggers Nachahmer im Kunstwerke entwertet; zu viele haben ihm seine bockledernen Hosen und Lederjoppen nachgemalt, ohne die lebendigen Menschen darin, die beim echten Defregger entzücken. Seine kunstgeschichtliche Stellung wird dadurch nicht berührt. Er hat den Besten seiner Zeit genug gethan und durch seine frische, kräftige, gesunde Kunst vieler Menschen Herz erquickt.“ — Ein reizender jugendlicher Mädchenkopf von Leopold Widlizka schließt die Reihe unserer Einschaltbilder.

Aus der Zahl der eingestreuten kleineren Bilder und Studien möchte ich zunächst die Studie von Max Liebermann herausheben als ein an sich ziemlich unscheinbares und doch für die Eigenart des Künstlers höchst charakteristisches Blatt. Die Studie stellt einen alten Bauer dar, der eine Kuh zum Markte führt — ein äußerst schlichter Vorwurf. Liebermann hat ja einmal selbst gesagt, wie es immer sein Ziel war, „die Natur in ihrer Einfachheit und Größe darzustellen — das Einfachste und das Schwerste“ — er hätte hinzufügen können „in ungeschminkter Ehrlichkeit.“ Das alles tritt auch in der kleinen Zeichnung hervor. Aber von welch überwältigender Anschaulichkeit ist die mit wenigen schweren Strichen hingeworfene Gestalt des Bauern! Wie deutlich steht der alte Mann vor uns mit seinem müden schwerfälligen Gange, wie er das Tier mit sich fortzieht, die linke Körperhälfte leicht vorgeschoben, den Stock bei jedem Schritte energisch aufsetzend! Es ist so gar nichts Gefälliges in der Zeichnung — das ist nicht Liebermanns Art — packendes Leben jedoch prägt sich in jedem Strich aus.

Graziöse Leichtigkeit zeigt im ausgesprochenen Gegensatz zu der Liebermannschen Studie die Zeichnung „Im Treibhaus“ von L. Marold, einem jungen hochbegabten französischen Künstler. Aber mit dieser fast spielenden Anmut gehen doch auch scharfe Charakteristik und eine energische Behandlung des Vorwurfs Hand in Hand: diese junge Frau mit dem pikanten Profil, die da in selbstbewußter Stellung mit der Gießkanne in den auf dem Rücken verschränkten Händen vor uns steht, ist kein Püppchen aus einem Modejournal — auch sie wirkt wie aus dem Leben herausgeschnitten. Unwillkürlich ergänzt der Beschauer in der Phantasie das Bild: die Dame erblickt durch die Fenster des Treibhauses einen nahenden Bekannten; im nächsten Augenblick wird er eintreten, und sie nimmt innerlich Stellung zu dieser Begegnung.

„Die Kritik“ nennt Konrad Starke sein Bild: der Enkel des alten Schiffers hat sich ein Schifflein geschnitzt und bringt's dem Großvater, der es mit prüfendem Auge betrachtet. Er mag wohl dabei sich freuen, daß der frische Junge drüben am Fenster so ganz in der Art zu bleiben scheint, daß er die rechte Lust am Wasser und an allem, was mit diesem zusammenhängt, schon früh zeigt.

Ich erwähne endlich noch die Gruppe „Silen mit Bacchuskind“ von Karl Begas, dem jüngsten Bruder von Reinhold Begas, dem gefeierten Berliner Bildhauer. Das originelle und kraftvolle Werk reiht sich den reifsten Schöpfungen von Karl Begas — der reizenden Gruppe der „Geschwister“ und der Viktoria für die Ruhmeshalle, seiner ausgezeichneten Beethovenbüste, an.

H. v. S.

Zuschriften sind zu richten an die Redaktion von Velhagen & Klasings Monatsheften in Berlin W, Steglitzerstr. 53.

Für die Redaktion verantwortlich: Theodor Hermann Pantenius in Berlin.

Verlag von Velhagen & Klasing in Bielefeld und Leipzig. Druck von Fischer & Wittig in Leipzig.

Griechischer Schiffer. Nach der Ölstudie von Nicolaus Gysis.

Velhagen & Klasings

Monatshefte.

Herausgegeben
von
Theodor Hermann Pantenius und Hanns von Zobeltitz.

XI. Jahrgang 1896/97. Heft 8, April 1897.

Das Nationaldenkmal für Kaiser Wilhelm I.

Von
Ludwig Pietsch.

Mit zwei Porträts, einem Einschaltbilde und siebzehn Textillustrationen.

Am hundertsten Geburtstage des verewigten Kaisers und Königs, dessen Thaten unser Volk die Wiedererrichtung des Kaiserreichs deutscher Nation verdankt, wird die letzte Hülle von dem riesenhaften ehernen Denkmal fallen, welches man dem unvergeßlichen Monarchen gewidmet hat (Abb. zwischen Seite 120 und 121). Es hat eine andere Gestalt und erhebt sich auf einer anderen Stelle, als das Volk und die große Mehrheit des Denkmalausschusses erwartet hatten und — als es den Wünschen des alten Kaisers selbst entsprochen hätte. Man weiß, wie das gekommen ist. Keiner von den Siegern in dem großen Wettbewerb um die Denkmalsausführung, der im Herbste 1889 stattfand, wurde mit dieser betraut. Mit der Wahl keines anderen unter allen vorgeschlagenen Plätzen in und vor der Stadt mochte sich der Kaiser einverstanden erklären, als mit dem auf dem durch die Niederlegung der Häuser auf der Schloßfreiheit frei gewordenen Terrain. Man mußte sich diesem Wunsche und Willen fügen. 1890 wurde vom Reichstag der Gesetzvorschlag angenommen, das Reiterdenkmal für Kaiser Wilhelm I. auf Kosten des Reichs auf jenem Platze, der Westseite des Schlosses, dem Eosanderschen Portal gegenüber, zu errichten. Im Herbste des Jahres 1891 fand ein engerer Wettbewerb zwischen den Siegern in jener ersten Konkurrenz statt. Auf Befehl des Kaisers wurde Pro-

Abb. 1. Die Schöpfer des Kaiser Wilhelmdenkmals.
Reinhold Begas. Gustav Halmhuber.

fessor Reinhold Begas (Abb. 1), der nicht zu ihnen gehörte, zur Beteiligung daran eingeladen. Der Kaiser entschied sich für dessen Entwurf. In diesem war der Platz des Denkmals von einer elliptisch bogenförmigen, vom Baumeister Ihne projektierten hohen Säulenhalle umfaßt, in deren Mitte das Denkmal aufgestellt werden sollte. Aber diese Anlage wurde aufgegeben und statt ihrer eine von anderer Form und Komposition durch Begas und den Architekten Halmhuber (Abb. 1) (geboren zu Stuttgart 1862, am dortigen Polytechnikum Halle ermöglicht wurde. — Im Jahre 1892 konnte mit der Ausführung des Hilfsmodells und den baulichen Vorarbeiten begonnen werden.

Zu diesen gehörte zunächst die Zudämmung eines Teiles der Breite des dort an der Westseite des Denkmalplatzes vorüberfließenden Spreearmes, wie die Fundamentierung dieser rückseitigen Partie im Bette des Flusses. Auf dieser Grundlage mußte aus mächtigen Quadern der Unterbau errichtet werden, in welchem ein überwölbter Tunnel dem „Mühlgraben" Durchlaß ge-

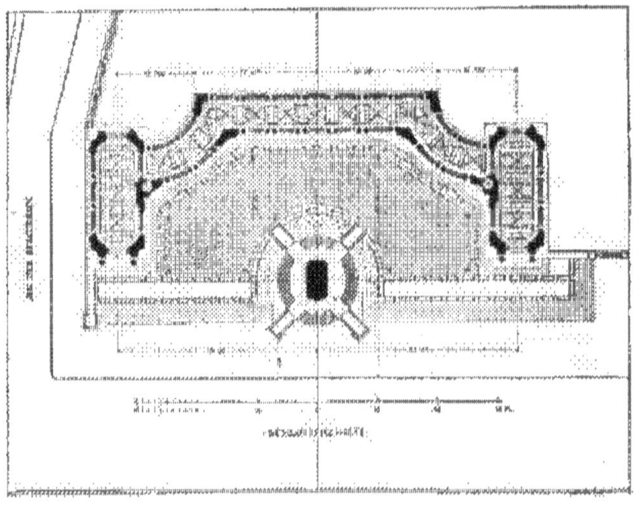

Abb. 3. Grundriß des Denkmals.

ausgebildet, Gewinner des großen Staatspreises, dann während sechs Jahren an Wallots Reichstagsgebäude thätig gewesen) entworfen, deren Plan im Verein mit dem Denkmal die Allerhöchste Genehmigung erhielt. Die sehr hoch bemessene Summe, welche ursprünglich als erforderlich angegeben worden war, um das Monument und die Halle diesem Entwurfe genau entsprechend auszuführen, wurde bis auf vier Millionen Mark reduziert, was durch verschiedene Vereinfachungen in der Gestaltung und Schmückung der währt. Dieser Unterbau trägt den rückseitigen, der Westfront des Schlosses parallelen, 40 m langen Teil der den Denkmalsplatz im Westen, Norden und Süden in weitem Abstande von dem Monument einhegenden, bedeckten Säulenhalle (Abb. 2). Sie ist an ihrem Nord- und Südende mit den beiden seitlichen Pavillons durch je eine Fortsetzung verbunden, deren Grundriß die Form eines Viertelkreises hat. Durch tüchtige Hilfskräfte, zum größten Teil Schüler seiner Werkstatt und seines Meisterateliers, die Bildhauer K. Berne-

Abb. 8. Die Reiterstatue.
Nach einer Aufnahme in der Gladenbeckschen Gießerei in Friedrichshagen.

witz, L. Cauer, Gaul, Kraus, Felderhoff und seinen jungen Sohn Werner Begas unterstützt, förderte der Meister sein Werk so energisch, daß bereits am 7. November 1893 die kolossale Reiterstatue von 9 m Höhe angefangen werden konnte. Bis zum 1. Januar 1895 war das Riesenwerk des nicht in weichem Thon, sondern gleich in fester Stuckmasse ausgeführten Modells vollendet.

Diese Reiterstatue bildet trotz ihrer Kolossalität doch nur den kleineren Teil der ganzen gewaltigen Denkmalskomposition. Bei der Ausstellung des kleinen Modelles im Reichstage hat man den Beweis empfangen, daß die Komposition der Vorstellung, welche sich die Mehrheit, nicht nur der Abgeordneten, sondern sicher auch des durch diese vertretenen Volkes, von

Abb. 4. Friedensgöttin.
Nach einer Aufnahme in der Gladenbeckschen Gießerei in Friedrichshagen.

einem Nationaldenkmal für Kaiser Wilhelm machte, und den Anforderungen, welche sie an ein solches stellt, wenig entspricht. Man ist in Deutschland seit dem Monument Friedrichs des Großen zu sehr daran gewöhnt, an dem Postament einer Herrscherdenkmalsstatue durch Statuen und Reliefs die ganze Regierungszeit des zu verherrlichenden Monarchen und alle bedeutenden Männer, die ihm gedient und während jener Epoche für das Vaterland gewirkt haben, veranschaulicht zu sehen. Wenn man etwas dem Ähnliches von diesem Kaiserdenkmal erwartet und verlangt hatte, so mußte man sich freilich durch das von R. Begas entworfene sehr enttäuscht fühlen. Verzichtet er doch auf jeden realistischen Zug, auf jede Erinnerung an die großen Kriegs- und politischen Herrscherthaten des Monarchen, an die Begründung des Deutschen Reichs, an die Männer, die ihm dabei zur Seite gestanden haben, auf bildliche Darstellungen der Paladine des Kaisers, auf Porträtgestalten am Postament. Ebenso aber auch auf jede allegorische Verkörperung der Herrschertugenden, wie der deutschen Volkskraft, auf jede „Germania“ und „Borussia.“ Wenn ihn nicht andere bestimmende Rücksichten daran verhindern, so wird jeder Künstler sich die ihm gegebene Aufgabe nach seinem eignen Sinn zurechtlegen und sie so gestalten, wie es seinen innersten Neigungen und Anschauungen entspricht. Dazu ist R. Begas in diesem Falle volle Freiheit vergönnt gewesen. Nun liegt seine künstlerische Hauptstärke im Bilden von schönheitsvollen, kühnen und grandiosen Idealgestalten ohne zeitliche und nationale Bedingtheit. Demgemäß hat er sein Kaiserdenkmal so gestaltet, daß er diese seine besondere Stärke im vollsten Maße daran bethätigen konnte. Das geschah schon bei der Reiterstatue selbst, mehr aber noch in der ganzen Komposition des Postaments. Die Bildnisgestalt des Kaisers zu Roß allein genügte dem Künstler nicht, wie lebensvoll er auch den siegreichen Herrscher und sein feurig ausgreifendes, vordringendes Pferd darzustellen wußte. Er läßt zur Linken des Herrschers eine weibliche Idealgestalt, wie einen Boten der göttlichen Macht, welche den Kaiser auf seinen Wegen zum Gipfel des Ruhmes und menschlicher Größe geleitete, ihn in Gefahren schirmte und aus ihnen errettete, daherschreiten und wenn nicht die Zügel des Rosses, so doch ein von dem Gebiß herabhängendes, breites Band mit der Rechten halten, während die Linke einen Palmzweig trägt. Es ist eine Gestalt von hoher, wundervoller Schönheit des Kopfes und aller Körperformen, in der schreitenden Bewegung so elastisch schwungvoll, erhaben und graziös zugleich, wie keine „irdischen Weiber." In einer Haltung voll schlichter natürlicher Hoheit sitzt der Kaiser im Sattel, das Haupt mit dem Helm ohne Busch bedeckt, gekleidet in den weiten Feldmantel mit angezogenen Ärmeln, dessen faltiger langer Schulterkragen im Winde zurückflattert, mit der Rechten den Feldherrnstab gegen den Schenkel stützend, mit der Linken das prächtige Schlachtroß an den Zügeln lenkend. Jeder Muskel des edlen Tieres schwillt, zittert und spannt sich in feurigem Leben. Ich

Abb. 4. Siegesgöttin.
Nach einer Aufnahme in der Gladenbeckschen Gießerei in Friedrichshagen.

Abb. 5. Widmungstafel.
Nach einer Aufnahme in der Gladenbeckschen Gießerei in Friedrichshagen.

kenne unter allen Reiterstatuen, welche die Bildhauerei in alter und neuer Zeit geschaffen hat, keine, deren Roß das dieses Kaiserdenkmals an monumentaler Großartigkeit und natürlicher Wahrheit zugleich überträfe (Abb. 3).

Das an der Vorder- und Rückseite bogenförmig ausgebauchte 6 m lange, 3 m breite Postament, dessen Deckplatte 12 m über dem Straßenboden liegt, ist an seinen Schmalwänden mit den umrahmten ehernen Widmungsinschriften (Abb. 5), auf den Stufen an deren Fuß hier mit den Insignien des Kaisertums, dort mit denen der Religion, an seinen Langseiten mit großen Relieftafeln von 4,25 m Höhe bei 1 m Breite und mit Vollfiguren geschmückt, welche, diese wie jene, die Schrecken des Krieges und das Glück des Friedens symbolisierend veranschaulichen. An seinen vier ab-

Abb. 7. Der Frieden. (Relief.)
Nach einer Aufnahme in der Gladenbeckschen Gießerei in Friedrichshagen.

geschrägten Ecken aber erheben sich, mit den Flügelspitzen bis zum Sims des Postamentkörpers reichend, wie herabgeschwebt, vier beschwingte weibliche Idealgestalten, Sieges- und Friedensgöttinnen (Abb. 4 und 6), jede auf einer laubumkränzten Kugel stehend, die auf einem Sockelvorsprung ruht, auf welche die Gestalt die Füße leicht aufsetzt; jede in einer von der der anderen etwas abweichenden Stellung und Aktion, und jede von gleicher Schönheit und Anmut. Die beiden Figuren, welche die Ecken der Nordwand zu beiden Seiten der den Krieg versinnlichenden Bildwerke schmücken, halten, sich leicht zur Seite neigend, je einen Lorbeerkranz in der gesenkten rechten bezw. linken Hand, als ob sie ihn niedergleiten lassen wollten zu der riesigen stehenden Gestalt des Krieges, welche vor der Mitte dieser Wand auf den bogenförmigen Stufen des Unterbaues sitzt. Die andere Hand einer jeden ist leicht gegen die rückwärtige Wand gestützt. Die griechische Gewandung umschmiegt und umwallt den herrlichen Wuchs in den schönsten Falten. Von den beiden Eckstatuen der südlichen, der „Friedensseite,“ hält die an der Ostecke stehende eine antike Lyra im Arm, deren Saiten ihre Rechte eben gerührt zu haben scheint, während das schöne

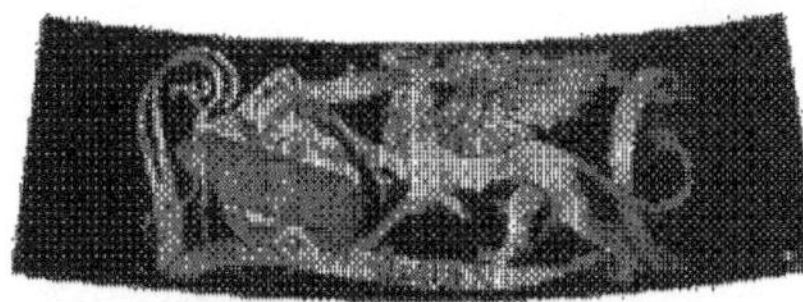

Abb. 8. Wappen aus dem Mosaikfries.
Nach einer Zeichnung von Gustav Halmhuber.

Haupt sich der auf den Stufen sitzenden Gestalt des „Friedens“ zuneigt. Die andere Schwester, die unsere Abb. 4 noch mit einem Lorbeerkranz in der Linken darstellt, hält statt dessen einen Ölzweig, während sie mit der Rechten den Saum ihres Peplums zur rechten Hüfte hochhebt, in dessen Falten sie Blumen zum Kranze birgt. Die Spitze ihres aufstehenden rechten Flügels berührt sich fast mit der Spitze des linken der Viktoria an der Südecke der Westwand. Beide Schwingen bilden so eine Art Spitzbogen über der rückseitigen Inschrifttafel, in dessen Scheitel der kolossale Stern des Schwarzen Adlerordens angebracht ist.

Die Relieftafeln, welche die Seitenflächen des Postaments in ihrer ganzen Ausdehnung bedecken, sind in der Komposition und Ausführung mit einer malerischen Freiheit behandelt, die jedem Klassicisten, jedem alten Rauchschüler Entsetzen eingeflößt haben würde. Als Hintergrund sind in flachem Relief weite Landschaften dargestellt. Auf dem Bilde des „Friedens“ (Abb. 7) ein liebliches breites Thal zwischen sanft ansteigenden Bergen mit traulichen Hütten, zu denen geschlängelte Pfade hinanführen; Höhen, an deren Fuß hier der Hirt friedlich bei seiner Herde ruht, dort ein Jüngling an einen Stier gelehnt steht. Inmitten dieses Thales schreitet, halb schwebend, die holde Göttin des Friedens daher, dem Vordergrunde zu, zwischen zwei Knaben, von denen der Eine einen Palmzweig in der Linken, der Andere einen mit Blumen gefüllten flachen Korb auf dem Haupte trägt. In diese Blumenfülle greift die linke Hand der Göttin, während sie mit der Rechten Blumen ausstreut. Ganz im Vordergrund zur Linken kniet zu ihr aufblickend, die Rechte bewillkommnend gegen die Nahenden ausgestreckt, das Antlitz zu ihr erhoben, eine junge Bäuerin; dieser zur Seite ein alter Bauer im Kittel, aufschauend zu der Göttin und die Hände zum Gebet zusammengelegt. Zur Rechten pflanzt, von der knieenden jungen Mutter belehrt, ein nackter Knabe ein Bäumchen ins Erdreich. Diese vier Gestalten heben sich im kräftigsten

Abb. 9. Der Krieg. (Relief.) Während der Arbeit.
Nach einer Aufnahme in der Gladenbeck'schen Gießerei in Friedrichshagen.

Relief von dem Grunde der Tafel ab. Vor deren Mitte sitzt auf den tieferen Stufen des Unterbaues, lässig zurückgelehnt, die dreifach lebensgroße Kolossalgestalt des „Friedens." Es ist die eines jugendlichen Mannes mit lockigem Haar und nackten Gliedern, welcher den linken Arm auf eine Janusbüste, deren altes, düsteres Antlitz verhüllt ist, und das Haupt in seine Hand stützt, während die Rechte auf dem Rande

Abb. 10. Löwe mit Trophäen.
Nach einer Aufnahme in der Gladenbeckschen Gießerei in Friedrichshagen.

Abb. 11. Löwe mit Trophäen.
Nach einer Aufnahme in der Gladenbeckschen Gießerei in Friedrichshagen.

einer aufrechtgestellten Schrifttafel ruht.

Das Reliefbild des „Krieges" zeigt als Hintergrund eine sturmbewegte, von Blitzen durchzuckte Landschaft, auf deren Boden Menschenskelette liegen. Aus ihr heraus stürmt auf wildem, aus der Fläche mit Kopf, Brust und Vorderbeinen hochrelief hervortretendem Roß die furchtbare Furiengestalt der Kriegsgöttin. In jeder Hand schwingt sie über ihrem, von Schlangen umzüngelten Medusenhaupte eine Brandfackel. Zwei nackte Männergestalten, von Zerstörungslust und Wut entflammt, bilden ihr Geleit. Der eine schwingt die Stachelgeißel in der Rechten und greift mit der Linken in die Mähne des Rosses, während der andere, durch ein zerstampftes Kornfeld schreitend, eine breite, hackmesserähnliche Sichel in beiden Händen führt, mit der er

Das Nationaldenkmal für Kaiser Wilhelm

Nach einer Zeichnung von Gustav Halmhuber.

Abb. 13. Die R. Bernewitzsche Quadriga in der Bilzingschen Gießerei.

ihm angehäufte Waffentrophäen setzt. Jeder dieser Löwen ist in verschiedenen Bewegungen und, wenn das Wort auf Tiere anzuwenden gestattet ist, Gemütszuständen dargestellt; und jeder gleich lebensvoll und echt. Der auf dem nördlichen Sockel der Vorderseite fauchend, der auf dem südlichen den Rachen brüllend geöffnet, der nördliche an der Rückseite lauernd heranschleichend, der südliche auf den Trophäen ruhend (Abb. 10 und 11).

Abb. 14. Mosaikfußboden mit den Wappentieren der Bundesstaaten.
Nach einer Zeichnung von Gustav Halmhuber.

Zwischen dem Denkmal und der Säulenhalle im Rücken, wie zwischen den beiden seitlichen Pavillons, dehnt sich ein zur Abhaltung nationaler, patriotischer Festlichkeiten sehr geeigneter weiter Platz mit schöngemustertem Mosaikfußboden aus (Abb. 14). Zehn Stufen führen in seiner ganzen Breite von 80 m von der Straße zu ihm hinan. Die vorderste Kante des Platzes ist mit einem in Elfenbeinweiß und Schwarz ausgeführten Mosaikfries gesäumt, in welchem die Wappen und Wappentiere sämtlicher Bundesstaaten auf schwarzem Grunde angebracht sind (Abb. 8, 15 u. 17).

Eine reiche Mosaikborte (Abb. 14) umrahmt den Platz längs der wieder um einige Stufen erhöhten Säulenhallen und der seitlichen Pavillons.

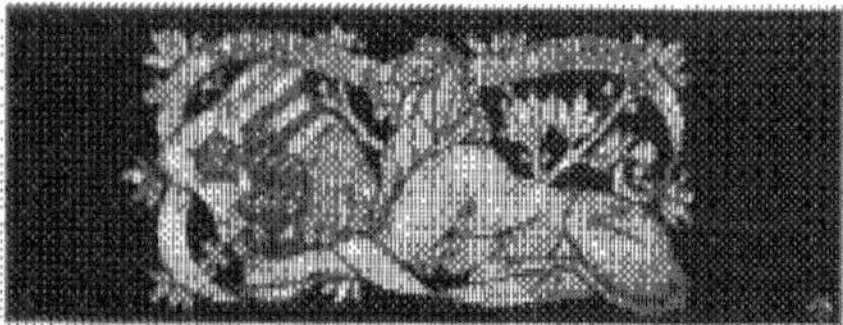

Abb. 15. Wappen aus dem Mosaikfries.
Nach einer Zeichnung von Gustav Halmhuber.

Diese ganze architektonische Anlage hat eine Höhe von 12 m über dem Straßenboden und schließt somit in einem Niveau mit der Plinthe des Reiterdenkmals ab. Die Breite der Halle beträgt 6 m, die der seitlichen Pavillons je 9 m. Halle und Pavillons sind aus Sandsteinmaterial in annähernd ionischen Stilformen, die jedoch mit voller künstlerischer Freiheit verwendet sind, ausgeführt. Gekuppelte Säulenstellungen wechseln mit geschlossenen Wandteilen in den Ecken ab. Diese durchbrochene Anordnung ermöglicht es, daß Schloß und Reiterstandbild durch sie hindurch von allen Seiten gesehen werden können. Die vorderen Eingänge zu den beiden Pavillons sind durch reiche Portale mit geschwungener Verdachung mit vorgestellten Säulen besonders hervorgehoben. Sie sind stattlich mit bildnerischem Schmuck versehen und bilden die Endpunkte einer glänzenden Kette von Bildwerken über dem reichen Hauptgesims der Innen- und Außenseite (Abb. 12). Die Halle öffnet sich nach dem Denkmalsplatz zu auf allen Seiten. Auch sie er-

Abb. 16. Quadriga. Nach einer Aufnahme des Karl Bernewitzschen Modells.

hält einen prächtigen Mosaikfußboden und künftig eine Deckenbekleidung durch Mosaikgemälde, die sich auch am Plafond beider Pavillons fortziehen sollen. Dieser gesamte farbige Schmuck wird dann mit der einfachen edeln Steinfarbe der Architektur in wirksamen Gegensatz treten. Jene plastische Dekoration, die sich über den Balustraden der Pavillons und der Halle erhebt, ist von sehr mannigfacher Art. Über den Portalen, deren Giebelfelder durch ornamentale Skulpturen von Wegner und von Brauer gefüllt sind, werden die Pavillons mit Quadrigen gekrönt: antiken Wagen, deren jähnbewegte Viergespanne von heroischen Frauengestalten mit Bannern in der einen Hand kraftvoll gezügelt werden. Sie sind in Kupfer getrieben, die über dem südlichen Bau nach dem Modell von Bernewitz (Abb. 13 u. 16), die über dem nördlichen nach dem von Götz, zwei hochbegabten, in selbständigen Arbeiten viel bewährten Schülern von R. Begas. Diesen Quadrigen entsprechen über den rückseitigen Portalen an der Wasserseite die von L. Tauer ausgeführten Sandsteingruppen „Handel und Industrie" und „Schiffahrt". Über den beiden anderen Ecken der bogenförmigen Verbindungshalle der Pavillons mit der langen Haupthalle an der Wasserseite erheben sich symbolische Gestaltengruppen, deren südliche die Wissenschaft versinnlicht (von Karl Begas), deren nördliche die Kunst darstellt (von Hidding).

Die Bekrönung der vier Ecken des innen dem Denkmal zugekehrten Säulenganges, wo die beiden bogenförmigen Teile an die Pavillons und an die lange Halle anschließen, bilden ornamentale Gruppen, welche die vier deutschen Königreiche symbolisieren: über den Pavillonecken Preußen und Württemberg, beide von Breuer; über den Halleneckenn Bayern von Gaul und Sachsen von Kraus; mächtige Adler mit ausgebreiteten Schwingen erheben sich über ihnen. Das Innere der Hallen und Pavillons bietet noch Raum vollauf zur Aufstellung von Statuen und Büsten der hervorragendsten Männer aus des Kaisers Regierungszeit.

Abb. 17. Fragment aus dem Mosaikfußboden. Nach einer Zeichnung von Gustav Halmhuber.

So ist das Ganze dieses Denkmals entstanden, gestaltet und beschaffen, das, an Umfang und Größenverhältnissen eines der gewaltigsten unter allen Monumenten der Erde, dem großen, siegreichen, weisen und gütigen Herrscher, dem Gründer des Deutschen Reiches in seiner Hauptstadt errichtet ist und an dem Tage, an welchem er vor hundert Jahren zum Heil des Vaterlandes geboren wurde, enthüllt werden wird. Eine Kritik der grandiosen Kunstschöpfung hier zu geben, lag nicht in unserer Absicht.

Vom heißen Stein.

Roman

von

Ernst Muellenbach (Lenbach).

(Fortsetzung.)

Am Tage nach seiner Rückkehr stand Meister Balzer neben Mechthild vor ihrer kleinen Staffelei, um ihrem jüngsten malerischen Versuch mit einigen Winken nachzuhelfen. Sie nahm seine Belehrung freundlich an und arbeitete eine Weile emsig fort. Dann ließ sie den Pinsel sinken und fragte, ohne sich umzuwenden: „Ihr wart vorhin bei dem Oheim unten. Wie findet Ihr ihn, Meister Balzer?"

„Etwas müde," antwortete er ausweichend.

Mechthildis nickte traurig. „Er studiert gar zu viel. Und dazu immer diese schrecklichen Dinge, — diese Hexenprozesse. Ich weiß gar nicht, was er daran findet . . . . Nun erzählt mir weiter von Euch," fuhr sie nach einer Pause heiterer fort. „Von Euren Bildern in Diez habt Ihr mir schon berichtet. Wie lebt Ihr denn da? Was macht Eure Haushälterin, die Brigitt? Bäckt sie noch immer so gut?"

Meister Balzer starrte die Fragerin sprachlos an. Sie hatte sich bei ihren letzten Worten ganz zu ihm umgewandt, und als sie ihm jetzt in das verblüffte Gesicht sah, flog etwas von dem alten Mutwillen über ihre Züge.

„Es ist zu dumm mit dem Versteckspielen," rief sie leise lachend. „Besonders wenn die alten würdigen Herren es treiben wollen. Meister Balzer, Ihr seid sonst so ein ehrlicher, lieber, alter Freund, warum wollt Ihr mir denn just das Beste nicht eingestehen, wodurch Ihr diese Stadt vor einer Blutschuld bewahrt habt, die ein thörichtes Mädchen durch seine Spielerei beinah über sich und sie gebracht hatte? — Nein, seht Euch nur nicht so erschrocken um. Wir sind allein, und diese Wände haben keine Ohren. Übrigens, — mein Oheim weiß doch schon darum, nicht wahr? Und am Ende war das die ganze wichtige Sache, über die er heut allein mit Euch reden wollte."

„So? Wollte er das?" versetzte Meister Balzer, noch immer sehr bestürzt. „Ihr könnt einen wirklich aus der Fassung bringen mit Euren überklugen Einfällen. Aber thut mir den Gefallen und laßt sie fahren, diese Einfälle; sprecht sie um Gottes Willen gegen niemand aus. Was meine Haushälterin angeht, die so gute Kuchen buk, die ist vor sechs Wochen selig entschlafen und auf dem Kirchhof zu Diez begraben worden, just auf Michaelistag. Gott hab' sie selig. Es ist unrecht von Euch, wenn Ihr sie in Euren Gedanken mit einer anderen zusammenbringt, die nach allgemeinem Befund der Teufel vor etlichen sieben Monaten hier aus eurer Stadtfronerei geholt hat. — Aber weil wir doch einmal von der vertrackten Geschichte reden und die Wände hier, wie Ihr meint, keine Ohren haben — Gott geb', daß sie jedes Geheimnis bewahren, das sie von früher her wissen! —, sagt mir doch, was meintet Ihr eben mit der Spielerei eines jungen thörichten Fräuleins? Wie war das eigentlich mit der Taube?"

Mechthildis errötete. „Einverstanden," sagte sie. „Ich will's Euch erzählen. Aber nur, wenn Ihr mir zuvor sagt, was Ihr über den jungen Feuerwächter wißt. Macht nur nicht wieder so große Augen. Das weiß ja die ganze Stadt, daß er damals durchs Thor entwichen ist. Wir haben sechs Bürgermeister und zweiundfünfzig Ratsherren — meint Ihr, was die in geheimer Sitzung beraten, das hielten sie ihren Frauen und Nichten daheim verborgen?"

„Schrecklich," seufzte Meister Balzer. „Also das nennt man Amtsgeheimnis! Nun, was mich angeht, ich weiß nichts von jenem Hans Maybrunner. Aber einen, der Zug um Zug so aussah wie er, nur brauner im Gesicht und mit einem ganz ansehnlichen Schnurrbart, den hab' ich vor zwei Monaten etwa zu Bacharach vor der Burg Wache stehen sehen, in kurpfälzischer Montur. Der heißt aber Jan Friso. Ein alter reicher Holländer, ein Freund von mir, hat ihn adoptiert und will nun durchaus einen General aus ihm machen. Von dem hat er auch seinen Namen. Früher hieß er anders, er ist übrigens ein Neffe von meiner seligen Haushälterin, die ihr mit der Brigitt verwechselt."

„Gott sei Dank!" seufzte Mechthildis und streckte dem alten Freunde die Hand hin. „Meister Balzer, Ihr versteht es, die Thorheiten anderer Leute wieder gut zu machen, und wenn alle so wären, wie Ihr, —"

„Es wäre eine nette Menschheit, nicht wahr?" fiel der alte Maler ein. „Danke für das Kompliment. Der liebe Gott wird doch seine Gründe haben, daß er nicht lauter Kerle wie mich herumlaufen läßt. Aber nun seid Ihr an der Reihe."

„Was soll ich Euch da viel erzählen?" begann Mechthildis nach einer Weile zögernd. „Kann ich mir's doch selber kaum klar machen, wie ich damals auf den närrischen Einfall kam. Und wie sollt' ich's vollends euch erklären? Ihr, so klug und besonnen, so hell im Dunkeln, wie die Lichter auf Euren Bildern, — könnt Ihr Euch denken, wenn man so am schönsten Tage allein ist in der Natur und ein Knospen ringsum, ein erstes Klingen und Frühsonnenschein und eitel Freude, und man fühlt sich mit einem Male so unsäglich allein, so arm und verworren und dunkel in der Seele, daß man die Hände ausrecken möchte und rufen: Ach, jetzt nur eine Hand, die mich wegführt, — eines Engels oder Menschen Hand, die mich aus der Einsamkeit leitete — Ihr könnt's Euch nicht denken!"

„Glaubt immerhin, daß ich es kann," versetzte der alte Maler nach einer Weile. Er hatte die Augen von der Sprecherin abgewandt und blätterte in einem kleinen Buche, das vor ihm lag. Seine Stimme klang wunderlich weich.

„Ja," fuhr Mechthildis in ihrer Beichte fort, „und so war's. Ein Frühlingstag, draußen auf dem Mechterhof, in meinem Garten. Ich hatte zeichnen wollen, aber es ging nicht. Ringsum so ein wundersamer goldiger Schein, der feinste Nebelduft, wie ein Hauch; und alle die ersten Stimmen der lieben Vögel, und die Luft lau, — und alles, was ich wieder einen langen, nutzlosen Winter lang mitgetrieben und mitgenossen, war mir auf einmal so wüst und leer in der Erinnerung. Und es war mir, als ob der goldige, zitternde Nebel über mir nur auf ein Zeichen von mir wartete, um zu zerreißen und mir etwas Besseres zu zeigen, — etwas Gutes zu thun, wißt Ihr, zu **thun**! Und da —" sie errötete, und ihre Stimme wurde noch leiser, „da traten mir just meine Tauben in die Augen, und der Vers fuhr mir durch den Sinn aus einem Mädchenspiel, das wir im Stift oft getrieben:

Flieg aus, flieg aus, du Taube mein,
Du sollst mein lieber Bote sein, —

und ehe ich selber recht dachte, was ich that, hatt' ich das darauf folgende Verschen zweimal aufgeschrieben, in die Federspulen von ein paar kleinen Pinseln gesteckt und den Tauben angeheftet. Husch, flog das Paar auf, als ob es nur darauf gewartet hätte, und ehe ich anfing meinen albernen Streich zu bereuen, waren sie in dem Goldnebel verschwunden. Ich hab' sie nie wiedergesehen. — Hernach, den ersten Tag über, war ich schrecklich unruhig, ich schämte mich vor jedem, der mich nur ansah. Dann kamen wieder andere Dinge darüber, und ich hatt's beinah vergessen. Bis zu jenem Tag, wißt Ihr, wo Ihr und der Oheim mir zuerst von dem Hans — von dem Feuerwächter oben auf dem Martinsturm erzähltet, als wir die Tauben kreisen sahen und Ihr mich nach den meinen fragtet, — da fiel's mir wieder auf die Seele. Ach, aber dann den folgenden Tag, als mir der Ohein erzählte, wie's mit der alten Brigitte gekommen war, und was sie den Herren berichtet hatte, — als ich merkte, was der Zufall aus meinem dummen Streich gemacht, wie wurde mir da zu Mute! Ich sündiges Menschenkind, ich hatte den Himmel zu einem Zeichen herausgefordert, und der Teufel gab Antwort!"

„Laßt nur den Teufel aus dem Spiel," versetzte Meister Balzer. „Einstweilen regiert unser Herrgott noch die Welt, und mich dünkt, er hat uns auch in dieser wunderbaren Geschichte gezeigt, daß er noch immer die Fäden zieht."

Mechthildis nickte und fuhr sich mit ihrem Tuch über die Augen. „Auch ich hab' es hernach so erkannt," sagte sie. „Und, — ich weiß nicht, es klingt ja wohl recht dumm, wenn ich's sage — es ist etwas in mir anders geworden seitdem. Als Ihr — nun, hebt nur nicht den Finger, — sagen wir, als die alte Brigitt glücklich entkommen war — ich wußte ja so gut wie sicher, daß Ihr es gethan! — und als ich dann von meinem Ohein erfahren, was die beiden Landstreicher über die Flucht des jungen Gesellen berichtet hatten, — da war mir's so leicht um's Herz; aber wißt Ihr, auch so eine Lust: jetzt nicht bloß beten, jetzt auch etwas thun! Ich sah unsere Leute draußen auf dem Mechterhof, wie sie arbeiteten und sich's sauer werden ließen und dabei immer rüstig und fröhlich waren zur rechten Zeit; und sie haben es doch so schwer! Darauf hatte ich früher nie geachtet. Nun war's doch, als ob mir auf einmal die Augen aufgingen. Und wie ich dann merkte, wie sie einen dankbar ansehen für jedes freundliche Wort, und gar die Kranken, und erst die Kinder! — Da kam mir's wohl zuweilen: das ist der Segen, der dich hinter dem Nebel erwartete, und nicht erst an jenem Frühlingsmorgen. Und wunderlich! viel leichter wurde es mir nun auch, die Dummheiten zu ertragen, die mich vordem von unseren jungen und alten Kavalieren so viel geärgert hatten. Und überhaupt all das, was einen so in der Welt ärgert, — ich fand, es ließ sich leichter tragen, wenn man erst selber versucht, sich ein klein wenig nützlich zu machen. Nun lernt' ich ein Büchlein lesen und verstehen, — Ihr habt es just in der Hand, — die Muhme Aebtissin hatte es mir vordem geschenkt, ohne daß ich es sonderlich achtete. Es ist des seligen Thomas a Kempis lateinisches Buch von der ‚Nachfolge Christi.' Ich las darin, und ich fand, daß es doch noch etwas mehr sagt als die alten heidnischen Poeten, die ich vordem eine Zeitlang so gern gelesen."

„Sie sind auch nicht zu verachten," erwiderte Meister Balzer. „Ich sag' Euch ja, unser Herrgott hat die Menschen verschieden gemacht und die Bücher auch; man kann sein Teil von jedem lernen."

„Es ist doch ein Unterschied," versetzte Mechthildis. „Und seht, was mir dies Büchlein so wert macht: es ist immer ein Sporn darin. Es weist einem die Seelenruhe, aber nur von fern. — Nun, habt nur keine Angst: eine Beguine werde ich darum nicht. Der liebe Gott weiß auch hier draußen in der Welt immer ein Plätzchen, wo man ihm mit guter That dienen kann. O, Meister Balzer, eine rechte, gute Liebesthat! Das ist das Beste, wonach mein Herz verlangt. Und dazu habt Ihr es mit erzogen."

In diesem Augenblicke trat Herr Winand ein. Er bemühte sich, recht scherzhaft zu reden; um so deutlicher trat der müde, schlaffe Zug in seinem Antlitz hervor. —

Als Meister Balzer am folgenden Morgen in seiner hochgelegenen Klause saß, stürzte sein getreuer Page Hendricus mit einer Neuigkeit herein, die er eben auf dem Kirchgang erfahren: der Bürgermeister Winand war in einer Sitzung gestern abend, mitten in der Beratung, vom Schlage getroffen worden.

„Das arme schöne Fräulein!" schluchzte Hendricus, und Meister Balzer sprach es ihm in tiefster Seele nach, während er nach dem Mechterhause eilte.

Vor dem Portal drängte sich eine bunte Menge, neugierig und teilnehmend. Eben als Meister Balzer anlangte, trat der Bürgermeister Sebaldus von Halveren in Begleitung seines Sohnes heraus. Herr Sebaldus sah finster drein, das gutmütige Gesicht des Junkers aber strahlte ordentlich: „Es ist Gottlob nicht so schlimm," rief er mit seiner Fistelstimme über die fragende Menge hin. „Seine Gestrengen leben und werden, so Gott will, weiter leben!"

In diesem Augenblicke verzieh ihm Maler Balzer seine sämtlichen Dummheiten.

Oben im Vorsaale ging es ab und zu von vornehmen Teilnehmenden. Meister Balzer wurde anscheinend schon erwartet; ein Diener geleitete ihn sogleich zu Mechthildis, die er in Gesellschaft des Domherrn traf. Sie sah sehr blaß aus, aber es lag eine Gefaßtheit in ihren Zügen, die beinah freudig zu nennen war, und während sie die Worte des Junkers mit ausführlicherem Bericht bestätigte, wurde es dem alten Meister immer klarer, was dieser Ausdruck bedeute: sie hatte nun, am Krankenbett ihres Oheims, die Stätte eines sie voll beanspruchenden Liebeswerkes gefunden.

Herr Winand war bei Bewußtsein und Sprache, die Ärzte hofften ihn zu erhalten; aber der Körper werde wohl gelähmt bleiben.

„Er hat eine Bitte an Euch, Meister Balzer," sagte der Domherr.

„Ja, eine große Bitte," fiel Mechthildis ein. „Ob Ihr nicht, solange Ihr in der Stadt bleibt, sein Gast sein wollt? Er hätte Euch gern in der Nähe. Nicht wahr, Ihr thut es?"

„Thut's, Meister Balzer," sagte der Domherr. „Euere Gesellschaft wird ihm heilsamer sein, als die Besuche gewisser Kollegen."

„Natürlich thu' ich's," erwiderte Meister Balzer. Mechthildis drückte ihm dankbar die Hand, dann eilte sie zu ihrem Kranken.

„Ich glaube, ich weiß, auf wen Ihr anspielt, hochwürdigster Herr," bemerkte Meister Balzer leise. „An einen Krankensessel paßt der mit seinem Inquisitorgesicht freilich nicht. Übrigens so verdrießlich wie vorhin, als er hier aus dem Hause kam, habe ich ihn noch nie gesehen."

Über das kluge glatte Priestergesicht des Domherrn flog ein zufriedenes Lächeln. „Das wird wohl seine Gründe haben," meinte er. „Ich vermute, er hat sich unserem Kranken freundlichst als Stellvertreter für die Vormundschaft über mein Fräulein Nichte antragen wollen. Und da wird es ihn überrascht haben zu hören, daß der Posten schon im voraus besetzt ist, nämlich mit mir."

„Hm," machte der Meister Balzer, „das Schachspielen bildet seine Leute doch."

Sechzehntes Kapitel.

Junker Johann Erhard Knebel, der Oberamtmann zu Bacharach, stand im Rufe eines strengen Lehrmeisters, der stramm durchgriff und das Halbe so wenig bei andern wie bei sich duldete. „Von einem gemeinen Köter kann man nicht mehr verlangen, als daß er bellt und zuschnappt, wenn die Spitzbuben kommen," sagte er. „Aber was Rasse hat, das will ordentlich dressiert werden." An seinem neuen Rekruten Hans Friso, wie er jetzt hieß, hatte er Rasse bemerkt, und demgemäß faßte er ihn an. Es war eine harte Lehrzeit für Hans. Die Ausbildung des jungen Kriegers hatte buchstäblich von der Pike an begonnen; denn noch bildeten die Träger dieser Waffe den wichtigsten Teil des Fußvolkes. Man nannte sie die Lastesel, und als Hans anfing die Waffe zu handhaben, merkte er auch, warum sie so hießen. Überhaupt sorgte der alte Feldwebel, dem der Junker seinen militärischen Elementarunterricht anvertraut hatte, ganz im Sinne des Meisters dafür, daß Hans für die ersten Monate nicht aus dem Turnfieber herauskam. Der Junker selbst hatte sich etliche Fächer: vorab Reiten, Degenfechten und die „Kriegsmoral," wie er es nannte, vorbehalten, und schließlich trat auch der Domine in das militärische Lehrerkollegium ein — in der Lehre vom Wesen und Bedienung des Geschützes, worin die seefahrenden Völker, die Spanier, Türken, Engelländer und vor allem die Holländer damals den Landratten weit überlegen waren.

„Wie die Pein, so der Wein," sagte der Domine eines Tages, als sie nach einer besonders anstrengenden Übung auf die Weinberge hinabschauten, die in diesem Jahre dem Winzervolke für unendliche Mühen einen reichen Ertrag versprachen. Hans nickte verständnisvoll. Er empfand an sich die Wahrheit des Sprichworts. Mit jedem Tage in der scheinbaren Knechtschaft einer strengen Disciplin wuchs ihm jetzt das Gefühl eines männlichen, zukunftsfrohen Selbstvertrauens. Freilich hätte er sich mit der Disciplin nicht so glücklich abgefunden, wenn sie ihm nur von außen gekommen wäre. Aber sie kam auch von innen, aus dem Willen, und darum ward sie ihm leicht. Darin lag auch das Geheimnis der Achtung, die ihm alsbald von seinen Kameraden und allem Dienstvolk auf der Burg zu teil geworden war. Der Junker Amtmann hatte ein wachsames Auge, aber auch viel zu überwachen, und wenn Hans gewollt hätte, so würde er leicht Mittel und Wege gefunden haben, um sich an mancher scharfen Ecke des Dienstes vorbeizudrücken oder doch dafür in leichtsinnigem Vergnügen schadlos zu halten. Die Leute wußten ja doch, daß er etwas Besonderes war; wenn er auch noch kein Abzeichen einer Charge auf dem braunen Soldatenwams trug, so sahen sie um ihn doch den ganzen Abglanz des Ansehens und Reichtums seines Adoptivvaters leuchten und wären ihm dementsprechend entgegen gekommen. Da er aber an eine gelegentlich in kameradschaftlichen Formen geübte Freigebigkeit nie die Bedingung unnobeler Gegendienste band, ja auch die Andeutung von solchen geflissentlich überhörte und auch in seiner Lebensweise die richtige Mitte zwischen seiner günstigeren Glücksstellung und seinem derzeitigen Stande hielt, so fanden die Leute, daß er wirklich verdiene, „etwas zu werden."

Ein unerwartetes Wiedersehen hatte ihm der Besuch des Meisters Balzer gebracht. Der alte Maler war durch die Briefe des Domine von der Ankunft des Flüchtlings in Bacharach, von seinem vorherigen Erlebnis mit Mynheer van Tessel und Renata unterrichtet worden, und nachdem er nun auch die neue Wendung seines Geschickes erfahren, ließ er es sich nicht nehmen, gegen Ende des Sommers nach den vier Thalen hinaufzureisen. Die beiden hatten einander viel zu erzählen, Meister Balzer aber verstand auch die Kunst, über gewisse Dinge, wo es ihm nützlich schien, weniger zu erzählen, als er wußte. Unbedenklich berichtete er Hans, wie er mit dem Meister Jobst Frauentrost die Flucht der alten Brigitte verabredet und bewerkstelligt habe. Als aber Hans unter Beistimmung des Junkers von der Fügung des Himmels redete, die ihn durch jene wunderbare Taubenpost auf den heißen Stein geführt habe, begnügte sich Meister Balzer mit einem ungläubigen Lächeln. „Die vornehmen Herrschaften in der Stadt treiben ja allerhand Spielerei mit Tauben," meinte er. „Es ist eben ein Zufall gewesen." Nur seinem alten Freunde, dem Domine, von dessen Verschwiegenheit er genügend Proben besaß, vertraute er unter vier Augen an, wer die Absenderin jener Taube gewesen sei. Es war nicht das erste Mal, daß er mit dem Domine über Mechthildis sprach. „Es hat eben jeder sein Sorgenkind," meinte er. „Ihr habt Euch jetzt auch eins verschafft, sorgt nur, daß er nicht wieder ins Träumen kommt, Euer Hans." Übrigens schien er sehr zufrieden von allem, was er hier sah, und ganz besonders freute er sich auf den Eindruck, den er bei Brigitte mit der Schilderung ihres kriegerischen Neffen machen werde. Einen Monat darauf kam dann leider die Meldung von ihm, daß die gute Alte nach einem kurzen Krankenlager aus diesem Leben geschieden sei.

Hans durfte die Nachricht mit einer Bewegung aufnehmen, die durch keine Selbstvorwürfe verbittert war. Er wußte, daß die Alte bei Meister Balzer einen friedlichen und sorgenfreien Lebensabend gefunden hatte. Sein eignes Verhältnis zu ihr war nie besonders innig gewesen; als er damals zu ihr zog, um ihr den Verbleib in ihrer gewohnten Umgebung zu erhalten, hatte ihn weit mehr ein fast schwärmerisches Bedürfnis nach einer guten That geleitet, als persönlicher Anteil an seiner Muhme, und während ihres Zusammenlebens war die Freundschaft nicht inniger geworden. Durch Meister Balzer hatte er ihr von Bacharach aus noch etliche ihrem Geschmack angepaßte Geschenke gesandt und ihren Dank dafür in einem dem Meister Balzer diktierten, sehr kurios abgefaßten Briefe erhalten; weitere Beisteuer hatte der alte Maler damals abgelehnt. „So lange die Brigitt für mich sorgt, kann ich auch für sie sorgen," erklärte er. Nun war sie erlöst aus dieser Welt der Leiden und Hexenprozesse, und mit ihrem Tode war ein dunkles Band zerschnitten, das Hans noch an die Vergangenheit fesselte.

Wenige Tage nach der Todespost aus Diez begann in den vier Thalen ein überaus lebhaftes und lustiges Treiben. Die Weinlese war eröffnet, und was für eine Weinlese! Seit zwanzig Jahren hatten die edlen Reben nicht so zeitig gereift und nach Menge und Güte so vortrefflichen Ertrag verheißen. Selbst die müden, sanften Augen des greisen Doktors Crustarius, der langsam, auf den Arm seines Diakon gestützt, durch die Reihen der Winzer wandelte, ließ die Fülle des Segens noch einmal in einem weinfrohen Glanze aufleuchten, der vielleicht keinem Oberkirchenrat, aber dem lieben Gott gewiß sehr gefiel. Nur Hans fühlte sich inmitten der allgemeinen Fröhlichkeit einsam und enttäuscht. In der Menge der Gäste vermißte er eine zarte Gestalt, auf deren Anblick er sich seit Monaten heimlich gefreut hatte, und nun er sie vermißte, empfand er erst recht, wie sehnlich er auf sie geharrt hatte.

Im Laufe der Monate hatte sich in seiner Lade ein kleiner, kostbarer Schatz angesammelt, eine Anzahl Briefchen von seinem Raben, in einer zierlichen mädchenhaften Handschrift. Der schwarze Briefsteller entschuldigte sich gleich im ersten, daß er dem Fräulein Renata diktieren müsse, da er selber noch immer nicht schreiben könne. Diktieren konnte er jedenfalls um so besser — es war erstaunlich, wie anmutig und herzlich zugleich er immer wieder, zwischen allerlei kindlichem Geplauder von seinem Zusammenleben mit den „bunten krummschnabligen Vettern aus dem Mohrenland," von dem Fräulein zu erzählen wußte, das seinem früheren Herrn so dankbar sei, so froh, daß es ihm gut gehe, und so gespannt darauf, ihn zur Weinlese in Bacharach wiederzusehen. Die Briefe Mynheers van Tessel an den Domine, welchen diese Rabenpost beigelegt war, enthielten ja auch viel Schmeichelhaftes für Hans; Mynheer wünschte seinem alten Freunde immer wieder Glück zu einem solchen Adoptivsohne und versicherte jedesmal, wie sehr es ihn freuen werde, Hans aus allen Kräften helfen zu können; aber der Rabe wußte ihm doch noch ganz anders ans Herz zu greifen. Immer aufs neue las Hans diese Briefchen, obzwar er sie längst auswendig wußte und manche Stellen aus ihnen sich unzähligemal hersagte, wenn er des Nachts auf einsamer Wacht stand, das Glöckchen in der verlassenen Wernerskirche leise klingen hörte und drüben, auf dem heißen Stein, das weiße Sommerhäuschen seines Adoptivvaters im matten Sternenlichte schimmern sah. Und dann war es ihm wie ein seliges scheues Ahnen, als ob er die Sendung der Taube damals doch eigentlich recht gedeutet habe.

Nun aber waren die ersehnten Gäste doch nicht gekommen. Auch der Domine schien das vereitelte Wiedersehen schwer zu verwinden; er sah überaus ernst und kummervoll aus, nachdem er den Absagebrief seines Freundes gelesen. Als ihn Hans fragte, warum sie denn nicht kämen — der Rabe hatte in seinem dermaligen Brief vor lauter Bedauern vergessen, den Grund anzugeben — antwortete der Domine: „Geschäfte, — Herr Adriaen hat daheim zu viel zu thun. Und dann wäre die Reise auch wohl zu anstrengend für Renata." „Das Fräulein ist doch nicht krank?" fragte Hans erblassend. Der Domine sah ihm teilnehmend in das verstörte Gesicht. „Nicht doch," versetzte er mit einem schwachen Lächeln. „Sie ist nur sehr zart, weißt du. Und die Ärzte sind ängstliche Leute."

Einem Jüngling, der das Herz auf dem rechten Fleck hat, wird die Enttäuschung eines nichterfüllten Wunsches zum Sporn erhöhten Pflichteifers. Der Junker Amtmann hatte alle Ursache, mit seinem militärischen Novizen zufrieden zu sein, zumal in einer Zeit, wo die allgemeine Feststreude die Versuchungen so nahe legte. Wortreiches Lob verschwendete der Junker nicht; um so schwerer wogen die knappen Äußerungen seines Beifalls bei seinen Untergebenen, da sie wußten, daß ihm seine Stellung in hohem Maße die Macht gab, auch anders als in Worten zu lohnen und zu strafen. Auch von dieser Macht hatte Hans eben jetzt einen Beweis empfangen, auf den er sehr stolz war. Er hatte die Stufen der Pike und Muskete jetzt hinter sich und trug als Gefreiter die Montur eines Dragonerregiments, das allerdings bis auf einen winzigen Stamm ganz auf dem Papier stand und erst im Kriegsfall von dem Junker als Obersten geworben werden sollte.

Kurz nach der Weinlese hatte der große Markt begonnen, auf dem der Bestand des vorigen Jahres an heimischen und rheingauischen Weinen zur Versteigerung gelangte. Das war eine Zeit, wo das alte Bacharach vor Antritt des Winterschlafes noch einmal sehr munter wurde und eine Menge vornehmer Gäste sah. Es entsprach dem vorsichtigen Wesen des Junkers, daß er eben in dieser Zeit ein besonders scharfes Auge auf seine Burg und Leute hatte und dafür sorgte, daß sie sich vor all dem Besuch in gutem Lichte zeigten. Heuer aber hatte er dazu noch seine besonderen Gründe. Unter den fremden Gästen war einer erschienen, der vordem selber auf Stahleck kommandiert hatte und jetzt in Heidelberg im Rate des Kurfürsten, mehr noch der Kurfürstin, die erste Geige spielte. Das war der Ritter Heinzdietrich von Schönburg, derzeit Geheimerrat, Burggraf zu Starkenburg, Vogt und Gardeobrist zu Heidelberg, ein mächtiger Herr und nicht unwürdig des großen Namens seines Geschlechtes, das der Welt vor ihm und nach ihm so viel berühmte Kriegshelden und Fürstenräte schenkte. Er hatte die Weinlese bei seinem Bruder auf der Stammburg vor Oberwesel gefeiert und war nun auf der Heimreise von dorther mit etlichen Kavalieren in dem Schönburgschen Erbhause zu Bacharach eingekehrt, um in den vier Thalen die Martinsgans zu essen, wie er sagte; einen amtlichen Auftrag zur Inspektion der Feste habe er nicht. Die beiden gewaltigen Herren behandelten einander sehr höflich, aber der Junker war auf seiner Hut.

Auf den zweiten Abend war der Geheime Rat zu einem großen Bankett im Rittersaal der Feste geladen. Als er, eine halbe Stunde vor Beginn, droben schon die Lichter festlich schimmern sah, verließ er mit seinen Kavalieren ohne Aufsehen die Stadt und führte sie unterhalb des Burgberges bis an einen schmalen Pfad. „Laßt uns hier hinaufsteigen,“ sagte er, „ich kenne den Weg.“ Die Herren nahmen das Gebot verständnisvoll auf, und nach einer Viertelstunde mühsamen Steigens winkte ihnen in der Mauer der weitläufigen Feste ein hübsches kleines Pförtchen. Hier aber vertrat ihnen ein junger, schnurrbärtiger Dragoner den Weg, die kurze Radschloßflinte schußgerecht im Arm, und verlangte Losung und Parole.

„Weg da, Kerl!“ sagte der Geheime Rat. „Siehst du nicht, wer wir sind?“

Der Dragoner wiederholte seine Forderung und hob die Waffe.

„Was soll das heißen?“ rief Der von Schönburg. „Willst du gehorchen, Kerl?“

„Nur meinem Oberst,“ erwiderte Hans, und da der Geheime Rat den Fuß vorsetzte, rief er: „Halt!“ und richtete den Lauf gerade auf die Brust des hohen Herrn.

Dieser fuhr mit der Rechten nach dem Degengriff, die anderen Herren drängten scheltend auf Hans los, und es war die höchste Zeit einzugreifen für den stillen Beobachter, der den Vorfall unbemerkt gesehen und wahrscheinlich — ohne freilich Hans etwas davon zu sagen — vorhergesehen hatte.

„Was ist denn das hier?“ rief eine barsche Stimme, und der Junker Johann Erhard erschien in seiner ganzen Breite, dienstmäßig gerüstet, unter dem Thor. Er warf einen kurzen Blick über die Gruppe und wandte sich dann an Hans: „Schildwach, was gibt es?“

Die Schildwache berichtete in vorschriftsmäßiger Stellung und Rede, ohne sich durch das Dazwischenrufen der anderen stören zu lassen:

„Die Leute wollten hier herein, verweigerten Losung und Parole, respektierten die Wache nicht. Sonst nichts Neues.“

„Schön. Und wenn sie sich weiter widersetzt hätten?“

„Würde ich die Waffe gebraucht haben.“

„Und sonst?“

„Hätte ich sie aufgefordert, mir ihre Waffen auszuliefern, und sie nach Ablösung zur Wache eskortiert.“

„Wenn sie aber weggehen wollten?“

„Dreimal ‚Halt!‘, dann, wenn nicht gefolgt wird, schießen.“

„Schön. Sag' mal, weißt du auch, wer die Herren sind?“

„Nein.“

Hier mischte sich der Ritter Heinzdietrich, der bis dahin, zwischen Beschämung und militärischem Behagen schwankend, zugehört hatte, ein. „Das gesteh' ich, Herr Vetter,“ rief er ärgerlich lachend, „Ihr haltet stramme Zucht. Aber was verführt Euch denn, dies Hinterpförtchen so sorgsam bewachen zu lassen, das doch nur für verliebte Schloßknechte und Winzermädchen da ist?“

„Möglich, Euer Gnaden, daß es im Frieden meist dazu dient,“ erwiderte der Junker trocken. „Habe aber aus Eurem eignen Promemoria bei Antritt meines Postens ersehen, daß es eine hochwichtige Stelle im Kriegsfall ist. Und Ihr wißt, eine Feste muß allzeit auf den Kriegsfall gerüstet sein. Ein Glück, daß ich just selber die Runde machte. Ihr habt gehört, was die Schildwache vorhatte.“

„Na, was das betrifft —“ brummte der Ritter und maß den Dragoner, der jetzt auf den Wink seines Kommandanten hin vor dessen Gästen präsentierte, mit einem langen Blick. „Aber recht hatte der Bursche. Braver Kerl. Könnten bald viele davon brauchen.“

Eine Stunde darauf stand Hans, dem Befehl gemäß, den ihm die Ablösung gebracht, im Bankettsaal des Schlosses vor seinem Kommandanten und dem fremden Herrn, den er kurz zuvor so gefährlich bedroht. Dieser aber schien darum keinen Groll zu hegen, denn er hielt ihm eine sehr schmeichelhafte Lobrede, und zum Schluß ließ er ihm einen Humpen reichen und stieß mit ihm auf das Wohl Seiner Hochfürstlichen Durchlaucht des Pfalzgrafen an.

Siebzehntes Kapitel.

Durch das kleine Abenteuer war Hans der Held der ganzen Garnison geworden. Der Junker Amtmann vermied es zwar, viel Aufhebens von der Geschichte zu machen; aber er konnte nicht verhindern, daß die Besatzung auf den jungen Gefreiten fortan mit kameradschaftlichem Stolze blickte. Aus der Wachtstube pflanzte sich diese Verehrung für Hans auf die Bürgerschaft der kleinen Stadt fort, die jetzt täglich mehr durch die rauhe Gewalt des Winters von der Außenwelt abgeschnitten und zu ihrer Unterhaltung auf die heimischen Neuigkeiten angewiesen war. In dieser Enge war die Verteidigung der Feste Stahleck gegen den Einbruch des Geheimen Rates und seiner Kavaliere schon ein wichtiger Gesprächsstoff, und das Komische des Vorfalls erhöhte für die fröhlichen Bacharacher Gemüter noch den Reiz der Geschichte, somit auch die Beliebtheit ihres jugendlichen Helden.

Hans bekümmerte sich wenig um die freundlichen Legenden, mit denen das Wohlgefallen der Soldaten und Bürger allmählich seine Person und selbst seine Abkunft umspann. Er benutzte die größere Muße, die auch ihm die Jahreszeit verschaffte, um sich aus Büchern, mehr noch aus Gesprächen mit seinem Vater, den beiden geistlichen Herren und anderen erfahrenen Männern zu bilden. Auch der Junker Amtmann ließ den Rangunterschied, den er oben auf der Feste schon um der anderen willen festhalten mußte, im Hause des Domine beiseite und freute sich, wie sicher und bescheiden zugleich sein Zögling sich in Gesellschaft von älteren und vornehmeren Herren zu benehmen wußte. Manchmal aber lagerte eine Verstimmung über dem Freundeskreise, die auch Musik und Wein nicht zu heben vermochten. Der Junker war nicht zufrieden mit der Welt Lauf. Er hatte dem Geheimen Rat und den anderen Heidelberger Herren wieder allerlei über die Politik bei Hofe abgemerkt, was

Aus unserer Bildermappe:

Beim Vorlesen des Homer. Nach dem Gemälde von L. Alma Tadema.
(Mit Genehmigung der Photographischen Gesellschaft, Berlin.

ihn mit großen Sorgen für seinen jungen Kurfürsten erfüllte, und er sprach diese Sorgen manchmal sehr freimütig aus. „Er ist zu jung zur Regierung gekommen, unser armer Herr; war ja fast noch ein Knabe, als sie ihn mit der englischen Königstochter vermählten. Schön ist sie und klug, aber schrecklich hochmütig, die schöne Pfalz ist ihr zu wenig, wenn es nach ihr und ihren Beihelfern ginge, so hätten sie unsern Friedrich womöglich schon als Gegenkaiser ausgerufen, wie in den alten Zeiten: und wer weiß, ob sie es nicht einmal thun? Alsdann haben wir den Krieg. Ich bin wahrhaftig nicht bang vorm Schlagen und wüßte mir keinen schöneren Tod als in einem ehrlichen Reiterkampf, aber 's wär schrecklich für unser Land. Er weiß ja gar nicht, wie schlecht er gerüstet ist.“ Am meisten schien ihn zu verdrießen, daß der Kurfürst in seinen ehrgeizigen Hoffnungen auch von Sterndeutern unterstützt werde. „Pfuscher sind es. Die Sterne reden wahr, aber die Menschen lügen ihnen eins an.“ — Auch der Domine hatte seinen Kummer, aber er sprach ihn nicht aus.

Hans trug geduldig die Verstimmung der alten Herren und bemühte sich um sie mit allerlei Dienstfertigkeiten, wie sie der Jugend so gut stehen. Seinen militärischen Pflichten kam er mit unveränderter Sorgfalt nach und genoß daneben mit wachen Sinnen die gewaltigen, durch keinerlei großstädtisches Treiben verwirrten Eindrücke der winterlichen Natur in dieser Berg- und Stromlandschaft. Er sah die Rebenhöhen mit Schnee bedeckt, aus dem die grauen Mauern und Zinnen der Schlösser und Festen wunderlich ernst und doch fast anheimelnd aufragten, sah, wie das Eis sich stellte und einen breiten, bequemen Pfad über die gurgelnde Wassertiefe hinüber ins Kurmainzische nach Lorchhausen baute, auf dem Fußgänger und Wagen wechselten. Er war mit dabei, als die Bacharacher Faßbinder uraltem Brauche treu mitten auf dem Strome, zwischen ungeheuren blaugrünen Eisblöcken, ein neues Faß bauten und verschiedene volle Fässer an die von hüben und drüben versammelten Gäste ausschenkten, als Tafelgetränk zu einem gleichfalls mitten auf dem Strome von den Lorchhauser Metzgern geschlachteten und kunstgerecht gebratenen Schwein. Dann kam, nach dem härtesten Frost im Januar und Februar, der Tauwind, es kamen die gefürchteten Eisgangposten von weiter aufwärts, und Hans feuerte selbst die ersten Lärmschüsse ab, die den Bacharachern das fernere Betreten des Eises verboten und die Anwohner des Ufers mahnten, alle Vorsorge für den schlimmsten Fall zu treffen. Aber es ging noch leidlich ab, die Eismasse löste sich früh genug weiter abwärts, vor der Lurley, und gestattete auch den weingelaunten Bacharacher Schollen rechtzeitig friedlichen Abzug. Dann aber, als schon die ersten Lerchen sangen und die Veilchen blühten, kam das Schlimmste, was es in diesen Thalen zu fürchten gab — ein kurzer Nachwinter mit bösem nächtlichem Frost, der die Reben angriff; die Bürger gingen traurig umher und sagten: „Heuer wird's Charfreitagswein!“

Die letzten vierzehn Tage vor Ostern hatte Hans auf der kleinen Feste Stahlberg verbracht, die das pfälzische Gebiet gegen Kurtrier deckte. Der alte Leutnant, der dies Bollwerk mit vier oder fünf Mann besetzt hielt, lag mit Gicht und Gliederfluß zu Bett. Hans hatte ihn zu vertreten — das erste Mal, daß er sich als Kommandanten einer „Festung“ fühlen durfte! Es war ein süßes Gefühl, und es wurde noch versüßt durch einen Brief des Raben, der ihm nachgeschickt wurde. Der Brief war noch wärmer geschrieben, denn alle vorigen, er sprach von der „großen, großen Freude,“ mit der Renata „dieses Jahr ganz sicher“ Hans wiederzusehen und ihm zu danken hoffte. Es gehe ihr ja jetzt wieder ganz gut, nur eine Zeitlang sei sie krank gewesen — man merke es wohl noch ein wenig ihrer Schrift an.

Am Ostersamstag war Hans nach der Feste Stahleck zurückgeritten. Als er dem Amtmann Rapport erstattet hatte, sagte dieser: „Bleibt noch einen Augenblick. Es ist etwas vom Hofe für Euch angekommen, Kornett!“ Und während ihn Hans fast erschrocken anstarrte, hatte er auch schon einen großen, achtunggebietenden Bogen mit Faden und Siegel daran entfaltet. In diesem Schriftstück bestätigte „Friedrich von Gottes Gnaden etc., Unseres Namens der Fünfte“ seinem getreuen etc. Junker Johann Erhard Knebel zu Katzenellenbogen „mit sonderlicher Freude“ die von demselben vorgeschlagene Ernennung des Gefreiten Hans Friso zum Kornett, mit dem Bedeuten, selbigem Hans Friso das erste Fähnlein in dem Dragonerregiment zu verleihen, welches „Unser lieber, getreuer ꝛc.“ als Obrist „demnächst“ werden solle.

Das war das Ostergeschenk vom Kurfürsten, zum Dank für den Weihnachtsspaß, den ihm sein Geheimer Rat mit der Erzählung von der verunglückten Wegnahme Stahlecks gemacht. Aber auch von dem Ritter Heinzdietrich von Schönburg war etwas für Hans da: eine schön gestickte blausilberne Schärpe mit einem prächtigen Degen, „zum Dank dafür, daß der junge Herr Kamerad ihm den seinigen dazumal doch noch in Gnaden gelassen.“

Der Junker legte Hans das Abzeichen seiner neuen Würde selber an und weidete sich herzlich an der gerührten Freude des Jünglings. „'s ist nur erst die unterste Stufe,“ meinte er, „und einstweilen seid Ihr ein Kornett ohne Fähnlein, müßt Euch hier schon als mein Adjutant auf der Feste nützlich machen. Aber wenn Ihr Euch haltet wie bisher, werdet Ihr schon weiterkommen. Und nun geht und zeigt Euch Eurem Vater.“

Der alte Diener des Domine stand im Hausflur, als der junge Offizier eintrat; er sah verstört aus und brachte nur stotternd einige glückwünschende Worte vor.

„Was ist Euch denn widerfahren?“ fragte Hans verwundert.

„O — nichts, Mynheer,“ antwortete der Alte ausweichend. „Euer Herr Vater ist in seinem Zimmer. Es sind Briefe von daheim gekommen.“

„Also auch noch ein Gruß von Renata! Welch ein Glückstag!“ dachte Hans. Hastig eilte er in das Altanzimmer.

Der Domine saß an seinem Tische, den Kopf in die rechte Hand gestützt, am Boden lag ein offenes Schreiben. Langsam erhob er das Haupt und blickte Hans mit müden Augen an; die Offiziersschärpe schien er gar nicht zu bemerken.

Hans fuhr zurück. Eine plötzliche Ahnung durchzuckte ihn und brach in dem einen Worte aus: „Renata?! . . .“

Der Domine deutete auf den Brief und nickte traurig. „Sie ist wieder bei ihrer Mutter,“ sagte er leise.

Achtzehntes Kapitel.

Es war eine große und aufrichtige Teilnahme unter dem warmherzigen Winzervolke. Sie hatten sie ja alle gekannt, sie lieb gewonnen in ihrer fremdartigen, elfenhaften Holdseligkeit — und vielleicht sie auch oft beneidet, wenn sie an der Seite ihres Vaters, umgeben vom sorglosen Glück des Reichtums, an ihnen vorüberschritt. Ein Schauern des tiefsten Mitgefühls ging durch die Gemeinde, als Doktor Crusiarius in seiner Osterpredigt mit zitternder Stimme Renatas Namen nannte, und der Junker Amtmann, der aufrecht und steif, in Galamontur, in seinem Kirchenstuhl saß, wandte das Antlitz zur Mauer, um vor den Leuten zu verbergen, daß auch ihm die Thränen noch nichts Fremdes waren.

Für die Bacharacher Winzer bedeutete der traurige Fall noch einen besonderen Verlust. Es war ihnen zu verzeihen, daß sie zumal angesichts eines so bösen Weinjahres auch daran dachten. Wenn Mynheer van Teffel jetzt seinen Handel aufgab, so konnten sie lange suchen, bis sie einen gleich angenehmen und zuverlässigen Abnehmer fanden; und schon jetzt war es sicher, daß sie ihren Domine verloren.

Der Domine hatte Hans seinen Entschluß sogleich mitgeteilt, nachdem sich der erste heiligste Schmerz in trauervollem Wechselgespräch ausgelöst hatte. „Unsere Wege, mein lieber Sohn, scheiden sich jetzt. Ich muß zu meinem Admiral. Das versteht sich von selbst, er braucht mich nicht erst zu rufen. Er hat mich nicht allein gelassen, als ich einsam und arm war, so will ich's jetzt noch einmal als Siechentröster versuchen für ihn - - ach, fürwahr, einsam und arm ist er jetzt in allem Reichtum! Du aber gehörst fürs erste der Pflicht, die dich heute mit diesem Ehrenband geschmückt hat will's Gott, so finden wir uns in e i n e m Heerlager wieder zusammen, und vielleicht noch eher, als dein Oberst meint. . . . Krieg! das ist die Zukunft. Es wird trübe in der Welt . . . Und Renata war für eine lichte, friedliche Welt geschaffen . . .“ fügte er leiser hinzu. Dann richtete er sich straff auf und sagte laut: „Hans, mein Sohn — einmal schon heute hat dich dein Oberst in Pflicht genommen — gieb mir die Hand und gelobe auch mir, dem Degen — und dem Namen, den du trägst, Ehre zu machen."

„Ich gelobe es," sagte Hans und ergriff die Rechte des Greises.

„Es ist gut so," erwiderte der Domine. „Und nun laß mich dir noch eins sagen, Hans. Ich weiß, daß in diesen Monaten ein Gefühl in dir immer mächtiger gewachsen war — obzwar du es mir nie anvertraut hast . . . Es war doch unschwer zu bemerken," fügte er mit einem trüben Lächeln ein. „Du brauchst dich deshalb nicht zu verantworten. Es war über dich gekommen, du hast es nicht gerufen. Und es war auch nichts Unrechtes — mehr noch, du hattest, glaube ich, ein Recht dazu, das höchste Recht: daß sie dasselbe Gefühl für dich trug, heimlich und tief wie du. Sterbend noch, mit der zuversichtlichen Hoffnung, zu genesen, mit der eine gütige Barmherzigkeit lange, unheilbare Krankheit verklärt, hat sie vom Wiedersehen — und vom Vereintsein mit dir geträumt . . . Laß mich dir auch sagen, daß ich selber mit euch vielleicht einst davon träumte. Aber das ist nun vorbei. Bewahre dir jedes Angedenken an sie und an dies unerfüllte Glück wie einen geweihten Talisman; aber hänge ihm nicht nach in fruchtlosem, thatenlosem Träumen. Sieh, ich habe manchen lieben Gesellen im Weltmeer begraben: ein Gebet, ein Lied, ein Kommando — die Planke sank in die Fluten — und das Schiff folgte weiter seinem Kurs. Und anders ist es im Leben nicht. Alle Segel auf, mein Sohn! Du kannst noch viel Glück schaffen und finden, solange du nicht verzagst und thätig bleibst. Erhalte dich des Glückes würdig, das allein sei dein Totenopfer für ein Glück, das dir nur im Traum beschieden war!"

Hans konnte vor Thränen nicht sprechen, er biß die Zähne zusammen und neigte sein Haupt zu stummem Gelöbnis, und der Domine legte segnend die Hände auf seinen Scheitel. —

Sogleich nach dem Feste reiste der Domine ab, nur von seinem alten Diener geleitet. Der Junker Amtmann hatte es übernommen, mit Hans seine Geschäfte in Bacharach zu ordnen.

Das Schiff fuhr stromab, vorüber an unzähligen Dörfern und Burgen, die im jungen Frühlingsglanze leuchteten, an uralten malerischen Städten mit hohen Domen und trotzigem Mauergürtel. Auch der Domine hatte, öfter als er es Hans gestehen mochte, von dieser Reise geträumt; er hatte von einem jungen Paare geträumt, das mit ihm diese Reise machen werde — die Brautreise ins Vaterland. Auch auf dieser Fahrt begrub er viel Liebes in den Wellen.

Am Nachmittag des dritten Tages sah er die Mauern und Türme der Reichsstadt wieder. Er versuchte, unter den Hunderten von Turmgiebeln jenen herauszufinden, auf dem Hans einst seines Amtes gewaltet; und er verlangte danach, sich mit dem Meister Balzer auszusprechen. Aber von den Kirchen klang ein klagendes, schwer gemessenes Geläute, vom Mast des einzigen Kriegsschiffes der Stadt, das in traurigem Verfall halbwrack unter dem Schutze der Stapelmauern lag, wehten lange schwarze Wimpel, und die am Stapel liegenden Handelsschiffe hatten auf Halbmast geflaggt. Staatstrauer. — Der Bürgermeister Winand Aare von Mechler, der letzte Mann des alten Geschlechts, war gestorben.

„Nein," sagte der Domine auf eine Frage des Dieners, „nein, David, wir reisen weiter. — Was soll ich den alten Freund jetzt stören?" setzte er für sich hinzu. „Er hat sein Teil zu trösten und ich das meine, es wäre thöricht, uns einander das Herz noch schwerer zu machen." Er dachte an Meister Balzers Erzählungen über Mechthildis und verglich ihr Geschick mit dem Adriaens van Tessel. „Einsam und reich er wie sie — ein schweres Los. Und doch minder schwer noch für ihn. Das Leben kann ihm nichts mehr rauben, in vielerlei Thätigkeit ist er Meister, um die kurze Spanne noch auszufüllen, jenseits deren ihm der Tod friedlich zuwinkt, wie ein befriedigter Gläubiger. Sie aber steht inmitten züngelnder Begehrlichkeit, auf schmaler Klippe, an die sie Herkommen, Stand und alles Ererbte fesseln — ja, wahrlich auf dem heißen Stein!"

Zweites Buch.

Erstes Kapitel.

Der Herbst des Jahres 1622 neigte sich zu Ende. Viel Korn und Wein war auch in diesem Jahre in dem schönen Lande längs des Rheinstroms gewachsen. Aber in seinen fruchtbarsten Lagen hatte statt des Winzers der plündernde Soldat die Weinstöcke samt den Trauben abgeschnitten; der Huf hatte die Felder zerstampft, auf denen statt des fleißigen Schnitters der Tod seine schreckliche Ernte hielt. Schon seit vier Jahren währte der Krieg, immer weiter sich ausdehnend zu jenem großen Weltkrieg, den die Thörichten und die Schlechten so lange geschürt, die Klugen und Guten im voraus umsonst beklagt hatten. Wie ein feingebildeter Künstler, hatte er sich die schönsten Gegenden zuerst ausgesucht. Eines vollkommenen Sieges konnte sich keine der Parteien rühmen. In Böhmen und am Oberrhein waren die Katholischen Sieger geblieben, der unselige „Winterkönig" Friedrich von der Pfalz irrte in der Verbannung, und in seinem schönen Stammlande schalteten wallonische und bayerische Generale. In den Niederlanden aber hielt ein kleines, tapferes Volk, stark durch seine einmütige Begeisterung und die goldenen Früchte seines Handels, der katholischen Weltmacht glorreich stand. Nach mörderischen Kämpfen hatten auch diesmal die spanischen Generale ihre Heere ins Winterquartier zurückführen müssen, ohne daß es ihnen gelungen war, das niederländische Bollwerk der Unabhängigkeit und Gewissensfreiheit zu erschüttern.

Durch die engen, nebeltrüben Gassen der Reichsstadt schritt an einem Spätoktoberabend dieses blutigen Jahres 1622 eine hohe, schlanke Frauengestalt, dunkel und schmucklos gekleidet, gefolgt von einer Dienerin im grauen Nonnenmantel, die einen großen Henkelkorb am Arme trug. Aus den Erkerfenstern der vornehmen Häuser blickten ihr schön geputzte Damen nach mit jener lächelnden Geringschätzung, welche den leeren Seelen über ein unbequemes Beispiel hinweghilft. In den Häuschen der Armen und den fast noch dürftiger ausgestatteten Sälen des Spitales hatten ihr andere Augen ungeduldig bittend und hoffend entgegengeblickt. Sie war es beides längst gewohnt auf ihren Liebesgängen.

Aus solchen Gängen, aus ernsten Studien und Kunstübungen und kaum minder ernsthaften Gesprächen mit wenigen Vertrauten setzte sich das Leben des Fräuleins Mechthildis Mare von Mechter seit sechsthalb Jahren, seit dem Tode ihres Oheims, zusammen; ein Leben, so einförmig und allen üblichen Vergnügungen reicher Damen entfremdet, daß es nicht bloß den enttäuschten Verehrern der schönen Erbin als eine Thorheit erschien.

Ihr war es auch heute vollkommen gleichgültig, was die Standesgenossen heimlich von ihr dachten, deren Grüße sie mit ruhiger Freundlichkeit wie immer erwiderte. Nun aber flog ein Lächeln froher Überraschung über ihre Züge beim Anblick eines jungen Burschen in braunem Lederwams, der ihr mit einem großen Felleisen auf dem Rücken eilfertig entgegenkam. „Sieh da, Hendricus," rief sie, „wann seid ihr denn zurückgekehrt? Und wo hast du den Meister Balzer gelassen?"

Der junge Bursch hatte bei dem ersten Wort die Mütze von dem braunen Krauskopf gerissen und starrte dem schönen Fräulein mit derselben hilflosen Bewunderung ins Gesicht, wie vor Zeiten in der Malerklause, als er noch keine Spur des ersten Flaumbartes trug und in die Schule ging, anstatt mit dem Meister Balzer als angehender Malergesell über Land zu ziehen. Erst als Mechthildis ihre Frage lachend wiederholte, stotterte er: „Eben — das heißt vor einer Stunde — er wird wohl jetzt schon in Eurem Hause sein — ich soll das Felleisen nur schon zu uns nach Haus tragen, hat er gesagt."

„Nun, das thue denn," erwiderte Mechthildis, „und morgen läßt du dich auch einmal sehen, hörst du? Wie du schon wieder gewachsen bist! Ordentlich einen Schnurrbart hast du ja."

Hendricus lächelte und errötete über das ganze Gesicht. Mechthildis nickte ihm noch einmal freundlich zu, dann schritt sie beschleunigten Ganges weiter. Aber an der nächsten Straßenecke, vor der schon erleuchteten Bude eines Bücherverkäufers hatte sie noch einen Aufenthalt. Aus dem Fenster einer Sänfte bog sich das blasse, magere Gesicht des Ratsherrn Sebaldus von Halveren grüßend vor: „Ei, Fräulein Nichte, noch unterwegs in der Abendkühle? Und wieder von Eueren Armen und Kranken? Das lob' ich mir." Aber während er sprach, irrten seine Blicke an Mechthildis vorüber nach der Bücherbude, zu der sich immer mehr Neugierige drängten. Einer,

Aus unserer Studienmappe:

ein stämmiger Bürger im Schurzfell, den Schmiedehammer im Arm, hatte sich ein großes gedrucktes Heft gekauft, aus dem er den anderen vorlas.

Einzelne Namen drangen zu dem Ratsherrn. Seine Mienen verfinsterten sich. „Nun denn auf Wiedersehen, liebe Nichte!“ sagte er kurz. „Vorwärts, ihr Leute!“ Und die Sänfte schaukelte weiter.

Auch Mechthildis hatte einen Namen aufgefangen. Sie blieb noch einen Augenblick stehen und lauschte, scheinbar der Sänfte nachschauend. Was die Neugier der friedlichen Reichsbürger so fesselte, war irgend eine „neue Zeitung von des Kriegs Begebenheiten,“ dergleichen die furchtbare Zeit in Menge hervorbrachte; auf der Titelseite stand, von Putten und Engeln umflogen, ein unförmliches Weibsbild in antiker Tracht mit Helm, Schwert und Schild, welches laut der Aufschrift „das in diesem Jahre noch einmal siegreiche Niederlaud“ darstellte.

„. . . und hat also,“ las der Mann jetzt mit erhobener Stimme, „die spanische Armada unter dem Markgrafen von Spinola das Feld nicht maintenieren können und retirieret, nachdem desselbigen mehrbelobten Markgrafen Mitfeldherr, der hochedle Herr General Don Gonsalvo Fernandez de Cordova, von den Mansfeldischen und Braunschweigischen am 29. August in der großen Battaglia bei Fleurus gänzlich besiegt worden; solche gloriöse Victoria bei Fleurus aber haben die Holländer nächst Gott zumeist dem Herrn Obristen Jan Friso zu verdanken, als welcher das mansfeldische Hilfskorps herbeigeholt und mit seiner Cavalleria das Beste in der Schlacht gethan . . .“

„Habt ihr's gehört, Leute?“ rief der Vorleser und blickte so stolz im Kreise herum, als ob er selber die „Cavalleria“ bei Fleurus geführt hatte. „Der Jan Friso!“ „Der Hans!“ „Unsere Haustaube!“ „Den der Teufel schon vor sieben Jahren geholt!“

Ein fröhliches Gelächter übertönte die weiteren Ausrufe.

Mechthildis lächelte still vor sich hin, während sie ihren Heimweg fortsetzte. Das noch einmal siegreiche Niederland konnte ihr nichts Neues erzählen von einer „Victoria,“ deren Verlauf sie sogleich aus einem Briefe des Obersten Jan Friso selbst an Meister Balzer erfahren hatte. Aber es war ihr doch eine eigne Freude zu hören, wie sich die Leute davon auf der Gasse erzählten und den Namen des Siegers feierten.

Mit dem Meister Balzer konnte überhaupt kein Buchdrucker wetteifern; er war eine lebendige Zeitung. Der Krieg, der jetzt von allen Seiten das kleine neutrale Gebiet der Reichsstadt umflutete, hatte so wenig wie das steigende Alter seine Wanderlust vermindert. Mit seinem getreuen Pagen Hendricus war er in den Kriegslagern aller Parteien daheim; holländische und spanische, kaiserliche und mansfeldische Offiziere ließen sich gleich gern von ihm malen und erfreuten sich in gleicher Weise an seiner guten Laune; und wenn er von seinen Streifen in die Reichsstadt zurückkehrte, so brachte er immer einen Sack voll Neuigkeiten für Mechthildis mit. Auch über die Geschicke seiner holländischen Freunde hatte er sie von Anfang an unterrichtet. Sie hatte mit heißen Thränen des Mitgefühls den Brief gelesen, in dem der Domine Govaert Friso ihm damals von Holland aus das Ende Renatas mitgeteilt, und viel hatte Meister Balzer ihr damals von Renata erzählen müssen, — auch von ihrer Errettung durch Hans. Seitdem hatte sie durch Meister Balzer den ferneren Lebensgang des jungen Offiziers verfolgt, — eine stürmische, wechselvolle Laufbahn. Mit stillem Behagen vergegenwärtigte sie sich jetzt, unter dem angenehmen Eindruck der kleinen Volksscene, die Stationen dieser Laufbahn: seine rühmliche Teilnahme an den unglücklichen Kämpfen in der Pfalz gegen die spanische und kaiserliche Übermacht; seine Verwundung und Gefangennahme in jenem Treffen, wo der junge Rittmeister noch zuletzt mit einem letzten Häuflein Getreuer seinen zu Tode getroffenen Obersten wider die wallonischen Kürassiere Cordovas zu schirmen gesucht; dann, nachdem er gegen einen von den Holländern gefangenen spanischen Hauptmann ausgewechselt worden, war er unter die verbündeten Fahnen der Holländer getreten, wo er alsbald der Liebling des großen Schlachtendenkers Moritz von Oranien wurde und durch glänzende Waffenthaten, mehr noch durch sein adliges Verhalten wider Freund und Feind sich dessen würdig zeigte . . . „Es ist erschrecklich, wie sie alle für ihn schwärmen," hatte Herr Govaert Friso neulich an Meister Balzer geschrieben. „Als er acht Tage nach der Schlacht bei Fleurus hier im Haag einritt, haben unsere Damen ihn und sein Pferd mit Blumen bekränzt, er konnte sich ihrer kaum erwehren." Und er fügte hinzu, Mynheer van Tessel habe gesagt: wenn er nächstens vor den Generalstaaten einen Finanzposten zu verteidigen habe, und die Hochmögenden wollten nicht, so würde er sich von dem Prinzen-Statthalter den Oberst Hans als Hilfskommissar ausbitten, dem wage keiner etwas abzuschlagen.

Adriaen van Tessel hatte auch den letzten Schicksalsschlag äußerlich verwunden, — wie es sein Freund gehofft: durch rastlose Thätigkeit, nur nicht mehr in eignen Geschäften, sondern im Dienste des bedrängten Vaterlandes. Auch auf dieses Feld war ihm der Domine gefolgt. Prinz Moritz verwandte ihn in staatsmännischen Sendungen, bei denen ihm die Weltklugheit, die militärische und auch wohl die theologische Einsicht des alten Seepredigers sehr nützlich wurden. Aber auch die Neigung zum Philosophieren hatte sich Herr Govaert bewahrt, und dafür fand er in dem Meister Balzer eine verwandte Seele. Vieles von dem, was sie inmitten aller Kriegswirren brieflich aus dem Schatze ihrer Weltbeobachtungen und Lebenserfahrungen austauschten, trug Meister Balzer seiner jungen Freundin vor, manche Anmerkung von ihr gab er an den Domine weiter und verriet ihr wiederum dessen Ansicht darüber, also daß sich mit der Zeit zwischen dem alten niederländischen Prediger und dem deutschen Patrizierfräulein eine Art mittelbarer Meinungsaustausch weiterspann. Was Meister Balzer etwa außerdem noch über Mechthilds Person und Lebensgang seinen Freunden mitzuteilen für gut fand, wußte sie nicht und forschte auch nicht danach, übrigens empfing und erwiderte sie durch ihn auch die regelmäßigen Grüße und Wünsche von Renatas Vater — und von Hans.

Auch heute durfte sie auf Grüße und Nachrichten von jener Seite rechnen, zumal Meister Balzer sich diesmal vier Wochen lang auf dem niederländischen Kriegsschauplatz umhergetrieben und sogar einige Zeit in dem Grenzort Station gemacht hatte, wo das Regiment des Obersten Friso im Winterquartier lag. Aber der alte Freund, der sie bereits in ihrem Wohnzimmer vor dem Kamin erwartete, schien heute mehr für allgemeine Betrachtungen zu sein. „Nun bin ich doch im Sommer oben in Bacharach und da herum gewesen, und als ich sah, wie da Freund und Feind um die Wette gehaust haben: die Häuser verbrannt, die Kirchen entweiht, die Weinstöcke abgehauen, — da dacht' ich: so etwas ist unerhört; und ich hab' dem alten braven Herrn, dem Doktor Crustarius, noch übers Grab gratuliert, daß er beizeiten vor dem Krieg gestorben ist . . . Aber jetzt, da unten, — ach, da sieht's auch bös aus. Krieg ist Krieg, das merkt man. — Dennoch ist ein Unterschied dabei. Diese Holländer, — es ist doch etwas anderes als die Lohnsoldaten der deutschen Fürsten hier im Reich. Man sieht: denen ist's eine heilige Sache, sie kämpfen für ihr Vaterland und für ihre Freiheit. Und das gibt ihnen auch im Kampf etwas Vornehmes, ja es geht auch auf die Spanier über. Es ist mehr ein ehrlicher Streit zwischen Kavalieren, wißt Ihr, — nicht so eine Hunderauferei. Das liegt ja nun auch viel an den Führern. Die Oranier hüben und der Spinola und Cordova drüben, — es sind eben Kavaliere. — Überhaupt, das Gute hat doch diese grausame Zeit: sie läßt manchen anständigen Mann erst zu Ehren kommen, — schwärmen doch sogar Euere gut katholischen Bürger hier für unsern Oberst Friso, — und manchem feigen Heuchler zieht sie die Maske ab."

Mechthildis senkte den Blick auf ihre Hände, die auf ihrem Schoß lagen. „Ich bin vorhin dem Herrn Sebaldus von Halveren begegnet," sagte sie leise.

Der Meister Balzer sah sie überrascht an, dann nickte er, als verstände er die Antwort, sagte aber nichts.

„Was haltet Ihr davon, wie es um ihn steht?" fuhr Mechthildis fort.

Meister Balzer räusperte sich. „Es ist Euer Oheim," sagte er ausweichend.

Mechthildis blickte auf. „Um so eher muß ich wünschen, daß Ihr mir Antwort gebt," versetzte sie.

„Nun denn, — es steht schlecht um ihn, glaub' ich. Er hat im Geschäft große Verluste gehabt durch den Krieg. Möglich, daß er sie leicht tragen kann, — aber die Leute sind jetzt mißtrauisch. Ein Kredit ist rasch erschüttert. Und zugleich ist es ihm auch in der Politik so ergangen. Ihr wißt, daß er wider die Neutralität war, die Stadt sollte mit dem Kaiser und den Spaniern gehen, kaiserliche Truppen aufnehmen. Aber die große Mehrheit im Rat war dagegen und ist's noch. Nun reden sie ihm nach, daß er auf Umwegen seine Meinung durchzusetzen sucht. Er soll hinter den Aufläufen stecken, die ein Haufe Pöbel und niedere Pfaffen gemacht haben, um den Rat zu zwingen, daß er Partei nehme. Ob's wahr ist? Jedenfalls glauben es Eure anderen Vettern und Standesbrüder.“

„Sie reden sehr übel von ihm,“ sagte Mechthildis traurig. „Aber ich glaube doch nicht ...“ — sie brach ab und schwieg eine Weile. Dann sagte sie: „Nun, was wißt Ihr sonst Neues?“

„O, nichts von Belang,“ erwiderte Meister Balzer. „Ja doch, — wartet einmal: es kommt ein holländischer Gesandter hierher in die Stadt, — und wißt Ihr, wer? Euer philosophischer Freund, der Staatsrat Govaert Friso. In vier Wochen kommt er, — ein ehrsamer und hochweiser Rat läßt schon das Quartier für ihn herrichten, bei dem Ratsherrn Jobst Kannemann, dem Manne Euerer Freundin. Da könnt Ihr Euch dann mit unserem gelehrten Freunde nach Herzenslust ausdisputieren, es wird ihm eine wahre Erquickung zwischen den Verhandlungen mit den Ehrsamen und Hochweisen sein.“

„Dacht' ich's doch, daß Ihr eine schöne Heimlichkeit hättet! Meister Balzer, Ihr seid unartig. Woher wißt Ihr denn das alles?“ fragte Mechthildis erfreut.

„O,“ versetzte Meister Balzer gelassen. „Ich weiß noch mehr. Ihr bekommt auch Besuch, wenn Ihr wollt. Der spanische General Don Gonsalvo Fernandez de Cordova, der glorreich Besiegte von Fleurus, fühlt das dringende Bedürfnis, in hiesiger neutraler Stadt sich einen Winter lang von seinen Lorbeeren zu erholen; er will seinen Truppen nahe bleiben, die diesseits im Kurstaat bis an die niederländische Grenze Quartier haben. Der Rat kann löblichem Herkommen nach nicht umhin, auch diesem edlen Herrn ein Quartier in einem vornehmen Hause hiesiger Stadt anzubieten, und Herr Sebaldus von Halveren hat sich auch gleich dazu erboten, — aber die anderen Ratsherren mögen wohl fürchten, daß er der ruhebedürftigen Exzellenz zu viel über die Neutralität vorschimpft, — sie haben höflich gedankt und meinen, daß die Stadt es dem Ansehen Eueres Hauses schuldig sei, bei Euch um Ehrenquartier für den Mann mit dem schönen langen Namen anzufragen. War die Deputation vom Rat noch nicht bei Euch? Dann kommt sie morgen früh sicher. Denn die Sache hat Eile. In acht Tagen spätestens will die Exzellenz einziehen. Ich glaube, Ihr werdet es bewilligen. Ich kenne den Herrn, habe ihn selber abkonterfeit, und abgesehen von dem Lot Querköpfigkeit, das man einem Hidalgo immer zugestehen muß, ist es ein ganz vortrefflicher Herr. Ich werde es ihm nicht vergessen, daß er meinem braven alten Junker Johann Erhard, — wißt Ihr, der den Oberst Friso erzogen hat — ein ritterliches Begräbnis mit allen Zuthaten angedeihen lassen. — Er hat so etwas von den alten Rittern an sich, die draußen in Euerem Ahnensaale hängen. Da kann er ja logieren.“

„Wenn die Stadt ein Ehrenquartier im Mechterhause für einen fremden Großen verlangte, ist es ihr noch niemals abgeschlagen worden,“ erwiderte Mechthildis ruhig. „Aber sagt einmal, woher wißt Ihr denn nun vollends das?“

„Du lieber Gott,“ meinte Meister Balzer achselzuckend, „woher kommt man hier in dieser Stadt nicht zu Neuigkeiten? Es braucht etwas nur im Rate mit Ausschluß der Öffentlichkeit verhandelt zu werden, so weiß es am Abend jeder Fuhrknecht in der letzten Branntweinschenke. Obzwar — diese Neuigkeit habe ich aus vornehmeren Händen. Ehe ich zu Euch ging, sprach ich eben in der Ratsweinstube vor und traf dort Eueren braven Vetter, Junker Lambertus von Halveren, der jetzt seinen Beruf darin findet, dort die Fähnriche und Hauptleute Eueres Stadtmilitärs freizuhalten. Der hat mir die ganze Geschichte erzählt. — Nun, ich denke, der Spanier wird sich heimisch fühlen in Euerem Hause. Ihr sollt ja neuerdings außer Euerer Laienschwester noch besonders auserlesenen geistlichen Besuch hier haben, — zwei Stiftsdamen aus Marienforst, nicht

Aus unserer Bildermappe:

Zephirwolken. Nach dem Gemälde von G. Roberson.
(Mit Genehmigung der Photographischen Gesellschaft, Berlin.)

wahr? Das paßt schön. Die Exzellenz wird sich in ihrer rotbraunen Montur zwischen den weißen Ordensmänteln ausnehmen wie ein Rubin in Perlen gefaßt. Und wie werden sie einander erst innerlich entzücken!"

„Zur Strafe sollt Ihr jetzt heute abend selber zwischen ihnen sitzen," erklärte Mechthildis aufstehend, „damit Ihr eine richtigere Vorstellung von meinen lieben früheren Lehrerinnen bekommt. Ich habe ihnen übrigens schon viel von dem boshaften Meister Balzer erzählt. Kommt nur, sie warten wohl schon auf uns. Seht, da kommt schon der Haushofmeister und meldet. Euren Arm, bitte!"

„Wie Ihr befehlt, Fräulein Priorin," erwiderte Meister Balzer und geleitete sie mit einer wunderbaren Förmlichkeit zu der geöffneten Thüre. „Seht, so ungefähr müßt Ihr Euch die spanische Grandezza denken. Aber," — fügte er plötzlich hinzu, während sie das Speisegemach betraten, — „ich hätte ja beinahe vergessen, Euch zu sagen, daß der Staatsrat Friso auch einen Helden von Fleurus mitbringt. Sein Sohn, der Oberst Hans, soll ihn herbegleiten."

Zweites Kapitel.

Auf der Freitreppe vor dem Domportal, links vom Eingang, standen zwei Bettelweiber in grauen Kapuzen, mit Rosenkränzen in den Händen. Sie standen hier schon seit manchem Jahrzehnt Tag für Tag und hatten sich mit der Zeit eine Rundung erworben, die deutlich von der Ergiebigkeit ihrer Pfründen zeugte. Denn diese Bettelplätze zu beiden Seiten der Kirchenthüren gehörten reichsstädtischem Brauche gemäß zum erblichen Besitz ihrer Inhaberinnen, und je schlechter die Zeiten, je frömmer und opferwilliger folglich die Kirchgänger waren, um so reicher war der Ertrag dieser seltsamen Erbposten.

Augenblicklich war die Treppe von Besuchern leer; unter dem Portal stand nur der Meister Balzer, den irgend ein malerischer Grund dorthin geführt hatte. Mit vielem Wohlgefallen betrachtete er die beiden Alten, und da er merkte, von wem sie sprachen, hielt er es nicht unter seiner Würde, ein wenig zu lauschen.

„Nein," meinte die eine, „das macht mir keiner weis, daß so ein vornehmes Fräulein bloß aus Liebhaberei unsereinem was schenkt. Wenn das Fräulein Mechhildis sich im Himmel lieb Kind machen will, so wird sie auch wissen, warum. Sie wird irgend etwas Schweres auf dem Gewissen haben. Du lieber Gott, man weiß ja, wie das bei den reichen Leuten geht."

„Da habt Ihr wohl recht," erwiderte die andere. „Aber ein Unrecht ist es doch, daß so eine, die weiß Gott was verbrochen hat, dann den Heiligen mit allerhand Gutthat unter die Augen gehen kann, und armes Volk, wie wir, kommt in's Fegfeuer, nur weil es seine paar Groschen für sich selber nötig hat. Und dann, warum macht sie es nicht wenigstens ordentlich? Warum gibt sie nicht gleich alles der Kirche und geht ins Kloster, wo sie doch nichts von dem Geld hat?"

„Vielleicht thut sie's noch," tröstete die erste. „Sie hat ja schon zwei Stiftsdamen aus Marienforst bei sich."

„Das ist mir auch das Rechte," brummte die andere. „So einem reichen Stift fällt schon viel zu viel zu. Den armen Leuten sollte sie's geben. Uns gebührt es."

„Das ist wohl wahr," gab die erste zu. Dann schwiegen sie beide, blickten, mit den Lippen mümmelnd, vor sich hin und wiegten sich in seligen Traumbildern, wie auf einem schönen hellen Platz, recht zerknirscht und demütig, zwischen ein Häuflein armer Leute ein ganz Reicher tritt, ihnen all sein Geld und sein Überflüssiges an Gewand und Schuhen austeilt und als ein ganz armer Teufel weggeht, so es sich auch von Rechts wegen für ihn schickt. Sie gaben sich diesem holden Traume so lange hin, daß Meister Baltzer bequem Zeit hatte, sie von seiner Nische aus, zwischen zwei Bündeln gotischer Säulen mit fauzenden Heiligenbildern, unbemerkt zu studieren, um sie daheim sogleich seinem Buche einzuverleiben. Nachher, an Mechthilds Tafel, zeigte er das Bildchen zum Nachtisch vor und gab das Gespräch mit schönem Nachahmungsgeschick wieder. Mechthildis schüttelte den Kopf und lächelte ein wenig, die beiden alten Stiftsdamen aus Marienforst, die in Geschäften des Stiftes von der Äbtissin abgesandt waren und an nichts so wenig dachten, als ihre mütterlich geliebte frühere Schülerin und jetzige Wirtin ins Kloster zu stecken, kicherten wie ein paar angenehm angeregte Tauben, und die schöne Frau Johanna Kannemann, die heute bei ihrer Freundin zu Gast war, bat sich das hübsche Bildchen von Meister Baltzer zum Geschenk aus. Ihr Tischherr aber, der General Don Gonsalvo Fernandez de Cordova, sagte mit ernsthafter Miene eine Stelle aus dem Don Quixote über die Frechheit der alten Kirchenbettlerinnen her.

„Da hat Euer berühmter Dichter wohl recht," meinte die junge Ratsherrnfrau, nachdem ihr der General das spanische Citat freundlich verdeutscht hatte. „Mein Jobst sagt auch, man müßte eigentlich einmal schärfer unter dieses Volk greifen. Wer weiß, was sie für Unfug und Teufelswerk unter ihren Kapuzen treiben. Es nimmt gar kein Ende mit den Hexereien. Heute verhandeln sie wieder im Rat über sechs Weiber, es kann bis Abend dauern, sagt mein Gemahl. Und er hatte sich doch so darauf gefreut, mit hierher zu kommen. Es wird zu arg."

„Vielleicht liegt es auch daran, daß man so viel darüber verhandelt und untersucht," versetzte Meister Baltzer. „Manche bildet sich zuletzt vor lauter Gerede selber ein, daß sie vom Teufel geplagt sei. Und mit solchen ist es dann freilich nicht ratsam, sich abzugeben."

Mechthildis blickte ihn ein wenig unmutig an. „Ich weiß, worauf das geht, Meister Baltzer. Ihr meint meine treue Gehilfin — die Laienschwester, die Gertrudis. Es ist wahr, als ich sie aus dem Sankt Clarenkloster in meinen Dienst nahm, weil mich die Priorin darum bat, war sie noch arg geplagt von ihren Einbildungen, sah Gespenster, zukünftige Begräbnisse und was weiß ich am hellen Tage. Darum hatte sie sich ja zu den Nonnen geflüchtet, ein armes verwaistes Ding vom Lande, wie sie war. Aber die Priorin meinte, wenn sie in einen stillen Dienst käme, wo sie sonderlich zu Werken der Barmherzigkeit beihülfe, würde es sich legen. Und es hat sich gelegt. Ein wenig kopfhängerisch ist sie ja wohl noch, aber treu und fleißig, dazu unermüdlich als Krankenpflegerin. Sie hat mich selber gar treu versorgt, als ich unpäßlich war, und ich kann sie jetzt ruhig zu meinen Armen schicken."

Meister Baltzer schien von der Verteidigungsrede noch nicht recht überzeugt, der spanische Herr aber blickte seiner Wirtin mit solcher andächtiger Aufmerksamkeit in das von edlem Eifer leicht gerötete Antlitz, daß es seiner hübschen Tischdame fast zu viel dünkte. Mit einer anmutigen Bewegung der kleinen ringgeschmückten Hand ließ sie ihr Glas an das seine anklingen. „Ihr scheint ja viel Anteil an der frommen Gehilfin meiner Freundin zu nehmen, Excellenz," lachte sie. „Gibt es bei Euch in Euerem schönen Spanien auch solche Besessene, die der Böse plagt, daß sie Vergangenes und Zukünftiges leibhaft zu sehen glauben?"

Der Spanier blickte ihr ernst, fast traurig in die lachenden blauen Augen. „Ich weiß nicht, ob es eben der Teufel eingibt, Sennora," erwiderte er in seiner etwas steifen, langsamen Weise. „Was mich angeht, ich bin ein treuer Sohn unserer allerheiligsten Kirche, und mit dem Bösen —" er faßte nach der goldenen Reliquienkapsel, die an breitem Bande über seinen Spitzenkragen herabhing — „hoffe ich keine Gemeinschaft zu haben. Und doch sehe auch ich vom Zukünftigen oft mehr, als mir lieb ist. Ich lese es in den Augen."

Frau Johanna zuckte spöttisch mit den vollen Schultern. „Wie die Herren alle," lachte sie. „In den Augen der Damen wollen sie alle ihr Schicksal lesen."

Über das verwitterte, gelbliche Gesicht des Generals huschte ein wehmütiges Lächeln. „Das meinte ich nicht," sagte er. „Oder vielleicht auch das. Ein schlechter Kavalier, der nicht gern Amors Schrift in schönen Augen läse! Aber die Lettern, die ich lese, hat nicht immer Amor geschrieben."

Er strich sich über die Stirn und wandte sich halb ab, als verdrieße es ihn, weiterzureden. Meister Balzer rückte unruhig auf seinem Stuhl. Er wußte, was Cordova meinte. Aber Frau Johanna ließ nicht locker: „Wer anders denn, Excellenz?" fragte sie neckend.

„Der Tod," antwortete Cordova leise mit einem Tone, daß es die Hörer schaudernd überlief. Die Stiftsdamen schrieen auf, auch Mechthildis erbleichte und sah ihren Gast ängstlich an. Er schien es nicht zu bemerken, während er, starr vor sich niederblickend, wie im Selbstgespräch fortfuhr: „Und es läßt sich nicht abwenden. Die Schrift ist sicher . . . Mein armer Page Martino Lopez! So jung, so brav und so schön! Er hatte so treue, fröhliche Augen. Aber als er mich damals, am Morgen vor der Höchster Schlacht, lachend weckte, sah ich es wieder . . . Sie waren gebrochen . . . Ich ließ ihn zurück im Quartier, und er hatte sich doch so darauf gefreut, mit dabei zu sein, wie wir die Braunschweiger schlugen! . . . Als ob das Geschick nur einerlei Weg wüßte! Derweil ich ihn den Kugeln und Schwertern entzog, stürzte die Decke über ihm zusammen . . . und ich habe seine Augen nicht mehr gesehen." Er schüttelte hastig den Kopf und blickte auf. „Verzeiht, Sennora," sagte er mit veränderter Stimme, sich vor Mechthildis verneigend. „Eine trübe Erinnerung, — die letzte seitdem. Wenigstens unter Euerem Dache hoffe ich nur Gutes in der Zukunft zu lesen!"

„Ich hoffe es mit Euch," erwiderte Mechthildis freundlich. Das Gespräch belebte sich wieder, auch die Stimmung des Generals heiterte sich schnell auf. Als er sich mit dem Meister Balzer zurückzog, blickte ihm Frau Johanna Kannemann fast ebenso bewundernd nach wie die beiden Stiftsdamen, die vom ersten Tage an für ihn schwärmten und ihn in ihren guten alten Herzen nur noch mit Judas Maccabaeus, Sankt Georg und anderen frommen Glaubenshelden verglichen.

Es war merkwürdig, wie schnell sich der spanische Herr während dieser vierzehn Tage in dem Mechterhause heimisch gemacht hatte. Sonst pflegte Seine Excellenz die Mußestunden im Winter- und Erholungsquartier außer mit Staatsbesuchen nur mit Fechtübungen, Besichtigung von Bildern und Festungsplänen und Durchlesen des Don Quixote, den er schon halb auswendig wußte, zu verbringen, vor allem aber alle Damengesellschaft möglichst zu meiden. Für dies und alles andere hätte er in seinem jetzigen Quartier Freiheit und Raum genug gehabt, denn Mechthildis hatte ihm und seinem kleinen Gefolge den größten Teil des weitläufigen Gebäudes überlassen. Aber in die Excellenz war auf einmal ein anderer Geist gefahren. Der Damendienst hatte ihn wieder so ganz in der Gewalt wie vor dreißig Jahren, als er frisch aus der Schulzucht des Jesuitenkollegs an den Königshof zu Madrid gekommen war, das junge Herz voll von Liebesträumen, Serenaden und Sonetten. Nur natürlich benahm sich der gestrenge Herr Feldherr jetzt anders als damals der milchbärtige Page, seine Galanterie marschierte jetzt so gemessen und wohlgeordnet wie seine besten Kompanien, und zuweilen erinnerte er an Don Quixote, auch ohne ihn zu citieren. Bei alledem aber lag so viel Adeliges und fast Ehrfürchtiges in seiner Höflichkeit, daß Mechthildis sie gern ertrug und mit freundschaftlicher Teilnahme erwiderte.

Mit dem Meister Baltzer stand Cordova seit langem auf gutem Fuße. Er hatte die Unterhaltung des alten Meisters an Orten schätzen gelernt, wo es sich erheblich weniger bequem und ungefährlich plauderte als im Ahnensaale des Mechterhauses. Sein eigner Gesprächsstoff war freilich etwas einförmig; wenn es sich nicht um Bilder handelte oder um die Schönheiten des Don Quixote, so blieb für die Excellenz nur ein Thema, das sie unermüdlich variierte: das Lob der reizenden Hausherrin und ihrer gastfreundlichen Aufmerksamkeit.

Auch heute hatte er dieses Thema wieder aufgegriffen, sobald er mit dem Meister Baltzer allein vor seinem Kamin saß. Der Meister hörte ihm ein Weile behaglich zu. Dann bemerkte er: „Eigentlich habt Ihr dies schöne Quartier doch nur der Politik zu verdanken. Ihr kennt doch den Ratsherrn Sebaldus von Halveren? Den Oheim unseres Fräuleins, der Euch bei Euerem Einzug so überfreundlich begrüßte."

„Ich erinnere mich," antwortete Cordova. „Ein unangenehmer Herr. Er hat so etwas Lauriges im Gesicht und Wesen, ich weiß nicht recht, woran es mich erinnerte —"

„Vielleicht an einen Großinquisitor?" half Meister Baltzer ein.

Cordova warf ihm einen entrüsteten Blick zu. „Was denkt Ihr, Meister? Ein solcher Vergleich . . . Überhaupt, was hat mein Quartier mit diesem Herrn von Halveren zu thun?"

„Nun," erklärte Meister Baltzer, „der Herr hatte sein Haus als Quartier für Euch angeboten. Aber der Rat traut ihm nicht. Es heißt, er stehe im heimlichen Einverständnis mit Eueren und den kaiserlichen Ministern, um diese ehrsame Stadt von der Neutralität abzuziehen und sich wieder zum Bürgermeister zu machen, und da hat der Rat wohl gedacht, es wäre besser, Euch anderswo einzuquartieren, wo Ihr nicht Gefahr lauft, mit dem Herrn Sebaldus — heimliche Politik zu machen."

Cordova sah schon sehr zornig aus, als er erwiderte: „Ich will nicht hoffen, daß man mir eine solche Mission zutraut."

„Je nun," versetzte Meister Baltzer friedlich, „Euere Excellenz ist berühmt wegen ihrer Klugheit. Wenn das Ding wahr wäre, würdet Ihr es doch nicht zugestehen. Aber was geht's mich an? Ich denke wie Euer Don Quixote: Es wird schlimmer, wenn man dran rührt."

„Und ich sage Euch, Sennor," rief Cordova in vollem Zorn, „wenn mich mein allergnädigster Herr sendet, eine Stadt wegzunehmen, so hoffe ich, daß er mir Kanonen und Soldaten dazu gibt und nicht ein Kreditiv an irgend einen ungetreuen Ratsherrn selbiger Stadt. Ich bin Soldat, Sennor, und Edelmann!"

„Die Welt kennt keinen besseren," erwiderte Meister Baltzer artig. „Aber dann muß ich doch von dem guten Herrn Sebaldus sagen wie Sancho Pansa: ‚Es glaubt mancher, zu fischen, und krebst.' Denn umsonst läßt er doch nicht Tag für Tag ein Häuflein von seinen Parteianhängern vor dem spanischen Wappen, das Euch zu Ehren jetzt am Haus draußen hängt, Parade machen und Hoch rufen. Ihr habt die Leute doch schon bemerkt? Die feinsten Brüder sind es eben nicht, Bankerottierer, Branntweinzapfer und dergleichen mehr; aber bei Stimme sind sie. Nun, und er selber ist ja auch schon ein paarmal hier gewesen, ohne Euch zu treffen, wie ich von Eueren Dienern höre. Es scheint ihm doch viel daran zu liegen, als Euer guter Freund zu erscheinen. Oder sollte er Euch nur bitten wollen, daß Ihr bei unserem Fräulein ein gutes Wort für seinen langen Sohn einlegt?"

„Was sagt Ihr da?" fuhr Cordova auf. „Der soll unsere Wirtin — dieser — wie heißt er doch —"

„Junker Lambertus von Halveren. Ganz derselbe. Ihr erinnert Euch seiner vom Ratsbankett zu Eueren Ehren, wo er mit anderen Edelreisern dieser Stadt Spalier machte. Ja, gewiß, — einmal hat er schon um sie angehalten; drei Tage nach

 Photogravüre und Verlag von Franz Hanfstaengl in München.

Der alte Landsknecht. Nach dem Gemälde von Ed. Grützner.

dem Tode ihres Vaters, — und einen Korb bekommen. Ich weiß es von ihm selbst; er ist eine offene Seele. Aber Hoffnung macht er sich noch immer, und wer weiß? Etwas verwandt sind sie ja, und das liebt man unter dem Stadtadel hier. Wenn der Alte erst mit seiner Partei obenauf kommt, — wie gesagt, ich glaube, er baut auch auf Eueren freundlichen Beistand; es sollte mich wundern, wenn er Euch heute nicht wieder aufsuchte —"

„Thut mir den Gefallen, Meister, und bescheidet die Diener draußen sogleich, daß ich für diesen Mann stets abwesend bin," sagte Cordova hastig.

„Das will ich sehr gern thun," versicherte Meister Balzer und empfahl sich.

„Eigentlich soll man nie rachsüchtig sein," brummte er, als er auf dem Heimweg an dem Hause Halveren vorüber kam. „Aber dem Andenken meiner guten alten Brigitt war ich doch noch ein Kränzlein schuldig. Und dann, — dafür ist mir der brave spanische Geisterseher doch zu schade, daß dieser Erzschelm mit seinem Namen im Trüben fischt."

Drittes Kapitel.

Das Gespräch mit dem Meister Balzer wirkte auf Cordova in einer Weise, an die der diplomatische Maler vielleicht nicht gedacht hatte. Zwei Tage lang ließ sich der General weniger als sonst in den Gemächern der Hausherrin sehen. Er wandelte stundenlang aufgeregt in seinem Zimmer auf und ab und stellte die Geduld seiner Diener, seiner Ärzte und Adjutanten durch heftige Äußerungen seiner üblen Laune auf harte Proben. „Das ist ja schlimmer als vor einer Schlacht," meinten sie untereinander. Am dritten Tage aber schritt er nach einem langen und sorgfältigen Ankleiden gravitätisch die Treppe zur Wohnung Mechthilds hinauf, gehüllt in eine Pracht und Herrlichkeit, welche die von fern beobachtenden Stiftsfräulein zu einem Flüstern verschämten Entzückens aufregte. Ein steifes wattiertes Wams trug er und wulstige kurze Beinkleider, vom feinsten schwarzen Atlas und reich mit kostbaren Schnallen geziert, dazu schwarzseidene Kniestrümpfe und ausgeschnittene Schuhe mit großen Schleifen. Den Nacken barg ein ungeheurer, steifer, weißer Kragen mit umgebogenen Enden, zwischen denen der schmale, verwitterte Kopf mit den kurzgeschorenen schwarzen Haaren und dem sorgfältig gefärbten schwarzen Bart aufragte wie eine überreife Samenkapsel zwischen verdorrten Kelchblättern. Mächtige Stulphandschuhe, mit breiten Spitzen verbrämt, in der Hand ein riesiger schwarzer Hut mit drei wallenden Federn, ein Galadegen an der linken Seite und auf der Brust ein von Juwelen schimmerndes Ordenszeichen an schwerer Kette vervollständigten das düsterprächtige Galakleid, wie man es im Königsschlosse zu Madrid und am Hofe der Infantin zu Brüssel zu tragen pflegte. Aber Don Gonsalvo Fernando de Cordova hatte nicht bloß seinen sterblichen Leib in Gala geworfen, auch seine Sprache ging heute auf höheren Bahnen und hatte die gewohnte knappe Ausdrucksweise des höflichen Soldaten mit dem „estilo culto" vertauscht, wie man ihn im Lande der Grandezza liebte und verstand.

In diesem gewählten Stil bedurften die einfachen Erkundigungen nach Wohlbefinden und Wetterbemerkungen immerhin so viel Zeit, daß Mechthildis sich indes über die ungewohnte Verkleidung ihres Gastes beruhigen konnte und wieder so ziemlich zu folgen vermochte, als er, beherzt auf sein Ziel lossteuernd, anhob:

„Möge Eure Herrlichkeit, Sennora, huldvoll Euren vortrefflichen Sinn auf das zu richten nicht verschmähen, was ich, um Eure kostbare Seele nicht zu lange aufzuhalten, vielleicht in ungeziemender Kürze und ohne schuldige Entschuldigung zu sagen mich erdreiste. Die Sache ist aber diese, daß ich vom ersten Augenblicke an, wo ich den Inbegriff Eurer Schönheit, Klugheit und Holdseligkeit gleichsam als eine Rüstkammer alles dessen, was es Ersprießliches und Erquickliches auf Erden gibt, mit diesen meinen geblendeten Augen schauen durfte, Euch zur Herrin meines Willens gemacht habe; und so Ihr es vermöchtet, Eure Gnade so weit gehen zu lassen, daß Ihr meine unterthänigste Bewerbung um Eure Hand nicht ganz verschmähtet, so würdet Ihr mich, Gonsalvo Fernandez de Cordova, zum Glücklichsten machen, den Cupidos Pfeile jemals mitten ins Herz trafen!"

Während dieser wohlgeschulten Rede

hatte Mechthildis sehr verwirrt, mit heißen Wangen und niedergeschlagenen Augen gesessen; als sie nun aber aufsah, begegnete ihr aus den dunklen Augen ihres Bewerbers ein so treuherzig und ängstlich flehender Blick, daß alle ihre Verwirrung sich in einem großen Mitgefühl löste. Sie reichte ihm die Hand hin und sagte herzhaft, mit einem freundlich bittenden Lächeln:

„Euer Antrag, Excellenz, ist mir gewiß die größte Ehre und wäre es auch für viele, die viel vornehmer und Euer würdiger sind als ich. Laßt mich wünschen, daß Ihr eine solche nach Eurem Herzen findet, und zürnt mir nicht, daß ich Euren Antrag ablehne."

„So habt Ihr Eure Hand schon vergeben?" fuhr der Spanier auf, aller Grandezza und Courtoisie vergessend.

Mechthildis errötete unwillig. „Ich weiß nicht, ob es sich schickt, eine Dame so zu fragen, Excellenz," erwiderte sie nach kurzem Besinnen. „Ich will Euch aber gleichwohl antworten. Bisher hat kein Mann von mir eine andere Entscheidung bekommen als Ihr. Ihr habt mir Euren Herzenswunsch offenbart, ich habe Euch darauf meine Antwort ehrlich gegeben, ich meine, daß Ihr mir darum nicht zürnen dürft."

„Ihr habt recht," erwiderte Cordova sehr beschämt, „und ich bitte Euch um Verzeihung, Sennora. Vergönnt mir, daß ich Euch meiner steten Dienstwilligkeit versichere; vergeßt, was ich gesagt habe, und gebt mir gnädig Urlaub, ehe ich Euer Haus verlasse, in dem ich so freundliche Aufnahme gefunden."

„Nicht so," antwortete Mechthildis und blickte ihm freundlich in das betrübte Antlitz. „Ich bin sehr stolz darauf, wenn Ihr mich Eurer Freundschaft würdigt, und alsdann verlange ich als Freundesdienst von Euch, daß Ihr auch ferner in diesem Hause es Euch gefallen laßt und wie bisher mir Eure Gesellschaft gönnt. Es wird mir allezeit eine große Freude sein, einen Kavalier in meiner Nähe zu wissen, den ich so hoch schätze, und auf dessen Freundschaft ich mich so unbedingt verlassen kann."

„Ihr könnt es, Sennora! Und ich danke Euch von Herzen," erwiderte Cordova und ergriff ihre dargebotene Hand, die er fast ehrfürchtig küßte. Dann blickte er ihr noch einmal lange, traurig in das schöne Antlitz, und ohne etwas weiter zu sagen, verließ er nach einer tiefen Verbeugung das Gemach, das er mit so stolzen Hoffnungen betreten hatte.

An der Treppe standen die beiden alten Stiftsfräulein. Ihre feinen kleinen Gesichtchen färbten sich mit einem zarten Rot, als er mit höflichem Gruße vorüberschritt, und sie blickten ihm unter ihren Hauben nach, bis er in der Thür seiner Gemächer verschwand.

„Weißt du noch, Schwester Plectrudis?" flüsterte die eine. „Als wir damals am kurfürstlichen Hof in Brühl waren — der junge Graf Merode, der nachher in den Niederlanden gefallen ist ... So schön und stattlich könnte er jetzt wohl aussehen. Wir waren damals sehr eifersüchtig auf einander, glaub' ich ... Und zwei Jahre darauf thaten wir zusammen Profeß."

„Ach ja," seufzte die andere. „Hüten wir unser Herz, Schwester Clarissa, daß kein Schemen begrabener Wünsche seinen Frieden störe ... Laß uns beten gehen."

Viertes Kapitel.

Meister Balzer stand neben Mechthildis am Erkerfenster und betrachtete sie lächelnd von der Seite. „Es scheint Euch doch etwas angegriffen zu haben, daß Ihr nun der spanischen Excellenz auch einen Korb geben mußtet," sagte er.

„Woher wollt Ihr das denn nun wieder wissen?" fragte sie ärgerlich. „Es scheint, Ihr laßt Euch von allen Leuten ihre Geheimnisse erzählen."

„Behüte," versetzte Meister Balzer. „Solange ich es kann, gehe ich den Beichtbedürftigen immer aus dem Wege. Die Leute sind zu selten, die einem ihre Freundschaft noch bewahren, wenn sie einmal so schwach gewesen sind, einem ihr Herz auszuschütten. Aber man darf doch seine Schlüsse ziehen. Die Excellenz war gestern so merkwürdig gerührt, und das ist sie gemeiniglich nur, wenn sie gewisse ergreifende Liebesgeschichten in ihrem Don Quixote wieder einmal gelesen hat. Das kann sie aber diesmal nicht gethan haben, denn ich hatte mir das Buch vor drei Tagen, als ich zuletzt bei der Excellenz war, von ihr geliehen, um mich daheim im Spanischen zu üben. Also, denk' ich mir, muß irgend ein anderes Erlebnis daran schuld sein, und das wird sich denn wohl abgespielt haben, als der würdige Mann Euch vorgestern morgen — wie ich von den Stiftsdamen höre — in einer Tracht besuchte, die er sonst nur in der äußersten Zwangslage gegen seinen Offiziersrock eintauscht."

„Spottet nicht über Cordova," verwies Mechthildis, „er ist ein Ehrenmann und wahrlich ein Kavalier dem Herzen nach. — Und übrigens," setzte sie lächelnd hinzu, „habe ich ihn auch zu meinem Kavalier ausersehen; Ihr wißt, heut' abend ist großes Fest bei den Kannemanns zu Ehren der holländischen Gäste, die vor Mittag kommen, und da ich meiner Freundin zugesagt habe, so will ich Seine Excellenz bitten, daß er auch annimmt und mich geleitet. Es ist ja auf neutralem Boden, und er wird als Spanier schon einmal die Galanterie über die Abneigung gegen seine Feinde stellen."

„Ja," erwiderte Meister Balzer, „'s ist überhaupt ein ganz wackerer Herr, und die Züge, die er von seinem Lieblingshelden, dem edlen Don Quixote, an sich hat, sind noch lange nicht seine schlechtesten. Behüte Gott, daß ich über ihn spotte. Was aber Eure Absicht angeht, ihn zu dem Bankett zu verleiten, so ist das schon geordnet. Ich habe ihm gestern abend einfach so nebenbei klargemacht, daß er mit den holländischen Herren einen Trunk thun müsse, weil das das beste Mittel sei, den Bürgern zu beweisen, daß er wirklich nur zur Erholung hier sei und nicht, um diese wunderbare Stadt dem Kaiser, dem Tilly und Herrn Sebaldus in die Hände zu spielen. Das hat er sogleich eingesehen, und wenn er nun vollends Euch führen darf, so wird er mit beiden Händen zugreifen. Ich wollte aber, Ihr ließet Euch von ihm recht oft zu Bankett und meinethalben zum Tanze führen, es ist doch nichts mit dem ewigen Studieren, und mit dem Übrigen, dem Armen- und Krankentrösten, ist's auch nichts."

„Das habt Ihr mir jetzt schon ziemlich oft gesagt," antwortete Mechthildis. „Übrigens, wenn ich jetzt mit lauter spanischen Granden und holländischen Gesandten zu verkehren habe, muß ich mich auf meinen Armengängen so wie so schon öfter vertreten lassen, als es recht ist. Also scheltet nicht und seht Euch lieber einmal das große Krystallprisma dort an, das ich gestern aus Brüssel bekommen habe."

„Köstlich," murmelte Meister Balzer, ganz vertieft in das vor seinen Augen vorüberschwebende Farbenspiel. „Ja, so schön wie der Herrgott können wir Maler die Übergänge freilich nicht finden."

„Seht Ihr, nun studiert Ihr selber," lachte Mechthildis.

„Ich bin auch kein junges Fräulein mehr," knurrte Meister Balzer und äugelte weiter. —

Unterdes ließ sich draußen auf der Straße immer deutlicher ein starkes Geräusch vernehmen, wie von annähernden Rossen und Wagen, dazwischen laute vielstimmige Zurufe, während der gewohnte Lärm eines geschäftigen Straßenlebens stockte und die Menschen sich auf beiden Seiten längs den Häusern sammelten, in Erwartung irgend eines Schaustücks.

„Ei seht mal," sagte Meister Balzer, während er neben Mechthildis aus dem Erker lugte, „sind sie schon angekommen? Da hat mich doch einmal meine Weisheit getäuscht; ich dachte, vor Mittag könnten sie nicht anlangen, sie müssen guten Vorspann vor ihrem Schiff gehabt haben. Schade; ich hätte ihnen gern den ersten Gruß vom Stapel zugerufen. Nun sind sie also schon in ihrem Ehrenquartier abgestiegen und werden von da zur Audienz auf's Rathaus geleitet, um ihr Kreditiv zu überreichen. Der Weg führt ja hier vorbei."

Während er noch die letzten Worte sprach, hatte der Aufzug schon das Haus erreicht. Vorauf ritt ein Stadtherold zu Pferde, mit dem Wappen der Stadt auf der Brust, dann ein Hauptmann von dem seit Anfang der Kriegswirren erheblich verstärkten Stadtmilitär mit einer Abteilung seiner wohlgerüsteten Reiter, welche Mühe hatten, eine Menge mitlaufender neugieriger Straßenjungen und Lehrbuben von der eskortierten Glaskutsche abzuhalten. In diesem Wagen saßen auf dem Vordersitz Herr Jobst Kannemann und ein zweiter Ratsherr in ihren Amtsgewändern, ihnen gegenüber ein hochgewachsener Herr mit greisem Kinnbart, gleichfalls im dunklen langfaltigen Talar mit Pelzbesatz und Spitzenkragen und goldener Ehrenkette, und zu seiner linken Seite ein jugendlicher, blondbärtiger Herr in militärischer Galatracht, mit breiter Feldbinde von orangefarbener Seide. In einem zweiten Wagen folgte die Begleitung der Gesandten, und eine Abteilung städtischer Reiter nebst vielem müßigem Volk machte den Beschluß.

Der Zug bewegte sich, dem üblichen Ceremoniell und auch wohl dem gefährlichen Straßenpflaster entsprechend, nur in mäßigster Schnelle voran und ließ den spalierbildenden Zuschauern Muße zu zahlreichen Meinungsäußerungen. Meist zeugten sie von einer durchaus friedlichen Neugier, welche vornehmlich dem jungen Offizier galt. Dieser schien die forschenden Blicke und Zurufe sehr ruhig zu ertragen; unbefangen blickte er umher und plauderte zwischendurch mit seinem Nachbar. Auch die minder freundliche Neugier einer Minderheit von verkommen aussehenden Leuten, die sich trotz aller unsanften Abweisungen seitens der Berittenen unziemlich dicht heranzudrängen suchten und beständig Hochrufe auf den Kaiser ausstießen, ließ ihn ebenso ungerührt wie seinen greisen Genossen. Vor dem Hause Mechler strengten sich die Unruhestifter besonders an, sie drängten sich auf der Straße zusammen, schwenkten die Mützen und Hüte nach einem Fenster des Erdgeschosses hin und schrieen: „Vivat Cordova! Vivat Hispanien!“ Der Wagen mußte einen Augenblick halten. Jobst Kannemann blickte verlegen an dem Hause hinauf; als er Mechthildis oben am Erker sah, winkte er ihr wie zur Beruhigung und Entschuldigung höflich zu. Sein jüngerer Nachbar, dadurch aufmerksam gemacht, folgte dem Blicke des Ratsherrn. Mechthildis sah voll in sein männlich offenes, gebräuntes Antlitz, und es war ihr, als ob sich ein fröhliches Erstaunen darin male, während er artig den Federhut berührte und sich verneigte.

Aber bereits hatten die Reiter den Weg frei gemacht, die Wagen rollten weiter, und Mechthildis hätte nicht einmal sagen können, ob der Oberst Hans Fritso ihr dankendes Zunicken noch gesehen hatte. Die Bande von Schreiern wollte ihr Wesen vor dem Hause noch weiter treiben, aber es schien, als ob die Zurufe aus den Fenstern Cordovas ein unerwartetes Echo fänden, denn plötzlich verstummten sie und trollten sich ziemlich kleinlaut dem Zuge nach.

(Fortsetzung folgt.)

Frühlingstag in Lugano.

Von

Carl Bulcke.

Vor einem Marmorschloß, das stolz als Feste
Ein finsterer Cypressenhain bewacht,
Steht eine große, blühende Magnolie
Im Reichtum ihrer weißen Blütenpracht.
Und unter ihr, in reglos stillen Träumen,
Ein Todverfallner, der gesund sich wähnt,
Ein Kranker, der nach seines Hauses Räumen,
Nach seiner Heimat sich unsäglich sehnt.

Und auf den Wegen liegen weiße Flocken
Und fernher klingt ein Nachtigallenschlag.
Ein Mandelduft steigt aus den Blütenglocken
Und wandelt selig durch den Frühlingstag.
Und hin und wieder gehen frohe Leute
Den Weg entlang, die Frühjahrssonne scheint,
Und alles ist so froh, so selig heute. —
Der Kranke neigt sein Haupt sehr tief und weint.

Die heilige Veronika.

Von

Victor Schultze.

Mit vier Abbildungen.

Seitdem ein Menschenherz schlägt und ein Menschengeist sinnt, webt die Phantasie ihre wundersamen Gebilde. In den Höhen des Himmels wie in den Tiefen des Meeres und der Erde ist sie heimisch. Zeit und Raum liegen vor ihr ohne Schranken; die geschichtliche Wahrheit bindet sie nicht. Ein Naturkind, kennt sie nicht Regel und Gesetze. So hat sie die bunte Welt der Sage geschaffen, wo Wahrheit und Dichtung, Vergangenheit und Gegenwart sich ineinander schlingen und auf dem fertigen Bilde immer neue Farben und Gestalten erstehen, und hat sie durch alle Zeiten und Völker als ein gewaltiges Gewebe mit tausend Wundern, aber auch mit tausend Reizen gezogen. Für ein Beispiel, und kein gleichgültiges, wie ich hoffe, nehme ich die Aufmerksamkeit der Leser in Anspruch.

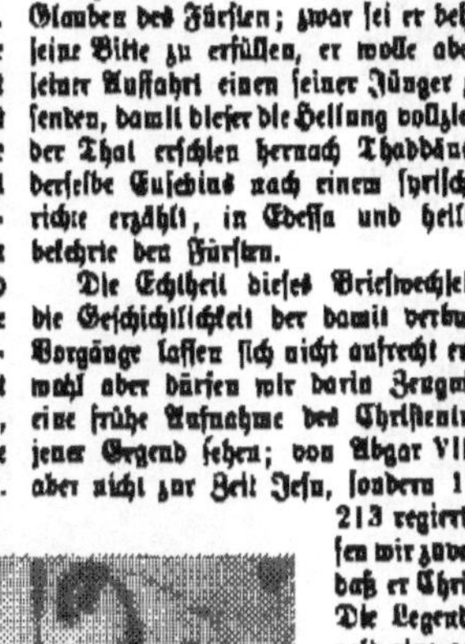

Im Anfange des vierten Jahrhunderts unserer Zeitrechnung erzählt der Bischof Eusebius, den man als den ersten Kirchengeschichtschreiber kennt, daß er im Archiv zu Edessa einen in syrischer Sprache geschriebenen Brief des Fürsten Abgar von Edessa an Christus und ein Antwortschreiben Christi in derselben Sprache gefunden habe; er teilt die beiden Schriftstücke in griechischer Uebersetzung mit. Abgar, von einem furchtbaren, durch keine menschliche Kunst zu beseitigenden Leiden gequält, hat von den wunderbaren Heilungen Jesu gehört und bittet ihn, zu ihm zu kommen und ihm Genesung zu verschaffen. Der Heiland belobt in seiner Antwort den Glauben des Fürsten; zwar sei er behindert, seine Bitte zu erfüllen, er wolle aber nach seiner Auffahrt einen seiner Jünger zu ihm senden, damit dieser die Heilung vollziehe. In der That erschien hernach Thaddäus, wie derselbe Eusebius nach einem syrischen Berichte erzählt, in Edessa und heilte und bekehrte den Fürsten.

Die Echtheit dieses Briefwechsels und die Geschichtlichkeit der damit verbundenen Vorgänge lassen sich nicht aufrecht erhalten, wohl aber dürfen wir darin Zeugnisse für eine frühe Aufnahme des Christentums in jener Gegend sehen; von Abgar VIII., der aber nicht zur Zeit Jesu, sondern 176 bis 213 regierte, wissen wir zuverlässig, daß er Christ war. Die Legende spiegelt eine geschichtliche Thatsache wieder, aber in gebrochenem Lichte. Doch sie ist bei dieser Erzeugung einer Korrespondenz zwischen Christus und Abgar nicht stehen geblieben. Sie drängte weiter. Immer neuen Stoff zog sie an sich, immer mannigfaltiger und umfassender gestaltete sie sich. Die Phantasie des Orients, angeregt durch ganz bestimmte Thatsachen, wirkte sich üppig aus. Jetzt stoßen wir, im

Abb. 1. Tuchbild in San Silvestro in Capite in Rom.

weiteren Verlaufe dieser Entwickelung, auf ein wunderbares Bild. Eine Quelle des achten Jahrhunderts erzählt darüber folgendes.

Der Fürst hatte seinem Boten, der zugleich die Malkunst verstand, den Auftrag gegeben, im Falle Christus nicht persönlich komme, sein Bildnis zu malen. Aber der Glanz, in welchem das Antlitz des Heilands strahlt, behindert den Maler. Da kommt Christus seinem Wunsche entgegen, indem er die Leinwand an sein Antlitz drückt und dadurch das wunderbare Bild hervorruft, welches dem Abgar übersandt wird. Anderswo lesen wir nur wenig später, daß Jesus, das innere Begehren und das Unvermögen des Malers erratend, sein Antlitz wusch und, indem er sich mit dem Handtuch abtrocknete, durch übernatürliche göttliche Kraft dasselbe darin abprägte. Ja, noch eine dritte Variante taucht auf, welche das Geschick gehabt hat, mit einigen Wandlungen die Sagenform im Abendlande zu bestimmen. Danach erbat Christus, als er in Gethsemane den schweren Kampf kämpfte, von einem der Jünger ein Tuch, um die blutigen Schweißtropfen aus seinem Antlitz zu wischen, und so entstand ein wunderbares Bild, welches Thaddäus hernach dem Fürsten Abgar brachte.

Abb. 8. Das Schweißtuch der Veronika.
Nach einer Zeichnung von Roger van der Weyden in Cambridge.

Machen wir hier einen Augenblick Halt, um eine Übersicht und ein Urteil über den wandelbaren Sagenstoff zu gewinnen. Im Mittelpunkte steht ein auf übernatürliche Weise entstandenes Bild Christi. Während die Kirche der ersten Jahrhunderte sich eingestand, ein wahres Bild Christi nicht zu besitzen, rühmte man sich am Eingange des Mittelalters bereits im Orient wie im Occident des Besitzes solcher. Hierbei wird die Thätigkeit des Lukas als Maler von der Legende in Anspruch genommen, wie auch Marienbilder auf ihn zurückgeführt werden. Legte man schon ihnen als authentischen Exemplaren einen hohen Wert bei, so noch viel mehr denjenigen Bildern, denen man eine übernatürliche Entstehung in dieser oder jener Weise zuschrieb. Ein solches Wunderbild besaß nachweislich die Stadt Edessa, und die Gewinnung desselben wurde mit den durch die Legende geschaffenen Beziehungen zwischen Abgar und Christus verbunden. Zu dem Briefe, welchen die Legende in ihrer ältesten Gestalt allein darbot, kam jetzt noch das Bild. In diesem Bilde verehrte die Stadt Edessa ein heiliges Palladium, dessen schützende Kraft in mehr als einer Gefahr sich bewährt haben soll, so besonders bei einer Belagerung der Stadt durch den Perserkönig Chosru. Im Jahre 944 wurde dieses

Abb. 8. Zwei Engel mit dem Schweißtuche der Veronika. Kupferstich Dürers von 1513.

Bild oder eine wunderbar entstandene Kopie desselben von Edessa nach Konstantinopel übergeführt. Am 15. August langte es dort an; die ganze Stadt war in Bewegung. Feierlich wurde es durch das goldene Thor geleitet, auf dem kaiserlichen Throne niedergelegt, um ihn zu weihen und heilbringende Kräfte zu verleihen, und dann in eine Kirche aufgenommen. Eine unsichere Quelle läßt es hernach nach Genua gebracht sein. Es ist in Wirklichkeit wohl bei der Eroberung der Stadt durch die Türken untergegangen. Das Genueser Bild, seit 1348 in der Kirche San Bartolomeo degli Armeni, zeigt ein ziemlich unbedeutendes Gesicht mit gedrückter Stirn, dünnem Haar und dreigeteiltem Bart. Welcher Zeit genauer es auch angehören mag, jedenfalls trennen es einige Jahrhunderte von dem christlichen Altertum, in welchem es entstanden sein will.

Doch nun verlassen wir den Boden des Ostens, um unserem Gegenstande näher zu kommen.

Seit dem V. Jahrhundert war zwischen der lateinischen Kirche des Abendlands und der griechischen des Ostens die nationale, religiöse und theologische Entfremdung immer größer geworden. Der Westen emanzipierte sich mehr und mehr von der geistigen Übermacht des Ostens. Wir beobachten dies auch auf dem Gebiete der Legende. Es gab einen großen gemeinsamen Besitz davon, aber im Laufe der Zeit zerlegte sich derselbe nicht nur in einen occidentalischen und einen griechischen Typus, sondern dort wie hier wob die Phantasie in ganzer oder bedingter Abhängigkeit Neues dazu. So geschah es auch der Abgarlegende. Sie war im Abendlande nicht unbekannt, doch gewinnt sie hier bald ein anderes Aussehen; die Urformen bleiben, aber neue Farben und teilweise ein neuer Inhalt werden eingetragen. Eine geschlossene Einheitlichkeit ist in der abendländischen Parallelform ebensowenig vorhanden, wie in der Abgarsage. Hören wir, was Wernher vom Niederrhein, der gegen Ende des XII. Jahrhunderts gelebt zu haben scheint, in zwei Gedichten darüber mitteilt.

Zu den treuen Jüngerinnen Jesu gehört Veronika. Ihr heißer Wunsch ist darauf gerichtet, ein Bild des Herrn zu haben. Lukas sucht mit seiner Kunst ihr zu Hülfe zu kommen, jedoch mehrere Versuche mißlingen, das Bild entspricht nicht der Wirklichkeit. Da kommt ihr der Heiland selbst entgegen, lädt sich bei ihr zu Gaste, wäscht sich das Gesicht und trocknet es an einem dargereichten Tuche ab. Sein Antlitz hat sich darauf abgeprägt. „Das ist mir gleich," redet er zu Veronika, „es verleiht dir große Macht und wird allen deinen Freunden frommen. Wunder werden damit geschehen, wenn man mich hier nicht mehr sehen wird." Das bewahrheitet sich hernach, als der Kaiser Vespasianus, von einem entsetzlichen, unheilbaren Leiden gequält, durch seinen nach Palästina entsandten Sohn Titus Veronika und ihr wunderbares Bild nach Rom kommen läßt und bei dem Anblicke dieses die ersehnte völlige Genesung findet. Ihren Dank bezeugen Vater und Sohn damit, daß sie gen Jerusalem ziehen und es zerstören, um den Tod Christi zu rächen und seine Weissagungen zu erfüllen. Wie indes im Orient in der Mannigfaltigkeit der Sagenformen das heilige Bild, wie vorhin gesagt wurde, einmal in die Passionsgeschichte hineingenommen ist, denselben Weg hat, offenbar unter einem unmittelbaren Einflusse, im Abendlande die Legende in der zweiten Hälfte des Mittelalters beschritten. Dafür haben wir mehrere Passionsspiele als Zeugen. In einem Donaueschinger Passionsspiele beispielsweise heißt es: Nu mit gat Veronica gegen dem Salvator mit einem wissen tuechly, im das zebieten und sprickt:

> O Jhesus, lieber herre min,
> muos ich von dir gescheiden sin,
> so bit ich dich doch umb ein gab,
> da mit ich din gedechtnis hab,
> die bildung von diner angesicht,
> das ich din, herre, vergesse nicht.

Darauf nimmt der Heiland das „weiße Tuch von Veronika" und drückt es an sein Angesicht, wodurch das wunderbare Bild entsteht. Wenn hier die Entstehung des Bildes auf den Wunsch, ein Andenken zu haben, zurückgeführt wird, so ist im Egerer Fronleichnamsspiel das mitleidende Erbarmen als Motiv angeführt. Da spricht Veronica:

> O Jhesu, aller menschen heil,
> wie pistu heut so wolfeil
> den Juden und der Juden kindt,
> die dich also verspotten sindt.
> — — — — — — — — — —

Durchwundt, verspeit ist das antlis dein,
nimm hin von mir das tuechelein,
wisch da mit dein augen klar.

ꝛc.

In dieser Form ist die Erzählung uns Gegenwärtigen geläufig. Die heilige Veronika erwies dem Heilande auf dem Gange zum Kreuze den letzten Liebesdienst, indem sie mit einem Tuche den Schweiß seines Antlitzes trocknete, und dieses Tuch zeigte wunderbar den Abdruck des schmerzensreichen Antlitzes. Das ist die Geschichte vom mit Christus an bis herab zum Schweißtuch der heiligen Veronika!

Die Veronikalegende hat in ihrer doppelten Prägung nicht nur die Bedeutung einer erbaulichen Erzählung gehabt in der abendländischen Christenheit, sondern sie hat auch einen an das Bild (über welches gleich zu reden sein wird) sich knüpfenden religiösen Kultus mit Gebeten und Ablaß hervorgerufen. Lateinische und deutsche Lieder feiern die Heilige und rufen sie an; unter jenen ist berühmt der Hymnus Ave facies

Abb. 1. Vom Altarwerk im Dom zu Schleswig. Von Hans Brüggemann.

praeclara („Sei gegrüßet, leuchtend Angesicht“), von diesen sei als Beispiel angeführt:

Gruest seyst du angesicht
Got unsers erloesers,
In dem glestet (= glänzt) wunneklich
Die gestalt göttliche wesens,
Truckt in ain weiss tüechelin,
Das du woltest raichen
Der hailig Fronikan rain
Zu der liebe zaichen.

„Schweißtuch der heiligen Veronika.“

Wie kommt diese Frauengestalt in die Sage? Auf östlichem Boden ist sie dieser letzteren unbekannt. Es läßt sich auf die Frage eine sichere Antwort geben. Diese Frau ist das blutflüssige Weib, welches der Heiland von seinem Leiden befreite (Matthäus 9, 20 ff.) und als dessen Name schon frühzeitig Veronike genannt wird. Veronika ist aber nur die lateinische Form dieses Namens. Diese Veronike hat die Legende als dankbare Jüngerin in die Nähe des Heilands geführt und hat mit ihr die Entstehung des Bildes in Zusammenhang gebracht. Wie seltsam kreuzen sich hier die Wege! Wie verschlingen sich die Pfade von dem Briefwechsel des Fürsten Abgar

Wunderwirkungen gingen von dem Bilde aus und trugen dazu bei, seine Verehrung in der Frömmigkeit der Zeit immer tiefer zu festigen. So wird berichtet, als der große Papst Innocenz III. (gest. 1216) einst in einer Prozession das kostbare Tuch trug, wandte sich dieses von selbst von unten nach oben um; darin sah der Papst ein Anzeichen seines nahen Todes. Die Kirche begünstigte diese Stimmung; mehrere Päpste knüpften Ablässe an die Veronikaandacht und ließen Münzen mit dem santo volto, dem „heiligen Antlitz," prägen. Dieser Kultus setzt ein Bild voraus, und in der That hat es im Abendlande an solchen nicht gefehlt; mehrere Orte traten dabei in Beziehung auf die Originalität in Wettbewerb. Deutlich scheiden sich diese Bilder in zwei Gruppen: die erste, ältere, spiegelt die ursprüngliche Form der Veronikalegende wieder, was sich darin zeigt, daß der Heiland leidenslos dargestellt ist; die spätere, erst in der zweiten Hälfte des Mittelalters hervortretende Gruppe dagegen bietet das schmerzensreiche Antlitz des nach Golgatha wandelnden Erlösers. Die Scheidung ist inhaltlich und chronologisch eine scharfe. Daraus folgt, daß das in der Sakristei der Peterskirche in Rom aufbewahrte und alljährlich einmal gezeigte „Schweißtuch" mit dem Haupte des toten Heilands mit Blutstropfen und geschlossenen Augen gar nicht in diesen Zusammenhang gehört, wohl aber das mit jenem in Wettbewerb stehende Tuchbild in San Silvestro in Capite in Rom (Fig. 1); denn hier blickt uns ein lebendes, schmerzloses Antlitz an. Sofort aber muß hinzugefügt werden, daß diese Malerei ihrer ganzen Art nach nicht vor dem VI. Jahrhundert entstanden ist, wahrscheinlich aber erst dem frühen Mittelalter angehört. Überaus zahlreich, als Gemälde, als Holzschnitt, als Stich und in anderen Formen, treten dann im Verlaufe des Mittelalters die Veronikabilder vor das Auge. Zuweilen sehen wir das Tuch allein mit dem Haupte, zuweilen die Heilige, das Tuch dem Beschauer entgegenhaltend. Ein Beispiel für letzteres bietet eine Zeichnung von Roger van der Weyden in Cambridge von edler Auffassung (Fig. 2), entstanden um 1450, und ein Gemälde des Meisters Wilhelm von Köln aus der zweiten Hälfte des XIV. Jahrhunderts in der Nationalgalerie in London, wo auf einem großen weißen, von der Heiligen gehaltenen Tuche, von einem breiten goldenen Nimbus umrahmt, das leidenslose Antlitz des Herrn ruht. In die Passionsgeschichte dagegen führt, der späteren Überlieferung folgend, ein schöner Stich Dürers vom Jahre 1513 (Fig. 3). Zwei klagende Engel bieten der mitleidsvollen Andacht der Gläubigen das heilige Antlitz mit Dornenkrone und Blutstropfen. Es kommt auch vor, daß die beiden Hauptapostel, Paulus und Petrus, das Bild halten. Die ganze Scene haben unter anderen Adam Kraft in Nürnberg in seinen Stationen und Hans Brüggemann in seinem berühmten Altarwerk im Dome zu Schleswig (Fig. 4) vorgeführt. In den reichbelebten Kreuzigungsbildern der Schnitzaltäre des XV. Jahrhunderts hat die Heilige eine ziemlich feste Stelle. Man erkennt daran, wie die spätere Prägung der Legende sich inzwischen das ganze Kunstgebiet erobert hat.

Welches war der treibende Gedanke der Entstehung dieser anziehenden, im religiösen Leben des Mittelalters so hochgeachteten Legende? Gewiß nur der Drang, ein als authentisch geltendes Bild Christi als solches ausdrücklich zu beglaubigen. Das Fragen nach einem echten Bilde war in den ersten Jahrhunderten des Mittelalters, ja schon in den Ausgängen des christlichen Altertums groß. Das ist ein menschlicher Zug, den man versteht. Als Gemälde, als Mosaik, als Relief zeigte sich in zahllosen Auffassungen das Antlitz des Erlösers und rief die Frage hervor: Wo ist hier die Wahrheit? Welcher Typus entspricht der Wirklichkeit? Die Antwort fiel zu Gunsten solcher Bilder aus, die ein ehrwürdiges Alter mit einem gewissen Ansehen umkleidete, oder die vor dem Wunderglauben der Zeit sich bereits irgendwie bewährt hatten. Die Entstehungsgeschichte gestaltete sodann die bereitwillige Phantasie hier so, dort anders. Die Abgar- und die Veronikalegende stellen nur zwei innerlich verwandte und geschichtlich zusammenhängende Formen derselben dar, aber solche, die ein besonders klares Bild von den Motiven, den Wegen und den Gebilden der hier wirksam gewordenen Phantasie dem Betrachter gewähren.*)

*) Es ist bezeichnend, daß vor kurzem eine Berliner Verlagshandlung ein Christusbild in den Handel gebracht hat, das sie als „das einzige richtige Bild unseres Heilandes" bezeichnet und als dessen Vorlage ein auf Befehl des Kaisers Tiberius (!) geschnittener Smaragd angegeben wird. Das Bild hat Gläubige gefunden, obwohl es sich deutlich als ein ziemlich spätes Produkt verrät.

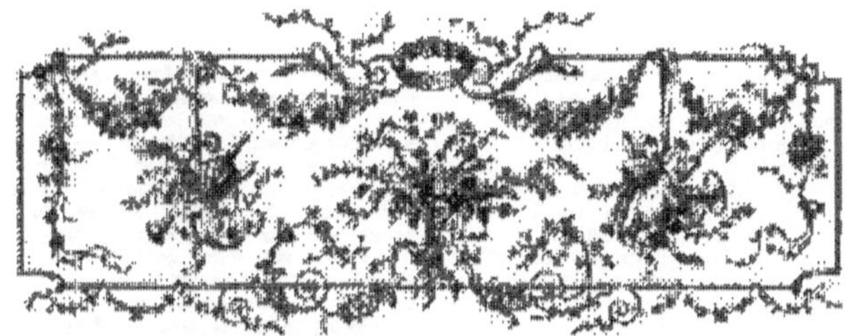

Aus den Berliner Theatern.

(Dezember 1896 — März 1897.)

Von

Hanns von Zobeltitz.

„Heinrich und Heinrichs Geschlecht," II. Teil: „Kaiser Heinrich," von Ernst von Wildenbruch (Berliner Theater); „Die versunkene Glocke" von Gerhard Hauptmann (Deutsches Theater).

Mit demselben enthusiastischen Beifall, mit dem vor einem Jahre der erste Teil der Tragödie „Heinrich und Heinrichs Geschlecht" aufgenommen wurde, ist auch des Werkes zweiter Teil begrüßt worden — Herr von Wildenbruch kann mit seiner Gemeinde zufrieden sein.

Ich habe selbst lange Zeit zu derselben gezählt. Ich habe in diesen Heften noch energisch für den Dramatiker Wildenbruch Partei genommen, als sein „Neuer Herr" von der Berliner Kritik fast einstimmig verurteilt wurde; ich bin sogar für das vielverspottete „Heilige Lachen" eingetreten, das auch meiner heutigen Überzeugung nach, trotz seines Mißerfolges, als Warnungs- und Weckruf nicht ungehört verhallt ist, vielmehr im Kampf gegen den ungebändigten, zügellosen Naturalismus, der vor einigen Jahren die deutsche Bühne zu erobern schien, gute Dienste geleistet hat.

Aber ich vermag es nicht, in den begeisterten Jubel einzustimmen, den das Publikum, den auch ein Teil der Kritik dem neuesten Werke des zum zweitenmale mit dem Schillerpreis gekrönten Dichters zollten. Ich verkenne wahrhaftig nicht die starke dichterische Kraft, mit der Wildenbruch an einen großen Stoff herantrat; ich verkenne nicht die Schönheit und leidenschaftliche Wucht seiner Sprache, nicht das außerordentliche Geschick, mit dem Geschehnisse und Gestalten von ihm gruppiert wurden. Ich zähle auch nicht zu denen, die empört über Geschichtsfälschung zetern, wenn ein Dichter in einem Drama mit weitester dichterischer Freiheit über seinen Stoff schaltet. Aber ich erwarte von einer Dichtung, daß sie nicht nur auf den äußeren Effekt hinarbeitet — sie soll mich im Herzen packen, soll mich innerlich ergreifen und erbauen. Ich verlange Folgerichtigkeit der Handlung und eine Charakteristik, die mir mindestens die Träger der Geschehnisse deutlich vors Auge stellt, so daß ich an sie glauben kann.

Von all' dem hab' ich im Kaiser Heinrich leider nur sehr wenig gefunden! —

Der erste Teil „König Heinrich", dessen packendste, wenn auch sehr anfechtbare Szene den Büßergang Heinrichs IV. in Canossa verführt, schloß mit dem äußerlichen Sieg des Königs, der seinen Papst Wibert nach Rom führte, und mit dem Sterben Gregors VII., seiner Prophezeiung: „Und die Zukunft gehört mir doch."

Zwölf Jahre später hebt „Kaiser Heinrich" an. Er lebt, ein einsamer, vor der Zeit gealterter Mann, mit seiner zweiten Gemahlin Praxedis und seinen beiden Söhnen — Konrad, dem deutschen König, und Heinrich — in einem Schlosse oberhalb des Gardasees. In einer Halle des Schlosses sitzt Prinz Heinrich, der eigentliche Held dieses zweiten Teiles, seine interessanteste, aber auch seine schwächste Figur, etwas Richard III., etwas Franz Moor mit einigem Gran Hamlet. Ein italienischer Großer, Johann Frangipani, kommt im Auftrag der Gräfin Mathilde, um dem frommen Konrad und Praxedis, die sich innerlich bereits von ihrem geächteten, ungeliebten Gatten losgelöst hat, eine Heimstätte anzubieten. Scharf und voller Geist werden in einem lebhaften Zwiegespräch zwischen Frangipani und Prinz Heinrich, denen sich dann Praxedis anschließt, Gestalten und Verhältnisse gekennzeichnet. Der düstre, unheilkündende Ton, in dem diese Auftritte gehalten sind, ist vortrefflich getroffen: man fühlt sich unmittelbar vor einer Wendestunde — man fühlt auch bereits voraus, wie der junge Prinz dort, allen an Schlauheit und kühler Berechnung überlegen, über alle triumphieren wird.

König Konrad führt, unerkannt, eine Schar Kreuzfahrer ins Schloß. Ihr Führer, der Priester Gerschelt, hält eine gewaltig dahinbrausende, echt Wildenbruchsche Ansprache, die mit einem Fluch auf den Kaiser schließt, auf „des Raubtiers, dessen Scholle niemand kennt, das sündige Haupt der sündigen Welt, den Verfluchten —" Zufällig muß gerade jetzt der Kaiser selbst eintreten. Konrad, von den Worten des Priesters berauscht, fordert vom Vater Versöhnung mit der Kirche, Teilnahme am Zuge zum heiligen Grabe. Der Kaiser verneint: „Wenn euch der Pfaffe eine neue Welt verheißt, glaube ihm nicht, denn es ist nicht wahr; unfruchtbar sind seine Hände. Einen neuen Rausch wird er euch geben, und Rausch ist nicht Leben ... Konrad, Konrad, wenn du 1000 Heiden mit eigener Hand erschlügest, würdest du die Thränen damit stillen eines einzigen deutschen Bauernweibes?" Er will anstatt nach Jerusalem, nach Deutschland ziehen, „einen Gottesfrieden zu verkünden von den Alpen bis zum Meere. „Schirmen den Ernährer, wehren dem Zerstörer, beugen die Gewaltigen und aufrichten die Gebeugten! Das ist das Werk, das ich am Abend meines Lebens beginne, das ich als Morgengabe dir vermache für dein junges Leben ..." Aber der Sohn versteht ihn nicht. — Als ihm nun auch Praxedis erklärt, daß sie ihn verlassen wolle, sinkt der Kaiser gebrochen zusammen. Konrad überträgt, ehe er den Kreuzfahrern folgt, seine Königswürde auf Prinz Heinrich, läßt sich aber von dem Bruder einen Eid schwören, daß er den „Vater schützen und schirmen will wider seine Feinde, nicht erheben die Hand wider ihn, nicht ihm trachten nach dem Leben."

Der zweite Akt ist weitaus der bedeutendste des ganzen Dramas, ja ich möchte ihn dem Besten anreihen, was Wildenbruch geschaffen, wenn mich auch Einzelheiten zum Widerspruch reizen.

Kaiser Heinrich und sein Sohn sind in Regensburg. Der Kaiser hat wirklich den Gottesfrieden verkündet und mit gewaltiger Hand Frieden und Ruhe im Reich geschaffen. Aber er hat dadurch den Haß der Fürsten und des Adels zu dem des Klerus auf sich geladen. Eine Anzahl vornehmer Herren führen dem jungen König, in dem bereits der Keim der Herrschsucht schlummert, in einem ausgezeichnet erfundenen, pointenreichen „Dreiständespiel" den Zustand der Dinge in Deutschland vor: der Narr kommt nacheinander als Bauer, als Kaufmann, als Jude verkleidet, dem Kaiser aufzuwarten und ihm zu sagen, wie gut sie jetzt daran seien, da sie sich auf Kosten des Adels mästen könnten; endlich tritt der Narr als zerlumpter, verarmter Edelmann auf, der sich klagend dem Herrscher naht, aber von diesem gröblich angelassen wird — er möge betteln gehen bei Kaufmann und Bauer und Jud! Die hohen Herren wissen König Heinrich aufs äußerste aufzureizen, und nur der Eid, den er dem Bruder geschworen, hält ihn noch von offener Empörung zurück. Aber von dem Eide löst ihn im Auftrag des Papstes Bischof Ruthert von Mainz.

Im Kerker der Stadt liegen einige arme Bauern, die einen Ritter erschlagen haben sollen. Die Vornehmen, die das Dreiständespiel aufführten, verlangen von dem Kaiser ihren Tod. Da sich ihre Unschuld herausstellt, spricht der Kaiser sie frei. Darüber empören sich jene, und König Heinrich macht mit ihnen gemeinsame Sache: der Sohn gegen den Vater.

Eine kurze Inhaltsangabe, wie ich sie hier nur zu geben vermag, kann natürlich nicht wiederspiegeln, wie kraftvoll und lebendig diese Szenen sind. Was mich in ihnen allein stört, ist die alte Neigung Wildenbruchs, jeden Eindruck noch durch rein theatertechnische Mittel verstärken zu wollen. Es wogt und wirbelt auf der Bühne durcheinander, die Massen drängen sich und schreien, und zum Schluß naht dem Kaiser, fast balletmäßig, eine Schar weißgekleideter Kinder mit grünen Zweigen in den Händen; der gewaltige Heinrich wird beinahe weinerlich gerührt, als er sie begrüßt als das „glückselige Geschlecht, dem keine Vergangenheit anhaftet; die ihr noch glücklich sein könnt, ohne daß ihr das Unglück anderer dazu braucht ..." Und ein kleines Mädchen erklärt: „Du bist unser lieber Vater, der gute, alte Kaiser" ... die Weiber weinen, und das halbe Parkett weint mit.

Trotzdem — willig folgte ich dem Dichter bis hierher. Aber mit dem dritten Akt beginnt das Drama zu sinken, nur noch einzelne Auftritte heben sich aus einer fast rein auf das Äußerliche gestellten Szenenfolge kraftvoll heraus, zum Schluß versandet das Ganze in einer Art von — ich muß es sagen! — Ausstattungsstück.

Ich will möglichst kurz sein. Der dritte Akt bringt den Tod Kaiser Heinrichs. Er stirbt, von seinem Sohne verfolgt, in einem Nonnenkloster am Rhein, in dem zufällig auch Praxedis, reuig, daß sie den Gatten verlassen, Unterschlupf gefunden hatte. Am Totenbett des Vaters erwacht in König Heinrich die Reue, die aber nur gegen andere, nicht gegen sich selbst in die Erscheinung tritt. Er wendet sich von den Genossen seiner Rebellion — er wird, seinem geächteten Vater ein Begräbnis in geweihter Erde zu erzwingen, mit 30000 Mann nach Rom ziehen. Auch der Pfaffe aus St. Gallen, der das böse Dreiständespiel erfand, soll büßen — er wird verbrannt werden; und darüber, was mit Praxedis, die den Vater treulos verließ, geschehen soll, wird König Heinrich noch nachsinnen — bis zum fünften Akt. Sonst wäre dieser ja auch nicht möglich. Dazu weiß gekleidete Nonnen mit Litaneien, Donner und Blitz, dann der blinkende Rheinstrom im Sonnenglanz.

Im vierten Akt taucht endlich der alte Investiturstreit wieder auf, und Heinrich V. nimmt in der Peterskirche zu Rom am Papste Paschalis noch einmal Rache für Canossa. Dazu sehr viele Prälaten in farbenprächtiger Gewandung und sehr viele Ritter in rasselnder Rüstung; Sturmglocken, Dolchstöße und Schwertgeklirr.

Der fünfte Akt zerfällt — eigentlich bei einem so gewiegten Bühnenarbeiter, wie es Herr von Wildenbruch ist, eine Merkwürdigkeit — in zwei Teile. Er handelt vom Sarge Heinrichs IV. Im ersten Teil sehen wir ihn als halbverwitterten Holzkasten in einer unterirdischen Gruft; Bettler beten für den Geächteten, an ihrer Spitze ein Mönch — es ist aber der totgesagte König Konrad, des Kaisers ältester Sohn. Dann nahen Chorknaben, den Sarg zu holen — und mit einer raschen Verwandlung, die fast an die übliche Apotheose der Feerien erinnert, befinden wir uns im Innern des Speierer Doms. Hoch oben, im Hintergrund, sitzt Heinrich V. auf goldenen Throne, um ihn die Großen des Reiches; im Vordergrunde links steht die arme Praxedis, barfüßig, mit gebundenen Händen, in denen sie zum Zeichen der Kirchenbuße eine brennende Fackel trägt, hinter ihr ein Scherge mit Ketten, ein zweiter mit glühendem Eisen. Dazu viel, sehr viel Volkes und viel Glockengeläut. Der Sohn Heinrich wird richten über die Gattin des Vaters. Ganz klar ist mir die außerordentliche Strafwürdigkeit der Praxedis nicht geworden, muß ich gestehen. Daß sie ihrem Gatten untreu war, leugnet sie, und man glaubt ihr; daß sie ihn verließ, war gewiß nicht schön, aber er selbst hat ihr vor seinem Tode vergeben und sie hat ehrlich bereut. Der Sohn, der den Vater verriet und in den Tod jagte, ist sicher am wenigsten ein berufener Richter. Aber gleichviel: er verdammt sie sehr schwungvoll zum Scheiterhaufen. Da naht sich zum Glück für sie der Zug mit dem Sarge ihres Gemahls, an seiner Spitze der Mönch Konrad. Er gibt sich dem Bruder zu erkennen, und dieser überantwortet Praxedis ihm — das Volk heult — Konrad führt sie mit sich fort — zur Buße. Der Vorhang fällt.

Meines Erachtens schlösse das ganze Drama am besten mit dem dritten Akt, mit dem Tode Kaiser Heinrichs und der Reue des aufrührerischen Sohnes. Es könnte auch mit dem vierten Akt schließen, die Zuschauer würden, wenn nicht auf dem Theaterzettel etwas von fünf Akten stände, befriedigt nach Hause gehen, in dem Gefühl, daß die Rache für Canossa sehr schön war. Warum Herr von Wildenbruch noch einen fünften Akt hinzugedichtet hat, — und diesen! — habe ich nicht einzusehen vermocht. Denn ich kann unmöglich annehmen, daß er's der Rolle der Praxedis zuliebe gethan hat.

Aber das alles erscheint mir noch nicht als das Bedenklichste. Was mir jegliche Freude an der Dichtung verdorben hat, ist einmal die schwankende, in allen möglichen Beleuchtungen spielende Gestalt König Heinrich, des Sohnes. Bald ist er der gemeinste Bösewicht, bald ein herrlicher Held. Der Dichter hat uns nicht etwa — was er wohl wollte — die Läuterung des Prinzen vom herrschsüchtigen Jüngling zum zielbewußten Mann glaublich vorgeführt, er hat auch nicht die vielleicht geschichtlich zu begründende Notwendigkeit der Erhebung des Sohnes gegen den Vater, wie sie z. B. Ranke andeutet, in die Motive des Prinzen hineinverflochten; er zeigt ihn uns vielmehr bald als edlen, bald als bösen Charakter, je nachdem es in die augenblickliche Wendung, zur Bühnenwirkung paßt. Ein anderes Bedenken richtet sich gegen das gleichmäßige Pathos, in dem nahezu sämtliche Gestalten ohne Unterlaß sprechen. Wir kennen alle den wundervollen Schwung Wildenbruchscher Sprache. Aber wahrlich, man kann des Guten auch zu viel thun — und wenn irgendwo, so ist das hier geschehen.

Ich muß freilich hinzufügen, daß mir dieser pathetische Gleichklang bei der Lektüre weniger auffiel, als in der Aufführung, und dies schließt einen Tadel gegen diese in sich. Herr von Wildenbruch hat zwar der Leitung des „Berliner Theaters“ öffentlich seine höchste Anerkennung ausgesprochen, und man könnte sagen: wenn der seltene Fall eintritt, daß ein Dichter — und noch dazu ein so bühnenerfahrener! — mit der Verkörperung seines Werkes voll zufrieden ist, wenn sie dazu das Publikum allabendlich aufs höchste entzückt, hätte sich die Kritik zu bescheiden. Ich glaube aber, auf die nervöse Dichterseele hat dieser überlaute Publikumsbeifall mehr gewirkt, als gut — er hat ihr Urteil stark beeinflußt. Gern gebe ich zu, daß die Hauptrollen sehr gut, zum größten Teil ausgezeichnet dargestellt wurden. Das gilt vor allem von Herrn Sommerstorff, der den Heinrich IV., so wie ihn nun einmal Wildenbruch im zweiten Teil der Dichtung erscheinen läßt, als einen von der Last der Erlebnisse niedergebeugten, vom Schicksal milde und sanft gestimmten Schwärmer, in Maske, Haltung und Sprache vortrefflich wiedergab. Auch der Praxedis des Fräulein Pospischil gebührt volle Anerkennung, und wenn Herr Bassermann als junger König Heinrich Wildenbruch auch bisweilen überwildenbruchte — er hat doch eine von Leidenschaft durchglühte, kraftvoll wirkende Gestalt. Aber manche der kleinen Rollen war denn doch recht armselig besetzt. Armselig, ohne jede Würde spielte z. B. ein Herr Bock den Papst Paschalis, und wenn Graf Frangipani die Bühne betrat, wurde ich bisweilen an die „Direktion Lumpe“ aus dem schönen Lande Böhmen erinnert, die zur Zeit im Parodietheater mit heiligem Ernst die wundervollsten Ritter- und Räuberschauspiele einem hochgeehrten Publikum vortragiert. Sehr fleißig war selbstverständlich die Regie gewesen; sie hatte das Zusammenspiel und jede Einzelheit der Ausstattung mit liebevollstem Eifer vorbereitet. Es „klappte“ alles vorzüglich, und das will bei diesem Wildenbruch gewiß sehr viel besagen. Aber ich glaube, auch ein Regisseur kann des Guten zu viel thun — dann besonders, wenn er stets nur sein Augenmerk darauf richtet, um jeden Preis schön abgerundete, dem lieben Publikum wohlgefällige „Bilder“ zu bieten. Einzelne dieser „Bilder“ — so die Szene der Kreuzfahrer im ersten, die große Volksszene im zweiten Akt, die lamentierenden Nonnen im dritten und vor allem die Schlußszene — mahnten mich in höchst fataler Weise an manche Balletvorstellung aus jener Zeit, in welcher der große Taglioni im Opernhause regierte.

Herr von Wildenbruch ist als Dramatiker eine festgeschlossene, in seinem Schaffen einheitliche Dichtergestalt; er hat die Grundsätze, die ihn leiten, in keinem seiner Werke — mit Ausnahme etwa der „Haubenlerche“ und des „Meisters Balzer“ — verleugnet. Ganz anders Gerhart Hauptmann, dessen „Versunkene Glocke“ das eigentliche Theaterereignis der letzten Monate war. Fast jede seiner Schöpfungen bezeichnet eine andere Etappe auf einem Wege, dessen Ziel noch nicht abzusehen ist, fast jede seiner Dichtungen trägt einen anderen Charakter, jedesmal fast sucht er eine neue Aufgabe mit durchaus anderen Mitteln zu lösen.

Ein seltsamer Weg ist es in der That von dem naturalistischen „Vor Sonnenaufgang“ über den zum Teil komödienhaften „Kollege Crampton“, über das ergreifende „Hannele“, die vielgerühmten „Weber“, den mächtigen, wenn auch ohne Bühnenerfolg verhallten „Florian Geyer", bis zu dem deutschen Märchendrama „Die versunkene Glocke".

Manchen mag das unsichere Tappen eines schwankenden Charakters in diesen Wandlungen sehen. Ich meine in ihnen einen ernst und schwer um das Höchste ringenden Genius zu erkennen. Und wenn ich die einzelnen Dichtungen Hauptmanns im Geiste an mir vorüberziehen lasse, dann erscheinen sie mir doch auch als Stufen einer aufwärts führenden Leiter. Keines der Werke ist unbedeutend, ein jedes trägt das Gepräge einer ursprünglichen, eigenartigen Schaffenskraft. Man kann das eine oder das andere schroff verurteilen, aber man darf auch an ihnen nimmermehr, wenn man die Entwicklung unserer heutigen dramatischen Dichtung ernsthaft würdigen will, mißachtend vorübergehen. Und, irre ich nicht, so wird aus dem gärenden Most uns noch köstlicher Wein werden.

Keine zweite dramatische Dichtung unserer Tage hat zu so vielen Auslegungsversuchen Anlaß gegeben, wie die „Versunkene Glocke" — die klugen Leutchen haben dabei wohl so manches in das Märchendrama hineingeheimnißt, was gar nicht in ihm liegt. Kaum eine zweite dramatische Dichtung unserer Tage ist — unmittelbar nach ihrem Erscheinen — so laut bewundert und so heftig bekämpft worden, wie dies jüngste Werk Gerhard Hauptmanns. Vielleicht zu laut bewundert von der einen, sicher zu hart beurteilt von der anderen Seite. Es ist gewiß übertrieben, in der „Versunkenen Glocke" eine neue künstlerische Offenbarung zu erblicken, aber es ist bitter ungerecht, dem Dichter den Vorwurf des geistigen Plagiats zu machen; albern ist es, ihn — wie es vorzugsweise von seinen früheren Anbetern geschah — mit Schmähungen zu überschütten, weil er sich, dem Inhalt und der Form seiner Dichtung nach, von dem Naturalismus, oder, was sie jetzt lieber hören, vom Verismus seiner Erstlingswerke ganz abwandte.

Die „Versunkene Glocke" ein Plagiat! Gewiß — es ist die alte faustische Idee, die in ihr wieder einmal zum Ausdruck gebracht ist. Aber diese Idee ist als solche doch nicht von Wolfgang von Goethe erfunden oder gefunden worden — sie ist von jeher Gemeingut der Menschheit gewesen, und es wird sicher, hoffentlich! immer wieder ein Großer kommen, der, sie neu zu gestalten, Kraft und Können besitzt. Gewiß — aus dem Hauptmannschen Märchendrama kann man Anlehnungen an alles mögliche herauslesen, was vor Hauptmann schon einmal ein anderer gefühlt, gedichtet, gemalt oder sonst wie zum künstlerischen Ausdruck gebracht hat. Hier wird man vielleicht an den Sommernachtstraum, dort an den Tannhäuser, dann an eine tiefgründige Wendung Ibsens, an ein Böcklinsches Bild, an ein altbekanntes Volksmärchen erinnert. Du lieber Himmel — was will das sagen! Freuen wir uns doch, wenn all' das mit viel neuem und eigenartigem von einer starken dichterischen Kraft zu einem Ganzen verschmolzen wird. Wenn das Bild der Madonna nur schön ist, und wenn aus ihm eine künstlerische Individualität spricht — was kümmert's mich, daß Tausende von Malern, gute und schlechte, große und kleine, mit dem gleichen Farbenschatz schon vorher Madonnen malten, die ähnliche Einzelzüge tragen!

Zunächst einmal kurz die Handlung, soweit sie sich, des duftigen, poetischen Zaubers entkleidet, überhaupt erzählen läßt.

Meister Heinrich, der weit und breit berühmte Glockengießer, hat eine seiner Glocken in eine hochgelegene Bergkapelle geleiten wollen. Der Wagen, der sie trug, ist durch tückische Mächte gebrochen; die Glocke ist in den See gestürzt, der Meister, der vergebens in die Speichen griff, wurde in den Abgrund gerissen. Hilfesuchend irrt er durch das Gebirge und kommt endlich zur Gebirgsbaude, in der die „alte Wittichen", eine Berghexe, mit Rautendelein, einem „elbischen Wesen", halb Kind, halb Jungfrau, lebt, lebt im Verkehr mit den Geistern und Spukgestalten aus Berg, Wald und Wasser, mit der Elfen Schar, mit dem Waldschrat und dem Nickelmann, der auf des Wassers Grunde haust und Schön-Rautendelein sich zum Weibe begehrt.

Rautendelein sieht den todwunden Gast — sie sieht und liebt ihn. Und er schaut fieberisch-begeistert ihr ins holde Angesicht ....

„.... Das Märchen! ja, das Märchen
Geht durch den Wald. Es raunt, es flüstert
heimlich.
Es raschelt, hebt ein Blättlein, singt durchs
Waldgras,
Und sieh, in ziehend neblichtem Gewand,
Weiß hergeschwebt, es naht, — es streckt den Arm,
Mit weißem Finger deutet es auf mich —
... Du bist das Märchen! Märchen, küsse mich!"

Der Meister wird gefunden. Der Pfarrer, der ihn zu suchen auszog, bringt ihn hinab ins Thal. Rautendelein bleibt zurück. Da hebt sich der Nickelmann über den Brunnenrand. Er sieht sie weinen. Sie weiß nicht, was das Tröpfchen bedeutet, und so erklärt er ihr:

„... Ein schöner Diamant!
Blickt man hinein, so funkelt alle Pein
Und alles Glück der Welt aus diesem Stein.
Man nennt ihn Thräne —"

Meister Heinrich ist zu seinem braven, liebevollen Weibe gebracht. Verzweifelnd am Leben, verzweifelnd an seiner Kunst liegt er todkrank. Und er will sterben, denn das Höchste ist ihm doch versagt ....

„Ich traure nicht, daß mich der Glockengießer,
Der mich nicht besser schuf, itzund verwirft;
Und als, dem eignen schlechten Werke nach,
Er mich so machtvoll in den Abgrund stieß,
War mir's willkommen. Ja, mein Werk war
schlecht:
Die Glocke, Magda, die hinunter fiel,
Sie war nicht für die Höhen — nicht gemacht,
Den Widerhall der Gipfel aufzuwecken.
— Im Thale klingt sie, in den Bergen
nicht."

Da huscht Rautendelein, als Magd verkleidet, in das Gemach. Sie zaubert dem Todwunden neue Lebenskraft ....

„Meister, schlummre ein!
Wachst du auf, so bist du mein.
Wünschlicher Gedanken Stärke
Wirk' indes am Heilungswerke —
... Eins, zwei, drei: so bist du neu,
Und im Neuen bist du frei."

Staunend erwacht der Meister ....

„Welches Morgens Sonne bringt
Durchs offne Fenster, mir die Hand vergoldend?
O Morgenluft! Nun, Himmel, ist's dein Wille,
Ist diese Kraft, die durch mich wirkt und wühlt,
Dies glühend heiße Drängen meiner Brust:
Ist dies ein Wink, ein Zeichen deines Willens —
Wohlan, so wollt' ich, wenn ich je erstünde,
Noch einmal meinen Schritt ins Leben wenden,
Noch einmal wünschen, streben, hoffen, wagen
Und schaffen — schaffen —"

Hoch oben im Gebirge finden wir den Meister wieder. Er hat sich losgelöst von den Seinen, von irdischer Pflicht, und sich Rautendelein ganz zu eigen gegeben. Aber nicht zum flüchtigen Sinnenrausch: als ein neuer, freier Mann — „glücklich und ein Meister" — will er „schaffen — schaffen". Der Pfarrer kommt hinauf, Heinrich an seine Pflicht zu mahnen. Da sagt ihm dieser, was er plane: einen Wundertempel für die ganze Menschheit mit einem Wunderglockenspiel ....

„... von seidnen Fahnen flüsternd überbauscht
So ziehn die Scharen meinem Tempel zu.
Und nun erklingt mein Wunderglockenspiel
In süßen, brünstig süßen Locklauten,
Daß jede Brust erschluchzt von weher Lust:
Es singt ein Lied, verloren und vergessen,
Ein Heimatlied, ein Kinderliebeslied,
Aus Märchenbrunnentiefe aufgeschöpft,
Gekannt von jedem, dennoch unerhört.
Und wie es anhebt, heimlich, zehrend-bang,
Bald Nachtigallenschmerz, bald Taubenlachen —
Da bricht das Eis in jeder Menschenbrust,
Und Haß und Groll und Wut und Qual und Pein
Zerschmilzt in heißen, heißen, heißen Thränen —"

Sie verstehen sich nicht: der Pfarrherr nicht den im Übermaß seines Kraftgefühls nach dem Übermenschlichen Strebenden — der Meister nicht die Mahnung zur Umkehr. Wohl denkt er noch seines Weibes, seines Kindes, aber zurückkehren zu ihnen, nimmermehr!

„... Mein Wein —
Ihr (seiner Frau) wird er Essig, bitt're Gall' und Gift.
Soll der, der Falkenklau'n statt Finger hat,
'nes kranken Kindes feuchte Wangen streicheln?"

Losgelöst, frei, froh fühlt er sich über allem Irdischen, und stolz und zuversichtlich sagt er dem Warner:

„Gen Euren Pfeil bin ich vollauf bewährt.
So wenig schürft er mir auch nur die Haut
Als jene Glocke, wißt ihr, jene alte,
Die abgrunddurstige, die hinunter fiel
Und unten liegt im See, je wieder klingt!"

Aber der Pfarrer ruft dem Übermütigen scheidend zu:

„Sie klingt Euch wieder, Meister! Denkt an mich!"

Bei der Arbeit, mitten im Schaffen, am lohenden Herdfeuer sehen wir den Glockengießer im vierten Akt. Um ihn stehen, mit ihm schaffen fünf Zwerge — seine eigenen Kräfte, seine eigenen Gedanken gleichsam versinnbildlichend; abseits steht ein sechster mit einem Kränzlein auf dem Haupte. Und er ringt mit jenen, er zwingt sie zu immer neuer Emsigkeit, er drängt den schon in ihm auftauchenden Zweifel am Gelingen immer wieder zurück, bis er endlich Feierabend gebietet. Auch den sechsten Zwerg heißt er gehen ....

„Nun geh auch du, Gekrönter, der nur einmal spricht ...
Du wirst dem Wort nicht heut, nicht morgen sprechen —
Der Himmel weiß, ob du es jemals sprichst!
Vollbracht! ... Wann ist's vollbracht? Müd' bin ich,
Müd ..."

Müd und zagend und zweifelnd ist er. Vergebens sucht Rautendelein ihn emporzureißen. Seine Kinder erscheinen ihm, ein Krüglein mit der Mutter Thränen im Arm; sie künden ihm, daß die Mutter ruht, tief auf dem Grunde des Sees. Erkenntnis bricht über ihn herein — leise erst, dann immer gewaltiger dringen die Töne der versunkenen Glocke, gleich mahnenden Gewissensschlägen, zu ihm empor. Und er flucht dem elbischen Wesen, das ihn verlockte ....

„... Fluch über dich und mich,
Mein Werk und alles! — Hier! Hier bin ich — hier!
Ich komme — komme! Gott, erbarm' dich meiner!"

Damit schließt der vierte Akt. Der Mensch, der Übermenschliches erstrebte, der Pflicht und Sitte hinter sich warf, ist zusammengebrochen. Der Warnungsruf des Priesters hat sich erfüllt: die versunkene Glocke, die er für immer verstummt glaubte, klang ihm wieder.

Da bringt der letzte Akt eine überraschende — und eine recht schwer verständliche Wendung. Wir sind wieder vor der Baude der alten Wittichen, um die Mitternachtsstunde. Und wieder treiben auf der Bergwiese die Elfen und Spukgestalten ihr Wesen. Der Waldschrat triumphiert, daß des Menschleins Meisterherrlichkeit aus und die Bergschmiede verlassen sei; der Nickelmann hebt sich aus seinem Brunnen und erzählt, wie auf dem Grunde des Sees des Meisters tote Frau den Klöppel der Glocke gerührt — eine Elfe klagt, Balder sei gestorben, „Fluch fällt ins Land, gleichwie der Rauch von Balders Leichenbrand." Rautendelein ist des Nickelmanns Weib geworden — sie ist hinabgezogen worden zu ihresgleichen, auch sie zur Buße für ihre Flucht ins Menschenland.

Der Meister naht. Nicht mehr der Kräftige, aber doch innerlich gebrochen; er flucht der blöden Herdenmasse dort unten, die „einen Damm von Quadersteinen aufgetürmt, die trockene Hölle ihrer Niederung vor Gottes Meer, der Paradiesesflut und ihren sel'gen Wogen, zu vermauern."

„Wann kommt der Schaffer, der den Damm
zerreißt?
Ich bin es nicht … nein wahrlich, bin es nicht.“

Er fühlt sich „als der Sonne ausgesetztes Kind, das heim verlangt“ … er strebt noch immer nach der Höhe, aber

„Bin ich erst dort, wo ich einst herrschend stand,
Will ich, ein Siechtier, fürder einsam hausen,
Der weder herrscht, noch dient.“

Und nun reicht die alte Bergfrau dem todmüden Mann drei Becher Weins: der erste, weissagt sie ihm, gibt ihm die alte Kraft zurück; der zweite läßt ihm zum letztenmal den lichten Geist erscheinen, der ihn verlassen hat — der dritte bringt den Tod; und hat er den zweiten getrunken, so muß er auch den dritten leeren.

Er trinkt den ersten und verspürt seine Wunderkraft; er greift zum zweiten, und Rautendelein steigt aus dem Brunnen empor. Trauernd und träumend strählt sie ihr Haar und klagt über ihr verlorenes Glück. Da ruft er sie — sie soll ihm den letzten Becher reichen, aber in seinen fieberkranken Sinnen verschmilzt sich schon ihre Wundergestalt mit der irdischen seiner Frau:

„… Dort … den Becher dort,
Magda, den Becher, du … o, wie geliebte
Du bist — den Becher gib: wer ihn mir reicht,
Den will ich segnen!“

Sie sträubt sich, sie kann nicht los von dem Brunnen, und aus der Tiefe ruft sie der Nickelmann. Dann aber fliegt sie zu ihm hin — er stirbt beglückt in ihren Armen, und er schaut noch einmal in die aufsteigende Morgenröte:

„Die Sonne … Sonne kommt! Die Nacht
ist lang!“

Hat der Dichter mit diesem Ausgang den Tod in den Armen der schönen Sünde verherrlichen wollen, hat er sagen wollen, daß auch dieser Tod beglücken kann? Es ist vielfach angenommen worden. Ich vermag es nicht zu glauben, denn diesem Erklärungsversuch scheint mir die ganze Anlage, der Grundzug des Werkes zu widerstreiten. Rautendelein ist für mich überhaupt nicht die Sünde in der brutalen Bedeutung, die jener Kommentar voraussetzt. Gewiß verkörpert sie den Sinnenrausch, von dem der Künstler sich über das Irdische hinausgetragen wähnt, um schließlich zu erkennen, daß der Mensch aus Erde geformt, immer wieder zur Erde zurückgezogen wird. Aber wie der Dichter seinen Meister Heinrich geschildert hat, ist die treibende Kraft in ihm doch allein das Titanenverlangen, das Streben nach dem Unerreichbaren, Rautendelein ist ihm nur die holde Flugkraft, die ihn befreien und emportragen soll, die ihn emporgetragen hat — bis zum Sturz. Und so erscheint mir der Ausklang des Dramas, die Wiedervereinigung beider im Tode, denn auch weder als eine Versinnbildlichung des versöhnenden Gedankens, daß schon das Streben an sich, nicht das Erreichen, beglückt.

Ein deutsches Märchendrama nennt Gerhard Hauptmann die „Versunkene Glocke,“ und echten Märchenzauber atmet die Dichtung. Freilich — unser deutsches Märchen ist schlichter, weniger symbolisierend und auch wohl herzensinniger; auch mutet manche Gestalt, so besonders der Waldschrat, nicht recht wie eine deutsche Märchenfigur an. Aber das Ganze hat doch einen kräftigen Erdgeruch, es mahnt an die Heimat des Dichters, an die schlesischen Berge. Wenn die Elfen ihre Ringelreihen tanzen, wenn der Nickelmann sich über den Brunnenrand hebt und seine Weisheit zum besten gibt, wenn Rautendelein mit güldenem Kamme ihr güldenes Haar kämmt, wenn die alte Wittichen — die einzige Gestalt, die Hauptmann schlesischen Dialekt sprechen läßt — über die Bühne schleicht, dann fühlt man sich im Reich Rübezahls und der Zwerge, im Zauberwalde. Von hinreißendem Wohlklang sind die Verse — melodisch rauschen sie dahin, oft in ganz eigenartigen, überraschenden Wendungen, voll sinnfälliger Kürze; auch wenn ein derbes Wort eingestreut ist, verletzt es nie, so ungesucht fügt es sich ein. Wie wohl die Veristen gelacht haben würden, wenn man ihnen, als Hauptmanns Stern aufging, prophezeit hätte, daß er nach wenigen Jahren ein Märchendrama in Versen schreiben würde? Und nun thut er nicht nur das — er stößt auch ein anderes Grundgesetz der neuen Schule rücksichtslos über den Haufen. Wie verschrieen sie doch noch vor fünf Jahren den Monolog als den Gipfel aller Unwahrheit: Rautendelein aber eröffnet das Drama mit einem — überaus reizvollen Monolog, der in der Buchausgabe drei ganze Seiten umfaßt!

Darstellung und Inszenierung waren meisterhaft. Ein wahrhafter Genuß war es, Herrn Kainz die Hauptmannschen Verse sprechen zu hören; höher noch stand freilich die Kunst, mit welcher er die phantastische Gestalt des Glockengießers-Faust zusammenhielt und zu einem einheitlichen Ganzen gestaltete, so daß selbst die tiefgründige Wendung des letzten Aktes glaubhaft blieb. Frau Sorma schuf aus dem Rautendelein ein Wesen voll Lieblichkeit, Anmut und Innigkeit — vielleicht legte sie sogar zu viel menschliche Innigkeit in die Rolle und betonte das „elbische“ Wesen nicht kräftig genug. Ausgezeichnet war Herr Rittner als Waldschrat — geradezu köstlich aber Herr Müller als der Nickelmann; eine echt Böcklinsche Figur in der Maske mit dem kahlen, wassertriefenden Schädel, den borstigen Barthaaren, den tatzenartigen Händen; überaus charakteristisch im Mienenspiel und in der Sprache.

Ich habe selten eine vollendetere Aufführung erfahren, als die der „Versunkenen Glocke“ im „Deutschen Theater“ — groß in allen bedeutenden Rollen, fein abgestimmt in allen Einzelheiten, überall sorgsam auf die Intentionen des Dichters eingehend. Auch hier war die Regie sehr fleißig, aber in ganz anderem Sinne, als diejenige, welche den Wildenbruchschen Kaiser Heinrich inszenierte — sie wußte Maß zu halten.

Am Waldesrand. Nach dem Gemälde von Franz Hochmann.

Tizian

Von

Hermann Knackfuß.

(Schluß.)

Mit zwei Einschaltbildern und dreizehn Textillustrationen.

(Abdruck verboten.)

us dem Jahre 1527 erfahren wir, daß Tizian dem Markgrafen von Mantua zwei Porträts als Geschenk übersandte; Bilder von Personen, die dem Markgrafen, wie er selbst in seinem Dankschreiben an Tizian sagte, stets sehr lieb waren. Einer der beiden Abgebildeten war der kürzlich nach Venedig übergesiedelte Dichter Pietro Aretino, jene merkwürdige Persönlichkeit, um deren Gunst sich die Mächtigsten bewarben, aus Furcht vor den gefährlichen Bosheiten, von denen seine gewandte Feder überfloß, sobald er aufhörte zu schmeicheln. Wie abscheulich auch der Charakter sein mag, der aus seinen Schriften spricht, im persönlichen Verkehr muß Aretino doch etwas Bestechendes gehabt haben. Jedenfalls gelang es ihm bald, sich Tizian zum Freunde zu machen.

In den Jahren 1528 und 1529 hielt sich Tizian wiederholt längere Zeit in Ferrara auf. Wir erfahren, daß er mit einem Gefolge von fünf Personen im Schlosse abstieg, und daß der Herzog sehr gnädig und von Bewunderung für die erhaltenen Gemälde erfüllt war.

Seine beste Kraft widmete der Meister auch in diesen Jahren wieder einem sehr großen Altargemälde. Die Bruderschaft des heiligen Petrus Martyr hatte das Bild für den Altar ihres Heiligen in der Kirche S. Giovanni e Paolo bestellt. Der Gegenstand des Bildes war der Tod jenes Heiligen, eines Dominikaners, der um seines Glaubenseifers willen ermordet wurde und daher den Beinamen „der Märtyrer" erhielt. Im April 1530 befand sich das Gemälde auf seinem Platze. Von Mit- und Nachwelt wurde es als eines der allerhöchsten Meisterwerke Tizians bewundert. Im Jahre 1867 ist es durch ein auf unerklärte Weise in der Kirche ausgebrochenes Feuer zerstört worden. — Die vorhandenen Kopien und Kupferstiche können nur eine unvollkommene Vorstellung von dem Meisterwerk geben. Mit allen herkömmlichen Regeln für Altarbilder hat Tizian hier ganz und gar gebrochen. Die Komposition ist ganz frei bewegt; sie veranschaulicht den Vorgang in natürlicher, glaubhafter Schilderung. Der Schauplatz ist ein Wald, durch dessen Wipfel der Sturm fährt. Der gedungene Meuchelmörder hat sein Opfer zu Boden geworfen und holt mit dem Schwerte zum Todesstoß aus. Der Begleiter des Überfallenen rennt, von Entsetzen gejagt, vorwärts, gleichsam zum Bilde heraus. In der Ferne reitet der Urheber des Mordes davon. Daß das Opfer dieser That ein Heiliger ist, das verrät nur ein liebliches Engelpaar, das von Himmelsstrahlen begleitet, durch die Baumkronen herabschwebt, um ihm die Siegespalme zu überbringen, und an diesen Himmelsboten haftet der letzte Blick des Märtyrers.

Auch die Nachbildungen lassen erkennen, daß das Außerordentliche der Wirkung des Gemäldes in der großartigen Landschaftsstimmung gelegen hat, die in hochpoetischer Weise die Erzählung der Begebenheit mit der Schilderung eines Aufruhrs in der Natur, dessen stürmische Bewegung das Sonnenlicht siegreich durchbricht, begleitete. Und der Künstler, der diese Schilderung gab, war vertraut mit der Sprache der Bäume und Wolken. Wie gern sich Tizian dem erfrischenden Verkehr mit der freien Natur hingab, beweisen die Landschaftszeichnungen, die in der nicht großen Zahl der von ihm hinterlassenen Handzeichnungen fast die Mehrzahl bilden. Manchmal genügte ihm die bloße Zeichnung nicht, um die Eindrücke, die er auf seinen Wanderungen, sei es auf dem nahen venezianischen Festland, sei es in den oft besuchten Heimatbergen, empfing, wiederzugeben. Er sah, was vor ihm noch niemand gesehen hatte, in der Landschaft einen sich selbst genügenden Bildstoff und malte reine Landschaftsbilder.

Die meisten seiner Landschaftsbilder sind nur aus Kupferstichnachbildungen bekannt. Aber ein wunderbares Gemälde ist erhalten geblieben. Es befindet sich in der Sammlung der Königin von England im Buckingham-Palast. Ein Regenschauer an einem Hochsommertag gießt Wasserströme auf das Vorland der Alpen herab und sendet schnellziehende Wolken vor sich her, unter denen auf dem welligen Gelände mit seinen Türmen, Bäumen und Gebüschen die Schatten und Lichter sich drängen und jagen (Abb. 1). Ein solches bewegtes Leben in der unbeseelten Natur bildlich wiederzugeben, daran hatte vor Tizian damals weder in Italien noch in den Niederlanden jemand anders auch nur entfernt gedacht.

Im Anfange des Jahres 1530 hatte Tizian drei Bilder für den Markgrafen von Mantua in Arbeit, ein Porträt des Markgrafen in Rüstung, eine Madonna mit der heiligen Katharina und ein Bild mit badenden Frauen. Also alles, was die Renaissancezeit von der Kunst des Malers verlangte: Bildnis, Religiöses und schönes Fleisch.

Eines von diesen drei Gemälden hat sich erhalten. Wenigstens wird mit gutem Grunde angenommen, daß die im Louvre befindliche „Madonna mit dem Kaninchen“ jenes Madonnenbild sei, das Tizian vor dem Frühjahr 1530 nach Mantua ablieferte. Es ist ein liebenswürdiges Idyll, bei dem das Heilige — das äußerlich durch den dreiteiligen Strahlenschein um das Köpfchen des Jesuskindes angedeutet wird — nur in der Herzlichkeit der Empfindung und in der reinen Anmut liegt.

Das nämliche Museum besitzt ein zweites Bild dieser Gattung, das dem ebengenannten gleich ist an Liebenswürdigkeit der Empfindung, und das durch die weitere Ausdehnung der Landschaft noch einen besonderen Reiz besitzt. Die heilige Familie im Genuß des Familienglücks ist hier dargestellt. Auf einer Anhöhe, von der man über Wiesen, Baumgruppen und einen Wasserspiegel hinaus auf die Mauern und die Vorhäuser einer Ortschaft sieht, sitzt Maria mit dem Kinde auf der Rasenbank, und Joseph, neben ihr behaglich hingelagert, scherzt mit dem Kinde. Aber die Aufmerksamkeit des kleinen Jesus wendet sich dem kleinen Johannes zu, der ein Lämmchen herbeibringt; er möchte ihm entgegen springen, beide Füßchen gehen in die Luft, und die lächelnde Mutter muß fest zufassen, um ihn zu halten. Daß das Lamm, das Opfertier, hier noch eine andere Bedeutung hat als die eines Spielzeuges für das Kind, das sagen dem Beschauer nur die Englein, die in einer um die Baumstämme schwebenden Wolke ein Abbild des Marterholzes tragen; in der Flur vor Bethlehem herrscht noch Paradiesesfrieden. Daß jene Ortschaft Bethlehem ist, das erkennen wir an den beiden Tieren, den Mitbewohnern des Stalles, die am Fuß der Anhöhe auf die Weide geführt werden (Abb. 2).

In jener Zeit einer ehrlichen Freude an der Kunst war in den hohen Kreisen Italiens das Schenken von wertvollen Kunstwerken ein beliebtes Mittel, um die Gunst von Mächtigen zu gewinnen. Tizians Gemälde mußten oft zu solchen Zwecken dienen. Im Sommer 1530 wurde der Meister durch Federigo Gonzaga nach Bologna geschickt, um das Bild einer dort lebenden jungen Dame als Geschenk des Herzogs für den kaiserlichen Staatssekretär Covos zu malen. Als er Mitte Juli in Venedig wieder eintraf, erwartete ihn Schlimmes. Seine Frau erkrankte und starb. Am 6. August wurde sie begraben. Sie ließ ihrem Gatten drei Kinder zurück, von denen das älteste fünf Jahre zählte. Tizian war ganz untröstlich, und eine Zeitlang versagte ihm die Arbeitskraft. — Zur Leitung seines Hauswesens ließ Tizian jetzt seine Schwester Orsa aus Cadore kommen. Im nächsten Jahre vertauschte er seine bisherige Wohnung am Canal grande mit einem gesünderen Hause an dem damals noch gartenreichen Nordostrande der Stadt.

Im Jahre 1531 bekam der Herzog von Mantua einen heiligen Hieronymus und eine heilige Magdalena von Tizian. Beide Gegenstände hat der Meister oft behandelt; der büßende Kirchenvater gab Gelegenheit, durch eine wilde Landschaft zu wirken, und die reuige Magdalena, „schön und thränenreich,“ in deren Verbildlichung sich das Erbauliche mit dem Reizenden

Abb. 1. Landschaft. Gemälde in der Sammlung der Königin von England im Buckingham-Palast.
(Nach einer Photographie von Franz Hanfstaengl in München.)

vereinigte, war eine Darstellung nach dem Herzen der damaligen Kunstfreunde, da sie ihren Geschmack nach zwei Seiten hin befriedigte. — Das Magdalenenbild, welches Federigo Gonzaga bestellte, war wieder als Geschenk für einen einflußreichen Herrn bestimmt: für den Oberbefehlshaber der kaiserlichen Truppen in der Lombardei, Don Alfonso Davalos, Marchese del Vasto. — Zu den Gegengaben, die Tizian für seine Gemälde von dem Markgrafen von Mantua empfing, gehörte als eine außerordentliche Gunstbezeugung die Erwirkung einer geistlichen Pfründe für seinen ältesten Sohn Pomponio.

Im Herbste 1531 wurde ferner ein

Gemälde für den Dogenpalast fertig. Jeder Doge war durch das Herkommen verpflichtet, außer seinem Bildnis für die Halle des Großen Rats ein Bild für den Saal des Kollegiums der Pregadi malen zu lassen, in dem er unter dem Geleit eines Heiligen vor dem Thron der Mutter Gottes betend dargestellt war. So malte Tizian jetzt den Dogen Gritti. Das Bild wurde als eine seiner besten Schöpfungen bewundert. Es ist bei dem Brande im Dogenpalast im Jahre 1577, der auch die Gemälde im Saal des Großen Rats vernichtete, zu Grunde gegangen.

Im Spätherbst 1531 ließ der General Davalos den Meister bitten, zu ihm nach Correggio, wo er sein Hauptquartier hatte, zu kommen. Vermutlich gab er ihm damals den Auftrag, sein Bildnis in einer Allegorie zu malen, die man in einem Prachtgemälde der Louvresammlung wiederzuerkennen glaubt. Die Tröstung der Gattin des scheidenden Feldherrn Davalos war seit kurzem mit Maria von Arragonien vermählt ist der Gegenstand des Bildes. Die in idealer Gewandung, gleichsam als die Liebesgöttin selbst, dargestellte junge Frau, der ihr Gatte, schon im Eisenharnisch zum Kriegszug gerüstet, beim Abschied noch einmal die Hand auf die Brust legt, ist in die Betrachtung einer Glaskugel, des Sinnbildes der Zerbrechlichkeit des Erdenglückes, versunken; da treten Amor, Victoria und Hymen — Liebe, Sieg und Eheglück — vor sie hin, um ihr zu sagen, daß sie sie nicht verlassen wollen.

Von vielen Arbeiten Tizians, namentlich auch aus der Zeit von 1530 bis 1532, ist nichts als eine schriftliche Nachricht, sei es in ganz allgemeiner Erwähnung, sei es in bestimmter Bezeichnung der Werke, auf uns gekommen. Andererseits fehlt für eine vielleicht noch größere Anzahl vorhandener Gemälde jegliche Kunde über ihre Entstehung. Das ist namentlich bei den Bildnissen von Privatpersonen der Fall. Als Porträtmaler ist Tizian von keinem übertroffen worden. In dem an schönen Bildnissen fruchtbarsten Jahrhundert, dem XVII., hat Rubens ihn sich zum Muster genom-

... New York

Abb. 3. „Der Mann mit dem Handschuh.“ Gemälde im Louvre zu Paris.
Nach einer Originalphotographie von Braun, Clément & Cie. in Dornach i. E., Paris und New York.

men und van Dyck ihm als einem unerreichbaren Vorbild nachgestrebt; selbst der große Velasquez hat sein Auge an Tizians vornehmen Bildnisgestalten geschult. — Zu den herrlichsten Bildnissen des Meisters gehört die Halbfigur eines schwarzgekleideten jungen Mannes im Louvre, genannt „der Mann mit dem Handschuh“ (Abb. 3).

Im Winter von 1532 auf 1533 saß der Kaiser Karl V. Tizian zum Porträt. Der Kaiser war im Herbst über die Alpen gekommen, zum Zwecke einer Begegnung mit dem Papst in Bologna. Am 6. November war er in Mantua eingetroffen, und schon am nächsten Tage schrieb der Herzog Federigo an Tizian, er möge sobald als möglich kommen. Aber nicht in Mantua, sondern erst in Bologna malte Tizian den Kaiser. Zweifellos ist das prachtvolle Porträt Karls V. in ganzer Figur, das sich im Pradomuseum befindet, ein Ergebnis der jetzigen Sitzungen.

Der Kaiser, der sich von Bologna über Genua nach Spanien begab, spendete dem Künstler kaiserlichen Dank. Gleich nach seiner Landung in Barcelona im Mai 1533 fertigte er eine Urkunde aus, durch die er Tizian zum „Grafen des lateranischen Palastes und Mitglied des kaiserlichen Hofes und Staatsrates unter dem Titel eines Pfalzgrafen mit allen aus dieser Würde entspringenden Vorrechten“ ernannte; er machte Tizian zum Ritter vom goldenen Sporn mit allen sonst durch Ritterschlag verliehenen Rechten und erhob dessen Kinder zum Range von Edelleuten des Reiches mit allen Ehren der Familien mit sechzehn Ahnen. — Vasari versichert, Karl V. habe, nachdem er Tizian kennen gelernt, keinem anderen Maler mehr gesessen. Der Wortlaut der Urkunde rechtfertigt diese Äußerung, indem darin der Kaiser das Verhältnis Tizians zu ihm mit dem des Apelles zu Alexander dem Großen vergleicht, also auf ein Alleinrecht, den Herrscher zu porträtieren, hinweist.

Auch mit der Bezahlung scheint Karl V. damals nicht gekargt zu haben. Denn Tizian kaufte sich nach seiner Rückkehr von Bologna einen Landbesitz im Gebiet von Treviso.

Zu den ersten Arbeiten, die Tizian jetzt in Venedig ausführte, dürfte das Hochaltargemälde für die Kirche S. Giovanni Elemosinario gehört haben. Die nach einem Brande neugebaute Kirche war eben fertig geworden; der Altar wurde am 2. Oktober 1533 geweiht. Der gegebene Gegenstand war der Namensheilige der Kirche, Johannes, Patriarch von Alexandria, dem seine Wohltätigkeit den Beinamen des Almosenspenders gebracht hatte. Tizian malte in der Darstellung des Kirchenfürsten, der sein Gebet unterbricht, um einem Bettler eine Gabe zu reichen, ein Bild von großartiger Einfachheit in der Anordnung und in den vollen Farbentönen.

Am 31. Oktober 1534 verlor Tizian durch den plötzlichen Tod des Herzogs Alfons von Ferrara seinen ältesten fürstlichen Gönner. Er war damals noch mit Arbeiten für Alfonso beschäftigt, unter anderem mit einer Wiederholung von dessen an den Kaiser abgegebenen Porträt. Daß Tizian imstande war, noch nach Jahren Wiederholungen von Bildnissen anzufertigen, erklärt sich daraus, daß er bei bedeutenden Personen die ersten Aufnahmen nach dem Leben nicht gleich auf die Ausführungsleinwand, sondern besonders zu malen pflegte, um sie für sich zu behalten. Das Porträt Alfonsos ließ dessen Nachfolger Ercole vollenden.

Das meiste von Tizians Arbeitskraft scheint in diesem und in den folgenden Jahren Friedrich Gonzaga, der in seinen Briefen dem Künstler jetzt die Anrede „Vortrefflicher und teurer Freund“ gab, für sich in Anspruch genommen zu haben.

Einen Vorschlag Karls V., ihn auf seinem Kriegszug gegen Tunis zu begleiten, hatte Tizian abgelehnt. Aber als der Kaiser aus Afrika zurückgekehrt war und bei Asti Heerschau über die zum Kriege gegen Frankreich zusammengezogenen Truppen abhielt, begab sich Tizian mit dem Herzog von Mantua nach Asti, um dem Kaiser seine Aufwartung zu machen, und er wurde durch neue Huldbeweise geehrt.

Die Schwester des Herzogs Federigo, Eleonora Gonzaga, war an Francesco Maria della Rovere, den Herzog von Urbino verheiratet. Dadurch kam Tizian auch zu diesem Fürsten in Beziehungen. Francesco Maria starb im Herbst 1538 an Vergiftung. Die Gemälde, welche Tizian für ihn ausführte, scheinen innerhalb einer nur kurzen Reihe der vorhergehenden Jahre entstanden zu sein.

Das kostbarste von allen Gemälden, die in das Schloß zu Urbino gelangten, ist das jetzt in den Uffizien zu Florenz befindliche Bild einer unbekleidet, auf ihrem Ruhebett liegenden jungen Frau; ein Gemälde, das unter Tizians besten Schöpfungen eine hervorragende Stellung einnimmt. Man nennt das Bild „Venus von Urbino“, aber es stellt keine Göttin vor. Tizian hat hier nicht an die Verbildlichung eines überirdischen Wesens gedacht, es ist ihm auch nicht eingefallen, im Sinne der antiken Kunst eine Gestalt schaffen zu wollen, deren Schönheit über die in der Natur vorkommende Schönheit hinausginge. Er hat vielmehr eine schöne Wirklichkeit in dem verklärenden Zauberlicht seiner einzigartigen Poesie wiedergegeben. Das ganze Bild ist echteste Poesie; es ist in dem hinreißenden Wohllaut seiner Farbenklänge ein fast feierlich zu nennender Lobgesang auf die Schönheit des Weibes, dessen Stimmung auch nicht durch die leiseste Beimischung irgendwelchen lüsternen Nebengedankens getrübt wird.

Der Gedanke läßt sich nicht abweisen, daß diese „Venus“ ein Porträt sei. Man glaubt die nämliche Persönlichkeit in dem herrlichen, ebenso anmutigen wie vornehmen Porträt im Pittipalast wiederzuerkennen; das die volkstümliche Bezeichnung „Die Schöne des Tizian“ trägt (Abb. zwischen Seite 168 u. 169). Diese junge Dame mit dem perlengeschmückten braunen Haar, in reichem blau und violetten Modekleid mit goldenem und weißem Aufputz — das ganze Bild wieder ein Wunderwerk der Farbenstimmung -- besitzt allerdings dieselben fesselnden Reize von Jugend, Schönheit und Liebenswürdigkeit, wie die „Venus“. Aber die Ähnlichkeit der Gesichtszüge zwischen beiden ist doch nur eine oberflächliche.

Der Herzog von Urbino ließ sich selbst und seine Gemahlin im Jahre 1537 zu Venedig von Tizian malen. Beide Bildnisse, vollendete Meisterwerke, befinden sich jetzt in der Uffiziengalerie.

Es wurden Stimmen laut in Venedig, die sagten, Tizian sei überhaupt nur als Porträtmaler groß. Um so mehr Grund hatte der Meister, sich seiner alten Verpflichtung gegen die venezianische Regierung, der Malerei im großen Ratssaal, nicht länger zu entziehen. Und der Rat der Zehn erneuerte seine Mahnungen mit sehr nachdrücklicher Strenge; er erließ im Juni 1537 den Befehl an Tizian, er solle, da das Schlachtengemälde, zu dessen Ausführung er sich im Jahre 1516 verbindlich gemacht, noch immer nicht ausgeführt sei, alle Gelder, die er seit jener Zeit aus seinem Makleramt ohne Gegenleistung bezogen habe, zurückzahlen. Jetzt ging Tizian ernstlich ans Werk und vollendete „mit unglaublicher Kunst und Ausdauer“ das große, vor mehr als zwanzig Jahren entworfene Schlachtenbild.

Das hochgepriesene Gemälde ist bei dem Brande von 1577 mit den anderen damals in der großen Ratshalle befindlichen Bildern zu Grunde gegangen. Ein Kupferstich hat die Umrisse desselben aufbewahrt, und eine in den Uffizien befindliche Ölskizze gibt auch von der Farbe und Wirkung des größten Teiles des Bildes eine Vorstellung.

Die moderne Forschung setzt die Entstehung des räumlich größten von den erhaltenen Gemälden Tizians, über das die alten Nachrichten merkwürdigerweise sehr wenig bringen, auf Grund der Anhaltspunkte, welche die Malweise bietet, in eine dem Jahre 1540 naheliegende Zeit. Es ist das für die Bruderschaft von S. Maria della Carità gemalte, jetzt in der Akademie zu Venedig befindliche Bild „Mariä Tempelgang“ (Abb. 4). Nach der Legende über die Kindheitsgeschichte der Jungfrau Maria ist dargestellt, wie Maria als Kind sich in den Tempel begibt, um sich dem Dienste des Höchsten zu weihen. Das Kind schreitet freudig und unbefangen, sein hellblaues Kleid ein wenig aufhebend, die Stufen der langen Freitreppe des Tempels hinan, dem Hohenpriester entgegen, der mit einigen Begleitern aus der Vorhalle herausgetreten ist, um erstaunt die Kleine in Empfang zu nehmen. Maria befindet sich ganz allein auf der Treppe; ein goldiger Lichtschein umgibt das liebliche Figürchen, das trotz seiner Kleinheit auf der riesigen Leinwand dem Beschauer sofort als der Mittelpunkt der ganzen Darstellung in die Augen fällt. Die Eltern Joachim und Anna sind am Fuß der Treppe zurückgeblieben, Joachim spricht mit Wichtigkeit zu den Umstehenden. Viele Menschen sind auf dem Platz vor dem Tempel stehen geblieben, um zuzusehen, wie es eben geschieht, wo etwas Ungewöhnliches bemerkt wird. Das ist eine prächtige venezianische Volksgruppe, Leute von mancherlei Art, von stolzen Senatoren an bis zu ganz armseligen Erscheinungen, ehrwürdige Greise,

Abb. 4. Mariä Tempelgang. Gemälde in der Akademie zu Venedig.
Nach einer Originalphotographie von Braun, Clément & Cie. in Dornach i. E., Paris und New York.

stattliche Männer, hübsche Frauen und gedankenlose Kinder. Alle Personen in dieser Menge, die so treffend den Eindruck macht, vom Zufall zusammengeführt zu sein, sind so ausgeprägt in ihrer Eigenart, daß man lauter Bildnisse zu sehen glaubt. Die Überlieferung weiß einige der vornehmen Herren mit Namen zu nennen; die Mitlebenden aber haben gewiß auch das alte Höckerweib erkannt, das neben der Treppe bei seinem Eierkorb sitzt. Den Tempelplatz säumen stattliche Gebäude, Marmor- und Backsteinbauten, an denen Balkons und Fenster sich mit Zuschauern füllen. Niemals hat ein Maler eine so große Leinwand mit Figuren, die fast alle nichts zu thun haben, so reizvoll und in einer solchen Zusammengehörigkeit von Menschen und Gebäuden gefüllt und dabei, unbeschadet des Anscheins vollkommener Natürlichkeit, der Komposition in Linien und Farben ein so feierliches Ebenmaß zu wahren gewußt.

Abb. 5. Bildnis der Tochter des Roberto Strozzi.
Gemälde im Kgl. Museum zu Berlin.
(Nach einer Photographie von Franz Hanfstaengl in München.)

Im Juni 1540 hatte Tizian den Tod seines feinsinnigen und aufmerksamen Gönners Federigo Gonzaga zu beklagen. In das Zuströmen von Bestellungen aber brachte dieser Verlust keine Unterbrechung.

Davalos, der jetzt als Generalleutnant der kaiserlichen Truppen in Italien in Mailand stand, drängte auf Vollendung eines Bildes, mit dessen Ausführung er den Meister im vorigen Jahre beauftragt hatte und das ihn als Feldherrn darstellen sollte, wie er eine Ansprache an seine Soldaten hält. Tizian konnte sich zeitweilig damit entschuldigen, daß seine Pflicht ihn bei dem Herzog Francesco, dem Nachfolger Federigos, in Mantua festhalte. Im Jahre 1541 wurde die „Allokution des Davalos“ fertig und fand in Mailand großen Beifall. Später ist das Gemälde in den Besitz des Königs von Spanien gekommen und befindet sich jetzt im Pradomuseum. Bei zwei Bränden im Escorial im Jahre 1671 und im Königsschlosse zu Madrid im Jahre 1734 hat es schwere Beschädigungen erlitten und ist infolgedessen gänzlich überarbeitet worden. In seinem jetzigen Zustande besitzt es nicht mehr viel von tizianischem Reiz.

Vermutlich überbrachte Tizian persönlich das Bild dem General. Denn im Spätsommer 1541, als der Kaiser in Mailand verweilte, begab er sich dorthin. Karl V. gab auch bei dieser Gelegenheit wieder einen Gnadenbeweis durch Anweisung eines Jahrgehaltes, das aus der mailändischen Staatskasse — Mailand war durch den Tod des Herzogs Francesco Sforza im Jahre 1535 dem Kaiser zugefallen — bezahlt werden sollte.

Mit der Jahreszahl 1542 sind zwei Gemälde bezeichnet, die als Werke geringen Umfangs zwischen größeren Arbeiten, die den Meister damals beschäftigten, entstanden sind. Das eine ist ein Idealbildnis der Königin von Cypern, Katharina Cornaro.

„La Bella di Tiziano". Gemälde von Tizian im Pittipalast zu Florenz.
(Nach einer Photographie von Giacomo Brogi, Florenz.)

Es befindet sich in der Uffizlengalerie. Die im Jahre 1510 verstorbene „Tochter der Republik" ist darin mit ihrer Namensheiligen, der alexandrinischen Jungfrau aus königlichem Geschlecht, verschmolzen. Wenn man es diesem Prunkstück wohl etwas ansieht, daß es nicht nach der Natur gemalt ist, so ist dafür das andere Bild eine um so frischere Wiedergabe des Lebens. Es ist ein entzückendes Kinderbildnis und stellt ein Töchterchen von Roberto Strozzi, einem zeitweilig in Venedig wohnenden Sohne des aus Florenz verbannten Filippo Strozzi, vor. Bis vor einigen Jahren hat es im Palazzo Strozzi gehangen; jetzt schmückt es das Museum zu Berlin. Das Bild ist in seiner Verbindung von Liebreiz, Lebenswahrheit und Farbenzauber eine künstlerische Kostbarkeit, die in dieser Art wohl nicht ihresgleichen hat (Abb. 5).

Im Jahre 1542 porträtierte Tizian auch den elfjährigen Ranuccio Farnese, einen Enkel des Papstes Paul III. Der Beifall, den dieses — jetzt nicht mehr vorhandene — Bildnis bei den Erziehern des Prinzen fand, hatte wiederholte Einladungen an Tizian, sich nach Rom zu begeben, zur Folge. Insbesondere war es der sehr kunstsinnige junge Kardinal Alessandro Farnese, Ranuccios ältester Bruder, der sich bemühte, die Dienste Tizians für sich zu gewinnen.

Schon im folgenden Jahre brachten die politischen Ereignisse eine Gelegenheit, daß Tizian den Papst und dessen Angehörige malen konnte, ohne deswegen nach Rom zu gehen. Paul III. brach im Frühjahr 1543 nach dem Norden Italiens auf, um wie sein Vorgänger persönlich mit dem Kaiser zu verhandeln, und er schickte eine Aufforderung an Tizian, mit ihm zusammenzutreffen. Der Meister stellte sich in Ferrara beim Papste ein und begleitete denselben dann nach Busseto bei Cremona, wo die Zusammenkunft mit Karl V. stattfand. Zwischen ihren politischen Verhandlungen unterhielten die beiden Häupter der Christenheit sich über Tizians Kunst. Tizian kehrte mit dem Papst zurück und blieb bis in den Sommer in Bologna. In dieser Zeit malte er zwei Bildnisse Pauls III., eines von dessen Sohn Pier Luigi, Herzog von Castro, ein Doppelbildnis des Papstes und des Herzogs Pier Luigi, und ein Bildnis des Kardinals Alessandro Farnese. Von den Bildern des Papstes, die begreiflicherweise oft kopiert worden sind, besitzt die Sammlung der Eremitage zu Petersburg eines, das zweifellos eine nach dem Leben gemalte erste Aufnahme ist. Das für den Papst selbst ausgeführte Exemplar des Bildnisses befindet sich im Museum zu Neapel. In dem nämlichen Museum findet man das Bildnis des Kardinals Alessandro Farnese. Das Porträt des Herzogs von Castro wird im königlichen Schloß zu Neapel aufbewahrt. Das Doppelbildnis ist verschollen.

Paul III. wollte seine Erkenntlichkeit durch Überweisung der Einkünfte, welche mit dem Titel eines päpstlichen Siegelbewahrers verbunden waren, bezeugen. Aber Tizian besaß die Hochherzigkeit, dieses Anerbieten abzulehnen, weil er durch die Annahme einen anderen Künstler geschädigt haben würde; denn um an ihn übertragen werden zu können, hätte der Amtstitel dem Maler Sebastian Luciani aus Venedig — der eben hiernach, weil die Bullensiegel in Blei gedruckt wurden, den Beinamen „del Piombo" führte — entzogen werden müssen.

Vor Ablauf des Jahres 1543 vollendete der Meister ein ziemlich umfangreiches Gemälde, die Vorführung Christi durch Pilatus darstellend, für einen Privatmann, den Kaufmann Giovanni d'Anna, einen in Venedig naturalisierten Niederländer. Andere Bilder, die Tizian im Auftrage des nämlichen Mannes malte, sind verloren gegangen. Das große „Ecce homo" aber von 1543 ist erhalten und befindet sich jetzt in der kaiserlichen Gemäldegalerie zu Wien.

Großen Verdruß bereitete dem Meister zu dieser Zeit ein Rechtsstreit mit der Geistlichkeit der Kirche San Spirito in Isola, der im Dezember 1544 noch nicht geschlichtet war und ihn veranlaßte, sich mit der Bitte um Beistand an den Kardinal Alessandro Farnese zu wenden. Für diese Kirche, die neu ausgebaut worden war, hatte Tizian die Herstellung eines Altarblattes und mehrerer in die Deckenfelder einzusetzenden Bilder übernommen. Die Ausführung dieser Gemälde, die er wahrscheinlich im Jahre 1541 anfing, scheint seine Hauptarbeit im Jahre 1542 gewesen zu sein und kam wohl erst 1544 zum Ab

Abb. 6. Kaiser Karl V. am Morgen der Schlacht bei Mühlberg. Gemälde im Pradomuseum zu Madrid
(Mit Genehmigung der Photographischen Gesellschaft in Berlin.)

schluß. Und nun entstanden Schwierigkeiten wegen der Bezahlung, die zu eben jenem Rechtshandel führten. — Die Bilder, um die es sich handelte, befinden sich jetzt in der Kirche Santa Maria della Salute. Das Altargemälde ist dort in einer Seitenkapelle angebracht worden. Es stellt die Sendung des heiligen Geistes dar. Leider hat es durch Nachdunkeln viel an seiner Wirkung eingebüßt. Acht Rundbilder, in denen die vier Evangelisten und die vier großen Kirchenlehrer als lebenswahre Persönlichkeiten verbildlicht sind, schmücken die Decke des Chors. In der Sakristei sind die übrigen Deckenbilder angebracht: drei in kühnen Verkürzungen aufgebaute Gruppen, die den Brudermord Kains, das Opfer Abrahams und Davids Sieg über Goliath schildern.

Ein sehr schönes Altargemälde, dessen Entstehung in eben diese Zeit gesetzt wird, befindet sich im Dom zu Verona. Mariä Himmelfahrt ist darauf dargestellt, nicht in einer so machtvollen Komposition, wie diejenige des inhaltsgleichen größeren Gemäldes in Venedig ist, aber mit großer Innigkeit und hoher Farbenpoesie.

Karl V. hatte zu Busseto ein Bildnis seiner verstorbenen Gemahlin, Isabella von Portugal, an Tizian übergeben, damit er darnach ein neues malte. Während der Dauer des vierten Krieges zwischen dem Kaiser und dem König von Frankreich konnte der Meister begreiflicherweise kein Gemälde an den Kaiser gelangen lassen. Aber gleich nach der Beendigung des Feldzugs durch den Frieden von Crespy, im Herbst 1544, schickte er zwei Bildnisse der Kaiserin an Karl V. mit einem Begleitschreiben, in dem er sich mit seinem Alter und der Weite des Weges entschuldigte, daß er sie nicht persönlich überbringe. Von diesen Bildern, die der Kaiser sehr hoch schätzte, und die er nach seiner Abdankung mit sich nach San Juste nahm, ist eines vermutlich bei dem Brande des Königsschlosses zu Madrid untergegangen, das andere befindet sich im Pradomuseum. Bei seinem Anblick denkt man nicht, daß es nicht nach dem Leben gemalt ist, und nur eine gewisse Steifheit der Zeichnung erinnert daran, daß ihm ein Gemälde flandrischen Ursprungs zu Grunde gelegen hat. Tizians Farbenreiz hat die Erscheinung der Kaiserin neu beseelt.

Im Jahre 1545 malte Tizian den Herzog Guidobaldo II. von Urbino und dessen Gemahlin. Das Fürstenpaar residierte zu Pesaro, und ihr Hof bildete einen Sammelpunkt bedeutender Männer der Politik und der Litteratur. In diesem gewählten Kreise spielte damals Tizian eine große Rolle. Er malte dort eine ganze Menge von Bildnissen, von denen leider nur die schriftliche Kunde erhalten ist. Vielleicht gehört zu den Bildern aus Pesaro das in der Gemäldegalerie zu Kassel befindliche prächtige Bildnis eines fürstlichen Herrn in ganzer Figur, von dem man nicht weiß, wer es ist.

Auch Pietro Aretino wurde im Jahre 1545 von Tizian gemalt. Er hatte sich das Bild erbeten, um es dem Herzog von Florenz, Cosimo de' Medici, zum Geschenk zu machen. Das treffliche Porträt, das uns von der Person des gefürchteten Federhelden ein ungeschminktes, wenn auch freundschaftlich aufgefaßtes Abbild gibt, wird in der Sammlung des Pittipalastes zu Florenz aufbewahrt.

Im Herbst 1545 folgte Tizian den wiederholt vom päpstlichen Hofe ergangenen Einladungen und brach in Begleitung seines jüngeren Sohnes Orazio, den er sich zum Gehilfen erzog, nach Rom auf. Der Herzog Guidobaldo übernahm die Kosten der Reise und stellte sieben Reiter als Be-

Abb. 7. Tizians Tochter Lavinia.
Gemälde in der Kgl. Gemäldegalerie zu Dresden.
Nach einer Originalphotographie von Braun, Clément & Cie. in Dornach i. E., Paris und New York.

gleitungsmannschaft. In Rom wurde dem Meister eine Wohnung im vatikanischen Palaste angewiesen. Der Empfang, den er fand, begeisterte ihn, und der Anblick der Antiken versetzte ihn in Entzücken.

Die erste Aufgabe, die ihm in Rom gestellt wurde, war ein Gruppenbildnis von Papst Paul III. mit dem Kardinal Alessandro Farnese und dessen jüngerem Bruder Ottavio, dem Schwiegersohn des Kaisers. Dieses Werk blieb — unbekannt aus welchen Gründen — unvollendet. Das unfertige Gemälde befindet sich im Museum zu Neapel, als ein Bestandteil der im Jahre 1786 dem Königshaus von Neapel zugefallenen farnesischen Erbschaft.

Mehrere andere Porträts, sowie einige religiöse Bilder, von denen berichtet wird, sind wieder spurlos verschwunden. Erhalten aber ist ein Meisterwerk mythologischen Inhalts, das Tizian für den Prinzen Ottavio Farnese malte. Es befindet sich ebenfalls im Museum zu Neapel und stellt Danae vor in dem Augenblick, wo Zeus, in einen goldenen Regen verwandelt, sich ihr naht.

Ottavio Farnese bestellte auch eine „Venus" bei Tizian, und es unterliegt wohl kaum einem Zweifel, daß dieses Gemälde in einem durch König Philipp IV. von Spanien aus dem Nachlaß König Karls I. von England erworbenen und jetzt im Pradomuseum befindlichen Venusbilde wiederzuerkennen ist. Von einer Verbildlichung der Liebesgöttin ist hier allerdings gar nicht die Rede. Es ist vielmehr das Porträt eines jungen Weibes, das sich einem vornehmen Herrn zu eigen gegeben hat, und dieser Herr zeigt sich im Bilde, wie er die Geliebte mit Musik unterhält, während er ihre Reize bewundert. Nur ein Tizian war imstande, auch eine solche Aufgabe so zu erfassen, daß er daraus ein poetisch verklärtes, durch die Zaubermacht seiner einzigen Farbenkunst zu echtem Schönheitsadel erhobenes Werk schuf.

Tizian blieb bis zum Anfang des Sommers 1546 in Rom, wo er nach Vasaris Zeugnis auch für den Herzog von Urbino mehrere Bildnisse malte.

Von den Werken, die er nach seiner Rückkehr in diesem Jahre noch malte, ist das Bildnis des Bandenführers Giovanni de' Medici, des Vaters des Herzogs Cosimo, erhalten; es befindet sich jetzt in den Uffizien zu Florenz. Aretin, der seine politische Laufbahn als Sekretär des Condottiere begonnen hatte, ließ das Bild als Geschenk für den Herzog Cosimo malen; als Unterlage gab er dem Maler eine Totenmaske, die er hatte anfertigen lassen, als Giovanni de' Medici den Folgen einer schweren Verwundung erlegen war.

Im Jahre 1547 vollendete Tizian ein vor fünf Jahren bestelltes Altarbild für die Hauptkirche des Alpenstädtchens Serravalle (an der Straße von Conigliano nach Capo di Ponte bei Belluno), das sich noch dort befindet. Darauf ist die Mutter Gottes in den Wolken thronend, von Engelkindern umringt, dargestellt und zu ihren Füßen die Apostel Petrus und Andreas; zwischen diesen beiden sieht man in der Entfernung ihre Berufung am See von Genezareth.

Es erscheint unbegreiflich, daß Tizian zwischen der Erledigung aller an ihn herantretenden Aufträge noch Zeit fand, Bilder zu malen, mit denen er seine Wohnung und seine Werkstatt schmückte. Von Zeit zu Zeit erhalten wir Nachricht, daß ein Kunstliebhaber gelegentlich ein Gemälde von dem Meister erwarb, das er nicht vorher bestellt hatte.

Gegen Ende des Jahres 1547 gab es einen großen Andrang zu Tizians Haus; Scharen von Menschen kamen, um Bilder von ihm zu kaufen oder wenigstens irgend ein kleines Andenken seiner Kunst zu erwerben. Denn Tizian hatte vom Kaiser die Aufforderung erhalten, zu ihm nach Augsburg zu kommen, wo am 1. September der Reichstag eröffnet worden war. Die Venezianer fürchteten, ihren großen Meister zu verlieren, sei es, daß der Kaiser ihn bei sich behielte, sei es, daß er den Anstrengungen der für einen Mann seines Alters unter den damaligen Verkehrsverhältnissen doch sehr mühevollen Reise unterliegen würde.

Für möglichste Bequemlichkeit der Reise hatte der Kaiser selbst gesorgt, der alle Kosten derselben bezahlte. So trat Tizian mitten im Winter, Anfang Januar 1548 den Ritt über die Alpen an und gelangte wohlbehalten nach Augsburg. In der fremdartigen Umgebung und in dem geräuschvollen Leben, das der Reichstag in den kaiserlichen Hofhalt brachte, arbeitete der siebzigjährige

Meister alsbald mit demselben Fleiß, als ob er sich in seiner gewohnten Werkstatt befände.

Die erste Aufgabe, um deren willen der Kaiser den Maler hatte kommen lassen, war, daß er ihn in der Rüstung und auf dem Streitroß male, mit dem er im April des vorigen Jahres in die Schlacht bei Mühlberg geritten war. Dieses große Reiterbildnis Karls V., das sich jetzt im Pradomuseum befindet, ist eins der allerschönsten Gemälde, die es überhaupt gibt. Wir werden in das Morgengrauen des Schlachttages versetzt. Das Grün der Landschaft liegt in bräunlicher Dämmerung, in der Ferne zeigen sich blaue Hügel des Elbufers. Der von Wolkenstreifen durchzogene und von rauchartigem Dunst überflorte Himmel ist gerötet; diese Röte hat etwas Unheimliches, man denkt unwillkürlich, daß sie den Widerschein von Blut bedeute. Und etwas Unheimliches, Drohendes liegt auch in der Erscheinung des Reiters, der, von den grellen Lichtern seiner goldverzierten Eisenrüstung umblitzt, auf seinem schwarzen, rotgeschirrten Schlachtroß in kurzem Galopp aus dem dunklen, von der Morgenröte durchglühten Gehölz herausgesprengt und seinen Blick über die vor ihm liegende Ebene sendet. Das marmorkalte Gesicht des Kaisers ist so bleich, daß es fast grünlich auf dem roten Himmel steht. Die Blicke sind vorwärts gerichtet, wie der Speer in der Faust. Die ganze Erscheinung des regungslos im Sattel sitzenden Reiters macht den Eindruck eines sicheren und unaufhaltsamen, jedem Widerstand gewachsenen Vorgehens. Das Bild ist gleichsam eine

Abb. 8. Die Weisheit. Deckenbild in der Bibliothek zu S. Marco zu Venedig.

Verbildlichung des Wahlspruches Karls V.: „Plus ultra! — weiter!" (Abb. 6.*)

Nicht als der erfolggekrönte Sieger, sondern als der verdüsterte, am Gelingen seiner großen Pläne zweifelnde und zur Schwermut neigende Mann, der sich nach Tisch in eine Fensternische zurückzuziehen pflegte, um stumm den Gesprächen der anderen zuzuhören: so erscheint Karl V. in einem anderen Gemälde, das Tizian ebenfalls im Jahre 1548 zu Augsburg ausführte, und das sich jetzt in der Münchener Pinakothek befindet.

Tizian malte außer dem Kaiser noch eine ganze Menge hoher Personen in Augsburg. Des Kaisers Bruder, der deutsche König Ferdinand, und seine Schwester Maria, Königinwitwe von Ungarn; die zwei Söhne und fünf Töchter des Königs Ferdinand, von denen eine mit dem Herzog Albrecht III. von Bayern vermählt war; die beiden Töchter der verstorbenen Schwester des Kaisers, Isabella von Dänemark, nämlich die verwitwete Herzogin Christine und die Gemahlin des Pfalzgrafen Friedrich II., Dorothea; dann die Witwe des Bayernherzogs Wilhelm I., Maria Jakobine von Baden; ferner Moritz von Sachsen, Philibert Emanuel von Savoyen und der Herzog Alba, sowie die überwundenen Gegner des Kaisers, Johann Friedrich von Sachsen und Philipp von Hessen: alle diese saßen ihm auf Verlangen des Kaisers, der ihre Bilder zu besitzen wünschte. Es ist ein Verlust nicht allein für die Kunst, sondern für die Weltgeschichte, daß diese Bildnisse, die zuerst nach den Niederlanden und später, nach der Abdankung Karls V., nach Spanien gebracht wurden, samt und sonders einer Feuersbrunst zum Opfer gefallen sind.

Von dem gefangenen Kurfürsten von Sachsen hat Tizian ein zweites Bildnis gemalt, das erhalten geblieben ist und sich jetzt in der Kaiserlichen Gemäldegalerie zu Wien befindet. Etwas, wozu dem biederen Lukas Cranach, der diesen seinen geliebten Herrn so oft gemalt hat, all seine rührende Liebe und Anhänglichkeit nicht verhelfen konnte, ist durch die Größe von Tizians Auffassungsweise hier erreicht: man sieht in diesem unförmlich fetten Koloß einen Mann von hoher Gesinnung, einen vornehmen, wahrhaft fürstlichen Herrn.

Der unermüdliche Meister erübrigte zwischen den vielen Bildnissen noch die Zeit, für die Königinwitwe Maria von Ungarn vier Bilder mit den überlebensgroßen Gestalten von Höllenqual erduldenden Männern zu malen: Prometheus, Sisyphus, Ixion und Tantalus.

Im Herbst 1548 trat Tizian die Heimreise an. Unterwegs malte er in Innsbruck die drei jüngsten Töchter des Königs Ferdinand, Kinder von einem, fünf und neun Jahren, in einem Gruppenbild. Das Gemälde befindet sich jetzt in der Sammlung des Lord Cowper.

Vom Kaiser hatte Tizian eine Anweisung auf Verdoppelung des ihm aus der mailändischen Staatskasse zugewiesenen Jahrgehaltes bekommen. Aber die Auszahlung dieser Gelder konnte er nicht erwirken, obgleich er es nicht an Geschenken von Bildnissen fehlen ließ, um seine dahin gerichteten Bemühungen zu unterstützen.

Aber auch so brachte er eine ansehnliche Einnahme mit nach Hause. Er vergrößerte sein Heim, indem er das ganze zu dem Hause, worin er seit 1531 zur Miete wohnte, gehörige Grundstück erwarb. Den am Strand der Lagune, der Insel Murano gegenüber sich ausbreitenden Garten hatte er schon vorher zu einer reizvollen Anlage ausgestaltet, in der er oftmals fröhliche Feste veranstaltete. Als ein Freund heiterer Geselligkeit versammelte er gern einen ausgewählten Kreis von geistig bedeutenden und von hochstehenden Männern in seinem Heimwesen. Die alleinige Dame des Hauses wurde durch den Tod von Tizians Schwester Orsa, im März 1549, seine Tochter Lavinia.

Lavinia war des Vaters Liebling, und mehrere Gemälde führen uns die thaufrische, kindlich liebenswürdige Erscheinung der zu straffer Fülle herangeblühten Jungfrau vor Augen. Ein Bildnis Lavinias, dessen im Jahre 1549 als eines in Arbeit befindlichen Werkes Erwähnung geschieht, ist der Vermutung nach das jetzt im Ber-

*) Das herrliche Gemälde bereitet der photographischen Aufnahme ungewöhnliche Schwierigkeiten. Die beste Wiedergabe desselben befindet sich in der vortrefflichen Veröffentlichung „Die Meisterwerke des Museo del Prado in Madrid," welche die Photographische Gesellschaft in Berlin ihrer ebenso dankenswerten vorzüglichen Veröffentlichung der Meisterwerke der Ermitage zu Petersburg vor kurzem hat folgen lassen.

Abb. 9. Die heilige Magdalena. Gemälde in der Ermitage zu Petersburg.
Nach einer Originalphotographie von Braun, Clément & Cie. in Dornach i. E., Paris und New York.

liner Museum befindliche Bild einer jungen Dame, die eine blumengeschmückte Fruchtschale in den erhobenen Händen trägt. So mag Lavinias Erscheinung oftmals das Auge des zärtlichen Vaters und schönheitsfrohen Malers entzückt haben, wenn sie in den Garten hinaustrat, um den Gästen aufzuwarten; nur hat der Künstler den Blick auf die Heimatberge, die man von dort aus in weiter Ferne über dem Meere schimmern sah, in die Nähe gerückt (Abb. zwischen Seite 176 u. 177).

Gegen Ende des Jahres 1549 verlobte Tizian seine Tochter mit einem jungen Manne aus dem Alpenstädtchen Serravalle, mit Namen Cornelio Sarcinelli. Als glückliche junge Braut mögen wir Lavinia Vecelli erkennen in dem so überaus liebenswürdigen, mit wahrer Zärtlichkeit in jedem Strich gemalten Bildnis in der Dresdener Galerie, in dem sie als eine ganz in Licht gehüllte Gestalt in weißem, fein mit Gold verziertem Seidenkleid vor uns steht, mit einem fähnchenförmigen Fächer in der Hand (Abb. 7).

Um dieselbe Zeit, wo er das Bildnis seiner Tochter malte, fand der Meister wohl auch die Muße, sich selbst zu porträtieren. Das schönste der erhaltenen Selbstbildnisse Tizians, im Berliner Museum, zeigt ihn in einem dieser Zeit entsprechenden Alter. Das Selbstbildnis in der Sammlung von Malerbildnissen in der Uffiziengalerie zeigt den Kopf in genau derselben Ansicht und in ähnlicher Auffassung (s. das Titelbild in Heft 7).

Hauptsächlich wird sich der Meister während der Jahre 1549 und 1550 wohl damit beschäftigt haben, diejenigen Bilder, die er in Augsburg nur angelegt hatte — denn daß er die ganze Menge seiner dortigen Arbeiten in der Zeit von kaum drei Vierteljahren gleich vollständig fertig gemacht hätte, ist nicht denkbar —, mit Ruhe zu vollenden. Im Herbst 1550 wurde Tizian zum zweitenmale nach Augsburg berufen, wo der Kaiser inzwischen wieder einen Reichstag eröffnet hatte. Karl V. gestattete ihm jederzeit Zutritt zu seiner Person, und der freundschaftliche Verkehr des sonst so abgeschlossenen Herrschers mit dem Maler erregte weithin Aufsehen.

An die Arbeitskraft Tizians scheinen während seines diesmaligen Aufenthalts in Augsburg keine so ungeheuren Anforderungen gestellt worden zu sein, wie das vorige Mal. Seine wichtigste Aufgabe war es, das Bild des Kaisersohnes Philipp zu malen, der aus Spanien nach Deutschland gekommen war, um diesen Teil von seines Vaters Reich kennen zu lernen. Die Aufnahme, welche Tizian von dem dreiundzwanzigjährigen Prinzen machte, diente zunächst einem Paradebild — ganze Figur in halber Rüstung — als Unterlage, das sich jetzt im Pradomuseum befindet. Von anderen Werken, die Tizian damals dort malte, erfährt man nur wenig. Er verweilte auch nur während der Zeit der kurzen, zum Malen so ungünstigen Wintertage in Augsburg. Bei der Abreise nach Schluß des Reichstages, im Februar 1551, empfing er vom Kaiser den Auftrag zu einem sinnbildlichen Gemälde, in dessen Thema schon die Gemütsstimmung Karls V. Ausdruck fand, die ihn zu seiner Abdankung bewegte. Der Maler durfte ahnen, was kein anderer voraussehen konnte. — Tizian begleitete den Kaiser nach Innsbruck; dort soll er eine große Allegorie mit den Figuren der ganzen Familie des Herrschers gemalt haben.

Im Sommer 1551 war Tizian wieder daheim. Mehrere Jahre lang arbeitete er jetzt fast ausschließlich für den Kaiser, für den Prinzen Philipp und für Maria von Ungarn. Die einzigen anderweitigen Arbeiten aus der Zeit bis 1554, von denen man weiß, sind einige Bildnisse.

Im Jahre 1552 schickte Tizian drei Gemälde an den Prinzen Philipp nach Spanien: eine Landschaft, eine heilige Margaretha und eine „Königin von Persien.“ Erhalten ist von diesen Gemälden nur das Bild der heiligen Margarete. Es befindet sich im Pradomuseum. Die Heilige ist nach der von den Künstlern der Renaissancezeit öfters verbildlichten Legende als die Überwinderin eines Drachens dargestellt.

Im März des folgenden Jahres ließ Tizian ein Porträt Philipps folgen. Es ist dies vermutlich das jetzt im Museum zu Neapel befindliche schöne Bild, in dem der Prinz, wieder in ganzer Figur, in weißseidenem, goldgesticktem Anzug dargestellt ist. — In seinem Begleitschreiben sagt Tizian, daß die liebenswürdige und gnädige Antwort Philipps auf seine vorige Sendung an ihm das Wunder gewirkt habe, daß er wieder jung geworden sei; und er erwähnt, daß er mit dem Fertigmachen der „Poesien“ beschäftigt sei. — Philipps dankende Erwiderung hierauf enthält die feinste Artigkeit, die dem Künstler gesagt werden konnte, indem die ganze Bewunderung des Bildnisses in die Worte zusammengefaßt wird: „Es ist eben von Eurer Hand“.

Wenn man die „Poesie,“ welche Tizian bald darauf nach Madrid abschickte, und die sich jetzt im Pradomuseum befindet, ansieht, so muß man in der That sagen, daß der Sechsundsiebzigjährige wieder jung geworden ist. Die Komposition dieses Gemäldes war freilich keine neue Schöpfung; es ist nur eine Umarbeitung der acht Jahre früher in Rom gemalten Danae. Aber wie das von neuem empfunden und wie es gemalt ist, das ist allerdings eine Äußerung von Jünglingsfrische.

Eine zweite „Poesie,“ Venus und Adonis darstellend, ließ Tizian der Danae einige Monate später folgen, mit einem Begleitschreiben, in dem er dem Prinzen seine Glückwünsche zu der inzwischen (am 25. Juli 1554) vollzogenen Vermählung mit der Königin von England darbrachte und mehrere andere Gemälde gleicher Art, daneben aber auch ein Bild religiösen Inhalts in Aussicht stellte. Das Gemälde kam zu Philipps großem Verdruß in beschädigtem Zustande in London an; es war durch eine mitten quer durchlaufende

„Die Jungfrau mit der Fruchtschale". (Tizians Tochter Lavinia.)
Nach dem Gemälde von Tizian im Königl. Museum zu Berlin.

Falte entstellt. Die Spur dieser Anklang hat niemals ganz beseitigt werden können; man sieht sie heute noch an dem jetzt im Pradomuseum befindlichen Bilde. Auch hier war der Gegenstand, das Losreißen des seinem Todesgeschick entgegengehenden Jünglings aus den Armen der liebenden Göttin, nicht neu. Tizian hatte die Komposition schon vor Jahren geschaffen, und seine Schüler haben sie oft wiederholt. Aber wiederum malte der greise Meister in der Neugestaltung ein von jugendlicher Kraft der Empfindung erfülltes, bezauberndes Bild.

Abb. 10. Der Antiquar. Gemalt 1568. In der K. K. Gemäldegalerie zu Wien. Nach einer Photographie von J. Löwy in Wien.

Gegen diese wundervollen Gemälde, die dem „Bacchusfest“ und dem „Venusopfer“ kaum nachstehen, fallen die in dem nämlichen Museum befindlichen zwei Bilder, welche Tizian zu derselben Zeit für Karl V. gemalt hat, merkwürdig ab. Von diesen, die im Herbste 1554 dem Kaiser nach Brüssel geschickt wurden, ist das größere, von Tizian „Die Dreieinigkeit“ genannt, die Ausführung des Auftrages, welchen der Kaiser dem Künstler bei der Abreise von Augsburg gegeben hatte. Offenbar hat der Meister sich für den vorgeschriebenen Gegenstand nicht erwärmen können. Der Titel „Die Dreieinigkeit“ sagt nicht genug, und die später gebräuchlich gewordene Benennung „Die Glorie“ bezeichnet nur eine Äußerlichkeit des Gemäldes. Oben sieht man die heilige Dreieinigkeit in einem Lichtglanz, den unermeßliche Scharen von Cherubim und Seraphim umringen; weiter unten steht auf der Wolke die Jungfrau Maria als Vermittlerin zwischen der Gottheit und den sündigen Menschen. Ihre Fürbitte wird in Anspruch genommen durch eine Gruppe von Personen, die, in Leichentücher gehüllt — gleichsam als Auferstandene am Tage des Gerichts —, auf tieferen Wolkenschichten knieen; das sind Kaiser Karl V., der die Krone niedergelegt hat, und die Kaiserin Isabella, die Königin Maria von Ungarn, der Prinz Philipp und dessen Schwester. Weiter nach vorn sind die Gestalten der Patriarchen und Propheten auf einem weiten Wolkenringe angebracht.

Das kleine Bild, das gleichzeitig mit diesem großen Gemälde an den Kaiser gelangte, stellte die schmerzensreiche Mutter Maria in etwas weniger als halber Figur dar. Sein schon früher vorhandenes — wahrscheinlich im Jahre 1547 gemaltes — Gegenstück zeigt den dornengekrönten Heiland im roten Mantel, mit gebundenen Händen. Der kaiserliche Empfänger schätzte die beiden Bilder sehr hoch. Er ließ sie zu einem Klappaltärchen vereinigen, und in dieser Verbindung gehörten sie zu einer kleinen Sammlung Tizianscher Gemälde, die Karl V. mit sich in die Stille von San Yuste nahm, und deren Hauptstück die „Dreieinigkeit“ war.

Gegen Ende des Jahres 1551 und in den ersten Monaten des folgenden finden wir Tizian mit der Ausführung des Bildnisses und des Votivbildes des neuen Dogen Francesco Venier beschäftigt. Das waren die letzten amtlichen Dogenbilder, die Tizian malte; denn unter dem Nachfolger Veniers wurde er von dieser Verpflichtung entbunden.

Auf Veniers Veranlassung wurde Tizian beauftragt, auch zum Gedächtnis des im Jahre 1523 gestorbenen Dogen Antonio Grimani ein Votivbild zu malen, da es während dessen kurzer Regierungszeit nicht zur Ausführung eines solchen gekommen war. Tizian nahm dieses Gemälde alsbald

Abb. 11. Venus und Cupido. Gemälde im Palast Borghese zu Rom.
Nach einer Originalphotographie von Braun, Clément & Cie. in Dornach i. E., Paris und New York.

in Arbeit. Aber es wurde nie an seinen Bestimmungsort gebracht, sondern blieb in der Werkstatt stehen. Diesem Umstande verdankt es, als das einzige seiner Art, die Erhaltung. Es wurde nach des Meisters Tod in dem „Saal der vier Thüren“ im Dogenpalast aufgestellt, wo es sich noch befindet. Wahrscheinlich hat die venezianische Regierung daran Anstoß genommen, daß Tizian hier den Dogen nicht, wie üblich, vor der Mutter Gottes, sondern vor einer allegorischen Gestalt, der Verbildlichung des christlichen Glaubens, im Gebete knieen läßt. Nach dieser Gestalt wird das Bild gewöhnlich „la Fede“ (der Glaube) genannt.

Am 15. Januar 1556 verzichtete Karl V. zu Gunsten seines Sohnes auf die Krone von Spanien; zugleich übergab er demselben seine italienischen Besitzungen. Am 4. Mai schrieb der junge König Philipp II. an Tizian in dem gewohnten freundschaftlichen Ton, ihn mit „Amado nuestro“ (Unser Geliebter) anredend, um ihm für einen neulichen Brief zu danken und seiner Befriedigung darüber, daß er demnächst wieder mehrere Werke des Meisters erwarten dürfe, Ausdruck zu geben.

Wie aus dem Schreiben des Königs hervorgeht, hatte Tizian die Bilder, die er damals für ihn fertig hatte, nicht genannt. Die nächste erhaltene Nachricht über Absendung eines Gemäldes an Philipp II. giebt die Kunde, daß eine im November 1557 abgeschickte „Grablegung Christi“ durch die Schuld der Thurn- und Taxisschen Post verloren ging.

Zu den, wie man doch annehmen muß, im Sommer 1556 beförderten Bildern gehörte vielleicht die im Pradomuseum befindliche Darstellung des Sündenfalls, von der man nur weiß, daß sie aus der Sammlung Philipps II. stammt, über deren Anfertigungs- oder Ablieferungszeit aber kein Beleg vorhanden ist. Eine schon 1554 angekündigte und vermutlich 1556 abgesandte Darstellung von Perseus und Andromeda, die von Vasari besonders gerühmt wird, und ein gleichzeitig für die Königin bestimmtes Andachtsbild sind verschwunden.

Eine vornehme Venezianerin, Elisabetta Quirini, beauftragte Tizian, für die Begräbniskapelle ihres im Anfange des Jahres 1556 gestorbenen Gatten Lorenzo Massolo in der Kirche der Crociferi ein großes Altargemälde mit der Darstellung von dessen Namensheiligen auszuführen, und der Meister schuf in Erfüllung dieses Auftrages ein Werk, daß als der „Assunta" und dem „Petrus Martyr" ebenbürtig gepriesen wurde. Leider ist das Gemälde so stark nachgedunkelt, daß seine ursprüngliche Wirkung sich kaum noch würdigen läßt, zumal da es an seinem jetzigen Aufenthaltsort, in der Jesuitenkirche, sehr wenig Licht bekommt.

Vor der Vollendung dieses großen Gemäldes, das den Meister sicher mehrere Jahre hindurch beschäftigte, entstand ein kleineres Altarbild, das im Jahre 1557 als etwas Neues in Venedig besprochen und bewundert wurde. Das ist das jetzt in der Akademie befindliche, großartig erdachte Bild des Täufers Johannes, des Predigers in der Wüste.

Außer den beiden Altarbildern besitzt Venedig noch ein ausgezeichnetes Dekorationsstück von Tizian aus derselben Zeit. In der von Sansovino, einem der liebsten Freunde des Meisters, erbauten Bibliothek von S. Marco wurde im Jahre 1556 mit der Ausschmückung des großen Saales durch Freskomalereien begonnen. In dem vor diesem Saal gelegenen Eingangsraum, der im übrigen nur mit architektonischer Dekorationsmalerei geschmückt wurde, malte der alte Meister eigenhändig in das achteckige Mittelfeld der Decke die hoch in den Wolken thronende Gestalt der Weisheit (Abb. 8).

König Philipp II. schickte, nachdem er in Gent die Nachricht vom Tode seines Vaters empfangen hatte, alsbald den durch eine eigenhändige Nachschrift geschärften Befehl an seinen Statthalter in Mailand, daß alle von Karl V. dem Tizian bewilligten, noch rückständigen Jahrgelder ausgezahlt werden sollten. Nach Empfang dieses Befehls setzte der Statthalter, der Herzog von Sessa, Tizian davon in Kenntnis, mit der Aufforderung, das Geld in Mailand abzuholen. Tizian beauftragte wegen seines Alters, das ihm das Reisen nun doch beschwerlich machte, seinen Sohn Orazio mit der Empfangnahme der Gelder. Orazio brach im Frühjahr 1559, mit einer Ladung von Bildern ausgerüstet, nach Mailand auf. Er verweilte dort längere Zeit, da der Herzog ihn mit der Ausführung seines Porträts beauftragte. Seine friedliche Thätigkeit wurde durch ein schreckliches Ereignis abgebrochen. Am 14. Juni machte der Bildhauer Leone Aretino, bei dem er als Gastfreund wohnte, mit mehreren Leuten einen Mordanfall auf ihn, um ihn zu berauben. Orazio entging mit genauer Not dem Tode. — Man kann sich denken, in welche fürchterliche Aufregung der alte Vater durch diese Nachricht versetzt wurde. Er schrieb sofort an den König und bat um strenge Bestrafung des Raubmörders.

Mit dem Schreiben Tizians kreuzte sich ein Schreiben Philipps II., worin dieser dem Meister die Weisung gab, zwei als fertig angemeldete „Poesien" über Genua abzusenden und ein neues Bild der Grablegung Christi als Ersatz für das verloren gegangene anzufertigen.

Den letzteren Auftrag führte Tizian in der kurzen Zeit von sechs Wochen aus. An den mythologischen Bildern hatte er seit Jahren mit Fleiß gearbeitet. Am 27. September 1559 wurden die drei Gemälde nach Madrid abgeschickt. Tizian hatte noch ein viertes, kleineres, hinzugefügt, das er in seinem Begleitschreiben als das Abbild derjenigen bezeichnete, die die unbedingte Herrin seiner Seele sei. Über den Verbleib dieses letztgenannten Bildes, in dem man wohl mit Recht ein Phantasieporträt Lavinias vermutet, ist nichts bekannt. Die beiden „Poesien," in denen die Mythen von Diana und Aktäon und von Diana und Kallisto in figurenreichen Darstellungen geschildert werden, sind im Anfang des XVIII. Jahrhunderts von König Philipp V. an den Marquis von Gramont verschenkt worden und befinden sich jetzt in der Sammlung des Lord Ellesmere zu London. Das Museum zu Madrid bewahrt von ihnen sehr geschickt gemalte Kopien in verkleinertem Maßstab, die neben den älteren Werken verwandten Inhalts bekunden, daß der Reiz, den Tizian in derartige Darstellungen zu legen wußte, im Erlöschen war. — Die schnell gemalte Grablegung, die, nachdem sie zuerst in Aranjuez, dann im Escorial einen Altar geziert hatte, sich jetzt ebenfalls im Pradomuseum befindet, offenbart sich als das Werk eines Künstlers, der ein ungeheures Maß von Wissen und Können spielend beherrscht, und dem es dadurch gelungen ist, auch ohne viel Aufwendung von Herzensarbeit in glücklichem Wurf noch ein schönes Bild zu schaffen.

Im Jahre 1560 ließ Tizian ein Bild der heiligen drei Könige an Philipp II. abgehen. Auch dieses Gemälde befindet sich im Pradomuseum. Es wirkt trotz des malerischen Prunkes in der Schilderung des Aufzuges der drei Weisen, die mit großem Gefolge zu der Hütte in Bethlehem gekommen sind, nicht besonders anziehend, und man muß ohne Frage eine starke Beteiligung von Schülerhänden annehmen.

Im folgenden Jahre wurde ein Bild der büßenden Magdalena an den König abgeschickt. Sein Verbleib ist nicht nachzuweisen. Man darf annehmen, daß es übereinstimmend gewesen ist mit der aus dem Nachlaß des Meisters stammenden ausdrucksvollen Halbfigur in der Ermitage zu Petersburg (Abb. 9). Von der Beliebtheit dieser Darstellung legt der Umstand Zeugnis ab, daß Tizian dieselbe häufiger und unveränderter als irgend ein anderes seiner Bilder mit Beihilfe von Schülern wiederholt hat.

In ganzer Größe zeigt sich uns der alte Tizian noch da, wo er unmittelbar nach der Natur gemalt hat, im Bildnis. Das vollendetste Meisterwerk der Bildniskunst seines hohen Alters ist wohl das um diese Zeit gemalte Porträt seiner Tochter in der Dresdener Galerie. Lavinia, die im Sommer 1555 von Cornelio Sarcinelli heimgeführt worden war, erscheint hier als eine zu kräftiger Fülle ausgereifte Frau, mit einem würdigen Ausdruck in dem stärker gewordenen Gesicht, der in seiner Art ebenso ansprechend ist wie der Unschuldsblick in ihrem Mädchenbilde.

Im Jahre 1562 malte Tizian, wie Vasari berichtet, ein Selbstporträt. Dieses dürfen wir wohl in dem im Pradomuseum befindlichen Bilde erkennen, das den Meister, etwas mehr von der Seite genommen, als in den älteren Selbstbildnissen, mit ganz weiß gewordenem Barte zeigt.

Im April 1562 hatte Tizian, nach längerer Arbeit als er gedacht hatte, zwei vor Jahr und Tag angekündigte neue Gemälde für König Philipp II. fertig. Das eine stellte das Gebet Christi am Ölberg dar, das andere den Raub der Europa. Ein kleines Bild, dessen Gegenstand nicht genannt wird, war kurz vorher nach Spanien abgegangen. Die „Europa auf dem Stier“ wird als ein hervorragendes Werk geschildert; sie ist, wie die Bilder von Aktäon und von Kallisto, im vorigen Jahrhundert nach Frankreich gekommen und befindet sich jetzt in England in der Sammlung des Lord Darnley. Von „Christus am Ölberg“ sind zwei voneinander verschiedene Bilder im königlichen Besitz in Spanien vorhanden. Das eine befindet sich noch im Escorial und ist, wie die meisten Gemälde, die bei der Einrichtung des Pradomuseums dort zurückgelassen wurden, in sehr verdorbenem Zustande. Das andere, im Pradomuseum, ist ein merkwürdiges Nachtstück: zwei Kriegsleute, von denen einer eine Laterne trägt, suchen den Heiland, der, von einem sanften Himmelslicht bestrahlt, in der Ferne auf dem Berge kniet und betet; die Christusfigur ist das einzige Farbige und Beleuchtete auf dem Bilde.

Im Juli 1563 teilte Tizian dem König Philipp II. mit, daß er beabsichtige, nach so vielen Fabeldarstellungen ihm ein großes religiöses Geschichtsbild zu übersenden; und zwar sollte dies ein vor sechs Jahren angefangenes Bild des letzten Abendmahles des Herrn in lebensgroßen Figuren sein. Nach dem Wortlaute des Briefes fehlte nicht mehr viel an der Vollendung des Gemäldes. Aber erst im Herbste 1564 wurde das umfangreiche Werk fertig. Es kam in das Refektorium des Escorial und hängt noch dort, aber als Ruine. Die Luft im Escorial scheint der Erhaltung von Gemälden nicht günstig zu sein; so ist das Bild im Laufe der Zeit so oft durch Übermalungen „aufgefrischt“ worden, daß kaum noch etwas Ursprüngliches von seiner Farbe zu sehen ist; außerdem aber ist ihm

Abb. 11. Die Dornenkrönung. Gemälde in der Pinakothek zu München.
(Nach einer Photographie von Franz Hanfstaengl in München.)

oben, um es der Wand anzupassen, der ganzen Länge nach ein breites Stück abgeschnitten worden, so daß auch die durch den Linienzusammenhang der Figuren mit der Architektur bedingte Wirkung der Komposition zerstört ist.

Gleich nach der Vollendung des „Letzten Abendmahls“ sollte Tizian auf Wunsch des Königs den heiligen Laurentius in einem großen Altarbild für die auf den Namen dieses Heiligen geweihte Kirche des Escorial malen. Der Meister fertigte eine wenig veränderte Wiederholung des Altargemäldes in der Kirche der Crociferi an. Das Bild wurde im Frühjahr 1566 als nahezu vollendet gemeldet. Aber seine Absendung nach Spanien erfolgte erst im Dezember 1567.

Inzwischen arbeitete der Meister, der gerade jetzt wieder eine außerordentliche Schaffenskraft besessen zu haben scheint, keineswegs ausschließlich für den König. Er hatte im Herbste 1564 die Anfertigung von drei großen Gemälden mythologisch-allegorischen Inhalts – das Gegenständliche wurde genau vorgeschrieben — zum Schmuck der Decke des Rathauses in Brescia übernommen. Bei deren Ausführung scheint er das meiste seinen Gehilfen, unter denen sein Sohn Orazio immer noch an erster Stelle stand, überlassen zu haben. Die Bilder sind schon im Jahre 1575 durch Feuer zugrunde gegangen. — Auch die Altargemälde, die Tizian in seinem hohen Alter noch aus seiner Werkstatt hervorgehen ließ, werden hinsichtlich der Ausführung wohl zum größten Teil auf Rechnung der Gehilfen kommen.

In ganz ungeschwächter Meisterschaft tritt uns Tizian in einem Porträt von 1566 entgegen, das sich in der kaiserlichen Gemäldegalerie zu Wien befindet. Es ist das Bild des kaiserlichen Antiquars und Hofrats Jacopo Strada (Abb. 10), das völlig ebenbürtig neben den ebendort befindlichen Meisterwerken der Bildniskunst aus Tizians früherer Zeit, dem Porträt des Arztes Parma und des Geschichtsschreibers Varchi, steht.

Die Abschickung des Laurentiusbildes wurde durch die Krankheit und den Tod des königlichen Geschäftsträgers Garcia Hernandez um mehrere Monate verzögert. Diese Zeit benutzte Tizian, um eine „nackte Venus“ zu malen, die er der Sendung an den König beifügte. Das muß das berühmte, jetzt im Louvre befindliche Gemälde sein, das nach seiner früheren Aufbewahrung in dem Schlosse el Pardo bei Madrid den Namen „die Venus von Pardo“ führt. Die Benennung „Venus“ ist nicht im eigentlichen Sinne zu nehmen; sie bezeichnet hier nur in allgemeiner Bedeutung eine unbekleidete weibliche Idealfigur. Der Gegenstand des Gemäldes ist die weniger bekannte mythologische Erzählung von der thebanischen Königstochter Antiope, die, während sie erhitzt und ermüdet von der Jagd im Walde ruhte, von dem in der Gestalt eines Satyrs ihr nahenden Zeus überlistet wurde. Tizian hat die Darstellung durch Hinzufügung von Nebenfiguren sozusagen zu einer Schilderung des Lebens in einem mythologischen Walde erweitert, und in dieser Vereinigung von Gestalten verschiedenster Art mit einer ausgedehnten prächtigen Landschaft hat der neunzigjährige Künstler ein Meisterwerk geschaffen, in dem Jugendkraft und Jugendlust noch einmal hell aufflammten.

Dieses staunenswerte Gemälde ist nicht das einzige, durch das Tizian noch im höchsten Alter die Leistungsfähigkeit seiner Künstlerkraft bekundete. Um dieselbe Zeit mag er das kräftig gestimmte Bild des heiligen Hieronymus gemalt haben, das aus einer Kirche Venedigs in die Sammlung der Brera zu Mailand gekommen ist. Auch das kostbare Meisterwerk „Venus und Cupido“ in der Borghesischen Sammlung zu Rom gehört zu diesen späten Schöpfungen. In der Komposition erinnert dasselbe an die „Allegorie des Davalos“ und an die „Einweihung der Bacchantin.“ Aber der Inhalt ist neu; die Ausrüstung des Liebesgottes wird geschildert. Der kleine Cupido lehnt sich auf die Knie der Venus, und diese verbindet ihm die Augen; die Grazien bringen ihm den wohlgefüllten Köcher und den Bogen. Hinter Venus steht auf ihrem Sitz ein anderer Liebesgott, der sich an ihre Schulter lehnt und sich boshaft freut im Gedanken an das Unheil, welches das so ausgerüstete Brüderchen, blind seine Pfeile versendend, in der Welt anstiften wird; er scheint eben eine vorlaute Bemerkung gemacht zu haben, die ihm einen verwarnenden Blick der Mutter zuzieht (Abb. 11).

Im zehnten Jahrzehnt seines Lebens malte Tizian ebenso unermüdlich wie zuvor. Dem König Philipp verging über dem Aufstand der Niederlande wohl die Lust, sich viel um die schöne Kunst zu kümmern. Tizian aber brachte sich von Zeit zu Zeit durch Übersendung eines Gemäldes in Erinnerung und verfehlte dabei niemals, den König, dem die selbstgemachten Schulden das Gewissen weniger gedrückt zu haben scheinen, als die von seinem Vater hinterlassenen Verbindlichkeiten, an Bezahlungsrückstände zu erinnern.

Der große Sieg über die Türken in der Seeschlacht bei Lepanto brachte Philipp II. auf den Gedanken eines Gemäldes, das, als Gegenstück zu dem Bilde Karls V. auf dem Felde von Mühlberg, ihn mit Bezugnahme auf die Schlacht von Lepanto darstellen sollte. Wie das Bild zu fassen wäre, gab der König dem spanischen Maler Sanchez Coello genau an, den er unter seinen Augen eine kleine Skizze zeichnen ließ. Dann ließ er durch denselben Künstler sein Porträt in Lebensgröße malen, und sandte Bildnis und Skizze als Vorlagen für Tizian nach Venedig. Tizian, dem es begreiflicherweise keine besondere Freude machte, eine vorgezeichnete Komposition auszuführen, gab die gewandte Antwort, der Verfertiger der Vorlagen sei ein so tüchtiger Künstler, daß der König nicht nötig habe, fernerhin noch Bilder im Auslande zu bestellen. Aber Philipp II. blieb dabei, daß Tizian das Bild malen solle. Gegen Ende des Jahres 1574 war der Meister mit diesem Werke beschäftigt. Daß er es nicht mit Herzensfreude gemalt hat, sieht man dem jetzt im Pradomuseum befindlichen Gemälde wohl an. Es ist stumpf in den Formen und wirkt als Bild fast ebenso schwerfällig, wie sein allegorischer Inhalt. König Philipp II. steht in halber

Rüstung an einer Art von Altar, an dessen Fuß ein gefangener Türke kniet; türkische Waffen und Abzeichen liegen am Boden. In der Ferne sieht man das Meer mit der brennenden türkischen Flotte. Der König hält ein nacktes Knäblein, den wenige Wochen nach der Schlacht von Lepanto geborenen Thronfolger, Don Fernando, in die Höhe, der Siegesgöttin entgegen, die mit Lorbeerkranz und Palmenzweig in den Händen vom Himmel herabfliegt. Die Göttin gibt die Siegespalme dem Kinde in das Händchen mit der Verheißung, die auf einem um den Zweig geschlungenen Bande zu lesen ist: „Majora tibi“ („Möge dir noch Größeres beschert sein“). — Trotz allem schwebt auch über diesem Bilde, wenn auch noch so abgeschwächt, ein Rest des alten Farbenzaubers.

Abb. 11 [unclear]. Der Erlöser der Welt. In der Ermitage zu St. Petersburg. Nach einer Originalphotographie von Braun, Clément & Cie. in Dornach i. E., Paris und New York.

Im Sommer 1574 empfing Tizian den Besuch des jungen Königs von Frankreich, Heinrich III., der auf seiner Reise von Krakau nach Paris sich kurze Zeit in Venedig aufhielt. Als der König nach dem Preise einiger Bilder fragte, machte Tizian ihm dieselben zum Geschenk.

In des Meisters Werkstatt stand immer von neuem ein Vorrat an fertigen Bildern. Wenn er in seinem höchsten Alter vielleicht nicht mehr so ununterbrochen arbeitete wie früher, so malte er dafür desto schneller. Eines Tages sah der hochbegabte Tintoretto, selbst damals kein junger Mann mehr — er war 1519 geboren —, ein bestimmungsloses und beiseite gestelltes Bild bei Tizian, das ihm als ein unvergleichliches Vorbild für die Art, wie man malen müsse, erschien; er erbat und bekam dasselbe von dem Meister zum Geschenk. Dieses Gemälde stellt die Dornenkrönung Christi dar, und es ist wohl zweifellos in dem jetzt in der Münchener Pinakothek befindlichen Bilde dieses Gegenstandes erhalten (Abb. 12). Die Malweise ist hier in der That etwas ganz Wunderbares. In der Nähe sieht man nur ein Durcheinander von schwarzen, weißen, roten und gelben Flecken, die mit breiten Pinseln hingehauen sind; aber wenn man den richtigen Abstand nimmt, verschmilzt alles zu durchgebildeter körperhafter Erscheinung und zu tiefer, reicher Farbenwirkung. Und was für eine großartige Gestaltungskraft spricht noch aus dem Linienzug und der Massenverteilung der Komposition, aus der wilden Lebendigkeit der Schmerzen und aus dem erschütternden Dulderausdruck des gemarterten

Christus! Und welches Stimmungsgefühl liegt noch in der düsteren, von den qualmenden Flammen eines Hängeleuchters ausgehenden Beleuchtung!

Die letzten erhaltenen Briefe Tizians, vom Weihnachtstage 1575 und vom 27. Februar 1576, sind an König Philipp II. gerichtet und enthalten beide die Mitteilung, daß Tizian noch immer mit Gemälden für den König beschäftigt war.

Einige von den allerletzten Werken des Meisters befinden sich in der Sammlung der Ermitage zu Petersburg, in die der größte Teil der Bilder gekommen ist, die bei Tizians Tode in dessen Werkstatt standen. Dazu gehört ein Bild des segnenden Erlösers mit der gläsernen Weltkugel in der Hand, das ein höchst bezeichnendes Beispiel seiner spätesten Malweise ist. Wenn auch die Hand des Künstlers nicht mehr fest und sein Farbengefühl getrübt war, und wenn er sich bei den Nebendingen mit Andeutungen in breiten Pinselstrichen begnügte, so war er doch noch imstande, in Hand und Antlitz des Erlösers eine heilige Erhabenheit zum Ausdruck zu bringen (Abb. 13).

Als Tizian in sein neunundneunzigstes Jahr ging, dachte er ernstlich an den Tod und bestellte sich in der Franziskanerkirche, auf deren Altären zwei seiner größten und großartigsten Schöpfungen prangten, die letzte Ruhestätte. Er einigte sich mit den Mönchen dahin, daß er das Grab bekommen sollte gegen Lieferung eines Gemäldes der „Pietà," der Klage um den vom Kreuze abgenommenen Leichnam des Herrn. Mit einer unbegreiflichen Schaffenskraft entwarf Tizian das Bild: die Mutter Maria sitzend in der Mitte, mit dem Leichnam Christi, dessen Kopf und Schultern sie hochhält, auf dem Schoße; Joseph von Arimathia daneben knieend, und Maria Magdalena in heftiger Bewegung herbeieilend; ein Englein am Boden und ein anderes, das eine Fackel trägt, in der Höhe; als Hintergrund eine Nische mit einer Darstellung des alten Sinnbildes der göttlichen Liebe, des Pelikans, zwischen Pfeilern und den Standbildern des Moses und einer Sibylle. — Als das Gemälde beinahe vollendet war, entzweite der Alte sich mit den Brüdern von S. Maria de' Frari und bestimmte, daß er nicht dort, sondern in der Familiengruft zu Pieve di Cadore begraben werden sollte. Das Bild wurde beiseite gestellt; nach dem Tode des Meisters machte Palma der jüngere dasselbe fertig und ließ es in eine andere Kirche bringen. Jetzt befindet es sich in der Akademie zu Venedig. Das Gemälde, das der neunundneunzigjährige Tizian zum Schmuck seines eignen Grabes anfertigte, würde ein Anrecht darauf haben, mit Ehrfurcht betrachtet zu werden, auch wenn es gar keine künstlerischen Eigenschaften besäße. Aber es ist thatsächlich ein großgedachtes Werk; wieviel der Meister noch an Farbenpoesie hineinzulegen vermocht hat, das läßt sich nach den vielen Übermalungen, denen es preisgegeben worden ist, nicht mehr beurteilen.

Im Jahre 1575 war wieder einmal die Pest aus dem Orient in Venedig eingeschleppt worden. Obgleich die venezianische Regierung alle Mittel, die nur möglich waren, anwendete, um das Umsichgreifen der Seuche zu verhindern, erreichte die fürchterliche Krankheit im nächsten Jahre eine nie dagewesene Höhe. Am 27. August 1576 fiel ihr auch Tizian zum Opfer.

Die zur Bekämpfung der verheerenden Krankheit erlassenen Gesetze enthielten die Bestimmung, daß keiner, der an der Pest gestorben war, in einer Kirche begraben werden durfte. Aber bei dem großen Tizian wurde eine Ausnahme gemacht. Auf Befehl der Regierung wurde der Leichnam am 28. August, unter dem Geleit der Domherren von S. Marco, in die Frarikirche gebracht und unter fürstlichen Ehrenbezeugungen an der Stelle, an der er begraben zu werden gewünscht hatte, eingebettet.

Spruch.

Besser Wähnen
Als Thränen.

Besser Thränen
Als Gähnen.

Hans Hoffmann.

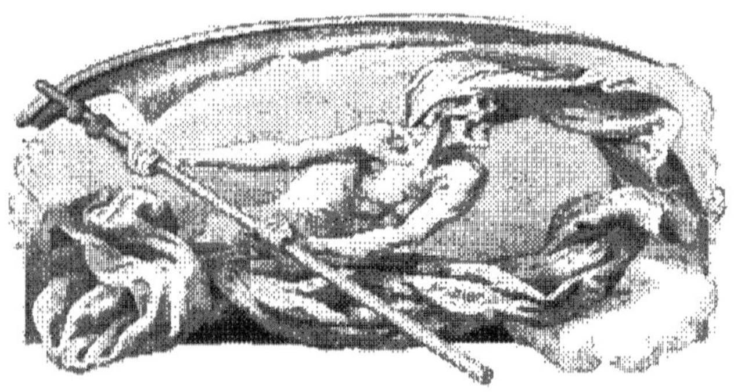

Aus den Annalen der Pest.

Von

Julius Stinde.

(Nachdruck verboten.)

Loimos nannten die Griechen jede ansteckende, schnell um sich greifende tödliche Krankheit; das Wort hängt zusammen mit Limos, Mangel an Nahrung, Hunger, oder mit Lyma, Schmutz, vielleicht auch mit beiden, denn Hunger und Unsauberkeit sind die Eltern der Seuchen.

Der Name Pest bezeichnet seit dem VI. Jahrhundert die schwere, hinraffende Volkskrankheit, unter der die eigentliche Pest, die Beulenpest, verstanden wird, jene Seuche, deren heftiger Ausbruch in Bombay zur Zeit die Aufmerksamkeit des Abendlandes auf sich lenkt, denn schon wiederholt wanderte der orientalische Würger von Osten bis an die Küsten der westlichen Meere. Im VI. Jahrhundert verbreitete sich die Pest über ganz Europa und blieb von da ab der Schrecken der Völker, obgleich sie vor der christlichen Zeitrechnung bekannt war.

Am treffendsten beschrieben hat sie Thukydides und auch den Weg, den sie nahm, gibt er richtig an. „Zuerst soll sich die Seuche,“ also schreibt er, „in Äthiopien, jenseits Ägypten gezeigt haben, dann kam sie nach Ägypten und Libyen herab und in viele Länder des persischen Königs. In die Stadt der Athener aber kam sie ganz plötzlich, und zwar befiel sie zuerst die Leute im Piräus, so daß es hieß, die Peloponnesier hätten Gift in die Cisternen geworfen, denn Brunnen gab es damals nicht.“

Nach den neuesten Forschungen Professor Thoinots sind die eigentlichen Pestherde die nordostafrikanische Provinz Cyrenaika (Barka), die arabische Küstenlandschaft Asir, die türkische Provinz Irak-Arabi von Mesopotamien, die nordöstlichen und westlichen Provinzen Persiens; Turkestan (Merw); Afghanistan (Kandahar), Hindustan (die am Himalaya gelegenen Distrikte Garhwal und Kumaun) und China (Hochebene von Yunnan).

Von Ägypten oder Kleinasien ist wahrscheinlich damals die Pest durch Schiffe nach dem Piräus eingeschleppt, wo sie um so rascher um sich griff, je mangelhafter die Wasserversorgung war. Die unabsichtlich verunreinigten Cisternen beschleunigten die Verbreitung der Seuche in solchem Maße, daß die Annahme der Brunnenvergiftung erklärlich erscheint, spottet doch heute noch die Verunsauberung der zum Trinken dienenden Gewässer im Orient oft aller Beschreibung.

Vom Piräus aus kam die Pest bald in die obere Stadt, und das große Sterben begann.

„Wie einstimmig anerkannt wurde,“

fährt Thukydides fort, „war das Jahr (429 v. Chr.) in Bezug auf sonstige Krankheiten ein vorzüglich gesundes, und wenn einer an sonst etwas litt, so schlugen alle Übel in dies eine um. Die anderen aber ergriff ganz plötzlich und in voller Gesundheit zuerst eine starke Hitze im Kopfe und Röte und Entzündung der Augen. Der Schlund und die Zunge unterliefen dann sogleich mit Blut, und der Atem wurde übelriechend. Dann folgte Niesen und Heiserkeit, und binnen kurzem stieg das Uebel unter starkem Husten in die Brust hinab, und wenn es sich auf den Magen gesetzt hatte, kehrte es diesen um, und es erfolgten Entleerungen von Galle. Äußerlich war der Leib nicht sehr heiß zum Anfühlen und auch nicht blaß, sondern gerötet und ins Weißfarbige spielend und in kleine Blasen und Geschwüre aufgefahren. Innerlich aber litt man solchen Brand, daß man nicht einmal die Bedeckung der feinsten Leinwand ertragen mochte. Am liebsten hätte man sich in kaltes Wasser gestürzt, und das thaten auch viele von denen, auf die niemand acht hatte, indem sie von unaufhörlichem Durste gequält, in die Brunnen sprangen. (Durch die Mitteilung dieser Thatsache erklärt sich die rasche und keine Schicht der Bevölkerung verschonende Ausbreitung der Pest in Athen, der auch Perikles zum Opfer fiel; das mit Pestbazillen verunreinigten Wasser war das Massengift). Und es war gleichgültig, ob einer viel trank oder wenig. Unruhe und Schlaflosigkeit brachten die furchtbarste Pein. Wie lange auch die Krankheit schon währte, leistete der Körper dem Verderben über Erwarten Widerstand, so daß die meisten erst am siebenten oder neunten Tage am inneren Brande starben, obgleich sie sonst noch bei Kräften waren; oder wenn sie hier entrannen, so stieg die Krankheit in den Unterleib hinab, und dann bildeten sich große Geschwüre, infolgedessen die meisten später an Entkräftung zu Grunde gingen. Wenn einer über das Schlimmste hinausgekommen war, so zeigte sich dies an, indem das Übel die äußersten Körperteile befiel, die Finger und und Zehen, und viele kamen mit dem Verluste dieser Gliedmaßen davon; manche aber verloren auch die Augen. Einige ergriff, nachdem sie alles überstanden, Vergessenheit aller Dinge, und sie kannten sich selbst und ihre nächsten Angehörigen nicht.

Von den Vögeln und Vierfüßlern, die sonst von Leichnamen fressen, rührte keines die vielen unbegrabenen Toten an, oder wenn das Tier davon fraß, so verendete es selbst. Beweis dafür ist das unzweifelhafte Verschwinden von dergleichen Vögeln. Am deutlichsten war diese Wirkung bei den Hunden wahrzunehmen, weil sie in Gesellschaft der Menschen leben."

So weit Thukydides, der die Pest aus eigner Erfahrung kannte, da er sie glücklich überstanden hatte. Nach seiner Schilderung stellt sich das Bild der Seuche deutlich als eine Infektionskrankheit dar, deren Kennzeichen mit denen des Typhus, der Lungenentzündung und des Milzbrandes die größte Ähnlichkeit besitzen. Auch der schwarze Tod, der im XIV. Jahrhundert einen großen Teil der Bevölkerung der damals bekannten Erde hinwegraffte, war die orientalische Pest mit besonders hervortretender Entwickelung der entzündeten Pestbeulen und einer schnell in Brand übergehenden Lungenentzündung.

Dr. Yersin aus Morges, ein Schüler Pasteurs, der sich dem Studium der Pest in China widmete, erklärt die jetzt in Indien herrschende Seuche für die Beulenpest des Mittelalters. Etwa vier bis sechs Tage nach der Ansteckung stellen sich Mattigkeit und Niedergeschlagenheit ein, worauf plötzliches, oft mit Irrereden verbundenes Fieber ausbricht. Vom ersten Tage an tritt eine Beule, meist nur diese einzige in der Leistengegend, selten dagegen im Nacken auf und erreicht sehr schnell den Umfang eines Hühnereies.

Der Tod tritt gewöhnlich nach Verlauf von achtundvierzig Stunden ein; bleibt das Leben über fünf bis sechs Tage erhalten, dann wird die Aussicht auf Genesung günstiger. Hat die Beule nicht Zeit sich zu entwickeln, so beobachtet man nur Bluterguß aus den Schleimhäuten, wie Thukydides beschreibt, oder einen fleckigen Ausschlag der Haut. Die Beulen und Geschwüre aber sind in allen Fällen mit charakteristisch gestalteten Bazillen bis zum Uebermaß erfüllt. Auch das Blut enthält hin und wieder Bazillen, jedoch nur in geringer Anzahl.

Die Beulenpest beschränkt sich nicht, wie

die asiatische Cholera, auf Menschen, sondern befällt auch Ratten, Wiederkäuer, Schweine, Hunde, Katzen und andere Thiere, jedoch heißt es, daß die Geier nicht nur während der Pestzeit ihres Amtes in den Türmen des Schweigens walten, wo sie von den Leichen der Parsen das Fleisch abnagen, damit es die heiligen Elemente nicht verunreinige, — daß sie vielmehr auch Unterstützung von Kameraden finden, die aus dem Innern des Landes nach Bombay ziehen, wo jene merkwürdigen Bestattungsorte der Anhänger Zarathustras nicht leer werden von den Opfern der Seuche.

Es ist also der alte Würgengel, der seine Schwingen drohend erhebt, von dem die Chroniken des Abendlandes des Schrecklichen genug melden, um jede, selbst überstrenge Abwehr gerechtfertigt erscheinen zu lassen. Die Geschichte soll Lehrmeisterin sein: die Geschichte der Seuchen redet furchtbare Thatsachen.

Man nimmt an, daß Europa in den drei Jahren von 1348 bis 1350 durch den schwarzen Tod fünfundzwanzig Millionen Menschen verloren habe; nicht minder wütete die Pest in Deutschland während des dreißigjährigen Krieges.

Elend, Hunger und Unsauberkeit, Limos und Lyma bereiteten der Pest den Weg, so oft sie die Völker heimsuchte. Der Justinianischen Pest gingen gewaltige Erdbeben voraus: Antiochia, Seleucia, Berytus, Anadazes und Konstantinopel selbst wurden durch immer wiederkehrende Erdbeben vernichtet; Überschwemmungen verwüsteten weite Länderstrecken. Religiöse Spitzfindigkeiten wurden Anlaß zu Kämpfen zwischen der grünen und blauen Partei, wobei 531 der schönste Teil Konstantinopels, mit ihm das Krankenhaus samt allen Kranken, in Flammen aufging und 40 000 Leichen auf den Straßen blieben. Bald darauf erschien die Pest, die nun ein halbes Jahrhundert lang nicht wieder erlosch. Oft brach sie an einzelnen Orten, andere überspringend, mit rasender Wut aus, wie 542 n. Chr. in Pelusium, von wo sie ganz Kleinasien, Syrien und Ägypten verheerte.

Ziemlich regelmäßig, in fünfzehnjährigen Zeiträumen trat das Übel wieder stärker auf und erreichte in Konstantinopel solche Höhe, daß die Leichen nicht mehr beerdigt oder verbrannt werden konnten, sondern auf Schiffen auf das hohe Meer gefahren und dort versenkt wurden. Vergeblich zeigten sich alle Anstrengungen, der Seuche Grenzen zu stecken; als besonders schädlich und die Ansteckung verbreitend erwiesen sich die öffentlichen Gebete und Prozessionen, indem nicht nur Verunreinigte aus Pesthäusern eng mit Gesunden in Berührung kamen, sondern auch die Widerstandsfähigkeit der bis dahin Verschonten durch seelische Aufregung und Gemütsbewegung, sowie durch die Anstrengungen der Bittgänge und Kasteiungen geschwächt wurde. Avicenna, der kluge arabische Arzt, spricht: „Die Gemeinschaft der Scharen vieler Leute ist zu vermeiden, zumal wenn sie unordentlich leben.“

Der Pestzug des XIV. Jahrhunderts nahm seinen Anfang von China. Ihm gingen seit 1333 gewaltige Erschütterungen der Natur vorauf, bevor er Europa erreichte: Erdbeben, Meteore, Orkane, Wolkenbrüche, Überschwemmungen, Mißwachs und die daraus erfolgende Hungersnot. Die Mongolen belagerten die genuesischen und venezianischen Kolonien Kaffa (Feodosia) und Tana in der Krim, als in dem Kriegsheere 1345 die Pest ausbrach. Um diese auch den Belagerten zuteil werden zu lassen, schleuderten die Mongolen Pestleichen mit ihren Wurfmaschinen über die Mauern in die Städte. Die beabsichtigte Wirkung blieb nicht aus. Von den verseuchten Städten verbreitete die Pest — der schwarze Tod — sich durch die ganze Krim und das südliche Rußland; schon in demselben Jahre wurden Astrachan, Serai, Ornatsch u. a. m. durch sie verwüstet, andererseits aber ergriff sie die Hafenstädte des Schwarzen Meeres, Kleinasiens und Nordafrikas, so wie die Insel Cypern. Es waren Schiffe und Schiffsvolk, die den Ansteckungskeim verschleppten. Die Pest gelangte nach Venedig, Genua und Sicilien. Im Jahre 1348 brach sie in Frankreich und an den spanischen Küsten aus, überfiel 1349 England, Schweden, Norwegen, Dänemark, Deutschland und ging 1351 ins nördliche Rußland über. In London starben über 100 000 Menschen, in Florenz 60 000, in Paris 50 000, in Wien täglich 1200, in Danzig im ganzen 13 000.

Wenn man der Wanderung des schwarzen Todes folgt, so sieht man, daß die Seuche von einer Hafenstadt nach der anderen geschleppt wurde, sie kam mit den Schiffen. Auf den Landwegen brachten Reisende sie von Ort zu Ort.

Wohl erkannten gut beobachtende Ärzte, daß das Gift zugetragen wurde, und man ersah in der Absperrung das einzige Schutzmittel, das jedoch nur vereinzelt durchgeführt werden konnte. Städte wurden schon frühzeitig gegen umherstreifendes Raubgesindel gesperrt; es lag daher nahe, in gleicher Weise gegen Pestverdächtige vorzugehen. Die erste Verordnung der Absperrung einer ganzen Stadt erließ Bernabo zu Reggio am 17. Januar 1374. Im Jahre 1455 trat in Venedig der Gesundheitsrat zusammen, der auf den nahen Inseln die erste Quarantäneanstalt einrichtete.

Wenn wir uns die Lebensführung jener Zeiten vergegenwärtigen, den Mangel einer planmäßig durchgeführten Hygieine, die Unreinlichkeit der Städte, schlechte Wasserversorgung, Hungersnöte, die überall entstanden, wo Mißwachs war, da der elende Zustand der Fahrstraßen den Ausgleich der Lebensmittel oft geradezu unmöglich machte, so verstehen wir, wie die Pest nie ganz zum Erlöschen kam. Für Deutschland aber sollten die einzelnen Pestorte verhängnisvoll werden, als der entsetzliche Krieg ausbrach, den wir den dreißigjährigen nennen, der jedoch besser das dreißigjährige große Elend hieße. Es gibt ein Buch: „Geschichte der Seuchen, Hungers- und Kriegsnot zur Zeit des dreißigjährigen Krieges von Dr. Gottfried Lammert“ (Wiesbaden, Bergmann), darin steht, mit sorgfältig gesammelten Thatsachen und Zahlen belegt, was Deutschland gelitten hat. Es ist der düstere Kommentar zu allen Geschichtswerken, der Schrei der Not, der das Getöse der Waffen laut übertönt, niedergeschrieben auf 272 großen, engbedruckten Seiten, jede Zeile Leid, nur Leid. Jeder Deutsche müßte dieses Buch lesen, damit er so recht erkenne, was Deutschland war in seiner Zerfahrenheit, was es geworden ist in seiner Einheit, und was zu thun ist, das Errungene zu wahren.

Aus jenen gewissenhaften Aufzeichnungen ist hervorzuheben, daß die Pest meist von Menschen an gesunde Orte gebracht wurde, vielfach aber auch Waren und Gebrauchsgegenstände, namentlich Kleidungsstücke und Betten, die Ansteckung übertrugen. Zumal aber war die Pest ständig im Geleite der Truppen. Es genüge ein Beispiel von vielen. „Auf dem Lande plünderten die Soldaten und brannten in allen Orten Häuser nieder; viele Leute hatten sich in die Wälder geflüchtet: Hunger, Nässe und Kälte war ihr Los. Sie erlagen Krankheiten, die sie sich unter solchem Elend zugezogen.“ Der Kaplan L. Röhl von Burgbernheim erzählt: „Bin ich mit den Verstorbenen mehrenteils zu Grabe gegangen, und haben wir niedergekniet und ein andächtig Vaterunser gebetet. O Gott, der Jammer war groß! Viele haben aus Mangel die Erde käuen müssen. In diesem Jahre war auch die Pest, und der ward glücklich gepriesen, der ohne Soldatenplag daran gestorben.“

Vom Jahre 1626 heißt es aus Hannover: „Auf dem Lande sind von den Leuten, so vom Feinde nicht erschossen und zermetzschet und fast häufig im Holze und Felde halb von wilden und zahmen Viehe zerfressen gefunden worden, über die Hälfte gestorben, haben ihrer Seelsorger nicht mächtig werden können, und haben ohne christliche Ceremonie begraben werden müssen, ja ihrer viele sind in Stroh verbunden und in die Erde, wo sie gestorben, verscharrt, und ist auf dem Lande, und in den kleinen Städten nun über drei Vierteljahre kein Beten verrichtet worden, ja die Kirchen sind alle miteinander aufgebrochen, was darin gewesen, weggeraubt und in vielen Orten die Glocken zerschlagen und weggenommen worden.“

In demselben Jahre wurde die Peterskirche in Rom, die glanzvoll vollendete, durch Papst Urban VIII. feierlich geweiht.

Armes Deutschland! --

Es hausten aber die Schweden ebenso grausam wie die Kaiserlichen. Und noch stiegen die Greuel des Krieges, als 1640 der Friede durch Frankreich hintertrieben wurde und mit dem Religionskriege sich Länderraub und Erpressung auswuchsen. Die gequälte Menschheit war schon mit geringer Erleichterung zufrieden, denn es führt Jos. Schmidt von Augsburg in seinem Bericht über die Pest mit einer gewissen Genugthuung an, daß „dies Jahr nur 940 Menschen gestorben seyn.“

Im Jahre 1637 standen in Berlin 168 Häuser leer, wovon 40 von der Pest infiziert waren. Im Jahre 1639 wütete die Pest in der Stadt derart, daß in einem Viertel gegen sechzig verlassene Witwen mit ihren Kindern hilflos und ohne Unterhalt lebten. Den Höhepunkt des Notstandes bezeichnet eine Eingabe des Rates von Prenzlau vom 9. Februar 1639, worin es heißt: „Nachdem wegen des unseligen Kriegswesens die Felder dieses Ortes etliche Jahre feiern müssen, ist daraus eine so unerhörte Teuerung entstanden, daß die Leute nicht allein viel Jammer, Heulens und Wehklagens treiben, ungewöhnliche Dinge als: Hunde, Katzen und, reverenter zu melden, der Toten Äse auf den Gassen essen, sondern auch durch den greulichen Hunger, sowohl auf der Stadt als auf dem Lande, einander selbst anfallen, kochen und verzehren."

Dazu kamen Entartung, wüstes Leben, Laster aller Art. Das täglich, stündlich bedrohte Leben in Lust zu genießen, ward der Wahlspruch vieler, die noch zu leben hatten.

Wissenswert ist, wie die Übertragung der Pest zuweilen geschah. In Posen wurde sie durch infiziertes Geld eingeschleppt. Von Krossen kam sie nach Züllichau durch einen Tuchhändler; es erlagen 1600 Menschen. Nach Schmalkalden brachte sie ein Töpfergesell; es starben 1017. Nach Colberg wurde sie durch eine Dienstmagd mit einer Samtjoppe aus Danzig verschleppt, in der sie am großen Jahrmarkte prangen wollte. Es starben 400 Personen. Sogar durch ein warmes Brot aus einem Seuchenorte fand die Pest in Burbach Verbreitung. Es wird aber auch von Giftstreuern gesagt, vornehmlich von Totengräbern, die das Gift von Pestleichen nahmen und in Wasser gethan haben sollen oder gar, wie Abraham a Santa Clara predigt, an die Kirchenstühle schmierten, „daß die Leut' in die Kirchen frisch und gesund sind gegangen, daraus aber mit Verlust der Gesundheit und pestilenzischem Leib kommen." Durch das Beichthören sind in Wien über hundert Priester angesteckt, und aus dem durch den Atem Angesteckter vergifteten Beichtstuhl holten sich Unzählige die Pest, ebenso aus dem Weihbrünnlein und durch das gemeinsame Küssen von Reliquienschreinen und Heiligenfiguren.

Die Totengräber ließen sich ihre Dienste teuer bezahlen: je mehr Leichen, um so größer ihr Gewinn. Auch die Juden wurden beschuldigt, Brunnen zu vergiften, und gegen sie richtete sich die Wut des Volkes in unerhörter Weise, so daß die Verfolgten an einzelnen Orten sich samt den Ihrigen mit der Synagoge verbrannten, den Martern der Henker zu entgehen. Auch durch Zugvögel soll die Pest vertragen worden sein. Beobachtet wurde, daß Vögel zur Pestzeit starben und namentlich Hühner leicht Träger des Giftstoffes wurden. An einigen Orten wurde das Halten von Hunden und Katzen eingeschränkt, da man bemerkte, daß sie die Pest übertrugen.

Mit dem Kriege nahm allmählich auch die Pest ein Ende. Im Jahre 1706 und 1709 überzog eine Epidemie Österreich und Rußland, Dänemark, Schweden und Deutschland. Sie fand ihren Abschluß 1711. Dann tauchte die Pest wiederholt, wenn auch in geringerem Maße, in Rußland, der Türkei und im Orient auf. In den Donaufürstentümern erlangte sie zur Zeit des russisch-türkischen Krieges 1827—1829 weitere Verbreitung; 1878/79 suchte sie das Wolgagebiet heim. Seither verschonte sie das Abendland und beschränkte sich auf ihre alten Stätten des Orients.

In dieser Zeit entstand im Abendlande nach und nach die beste Abwehr der Pest in den Bestrebungen und Maßnahmen zum gesundheitlichen Leben, die wir unter dem Namen der Hygieine zusammenfassen. Städte und Dörfer sind gesünder geworden, die Verkehrsmittel lassen keine Hungersnöte mehr aufkommen, große Kriege wurden in kurzer Zeit unter ganz anderen Bedingungen zu Ende geführt als in früheren Jahrhunderten, und wo Erdbeben, Überschwemmungen, Wirbelwinde und Feuer Not schaffen — thätige Liebe greift rasch und helfend ein.

Die Wissenschaft hat die Ansteckungskeime der Seuchen gefunden und gelehrt, wie sie zu vermeiden und zu vernichten sind. Reinlichkeit und Desinfektion, Licht, Luft und Seife wurden als die bewährtesten Schutzmittel gegen die Feinde des Lebens erkannt. Deshalb hegen Autoritäten die wohlbegründete Meinung, daß die Pest, wenn sie auch das Abendland bedroht und die Verbindung unserer Häfen mit denen

Indiens ihre Einschleppung möglich erscheinen läßt, dennoch keinen festen Fuß fassen wird, zumal der Pestbazillus, nach Prof. Roux, von allen Bazillen den Desinfektionsmitteln, namentlich dem Karbol, den geringsten Widerstand leistet.

Außerdem scheint Dr. Yersin in dem Pesttoxin ein Heil- und Schutzmittel gegen die Seuche gefunden zu haben, wenn er auch bis jetzt nur 26 Erfolge zu verzeichnen hat.

Dr. Yersin nennt die Ratten die Verbreiter der Pest, indem sie erkrankt, beim Nahen des Todes die Furcht vor den Menschen verlieren und schaarenweis in die Wohnungen bringen. Die Empfänglichkeit dieser Tiere führte ihn zur Herstellung abgeschwächter Kulturen nach dem Verfahren Professor Kochs, deren Gift er als Heil- und Vorbeugungsmittel anwendet, indem er es wie Tuberkulin einimpft. Die Schwierigkeit, ohne europäische Laboratorien den Heilsaft in Ostasien herzustellen, ist die Ursache der verhältnismäßig kleinen Versuchsreihe. Es wird berichtet, daß man beschäftigt ist, in der Anstalt Pasteurs große Mengen des abgeschwächten Pestgiftes zu bereiten und nach Indien zu senden.

Von größter Wichtigkeit jedoch ist die Einheit der Regierungen in den Maßregeln gegen die Einschleppung der Pest. Und auch in dieser Beziehung sind die Verhältnisse günstigere geworden. In der Abwehr des Abendlandes gegen die Seuche erblicken wir den Fortschritt der Kultur und den deutlichen Unterschied zwischen dem arbeitenden Occident und dem träumenden Orient.

Zwei Frühlingslieder.

Von

Carl Busse.

Frühling.

Ich stand so lang in Fehd' und Frohn,
Nun weht's von lauen Winden,
Die wilden Tauben brüten schon,
Ich weiß ihr Nest zu finden.

Der Frühling kam mit Freud' und Fest,
Ich möcht ein Lied beginnen:
Du Blum' im Wald, du Taub' im Nest
Und du, mein Herz, da drinnen ...!

Klingender Frühling.

Liebes Herz, ist das ein Leben!
Jubel, wo man geht und steht,
Bis der Fuß in leichtem Schweben
Wunderlich im Takt sich dreht.

Jungenpack auf Wald' und Heiden
Ist ein echter Bläserchor,
Schält sein Pfeifchen der aus Weiden,
Schnitzt der andre sich's aus Rohr.

Und so geht ein ewig Klingen,
Und dazu durch all den Glanz
Kleine Mädchen, wie sie singen:
Ringel, ringel, Rosenkranz!

Kein Raum.

Eine Kadettengeschichte

von

Ludwig von Plötz.

(Schluß.)

s sollte noch schlimmer kommen. Der Tag der Parade war herangenaht, der große Tag, auf welchen sich jedes Kadettenherz schon wochenlang gefreut hatte.

Auf der achten Kompanie waren die Rüstungen im vollen Gange, denn in einer halben Stunde sollten bereits die beiden Bataillone aufs Tempelhofer Feld marschieren. Hochrot vor Eifer putzten sie die Uniformen und die Waffen. Selbst Bochhann sprach heute nicht. Hans arbeitete wie ein Besessener an seinem Helm.

Da trat mit schweren Schritten unheilbringend der Bursche Neumann ein.

„Der Kadett von Schleußingk soll herunne kummen.“

„Das wird wohl etwas Schlimmes geben,“ vermutete Hans ängstlich und warf sich schnell in seinen Rock.

„Sie werden zum Oberprofessor ernannt werden, mein Lieber,“ rief Bochhann dem Davoneilenden nach.

Als der Kleine das Zimmer des Hauptmanns betreten hatte, kam ihm dieser langsam entgegen. Er war bereits in der großen glänzenden Galauniform und sah so besonders gut gelaunt aus, daß er gewiß nichts Schlimmes vorhaben konnte.

„Schleußingk, ich habe Ihnen zu sagen, daß Sie nicht mit zur Parade kommen. Sie bleiben hier.“

Wie Heilwig in das betroffene unglückliche Menschenantlitz vor sich sah, fuhr er milder fort:

„Es geht wirklich nicht, Schleußingk — — Sie sind noch nicht ausgebildet genug — — Sie könnten auffallen. Und wenn dadurch die Ehre der achten Kompanie leiden würde! Das kann doch gar nicht Ihr Wunsch sein. Das müssen Sie doch selbst einsehen ... Also warten Sie bis zum nächsten Mal ... Es mag Ihnen wohl schwer werden, das Exerzieren — ich weiß das wohl — — Sie tragen einen berühmten Namen, sind aber wohl nicht gerade aus dem Holz geschnitzt, aus dem man die Wrangels macht — — — Aber geben Sie sich nur in Zukunft rechte Mühe — ich weiß schon — — weiß schon — — na, lassen Sie man gut sein.“ —

Er klopfte seinem Kadetten freundlich die Schulter.

„Lassen Sie man gut sein, Schleußingk, lassen Sie man gut sein.“

„Was hat der Alte mit dem vorgehabt?“ fragte sich Neumann, als er den Kadetten vor der Thüre stehen sah.

Hans nickte ihm lachend zu: „Nicht wahr, schön Wetter heute?“

Aber er stand noch immer vor der Thür, wiewohl er nichts mehr dort zu suchen hatte.

Ein prasselndes, scharrendes, näher kommendes Geräusch schreckte ihn empor. Die achte Kompanie kam mit schweren Schritten die Treppe herunter, um sich auf dem großen Hof in Front aufzustellen.

Einem armen Sünder gleich drückte er sich in eine dunkle Ecke und ließ die anderen an sich vorbei. Mit Riesenschritten flog er dann die Stufen hinauf und flüchtete sich auf Stube Nr. 12; dort wollte er sich verstecken und nur, verstohlen an die Wand geduckt, auf den Kasernenhof blicken, wie ein Dieb, damit ihn keiner von unten sehen konnte.

Da stand sie auf dem Kasernenhofe, Mann für Mann, die im Waffenschmuck blitzende, zur Parade fertige Kompanie. Die weißen Helmbüsche, die nur zu den Paradetagen aufgesteckt wurden, glänzten wie frischgefallener Schnee.

Schlank wie ein Licht stand Gödicke am rechten Flügel, strahlend in voller Ausrüstung.

Die übrigen Stubengenossen konnte Hans nicht herausfinden aus der Truppe.

Jetzt kam der Hauptmann daher und schritt die Front herunter. Er hatte alle seine Orden angelegt, volle acht Stück konnte man zählen. Sein dicker Schnurrbart stand senkrecht nach oben, die Augen glänzten weithin.

Das war die Freude, dem alten Kaiser Wilhelm seine Kadetten vorführen zu dürfen.

Nun eine kurze Ansprache, dann ein Kommandolaut, und, in kleinen Abteilungen abschwenkend, zog sie dröhnenden Schrittes dahin, die stolze achte Kompanie, um mit dem übrigen Truppenkörper des Kadettenkorps zum Felde von Tempelhof, zur Parade des Gardekorps, zu marschieren.

Jetzt waren sie um die Ecke verschwunden, es war nicht ein Gewehrlauf mehr zu sehen.

Aber die Klänge der Militärmusik, welche den Abmarsch der Kadetten begleitete, schollen stürmisch und jubelnd herüber — — -

— — — — Hans schlug mit den Fäusten gegen seine Stirn.

Er war nicht mit dabei! -

Konnte man denn überhaupt fassen, daß dieses möglich war, daß er hier zu Hause sitzen sollte, während die anderen dorthin zogen zur großen Parade?

Mit ganzer Gewalt packte ihn der Schimpf dieses Gedankens, daß er sich schüttelte wie im Fieber.

Wie unsäglich hatte er sich auf diese Parade der Garden gefreut, von der ihm sein Vater bereits erzählte, als er noch auf einem Steckenpferde ritt. Seine Phantasie hatte es sich so lebhaft ausgemalt, wie diese waffenstarrenden Menschenwälle klirrend daherrücken, wie die Tausende von Helmen blinken, daß fast die Sonne ihren Glanz verlieren muß.

Und den alten guten Kaiser Wilhelm sollte er dort zu sehen bekommen, den das Volk liebte wie einen Gott — und den Kronprinzen Friedrich Wilhelm, der so gerne seine Witze machte über die kleinen Kadetten, und den kühnen Prinzen Wilhelm, der damals Major bei den Gardehusaren war und manch Reiterstücklein von sich erzählen ließ!

Er hatte sich vorgenommen, seinem Vater recht viel von dieser Parade zu schreiben, bei der sich die Kadetten so recht als zum Gardekorps zugehörig fühlen, und nun hatten sie ihn daheim gelassen an diesem Ehrentage, hatten ihn ausgestoßen wie einen räudigen Hund!

Er war nicht mit dabei.

Nun war alles aus, nun war alles vernichtet und verloren.

Er war auf einem der Stühle zusammengesunken, und seine Stirn fiel schwer auf die Platte des Tisches.

„Nimm dich zusammen, ein Soldat darf nicht flennen," schrie es in ihm. Aber was half's? Er fing an bitterlich zu weinen, daß sein Körper bebte. — — —

— — — Hans hockte den ganzen Vormittag still auf Stube Nr. 12, und als die Mittagszeit kam, meldete er sich nicht auf dem Speisesaal. Lieber wollte er hungern, als daß die Aufwärter sich sagen sollten:

„Seht den Schleußling!, er hat nicht mitgedurft."

Zuletzt begann er an seinen Vater zu schreiben und schüttete ihm sein ganzes wundes Herz aus, daß nun alles vorbei sei, alles verloren.

Während des Schreibens überkam ihn eine große Müdigkeit, sein Kopf sank all-

Neckerei. Nach dem Gemälde von A. Egger-Lienz.
(Photographie und Verlag von Franz Hanfstaengl in München.)

mählich auf den Tisch, und er schlummerte sanft ein.

* * *

Als die Kompanie von der Parade zurückgekehrt war, fanden die vier den Kleinen noch schlafend, Pochhann wollte ihn wach kitzeln, aber Gödicke stieß ihn barsch zurück.

„Ich bitte mir aus, daß Sie ihn in Frieden lassen, sonst steige ich Ihnen ganz barbarisch auf den Kopf. Es juckt mich lange schon."

Sie legten ihre Waffen ab, knöpften sich die bestaubten Uniformröcke auf und machten es sich bequem.

Dann begannen sie von ihren Erlebnissen zu erzählen.

Malwinckł war noch ganz außer Atem von dem Eindruck, den der alte Kaiser Wilhelm auf ihn gemacht hatte.

Schnell holte er sich ein Blatt Papier hervor und hatte bald mit wenigen Strichen hingeworfen, wie der erste Deutsche Kaiser, der Siegreiche genannt, auf seinem Fuchshengst ‚Sadowa' über das Tempelhofer Feld reitet.

Kläher fuchtelte indessen mit den Händen in der Luft herum, ihm kamen der dicke Stabstrompeter der Garde du Korps und sein Kesselpaukenschlagen nicht aus dem Sinn.

„Wie der Mann seine Arme in die Höhe schmeißt, Tum—Tum—Tum—Tum —Tarum—Tarum — und wie sein Rappe ausgreift bei dem dumpfen Klang. Das war einfach famos."

Selbstverständlich hatte Pochhann das Gardehusarenregiment am besten gefallen.

„Das war ein schneidiges Reiten, da sieht man — eben ‚unsere Waffe'" —

Währenddem war der kleine Hans aufgewacht und starrte mit seinen großen, vom Weinen geröteten Augen verwirrt in die Runde.

„Morjen, Professor, gut geschlafen, morjen!" nickte ihm der „schwarze Husar" zu.

Um allen Neckereien zu entgehen, die ihm heute doppelt weh thaten, ging Hans in die Schlafkammer. Gödicke schritt ihm nach. Er hatte sich vorgenommen, mit seinem Untergebenen unter vier Augen ein ernstes Wort zu sprechen und hielt die Gelegenheit für gekommen.

Als er die Thüre öffnete, saß der Kleine bereits auf seinem Bett und weinte leise vor sich hin.

Gödicke überlegte, ob es nicht das Richtigste sei, hier einen militärischen Ton anzuschlagen und den Untergebenen streng zurechtzusetzen wegen dieses, eines Kadetten so gänzlich unwürdigen, weichlichen Benehmens. Aber wie er in das blasse, trostlose Gesicht sah, besann er sich eines besseren.

Er trat leise an den Sitzenden heran.

„Schleußingk, machen Sie doch keine Geschichten!" —

Hans hatte den Eintretenden nicht bemerkt gehabt. Erschrocken sprang er auf und nahm eine stramme Haltung an.

„Zu — Befehl — — Herr — — Unteroffizier," kam es stockend heraus.

„Ach was, den ‚Unteroffizier' lassen Sie man zu Hause. Ich spreche als Kamerad zu Ihnen."

Gödicke legte die Hand auf die Schulter des Kleinen und drückte ihn zum Sitzen nieder.

„Sie müssen sich nicht alles gleich so zu Herzen nehmen, mein lieber Schleußingk. Denken Sie, ich habe Sie heute nicht gesehen in der Treppenecke, während die Kompanie an Ihnen vorbeirückte? Ich bekam einen Schreck, wie Sie so verstört aussahen, mein lieber Schleußingk."

„Ich bin auch sehr unglücklich," preßte Hans hervor.

„Nur ruhig Blut, mein lieber Schleußingk! Nur Mut! Sehen Sie mal, uns Soldaten ist, Gott sei's geklagt, in diesen Dingen ein dickes Fell nötig, eine gewisse Wurschtigkeit, wie man sagt, natürlich nur bis zu einem gewissen Grade. Nicht wahr, Sie wissen, wie ich das meine, mein lieber Schleußingk?"

Hans nickte.

„Sehen Sie also, nun müssen Sie sich das nicht so zu Herzen nehmen mit der Parade. — — Was geschehen ist, ist geschehen und nicht mehr zu ändern. — — Man muß nun das nächste Mal um so mehr seine Pflicht und Schuldigkeit thun und sich eben zusammennehmen — — und der Herr Hauptmann — —"

Hans richtete seinen blonden Kopf scharf in die Höhe und sah den anderen starr an.

„Der Hauptmann — — — er haßt mich" — — klang es bitter.

Gödicke war aufgesprungen und ging mit großen Schritten in der Kammer auf und ab.

„Sagen Sie so etwas nicht, mein lieber Schleußingk. Sagen Sie das ja nicht, und denken Sie das ja nicht, denn Sie thun ein großes Unrecht damit. Unser Hauptmann ist ein schroffer, strenger Herr — — gewiß, das ist er — dafür ist er eben Soldat durch und durch vom Scheitel bis zur Sohle und thut seine verdammte Pflicht und Schuldigkeit. Und das geht nun nicht immer mit Sanftmut und Güte, mein lieber Schleußingk, im Gegenteil: da werden Sie auch noch Ihre Erfahrungen sammeln — später. — — Ja, unser Hauptmann ist schroff und streng, aber das Wohl seiner Kadetten liegt ihm am Herzen. — — Ich kann das nicht leiden, wenn man immer auf den Alten schimpft, eben weil ich etwas von seiner Güte erzählen kann. — — Als vor zwei Jahren der lange Quetzow von unserer Kompanie aus dem Korps herausgeschmissen wurde, weil er faul war und gar nicht vorwärts kam in der Klasse, da ist unser Heilwig noch von Hinz zu Kunz gelaufen, bloß um den langen Quetzow zu retten. Als dieser dann vom Hauptmann Abschied nahm, war ich zufällig auch gerade unten und habe selbst gesehen, wie unsäglich schwer es ihm wurde, seinem Kadetten den Laufpaß zu geben. Ich könnte Ihnen da noch so manches von ihm erzählen, mein lieber Schleußingk. Fragen Sie nur auch einmal unsern guten Pochhann, der war vor einem halben Jahre in seiner Einfalt einem Wucherer aus Berlin in die Hände gefallen — und wenn da Heilwig nicht gewesen wäre! — — Fragen Sie Pochhann nur selbst danach, mein lieber Schleußingk. — — Unser Hauptmann ist schroff und strenge, das ist gewiß, aber er meint es gut, auch mit Ihnen. Er ist ein ehrenwerter Mann."

Mit Hans war eine merkwürdige Veränderung vorgegangen. In seinen Augen blitzte es lebendig auf. Voller Heftigkeit ergriff er die Hände seines Vorgesetzten und schüttelte sie derb.

„Ich kann nicht anders, ich muß Ihnen einmal so recht danken, daß Sie mir so freundschaftlich zusprechen, wo Sie doch mein Unteroffizier sind und über mir stehen."

Gödicke schüttelte unwillig den Kopf.

„Unsinn, mein lieber Schleußingk, Unsinn. Verdammte Pflicht und Schuldigkeit! Ich bin doch auch Ihr Kamerad, wenn ich auch Unteroffizier bin, und Kameraden müssen sich doch beistehen. Ich nehme doch ganz sicher an, daß, wenn ich einmal in Not bin, Sie mir dann auch beispringen . . ."

Ja, das würde Hans auch gewiß thun, da hatte er recht.

„Sehen Sie also, mein lieber Schleußingk, nur frischen Mut ins Feld geführt. Der Hauptmann will aus Ihnen nun einmal einen strammen Soldaten machen, und darum hat er heute stark an Ihr Ehrgefühl appelliert. — — Nun lassen Sie gut sein, im Herbst ist ja wieder eine Parade und nun — — Sie haben doch auch den guten Willen, ein strammer Soldat zu werden?"

Hans nickte. Ja, den guten Willen, den hatte er.

„Sehen Sie, nun nehmen Sie sich mal so recht zusammen, und achten Sie Tag und Nacht auf sich, und beißen Sie die Zähne auseinander, wenn's zu arg kommt. — — Na, und nun versprechen Sie mir, daß es anders werden soll, mein lieber Schleußingk, denken Sie mal an Ihren Herrn Vater dabei, der doch gewiß — — Nicht wahr, Sie geben mir die Hand darauf?"

Der kleine Hans war aufgesprungen und reckte sich in seiner ganzen Höhe empor. In seinen Augen flammte eine wilde, fast verzweifelte Energie auf.

Er hatte die beiden Hände seines Vorgesetzten gepackt und drückte sie stürmisch.

„Herr Unteroffizier, Herr Unteroffizier, ich verspreche Ihnen bei allem, was mir heilig ist, beim Haupte meines lieben Vaters, es soll anders werden!"

* * *

Es wurde in der That anders.

Hans erlangte die volle Zufriedenheit seines Stubenältesten und seines Hauptmanns.

Letzterer hatte ihn sogar einmal öffentlich vor der ganzen Kompanie belobt.

„Der Kadett von Schleußingk schlägt ein," hatte er zu seinem Unteroffizier gesagt.

Hans war auch ein anderer geworden, schon äußerlich sah man es.

Aus seinem jugendlichen Gesichte war der liebliche, anmutige Zug von früher verschwunden, es war ein starres, militärisches Gesicht geworden. Seine großen, kindlichen Augen blickten jetzt kalt, es saß ein schmerzhaftes Etwas darin.

Den ganzen Tag über waren seine Gedanken beim Dienst. Seine naive Harmlosigkeit, über die seine Stubengenossen so oft gelacht hatten, war einer nervösen Unruhe gewichen. Der Gedanke saß ihm unablässig im Nacken, ob er auch nicht vielleicht irgend etwas nicht recht gemacht hätte. Er sprach auch schon ordentlich mit, wenn auf Stube Nr. 12 über militärische Dinge geredet wurde.

Gewiß, er war dahin gekommen, wohin ihn Hauptmann und Stubenältester haben wollten, er war ein guter Soldat geworden. —

Wer kennt nicht das Märchen von der kleinen Seejungfrau, die sich in den Menschenprinzen verliebt und begehrt, zu ihm an den Hof zu gehen? Obwohl nach altem Meergesetz ihr jedesmal, wenn sie den Erdboden betritt, die zarten Füße schmerzen, als schritte sie über blanke Messerklingen, betritt sie doch, um zu dem Geliebten zu kommen, das fremde Element und duldet die Qual.

Hans von Schleußingk war ein guter Soldat geworden, aber auch er „schritt über blanke Messerklingen."

* * *

Der Herbst war ins Land gekommen. Von den Lindenreihen vor der Anstaltskirche, dem einzigen Grün auf dem großen Kadettenhofe, schwebten müde die Blätter herab, und über das große Kasernenviereck zog der lustige Altweibersommer.

Auf dem Tempelhofer Felde war wieder die Parade des Gardekorps abgehalten worden, und diesmal hatte der kleine Hans an derselben teilgenommen. Es war jene Parade, bei welcher der alte Kaiser Wilhelm noch einmal auf seinem Fuchshengste ‚Sadowa' über das Blachfeld sprengte, um dann eine bereit gehaltene Karosse zu besteigen und von da an nie mehr hoch zu Roß seine Garden vorbeimarschieren zu lassen. Es wurde ihm schwer, dem greisen Herrn, doch die Ärzte wollten es nicht anders.

So sehr auch Hans das glänzende militärische Bild, das sich da vor ihm aufrollte, bewunderte, so verließ ihn an dem Tage der wehmütige Gedanke nicht, wie viel mehr er sich vor einem halben Jahre über alles dieses gefreut hätte. Er wäre damals empfänglicher gewesen.

Die Michaelisferien standen vor der Thür.

Die Freude, auf acht Tage wieder ins Elternhaus zu kommen, zog wie ein warmer, belebender Wind durch die Kasernenstuben der achten Kompanie. Die Kadetten legten in ihren Heften oder Büchern kleine Kalender an über die Tage, welche noch vor der Abreise lagen. Jeden Morgen strichen sie mit Behagen die verflossenen vierundzwanzig Stunden aus.

„Hurra, wieder einen Schub näher zu den Ferien."

Nur der kleine Hans mußte stumm bleiben, er konnte nicht fort.

Die kurze Zeit verlohnte nicht die lange Fahrt nach Ostpreußen und das teuere Reisegeld dahin.

„Verlebe ruhig die Tage in Lichterfelde, mein Junge, es muß sich jeder nach seiner Decke strecken, das nächste Mal soll uns die Freude um so größer sein," so hatte der Vater geschrieben.

Was blieb Hans auch weiter übrig, so sehr er sich heraussehnte aus den roten Kasernen!

Doch Gödicke hatte, als er erfuhr, daß es so mit seinem Untergebenen stand, im stillen an seinen Onkel, den Geheimrat Meinhardt, geschrieben, ob er nicht Lust hätte, einen kleinen Kameraden, den Schleußingk, der auf seiner Stube läge, acht Tage lang bei sich aufzunehmen. Er habe ja Raum genug in seiner schönen Villa am Wannsee, und auf einen Esser mehr käme es ihm vielleicht auch nicht an. Der Kamerad könne wegen zu weiter Reise die Ferien nicht im Elternhause verbringen und bedürfe doch sehr einmal der Pflege und Erholung. Der Onkel würde damit gewiß ein gutes Werk thun.

Einen Tag später traf ein Telegramm ein: „Kadett Schleußingk herzlich willkommen."

Das war eine Freude, als Gödicke mit der Botschaft herauskam. Erst wollte es Hans freilich nicht recht glauben, er dachte, man mache sich einen schlechten Scherz mit ihm, wie er es so oft erlebt hatte. Aber als das Telegramm zum Vorschein kam, zerstoben alle Bedenken.

In der Nacht darauf flehte Hans seinen Herrgott an, ihn für jeden bösen Gedanken, den er jemals über seinen im Dienste gegen ihn so harten Stubenältesten gehegt hatte, doch recht bitter zu strafen.

„Das ist aber auch wirklich anständig von unserem Unteroffizier,“ gab selbst Bochhann zu, „da kann sich der kleine Professor mal wieder ein bißchen austoben. Aber brechen Sie nur ja nicht den Damen zu sehr die Herzen!“

Gödicke hatte öfters von seiner Cousine aus Wannsee erzählt.

„Ja, und nun wird unser Professor die schöne Cousine kennen lernen,“ meinte der dicke Klüher, „das wird, auf Ehre, außerordentlich gefährlich, die wird sich ja vom Fleck weg in einen so schmucken Soldaten verlieben.“

Diesmal lachte Hans mit den anderen herzlich mit.

„O, es ist herrlich, es ist groß,“ jubelte er.

* * *

Klein und zierlich, oben mit Zinnen geschmückt, unten mit dichtem Epheu berankt bis zum ersten Stockwerk hinauf, schaute die Meinhardtsche Villa auf den See hinaus.

In seinem nach altdeutscher Manier ausgestatteten Arbeitszimmer stand der Geheimrat und wog einen umfangreichen Brief in der Hand. Über sein bartloses Antlitz glitt ein Leuchten, er war an seinen Schreibtisch getreten und sah zu dem großen, von Florentiner Holzarbeit umrahmten Ölbilde hinauf, das über demselben hing. Es stellte einen preußischen General in großer Uniform dar.

„Wenn du das erlebt hättest, Vater.“

Der Brief enthielt ein Schreiben der Anerkennung für wissenschaftliche Leistungen aus dem königlichen Kabinett und zugleich die Verleihung eines hohen Ordens.

„Wenn du das erlebt hättest, Vater.“

Am Munde des Gelehrten zeigte sich eine tiefe, schräge Falte. Ein bitteres Gefühl war in ihm aufgestiegen.

Man hatte es ihm damals nicht leicht gemacht, den Beruf zu erwählen, für den er sich geschaffen fühlte.

Seine Familie gehörte zu den ältesten Soldatengeschlechtern Preußens. Seit der Zeit des Großen Kurfürsten war es bei ihnen vom Vater auf den Sohn gegangen, daß für einen Meinhardt der Heeresdienst unter dem schwarzweißen Banner der einzig würdige Beruf war. „Ihr kommt wahrhaftig gleich mit den Sporen auf die Welt,“ hatte der alte Fritz einmal zu einem der Ihrigen gesagt.

Das war eine schwere Zeit gewesen damals, als der Geheimrat, anstatt den bunten Rock des Avantageurs anzuziehen, als Student der Chemie nach Heidelberg ging. — — Nein, leicht hatte man es ihm nicht gemacht, aber er hatte es doch durchgesetzt, nach hartem Kampfe hatte er es durchgesetzt, und das war am Ende die Hauptsache gewesen.

Die Portiere hatte sich erhoben, eine große, schwarzgekleidete Frau war eingetreten.

„Nun, Harry, so vertieft?“

„Ich habe mir wieder das Schreiben vorgeholt, Weibchen.“

„Du hast es verdient. Wenn dein Vater das gelesen hätte.“

Sie hatte ihre Hand auf die Schulter des Gatten gelegt und sah vorwurfsvoll nach dem Bilde hinauf.

Der Geheimrat hatte den Brief zusammengefaltet und schloß ihn ein.

„Ich zürne ihm nicht, es war kein böser Wille.“

Das Auge der Hausfrau blieb auf dem Schreibtisch haften.

„Ach, da liegt Max Gödickes Karte. Hast du geantwortet, Harry?“

„Ich schrieb zu, es war dir doch recht?“

„Gewiß, er mag sich bei uns austoben, der Kadett.“

„Ich habe ihn in meiner Klasse und mag ihn gern. Daß er kommt, ist mir auch schon unseres Walthers wegen lieb.“

Frau von Meinhardt hatte sich hastig abgewendet. „Harry, du weißt, ich bin nicht damit einverstanden, daß wir ihn ins Kadettenhaus geben.“

„Es wäre doch das Beste für den Jungen, Frau, jetzt, wo wir uns täglich überzeugen können, daß ein ganzer Soldat in ihm steckt. Jeder auf den rechten Platz, auf den er hingehört. Das Meinhardtsche Blut fitzt in ihm: mag er Soldat werden.“

Durch die Thüre herein stürmte ein ungleiches Paar, ein lang aufgeschossener, hochbeiniger Gymnasiast im Alter von vierzehn Jahren und ein zierliches, etwas jüngeres Mädchen mit langen blonden Zöpfen. Beide trugen Schulmappen unter dem Arm.

„Ist es wahr, was Dörthe sagt, daß wir einen Kadetten bekommen?"

„Ist er groß?"

„Ist er stramm?"

Frau von Meinhardt wies die stürmischen Geschwister zur Ruhe.

„Jawohl er kommt, und Hans von Schleusingk heißt er."

Aus unserer Studienmappe:

Studie von C. von Nagel.

Mit ohrenbetäubendem Jubel drang es hinaus, und binnen fünf Minuten wußte die ganze Nachbarschaft, daß bei „Meinhardts" ein Kadett die Ferien verleben würde, der Hans von Schleusingk hieß.

* * *

Wie die Ameisen strömten die Kadetten am ersten Feiertage aus dem hohen Thore der Anstalt heraus. Hastend und drängend zog es in langen Scharen zu den beiden Bahnhöfen Lichterfeldes, dem Potsdamer und dem Anhalter.

Auf den jungen Gesichtern brannte das Rot der Freude: Wieder hinaus zu Eltern und Verwandten, glückseliges Gefühl!

Die Bewohner der Stube Nr. 12 gingen zusammen zum Potsdamer Bahnhofe. Ihre kleinen Handkoffer — viel führt ein Kadett nie mit auf Reisen — übergaben die fünf dem Omnibus, der vor dem eisernen Thorgitter hielt, und zogen im Gleichschritt einen abkürzenden Fußweg entlang über die kahlen Stoppelfelder.

Ein frischer Herbstwind pfiff ihnen entgegen, aber das machte ihnen nichts. Man zog die Mütze tiefer und griff kräftiger aus.

Als sie vor dem einstöckigen Bahnhofsgebäude mit dem großen Schieferdache angelangt waren, hatten sie noch eine gute Viertelstunde Zeit, die man in Behaglichkeit bei einem Glase Bier hinzubringen beschloß. Mit Mühe und Not fanden sie in dem mit abreisenden Kadetten vollgestopften Wartesaale ein leeres Tischchen, und sie stießen mit den Gläsern an und wünschten sich gegenseitig eine frohe Ferienzeit.

Hans blickte heute schier lustig in die Welt, seine sonst so blassen Wangen waren brennend rot, und seine großen Augen glänzten hell wie damals, als er nach Lichterfelde kam.

„Es schmeckt verdammt bitter," dachte er, wie er das Glas an den Mund gesetzt hatte. Aber er trank doch mit, wie die anderen anstießen, denn es war ihm klar, daß ein Kadett, der kein Bier trinken mag, den anderen als etwas ganz Unwürdiges erschienen wäre.

Gödicke war heute besonders guter Laune und äußerte mehrfach, daß er mit dem Betragen seiner Stube im verflossenen Halbjahre recht zufrieden sein könne. Schließlich holte er eine große, braunlederne Cigarrentasche hervor und bot seinen Untergebenen den Inhalt derselben an.

„Bitte zu nehmen, es ist eine gute Sorte."

Das ließ sich natürlich keiner zweimal sagen. Nur Hans dankte bescheiden, denn er hatte noch nie geraucht.

„Er hat Angst, daß sie ihn umwirft," spottete der schwarze Husar.

Da schämte sich der Kleine und griff gleichfalls zu.

„Sehen Sie wohl," lobte ihn Gödicke, „ein rechter Soldat muß auch rauchen können — — Und nun, mein lieber Schleußingk, grüßen Sie mir in Wannsee alles, und wenn wir wieder hier sind, erzählen Sie mir recht viel von dort."

„Und dann, verehrter Professor, der Cousine nicht zu viel den Hof gemacht," näselte Pochhann dazwischen, indem er sich ein Einglas, das er für die Ferien gekauft hatte, mit nachlässiger Bewegung in das rechte Auge klemmte.

Wie er sich so in vornehmer Haltung umschaute, brach eine schallende Lachsalve unter den anderen aus.

Darüber geriet der lange Mensch in helle Wut, aber seine Worte gingen unter, denn vom Bahnsteig her drang ein brausendes Geräusch in den Wartesaal. Der Zug nach Berlin, mit dem sie alle außer Schleußingk fahren mußten, war eingetroffen. Die vier eilten, so schnell sie konnten, sich nach rechts und links durch die Menge Bahn brechend, hinaus. Denn heute war der Andrang groß, und wer mitkommen wollte, mußte sich scharf heranhalten.

Wie sich die Eisenbahnwagen langsam in Bewegung setzten, winkte Malwinck noch mit dem Schnupftuch heraus.

„Ade, Professor, machen Sie's gut!"

Über seine Schulter steckte Pochhann das schmale, wohlgescheitelte Haupt in den Rauch:

„Stationsvorsteher, nehmen Sie sich in acht vor dem jungen Mann dort auf dem Bahnsteig, der ist von gefährlicher Gemütsart."

„Er bleibt doch immer der Alte," sprach Hans lachend vor sich hin.

Nachdem die Davoneilenden hinter einer Anhöhe verschwunden waren, kehrte er zum Bahnhofe zurück. Es war ihm doch ein schweres Gefühl, daß die Kameraden fort waren und er nun mutterseelenallein hier stand.

Wenige Minuten später kam auch sein Zug angebraust. In ein Coupé, in welchem bereits zehn Kadetten Platz gefunden hatten, stopfte man ihn hinein. Hans kannte keinen davon, denn sie waren alle von anderen Kompanien. Darum stellte er sich mit soldatischer Verbeugung vor: „Mein Name ist von Schleußingk."

„Ob ich ihnen einen gehörig strammen Eindruck gemacht habe, so wie sich für einen Kadetten der achten Kompanie geziemt?" grübelte er in seiner Ecke.

Nach einer Weile holte er seine Cigarre hervor und setzte sie in Brand. Die anderen, die nicht mit Rauchwerk versehen waren, sahen ihm begehrlich zu.

Das bewog Hans, sich nicht nur als strammen, sondern auch als höflichen Soldaten zu zeigen. Er erklärte dem Coupé, daß er unendlich bedauere, den „Herren" nicht auch eine Cigarre anbieten zu können, er besitze zur Zeit nur diese einzige.

Dann fühlte er mit einemmale einen stechenden Schmerz im Kopfe und legte ganz heimlich die Cigarre beiseite.

„Du bist am Ende doch ein schlapper Kerl," rief es in ihm, und eine tiefe Traurigkeit überkam ihn. Am liebsten hätte er seinen Nachbar, der doch von der sechsten Kompanie war, und den er gar nicht kannte, am Arm gepackt und hätte ihm gestanden, wie unglücklich er war.

* * *

„Wannsee aussteigen," rief der Schaffner herein.

Hans nahm mit höflicher Verbeugung Abschied von den Kameraden und eilte hinaus. Der Nachbar von der sechsten Kompanie half ihm noch, den kleinen Koffer herauszuschaffen.

Auf dem Bahnsteige kam ein älterer, einfach gekleideter Mann rasch auf ihn zu.

„Sind Sie der Kadett von Schleußingk?"

„Es wird ein Verwandter des Hauses sein," dachte Hans und begann, sich in großen Dankesworten über die Freundlichkeit des Herrn Geheimrat und seiner Familie zu ergehen.

Aber der andere hörte ihm nicht lange zu, griff nach dem Koffer und eilte mit langen Schritten voraus.

„Aber der Herr werden doch nicht —" wehrte Hans, ihm nachlaufend.

„Kommen Sie nur, kommen Sie nur, und lassen Sie mich tragen, ich bin der Diener Franz."

Der Weg führte die beiden am Ufer des Sees entlang. Es war bereits dunkel geworden, das letzte Rot der untergehenden Sonne verblaßte am Himmel. Vom See her kam ein warmer, wasserhaltiger Wind, der Hans mit Entzücken erfüllte.

„Das ist so wohl, das ist so gesund, das ist wie der Atem eines lieben Menschen."

Aber Franz trieb zur Eile an.

„Nur zu, Herr Kadett; der Herr Geheimrat wartet mit dem Nachtessen auf Sie. Er ist heute allein zu Hause; die gnädige Frau ist mit den Kindern über Land gefahren. Die werden Sie heute nicht mehr sehen, denn die kehren spät zurück. Sehen Sie, dort, wo die grauen Zinnen aus dem Garten hervorsehen, dort dicht am See, das ist unser Haus, die Villa Meinhardt."

Ein Hund schlug an im Garten zur rechten Hand; sie standen vor der Villa.

* * *

Am nächsten Morgen war Hans schon früh wach und streckte sich behaglich im Bett. Dieses wundervolle Gefühl, so sorglos daliegen zu können, ohne fürchten zu müssen, daß die Trommel schreit: „Raus, du Lump, sonst wehe dir."

An den Vorhängen huschten die Schatten der vom Winde bewegten Zweige des Gartens auf und nieder. Rechts und links, dort, wo das Fenster frei geblieben war, blinzelte die liebe Sonne herein.

Hans hatte am Abend vorher unterlassen, am Giebel hinauszusehen. Wo man von da wohl hinblicken mochte? Doch sicher auf den blauen, weiten, waldumsäumten See. Es war ihm ein so wohliger Gedanke, das große, vielleicht gerade vom Winde aufgewühlte Wasser vor sich zu haben, daß er sich schüttelte vor Freuden.

Die Neugier ließ ihn nicht ruhen, nachzusehen, ob auch gerade Schiffe darüber kreuzten, und er schlich mit bloßen Füßen an die Vorhänge.

Aber wie er diese zurückgezogen hatte, sah er vor sich einen engen Hof und dahinter die kahle Wand des Nachbarhauses. „Es ist ja immer alles anders, wie du's dir denkst," sagte er sich lachend und schritt zu den Kissen zurück.

Nach einer Weile klopfte der Diener Franz an die Thür und brachte einen grauen Civilanzug herein, den er sorgfältig auf den Stuhl am Bett ausbreitete.

„Guten Morgen, Herr Kadett, hier, den soll ich hinlegen."

Gleich darauf war er wieder verschwunden.

Hans betrachtete das überbrachte Kleidungsstück, das ihm Bequemlichkeit und der Uniform Schonung verschaffen sollte. Schon wollte er sich in den grauen Anzug werfen, da erwachte sein Kadettenstolz.

„Wer die Ehre hat, des Königs Rock tragen zu dürfen, der soll ihn auch tragen."

In strahlender, blank geputzter Uniform stellte er sich vor den Spiegel und war so ziemlich zufrieden mit seiner Erscheinung.

Indessen hatte sich die Familie Meinhardt bereits zum Morgenkaffee niedergelassen.

Franz hatte im Freien auf der Terrasse den Tisch gedeckt, denn der Tag war heute besonders mild, man schien im Mai zu sein und nicht im Oktober. Der See trat dicht an das Haus heran, nur ein schmaler Rasenstreifen schob sich dazwischen. Auf der leicht gekräuselten Wasserfläche lag heller beweglicher Sonnenglanz.

Zwei stark beladene Frachtkähne glitten, breitmäuligen Ungetümen gleich, mit wallendem Segel schwerfällig über die Flut.

„Es ist Aluminiumware darauf," sagte der Geheimrat, nach den Booten weisend, „ich sprach den Schiffer gestern abend am Landungsplatz. Das ist ein neuer Handelsartikel, der zur Zeit gut abgehen soll."

Er holte aus seinem Rock eine metallene Cigarrenspitze hervor und legte sie auf den Tisch.

„Hier, die ist auch von Aluminium."

Da es ein Unrecht gewesen wäre, die Gelegenheit vorübergehen zu lassen, legte er die Zeitung beiseite, nahm eine Cigarre heraus und setzte sie in Brand. Wie er so saß im Kreise aller derer, die ihm lieb waren, schmunzelnd, rauchend, den Blick über den See gerichtet, packte ihn mit Allgewalt die ganze Behaglichkeit seines Daseins.

In dem vordersten der beiden Kähne war ein junger Bursche oben auf die Bretter gestiegen, welche über der Ladung lagen, und schleuderte einen kräftigen Juchzer übers Wasser.

Da geschah etwas Unerhörtes; der Geheimrat sprang auf und juchzte, den Gartenhut schwenkend, dem Burschen zu.

Erschrocken hielt ihn seine Frau am Arm. „Harry, was sollen die Leute denken? Bei deiner Stellung!“

Aber dieser schmunzelte noch immer.

„Mutting, Mutting, es ist oft so berauschend. Wir können es nicht leugnen, wir haben es doch sehr gut. Und können wir uns nicht doppelt freuen, weil wir uns das Leben geschaffen haben, wie wir es wollten trotz Heulen und Wehklagen, und wie es uns für uns am besten schien. ‚Carpe diem,‘ sagt der alte Römer Horaz. ‚Koste den Tag aus. Sei dir in jeder einzelnen Stunde bewußt, daß sie ein Geschenk der Zeit war an dich, das kostbar ist. Betrauere am Abend den Tag, der dahingegangen ist, und sei am Morgen dankbar für das Erwachen.‘“

Er hatte nicht viel Glück bei seiner Zuhörerschaft. Frau von Meinhardt versuchte mit Hilfe von Wasser einen Kaffeefleck zu entfernen, den der ungeschickte Walther auf das nagelneue Tischtuch gemacht hatte. Anna, welche sich neue Schleifen an die Zöpfe gebunden und eine Brosche von unechtem Metall, ein Geschenk einer „Freundin,“ vorgesteckt hatte, blinzelte vor sich hin. Sie träumte von einem sehr schönen Prinzen, der noch immer nicht kam, um eine sehr schöne verwunschene Prinzessin zu befreien.

Der Bruder war weniger geduldig; er schimpfte offen über die Ruppigkeit, daß der Kadett noch immer nicht kam.

Aber die Mutter beruhigte ihn: „Um fünf müssen dort die Jungens raus, laß ihn sich in den Ferien ausschlafen.“

In diesem Augenblicke knirschte der Kies. In kerzengerader Haltung trat der kleine Hans heraus, schlug die Hacken zusammen und machte eine militärische Verbeugung, die allen zugleich gelten sollte.

Meinhardt war aufgestanden und legte seinem Gaste die Hand auf die Schulter.

„Hier, meine Herrschaften,“ wandte er sich mit lauter Stimme an seine Familie, „hier darf ich euch den königlich preußischen Kadetten von Schleusingk vorstellen.“

„Sei mir herzlich willkommen,“ sagte Frau von Meinhardt und schüttelte dem Kleinen die Hand. Dasselbe that auch der lang aufgeschossene Gymnasiast. Dabei entfuhr es ihm: „Donnerwetter, du bist aber man doch winzig.“

Das weckte ein schallendes Gelächter bei den anderen.

Hans war dunkelrot geworden. Daß er hier einfach mit „du“ angeredet wurde, verletzte ihn. Man war in Lichterfelde so ganz an das „Sie“ gewöhnt. Überhaupt schienen sie ihn hier nicht recht als „Herrn“ betrachten zu wollen, das sah er gleich.

Er hieb aber wacker ein in den Kuchen und dachte: „Schön schmeckt es hier doch.“

Anna hatte gar nichts gesagt und nur einen verlegenen Knix bei der Begrüßung gemacht. Dann setzte sie sich beiseite, ließ ihre dicken, blonden Zöpfe durch ihre schmalen Finger gleiten und beobachtete mit klugen Augen, wie Mutter und Bruder den wacker mit der Vertilgung von Kaffee und Backwerk beschäftigten Gast ausfragten.

„Ich bin doch neugierig, was für ein Mensch das nun eigentlich ist,“ dachte sie.

Meinhardt hatte sich verabschiedet, er mußte an sein Tagewerk gehen.

„Sorgt, daß er genug bekommt,“ rief er noch lachend seiner Frau zu. „Ihr wißt: ein Kadettenmagen kann viel vertragen.“

Hans erhob sich höflich lächelnd und setzte sich dann wieder.

Er benahm sich überhaupt in jeder Bewegung stramm und soldatisch. Wie er den Kuchen aufnahm, wie er die Tasse zum Munde führte, alles geschah musterhaft. Selbst Pochhann hätte sich gar nicht anständiger und eines Kadetten der achten Kompanie würdiger benehmen können.

Den Gymnasiasten ließ er vorläufig links liegen und wandte seine ganze Unterhaltungskraft der Hausfrau zu. Ehrfurcht vor den Frauen ist bekanntlich eine Hauptlugend des Soldaten.

„Dies geschieht Walther ganz recht, er ist immer so aufdringlich,“ dachte Annchen.

Hans erzählte von seiner Trauer, als ihm sein Vater schrieb, daß er die Ferien in der Anstalt verbringen solle — und von seiner Freude, als die Nachricht vom Wannsee kam. Er bedankte sich gerade zum zehntenmale für die überaus große Güte,

Aus unserer Studienmappe:

Studie von Wilhelm Räuber.

daß man ihn hierher eingeladen habe. Hinter jedes zweite Wort schob er natürlich ein „gnädige Frau“ ein.

„Es scheint ein höflicher Mann zu sein,“ sagte sich Annchen, „und so wird er mich wohl auch als ‚Dame‘ behandeln. Das wird für meinen Bruder ein Vorbild sein, sich galanter gegen mich aufzuführen.“

Der Gymnasiast war unwillig mit seinem Stuhle etwas weiter abgerückt.

„Na, warte man, Bürschchen, dir hau ich noch die Jacke voll, wenn du nicht auf mich hinhörst,“ schalt er in sich hinein, denn er brannte darauf, zu erfahren, ob in Lichterfelde die Tertianer bereits die Geographie von Australien durchgenommen hätten.

„Wie heißt du eigentlich mit Vornamen?“ fragte Frau von Meinhardt ihren Gast, der sein Frühstück beendet hatte und sich nach hinten in seinen Stuhl lehnte.

„Hans, gnädige Frau.“

„Also, lieber Hans, dann laß' es dir nur recht wohl sein bei uns."

Der sah mit einem langen, nachdenklichen Blick zu der großen, freundlichen Frau hinauf, die soeben aufgestanden war, um das Geschirr zusammenzustellen. „Hans, Hans!" wie ihm das so wunderbar vorkam, sich mit seinem Vornamen angeredet zu hören. In Lichterfelde nannte ihn auch nicht ein Mensch anders als „Schleußingl", und in Potsdam hieß er sogar „Schleusingl II," zum Unterschiede von einem Vetter, der auch dort in der Anstalt war. Der liebe Vater und eine alte bucklige Kinderfrau, die ihm alle Jahre einmal zum Geburtstage einen unleserlichen Brief schrieb, waren die einzigen auf der Welt, die ihn „Hans" nannten. Und so zog mit diesem Namen ein erstes leises Heimatsgefühl in sein Herz.

„Seht das Schiff," rief Annchen.

Ueber den See kreuzte ein Dampfer, dicht besetzt mit Passagieren. Hinter ihm wogte und wühlte das Wasser in langer Furche, zornig über den schnellen, unruhigen Gast.

Hans wußte selbst nicht, wie er so keck sein konnte, aber im Überschwang seines Wohlbehagens schlug er dem Gymnasiasten mit der flachen Hand stark auf das Knie.

„Wir wollen gute Freunde werden. Was?"

Das gefiel nun dem derben Walther und versöhnte ihn mit der Geographie von Australien.

„Das versteht sich, mein Jungchen," gab er zurück, „und jetzt stehen wir auf, und Annchen, du und ich, wir gehen auf die Heide an den See."

An dem Abend dieses Tages schrieb „die schöne Kousine" in ihr Tagebuch:

„Walther kann ja manchmal roh sein, aber der Kadett ist doch sehr nett."

* * *

Am Nordrande des Sees lagen ausgedehnte Kiefernwälder. Aber die Bäume kamen nicht heran ans Wasser, ein breiter Sandstreifen, nur hier und da mit Heidekraut bedeckt, zog wie ein Gürtel um den See.

Am Strande entlang schritten die Meinhardischen Kinder mit ihrem Besuch. Hans hielt Anna bei der Hand gefaßt und warf hin und wieder einen Blick verstohlen zu ihr hinüber.

„Sie ist wie ein Pfirsich, so frisch und so gesund," sagte er sich.

Ganz besonders gefiel ihm ihr blondes, scharf ins Weiße spielende Haar, das glatt von der Stirn fortgekämmt war. Auf den Rücken herab fielen zwei starke Zöpfe, die bei hastigen Bewegungen hin und her flogen wie zwei lustige Brüder.

„Wenn ich eine Schwester hätte, so müßte sie aussehen."

Indessen erklärte der langbeinige Walther, der beständig einige Schritte voraus war, ihm die „historischen" Punkte der Gegend.

„Dort an der Landzunge hat sich ein verrückter Student aus Berlin ersäuft, und hier, wo die einsame Kiefer steht, hat unsere Törthe den Ring verloren, den ihr Schatz ihr geschenkt hat. Zehn gute Groschen hat der gekostet —"

Sie hatten eine Biegung gemacht. Weithin breitete sich vor ihnen der See aus. In eintöniger Melodie schlug seine Brandung an den Strand der Heide.

Hans blieb stehen und schaute in die Ferne, ihm war so seltsam feierlich ums Herz, hier vor der großen Flut.

„Wie groß, wie majestätisch," stammelte er. „O, der möchte uns wohl alle zu sich ziehen und verschlingen, der gewaltige Riese."

Vor ihm erhob sich ein Wellenkamm höher als die anderen, und unwillkürlich trat er zurück.

Da lachten aber die beiden anderen kräftig los.

„Sie thut dir ja nichts, mein Bester," jauchzte Annchen, „sie kann ja nicht vorwärts."

„Dort der Wachholderbusch ist unser Ziel. Wer der erste ist, soll König sein," kommandierte Walther.

Und nun begann ein lustiges Wettrennen.

Hans wollte zuerst nicht mitlaufen; aber wie er die anderen vor sich sah, packte ihn eine wilde Lust. Er legte den Kopf nach hinten wie ein Hirsch und setzte seine ganze Kraft ein. So überholte er sie alle.

Prustend schwenkte er am Ziel seine Mütze und rief: „Hurra!"

Vor dem Hollunderbusch befand sich eine mäßig tiefe Sandkuhle. Die hatten die Geschwister angefangen, heute sollte sie fertig ausgegraben werden.

Der Gymnasiast kniete nieder und wühlte mit seiner Hand im Erdreich. Endlich brachte er drei Holzspaten hervor.

Alle drei begannen mit Eifer, den Sand herauszuschaufeln. Als eine halbe Stunde vergangen war, konnte nur noch der lange Walther auf den See hinausblicken.

„Hört mal. Ihr da in Lichterfelde werdet wohl wie die großen Herren behandelt?“ fragte Walther. „So erzählt Vetter Paul Gödicke wenigstens.“

Hans nickte. „Es stimmt so.“

Das entsetzte Gesicht des langen Pochhann tauchte vor ihm auf, wenn dieser ihn hier wie ein Kind spielen gesehen hätte.

Aber das Mißbehagen schwand, und sie kauerten sich alle in die Ecken der Kuhle. Es saß sich so friedlich da unten, während der Wind machtlos über ihre Köpfe blies und vom Strande her die Brandung wie dumpfes Geschwätz herübertönte.

Walther hatte ein Räucherkerzchen mitgebracht, das zündete er an und freute sich ganz unbändig an dem scharfen Geruch und an dem Dampfe.

Sie baten Hans, er möchte ihnen eine recht schöne Geschichte zum besten geben. Das wollte er denn auch gern thun, und so erzählte er das Märchen von des Königs neuen Kleidern, welches er ganz besonders liebte; er hatte es einmal auch auf Stube Nr. 12 vorgetragen, aber sie waren alle entrüstet darüber, daß er an solchen simplen Kindergeschichten Freude haben konnte. Hier fand er ein dankbares, andächtiges Publikum.

Aus der Ferne scholl Trommelklang herüber.

Walther sprang hastig wie ein Fuchs aus der Grube heraus.

„Die Gardeschützen sind es, sie machen Felddienstübung,“ rief er hinab. „Komm, Kadett, komm.“

Hans schüttelte den Kopf und duckte sich zusammen. Er hatte kein Verlangen, das Militär zu sehen.

„Na, macht dir das keinen Spaß, dir als Soldaten?“ fragte Nannchen vorwurfsvoll.

Da schämte er sich und stieg hinaus, aber die Gardeschützen waren bereits hinter dem Walde verschwunden. Nur eine Staubwolke war zurückgeblieben.

Von der Villenkolonie herüber schlug die Turmuhr zwölf. Die drei standen auf und machten sich auf den Heimweg. Sie hakten sich ein — Hans in der Mitte — und sangen, indem sie durch den Sand hüpften, nicht immer in reinen Tönen, das alte Studentenlied: „Was kommt dort von der Höh?“

Aber plötzlich riß sich Hans los, warf die Arme zurück und schrie jauchzend mit voller Lunge über den See:

„O Welt, wie bist du so wunderschön.“

* * *

Als der Major von Schleusingk den nächsten Brief von seinem Sohne erhielt, sagte er:

„Der Junge thut ja gerade, als wenn er ins gelobte Land geraten wäre. Aber mich freut's; es ist ihm zu gönnen.“

Wie anders that das Leben, das ihm hier entgegenströmte, seinem jungen Herzen, als das, was er bisher kannte. Im Kadettenkorps lag die strenge soldatische Zucht schwer auf jugendlichem Träumen und Tollen, und wenn er zu den Ferien in die kleine Garnison an der russischen Grenze fuhr, was konnte ihm da der Vater viel bieten? Die wenigen Stunden, die der Dienst dem einsamen Witwer übrigließ, gab er wohl seinem Kinde, sie gingen dann zusammen spazieren und aßen zusammen im Kasino, wo die jungen Leutnants seinen Spaß mit ihm trieben und sich bemühten, ihn betrunken zu machen. Einmal hatte er sich wirklich dort sehr schlecht aufgeführt, und er schämte sich heutigentags noch, wenn er daran dachte. Doch wie alles auf Erden sich rächt, so hatte auch ihn damals die Strafe in Gestalt eines entsetzlichen Katzenjammers ereilt, den er nicht zu überleben fürchtete.

Wenn der Vater im Dienst war, dann war er gänzlich auf sich allein gestellt, und er betrachtete es dann für ein Glück, wenn der Bursche seines Vaters trotz seiner borstigen Haare und schwarzen Hände ein weiches, für Freundschaft empfängliches Herz besaß. Die Burschenstube war oft seine Kinderstube gewesen, schon vorher freilich, bevor er ins Kadettenkorps „gesteckt“ wurde.

Dem Wachsen seines jungen Lebensbaumes hatte die hütende und pflegende Hand einer liebegebenden Frau gefehlt. Mit allen Fasern schrie sein Herz nach einer Mutter.

Jetzt nun, wo er an der Schwelle des erwachsenen Alters stand, blühte ihm noch einmal ein spätes Stückchen Kindheit auf, das er mit innigem Dank hinnahm. Er vergaß ganz seine Würde als Lichterfelder Kadett, er schwamm mitten im Strom der Ausgelassenheit, er griff nach allem, was man ihm bot. Überallhin war er der Begleiter Walthers und seiner Schwester, er nahm an allen ihren Spielen, Scherzen und Freuden teil.

Die Gewalt von Pochhanns blasser Mahngestalt über ihn war gebrochen.

„Was geht's den an? Ich will noch einmal Kind sein, nachher ist's vorbei."

Ja, nachher in den roten Kasernen, da war's vorbei.

Die Tage gingen rasch dahin, der Abschied stand vor der Thüre.

* * *

Anna Meinhardt hatte schon lange sich mit dem Kadetten „aussprechen" wollen. Jetzt war es die höchste Zeit, denn morgen war der Tag der Abreise. Sie wollte ihm alles sagen, was sie nur ihren intimsten „Freundinnen" mitteilte. Walther, der ahnte ja von solchen Dingen nichts, der war viel zu unpoetisch dazu. Sie wollte ihm sogar ihr Tagebuch „mit Verschluß" zeigen.

Sehr geeignet zur „Aussprache" war die Abenddämmerung, weil diese so träumerisch machte. Daß der passende Ort nur die Fichten am See sein konnten, war selbstverständlich.

Als der Abend kam, bat sie Hans, er möchte sie begleiten, sie habe noch in die Kolonie zu gehen und dort eine Besorgung zu machen.

„Es ist schon spät, und so ein Soldat ist immerhin ein Schutz für eine Dame."

Hans trug heute seine Uniform. „Ich werde dich verteidigen gegen Tod und Teufel," sagte er, sein Seitengewehr zu dem Gange umgürtend.

Sich mit den Händen anfassend, schritten sie durch die einsamen Straßen. Die „Dame" sah ihm voll ins Gesicht.

„Du siehst immer schön aus. Wenn du aber die Uniform anhast, siehst du doch am schönsten aus."

Hans lächelte; es that ihm wohl, daß es ein Menschenkind gab, dem er Eindruck machte.

„Der Soldat, das ist ein feiner Mann, so heißt's in irgend einem Liede," sagte er leise.

Nachdem sie die Besorgungen hinter sich hatten, fanden sie es schade, wieder nach Hause zu gehen. Es hatte gewittert an dem Tage, jetzt war ein schöner, weicher Abend heraufgezogen. Über den Dächern glänzte ein Regenbogen auf.

„Was meinst du, wenn wir an den Strand gingen, Annchen?"

„Gewiß, das wollen wir thun."

Aus unserer Studienmappe:

Türke. Studie von Wilhelm Gause.

Hans war still geworden, der Abschied lag ihm schwer auf der Seele. Wieder fort von hier und zurück in die großen Kasernen. Ein leiser Schauer überlief ihn.

Sie setzten sich beide auf einer vom Winde niedergerissenen Edeltanne nieder, und nun war der große Moment zur ‚Aussprache' gekommen.

Anna hob zuerst das Tagebuch aus ihrem Körbchen.

„Hier dieses ist ‚mit Verschluß,' nicht einmal Vater und Mutter können sehen, was ich hineinschreibe. Aber du bist mein Freund, und deswegen darfst du alles lesen, und den Schlüssel gebe ich dir stets dazu, ich würde ihn dir schenken, aber dann hätte ich ja keinen."

Dann fing sie an von ihren Lebensanschauungen zu erzählen, von ihren Freundinnen, von ihrem Kummer über Walther, der doch oft recht unmanierlich wäre. Die Eltern seien beide gut, der Vater sei eine Seele von Mensch, das habe selbst Dörthe gesagt, die sonst gar nicht ‚so' wäre, die Mutter sei auch sehr verständig und sehr sorgsam.

Ganz Feuer und Flamme wurde sie, als sie von ihren Büchern anfing, am schönsten wären die Geschichten von Klementine Helm und Ottilie Wildermuth, es gäbe aber auch noch andere schöne Geschichten, namentlich wenn sie ‚sich kriegten.'

Schließlich gestand sie ganz leise, daß sie schon einmal geliebt hätte, einen blonden Lehrer ‚in Religion,' aber es sei doch nichts für die Dauer gewesen, er habe es auch wohl nie erfahren, daß sie ihn geliebt habe, wenn es nicht Dörthe ihm gesagt hätte, denn die hatte es gewußt.

Hans hörte nur teilnahmlos ihrem Geschwätz zu, er starrte in langen Blicken über den See.

„Was hast du?" fragte seine Freundin besorgt. „Du siehst so blaß aus?"

„Es ist nichts; ich fror etwas."

Schon lag die Sonne hart auf dem Wasser, der Abendhimmel glänzte in langen roten Streifen.

„Es ist so wundervoll, hier zu sitzen, so zauberhaft," flüsterte Hans andächtig.

Über ihnen fuhr ein leiser Wind durch die Kiefern, in den Zweigen lärmte eine Schar Dohlen. Annchen zeigte mit ihrem schmalen Finger auf die Flut. „Sieh' mal im See, gerade dort, wo der Dampfer entlang fährt, weißt du, was dort ist?"

Hans schüttelte den Kopf.

„Dort liegt eine versunkene Stadt, die Welada heißt. Das ist nun schon viele Jahrhunderte her, daß sie versunken ist, weil sie dort den Herrn Jesus Christus gelästert haben ... Wenn man um Mitternacht dort über die Stelle fährt und das Mondlicht ist recht scharf, dann soll man die Stadt ganz deutlich auf dem Grunde sehen können, das heißt nur, wenn man ein Sonntagskind ist ... Und auch die Menschen drin kann man deutlich sehen, denn die leben alle noch fort, weil sie keine Ruhe haben wegen ihrer Sünde und haben alle noch die alte Tracht ... Man hört auch die Glocken klingen um Mitternacht da unten hell und silbern, und Engel mit goldenen Flügeln gehen da unten durch die Straßen, und das Wasser rauscht immer dazwischen da unten, und die Engel beten Psalmen für das Seelenheil der versunkenen Stadt."

Hans war aufgesprungen.

„Heute Nacht noch will ich dorthin fahren, am Ende bekomme ich das alles zu sehen."

Aber die Blonde hielt ihn angstvoll am Arm.

„Ich flehe dich an, daß du das läßt. Denn, wenn einer mit dem Kahn dorthin kommt, so steigen die Engel herauf und ziehen ihn auf den Grund herab, damit er mitbeten soll, und dann kommt er nie wieder auf die Welt zurück."

Ihre hellblauen Augen glänzten wild. Der Zauber des Sonnenuntergangs, die schwüle dämmerige Luft, die auf dem Wasser lag, mochte schuld daran sein, daß sie sich so hinreißen ließ von der Schiffersage.

Hans hatte sich wieder niedergesetzt.

„Das wäre am Ende kein großer Jammer, wenn ich nicht zurückkehrte von dort," sagte er, den Kopf senkend, „ich bin ja doch zu nichts wert in der Welt."

„So darfst du nicht sprechen, denn ich würde zu sehr weinen um dich, wenn du nicht wiederkämst."

Hans fühlte eine weiche Hand an seinem Hals. Hastig richtete er sich auf und drückte seiner Freundin einen derben Kuß auf die Wange. Da griff sie rasch zu, und die beiden küßten sich und schluchzten und sagten sich, daß sie sich sehr lieb hatten und küßten sich noch immer.

Engumschlungen saßen sie am Strande. Die Sonne war untergegangen. Es wurde dunkel über dem Wasser.

„Du mußt mir gut bleiben, Annchen, ebenso wie ich dir gut sein will bis an mein Lebensende. Hör' mal, du mußt mir auch einmal schreiben.“

Das versprach sie auch fest.

Von den Kiefern her rief ein Kuckuck.

„Wir wollen mal sehen, Hans, wie lange ich lebe?“

Sie zählten beide wohl an die dreißig Rufe, und noch immer schlug der Vogel weiter.

„Genug, genug, so lange mag ich gar nicht einmal,“ rief das Mädchen „Nun, und wie lange wird unser Hans leben?“

Da schwieg der Vogel und rief nicht ein einziges Mal.

Ein scharfer Nachtwind kam vom See herüber. Annchen sah ihrem Freunde entsetzt ins Gesicht.

„Noch nicht ein Jahr wirst du mehr leben.“

„Unser Stündlein steht in Gottes Hand,“ sagte Hans fröstelnd, „was weiß so ein dummer Vogel?“

„Ja, was weiß so ein dummer Vogel?“

Hans war still geworden, er dachte an die versunkene Stadt und an den Kuckucksruf. Seine Begleiterin wollte ihn auf andere Gedanken bringen und fing wieder an zu plaudern.

„Walther wird nun wohl doch Soldat werden, es wird wohl so kommen, Vater will ihn Ostern nach Lichterfelde bringen. Walther will das durchaus; er sagt, er habe das Blut vom Großvater, und Vater meint das auch. Ich bin nicht damit einverstanden, denn ich möchte doch nicht immer so stramm gehen und exerzieren müssen. Wie bist du eigentlich darauf gekommen, Soldat zu werden? Hattest du denn so große Lust dazu?“

Hans schüttelte den Kopf.

„Vater meint aber, Soldat dürfe nur einer werden, der große Lust dazu habe.“

„Mich hat keiner danach gefragt,“ sagte der Kleine bitter, „man hat mich in den bunten Rock gesteckt, und dann war's gut.“

„Aber wenn du nun gar nicht dazu passen würdest, man kann doch nicht — —“

Hans schlug mit der Faust in den Sand.

„Jeder andere paßt besser zum Soldaten wie ich.“

Er sprach in kurzen, abgerissenen Worten, als ginge ihm der Atem aus, aber er sagte ihr alles. Dann stützte er den Kopf in seine Hände und sah starr vor sich in den Sand.

„Also du bist's nicht gern?“ fragte Annchen leise.

„Todunglücklich bin ich darin. Mir graut davor, wieder zurückzumüssen in die roten Kasernen, sterben möcht' ich, viel lieber sterben.“

Es klang heiser und mißtönig, wie er so sprach. Er erschrak vor der eigenen Stimme und schaute verwirrt um sich.

Annchen hatte ihre Hand auf seinen Arm gelegt.

„Wenn du nun aber vom Herrgott zu etwas anderem bestimmt wärst, wenn du vielleicht ein Gelehrter werden könntest wie der Vater oder ein Dichter oder sonst was. Nun so sei doch ein Held, zerreiße deine Ketten und laufe hinaus in die Welt.“

Sie war voller Begeisterung aufgesprungen und reckte die Faust in die Höhe, ganz Weib voller Initiative und doch ein Kind.

Stumm schritten die beiden zur Villa.

* * *

Hans wachte noch lange auf seinem Lager in der Giebelstube, die Worte Anna Meinhardts ließen ihm keine Ruhe.

Er rieb sich die Augen und blickte in die flackernde Nachtkerze hinein, als suchte er in dem Hinundwieder der Gedanken, die auf ihn einstürmten, das helle führende Licht.

Was Annchen da in ihrer kindlichen Einfalt gesprochen hatte, wie wahr erschien es ihm! Weshalb soll ein Mensch einen Beruf ergreifen, zu dem er nicht taugt? Ist es da nicht besser, er wirft seine Last von sich und sieht zu, wo sonst Raum für ihn in der Welt ist? Das war doch so klar, so durchsichtig wie Krystall. Er schüttelte den Kopf, daß er das nicht längst eingesehen hatte.

Dann erschrak er wieder über das, was er dachte. Er, der noch so jung war, wollte sich mit seinen kurzen Sinnen entscheiden über sein ganzes zukünftiges Leben im Gegensatz zu dem Vater, dessen Herzenswunsch es doch nun einmal war, daß sein Junge das Waffenhandwerk ergriff! — — Wenn er nun auch in anderen Bahnen nicht sein Glück finden würde? — — Und wenn er sich dann sagen müßte: „Wärst du geblieben, wo du warst, dann wäre das alles anders gekommen, dann hättest du dich vielleicht mit der Zeit an die Verhältnisse, welche dir zuerst unleidlich erschienen, gewöhnt, und es wäre dir zuletzt ganz wohl dabei geworden."

Wie eine würgende Schlange legte sich dieser Gedanke um seinen Leib. Ihn fröstelte.

Endlich schlief er ein. Im Traum sah er sich wieder in Lichterfelde in der großen, roten Kaserne. Da geschah ein Wunder: zwei große, silberglänzende Flügel wuchsen an seinen Schultern auf. Jauchzend schwebte er zum Fenster hinaus . . . aber hinter ihm folgte eine dunkle Gestalt, erst trug sie die Züge des Hauptmanns Heilwig, dann des Unteroffiziers Gödicke und zuletzt war es der Vater. Immer näher kam es und schrie: „Halt, zurückgeblieben!"

Doch er bat und flehte: „Laß mich ziehen, ich will zur Sonne, ich will zum Glück."

Schweißtriefend wachte er auf. Obwohl es noch dunkel war draußen, fand er keinen Schlaf mehr. Die Gedanken kamen wieder und nahmen ihm die Ruhe.

Nachdem er eine gute Weile auf dem Bettrand gesessen hatte, sprang er auf und kleidete sich an. Die einbrechende Morgendämmerung lockte ihn hinaus zu einem Spaziergang im Garten.

Als Hans über den dunklen Flur schritt, hörte er Geräusch vom Arbeitszimmer des Geheimrats her.

Erschrocken fuhr er zusammen. „Da sind Diebe an der Arbeit," flüsterte er und wollte zum Diener Franz eilen, um sich Hilfe zu holen. Aber zuvor faßte er sich ein Herz und klinkte leise die Thür auf, um erst einmal nachzusehen, wie es stände. Betroffen blieb er auf der Schwelle stehen; heller Lampenschein erfüllte das Zimmer, an seinem Schreibtische saß der Geheimrat über eine Arbeit gebeugt. Rings um ihn lag ein Wall dickleibiger Bücher.

Der Geheimrat sah mit verschleierten Augen nach der Thür, er schien den Gast zu bemerken, seine Stirn war tiefrot, seine Brust ging schwer.

Hans wollte zurück, da hörte er seinen Namen rufen.

„Ach, Sie sind es, Schleußingk? Ist's denn schon Morgen?"

„Es ist sechs Uhr, Herr Geheimrat, draußen ist Tag."

Reinhardt sah erstaunt nach der Uhr, es war alles richtig so.

„Das werden Sie auch noch kennen lernen, Schleußingk. Ich saß bei einer Arbeit, die mein ganzes Herz erfüllt. Es ist gut, daß Sie gekommen, sonst säße ich morgen früh auch noch hier."

Er nötigte seinen Gast auf einen der Armstühle und zündete sich eine Cigarre an.

Dieses Arbeitszimmer war Hans von jeher als ein kleines Paradies erschienen. An den Wänden hohe Regale, zwiefach mit Büchern vollgestopft. Darüber Radierungen und Kupferstiche, meist Landschaften, träumende Seen mit schwermütigen Eichen. Auf kleinen Luthertischen im Zimmer verstreut Bronzefiguren aus dem stolzen Hellas und dem völkerbeherrschenden Rom.

Mitten auf dem Tisch stand ein riesenhafter Apollokopf aus karrarischem Marmor, der mit großen Augen verwundert in die märkische Welt sah. Es war das Geschenk eines wissenschaftlichen Vereins.

Den Geheimrat hatte die Nachtarbeit keineswegs erschöpft, er war heute in wichtigen Fragen ein gutes Stück weiter gekommen und befand sich in bester Laune. So kam ihm das Bedürfnis, sich „auszusprechen."

Er sprach von seiner Wissenschaft und deren Bedeutung. Er ging in die Weite, er sprach von den großen Fragen der Welt, von der Religion, vom Menschen selbst. Von diesem gewaltigsten Tier, das nackt und bloß auf die Welt kam, hilfloser als die Pflanze, der Regen, Sonnenschein und Erdrinde alles gewährten, hilfloser wie jedes andere Tier, dem die Natur den Tisch von selbst gedeckt hat. Aber durch die Allgewalt seines Geistes macht sich der Mensch zum König. Unter seinen Willen beugen sich die Elemente, an den Bugen seiner Schiffe zerschellen ohnmächtig die Wogen des Meeres, keuchend trägt das Dampfroß seine Waren von Grenzen zu Grenzen, seine Stimme fliegt sieghaft in ungeahnte Welten, die Sonne verspottend, wandelt er die Nacht in hellsten Tag. Nimmer rastend eilt der Mensch vorwärts, er greift selbst in den Himmel hinein, er ist auf den Gestirnen zu Hause. Aber wer gab ihm diese Gewalt? Sein Geist. Alle Kanäle seiner Erfolge münden in die stillen Stuben stiller Träumer.

So war Meinhardt wieder bei seinem geliebten Berufe angekommen. Er erzählte von den Kämpfen seiner Jugend, von dem späteren Behagen . . . und vom Glück.

Dann erhob er sich ermüdet, um noch für ein Stündchen der Natur ihr Recht zu gewähren. Er strich seinem Gast mit gutmütigem Lächeln das Haar aus der Stirn.

„Sie werden nicht alles verstanden haben, Schleußing, aber es kam mir so vom Herzen."

Der hatte mit leuchtenden Augen dagesessen, jedes Wort verschlingend. Es war auch nicht eines, das ihm entgangen war. Mit zitternden Gliedern saß er da, indes seine Augen flammten.

Er saß noch immer in dem Armstuhl, als zum Frühstück gerufen wurde.

Eine neue Welt sah er vor sich, eine sonnige strahlende Welt, in der auch sein Glück wohnte.

* * *

Der Abschied von den Menschen am See war dem kleinen Hans schwer, recht schwer geworden. Ein schönes Stück seines Lebens, vielleicht das schönste, versank in dieser Stunde hinter ihm. Das sah er ein.

Frau von Meinhardt hatte ihm in ihrer alten freundlichen Weise die Hand geschüttelt.

„Leb wohl, mein Lieber. — — Wenn du wieder nicht weißt, wo du deine Ferien zubringen sollst, dann melde dich bei uns. — Und dann komm auch mal des Sonntags zu uns auf Urlaub herüber."

Als Pflaster auf den Trennungsschmerz hatte sie ihm heimlich eine Düte mit Näschereien in den Rock gesteckt. Hans merkte es nicht; erst als er aus der Villa heraustrat, sah er das Paket und dankte voller Rührung.

Von dem Geheimrat war der Abschied nicht so schlimm, den sah er ja in der nächsten Chemiestunde wieder, aber von den beiden Geschwistern fortzugehen, das war ihm gar zu schwer erschienen. Sie hielten sich umhalst und weinten zum Herzbrechen.

Dann war Hans in voller Uniform festen Schrittes, wie ein Mann, zum Bahnhof gegangen.

„Ihr werdet bald von mir hören, ihr guten Menschen," rief eine Stimme in ihm, „es wird nicht lange dauern, dann wird sich Wichtiges ereignen in meinem Leben."

Am Abend befand er sich bereits wieder auf Stube Nr. 12. Fußboden, Tisch und Schränke, alles war während der Ferien spiegelblank gescheuert, zudem waren die Wände neu gestrichen. Der Geruch der frischen Farbe vermehrte noch das Unbehagen des Kleinen. Er schüttelte sich und dachte an die weichen Teppiche in der Villa.

Noch war er der einzige von den Bewohnern, die anderen kamen erst mit späteren Zügen. Um die trübe Stimmung, welche ihn gepackt hielt, zu verscheuchen, nahm er Andersens Märchenbuch vor und begann zu lesen. Wie er so saß, griff er mechanisch in seine Rocktasche und fand die Düte, welche ihm Frau von Meinhardt zugesteckt hatte.

„Sie ist wirklich eine gute Frau, Gott lohn' es ihr," dachte er.

Als er das Papier öffnete, stiegen ihm aus dem Duft der Süßigkeiten die lieben Gestalten der Menschen am See empor, und es wurde ihm so recht weh ums Herz, daß er am liebsten geweint hätte.

Um sich zu trösten, machte er sich über die Näschereien und hielt erst ein, als er zu seinem Schrecken bemerkte, daß nur noch wenig darin war. Denn wenn er den Kameraden gar nichts abgegeben hätte, das wäre ihm wie eine Sünde erschienen.

Nach und nach fanden sich auch die anderen ein. Sie waren heute stiller wie sonst, ein kurzes Begrüßen, dann war es vorbei. Das herbe Gefühl, das der Rückkehr von genossenen Feiertagen zu Dienst und Arbeit zu folgen pflegt, hielt alle befangen.

Nur der lange Pochhann floß über von Beredtsamkeit. Er hatte während der Ferien von einem Vetter so viel über die schwarzen Husaren erfahren, daß er unmöglich länger damit an sich halten konnte.

„Sie haben einen neuen Kommandeur bekommen; ein famoser Kerl soll es sein,

Kaffeeschwester. K. Schäffner

Studie von K. Schäffner.

Schrottheim heißt er, stand früher bei den gelben Kürassieren. — Wißt ihr auch, wer jetzt die vom Regiment am meisten verehrte Dame ist? Die Comtesse Schwalbach ist es, das soll ein Weib sein! Donnerwettsiock ja, blond ist sie mit blauen Augen, übrigens ganz mein Fall. — Und dann hat es mich ja ganz riesig interessiert, daß der Dreakmann von ihnen in Hoppegarten an einem Tage zwei Rennen gewonnen hat. Hut ab vor solch einem Regiment!"

Wenn die anderen dem Schwätzer nicht mit aller Energie über den Mund gefahren wären, würde keiner von ihnen zu Worte gekommen sein.

Hans hatte an Gödicke viele Grüße aus dem Hause seiner Verwandten zu bestellen.

„Herr Unteroffizier, es war zu schön dort," kam es heraus, „es war zu schön dort für mich, Herr Unteroffizier, ich werde die Zeit nie vergessen."

„Das freut mich, mein lieber Schlenzingk. Nicht wahr, es sind nette Leute. — Bißchen spießbürgerlich freilich," setzte Gödicke zögernd hinzu mit einem Seitenblick, der sagen sollte: „Du wirst mir das leider zugeben müssen."

Hans sah ihn mit großen Augen an, er verstand den Blick wirklich nicht.

— — „Ich meine, es ist manchmal so sehr zwanglos bei ihnen, — Gott, wenn man wie ich, der Sohn eines Obersten — es ist aber auch eigentlich wieder ganz hübsch —"

Er war dunkelrot geworden, es ärgerte ihn, daß er solche Dinge anrührte bei einem solchen Kinde, das noch gar nichts davon verstand.

„Es ist gut," brach er ab. „Nun seien Sie mir wieder herzlich willkommen! Sie haben sich nun kräftig erholen können, lassen Sie sich nichts zu schulden kommen, damit man Ihnen Ostern, wenn es die Zeugnisse gibt, nur das Beste nachsagen kann."

„Ich will es auch thun," sagte Hans leise. Im Innern aber dachte er: „Wer weiß, wo in aller Welt ich Ostern sein werde."

* * *

Der Plan des Kleinen ging dahin, an den Vater zu schreiben, er solle ihn doch aus dem Kadettenkorps nehmen und auf ein tüchtiges Gymnasium geben. Dort wollte er schon seinen Mann stehen und vorwärts kommen — — und dann wollte er studieren — — und dann immer vorwärts, vorwärts.

Es war hiergegen manches einzuwenden, das sah Hans auch ein, und so rang er noch mit seinen Entschlüssen. Du lieber Himmel, es war ein zu gewaltiger Schritt, zu entscheidend für das ganze spätere Leben, als daß er, der Vierzehnjährige, in einer Nacht sich sagen konnte: „So, nun ist's gut, nun werde ich schreiben." Es sollte ein ganz neues Leben werden unter anderen Kreisen und neuen Bedingungen.

Mußte es ihm nicht schwer fallen, von all den Kameraden, die er, wenn sie auch nicht „Blut von seinem Blut" waren und in vielen Dingen so anders dachten wie er, doch lieb hatte? Es war ihm auch ein wehes Gefühl, den bunten Rock ausziehen zu müssen, zudem war ihm zu sehr eingeimpft worden, daß „Civilist werden" eine Schande war, weil das bisher nur unfreiwillig passierte, wenn einer wegen allzu großer Faulheit und Unbotmäßigkeit „rausgeschmissen" wurde.

Auch machte er sich immer wieder die Schwierigkeiten klar, welche eine Übernahme auf ein Gymnasium mit sich bringen mußte. Da gab es eine ganz neue Sprache, von der man in Lichterfelde nichts wußte, das Griechische. Sogar ihre ganz besonderen Buchstaben, die wie Hieroglyphen aussahen, hatte diese Sprache. Und dann wurde dort so sehr viel mehr Lateinisch verlangt wie hier. Man konnte gar nicht wissen, ob nicht ein Tertianer dort nach Sexta zurück mußte. Vielleicht nahm ihn auch überhaupt kein Gymnasium auf.

Er war ja noch so jung, und nun sollte er schon selber „der Schmied seines Glückes" sein und über sich bestimmen!

So verging eine Reihe von Tagen.

„Was der Professor nur hat?" sagten die anderen. „Er denkt wahrscheinlich wieder über die Grammatik nach, die er schreiben will." —

Auf der Stube Nr. 12 richtete man sich für den Winter ein. Es wurde bereits geheizt, und die Drillichanzüge, welche die Kadetten im Sommer trugen, wurden mit den bunten Tuchuniformen vertauscht.

Der Dienst wurde schärfer. Auf dem hartgefrorenen Boden in der Kälte zu exerzieren, das war kein Vergnügen. Der

Hauptmann Hellwig ließ wieder den Frontmarsch üben und saß seinen Untergebenen scharf im Nacken.

Breitbeinig, den Schnurrbart streng nach oben gezwiebelt, den Säbel vor sich auf den Sand gestemmt, stand er in der Mitte des großen Hofes.

„Von so einem Kadetten, der die Ehre hat, auf der achten Kompanie zu stehen, muß man auch ganz etwas Besonderes verlangen können. Ihr habt deswegen eure Knochen zusammenzureißen! Verstanden? Zum Donnerwetter, der Mann da auf dem linken Flügel, der Schleußingk, der paßt wieder nicht auf! Ich werde ihn gleich drei Tage in Arrest stecken. Verstanden?"

Hans hatte allerdings nicht aufgepaßt, er hatte geträumt von einem Studierstübchen mit behaglich brennender Lampe. Darin saß er und forschte in großen, dickbäuchigen Büchern, und das, was er niederschrieb, das bedeutete einen großen Segen für die Menschheit.

Es drängte ihn, sich einem anderen Herzen anzuvertrauen. Der Kadett Müller IV, der in der Klasse neben ihm saß, hatte ihm stets gefallen. Dem teilte er denn, als er gerade in der rechten Stimmung war, in einer Unterrichtspause seine Pläne mit.

Müller schüttelte ungläubig seinen Kopf.

„Was, Schleußingk — — du willst ein ‚Civilist' werden, du, ein königlich preußischer Kadett?"

Es klang fast verächtlich, wie er das sagte.

Von da an erzählte Hans keinem mehr, was ihn bewegte.

„Was nützt es? Sie denken ja alle so wie der, sie werden ja auch schon früh genug alles erfahren."

Endlich hatte er sich fest entschlossen, an seinen Vater zu schreiben.

Stube Nr. 12 saß nach dem Abendessen wieder beim Schein der Lampen an dem großen, grüngestrichenen Tisch zusammen.

„Wer weiß, was wir alle nach dreißig Jahren sind?" meinte Pochhann, der damit beschäftigt war, sich einen Knopf an seinen Rock zu nähen. „Jedenfalls brauche ich dann nicht einem so unwürdigen Geschäft wie diesem hier" — er wies auf den Knopf — „obzuliegen. Wenn man dann so ein General wäre, ei, das wäre was Feines, so zwei Regimenter unter sich und dann kommandieren können nach Herzenslust: ‚Meine Herren, das Regiment kam wieder ganz miserabel bei mir vorbei,' oder ‚Meine Herren, es war diesmal eine Mordsbummelei,' ei, das wäre was Feines."

„Sie werden ja Ihr Lebtag nicht General," warf Klüher ein; „Ihnen geben sie den Abschied, wenn Sie Hauptmann oder, pardon, Rittmeister sind."

Gödicke mußte lachen über das böse Gesicht des Langen, der als ein keineswegs begabter Kadett bekannt war.

„Unser braver, schwarzer Husar General, ein Bild für Götter."

„Es können am Ende nicht alle so ein Licht sein, wie Sie, Herr Unteroffizier," näselte Pochhann unwillig.

Um nicht mit der Pflicht der Subordination in Widerspruch zu kommen, brach er, sich bezwingend, ab. „Wissen Sie, am besten von uns allen hat es doch unser hochverehrter kleiner Schleußingk. Der ist jetzt schon Professor, und wenn wir noch lumpige Leutnants sind, dann feiert er schon das so und so vielste Jubiläum."

Da hatte er die Lacher auf seiner Seite.

„Der gute Professor wird einmal ein großer Held werden wie der alte Wrangel dort auf dem Bilde," spottete Malwind. „Sie nehmen es mir doch nicht übel, Kleiner," setzte er gutmütig hinzu, als er sah, wie der andere dunkelrot wurde.

„Sie werden doch alle recht erstaunt sein," dachte Hans.

Als die anderen schlafen gingen, bat er Gödicke um die Erlaubnis, noch einen wichtigen Brief an seinen Vater schreiben zu dürfen.

„Nicht länger als eine halbe Stunde, Schleußingk. Sie wissen, ich liebe das späte Aufbleiben nicht. Sie sollen frisch sein morgen, um Ihren Dienst zu thun."

Hans überlegte, ob er diesem Menschen, den er schätzen gelernt hatte, mitteilen sollte, wie es in ihm stand.

Aber er dachte an das Wort des Klassengenossen und schwieg.

Lange schrieb er an seinem Briefe, seine Brust ging heftig auf und nieder dabei. Es wurde ihm nicht leicht, seinem Vater, dem alten, eingefleischten Soldaten, frei herauszusagen: „Es geht nicht, ich will etwas anderes ergreifen."

Seine Stirn war glutheiß geworden beim Schreiben. Endlich war der Brief fertig. Er las ihn zwei-, dreimal durch, und zuletzt legte er ihn vor sich auf den Tisch, stemmte die Arme in die Seite und sagte, an der Feder kauend, laut vor sich hin: „Ist das nun auch wirklich richtig, was du thun willst?"

„Los, kein Rückwärts mehr," schrie es in ihm. Wie im Taumel eilte er auf den Flur hinaus zu dem hölzernen Briefkasten.

Als er wieder im Zimmer stand, war ihm so eigen zu Mute. Der Schritt, der große Schritt war geschehen, der Stein war im Rollen! Er fühlte sich frei und leicht. Ihm war, als hätte man eine Last von seinen Schultern genommen, die schwer darauf gewuchtet hatte. Er hatte den ersten gewaltigen Schritt gethan im Kampfe um sein Glück.

Es kam über ihn, als müsse er jauchzen, daß man es weithin hören konnte durch die Kaserne hindurch, über den großen Hof hin nach Wannsee zu den Menschen, bei denen der Gedanke in ihm aufgegangen war, seine Ketten von sich zu streifen und sein Glück zu suchen.

Es zuckte ihm in allen Gliedern, er sprang hoch empor im Zimmer, um seiner Freude Luft zu machen.

Dann bekam er einen gewaltigen Schreck, er mußte die anderen aufgeweckt haben durch seinen Lärm. Er öffnete leise die Stubenthür und sah in die Schlafkammer hinein.

Nein, sie schliefen noch alle: in dem nur von einer Nachtlampe matt erhellten Raum herrschte tiefe Ruhe bis auf das eintönige Geräusch des Atemholens der Schläfer.

Sein Blick flog von Bett zu Bett. Da lagen sie alle vier auf den bescheidenen eisernen Gestellen, „seine Kameraden." Er betrachtete jeden einzelnen der Schläfer. Da lagen sie und träumten vielleicht von militärischer Zukunft, von Glanz und Ruhm. Daß alle ihre Hoffnungen in Erfüllung gehen würden, das wünschte er ihnen von Herzen. — — Was würden sie wohl von ihm sagen, wenn er nun ein „lumpiger Civilist" würde; solange er noch Gymnasiast wäre, mochten sie ihn vielleicht über die Achsel anschauen, aber nachher würden sie doch Achtung haben vor Eifer und rührigem Streben in einem anderen Beruf.

Der Gedanke, von den Kameraden fortzugehen, wurde ihm doch recht schwer. Aber was half's, es mußte sein!

Leise schlich Hans an sein Lager, schlüpfte mit einem Ruck hinein und hatte einen schweren, traumlosen Schlaf.

* * *

Die Antwort des Majors von Schleusingk war noch immer nicht eingetroffen.

Hans schaute bei jedem Appell gespannt auf den Hauptmann Hellwig, wenn der anfing, Briefe zu verteilen; aber noch immer war nicht für ihn etwas abgefallen.

Er konnte es nicht begreifen, daß der Vater nicht antwortete. Es schien ihm ja so gewiß, daß er auf die Pläne seines Jungen eingehen würde, der so flehentlich geschrieben hatte: „Komm, nimm mich fort, ich vergehe hier, es ist hier kein Raum für mich." Der Vater mußte wohl jetzt nicht Zeit haben; es hatte gerade die Einstellung der Herbstrekruten in die Regimenter stattgefunden, so müsse er es sich erklären.

Endlich traf der Brief ein.

Hans erhielt ihn vor der Front vom Hauptmann übergeben, aber er durfte ihn noch nicht gleich lesen, solange die Kompanie in Reih und Glied stand. Erst nachdem sie vom Appellplatz in den großen Speisesaal zum Mittagessen marschiert waren, konnte er den Brief hervorholen.

Hans fing an zu lesen, und wie er las, war es ihm zu Mute, als hätte er einen Faustschlag vor den Kopf bekommen. Sein Gesicht wurde blaß wie der Tod.

Seine Kameraden, die neben ihm an dem Tische saßen, fragten: „Was ist nur los mit Ihnen, Schleusingk?"

„Nichts, nichts, es ist etwas Lustiges," stammelte er und fing an zu lachen. Aber es war ein steifes, widriges Lachen. Das empfand er selbst und stürzte sich wie ein Wolf auf das Essen. In seinem Traum schnitt er kräftig auf den großen Knochen des Koteletts vor ihm los, als wäre es Fleisch. Als er den Irrtum endlich merkte, blickte er sich ängstlich um und sah, wie die Kameraden laut auflachten.

„Seht nur den Professor, er ist gänzlich verdreht."

Nur Gödicke blieb ernst und wies die anderen zurecht.

„Lassen Sie den Unfug sein, der Schleußingl wird schon seinen Grund haben, daß er so verwirrt ist.“

In dem Briefe stand:

„Mein lieber Junge!

Du hast mir da schön etwas Dummes geschrieben, halte Dich nur frei von solchen melancholischen Anwandlungen, die im Grunde genommen nur Unsinn sind. Wozu willst Du nur studieren? Du stammst aus einer der ältesten Soldatenfamilien Preußens, und darum wirst Du Soldat bleiben, ebenso wie ich. Und Du wirst Dich schon an das militärische Leben gewöhnen, wenn es Dir auch schwer fallen wird. Das sind Stimmungen, mein Junge, das geht anderen Leuten auch mal so, das muß man bekämpfen. Also Kopf hoch und Ohren steif, mein Junge, und nicht wieder solche dumme Gedanken.

In alter Liebe

Dein treuer Vater.

Nachschrift: Übrigens sende ich gleichzeitig an Dich durch Postpaket die Familiengeschichte der Schleußingls; es wird Dir ganz nützlich sein, dieselbe einmal durchzustudieren.“

Das war der Brief.

Wie Hans nach dem Essen wieder auf Stube Nr. 12 kam, überreichte ihm der Aufwärter Thielmann das angekündigte Paket. Die Familiengeschichte fiel heraus, ein dickes, braunes Buch mit Goldrand, oben darauf das Wappen der Schleußingls: ein grimmiger Eberkopf mit zwei goldenen Hauern. Mechanisch wühlte Hans in den Blättern. Da stand es Seite bei Seite: hohe militärische Würden und Orden. Sie alle waren Soldaten gewesen und hatten es zu etwas gebracht dabei.

„Stimmt, stimmt,“ murmelte Hans, als ginge ihn das nicht viel an.

Er stützte sein Haupt in die Hände und starrte vor sich auf den Tisch. Er wußte nicht, wachte er oder träumte er, aber er sah sein zukünftiges Leben vor sich in Gestalt eines langen, grauen Ganges mit immer wechselnden Bildern. Jahraus, jahrein: Marschieren und Trommelschlag. Um ihn herum jauchzte es und sang es, glückstrahlende Gesichter im Waffenkleid. Aber er war so gleichgültig und tot gegen alles, ihm war nicht wie den anderen die Gabe zu eigen, das Schöne herauszufinden aus seinem Beruf, er war nicht Blut von ihrem Blut. Ihm ging es wie dem Knaben im Märchen, der sein Lachen dem Teufel verkauft hat, der weinen muß, wenn die anderen jubeln. Er hatte keine Freude, er schleppte sich dahin mit schlaffen Muskeln und kaltem Herzen, er that nur seine Pflicht, wie eine tote Maschine. So ging es von einem Jahr auf das andere — — immer weiter — — bis an das Grab.

Hans schrie auf vor Verzweiflung und raufte sich das Haar.

„Das ist mein Leben. — — Sei zufrieden damit, du Hund, nag' es ab — — das ist mein Leben.“

An diesem Abend schrieb er noch einmal an den Vater so eindringlich, so flehentlich, wie überhaupt ein Mensch schreiben konnte.

Auf diesen Brief setzte er seine ganze Hoffnung.

* * *

Die Kadetten schüttelten ihre Köpfe über den kleinen Schleußingl.

„Was ist nur los mit dem Menschen? Man kann ja kein vernünftiges Wort mehr mit ihm sprechen,“ sagten sie.

Hans ging umher, den Kopf auf den Boden gesenkt wie ein Träumer. Seine Augen schienen von Tag zu Tag größer zu werden. An seinen Schläfen zeigten sich zwei tiefe Falten. Er dachte an nichts anderes als an den Brief, den er von seinem Vater erwartete.

Eine erstaunliche Gleichgültigkeit gegen alles, was um ihn her geschah, war über ihn gekommen. Was ging ihn dies alles an? In wenigen Tagen, da war es ja vorbei, da kam er fort, weit fort von hier. Der Brief, der immer noch nicht kommen wollte, der mußte das alles bewirken.

Beim Exerzieren konnte kein Mensch mehr Freude an ihm haben. Als der Hauptmann „Gewehr über!“ kommandierte, machte er für sich allein „Gewehr auf.“

Hellwig geriet in hellen Zorn.

„Schleußingl, Sie haben sich ja ungeheuer verschlechtert,“ rief er über den Platz. „Es soll Sie gleich ein Donnerwetter regieren; passen Sie gefälligst auf, Sie Jammerkerl!“

„Jammerkerl!“ Da war es wieder

heraus, das böse Wort wie damals. Das rüttelte ihn auf wie ein Bienenstich.

Er biß die Zähne zusammen. Wenn er nun hier tot niedersinken würde, ob der Hauptmann nicht das schlimme Wort bereuen würde? Was konnte er denn dafür, daß er immer an seinen Brief denken mußte?

Hans fing auch oft an zu lachen, wenn es gar nichts zum Lachen gab, er war ja mit seinen Gedanken schon gar nicht mehr hier, er war ja schon weit weg, dort, wohin ihn der erlösende Brief hinbringen sollte.

Gödicke hatte ihn bereits zweimal zur Rede gestellt und ihm derb den Kopf zurechtgesetzt, aber Hans hörte nur mit halbem Ohr hin. Er fühlte sich ja kaum mehr als Kadett. Was sollte er überhaupt noch hier, wo eine so tote Gleichgültigkeit über ihn gekommen war?

— — Daß nur dieser Brief noch immer nicht kam?! — — —

* * *

Der Dezember war ins Land gekommen. Mit Frost und Schnee begehrte der Winter Einlaß im Hause der Welt. Wie große Besen streckten die Linden vor dem Lehrgebäude ihre blätterlosen Arme in die Luft. Auf den Schultern des Erzengels Michael war vom letzten Schneefall noch ein festgefrorener, weißer Fetzen geblieben; der glänzte herunter wie ein Fähnlein.

Aus unserer Studienmappe:

Arbeitsskizze von A. Gensichel.

An die Kadetten wurden bereits die großen schwarzen Fausthandschuhe verteilt, die wie Bärenpfoten aussehen. Merkwürdig genug stachen sie von den dünnen Röckchen ab, wenn die jugendlichen Soldaten in langen Reihen sich unterfassend, um sich gegenseitig zu erwärmen, auf den Asphaltplatten am Rande des Kasernenhofs spazieren gingen.

Heute feierte die achte Kompanie ihr Jahresfest.

In dem Feldmarschallsaale, jenem mit monumentaler Pracht ausgestatteten, riesenhaften Galaraum des Kadettenkorps, in dem die Bilder sämtlicher Feldmarschälle Preußens, von Sparr, dem Freunde des

Großen Kurfürsten, bis zum alten Wrangel, dem Ideal des Hauptmanns Heilwig, ihre Stätte gefunden haben, herrschten Lust und Jubel. Zahlreiche Angehörige, Damen und Herren, waren aus Berlin erschienen, um dem Feste beizuwohnen.

Eine Bühne war aufgeschlagen worden, auf der ein Schwank in deutscher und ein Lustspiel in französischer Sprache von Selektanern aufgeführt wurde.

Zum Schluß öffneten sich langsam die beiden schweren Flügel der Saaltür, und wie aller Blicke sich erwartungsvoll dorthin wandten, marschierte in kleidsamen Kostümen eine zierliche Tirolerkapelle herein, Senner und Sennerinnen. Zu letzteren hatte man auch den Schleußingk genommen, weil er klein und von zarter Figur war, und weil er die Zither spielen konnte. Man zog ihm ein kurzes buntes Lodenkleid an, setzte ihm einen langen, dicken, blonden Zopf auf und malte seine blassen Wangen schön rot an.

„Seht nur den Kleinen, wie niedlich!“ riefen die Damen.

Nachdem die Kapelle ihre Weisen gespielt hatte, trat sie mitten in den Saal hinein, und unter den prickelnden Klängen einer Gavotte begannen Senner und Sennerinnen einen graziösen, schwebenden Reigentanz. Der Ballettmeister Madeuc aus Berlin, der in Lichterfelde die Tanzstunden gab, hatte denselben mit vielem Fleiß einstudiert.

„Seht nur den Kleinen, wie er die Füße setzt, er ist zum Entzücken!“ jubelten die Damen.

Hans sprang nach Vorschrift umher, Schritt für Schritt, wie es ihm einstudiert war, und lächelte und jauchzte. Aber sein Herz drohte ihm zu brechen dabei.

Nach dem Tanze zerstreute sich das Tirolervolk in der Menge.

Hinter Schleußingk lief eine Anzahl älterer Kadetten her.

„Hören Sie mal, Professor, Sie sind ja ein richtiges, echtes, putziges Deandl. Sie werden ja noch ‚Korpsschuß‘*) werden.“

Sie wollten ihm in die geschminkten Backen kneifen. Doch Hans wurde wild vor Zorn. Sie sollten ihn zufrieden lassen, es wäre ihm gar nicht zum Scherzen zu Mute.

Heimlich schlich er sich in die Ecke hinter das gipserne Standbild Friedrich Wilhelms III. und fing an zu weinen, so daß auf seiner roten Schminke lange weiße Streifen entstanden.

Wie er seinen Taschenspiegel herauszog, sah er die Entstellung. Er schämte sich und eilte hinaus aus dem Festtrubel auf das Revier der achten Kompanie.

Was sollte er noch an dem Tanze, der den Aufführungen folgte, teilnehmen? Er wollte sich ganz still zu Bett legen und schlafen.

Im Traume erschien ihm der Brief des Vaters, wie eine leuchtende Fackel vor ihm schwebend. Mit ganzer Kraft lief er hinter dem Lichte her — ein lediges Pferd kam ihm zu Hilfe, auf das er sich schwang — — er spornte das Tier, daß es in heller Fahrt dahersprengte — schneller und schneller — — aber der Brief schwebte weiter unerreichbar — — —

Da fühlte er eine schwere Hand auf der Schulter. Er wachte auf und rief noch halb im Traume: „Ich will den Brief!“

„Hier licht er schon, an Kadett von Schleußingk,“ scholl eine tiefe Stimme. Über ihn beugte sich der Aufwärter Thielmann.

„Hier licht er schon. Der Absender hat ihn pär eckspräß aufjegeben; deswegen hat ihn die Post über Nacht befördert. Es ischt ericht fünf Uhr, draußen is es noch duschter. Schlafen Se man weiter, Herr von Schleußingk.“

Der alte Mann rückte mit seinen großen Händen sorglich die verschobene Bettdecke über dem Kleinen zurecht und ging davon.

„Schlafen Se man weiter, Herr von Schleußingk.“

Hans wog wohl fünf Minuten lang das Päckchen Papier da in seiner Hand —

— — Das war also der Brief, der über sein Glück, sein Leben, sein Alles entscheiden sollte, das also war der Brief!

Langsam richtete er sich im Bette auf. Von den übrigen Lagerstätten her tönte das Geräusch des Atemholens. Ihn überlief ein Grauen, daß er das da öffnen wollte in seiner Hand.

Schnell riß er das Couvert in Fetzen, und nun ging ihm fast der Atem aus vor Aufregung. — — — — — Mit einem

*) Der schönste Kadett der Anstalt.

Ruck breitete er das Papier auseinander und las.

In dem Briefe stand:

„Mein Junge, sei vernünftig, es geht nicht, wie Du willst, Du mußt Dich fügen. Sieh mal, mein Junge, Du weißt, daß ich mit Leib und Seele Soldat bin, und daß es mein heißer Wunsch ist, daß auch Du diesen schönen Beruf ergreifst, wie ich. Ich habe Dir ja das im letzten Briefe geschrieben. — — Aber trotzdem würde ich Dir ja so gerne nachgeben, wenn es ginge. — Nein, es geht nicht, Hans. Sieh mal, mit dem Studieren ist das nicht so einfach, wie Du es Dir denkst, dazu gehört Geld und abermals Geld. Wir beide sind aber — es thut mir leid, Dir das mitteilen zu müssen — arm, blutarm ... das bißchen Vermögen, was Deine liebe Mutter und ich zusammenhatten, ist drauf gegangen, als ich vor vielen Jahren für einen verschwenderischen Kameraden Bürgschaft leistete. Lange Zeit hat der Schmerz über diesen meinen Leichtsinn an mir gezehrt, Dein lieber Brief hat die Wunde wieder aufgerissen. Sieh mal, mein Junge, wenn ich Lehrer wäre oder Geistlicher, da gäb' es am Ende Stipendien genug für Dich zum Studieren, aber für eines Soldaten Kind gibt's nichts hierin. Das muß Geld haben von Hause, sonst verhungert es. Laß Dich also nochmals warnen, mein Junge, bekämpfe diese melancholischen Anwandlungen. Es wird schon besser werden mit der Zeit. Sei ein Mann und finde Dich,

das rät Dir

Dein treuer, Dich heißliebender Vater."

Der erste Brief war streng und schroff gewesen, aber aus diesem zweiten klang der Weheschrei eines armen Vaterherzens, daß ihm die Macht fehlt, seinem lieben Kinde zu gewähren, was ihm gut ist.

Lange starrte der kleine Hans wie geistesabwesend auf das Schreiben .... dann zuckte er plötzlich zusammen und bekam eine so unbändige Lust zu schreien, zu schreien, wie ein Stier, dem man das Schlachtmesser zwischen die Rippen bohrt. Doch er wollte die Kameraden nicht wecken, die noch so sanft schliefen, ohne zu ahnen, welcher Schlag auf seinen Nacken gefallen war. Darum preßte er die Faust in den Mund, daß ihm die Augen übergingen.

Doch geschehen mußte etwas, hier im Bett hielt er es nicht länger aus. Er fühlte es ja, wie sein Herz in Stücke brach. Hinaus in die frische, kalte Luft wollte er, dort würde ihm schon ein guter Gedanke kommen ...... denn geschehen mußte etwas ...

Blitzschnell hatte er sich in seine Kleider geworfen und schritt auf den Zehenspitzen ins Wohnzimmer hinein.

... Hier war er wenigstens allein, hier störte ihn das eintönige Atemholen der Schläfer nicht. Vielleicht gelang es ihm hier, darüber nachzudenken, wo er eigentlich war, was in dem Briefe gestanden hatte, und was nun geschehen sollte.

... Wie er so an der Wand lehnte und grübelte, blieb sein Blick unwillkürlich an Pochhanns Spinde hängen. Er wußte nicht recht, wie es kam, aber, als er schärfer zusah, merkte er, daß die Schrankthür nicht, wie bei den anderen vorschriftsmäßig abgeschlossen, sondern nur angelehnt war. Das war seinem Auge aufgefallen ...

... Die Adern an seiner Stirn traten stark hervor, ein wilder Gedanke war in ihm aufgeflammt. Er schlich sich wie eine Katze an das offene Spinde, schob mit dem Messer die Thür beiseite und faßte mit festem Griff den heimlich eingeschmuggelten Revolver Pochhanns. Das Patronenkästchen stand daneben, innerhalb eines Augenblicks war die Waffe geladen ...

... Und nun hinaus auf den Flur, den die erste Dämmerung zu erhellen begann. Mit weiten Schritten stürmte er über den endlosen Gang an dem Aufwärter Thielmann vorbei. Der schaute kopfschüttelnd dem Kadetten nach:

„Was hat der Herr von Schleußingk nur?" murmelte er und ging an seine Arbeit, die Kasernenzimmer für den Morgen zu heizen.

Hans hatte den Alten nicht bemerkt vor dem Sturm, der in seinem Hirne brauste. „Immer vorwärts," rief es in ihm, „immer vorwärts." Mit langen Sätzen flog er die Treppe hinunter, und nun stand er keuchend unten im Freien und hielt sich die Seiten.

Auf dem großen Exerzierhofe lagen noch die Schatten der Nacht. Kein Mensch war zu sehen. Ein scharfer, kalter Wind schlug Hans entgegen und ließ ihn frösteln bis ins Mark.

Weinend fiel er in seine Kniee nieder und legte seine Stirne auf die harte, gefrorene Erde ... Dann sah er nach oben, wie er so am Boden kauerte. Die Fensterscheiben der Stube Nr. 12 glänzten im ersten Licht der Morgensonne.

... Da lagen sie, die guten Kameraden, friedlich in warmen Schlaf gehüllt, so ganz ohne Sorge, ohne Angst ... Ach und hier draußen war es so kalt, so bitterkalt, und in seinem Herzen war es tot und leer ... Er hätte so gern noch von ihnen Abschied genommen, denn er hatte sie wirklich alle recht lieb gehabt ... Wenn jemals ein schlimmer Gedanke über einen von ihnen sich bei ihm eingenistet hatte, so bat er jetzt alles ab. Es war ja nie böse gemeint gewesen ... Was würden sie nur sagen, wenn „der kleine Professor“ fort war? ... Ob sie vielleicht um ihn weinen würden?

Er faltete die Hände über den Knieen und schlug mit den Zähnen zusammen vor Frost: aber dafür war es heiß, fieberheiß in seinem Hirn.

Es waren gute Jungen, die auf Stube Nr. 12, derb und tüchtig ... Und sie waren zufrieden mit ihrem Leben als Kadett und würden es auch als Offiziere sein. Sie waren ja aus einem anderen Holz, wie er, für den es hier nun einmal keinen Raum gab ... Und ein anderes Leben war ihm ja abgeschnitten durch diesen Brief, diesen fürchterlichen ...

Hans schrie auf vor Schmerz. Es war ein heiserer, mißtöniger Schrei.

„Herrgott, laß mich sterben ... Sende deinen Blitz ... deinen Blitz ... laß mich sterben.“

Gute fünf Minuten saß er so da, mit seinen großen fiebernden Augen vor sich in den Sand starrend.

Dann richtete er sich auf und griff nach dem Revolver, der neben ihm lag.

„Es muß sein,“ sagte er dumpf. „Es hilft nichts, es ist ein ewiges Hinquälen ohne Ende.“

In fester Haltung, als wäre es nur ein Spaziergang, schritt er vom Hof herunter durch den Anstaltsgarten hindurch gerade auf das kleine gelbe Haus zu, das am Ende desselben unweit des Lazarettgebäudes stand.

Das war das Totenhaus, das so gar nicht grausig aussah in dem leichten, zierlichen Schmuck seiner gotischen Fassaden.

An der Mauer desselben kauerte er sich nieder.

„Wozu soll ich den Leuten Umstände machen? Jetzt brauchen sie mich nicht erst herzutragen, wenn sie mich finden.“

Von dem Platz aus konnte man durch eine Lichtung hinübersehen zu dem Kasino. Es war noch Licht dort von gestern abend her, der Hauptmann Hellwig hatte mit seinen Offizieren bis zum Morgen den Festtag der achten Kompanie gefeiert.

Sie sangen gerade noch ein Soldatenlied, dann wurde es dunkel in den Fenstern.

„Es ist gut, daß sie fröhlich sind, es soll jeder fröhlich sein,“ stöhnte Hans.

Jetzt, wo er bei dem Tode anklopfte, war mit einem Male der unruhige, nervöse Geist, der in der letzten Zeit in ihm gehaust hatte, von ihm gewichen, und es kam eine tiefe Ruhe über ihn. Er war wieder der Alte: „der kleine, liebe Kerl.“

„Alle Menschen sollen glücklich sein auf dieser Welt, das flehe ich ... Aber für mich ... da hilft nichts ... da ist kein Raum,“ sagte er mit heller Stimme.

Er betete laut ein Vaterunser vor sich her. Da wurde ihm bewußt, daß er eine große Sünde begehen wollte nach der heiligen Schrift.

Aber es ging doch nicht anders. Der Herrgott mußte doch ein Einsehen haben, daß hier unten für ihn kein Raum war. Er rang seine mageren Hände. Es ging doch nicht anders.

Er griff zum Revolver.

Da mußte er noch einmal an den lieben Vater denken. Was mochte der alte Kriegsmann weinen über seinem Grabe und jammern über seinen Jungen, seinen Stolz, seine Hoffnung!

Das Herz stand ihm still, wie er daran dachte.

Über der Kuppel der Anstaltskirche glänzte der Sonnenaufgang. Es sah aus, als ob der Erzengel Michael aus feuriger Lohe emporschwebte. In den Zweigen und Ästen des Gartens raschelte ein frischer Morgenwind. Der Tag war gekommen.

Abgesessen zum Gefecht. Nach einer Zeichnung von Frederic Remington.

um neues Leben der schlafenden Welt zu bringen.

Wie die Natur erwachte, ergriff auch den Kleinen, der da am Totenhaus hockte, wieder eine unbändige Lust am Leben, er sprang auf und wollte den Revolver weit von sich fort werfen ...

Vom Exerzierhof her klangen die hellen wirbelnden Töne einer Trommel herüber, das Signal, daß die Nacht vorüber war und das Tagwerk für die Kadetten begann.

Hans fuhr zusammen bei dem Laut, sein Gesicht verzerrte sich. In diesem e i n e n Trommelwirbel trat ihm noch einmal alles, was ihm am militärischen Leben verhaßt war, vor die Seele.

„Nein," schrie er, „es geht nicht!"

Von seiner Kugel getroffen, sank er hintenüber.

* * *

Zweierlei Botschaften flogen an dem Tage durch die Anstalt.

Der Kadett Klüher von der achten Kompanie war in der Morgenfrühe mit größter Lebensgefahr auf den Erzengel Michael geklettert und hatte um dessen Schwert ein Schnupftuch gebunden, das nun lustig im Winde flatterte.

Der Hauptmann Hellwig erfuhr sogleich davon und bestrafte ihn mit zwei Tagen Arrest für seine Tollkühnheit.

„Sie können sich freuen, daß Sie nicht das Genick gebrochen haben, mein Sohn. Was meinen Sie wohl, was Ihr Herr Vater dann gesagt hätte? Mit Tollhäuslern ist Seiner Majestät dem König nicht gedient! Sie sollen wenigstens zwei Tage lang über die Geschichte in Ruhe nachdenken können."

Und dann war noch eine andere Nachricht. Ein Lazarettwärter hatte in den Vormittagstunden den Kadetten von Schleußingk, den sie den Professor nannten, im Garten tot aufgefunden.

Das war eine Aufregung ohnegleichen auf der achten Kompanie. Der Hauptmann Hellwig ging umher wie ein Geisteskranker und tobte und fluchte, denn das schien ihm das einzige Mittel, wodurch er seinem Schmerz Luft machen konnte.

Auf dem langen Kasernengange gab es ein Zusammenstoßen und Köpfezusammenstecken.

„Der kleine Kerl, wer kann's fassen, was mag ihn bewogen haben?"

Auf Stube Nr. 12 herrschte dumpfe Stille, man sprach nur halblaut miteinander.

„Wer kann's fassen?" sagte Klüher, und auch die anderen sagten:

„Wer kann's fassen? Der kleine Kerl."

Am Ende des grünen Tisches, auf dem Platze, der ihm als Stubenältester zukam, saß Gödicke voller Verzweiflung. Er machte sich die bittersten Vorwürfe, daß er das Unglück nicht verhindert hatte.

„Sehen Sie, Malwinck, daß wir so mit Blindheit geschlagen waren und nicht sahen, daß in dem Menschen etwas vorging, in diesem kleinen Kerl, der doch noch so ganz Kind war, wenn er auch schon Lichterfelder Kadett war, der eben geleitet werden mußte!"

Vergebens suchten ihn die anderen zu beruhigen.

„Nein, lassen Sie nur, es bleibt auf mir sitzen, es ist wie ein Rostfleck: Ich habe meine Pflicht nicht gethan." —

Der Tag der Beerdigung war da. Der Major von Schleußingk, den man telegraphisch herbeigerufen hatte, war eingetroffen.

In dem Totenhause war eine kurze Leichenfeier. Der ergraute Anstaltsgeistliche segnete die Leiche ein und gedachte mit warmen Worten des Toten.

Seine Stimme hatte einen bedrückten Klang, denn die ihm anvertraute Seele hatte sündhaft den Tod selbst gesucht. Aber er wußte, der Arme hatte schwer gelitten im harten Kampfe um sein Glück.

Draußen, nach dem Anhalter Bahnhofe zu, auf freiem Felde lag der Kirchhof der Anstalt, leer noch und öde, denn er war erst neu angelegt. Nur zwei Gräber waren darauf, zwei Kadetten der fünften Kompanie, die im vergangenen Winter der Diphtheritis erlegen waren.

Langsam und feierlich kam der Leichenzug über die gefrorene Chaussee daher. Den mit Blumen geschmückten Sarg trugen die vier Bewohner der Stube Nr. 12, Gödicke, Klüher, Pochhann und Malwinck, die sich nicht hatten nehmen lassen wollen, ihrem Kameraden diese letzte Ehre zu erweisen. Dem Sarge folgten der Major von Schleußingk und der Hauptmann Hellwig. Dann kamen einige Offiziere der Anstalt und hinter ihnen die ganze lange Reihe der achten Kompanie.

Die Kadetten sangen mit tiefen, ernsten Stimmen das hohe Lied der Trauer, das einst eine edle Fürstin, ein Glied der Hohenzollern, ersonnen hat:

„Jesus, meine Zuversicht
Und mein Heiland, ist im Leben —"

Von der Meinhardischen Familie war niemand erschienen. In der Villa am See war die Diphtheritis eingezogen, die beiden Geschwister lagen todkrank darnieder.

Der Geheimrat schickte Franz, seinen Diener, mit einem Kranze und schrieb einen innigen, teilnahmsvollen Brief an den Major von Schleusingk.

„Wir haben unseren Kindern das Unglück verschwiegen, weil wir fürchteten, daß sie den Schlag nicht überleben würden, zumal unser Töchterchen Anna, die besonders viel von Ihrem Hans gehalten hat und auch in ihren Fieberphantasien beständig von ihm sprach." Das stand auch in dem Briefe.

Hart an der niedrigen Steinmauer hatte der Totengräber das Grab gegraben.

Die vier Träger ließen den Sarg nieder, und man nahm Aufstellung um die Grube. Es war ein stiller, feierlicher Augenblick; aus den alten Rüstern des Gottesackers rauschte es herab wie die Stimmen der Toten.

Hellwig hielt den Major von Schleusingk umfaßt. Der war gerade so eine wetterfeste, kräftige Gestalt, wie der Hauptmann, mit einem bärtigen, bronzefarbenen Gesicht. Sie glichen beide, wie sie in ihren Helmen zusammenstanden, einem Standbild, unter das man schreiben kann: „Deutschland, sei ohne Sorge, deine Wehrkraft wacht."

Der Major erschien ruhig, fast gelassen, aber wer in Menschengesichtern zu lesen verstand, der sah, wie es zuckte in seinem Antlitz.

Er stellte sich fest hin in den aufgeworfenen Sand und wollte einige Worte sprechen, aber er kam nicht heraus mit der Sprache, weil er zu sehr auf seine Lippen beißen mußte. Da legte ihm der Hauptmann Hellwig schonend die Hand auf die Schulter und erhob seine mächtige Stimme:

„Kadetten . . . es war ein lieber, kleiner Mensch . . . jawohl, das war er . . . Aber er paßte nicht zu uns . . . er war kein Soldat, das hat er ganz richtig gefühlt . . . es war bei uns kein Raum für ihn . . ."

Er wollte noch etwas sagen, aber er konnte die Worte nicht recht finden, die er brauchte.

„Na ja, ihr wißt, Kadetten, wie ich das meine . . . Helm ab," donnerte er dann plötzlich, wie er gar nicht mehr vorwärts konnte vor Bewegung. „Laßt uns beten, Kadetten!"

Gesenkten Hauptes sprach er mit lauter, weit über die winterlichen Felder hallender Stimme ein Vaterunser.

Aber es klang nicht demütig und flehend, dieses schlichte Gebet, es klang, als ob der Beter sagen wollte:

„Wenn du nicht ein Einsehen hast mit dem kleinen Kerl, lieber Herrgott, dann ist es aus zwischen uns beiden."

Der Major hatte sich aufgerichtet und suchte den Arm Hellwigs als Stütze.

„Den Sarg hinablassen," kommandierte der.

Aber der Major stieß ihn beiseite.

„Nein, nein, noch nicht," schrie er. Es war, als wenn sein ganzer verhaltener Schmerz losbrach in diesem Schrei, so markerschütternd klang es.

Wie einer, den der Schlag getroffen, knickte er zusammen und stürzte nieder auf den Sarg. Schwer schlug sein Haupt auf dem Holze auf.

„Mein Junge, ist es denn wahr, mein lieber Junge?"

Der große harte Mann schluchzte wie ein Kind und schlug mit den Fäusten gegen die Stirn.

„Mein Junge, ich bin schuld daran, mein lieber Junge!" —

Ich habe manche Thräne am Grabe eines Toten gesehen seitdem, ich habe nie wieder einen Menschen so herzbrechend weinen sehen, wie den Major von Schleusingk.

Hellwig beugte sich über ihn und klopfte ihm auf die Schulter.

„Na, lassen man gut sein, lassen man gut sein!"

Der Major hatte sich wieder aufgerichtet. Die zum Herablassen des Sarges bestimmten Kadetten sprangen vor, und ehe fünf Minuten vergangen waren, wölbte sich der Grabhügel über die irdischen Reste des kleinen Hans.

„Lassen Sie abmarschieren, Unteroffizier von Bödicke," befahl der Hauptmann, „doch halt, noch ein Wort, Kadetten. Bewahrt dem Schleußingl ein gutes Andenken, aber wage es keiner, ihm zu folgen. Vorwärts zu Dienst und Pflicht! Abmarschieren!"

„Es war meine Pflicht, es den Jungen zu sagen," wandte er sich, wie entschuldigend, an den Major; „kommen Sie, haben Sie Mut, ein Soldat darf nicht mucken, wenn das Schicksal über ihn kommt."

Der andere klopfte ihm den Arm.

„Es ist recht gesprochen, er darf nicht mucken."

Vor ihnen scholl der Gleichschritt der achten Kompanie auf der Chaussee. Langsam folgten sie den Voraneilenden.

Es wurde dunkel am Himmel. Leise fielen die Schneeflocken herab und deckten ein weißes Tuch auf das frische Grab.

Über dem Kirchhofe schwebte ein grauer Vogel mit langsamem, wallendem Fluge dem Himmel zu. Auf seinem Gefieder glänzte hell die siegreich durch den Moderlanz blickende Sonne. Es war, als sei es die Seele des Toten, die hinaufstieg, um zu fragen, ob der Herr der Welten für ein harmloses, weichherziges Menschenkind, das auf dieser Erde keinen Raum gefunden hatte, eine Stätte habe in den vielen Wohnungen über den Wolken.

Neue Fahrt.

Gustav Falke.

Ich war auf dieser Schatteninsel
Wie lange doch? Die Zeit verrann,
Daß ich mich kaum des offnen Meeres
Und seines Glückes noch besann.

Ich spann um Urnen meine Träume,
Und hörte nur Cypressen wehn,
Und sah durch ihre schwarzen Zweige
Den Tag wie hinter Wolken stehn.

Nun sah ich wieder Wellenweiten,
Und Salzhauch prickelt mir die Haut.
Zu Schiff! O, wie die blaue Ferne
Auf den verträumten Schiffer schaut.
Zum Topp hinauf den Abschiedswimpel!
Vorm Aug das ungewisse Ziel,
Den Morgenwind in meinen Segeln
Und tausend Funken um den Kiel.
So will ich neue Inseln suchen,
Schon bleibt der düstre Strand zurück.
Blast Winde, daß die Maste klingen.
O Sturm! O Tanz! O Meeresglück!

In Canton.

Skizze von

Friedrich Meister.

Mit sechs Illustrationen.

Eine lehmbraune, glatte, undurchsichtige Flut, breit, gewaltig, schnellfließend — flache Ufer, gebildet von unabsehbaren, hellgrünen Reisfeldern, die, eben wie das Meer, am Horizont in weißlichem Dunst mit dem lichtblauen Firmament zu verschmelzen scheinen — in all dieser Weite kein Baum, kein Strauch, nur die Masten und Segel von Fahrzeugen in geringerer oder größerer Entfernung, und hier und da eine wagerechte Linie schwarzen Qualms aus einem Dampferschlot — hoch in der Luft das heisere Geschrei einiger schwerbeschwingter Reiher — sonst Stille nah und fern.

Und doch befinden wir uns bereits ganz in der Nähe einer Riesenstadt, einer Stadt mit einer Einwohnerzahl so groß wie die von Berlin. Denn die lehmbraune, wie Öl dahinströmende Flut ist der Tschu kiang, die hellgrüne, endlose Fläche der Reisfelder ist ein Teil der chinesischen Südprovinz Kwang Tung, das Ziel unserer Fahrt ist Canton oder Kwang tschou fu, die Hauptstadt dieser Provinz.

Zwar ist Canton heute ein Ort, dessen Stern im Sinken, dessen Bedeutung im Schwinden begriffen ist — Schang-hai hat ihm den Rang abgelaufen — allein, da uns der Wind nun einmal dorthin verschlägt, so müssen wir vorlieb nehmen und versuchen, die Eindrücke, die uns werden, in schnellen Umrissen wiederzugeben.

Zunächst verspüren wir, und zwar bereits seit einigen Stunden, einen gewissen, undeutlichen, aber sehr merklichen Wohlgeruch, der weder aus dem Flusse, noch von den Reisfeldern herkommen kann. Das ist der spezifisch chinesische Duft: so riecht es überall im Reiche der Mitte, sobald man

Abb. 1. Öffentliche Garten der [illegible], in der Nähe von Canton.

Abb. 1. Schiffskolonie bei Canton.

sich einer Stadt oder sonst einem Wohnplatze nähert; dieser Duft — Moschus ist sein Hauptbestandteil — haftet auch allen Waren an, die aus China kommen, sogar die chinesische Tusche verbreitet ihn noch, und wenn sie auch schon jahrzehntelang im Farbenkasten des deutschen Zeichners gelegen hat.

Wir passieren die Stadt Wampu (Abb. 1), einen Stapelplatz für ausländische Kaufmannsgüter, ein Vorwerk der Handelsstadt Canton, den Ort, nach dessen am Flusse gelegenen öffentlichen Gärten die wohlhabenden Cantonesen mit Vorliebe ihre Feiertagsausflüge machen, und nun zeigt sich ein reges Leben auf dem Flusse. Ich möchte übrigens wissen, weshalb der Name dieser Stadt auf unseren deutschen Karten immer Wampoa buchstabiert wird, wie es die Engländer thun; gesprochen heißt er Wampu, und so schreiben ihn auch die Chinesen. Ebenso heißt es Ningpu und nicht Ningpoa oder Ningpho — und so weiter.

Die auf dem Flusse wimmelnden Fahrzeuge verdichten sich jetzt schnell zu einer festen Masse, zu der schwimmenden Vorstadt der Wasserchinesen oder Tanka. Diese Schiffskolonie zieht sich hier über eine deutsche Meile auf dem Flusse dahin und beherbergt etwa 300 000 Bewohner, sie erstreckt sich aber auch noch in die vielfältigen Wasserarme und Gräben hinein, von denen Canton durchschnitten und umgeben wird.

Jetzt mischen sich mit dem stärker werdenden Moschusduft auch noch andere Gerüche, vornehmlich solche, die den Hunderttausenden von Kochvorrichtungen auf all den verschiedenen Fahrzeugen entströmen — schwere, häßliche Fettdünste. Die Bootsbevölkerung lebt, wie es heißt, von Hafenarbeit, Stromschiffahrt und Fischfang, dem Augenschein nach aber beschäftigen die Leute sich mit Müßiggang und nebenbei mit Kochen und Braten.

Auch geräuschvoll wird es jetzt, wenigstens fehlt es nicht an tausendstimmigem Geschrei und Geschwätz. Das Fahrwasser ist beinahe gänzlich mit den Wohnungsfahrzeugen bedeckt. Da liegt, zumeist an Pfählen festgemacht, Boot neben Boot — ausrangierte Kanonenschaluppen, große und kleine Prahme mit Häuschen oder Hütten darauf, Sampans, Pantoffelboote, entmastete Lugger und was sonst noch fähig ist zu schwimmen und bewohnt zu werden. Unser großer Dampfer, der alles überragt und überschattet, schiebt sich langsam vorwärts, vorüber an diesem seltsamen Gewimmel. Näher und näher kommen wir der Stadt, immer dichter umschwärmen uns die Sampans der Hausierer, die mit unablässigem Geschrei und lebhaftesten Gebärden die Kundschaft ihrer Landsleute zu erwerben bemüht sind, von denen unser Dampfer einige hundert als Passagiere an Bord hat. Werft auf Werft ragt in den Fluß hinaus, dazwischen liegen, dicht gedrängt wie Treibholz, die Pantoffelboote, so genannt, weil sie mit ihrer halben Bedachung genau so aussehen wie ein alter Pantoffel, dessen Spitze aufwärts gekrümmt ist (Abb. 2).

Endlich ist unsere Werft erreicht, und wenige Minuten später befinden wir uns mitten in der Stadt. Eins fällt dem Europäer, der zum erstenmal eine chinesische Stadt betritt, vor allem auf: die Ruhe, die in solch einem menschlichen Ameisenhaufen herrscht. In Canton und in Schang-hai, in Tien-tsin und in Peking, überall dieselbe verhältnismäßige Stille, trotzdem sich die Leute in den Straßen buchstäblich drängen. Die Ursache davon ist bald gefunden — in den chinesischen Straßen fehlen die Fuhrwerke; dort rasselt kein Wagen, dort ertönt kein Getrappel eisenbeschlagener Hufe. Dazu geht die große Mehrzahl der Straßenbevölkerung barfuß, die besser gestellte Minderzahl auf weichen Papiersohlen.

Die Straßen, richtiger Gassen, von Canton sind schmal, im allgemeinen etwa zwei Meter breit; viele messen auch nur wenig mehr als einen Meter, in den neueren Stadtteilen findet man allerdings auch Straßen von vier bis fünf Meter Breite.

Auf diesen engen Verkehrswegen aber geht es erstaunlich lebhaft zu: schaut man von einem erhöhten Punkte auf dieselben hinab, so scheint es fast, als könne man auf den Köpfen der Volksmenge dahinschreiten, so in dichtem Strome wälzt sich diese daher. Hoch und niedrig, reich und arm streifen einander in engster Berührung. Am bemerkbarsten machen sich die Kulis, nackte Gesellen, nur bekleidet mit dem einen halben Meter breiten, flachen Hut aus grobem Geflecht und der weiten, hoch über das Knie aufgerollten Hose; sie schleppen Lasten verschiedenster Art an beiden Enden ihres zwei Meter langen, quer über der Schulter liegenden Bambusknüppels und singen, in mäßigem Laufschritt einhertrabend, bei jedem Tritt ihr eintöniges „Heiho, heiho!“ Ist eine Bürde besonders schwer, dann hängt sie in der Mitte des Bambusknüppels und zwei, manchmal auch vier Kulis schleppen daran. Die auf solche Weise transportierten Gegenstände sind von endloser Verschiedenheit: Früchte, Fische, Körbe mit lebendigen Ratten, Katzen oder Hunden; fette Schweine, in Bauchbinden aus Weidengeflecht hängend; Kisten, Säcke und Ballen; gelegentlich auch ein Brett mit einem kranken Kuli darauf, den man aus der Stadt schafft, um ihn draußen an der Landstraße oder in einem Reisfelde niederzulegen und ihn dort seinem Schicksal zu überlassen; das „Heiho, heiho!“ ist dann gewöhnlich sein Sterbelied.

Langsam und würdevoll, in langen blauseidenen Gewändern, auf dem Haupte das schwarze Käppchen, das Ende des herabhängenden Zopfes nachlässig in der Linken, in der Rechten den Fächer, schreiten vornehme Chinesen durch die Menge. Auch an Frauen und Kindern fehlt es nicht: viele der ersteren hinken mühevoll an Stöcken einher, weil ihre Füße durch gewaltsames Einbinden so verkrüppelt sind, daß dieselben in den kleinen Schuhen wie Reh- oder Hirschfüße anzusehen sind. In Palankinen oder Sänften aus feingeflochtenem Bambus lassen sich Leute, die sich das gestatten können, von Kulis durch die Straßen befördern, hauptsächlich Mandarine, Mitglieder der europäischen Kolonie und Schiffskapitäne.

Jeder der Passanten hat es wichtig und geschäftig, jeder beträgt sich gesittet und höflich und ist sogleich bestrebt, auszuweichen und Platz zu machen. Jeder geht rechts, denn wenn diese Regel nicht innegehalten würde, dann könnte kein Mensch vorwärts kommen. Zuweilen sind die Gassen so eng, daß der rechts Gehende sich an die Wand drücken muß, um den von links Kommenden vorbei zu lassen. Mandarine und Großkaufleute in reich gestickten Kleidern treten willig zur Seite, um dem lasttragenden Kuli Raum zu geben. Sogenannte Wächter der öffentlichen Ordnung sieht man nirgends, denn die gibt es hier nicht; der Straßenverkehr vollzieht sich auf Grund uralter Gewohnheit und nach den

Gesetzen der Höflichkeit und gegenseitiger Zuvorkommenheit in musterhaftester Ruhe und Ordnung (Abb. 3).

Die Häuser, zumeist nur einstöckig, sind selten über sieben Meter hoch. Überall, wo die Geschäfte und Werkstätten geöffnet sind, fehlt die ganze Hausfront, so daß man ungehindert in alle Räume hineinschauen kann. Von Haus zu Haus, quer über die Straße hinweg, sind leichte, gitterartige Rüstungen von Bambus angebracht, die nach Bedürfnis mit Matten belegt werden, um die Sonnenstrahlen und den Regen abzuhalten.

Gepflastert sind die Straßen mit schmalen Granitplatten, deren Oberflächen, bei allen Unebenheiten, von den nackten Füßen ganz glatt getreten sind. In der Mitte der Straße, unter den Platten, zieht sich eine Abzugsrinne entlang, in welche durch enge Öffnungen sowohl das Regenwasser, als auch die verschiedenartigen Abwässer aus den Haushaltungen hineinsickern.

Reisende haben vielfach über die in Canton herrschenden üblen Gerüche geklagt. Diese Klagen sind, nach meiner Erfahrung, sehr übertrieben. An einer Fülle seltsamer Gerüche fehlt es hier allerdings nicht, ebensowenig wie in anderen Chinesenstädten. Wie schon erwähnt, sind die Häuser zumeist in ihrer ganzen Front nach der Straße geöffnet, und da die Straßen selber zum großen Teil mit Matten oder durchscheinendem Ölpapier überdeckt sind, so ist die Atmosphäre stets mit allerlei Küchendünsten angefüllt. Man vergegenwärtige sich außerdem eine feuchtheiße, drückende, unbewegte Luft, die Düfte von Moschus, Sandelholz, Räucherwerk, Opium, Tabak und Kampher; wenn sich dazu noch ab und zu die Nähe einer öffentlichen Latrine und ein stagnierender Abzugskanal bemerkbar machen, dann ist es allenfalls erklärlich, daß einem Neuling dieses Dunstgemisch widerwärtiger erscheint, als der offenbare Schmutz, der sich in vielen europäischen Großstädten findet.

Groß ist die Zahl der Tempel, die sich in jeder längeren Straße Cantons vorfinden. Stattliche Bauwerke aus Granit oder Ziegelsteinen, sind sie den ganzen Tag geöffnet. Es gibt in China fast so viel Götter, als der Mensch Bedürfnisse hat: da ist der Gott des Feuers, der Gott des Wassers, der Gott der Abwehr feindlicher Ge-

Abb. 2. Straße in Canton

Abb. 4. Hölzerne Götzenbilder in dem Tempel der fünfhundert Götter in der Westvorstadt von Kanton.

walten, der Gott des Reichtums, der Gott der schlechten Zeit, der Gott des Regens, der Gott des bösen Auges, der Gott der Erde, der Gott der Weisheit, der Gott der Wälder, der Gott des langen Lebens, der Gott der Medizin; da sind ferner die sechzig Götter der sechzig Jahre des großen Kreislaufs, die Göttin der Schiffahrt, die Göttin der Geburten, die Göttin der Gnade, die auch zugleich die der Kinder ist und zuweilen in männlicher Gestalt auftritt, die Göttin des Himmels, die Göttin der Unterwelt, zuletzt die Göttin des bösen Herzens.

Ich könnte hier diese Liste der Götter noch weiter ausdehnen, denn in einem einzigen Tempel zu Kanton habe ich deren fünfhundert versammelt gesehen. Und jede dieser Gottheiten hat ihre Geschichte (Abb. 4).

Kwan Tae, der Gott des Krieges, dem während des letzten Krieges Opfer über Opfer, wenngleich vergeblich, gebracht worden sind, war ein berühmter Kriegsmann, der vor ungefähr sechzehnhundert Jahren gelebt hat. Nach Abschluß seiner stets siegreichen Feldherrnlaufbahn zog er sich in ein Mönchskloster zurück, um sich ganz den Werken der Barmherzigkeit zu widmen. Da kam einst ein hilfesuchender, verwundeter Mann zu ihm, in dem er den Führer des letzten, noch von ihm selber niedergeworfenen Aufstandes erkannte. Er wußte, daß der Kaiser eifrig auf diesen Flüchtling fahnden ließ, trotzdem nahm er ihn auf, speiste und tränkte ihn, verband seine Wunden, versah ihn mit Geld und ließ ihn unbehelligt ziehen. Dann bestellte er sein Haus, begab sich zum Kaiser, meldete dem, was er gethan, bekannte sich des Hochverrats schuldig und erlitt heiteren Mutes die Todesstrafe.

Der Gott der Medizin heißt Kwa Toi; vor zweitausend Jahren lebte er als Arzt und hatte den Ruf großer Weisheit und wunderbarer Geschicklichkeit. Er übte seine Kunst nur an Unbemittelten; eines Tages reichte er einem Kranken irrtümlich Gift statt Arzenei: der Patient starb, Kwa Toi aber, um seine Kollegen Sorgfalt zu lehren, sprach sein Gebet und sühnte das Versehen durch freiwilligen Tod.

Kwan Yin ist die Göttin der Gnade; sie war einst eine schöne Jungfrau, die aus dem Elternhause ins Kloster flüchtete, um einer verabscheuten Heirat zu entgehen. Die Kraft ihres Gebetes war so groß, daß alle ihre Genossinnen heil und gesund entkamen, als ihr erzürnter Vater ihnen das Kloster über dem Kopfe anzündete. In dem Tempel der Fünfhundert ist sie abgebildet als ein Mädchen mit nackten, nicht verkrüppelten Füßen, mit freundlichem Antlitz und einem Kind auf dem Arm. Vor jedem der fünfhundert aus Holz geschnitzten Götterbilder sind Gefäße zur Aufnahme der Opfergaben aufgestellt.

Außer den Tempeln, aus denen unablässig der Wohlgeruch verbrannter Räucherstäbchen in die Straße zieht, unterbrechen hier und da noch andere höhere und ansehnlichere Bauwerke die Reihe der meist hölzernen Wohn- und Kaufhäuser. Vier, fünf Stockwerke hoch und aus Steinen errichtet, ragen sie wie Türme empor, nur in der Höhe mit Fenstern versehen und ohne jegliche Vorsprünge am Mauerwerk, an denen Diebe hinaufklimmen könnten. Sie werden Pfandhäuser genannt, die Bevölkerung gibt hier ihre entbehrlichen Wertsachen in Aufbewahrung und kann auf Wunsch auch Darlehne darauf erhalten.

Einigermaßen erwartungsvoll war ich, als es hieß, nun müsse ich auch die Normaluhr von Kanton sehen, die schon seit sechshundert Jahren der Stadt die Zeit angibt. Es ging in einen Turm hinein und eine knarrende Holztreppe hinauf, die allerdings recht altersschwach war. In einem von der Zeit geschwärzten Raum auf vier hohen Stufen stehen vier große kupferne Gefäße über- und hintereinander, alle von einer dicken, weißlich-grünen Oxydkruste überzogen. Im untersten Teil jedes der drei oberen Gefäße befindet sich eine nadelstichfeine Öffnung; durch diese Öffnungen tropft das Wasser, womit das obere Gefäß gefüllt wurde, die beiden mittleren passierend, langsam in das unterste. In dem Deckel dieses letzteren ist ein Schlitz, aus welchem eine messingene Skala hervorragt, die, mit einer Schwimmvorrichtung versehen, von dem Wasser getragen wird und mit

Abb. 5. Besuchszimmer und Bibliothek in Kanton.

diesem steigt. Von der Skala wird die Zeit abgelesen. Alle vierundzwanzig Stunden befördert der Uhrwächter das Wasser aus dem untersten Gefäß wieder in das oberste.

Diese ehrwürdige und interessante Einrichtung hat nur den einen Fehler, daß sie seit Menschenaltern zwecklos ist, denn längst trägt jeder Chinese seine europäische Taschenuhr, und in den Haushaltungen und Geschäftsräumen finden sich Wanduhren aller Art, von der sechseckigen Schiffsuhr bis zum Regulator mit elegantem Holzschnitzwerk.

Eine hübsche Bronzependüle fand ich in dem Empfangszimmer des Herrn Pun Kwi, kaiserlichen Zollkommissars (Abb. 5). Die Kronleuchter in den Gemächern desselben waren auch bereits mit den modernen Glasbirnen versehen, denn die Behörden der Stadt haben es für notwendig erachtet, das elektrische Licht einzuführen, das vorläufig jedoch nur sehr langsam Boden gewinnt.

Pun Kwi bekleidet noch ein Nebenamt, das ich als das eines Provinzial-Lotterieeinnehmers bezeichnen möchte. Jeder Chinese ist ein geborener Hazardspieler, die chinesischen Spielhöllen sind beinahe sprichwörtlich geworden. Da ist nun die Provinzialregierung von Canton vor einiger Zeit auf den Gedanken gekommen, die Spielwut der Landeskinder, die sich durch keinerlei Maßregeln unterdrücken läßt, in gesetzliche Bahnen zu lenken und so dem Staate neue Einnahmequellen zu verschaffen. In der Provinz Fokien bestehen staatlich konzessionierte Wettbureaux; man wettet dort nicht auf Pferde, sondern auf Menschen, auf die gelehrten Examinanden der drei Staatsprüfungen auf das Durchkommen oder Durchfallen dieses oder jenes Baccalaureus (erstes Examen), Licentiaten (zweites Examen) oder Doktors (drittes Examen). Die Regierung von Canton aber ermutigt das Glücksspiel nicht in dieser direkten Weise, sie veranstaltet vielmehr nur ein litterarisches Wetraten. In gewissen Zeiträumen wird in den Zeitungen und durch Anschlag ein Vers aus den Werken eines chinesischen Klassikers veröffentlicht, in dem aber jedesmal zwei Wörter fehlen, die nun von den an dem Wetraten Teilnehmenden ergänzt werden müssen. Die beiden Wörter oder besser Charaktere die chinesische Schriftsprache kennt, streng genommen, weder Zeichen für Buchstaben noch für ganze Wörter, sondern nur „Charaktere“ für Begriffe – werden niedergeschrieben, amtlich eingeschlossen und erst hervorgeholt, wenn die Lösungen sämtlicher Bewerber eingegangen sind. Der glückliche Rater erhält eine große Summe Geldes; mit dem aus den Einzahlungen der Teilnehmer erzielten Überschuß aber werden die Gehälter einer Reihe von Staatsbeamten bestritten. Die Einnahmen aus diesem Wetraten sind stets sehr namhaft, obgleich sich naturgemäß nur die gebildeten Kreise der Bevölkerung daran zu beteiligen vermögen.

Pun Kwis Gehalt als Zollkommissar ist nicht bedeutend, seine Einkünfte aus dem Wetraten aber sichern ihm ein behagliches Dasein, wovon seine Wohnung Zeugnis ablegte.

Den Luxus in einer Chinesenwohnung darf man jedoch nicht mit unserem Maße messen. Das Hausgerät ist spärlich, zwar aus gutem, oft kostbarem Material und kunstvoll hergestellt, aber hart und polsterlos; Vorhänge kennt man kaum. Das Klima verlangt dies so. Pun Kwi, in der brütenden, schwülen Hitze auf einer Holzbank ausgestreckt, unter dem geschorenen Kopf ein Kissen aus Korbgeflecht, erfreut sich eines erquickenderen Schlafes, als der in das Reich der Mitte verschlagene Europäer auf weichem Bett und noch weicherem Kopfpfühl.

Alle wohlhabenden Leute in Canton sind rundlich und wohlbeleibt, bei den in ihren Läden sitzenden Kaufleuten und Händlern fällt diese Eigenschaft besonders in die Augen, da diese Herren in der Regel nur mit einer Pluderhose bekleidet sind. Fett, behäbig und kühl bis ans Herz hinan sitzen sie auf ihren Matten, fächeln sich Luft zu und schauen drein, als sei ihnen an Zuspruch und Kundschaft nicht das mindeste gelegen.

Desto mehr Reklame aber machen sie mit den in die Straße hinaushängenden Schildern. Das sind senkrecht angebrachte Bretter, 25 bis 30 Centimeter breit und etwa zwei Meter lang, andere auch so klein wie Lineale, alle aber in prächtigen Farben erstrahlend. Da sieht man Goldschrift auf rotem Grunde, purpur auf schwarz, blau auf weiß und ähnliche Kontraste. Bunte Lampen hängen in Reihen über den Laden-

Abb. 4. Cantonesische Arbeiter zur Frühstückszeit bei einem Speisenverkäufer.

fronten und innerhalb an den Wänden. Dieselben sind aus Bambus und zähem, festem Ölpapier verfertigt, mit Schrift versehen und prächtig bemalt, himmelweit verschieden von dem Plunder, den man bei uns als chinesische Laternen verkauft. Wenn alle diese Lampen am Abend brennen, dann gewähren die Straßen einen seltsam märchenhaften Anblick, so poesiereich und fesselnd, daß man geneigt ist, die drohende Einführung der prosaischen elektrischen Beleuchtung bitter zu verwünschen.

Gründliche Kenner von Land und Volk in China, vor allen die Missionare, behaupten, daß die Bevölkerung von Canton wie die von Macao am wenigsten geeignet sei, dem Reisenden einen guten Begriff von den Chinesen beizubringen. Das ist richtig, denn die Bewohner von Canton und Macao, schon seit Jahrhunderten der Berührung mit europäischer „Civilisation“ ausgesetzt, haben dadurch unstreitig gelitten. Dennoch haben sie sich noch genug von ihrer Ursprünglichkeit bewahrt, um auf den Fremden einen durchaus angenehmen Eindruck zu machen. Es gilt dies besonders von den untersten Klassen. Welch ein Unterschied zwischen den Hafen- und Werftarbeitern von Canton und denen von Danzig! Der chinesische Arbeiter ist weder roh im Benehmen, noch unflätig im Reden, noch liebt er es, sich zu berauschen. Ich habe jahrelang Gelegenheit gehabt, ihn zu beobachten und seine Mäßigkeit, seinen stillen, rastlosen, geduldigen Fleiß und seine Gesittung zu bewundern. Auf seinen Lebensunterhalt verwendet er täglich nur wenige Sapeken dreihundert Sapeken gehen auf eine Mark.

Die Verkäufer von Leckerbissen, die am Hafen die Runde machen, sind ebenso anspruchslos wie ihre Kunden, sonst könnten sie auch bei ihren Geschäften nicht bestehen. Die beiden schrankähnlichen Kasten, die von den Enden ihres Schulterbambus herabhängen, bergen die ärmlichen Vorräte, mit denen die Arbeiter in Versuchung geführt werden sollen gedörrte Krabben, allerlei hartes, unverdauliches Backwerk, ferner einen milchweißen, schlüpfrigen, zähen Teig, der mit einem hölzernen Messer zerteilt und in langen Streifen verkauft wird; sodann getrockneten, salzigen Seetang, Früchte, Tabak u. s. w. Die ganze Herrlichkeit hat vielleicht einen Wert von fünfhundert Sapeken. Der Handel vollzieht sich unter vielem Geschwätz und langem Feilschen, Käufer und Verkäufer aber bleiben bei bestem Humor und niemals hört man ein zorniges Wort (Abb. 6).

Noch einen Blick, den letzten, werfen wir von der fünfstöckigen Pagode, dem höchsten Punkte bei Canton, auf die Stadt. Nördlich, in weiter Ferne, erschimmert das „Gebirge der weißen Wolken.“ Allenthalben breiten sich die grünen Reisfelder aus, durch welche die zahlreichen Flußarme sich wie Silberbänder hinschlängeln. Hier und dort an den Hügelhängen und Flußufern ragen schlanke Pagoden auf, mit ihrer Reihenfolge von graziösen Dächern **wie** gefiedert aussehend. Gegen Süden, innerhalb der gewaltigen Mauer, liegt die große Stadt, dunstig, fremdartig, geheimnisvoll. Nichts von dem dumpfen, endlosen Getöse, das die Nähe jeder europäischen Großstadt kennzeichnet; nirgends ein Zeichen des Lebens, alles ist still, totenstill.

Wir aber wissen, daß es dort unten hunderttausendfältig lebt — ruhelos drängend, eilig, geschäftig, im Schweiße des Angesichts, freudvoll und leidvoll, auf unhörbaren Sohlen die engen Gassen durchwimmelnd — von hier aus jedoch unsichtbar und unvernehmbar, wie das Volk der Fische auf dem Grunde des tiefen Meeres.

Aus unserer Studienmappe:

Der Gletschergarten.*)

Hoch droben, wo blinkende Firnen
Sich dehnen in eisigem Glanz,
Wo graue, verwitterte Stirnen
Der Felsen sich schließen zum Kranz,
Wo das Echo granitener Schroffen
Die Lawine nur donnernd empört,
Doch kein Hauch mehr von Fürchten und Hoffen
Die starrende Wildnis je stört:

Dort kennen die Jäger und Hirten
Ein Plätzchen, gar lieb und gar traut,
Wo tröstend dem Blick des Verirrten
Entgegen der Gentian blaut,
Wo leuchtend in sonnigen Lüften
Die Alpenrose sich wiegt
Und, umhaucht von herbwürzigen Düften,
Der Speik ans Gewände sich schmiegt.

Unter drohenden Graten und Scharten
Blüht's zwischen dem rauhen Gestein
Wie ein stiller, verzauberter Garten,
Umflossen vom Firnenschein,'
Im Frieden, im wandellosen,
Vor den Blitzen und Stürmen gefeit,
Die drunten die Schluchten durchtosen,
Vor den Wettern der ringenden Zeit. —

Heil jedem, der heimlich im Herzen
Ein Gärtlein so seltener Art
Inmitten von Kämpfen und Schmerzen
Als heilige Freistatt sich wahrt,
Drin hoch ob den irdischen Sorgen,
Die das Haupt uns mit Rauhreif beschnei'n,
In seliger Stille verborgen
Die Blumen der Liebe gedeih'n!

Und ob sie's als Märchen verspotten,
Weil kalt, wie aus Gletscherkrystall,
Vor den Blicken der lärmenden Rotten
Es umschirmt ein unnahbarer Wall; —
Die Wanderer werden es segnen,
Die verzweifelnd und ferne dem Ziel
In der Öde des Lebens begegnen
Dem tröstenden, trauten Asyl!

Reinhold Fuchs.

*) Eine Vegetationsoase der in diesem Gedicht erwähnten Art existiert wirklich zwischen den Eisströmen des Montblanc (am Glacier des Bossons) und wird dort „le jardin“ genannt.

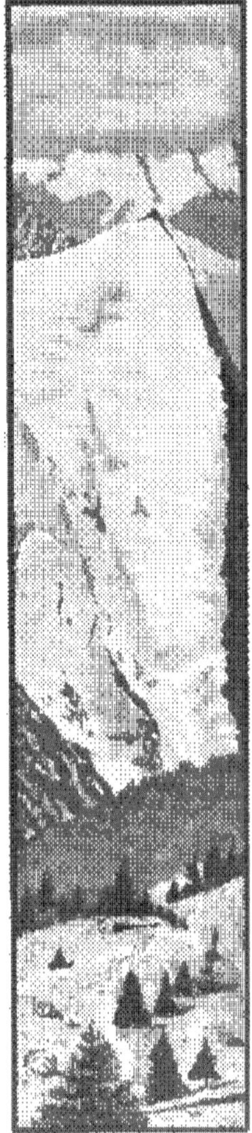

(Nachdruck verboten.)

Seit Jahrtausenden träumt die Menschheit von den Inseln der Seligen, von Atlantis und Bimini und Eden, von jenem Lande, wo die Tauben mit der Bratpfanne, die Tiger als Vegetarier und die Menschen als Engel geboren werden, wo alle Tage Sonntag und alle Sonntag Kirmeß ist. Zu meiner Freude erfahre ich, daß jener Traum seiner Erfüllung bereits sehr nahe ist, daß das ersehnte Land vor unseren Augen, rings um uns herum sich aufbaut. Mit der Bratpfannentaube hapert es freilich noch, und die Grasfütterung scheint selbst bei den zahmen Haus- und Gartentigern, wie er stellenweise an geschützten Plätzen in Deutschland fortkommt, noch wenig Anklang zu finden. Aber Kirmeß ist es in dem Lande, das ich meine, alle Tage, und die Menschen sind, wenigstens was die schönere Hälfte der Gattung angeht, schon heute — beinahe Engel. Und wie heißt das gelobte Land? ... Berlin! Ohne Scherz — Berlin! Man lese das Sammelbuch, das Ulrich *Frank* (Concordiaverlag, Berlin) herausgegeben hat, „*Die Berlinerin*," und man wird fast auf jeder Seite einen Beleg für die Heilsbotschaft entdecken. Das Buch leidet an dem kleinen Mangel, daß es zwar viel von *Berlinerinnen* berichtet, aber nichts von dem, was der Titel verspricht: von der „Berlinerin"; ein *Typus*, der ein deutliches Gegenstück zur „Pariserin" und „Wienerin" abgeben könnte, ist nirgendwo erkennbar. Es sei denn, daß wir aus dem Titelbilde den Typus herauslesen sollen. Das Bild stellt eine Dame in sehr fragwürdiger Toilette dar; ihr Gesicht deutet auf erfolgreiche Rassenmischung zwischen Morgen- und Abendland, Hals, Arme, Gestalt auf mangelhafte Nahrungszufuhr hin. Schelmisch wie eine trinkgeldersehnende Kellnerin kokettiert die holde Bleichsüchtige mit dem braunen Berliner Wappenbär, der ihr seinen violetten Schatten wie einen Tintenfleck zu Füßen breitet... Ein anderer Mangel des Buches ist es, daß auch die einzelnen Spezies, die es vorführt, mehrfach alles andere als typisch berlinisch sind. Vielleicht gibt es eine Frau von Bünding, wie sie Fritz Mauthner schildert: die Tochter eines Reeders aus den Ostseeprovinzen, die alle paar Jahr ein kleines Vermögen erbt und, um ihren Ehrgeiz zu sättigen, für Winkelblätter Novellen verfaßt, deren Stilisierung und Ortographie sie vertrauensvoll ihren Kopistinnen überläßt. Aber wie kommt diese Dame zu dem Mandat als Vertreterin der Berliner Schriftstellerinnen? ... Diese kleinen Mängel des Sammelwerkes sind nicht gut zu übersehen. Was bedeuten sie jedoch gegen die Fülle der Vorzüge? Was bedeuten alle Bedenken gegen das beglückende Hochgefühl, das von Seite zu Seite berauschender uns durchdringt, gegen die beseligende Wahrnehmung, daß Berlin im besten Zuge ist, den *Idealmenschen* in Fleisch und Blut anzusetzen? Ganz nahe an das menschliche Ideal herangekommen sind die Damen unseres Hochadels. Sie sind, nach Fedor von Zobeltitz, Meisterinnen in allen Leibeskünsten, ebenso aber auch allen höheren geistigen, sittlichen und künstlerischen Interessen zugewandt, sie sind feinsinnig nach jeder Richtung hin, anmutig ohne Gezieren und dabei vollständig vorurteilsfrei, tolerant und bescheiden gegen alle Welt, — mit einem Wort: Walküren, Grazien, Musen und Heilige in einer Person. Was sie vom Ideal noch trennt, ist nur der kleine Übelstand, daß sie nicht genug — Bücher kaufen. Aber auch in den anderen Rangordnungen der Berliner Gesellschaft funkelt und strahlt es von — beinahe Vollkommenheit. Ein entzückendes Wesen ist die „höhere Tochter", wie sie Ulrich Frank zeichnet, am herzerquickendsten in dem, was die kleinliche Welt Unarten nennt. Ihre Seele schwebt auf Schwingen „edlen Lebenszielen zu; starker, sittlicher Ernst und schöner Mut durchdringen das blühende, heranreifende, junge Geschöpf." Kaum weniger anziehend ist das Bild, das Karl Emil Franzos von der jüdischen Bankiersfrau entwirft. Über nationale Vorurteile ist sie weit erhaben: sie läßt ihre Kleider nie in Berlin anfertigen. Ihr Körper ist von Stahl: wenn sie des Nachts bis ein Uhr leidenschaftlich getanzt hat, ist sie früh morgens schon wieder zu Pferde, „sie reitet, turnt, lawntennis't, radelt mit einem ungestümen Eifer, als hinge ihr Lebensglück davon ab." Dabei versäumt sie keine Gelegenheit, ihre Bildung zu erweitern, Philosophie, Kulturgeschichte, Astronomie sind ihr ebenso nötig wie die Delikatessen der Saison. Nur im Bücherkaufen ist auch sie menschlich schwach, sie entleiht lieber. Ein törichtes Vorurteil ist es, diese Frauengattung für „sittenlos, protzig und taktlos" zu halten. Franzos kennt *nur* hundert Damen, auf welche diese Eigenschaften passen: das wäre also bloß die Hälfte von den zweihundert, die in Betracht kommen. Wie man sieht, ein verschwindender Prozentsatz. Den edelsten Schatz aber, den Berlin birgt, hat Ernst von Wildenbruch entdeckt. Welche Tintenströme von arger Nachrede hat bisher das Berliner Dienstmädchen über sich ergehen lassen müssen! Possenschreiber und Romanfabrikanten haben sich um die Wette beeifert, das arme Wesen als „faul, frech, gefräßig“ hinzustellen, es also aus dem ff zu verunglimpfen. Und nun tritt es uns plötzlich aus Ulrich Franks Sammelwerk entgegen als eine liebliche Lichtgestalt, wie von Märchenzauber umflossen, ein modernes Käthchen von Heilbronn. Und ideal wie die Dienstmaid selbst, ist das Verhältnis zwischen ihr und der Herrschaft. Anna heißt das holde Wunder; bei dem Berliner Dichter Heidenstamm, der ebenso erfolgreich ist als Dramatiker wie als Erzähler, läßt es sich nieder, um mit Besen und Scheuertuch dem erhabenen Künstler den Staub der Wirklichkeit fernzuhalten. Nachts aber schleicht Anna, mag sie noch so abgehetzt sein von der Arbeit des Tages, in die Bücherei des Dichters, nimmt sich eins der Werke, die Heidenstamm selbst gedichtet, und liest und liest, bis der Morgen dämmert. Wirft dann der Dichter dem Mädchen tagsüber einen Blick zu, dann erschauert sie in Ehrfurcht, sie möchte sich „vor ihm niederwerfen mit brechenden Knieen, mit ausgebreiteten Armen, stammelnden Lippen.“ Aber je mehr die Maid ihren Geist pflegt, desto bleicher, abgezehrter und kläglicher wird ihr Leib. Sie würde sich einfach an Heidenstamm zu Tode lesen, käme nicht im rechten Augenblick ihr Bräutigam und holte sie zur Hochzeit ab. Ehe sie aber aus dem Hause des Dichters für immer scheidet, sinkt sie in der That vor dem Vergötterten in die Kniee, und er umfängt „mit beiden flachen Händen ihr Haupt und drückt die Lippen auf ihren blonden Scheitel.“ Dann stammelt sie, daß sie einen seiner Romane noch nicht gelesen. Da nimmt er den Band vom Regal und überreicht ihn ihr feierlich und spricht: „Ich will Ihnen ein Andenken mitgeben, und es soll mein — Hochzeitsgeschenk für Sie sein, Anna, — nehmen Sie dies!“ — nämlich den Roman. Wie es scheint, sind bei Heidenstamm nicht nur die Hände flach. Die Maid aber „reißt das Buch an sich, sie drückt es an die Brust, mit leidenschaftlicher Bewegung, beinah angstvoll, als könnte es ihr wieder genommen werden und verloren gehen, ihre Lippen zucken, als wolle sie ihm noch etwas sagen, aber sie bringt kein Wort mehr hervor; über ihr Gesicht ist eine Röte ergossen, als wäre eine Flamme in ihrem Innern entzündet worden, die sie glühend durchstrahlte.“ Ja, so sind unsere Dienstmädchen! Und so glüht die „naive Seele des Volkes“ für Poesie und Poeten! Gegen dieses Idealbild Wildenbruchs kommen natürlich alle weiteren Gestalten, die das Sammelwerk vor Augen führt, nicht recht auf. Immerhin ist auch in ihnen der Geist des Buches mächtig, etwas wie eine Gloriole umschwebt fast alle. Zum Anbeißen ist Trojans „Markt- und Schlächterfrau“, ein ganz rührendes Geschöpfchen ist das „kleine Mädchen“ G. Engels, das so nach und nach der Verführung erliegt, aber bis zuletzt naiv, brav und holdselig bleibt, und selbst um die „Hochstaplerin“ weiß Heinz Tovote noch einen verklärenden Schimmer zu breiten. Und da beschuldigt man unsere jungen Dichter, daß sie nur das Häßliche in Natur und Menschenleben suchen! Der einzige, der in das reine, lichtblaue Bild des Berlinertums einen wüsten Klecks hineinbringt, ist der böse Nörgeler Ernst von Wolzogen; er wütet geradezu gegen „die musterhafte Hausfrau,“ die mit ihrer Reinlichkeit, Ordentlichkeit, Rastlosigkeit, Ängstlichkeit, Barschheit alle „Lebensfreude aus dem Hause hinaus fegt“ und Mann, Mädchen, Kinder in Verzweiflung hetzt. Dieser eine Klecks soll uns die Lust an dem Lichtgemälde nicht vergällen. Überdies gibt es einen derartigen Drachen, wie ihn Wolzogen mit dem Pinsel eines Höllenbreughel malt, in ganz Berlin nicht; dafür rufe ich sämtliche Berliner Hausfrauen zu Zeugen an.

Weit hinweg aus dem Getriebe der Weltstadt führt uns Klara Sudermann mit ihrem Roman „Die Siegerin“ (Verlag der „Wiener Mode“); der Name der Siegerin aber ist — Rute. Nicht ohne Geschick hat sich die Verfasserin ein Thema zur Behandlung ausgesucht, das unter allen Themen, die ich kenne, vielleicht das widerwärtigste ist: der Kampf zweier Schwestern um einen Mann. Und was für einen Kampf! Daß er sich überdies nicht in einer Spelunke Berlins, sondern in einem Forsthause Ostpreußens abspielt, erhöht den anmutigen Eindruck der Vorgänge. In diesem Forsthaus leben einmal zwei Schwestern: Rute und Maggie Hagborn. Rute ist zum Umblasen zart und schlank, herzig und liebevoll ohne Maß; Maggie dagegen blühend wie eine volle Rose, aber hart, herzlos, heillos, eine Egoistin frei nach Nietzsche komponiert, Hermann Sudermanns „Baron von Röcknitz“ ins Weibliche übersetzt. Rute hat in ihrer Mädchenzeit den blondhaarigen Lieutenant Sackersdorf geliebt, aber da er kein Geld hatte, so heiratete sie auf Drängen ihres liebenden Vaters den schwarzhaarigen Rittergutsbesitzer von Kurowski, eine getreue Kopie besagten Barons von Röcknitz. Mit dieser Seele von Menschen lebt sie acht Jahre zusammen, mehr als Sklavin, denn als Gattin. Da plötzlich taucht der süße Sackersdorf wieder auf, aber als Millionär. Rute fühlt, daß ihm noch immer ihr Herz gehört. Sie läuft ihrem Eheherrn davon und sucht im Vaterhause Zuflucht. Schwester Maggie ist sofort bereit, zwischen Rute und ihrem Blondin zu vermitteln, sie wird dafür sorgen, daß die Scheidung zustande kommt und die Liebenden sich doch noch kriegen. Als aber Maggie den ehemaligen Leutnant sieht, umleuchtet ihn der Glanz der Million so strahlend, daß die Maid wie geblendet dasteht. Sobald sie sich erholt, wird ihr klar, daß es viel praktischer sei, den Mann für sich selbst zu kapern. Und sie kapert ihn in der That, aber nicht in ehrlichem Kampf, durch die Übermacht ihrer seelischen, leiblichen, geistigen Reize, sondern indem sie lügt und schwindelt, ihre Schwester verleumdet, alle Welt betrügt. Natürlich sorgt Frau Sudermann dafür, daß die schwesterliche Schandthat nicht ungerochen bleibt. Die Ehe Sackersdorf-Maggie wird eine sehr traurige Ehe. Maggie wird immer schmächtiger, unansehnlicher, trübseliger, der süße Blonde alle Tage aufgedunsener, einesteils durch Kummer, andernteils durch [illegible]. Mule jedoch erhebt sich, je älter sie wird, zu desto mehr Schönheit, Stolz, Energie und Kinderreichtum; sie kriegt allmählich selbst ihren Kurtowski unter. Leider erleben wir die Umwandlung nicht im einzelnen mit und müssen sie daher auf Treu und Glauben annehmen. Frau Sudermann erzählt gewandt und sicher, aber sie teilt mit ihrem reichbegabten Gatten die Neigung für Banalität. Und ebenso wie er, muß sie sich hüten, „poetisch" zu werden. „Goldflecke, die auf dem braunen Waldboden aufblühen" und ebenso „Gewaltblicke" haben eine innere Daseinsberechtigung nur bei Wilhelm Busch.

Daß es ein besonderes Vergnügen ist, die „Siegerin" möglichst schnell zu — vergessen, wird man nach den Andeutungen, die ich vom Inhalt gegeben, begreiflich finden. Noch lange jedoch wird das Empfinden in mir nachzittern, das ein anderer Roman, Helene Böhlaus „Das Recht der Mutter" (Berlin, F. Fontane & Co.) in mir erregt hat. Die Gestalt der Heldin oder — das Wort ist hier wirklich einmal im höchsten Sinne berechtigt — gehört zu den dichterischen Schöpfungen, die man vielleicht zeitlebens nicht vergißt. Eine Gretchennatur und eine Gretchentragödie, — doch in ganz neuer eigenartiger Behandlung. Nicht nur weil Christine, die Heldin Helene Böhlaus, eine durchaus moderne Gestalt ist, naiv und doch voll starken Selbstbewußtseins, überdies eine ausgeprägt geistige Persönlichkeit, sondern auch in ihrer sinnlichen Frische, in ihrem stolzen Mut, das Äußerste zu ertragen und statt den schnell erlösenden Tod den unaufhörlichen Kampf mit dem Leben zu suchen, — in all dem eine Gestalt von bestrickender Schönheit, von ergreifendem Gemüts- und Seelengehalt. Weniger eigenartig und weniger lebensvoll sind die übrigen Figuren der Dichtung; köstliche Charakterzüge finden sich überall, aber auch viel Schematisches und allzu Erkünsteltes. Die Schilderung der kleinstädtischen „Bourgeoisie" ist mehr eine Satire, die mit Geißeln dreinschlägt, als ein realistisches Lebensbild. Sein Bestes gibt der Roman freilich nur bei wiederholtem Lesen. Erst da schöpft man den Reichtum des Buches an Poesie des Empfindens und der Schilderung, an Humor und Tragik und vor allem auch an ethischen Gedanken bis an den Grund hin aus. Die herbe Frische, welche die Schilderung des finnischen Meeresstrandes so wundervoll atmet, atmet auch die „Weisheit" des Buches. „Wozu soll man einem Kinde Dinge wünschen, die für diese Welt verderblich sind, etwa ein weiches Herz, oder ein tiefes Gemüt, oder einen großen Hang zur Wahrhaftigkeit oder dergleichen? Blinde, die so etwas ihren Kindern wünschen können oder sich freuen, wenn sie dergleichen entdecken! Arme Kinder, euer Reich ist nicht von dieser Welt, und sie sollen doch gerade hier Fuß fassen." Wie ein roter Faden zieht sich die Anklage gegen die falsche Kultur durch das Buch, aber diese Anklage ist nur verhüllte Sehnsucht nach der wahren Kultur, die mit dem Geiste zugleich das Herz frei und groß und allumfassend macht. Es versteht sich wohl von selbst, daß der Roman eine Lektüre allein für starke und reife Frauen ist. Von der Poesie, die in ihm weht, mag eine kleine Probe zeugen. „Das alte Giebelhaus hatte so manchen Toten schon beherbergt. Vor dreihundert Jahren war es erbaut worden — Zeit genug, daß Generationen geboren werden und aussterben konnten, von deren Dasein kein Mensch mehr etwas ahnt. Die starken, festen Mauern hatten Todeskampf und Todesklage schon oft umschlossen. Und das alte Haus hielt immer noch aus — machte bei jedem Toten dasselbe würdige, steinerne Gesicht . . . Dem alten Hause war es nachgerade langweilig geworden, das trübselige Schauspiel wieder und immer wieder zu beherbergen. Die oberste Giebelspitze hatte es längst sachte nach vorn geneigt, als wäre es schläfrig, und nun wurden seine alten morschen Rippen wieder einmal durchzittert von den Jammertönen und den Seufzern und dem Herzensschrei der armen Eintagsmenschen, und diese Seufzer, diese Jammertöne fuhren dem alten Hause jedesmal wie lebendiges Gift durch die hölzernen Adern, zitterten die Wände hinauf und thaten dem alten Haus größeren Schaden, als der wildeste Sturmwind. Diese Töne hatten eine geheimnisvolle Kraft wie aus einer anderen Welt. Das alte Haus war wie eine vielgespielte Geige geworden. Die Töne hatten sich eingegraben bis in die feinste Faser." Wie an zwei festen Stützen ranken sich die Liebesstimmungen des Romans an zwei Dichtungen aus alter Zeit blühend empor: an dem Hohenlied Salomonis und an dem finnischen Kalewalaepos. Die Verse, die Helene Böhlau aus der Kalewala mitteilt, sind den meisten meiner Leserinnen sicherlich noch unbekannt; ich möchte das Meine dazu thun, sie in weitere Kreise zu tragen.

„Haus und Hof und reiche Herden,
Unermeßlich weite Wälder
Gibt mein Vater mir zur Mitgift.
Ich bin reich und schön und acht' mich
Einer Königstochter gleich.
Ebenbürtig will ich meinen Gatten,
Ebenbürtig meinem Reichtum,
Meiner Klugheit ebenbürtig,
Ebenbürtig meiner Schönheit,
Ebenbürtig meinem jungen Leibe!

Glaubst du, daß ich folgsam wie ein kleines Mädchen
Diesen oder jenen nehme,
Den mein Vater mir bestimmte?
Nimmermehr! und eher wollt' ich
Mich mit eigenem Haar erdrosseln.
Oder glaubst du, der bezwäng' mich,
Welcher, roher Kraft vertrauend,
Raubend mich zum Weibe nähme?
Nimmermehr! . . denn wie die Wölfin
Bräche ich aus seinem Lager.

Solchem aber, den ich selber wählte —
Aus der Schar der jungen Männer —
Barde und zugleich ein Kämpfer —
Solchem wollt' ich willig folgen,
Über Ströme, über weite Sümpfe,
Über Seen, über hohe Berge,
Barfuß, jeder Mühsal trotzend,
Bis zum fernen, fernen Meere —
Sei's denn, daß er mich verstieße —
Willig folgen bis zum Tode."

Weniger reich an Gestalten, weniger aufwühlend in Gedanken und Empfindungen, weniger geistig „modern“ als „Das Recht der Mutter,“ aber ebenso feinsinnig und anregend, ebenso gehaltvoll an Ethik und „Herzensweisheit“ ist der Roman Ida Boy-Eds, dessen Titel „Nichts“ (Velhagen & Klasing, Bielefeld und Leipzig) ein Epigramm in einem Worte bildet. Liebe empfindet alle Qual, die ihr aus der Liebe erwächst, alle Last, die sie um des Geliebten willen auf sich nimmt, alle Dornenwege, die sie für den Geliebten gehen muß, als ein Kinderspiel, ein Nichts — das ist der Sinn der Dichtung. Von der Handlung möchte ich nichts verraten, denn nicht in ihr — so anziehend und ergreifend viele Scenen auch wirken — liegt der eigentliche Reiz des Romans, sondern in der Zeichnung der Hauptgestalt, der opferstarken Claudine, die das Schwerste nicht wie eine Dulderin, sondern wie eine lichtgeborene Heldin trägt, die sich endlich auch das Glück wie eine Heldin erkämpft. Daß die Handlung, — die in den Berliner Ereignissen des Jahres 1848 einen bewegten und düsterfarbigen Hintergrund erhält, — allzu konstruiert und erkünstelt ist, daß eine schlichtere Erfindung für den Sinn des Werkes dasselbe oder noch mehr geleistet hätte, ist wohl kaum zu bestreiten. In ein rechtes, lebendiges Verhältnis kommt man zu dem männlichen Helden, dem Geliebten, nicht; dazu bleibt er zu sehr in der Passivität stecken. Auch die übrigen Mannesgestalten, so fein einzelne Charakterzüge ausgeführt sind, zeigen in Kontur und Farbe, daß eine Frau sie geschaffen. Kernig und saftig steht der alte Oberst da, aber er hat nichts sonderlich Eigenartiges. Um so wundervoller sind die drei Frauengestalten gezeichnet, jede in ihrer Art ein „Meisterstück,“ so scharf umrissen, so eigenartig und für Empfinden und Phantasie gleich lebendig und eindrucksvoll. Voller Leben sind auch die Schilderungen, des Revolutionswirrwarrs wie der Alpenfernen. Einen besonderen Wert aber empfängt das Buch durch die Fülle reifer Gedanken, die in ihrer Gesamtheit einen Schatz einsichtiger Gemüts- und Lebenserfahrung bilden. Ich glaube nicht, daß man den Sinn und die Aufgabe einer echten Ehe klarer zum Ausdruck bringen könnte, als mit den Worten, die Lena, Claudinens Schwester, gelegentlich äußert. „Gesetzt, er und ich ständen einander frei gegenüber, Mann und Weib, ohne die Nebenverhältnisse, die jede Freiheit nehmen; auch dann, wenn er mich lieben sollte, würde ich ihm sagen: Ich kann nur neben dir stehen, nicht unter dir. Ich will dein anderes Ich sein, dein Gefährte, dein Weib. Ich will nicht mein Selbst aufgeben, sondern es dem Deinen zufügen, daß es ein Doppelwesen sei und als solches doppelt reich. Denn dies ist mein Glaube: Jeder Mensch, sei er noch so klein, hat irgend eine Eigenschaft, irgend einen Kern zum Guten oder gar zum Großen in sich, den der andere nicht besitzt. In der Freundschaft, wie in der Liebe, ist alles ein Bereichern auf Gegenseitigkeit.“

Ein wenig enttäuscht hat mich **das neueste** Buch Gabriele Reuters: „Der **Lebenskünstler**“ (Berlin, S. Fischer): **es will nicht** nur im Verhältnis zu ihrer ausgezeichneten Lebensstudie „Aus guter Familie,“ sondern überhaupt wenig bedeuten. In Einzelheiten zeigt sich auch hier ihre große Begabung für Seelen- und Lebensanalyse, aber als Ganzes ragt das Buch, das fünf Novellen in sich schließt, über den Durchschnitt des „Tüchtigen, Achtbaren“ nicht allzu weit hinaus. Von den fünf ist das eigenartigste Stück jenes, das der Sammlung den Titel gegeben. Es wäre gewiß eine lohnende Aufgabe, einmal den modernen Lebenskünstler zu zeichnen, der sein Leben ganz nach dem Ideal, das den Zeitgenossen in Bezug auf äußeres und inneres Ausleben vorschwebt, einzurichten sucht. Aber Gabriele Reuter nimmt das Wort nur ironisch. Der alte Herr, den sie zeichnet, und von dem man auf Seite 28 mit Verwunderung erfährt, daß er erst sechsundzwanzig Jahre alt ist, begegnet einem in der Wirklichkeit dann und wann. Aber da nimmt man diese erfahrungslose Altklugheit, dieses Frühgreisentum nicht so feierlich ernst, man sucht lieber mit gutem Humor und leichtem Spott seine Anmaßungen in möglichst weiter Ferne zu halten. Solche blutlosen Jünglinge hat es zu allen Zeiten gegeben; man muß nicht immer für derartige Erscheinungen eine bestimmte Epoche verantwortlich machen, in ihnen nicht einfach „das Produkt unserer nervösen, blasierten und mit den Idealen, den Genüssen, den Erinnerungen von Jahrtausenden übersättigten Zeit“ sehen. Das ist einfach, aber es reicht zur Erklärung nicht halbwegs aus. Jene Erscheinungen sind auch in unserer Epoche abnorm, sie würden die „Geist- und Genußlast“ der Zeit recht wohl tragen können, wenn nur ihre eigne Konstitution stärker wäre. Sicherer und feiner ist die weibliche Hauptgestalt der Novelle ausgeführt; es ist schade, daß die Dichterin diese Gestalt nicht in den Mittelpunkt einer größeren, reicheren Erzählung gestellt hat. Von den anregenden Bemerkungen, welche durch die kleine Arbeit in Menge verstreut sind, will ich nur eine vorführen, die eigentlich in nuce eine Ästhetik des technischen Schaffens gibt: „Er arbeitet gewissenhaft und schwerfällig, um einen flotten Stil herauszubekommen.“

Ein Buch, das wie wenig andere auf die Bezeichnung „interessant“ Anspruch hat, das also anregend wirkt, ohne tiefer zu fesseln, und allerlei Halbwahrheiten in bunter und ansprechender Mischung auseinander häuft, ist Paul Bourgets „Jenseits des Oceans,“ das mir in einer geradezu mustergültigen Verdeutschung (Breslau, S. Frankenstein) vorliegt. Nur eins haben die trefflichen Übersetzer Lothar Schmidt und Otto Dammann versäumt; sie hätten die kleinlichen Ausfälle, die dummdreisten Auslassungen Bourgets über deutsches Wesen und deutsche Art nicht ganz ohne Randglossen in die Welt gehen lassen sollen. Daß für den glatten und geleckten Herrn, der mit jeder Zeile kokettiert, mit jedem Satze posiert, deutsch gleichbedeutend ist mit vierschrötig, plump, roh, das mag hingehen. Aber wenn dem Deutschen eine besondere Vorliebe für Knoblauch imputiert wird, wenn Monsieur Paul gegen den Dreibund hetzt, wenn er die Lächerlichkeit so weit treibt, einen Rassenunterschied zwischen germanisch und angelsächsisch festzustellen und dergleichen mehr, dann könnte er in einem Buche, das für deutsche Leser bestimmt ist, wohl ein wenig gekappt werden. Doch genug davon. Das Werk zeigt neben den Schwächen Bourgets auch alle seine Vorzüge. Es gibt von allen neueren Schilderungen Amerikas wohl die lebensvollste und geistreichste; daß er sie erweitert zu einer Betrachtung über das Wesen und die Zukunft der modernen Civilisation überhaupt, erhöht noch den Wert des Buches. Natürlich ist es sehr nötig, diese Betrachtung unter beständiger Kritik und Nachprüfung zu lesen, aber dann wird sie auch überaus fruchttragend wirken. Wie viel Bourget in seiner Darstellung der Lektüre amerikanischer Schriften verdankt, entzieht sich meiner Beurteilung; wenig ist es unbedingt nicht. In einem Vorwort setzt Bourget auseinander, was ihn nach Amerika getrieben. Es sei ihm kein Selbstzweck gewesen, das Land zu sehen, sondern er habe in der neuen Welt die Zukunft der alten erkennen oder vielmehr erahnen, in ihr die Kraft und Bedeutung der drei Mächte, welche jene Zukunft schmieden, studieren wollen. Diese drei Mächte sind die Demokratie, die Wissenschaft, die Rassenidee. In Europa scheinen alle drei, nach Bourget, vorläufig nur zerstörend wirken zu wollen, ohne dem Menschen neuen Frieden, neue Ideale, neues Leben zu gewähren. In Amerika aber hat sich das „Land gefunden, wo diese drei für unsere alte Welt so mörderischen Kräfte berufen worden sind, eine in allen Stücken neue Welt zu gestalten, ein Land, das sich vom ersten Tage an als Demokratie konstituiert hat, und zwar als wissenschaftliche Demokratie, weil es, um einen ganz jungfräulichen Boden zu bewältigen, den modernsten Maschinen- und industriellen Apparat hat in Bewegung setzen müssen, ein Land, vor welchem das Rassenproblem sich von Anbeginn an aufgeworfen hat und welches sich noch jeden Augenblick daran stößt, ist es doch ein Gebiet der Einschwemmung für alle Nationen Europas, Afrikas und Asiens, und müssen darin doch nicht nur Engländer und Iren, Deutsche und Franzosen zusammen leben, sondern sogar Schwarze und Gelbe mit Weißen." Als Pessimist fährt Bourget von Paris fort, als Optimist kehrt er zurück. Nachdem er die Zustände und Menschen in Amerika gesehen, meint er, daß sich für die nationalen, socialen und religiösen Fragen denn doch wohl eine Lösung finden lassen werde. Das Beste zu dieser Lösung muß die — katholische Kirche thun, sobald sie erst, wie Bourget erhofft, ganz demokratisch geworden, d. h. zur apostolischen Einfachheit zurückgekehrt ist, und nicht nur demokratisch, sondern auch socialistisch, und nicht nur socialistisch, sondern auch streng wissenschaftlich. Bourget glaubt nämlich, daß die Kirche auch die modernsten Errungenschaften der wissenschaftlichen Forschung ganz wohl „verdauen" und sich mit ihnen abfinden könne. Ob aber ein solcher Katholicismus sich mit der Papstkirche abfinden kann, ob er noch römischer Katholicismus heißen darf und nicht einfach Christentum heißen muß, darüber schweigt sich Bourget und schweigen sich seine Gewährsmänner, der Erzbischof Ireland und der Kardinal Gibbons, gründlich aus. Übrigens werden die meisten Leser des Werkes lieber dem Dichter Bourget, als dem Kulturpolitiker folgen: seine Schilderungen des amerikanischen Lebens in Palast und Spelunke, in Stadt und Farm, seine Zeichnungen amerikanischer Menschen, des Erzbischofs wie des Arbeiters, des Millionärs wie des Berufspolitikers, des Durchschnittsmannes wie des Durchschnittsweibes, sind in der That ungewöhnlich plastisch und farbig. Am farbigsten vielleicht die Darstellung der großen „Tiermörderei" in den Schlachthäusern Chicagos. „Die ganze Operation vollzieht sich mit solch blitzartiger Geschwindigkeit, daß man gar nicht erst Zeit hat, zu empfinden, was eigentlich geschieht. Man hat keine Zeit, die Tiere zu beklagen, keine Zeit, über die heitere Ruhe zu staunen, womit der Abschlächter, ein rothaariger Riese, mit Schultern so breit, daß er einen Ochsen tragen könnte, sein grausiges Handwerk ununterbrochen treibt. Und doch ist das Leben, selbst in den niedersten Formen, unter denen es erscheint, etwas so Geheimnisvolles, sind Leiden und Tod, selbst bei einer Kreatur unterster Ordnung, etwas so Tragisches, daß alle Zuschauer, und ihre Zahl ist groß, aufhören zu lachen und zu scherzen . . ."

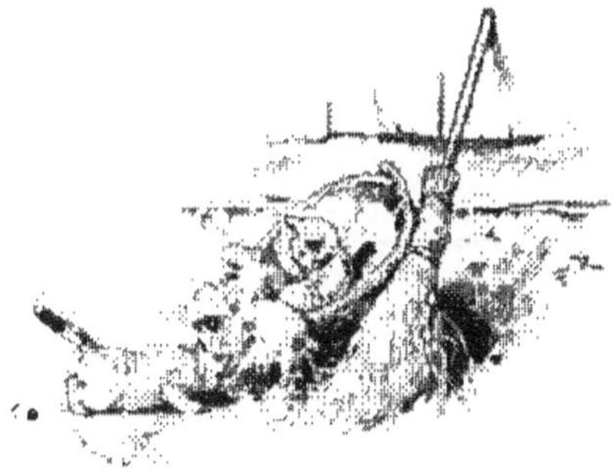

Ein Blick in Professor N. Gysis' Atelier.
Nach einer Aufnahme von [illegible] in München.

Zu unsern Bildern.

(Nachdruck verboten.)

Als König Otto noch über Hellas herrschte und zwischen Athen und München engere Beziehungen zu knüpfen liebte, sandte er unter anderen strebsamen Jünglingen auch einen jungen Griechen an die Isar, der sich auf der neubegründeten polytechnischen Schule in Athen vorteilhaft ausgezeichnet hatte. Der Künstler hieß Nicolaus Gysis und war 1842 auf der schönen Insel Tinos geboren. In München trat er in Pilotys Atelier und wurde einer der Lieblingsschüler seines Meisters — in München ist er geblieben bis auf den heutigen Tag. Aber das Schönste und Kräftigste, was er als fertiger Künstler schuf, wurzelte doch in der Heimat, die er wiederholt besuchte. Nur ein größerer Wurf gelang ihm mit einem Bilde von deutscher Erde, seinem schönen, 1871 gemalten: „Eintreffen der Nachricht vom Siege bei Sedan in einem bayerischen Städtchen“ — sonst geben seine besten Gemälde griechische und morgenländische Scenen wieder: „Die Wallfahrt der Maler im Orient,“ die „Kinderverlobung in Griechenland,“ „Der

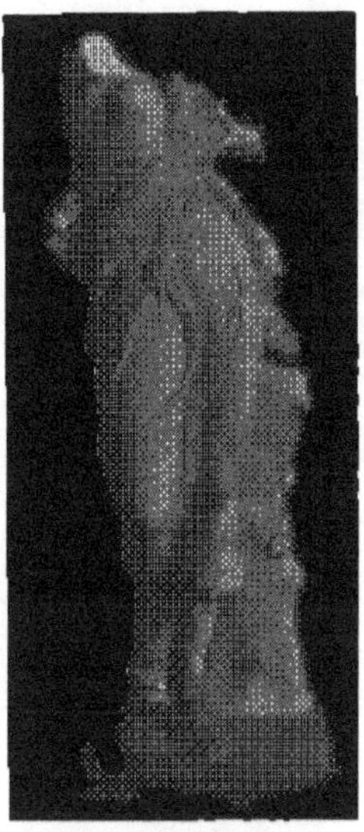

Tanzende Mänade.
Torso im Kgl. Museum zu Berlin.
Nach einer Aufnahme von F. [illegible] in Berlin.

Hühnerdieb von Smyrna" müssen hier in erster Linie genannt werden, Bilder voll scharfer Beobachtung, lebendigem, nicht selten glänzendem Kolorit, gesättigt oft mit einem feinen Humor. Auch das Titelbild unseres Heftes stellt einen „Griechischen Schiffer" dar, einen jener wetterharten Männer, wie sie jetzt unter hundert Gefahren, kühn und verschlagen, den Kriegsschiffen der Großmächte zum Trotz, die Verbindung zwischen Griechenland und Kreta aufrecht erhalten. —

Einem Bilde von Grützner — diesmal keinen beschaulichen Klosterbruder, sondern einen „Landsknecht" vom ewig durstigen Genre Falstaff — reiht sich eine durchaus moderne Landschaft von Franz Hochmann an; es ist kein künstlich komponiertes Gemälde, nicht aus zehn Einzelstudien unter Rücksicht auf die schöne Gesamtwirkung zusammengesetzt, vielmehr ein schlichter Ausschnitt aus der Natur. Träge rinnt der Heidebach an dem Saume des winterlich entlaubten Waldes dahin, der das Bild auf der einen Seite abschließt, während sich auf der anderen ein weiter Ausblick auf ebene Felder öffnet. Nichts Gesuchtes, nichts Absichtliches liegt in dem Bilde, und gerade darum wirkt es so eigenartig frisch und stimmungsvoll.

Albin Egger-Lienz in München, dessen harmlos heitere „Neckerei" wir zwischen Seite 192 und Seite 193 einschalten, ist gleich Defregger ein Sohn der Tiroler Berge. Als der Sohn eines Heiligenmalers, wie man sie in den Tiroler Dörfern so häufig findet, wurde er 1868 zu Lienz im Pusterthal geboren. Gleich Defregger malt auch er neben Tiroler Genrebildern mit Vorliebe Scenen aus der Geschichte seines Heimatlandes; sein Porträt Speckbachers ziert die Heldengalerie am Berge Isel bei Innsbruck, sein schönstes und reifstes bisheriges Werk aber ist das ergreifende „Ave Maria während der Schlacht am Berge Isel," das Gebet der kämpfenden Tiroler auf dem Kampffelde: das Gemälde erregte auf der letzten Ausstellung im Münchener Glaspalast berechtigtes Aufsehen und machte den jungen Künstler zum bekannten Manne. —

Die Reihe unserer Einschaltbilder beschließt eine allerliebste Studie von K. Schäffner, „Die Kaffeeschwester;" die Zeichnung atmet etwas von dem feinsinnigen Humor und der Anmut Kaulbachischer Kinderbilder.

Aus der Zahl der das Heft schmückenden, in kleinem Maßstab reproduzierten Bilder und Studien

Tanzende Mänade. Entwurf von Ernst Herter.
Nach einer Aufnahme von F. [illegible] in Berlin.

sei zunächst das Gemälde von Alma Tadema „Beim Vorlesen des Homer“ herausgehoben. Alle Stärken — und alle Schwächen des berühmten Malers sprechen sich auch in diesem Bilde aus; wieder zeigt die Komposition, zeigen alle Details die genaueste Kenntnis des Altertums, wieder wirken die Gestalten durch den schönen Schwung ihrer Linien, aber sie lassen doch auch kalt wie Marmor. — Als ein phantastisches Märchenbild geben sich die „Zephyrwolken“ von S. Anderson: eine Reihe schöner Mädchenköpfe schwebt mit lang flatterndem Haar durch die Wolken. — Und nun, als Gegensatz zur Klassizität Alma Tademas und zu den Phantasiegebilden Andersons, die kräftig realistische Figur der alten „Dachauer Bäuerin,“ die wir der Mappe eines jungen Münchener Akademikers verdanken, oder die köstliche Gruppe mexikanischer Reiter, „Abgesessen zum Gefecht,“ des Amerikaners Frederik Remington; die vier zusammengekoppelten Gäule im Vordergrund, die der eine Reiter im Zügel hält, sind in ihrer wilden Bewegung geradezu meisterhaft gezeichnet.

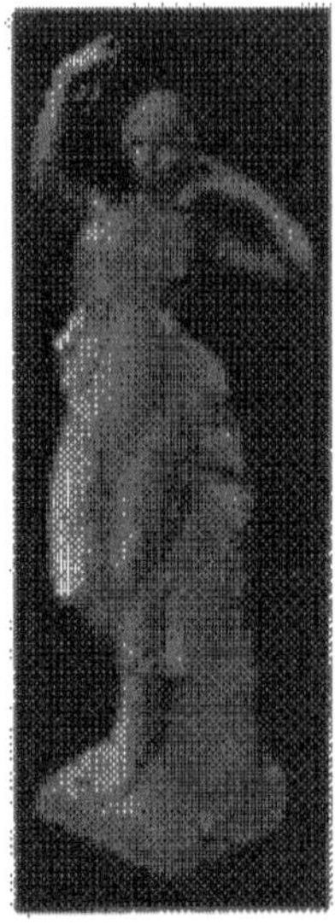

Tanzende Mänade:
Entwurf von A. Kraus.
Nach einer Aufnahme von H. Rückwardt in Berlin.

Drei recht verschiedenartige Studien mögen sich anreihen. Da ist der Kopf eines alten Osmanen, der aus dem Nachlaß unseres großen Orientmalers Wilhelm Gentz stammt, ein zeitgemäßes Pendant, darf man vielleicht sagen, zu dem Griechen auf unserem Titelbilde. Da ist weiter eine Studie Wilhelm Räuberts zu einem seiner ausgezeichneten Bilder aus der Zeit des ausklingenden Mittelalters. Da ist endlich eine kleine Zeichnung, zwei Ochsen vor dem Pfluge darstellend, die aus den Mappen L. von Nagels, des bekannten Zeichners der Fliegenden Blätter, stammt, und die doppelt interessant ist, weil man ihn meist nur als trefflichen Pferdezeichner kennt. —

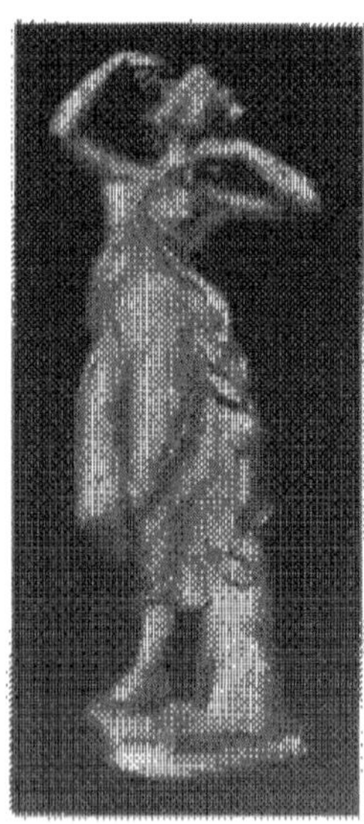

Tanzende Mänade:
Entwurf von Emil Cauer.
Nach einer Aufnahme von H. Rückwardt in Berlin.

Der bildnerische Schmuck der letzten Seiten des Heftes ist jenem interessanten Problem gewidmet, welches Kaiser Wilhelm II. persönlich aufgestellt hat, und das man vielleicht am einfachsten in die zwei Fragen zusammenfassen kann: inwieweit ist die plastische Kunst unserer Tage der Rekonstruktion antiker Torsos gewachsen, und — welche Vorteile kann sie aus derartigen Ergänzungsarbeiten schöpfen?

Kaiser Wilhelm hatte — nachdem er schon vor einigen Jahren durch ein Preisausschreiben die Ergänzung eines in dem Berliner Museum befindlichen verstümmelten Kopfes angeregt — im vorletzten Jahre einen Preis auf die Rekonstruktion der „Tanzenden Mänade“ ausgeschrieben, die 1874 von dem Königlichen Museum für 12000 Mark erworben worden war — ein wunderschönes Werk der späteren griechischen Kunst, dem leider Kopf, Hals und Teile beider Arme fehlen. Der erste Wettbewerb ergab kein den Kaiser zufriedenstellendes Resultat. Unter Erhöhung des Preises wurden aber die deutschen Künstler zu einer neuen Konkurrenz aufgefordert, an der sich als Bewerber zweiunddreißig Bildhauer, außerdem Reinhold Begas und Fritz Schaper unter Verzicht auf den Preis, beteiligten. Auch durch dieses zweite Ausschreiben wurde zwar keine vollbefriedigende Lösung der schwierigen Aufgabe erzielt; trotzdem zeichnete der Kaiser drei der Künstler: Hans Weddigo von Glümer, Ernst Herter und A. Kraus durch die Erteilung eines Preises aus und forderte sie zu einem engeren dritten Wettbewerb auf. Der Sieger in diesem soll die Statue in Marmor ausführen.

Wir bilden außer dem Torso die drei so ausgezeichneten Entwürfe und einen vierten von Emil Cauer ab, der bei der Ausstellung der Arbeiten allgemein gefiel.

Professor Ernst Herter hat sich in seinem schönen Entwurf eine größere Freiheit gestattet, als die übrigen Künstler. Er hat nämlich einen kleinen Ansatz am Halse des Torsos, der den Bildhauern die Haltung der zu ergänzenden Arme gewissermaßen vorschrieb, ganz ignoriert und der Mänade eine Doppelflöte an die Lippen gelegt, die sie mit ausgestreckten Armen hält.

Tanzende Mänade:
Entwurf von H. von Glümer.
Nach einer Aufnahme von H. Rudolphy, Berlin.

A. Kraus gibt ihr Castagnetten in die Hände und läßt eine der Castagnetten den Hals berühren. Ähnlich verfuhr Emil Cauer, während die Mänade H. von Glümers in der linken, leicht auf die Schulter gestützten Hand eine Rose hält. Bei aller Anerkennung der einzelnen Entwürfe stimmte die Mehrzahl der Kenner doch darin überein, daß keiner von ihnen der wirbelnden Bewegung, der übermütigen tollen Tanzlust, die der Torso anzudeuten scheint, ganz gerecht geworden ist.

Interessant ist die Aufgabe jedenfalls, interessant sind die Lösungsversuche, auch wenn keiner völlig geglückt erscheint. Ob aber schließlich die Summe von Arbeit, die in den Entwürfen steckt, im rechten Einklang steht mit dem Ziel — selbst wenn es erreicht wird — ist doch recht fraglich. Hier wird immer nur ein Anpassen an einen fremden Gedanken, ein Sichvertiefen in eine fremde Schöpfung, ein Herausklügeln verlangt, kein eigenes freies Schaffen, wie es die Kunst fordert, wie es den Künstler schließlich doch allein zu beglücken vermag.

H. v. Z.

Zuschriften sind zu richten an die Redaktion von Velhagen & Klasings Monatsheften in Berlin W., Steglitzerstr. 53.

Für die Redaktion verantwortlich: Theodor Hermann Pantenius in Berlin.

Verlag von Velhagen & Klasing in Bielefeld und Leipzig. Druck von Fischer & Wittig in Leipzig.

Eine Blumenfreundin. Nach dem Gemälde von Franz Simm.

Velhagen & Klasings

Monatshefte.

Herausgegeben
von
Theodor Hermann Pantenius und Hanns von Zobeltitz.

XI. Jahrgang 1896/97. Heft 9, Mai 1897.

Der Frühling kommt.

Von

Gustav Falke.

(Abdruck verboten.)

Nun schüttelt auch die Federn ab,
Ihr Winterschläfer all'!
Hört ihr nicht schon den Berg herab
Des Frühlings Peitschenknall?

Nicht wie ein Dieb in dunkler Nacht,
Nein, brausend wie ein Held
Kommt er und stürmt als wie zur Schlacht
Durch das erschrockne Feld.

Doch, kommt er auch ein wenig wild
Und ungestüm ins Land,
Sein Herz ist gut, sein Blick ist mild
Und fürstlich seine Hand.

Rings teilt er Glück und Gaben aus,
Und alles läuft ihm zu,
Und du, mein Herz, bleib' nicht zu Haus,
Gesegnet wirst auch du.

Er spricht mit hellem Wort dich an,
Und schenkt dir frischen Mut,
Ein Pferd, hurra, das fliegen kann,
Und Rosen um den Hut!

Im Vaterhause.

Novelle von

Hans Hoffmann.

Im Krankenzimmer herrschte eine trübe Dämmerung; schwere Vorhänge vor den Fenstern und vor der Glasthür suchten Glanz und Geräusch des Frühlingstages auszusperren. Ganz freilich gelang das doch nicht; ein paar vorwitzige Sonnenstrahlen fanden hier und dort doch einmal einen Durchschlupf, und das Zwitschern der Vögel ließ sich auch nicht bannen; es mußte draußen wahrhaftig einen richtigen Lärm bedeuten, daß es so vernehmlich hereindrang.

Der Kranke, ein schon greiser Mann mit tief verfallenen Zügen, denen aber auch so noch der Ausdruck eines vornehmen, korrekten, gesammelten, wohl auch pedantischen Wesens eigen war, hatte lange mit lauter Stimme vor sich hingeredet, ohne irgend auf die Anwesenden zu achten; auf einmal schwieg er und schloß die Augen.

Der Arzt beugte sich, scharf lauschend, über ihn.

„Er schläft,“ sagte er dann leise, „und nun, Fräulein Lisa, benutzen Sie die Stunde, und schöpfen Sie etwas Frühlingsluft. Ich will es und befehle es. Sie haben schon mehr Kräfte hier im Krankenzimmer verschwendet, als ich verantworten kann. Ihre lieben jungen Jahre bedürfen zuweilen einer Auffrischung. Und zur Zeit sind Sie hier ganz unnötig und ich desgleichen. Die wackere Wiese mit ihrem Strickstrumpf genügt vollkommen zur Überwachung seines Schlummers. Und das Weitere kann ich selber mit fast vollkommener Sicherheit voraussagen. Dieser Schlaf wird mehrere Stunden währen — und es wird sein letzter gewesen sein. Er wird noch einmal aufwachen und wieder reden, so für sich selbst, vielleicht noch lebhafter als soeben; das letzte Aufflackern seiner Lebenskraft. Daß er uns noch erkennen wird, ist wenig wahrscheinlich. Es geht schnell mit ihm zu Ende; den Strahlen der untergehenden Sonne können wir freien Eintritt in dies Zimmer gewähren; sie werden ihn nicht mehr stören."

Er faßte die Hand des jungen Mädchens und zog es mit sich auf die Glasthür zu, die ins Freie führte. Einen Augenblick zögerte sie noch hinauszutreten und blickte zurück in das Zimmer, als ob sie sich nicht trennen könnte von dem dumpfen und trüben Raum. Dann aber hatte sie plötzlich ein Gefühl, als müßte sie ersticken in dem trostlosen Halbdunkel, das allen Gegenständen die Behaglichkeit nahm, die ihnen sonst eigen gewesen. Selbst die alte Magd, die jetzt nahe dem Bette saß, im freien Licht eine dralle und lebenskräftige Person, sah hier gedrückt und kummervoll aus wie eine Unglücksbotin, ihr schweigsames Stricken saß unheimlich, als ob sie es sei, die das Schicksalsgewebe vollende. Sie strickte so gleichmäßig, wie die große altertümliche Uhr im Winkel tickte und tickte; diese Uhr war, von einem Schranke verdeckt, den Augen nicht sichtbar: das ließ auch ihr rastloses Arbeiten unheimlich klingen.

Mit einem stillen Schauder folgte das junge Mädchen dem Sanitätsrat, der die Thür geöffnet hatte, und sie traten hinaus in eine offene Vorhalle mit weitem Ausblick. Beide blieben stumm, staunend, geblendet stehen, eine so überschwengliche Frühlingsherrlichkeit quoll ihren Blicken entgegen. Ein reizendes Waldthal streckte sich weit ins Gebirge hinauf, von wunderfeinen Gipfellinien begrenzt, von einer dunklen Tannenwand in der Ferne geschlossen, die Thalsohle übersprengt mit einem breiten Gürtel vollblühender Obstbäume, daraus hier und da rote Dächer leise hervorleuchteten. Die Maiensonne goß ihren Schein über dies Blütenmeer oder diesen Strom von Blüten und ließ ihn erschauern in unendlicher Lichtfülle. In den Schluchten und Einbiegungen der Berge lagerte fein modellierend der zarteste Nebelduft über dem ersten jungen Waldgrün. Nach der anderen Seite dehnte sich die Ebene in verdämmernde Weiten, auch sie still überhaucht von duftigem Goldglanz. Die Stadt mit den felsroten Dächern, überall dicht an die Berge geschmiegt, quoll aus dem Thal in die Fläche hinein, als ob das Gebirge sie aus einem gewaltigen Füllhorn hinabschütte. Und wie goldener Segen floß der Glanz auch über ihre Dächer und Türme.

Ganz überwältigend war der Zauber dieses Bildes für die beiden Menschen, die aus dem Dunkel des Sterbezimmers kamen. Und sie schwiegen noch immer, minutenlang, entzückt und bewundernd, ja fast übertäubt. Den Garten zu ihren Füßen, der in gemächlicher Muldenform sich leise senkte, begrenzte eine Unzahl hochstämmiger Birken, deren durchsichtiges Gezweig, nur eben erst überhaucht von dem ersten sprossenden Grün und vom Morgenwinde lebhaft und anmutig bewegt, sich seltsam heiter abhob von der regungslosen schwärzlichen Tannenwand dahinter. Aus allen Zweigen und Büschen scholl wie ein unendliches Jubellied schmetternd und schallend der Gesang der tausend Vögel.

Das junge Mädchen aber brach nun auf einmal in Thränen aus.

„Ist es nicht herzlos und wahrhaft abscheulich?" fragte sie erregt. „Wenige Schritte hinter uns liegt ein sterbender Freund, und ich — ich kann mich hier in diesem Augenblicke kaum bändigen, ich möchte hell aufjauchzen vor innerer Lust, vor mächtiger Hoffnung auf ein unbekanntes Glück, bloß weil ein sonnenheller Frühlingstag über unserem lieben Lande liegt. Darf man so leichtfertigen Gefühls sein, ohne sich verachten zu müssen? Darf man fremden Tod und eigne Lebenslust so jäh durcheinander werfen?"

Der Sanitätsrat lächelte gütig und blickte mit gesteigertem Anteil in ihr schönes Gesicht, aus dessen blühenden Zügen ein zweiter lieblicher Frühlingstag zu leuchten schien.

„Wie sollten wir Ärzte das Leben ertragen, wenn man das nicht dürfte?" versetzte er ernst. „Es ist der beste Segen für das Menschenherz, daß es beweglich ist wie diese Birken: denn das Schicksal ist starr wie die Tannenwand dahinter. Auch ich bin jetzt gestimmt, mich zu freuen wie Sie, auch so bloß wie ein Kind über die Sonnenschönheit dieser Welt. Und doch verliere ich an dem Manne drinnen einen langjährigen Freund. Sie aber, ehrlich gesprochen, kaum etwas anderes als einen bärbeißigen Tyrannen. Doch wer mit dem Tode auf gar so vertrautem Fuße steht wie unsereins von Geschäfts wegen, dem dringt er nicht leicht mehr ins innerste Herz. Was ist auch der Tod? Alles, nur kein Übel. Das Sterben freilich kann ein Übel sein, wenn einer allzu jung abberufen wird; er verliert eine Zukunft, die er sich voll des Glückes träumt. Mit sechzig aber ist man zum Sterben reif; der drinnen ist es, und ich wäre es auch. Man verliert dann nichts Großes mehr. Es ist die allerbeste Zeit zum Sterben; das langsame Vermorschen nachher ist kein beneidenswertes Los. Gönnen wir dem Freunde einen ruhigen Tod. Und den wird er haben; er wird still einschlafen. Den Kampf hat er hinter sich; um ihn habe ich keine Sorge mehr."

„Wer so ruhig fühlen könnte!" sagte das Mädchen. „Mich preßt es jetzt doch wie eine furchtbare Angst. Ich sah noch niemals einen Menschen sterben."

„Sie werden es leicht lernen, den Anblick zu ertragen," versicherte der Arzt. „Wer wie Sie einen launischen, oft unerträglichen Kranken, der Ihnen zudem ein Fremder war, durch alles Elend seines Leibes und seiner Seele monatelang aufopfernd gepflegt hat und dann noch so lebensfreudige Augen hat und den Frühling so schön findet, der ist dem Tode gewachsen. Sie machen mir keine Sorge. Aber um einen anderen ist mir bange: um den Sohn, der an diesem Sterbebette stehen sollte und noch nicht zur Stelle ist. Es wird ihn hart treffen, daß er doch zu spät kommt. Ein wirklich tragisches Schicksal, daß er Tausende von Meilen herbeieilt, seine Verzeihung zu erflehen, und nun zu spät kommt um einen einzigen Tag. Gestern war der Vater ja noch leidlich bei Besinnung; möglich immerhin, daß er den Sohn erkannt hätte. Heute ist's wenig wahrscheinlich."

„Sind Sie auch sicher, daß es ein Glück gewesen wäre, wenn der Vater ihn erkannte?" fragte das Mädchen. „Ich hörte ihn immer nur im Tone unversöhnlichen Grolles von diesem Sohne sprechen. Ich schauderte, wenn ich es hörte, und wagte nicht weiter zu fragen oder dreinzureden. Der Vater und der einzige Sohn! Hätte diesen nicht am Sterbebette des Vaters erst recht das Schrecklichste treffen können? Vielleicht ist's nur ein gnädiges Schicksal, daß er zu spät kommt."

Der Sanitätsrat zuckte die Achseln. „Ich will die Möglichkeit nicht leugnen, daß der Vater hätte hart bleiben können," antwortete er nachdenklich, „und doch glaube ich nicht daran. Bisher stand Trotz gegen Trotz: da war er unerbittlich, felsenhart; nimmermehr würde er das erste Wort der Versöhnung über die Zunge gebracht haben. Dem Nahenden, Bereuenden aber würde er vielleicht weicher gewesen sein, als wir beide ahnen. Und so wie es nun ist, wird immer ein heimlicher Fluch auf dem Leben des Sohnes ruhen. Der Vater im Groll gegen ihn in die Grube gefahren: das ist doch nichts Kleines."

„Und das Schlimmste für ihn: hatte der Vater nicht ein Recht, so zu zürnen?" fragte das Mädchen. „Hat ihn der Sohn nicht ungehorsam, kalt trotzend, lieblos verlassen?"

„Urteilen Sie nicht härter, liebes Fräulein Lisa," versetzte der Sanitätsrat, „als es in der Natur Ihrer freudigen Augen liegt. Vielleicht hat Konrad sich nur ein Recht genommen, das ihm unbillig verweigert ward. Der Vater wollte ihn einspannen in die altherkömmliche, familienerbliche Beamtenlaufbahn: fürstlicher Kammerpräsident der Vater wie der Großvater, der Sohn sollte die Ehre weiterführen und überleiten zu künftigen Geschlechtern. Dem aber standen die Gedanken anders; was dem Vater würdig und groß schien, war ihm klein, dürr und dürftig. Die unendliche Welt draußen hat größere Ehren als so einen hübschen Krähwinkeler Titel. Nun, wenn er die Kraft in sich fühlte, nach Größerem zu ringen, so war es sein Recht, der inneren Stimme zu folgen; vielleicht sogar seine Pflicht. Und da der Vater nicht nachgab, so that er nach dieser Pflicht; er entlief heimlich aus der Heimat und ging ins Weite. Zu Schiff übers Wasser, dahin, wo ihm die Welt am größten, am hoffnungsreichsten schien."

„So messen Sie dem Vater die eigentliche Schuld an dem Zerwürfnisse zu?" fragte Fräulein Lisa mit einiger Verwunderung.

„Auch das nicht so ganz," entgegnete der Sanitätsrat. „Es geht gewöhnlich im

Leben so, daß die Schuld auf beiden Seiten oder auch auf gar keiner liegt. Dem Präsidenten können wir ein Recht, dem Ungehorsamen zu zürnen, gewiß nicht bestreiten. Er durfte zürnen so lange, bis der Sohn sein höheres Recht durch Thaten bewiesen hatte. Dieser Beweis aber ist ausgeblieben bis heute. Konrad hatte nichts aufzuweisen, was den Stolz des Vaters befriedigen konnte. Er trieb sich planlos durch die Welt umher, von Amerika bis Asien, dies und das beginnend und nichts vollendend. Er wurde alles und nichts, Schiffer, Kaufmann, Fabrikant, Journalist, Walfischfänger und Urwaldjäger; er wurde nichts dauernd und ganz. Er gewann hier und dort ein halbes Vermögen und verlor es wieder, doch er brachte nichts vor sich, darauf er hätte pochen können und sagen: Dies hab' ich und dies bin ich! Er war ein Erdballbummler, nichts Besseres. Es war im letzten Grunde doch wohl des Vaters Fluch, der ihn unstät und haltlos machte. Denn dessen Zorn wurde zum Groll und der Groll zum Fluch, als der Sohn den Rechtsbeweis schuldig blieb. Der Vater schämte sich seiner, und diese Scham erzeugte den Fluch. Und dieser Fluch lastete auf dem Sohne. Er und die eigne Scham zugleich über sein langes Mißlingen machen ihn ruhelos. Und aus solcher Scham heraus verstockte er sich in dem Trotz: ich kann und will erst Verzeihung erbitten, wenn ich etwas geworden bin, wenn ich die Verzeihung verdiene. Und er trotzte auch darauf, alles einzig der eignen Kraft verdanken zu wollen, jeden Beistand zu verschmähen, der irgendwie von seinem Vater auszugehen schien. Er hätte durch dessen Amt und Namen selbst dort in Amerika Verbindungen haben können, die ihm den Weg geebnet hätten: er wies das hartnäckig von sich. So verschlang sich der Knoten, und der Bann ward nie gebrochen. Ich weiß nicht, wieviel der Präsident selbst Ihnen hiervon vertraut hat —"

„Niemals ein Wort," versicherte Lisa. „Er brach vielmehr allemal schroff ab, sobald sich das Gespräch darauf zu lenken schien. Aber nach dem, was ich von anderen sagen hörte, mußte ich Schlimmeres glauben; etwas wie ein Verbrechen seines Sohnes, eine dunkle Schande —"

„Nichts dergleichen ist richtig," beschied sie der Sanitätsrat, „nichts, als was ich erzählt habe. Wir sehen nur wieder, was von Volksgerüchten zu halten ist — denn auch mir ist dies Gerede bekannt — auf den Gebissenen fahren alle Hunde los."

Lisa versank in ein Nachdenken.

„Es ist sonderbar," sagte sie dann, „ich habe mich so gewöhnt, an diesen verlorenen Sohn als an einen rechten Bösewicht zu denken, daß ich's nicht mehr los werde. Ich habe mich gefürchtet vor seinem Kommen und fürchte mich noch immer. Er steht vor meinen Augen als ein drohender Unhold. Und ich fürchte, er wird mir nie mehr anders erscheinen. So ungerecht kann man sein."

Der Sanitätsrat lächelte.

„Ein bißchen verwildert," meinte er, „mag er ja wohl aussehen, das ist nach solcher Vergangenheit kaum anders zu erwarten. Aber vielleicht gelingt es unserem ernsten Bemühen, ihn etwas zurecht zu stutzen; man kann doch kaum behaupten, daß er mit dieser Wildheit erblich belastet sei. Sonderbar genug bleibt es: der Vater das Muster eines lebhaft ehrbaren Beamten, die Mutter, die leider zu früh verstorbene, das Ideal aller häuslichen Tugenden: und dieser Bengel ein Wildling und Durchgänger von Jugend auf. Da soll man noch sagen: der Apfel fällt nicht weit vom Stamme! Auch der Bruder des Präsidenten, der Richard, ebenfalls früh vollendet, er war mehr als zwanzig Jahre jünger als jener — nun ja, immerhin, der besaß einen fröhlichen Wandertrieb: vielleicht, daß da die Spur eines Familienzuges zu erkennen ist. Vielleicht, daß auch bei Konrad der Trieb sich harmloser geäußert hätte, wäre er nicht gar so hart unterdrückt worden. Druck erzeugt Gegendruck; eingezwängter Dampf bricht sich gewaltsam Bahn."

„Sie wollen doch nicht sagen, daß Dr. Richard Mannhart, der Bruder des Präsidenten, auch so schlimm hätte werden können?" fragte Lisa mit einer Art von Entsetzen, während ein lebhaftes Rot ihre Wangen überzog und ihre klaren Augen seltsam feucht erglänzten.

„Wie, Sie haben meinen lieben jungen Kollegen näher gekannt?" fragte der Sanitätsrat still aufmerkend.

„Näher? O Gott —" erwiderte sie mit einem tief wehmütigen Lächeln. „Aber nein, ganz flüchtig, nur kurz vor seinem Tode. Ich war sechzehn Jahre alt, und er — ein so herrlicher Mann. Ich kann ihn nie vergessen. Er war so freundlich zu mir, und vielleicht — — doch da kam die Blutvergiftung, und alles war aus. Ich durfte ja nicht einmal an sein Sterbebett. Ich mußte zu Hause thatlos und trostlos der Schreckenskunde harren. Das habe ich in all den fünf Jahren in mir nicht verwinden können."

Der Sanitätsrat ergriff ihre Hand und streichelte sie leise.

„Mit wie wenigen Worten man so vieles begreift," versetzte er ernst, „und darum also — darum wurden Sie seinem alten Bruder die freudige Pflegerin?"

Lisa nickte und schaute nun treuherzig zu ihm auf. „Dem einen hatte ich es schuldig bleiben müssen," sagte sie still, „nun war mir dies eine beglückende Pflicht."

„Die beste Wohlthat aber haben Sie mit deren Erfüllung dem verlorenen Sohne gethan," sagte der alte Arzt. „Sie haben dem die schwere Verschuldung erspart, daß sein Vater unter fremden, lieblosen Händen hätte sterben müssen. So aber entschlummert er sanft, wie von reinster Kindesliebe gehegt und behütet. Der Sohn hat wohl Ursache zu heißem Dank."

Sie schüttelte, wie erschrocken, fast heftig den Kopf.

„Ich mag von dem keinen Dank!" rief sie hastig. „Schon weil ich ihn nicht verdiene; denn ich that das Wenige, was ich thun konnte, um eines anderen willen."

„Man erntet oft genug im Leben ganz anderen Dank, als man gemeint, und anderen, als man verdient hat," bemerkte der Sanitätsrat. „Schlechteren wohl in den meisten Fällen, dann und wann einmal aber auch besseren; das muß sich dann ausgleichen. — Jetzt aber muß ich Sie sich selbst und Ihren Gedanken überlassen. Dem Freunde drinnen kann ich weder nutzen, noch schaden mehr, der ist einer höheren Macht verfallen; doch ich habe andere Kranke, die noch nicht so weit sind, die vielleicht noch leben können und es jedenfalls gern möchten. Ich will versuchen, denen zu Wunsch zu sein."

Er drückte dem jungen Mädchen mit tiefer Herzlichkeit die Hand und verließ das Haus durch den Garten.

„Ich befehle Ihnen, hier in der freien Luft zu bleiben, bis man Sie ruft," erklärte er mit Nachdruck, sich im Abgehen noch einmal umwendend.

Sie blieb allein und blickte, still auf die Brüstung gelehnt, in die blühende, klingende Frühlingswonne hinaus. Jetzt löste sich ihre Erregung in vollfließende Thränen.

Ein unendliches Wehgefühl überkam sie. Ein Gefühl des Verlorenseins in der großen Welt. Das Gefühl eines Menschen, der die Heimat seiner Kindheit für immer verlassen muß. Sie hätte den alten ärztlichen Freund zurückrufen und sich an ihn klammern mögen. Sie begriff selbst nicht, was ihr so nahe ging. War ihr der Sterbende so viel gewesen? O Gott, gewiß nicht. Ein mürrischer, gebrochener Greis, der sich gleichgültig von ihr pflegen ließ und vielleicht kaum merkte, daß sie keine gewerbsmäßige Krankenwärterin oder Gesellschafterin war. Und erst seit wenigen Monaten weilte sie hier im Hause. Erst seit so kurzem hatte sie die Familie ihres Bruders verlassen, in der sie sich herzlich wohl gefühlt, geliebt von Eltern und Kindern, in fröhlicher Thätigkeit. Warum stach es ihr nun ins Herz, daß sie dahin zurück sollte? Es war eine sinnlose Stimmung, die sie beherrschte, und doch eine bezwingende, die sich nicht abschütteln ließ.

Eine Grasmücke ließ auf einem überhängenden Zweige dicht neben ihr einen langen, jauchzenden Triller vernehmen, brach dann schnell ab und schlüpfte in ihr nahes Nest in dem Dickicht des Epheus, der die Wand bei der Veranda umkleidete.

Auf einmal kam ihr's wie eine Offenbarung. Nest! Heimat! Ja, sie hatte hier eine Heimat gefunden in diesem entzückenden Erdenwinkel zwischen Gebirge und Ebene. Der jubelnde Frühling draußen schmetterte und leuchtete es ihr entgegen: Hier bist du zu Hause! Hier ist dein Nest! Draußen in der Welt bei dem treuen Bruder ein lieber Gast, ein froher Gast: aber doch ein Gast. Hier hatte sie als Herrin schalten gelernt, nur monatelang, nur in Stellvertretung, aber doch als Herrin. Sie hatte dies kleine Königreich, das die alten Lattenzäune umschlossen, verwaltet, versorgt, gehegt, ernährt, sie hatte es sich handelnd und schaffend zu eigen gewonnen. Jede Blume ihr eigen, die sie begossen, jede Frucht der Bäume, deren Blüten sie vor Raupen und Ungeziefer bewahrt, ihr eigen; die Tauben, die Hühner, die Ziege im Stall, die weiße Katze, die sich dort so behaglich in der Frühlingssonne reckte, der junge Spitz, der jener eben spielerisch neckend in den Schwanz faßt: alles ihre Schützlinge, ihre Pfleglinge, ihr liebes Eigen. Selbst an den Nachbarskindern, die so oft schüchtern über den Zaun gespäht, ob der bärbeißige alte Herr im Garten sei, vor ihr sich aber nicht einen Augenblick gefürchtet, auch an ihnen hatte sie ihren Anteil, auch sie hatten still in ihrem Herzen sich eingenistet: man putzt nicht umsonst fremden Kindern die Nasen, ordnet ihre Zöpfchen, schenkt ihnen Obst und Kuchen; die klugen kleinen Racker schlichen sich unvermerkt in das fürsorgende Herz ein.

Und so war alles hier Heimat für sie geworden, so Haus als Garten mit allem, was darin war. Und dann dieser wonnige, süßvertraute Ausblick ins Gebirge mit den herrlichen Waldkuppen, auf die Stadt, die liebe, behagliche, warme! Wie schön das alles im Schnee und im Rauhreif, zu wie neuer Schönheit nun wieder aufgeweckt durch diesen goldenen Frühling, der nur Segen und Heiterkeit kennen zu wollen schien!

Der goldene Sonnenschein ruhte wie ein segnender Traum über dem friedevollen Bilde; nie war diese fein in sich abgeschlossene und dennoch frei hinauslangende Welt so selig schön, so herzbestrickend gewesen. Heimat! Heimat!

Und die Grasmücke fuhr fort zu trillern und zu jubilieren, und die Amseln fielen mit ein und ein paar muntere Buchfinken; und vom Taubenschlage her tönte dazwischen ein stillbehagliches Gurren. Heimat! Heimat!

Um ihre still nachquellenden Thränen zu unterdrücken, trat sie in das Zimmer zurück und that einen Blick auf den Kranken. Er lag noch regungslos schlafend, dem Aussehen nach schon einem Toten gleich, doch laute Atemzüge bezeugten sein Leben. Die alte Magd saß mit ihrem Strickstrumpf in getreuer Wacht.

So leise, wie sie gekommen war, trat Elsa aus dem dumpfen Halbdunkel wieder hinaus in den flutenden Sonnenschein. Und wieder quoll es wie ein heimliches Jauchzen in ihrem Herzen auf. Die Thränen waren versiegt und vergessen.

Und jetzt ging es ihr durch den Sinn, daß jener frühverstorbene Richard, der Bruder des Präsidenten, in diesem Hause seine Kindheit verlebt hatte. Aber die Thränen kamen ihr nicht mehr. Es schien ihr plötzlich undenkbar, daß er wirklich gestorben sei damals; sie hatte ja niemals den Toten gesehen. Und wenn auch die Leute recht hatten mit ihrer Aussage, für sie lebte er dennoch, sie konnte ihn nicht verlieren. Es war ihr nicht mehr möglich, um ihn zu trauern; um seinetwillen war es ganz hell in ihrem Herzen. Nur daß seine Heimat nicht mehr die ihre sein sollte, daß sie wieder als Gast in die Ferne ziehen mußte, zuckte noch wieder mit dumpfem Weh durch ihre Seele.

Sie sah weit und weiter hinaus in die leuchtende Ferne. Ihr Auge folgte der großen Straße, die, mit blühenden Obstbäumen besetzt, aus der Stadt nach Norden in die Ebene führte, auf die zwei Meilen entfernte Eisenbahnstation zu.

Auf einmal schrak sie zusammen. Sie hatte einen Radfahrer entdeckt, der in fliegender Eile die Straße entlang jagte.

„Das muß er sein," flüsterte sie. „Das ist er. Der Schnellzug von Hamburg muß eben vorüber sein. Natürlich fährt ihm die Post zu langsam. Aber daß er daran gedacht, dafür gesorgt hat!"

Ein Gefühl der Angst und des Unbehagens überlief sie. Sie empfand etwas wie Widerwillen und Groll gegen den unbekannten Menschen. War er es nicht zuletzt, der sie vertreiben würde aus dieser geliebten Heimat? Er, der Heimatlose, der Heimatflüchtige, der wirre Landfahrer, der nichts wußte von der stillen, warmen Liebe zur Scholle, zum Hause, zum Herde? Ganz hassenswert erschien er ihr, ohne Sinn und Gefühl. Und jenes zappelnde, unbehagliche, ungesellige, rastlose, seelenlose Rad war so recht das Gefährt, wie er es brauchte, der unstete, von Trotz umgetriebene Geselle. Mit furchtbarer Schnelligkeit kam er näher und näher. Was wollte er hier? Warum hatte keine Ahnung ihm sagen können, daß er doch zu spät kam? Ein nur zu gerechtes Schicksal für ihn, der dem Vater acht Jahre lang rücksichtslos getrotzt hatte, ohne sich im geringsten um seine Verzeihung zu bemühen!

Mit beklommenem Herzen verfolgte sie seinen Weg längs der endlosen Blütenbaumreihen.

Jetzt aber entschwand er ihren Blicken; die Straßen der Stadt hatten ihn aufgenommen.

Sie verließ die Veranda und durchschritt den Garten bis zur äußeren Thür, um den Ankommenden dort abzufangen und ihm über die Sachlage zu berichten. Mit heftig klopfender Brust stand sie an den Zaun gelehnt neben der niedrigen Lattenthür und wartete seiner Ankunft.

Sie versuchte die unbehagliche Aufregung in sich zu beschwichtigen. War sie denn überhaupt sicher, daß er es gewesen war, nicht ein beliebiger anderer Radfahrer? Was lag denn für Nachricht von ihm vor? Ein Telegramm aus England: An dem Tage in Hamburg. Gestern nämlich. Das war alles. Wenn das Schiff nur einige Stunden später in Hamburg eintraf, war der Nachtzug versäumt; und läßt sich die Fahrt eines Seedampfers so auf Stunden berechnen? Das Schiff konnte aber auch verunglückt, ganz untergegangen sein, vielleicht durch einen Zusammenstoß, natürlich mit Mann und Maus —

Lisa erschrak über sich selbst: sie wünschte im tiefen Herzen dieses fürchterliche Unglück — sie wünschte Hunderten von schuldlosen Menschen den Tod, bloß um den einen ihr unliebsamen nicht hier zu sehen. Sie schämte sich ehrlich; doch ihr Bangen wurde nur desto größer: sie konnte ja diesem Menschen, dem sie so heimtückisch nach dem Leben getrachtet, nicht mehr frei ins Auge sehen.

Und plötzlich nun stand er vor ihr, ganz nahe der Gartenpforte, über die er hinwegblickte. Doch sie sah er noch nicht, sein Auge hing wie berauscht an der Blütenpracht des Gartens, dem Sonnenduft des Waldthals dahinter. Er stand an sein Rad gelehnt, noch keuchend von dem letzten ziemlich steilen Aufstieg; sie sah sein Antlitz deutlich in jedem Zuge.

Und da entfuhr ihr ein Schrei, ein lauter Aufschrei, ein Ruf tiefster, schaudernder Überraschung.

Der weckte den Mann aus seinem verlorenen Schauen, und er erblickte das schöne Mädchen, das glühend übergossen und völlig verstört einige Schritte zurückwich und ihm wie einem unbegreiflichen Wunder mit fragenden, bebenden Augen entgegenstarrte.

Und auch er ward ein wenig verwirrt durch ihr seltsames Wesen, für das ihm jede Erklärung fehlte, und freilich auch betroffen durch die helle Lieblichkeit ihrer Erscheinung. Er sah sie wie in einem Rahmen zwischen zwei blühenden Äpfelbäumchen stehen, die ihre zarten Kronen leise gegeneinander neigten, und ihr reiches Blondhaar hob sich mit holdem Glanze von der fernen, dunklen Tannenwand ab. Wie eine Frühlingsgöttin stand sie in all der leuchtenden Herrlichkeit.

Und er verharrte in Schweigen, und so versenkten sich ihre staunenden Blicke über den Zaun hinweg immer tiefer ineinander, wie von einem Zauber gebunden. Er wollte nicht reden, und sie konnte nicht reden.

Endlich überwand sie aber doch die Erschütterung, und die bittere Verlegenheit, die sie nun ergriff, ließ sie Worte finden.

„Verzeihen Sie," begann sie mit starker Anstrengung, „diesen Empfang, diesen wunderlichen. Ich wußte ja, daß Sie heute kommen würden: aber nur nicht so — ich meine, in dieser Gestalt — ich dachte Sie mir anders — verzeihen Sie, ich rede Unsinn — ich wollte sagen, Sie haben eine erschreckende Ähnlichkeit mit einem Verstorbenen, einem Manne, den ich gekannt habe — aber mein Gott, ach so, ja, Sie kannten ihn ja auch und viel besser, er ging Sie weit näher an: Ihr Onkel Richard — es war wohl nicht zu lange nach Ihrer — Ihrer Abreise, als er starb. Eine ganz wunderbare Ähnlichkeit: mir war's, als ob ein Toter erstanden wäre; darum war ich so versteinert."

Ein wehmütiges Lächeln überzog sein kräftiges, ernstes, gebräuntes Gesicht. Er öffnete die Gartenthür und trat herein, lehnte sein Rad gegen den Zaun und sagte bewegt:

„Davon wußte ich nichts. Doch ich kann mir denken, daß Sie recht haben, daß ich ihm ähnlich geworden bin, da ich seinen Jahren mich nähere. Und nur um

Aus unserer Bildermappe:

Musikliebhaber. Gemälde von Gabriel Metsu im Kgl. Museum zu Haag.
Nach einer Originalphotographie von Braun, Clément & Cie. in Dornach i. E., Paris und New York.

so erfreulicher ist mir dieser Empfang in der Heimat. Mein guter Onkel — hätte er länger gelebt, vielleicht wäre manches doch anders gekommen. Aber sagen Sie vor allem: mein Vater lebt? Ja! Gott sei gepriesen! Ihre Augen sagen es. Und er muß ja leben! Es wäre zu furchtbar — Kann ich ihn sprechen?"

„Er lebt," sagte sie still, „noch heute. Und Sie werden ihn sehen können. Zur Zeit schläft er, noch einige Stunden, hat der Arzt verheißen. Dann wird er aufwachen und vielleicht — es ist immer doch möglich, daß er Sie noch erkennt."

„Vielleicht?" rief er in heftiger Erregung. „Nur vielleicht? Steht es schon so um ihn? Aber mein Gott, mein Gott! Er muß mich erkennen!"

„Hoffen dürfen Sie es ja noch," beruhigte sie ihn, „er hatte bisweilen in den letzten Tagen ganz lichte und freie Stunden. Nur freilich, mich erkennt er schon nicht mehr. Denn ich bin für ihn aus zu neuer Zeit. Er lebt ganz nur noch in vergangenen Tagen. Die letzten Jahre scheinen ganz ausgelöscht in seiner Seele. Er spricht meist genau so, als hätte er diese noch nicht gelebt, als wäre er um so viel jünger."

„Hat er je von mir gesprochen?" fiel er hastig ein.

„Zu mir niemals," erwiderte sie.

„Und Sie sind —?" fragte er fast schüchtern. „Aber natürlich, ich weiß ja, der Sanitätsrat hat mir von Ihnen geschrieben, Fräulein Lisa Hartig, die gütige Helferin — ich habe Ihnen viel zu danken."

Er reichte ihr herzlich die Hand, und sie nahm sie, langsam, nicht zögernd, aber wie traumbefangen. Ihre Wangen glühten wieder lebhafter auf.

„Ich muß ihn sehen!" rief er nun dringend. „Wollen Sie mich zu ihm führen?"

„Wenn Sie mir versprechen, seinen Schlaf nicht zu stören, gern," entgegnete Lisa.

Er antwortete nur durch einen Blick, und sie schritt ihm voran auf die offene Halle. In ihrem weichen, stillen Gange erschien ihm die edle Gestalt wieder wie eine Göttin des Frühlings und der Heimat.

Die Thüre leise öffnend ließ sie ihn in das Krankenzimmer. Sie winkte der Magd, sich zu entfernen, und blieb selbst draußen.

Wohl eine halbe Stunde lang verweilte so der heimgekehrte Sohn bei dem schlummernden Vater.

Lisa träumte wieder thatlos in die sonnige Landschaft hinaus; doch ihr Blick ging jetzt verschwommen ins Leere, sie war ganz mit sich selbst beschäftigt und rang gewaltsam, ihre Erregung zu bemeistern. Ihre müßigen Finger zuckten und arbeiteten leise immerfort, ihr Busen hob sich in stürmischer Wallung.

Endlich trat der junge Mann wieder zu ihr heraus. Schweigend setzte er sich auf die Gartenbank und barg das Antlitz in beide Hände. Lisa störte ihn durch kein Wort und keine Bewegung. Sie bemühte sich sogar, die heißen Atemzüge zu bändigen und jeden Laut zu unterdrücken.

Nach einigen Minuten richtete er sich straff in die Höhe, trat neben sie an die Brüstung und ließ den Blick in die goldene Weite hinauswandern. Und nun fragte er leise:

„Finden Sie dies auch so überschwenglich schön?"

„Ja," sagte sie hingerissen, „vor einer Stunde noch vergoß ich bittere Thränen, daß ich nun bald von hier scheiden muß. Mir ist diese Erdstelle zur Heimat geworden."

„Ja," sagte er lebhaft, „ich verstehe das wohl. Es liegt ein Hauch über dieser Landschaft wie von ewigem Heimatfrieden und ewigem Heimatglück. Und doch können Sie das schwerlich ganz so empfinden wie ich: denn Sie waren nicht draußen."

Sie hob den Kopf empor und warf ihm von der Seite her einen scharfen, fast vorwurfsvollen Blick zu. Und sie fragte hastig:

„Warum sind Sie denn hinausgezogen so mit aller Gewalt, wenn es draußen in der Welt nicht einmal schöner war als hier?"

Ein ganz leises Lächeln trat auf seine Lippen. Er bemühte sich, einen neuen Blick von ihr aufzufangen, doch sie hielt die Augen wieder fest, beinahe trotzig, gesenkt. Da sagte er langsam, mit stillem Nachdruck:

„Ich mußte hinaus, um es hier schön finden zu können. Ich mußte mir die Heimat erobern draußen in der Ferne. Ich war hier noch nicht heimisch. Es war hier noch nicht schön damals; es war ein trübseliges, freudloses, schläfriges Land, ohne Ausblick, ohne Ziele, ein Land, wo man dahintrottete auf eingezäumter Straße, immer einer hinter dem anderen in amtlich vorgeschriebenem Tritt, wo keine Kräfte sich regen durften außer nach altem, verstaubtem Herkommen; es war ein Leben in einer verdumpften Höhle ohne Sturm und ohne Sonnenschein, es war ein Maulwurfsleben, ein Leben nach der Uhr, nach der Elle, ein Strickstrumpfleben. Ich mußte erst draußen lernen, wie man auch hier seine Glieder bewegen und fröhlich sich tummeln kann. Denn ich fühlte Kräfte in mir, und die mußten sich regen auf einem Gebiete, wo Raum war, wo die Ellbogen nicht bei jedem Schritte an Bannpfähle und Grenzsteine stießen. Jetzt ist das anders; jetzt kümmern mich die Steine und Planken nicht mehr, ich schiebe sie beiseite.

„Das war's, was ich lernen mußte. Mein Vater begriff mich nicht. Wie sollte er auch? Er war aus einer anderen Zeit und von ganz, ganz anderer Art. Mißverstehen Sie mich nicht: ich mache ihm keinen Vorwurf. Eher möchte ich sagen: ich danke ihm für seine Härte, für die Fesseln, in die er mich schmiedete. Denn erst der Widerstand dagegen hat meine Kräfte ganz frei gemacht, hat mich ganz auf mich selbst gestellt. Nur ihm verdanke ich's, daß ich in der weiten Welt wirklich das fand, was ich dort suchte."

„Haben Sie das denn gefunden?" fragte Lisa in seltsam verwundertem und zweifelndem Tone. „Man hat mir gesagt — man hat mir's anders gesagt."

Konrad lächelte fast übermütig.

„Man hat Ihnen gesagt, ich habe kein Amt, keine Stellung, keine Ehren, keinen Titel, keinen Orden, sogar kein Geld gefunden — und man hat recht gesagt. Aber eben um allen diesen schönen Dingen zu entgehen, war ich von hier geflüchtet. Denn alle diese Dinge lagen hier am Wege, ich brauchte nur zuzulangen. Ich war ja hier im Lande der Sohn des Präsidenten, dem es nicht fehlen konnte. Doch diese Trauben fand ich sauer, nicht weil sie zu hoch, sondern weil sie mir zu niedrig hingen.

„Das eine, Beste aber war hier nicht zu erlangen, das ich draußen gefunden habe: das Bewußtsein, ich selbst zu sein, nicht der Sohn meines Vaters, nicht das Geschöpf der Verhältnisse. Ich habe gefunden, was ich suchte, denn ich stehe hier lebend, habe mich durch acht harte Jahre hindurchgeschlagen, ohne zu verhungern und ohne völlig zu entarten. An Gold und Ehre würde ich mehr haben, wäre ich im Lande geblieben; aber dieses Mehr hätte ich nicht von mir selber. Es würde erborgt sein; ich aber wollte erworbenes Eigentum."

Lisa schaute unter seiner Rede mit still freudigen, zuletzt beinahe schwärmerischen Blicken zu ihm auf, solange er ins Weite sah. Als aber jetzt sein Auge sie traf, schreckte sie mit heimlichem Erröten zusammen und fragte, zur Kühle und Strenge sich zwingend:

„Und war dieser Gewinn, so groß er auch sein mag, es wirklich wert, die Liebe, den Segen eines Vaters für immer zu verscherzen?"

Er beugte zusammenzuckend den Kopf.

„Ich habe vor Ihnen geprahlt," versetzte er tiefernst, „es steht in Wahrheit doch anders mit mir. Durchgeschlagen habe ich mich, ja; aber gelebt habe ich noch nicht. Ich habe mir ein Werkzeug geschmiedet, aber ein Werk noch nicht geschaffen. Und ich weiß jetzt auch, daß ich nie etwas schaffen werde außer hier im Lande. In dem Augenblicke, als ich hier zuerst wieder hinunterblickte in unser Thal, ist mir das klar geworden, und als —" er stockte für ein Weilchen, fuhr aber dann kräftig fort: „— und als Sie vor mir standen. Sie erschienen mir da wie der Genius der Heimat. Ihr Gesicht hat etwas Wohnliches wie diese Landschaft; verzeihen Sie mir, wenn ich's ausspreche; ich habe mich frei zu reden gewöhnt. Ich wußte auf einmal, was ich bisher nicht gewußt, wonach ich draußen trotz allem vergebens gesucht hatte: nach einer Heimat. Dort verschlang eine Stunde, was die vorige geboren hatte; es gab nichts Stetiges im Denken und Fühlen. Ich vermochte nirgends anzuwachsen, nirgends zu nisten, Behagen zu genießen und zu verbreiten. Ich war in mir selber haltlos, kernlos, heimatlos.

„Nur einen Halt besaß ich, einen festen Punkt, eine Stange, an die ich mich klammerte: den Trotz gegen meinen Vater. Diesem wollte ich beweisen, daß ich im Recht gewesen war mit meiner Flucht und er im Unrecht. Nur als Sieger wollte ich heimkehren und dann gern um Verzeihung bitten; so konnte ich mich demütigen, als Besiegter nicht. Der Gedanke, daß er sterben könnte vor meinem Siege, kam mir gar nicht in den Sinn, oder wenn er mir je kam, warf ich ihn weit von mir. Mein Vater stand mir vor Augen als der allezeit kernharte, auch körperlich unbeugsame Mann, dem Alter und Krankheit nichts anhaben könnten.

„So lebte und beharrte und rang ich mit dem Leben einzig durch diesen Trotz. Und nun ist doch wieder alles anders gekommen, als ich es mir gedacht hatte. Die Nachricht von seiner tödlichen Erkrankung traf mich mit erschütternder Wucht. Ich wußte mit einem Schlage, daß ich verloren war, wenn er mir nicht verzieh und mich nicht segnete. Ich wußte, daß mein Weiterleben ganz davon abhing. Und ich warf alles hinter mich und trat, ohne einen Tag zu zaudern, die Heimfahrt an. Ich war voll Hoffnung, denn der Arzt gab ihm mit Bestimmtheit noch Monate zu leben. Monate brauchte ich freilich auch zu der Heimreise aus den Wildnissen Hinterindiens.

„Nun stehe ich hier und sehe mich zwischen Hoffnung und Verzagen geworfen. Das eine aber weiß ich jetzt mit noch qualvollerer Gewißheit: kann er mich nicht mehr segnen oder will er es nicht, so muß ich wieder hinaus in die Welt als ein umirrender Mann, und mein Halt ist mir genommen, mein seelenbelebender Trotz. Ich werde zu Grunde gehen als ein unnützer Mensch, unnütz anderen und mir selbst. Der Fluch muß mich erdrücken.

„Hier aber in der Heimat werde ich keinen Tag mehr verweilen können. Hier ist der Fluch noch schwerer. Ich würde mir wie ein Gebrandmarkter vorkommen, ich würde die Augen nicht aufzuheben wagen nicht nur zu keinem Menschen, auch nicht zu Ihnen, sondern nicht einmal zu dem holdseligen Landschaftsbilde hier vor uns. Ich schaudere vor dem Gedanken, hier im Hause und im Lande bleiben zu sollen unter dem Fluche meines Vaters."

Mit ängstlicher Teilnahme war Lisa seinen leidenschaftlichen Worten gefolgt; und jetzt fiel sie lebhaft ein:

„Aber können Sie den Zufall so zum Herrn Ihres Geschickes machen? Es hängt doch nur vom Zufall ab, ob er noch einmal zum vollen Geistesleben erwacht und Sie erkennt und zu Ihnen redet, oder ob er in Dumpfheit hinüberschläft. Und ich will es gleich aussprechen: nach seinem Verhalten in den letzten Tagen und nach der Aussage des Arztes ist es nicht wahrscheinlich, daß er in klarer Besinnung zu Ihnen reden wird. Würde er vielleicht doch auch als Gesunder Sie kaum erkennen, Sie müssen sich sehr stark verändert haben in diesen Jahren, nach den alten Bildern zu urteilen — nein, auf diesen Zufall dürfen Sie Ihr Schicksal nicht gründen wollen."

„Gründe ich denn mein Schicksal?" entgegnete er düster. „Es gründet mich; oder richtiger, wie ich nun sehe, es stürzt über mir zusammen."

„Ist's denn nicht genug, wenn Sie sich sagen können: er würde verzeihen und segnen, wenn er Sie erkennte?" fragte sie ängstlich dringend.

„Nein," sagte Konrad scharf, „das ist nicht genug. Denn ich kann mir das nicht sagen. Ich glaube es nicht einmal. Wer in acht langen Jahren kein Wort fand auch nur eines gemilderten Zornes, auch nur eines kühleren Sinnes, von dem darf man eine so plötzliche Wandlung nicht annehmen, es sei denn, daß er selbst sie mit vollen Worten bezeugt. Meine einzige Hoffnung bleibt das Wunder, daß er mich doch noch erkennt. Denn dann getraue ich mir wohl, ihn zum Segnen zu zwingen."

„Und wenn das geschieht?" fragte Lisa mit gesenkten Blicken, „— es ist ja nicht unmöglich — dann bleiben Sie im Lande und werden die Enge unseres Lebens hier ertragen?"

„Ja," sagte er freudig, „denn sie wird mich ertragen lernen, und es wird keine Enge mehr sein. In der Heimat und für die Heimat wollte ich fortan schaffen; und ich weiß, auch mein Schaffen würde gesegnet sein. Ein klein wenig darf ich wohl jetzt wieder prahlen und von mir bekennen: umsonst habe ich nicht draußen gelebt und gearbeitet. Ich habe meine Augen geschärft für hundert Dinge, die uns hier fehlen, und die wir doch haben könnten mit mäßigem Verstand und geringem Bemühen. Die flüchtigen Blicke, die ich heute hier in Stadt und Land um mich werfen konnte, haben mich schon mancherlei gelehrt, wo ich Hand anlegen kann zu unserer Mitbürger und meinem eignen Gedeihen. Das Geld liegt hier auf der Straße so gut wie irgendwo, und nicht nur das Geld, sondern auch Behagen und Lebensfreude. Warum führt von hier noch keine Eisenbahn ins offene Land, warum keine übers Gebirge? Das ist ein Beispiel von sehr vielen. Ohne Zweifel ganz allein, weil der eine Mann gefehlt hat, der sich ganz dafür einsetzt und die Masse mit sich fortreißt. Das habe ich drüben gelernt, daß rücksichtsloses Wollen jeden Widerstand besiegt. — O, ich wollte mich hier heimisch machen mit ganzer Seele, wenn es mir vergönnt wäre! Eine Stunde hat genügt, mir die Welt zu entfremden und mein Herz hier fest einzuwurzeln."

Lisa blickte scheu von der Seite zu ihm auf und doch mit einem heimlichen Ausdruck stiller Glückseligkeit.

„Wenn ich etwas dazu thun könnte, Ihnen den Segen zu verschaffen, ich thäte es gern," sagte sie herzlich.

Er warf einen leuchtenden Blick auf ihr holdes Antlitz.

„Sie haben schon genug gethan," sagte er ernst, „Sie haben Ihr reiches Teil an dieser Entdeckung meines tiefen Selbst. Auch aus Ihrem Auge strahlte mir die Heimat, Sie standen vor mir wie ein lebendiger Gruß aus der sonnigen Kinderzeit. Mir ist's unmöglich zu denken, daß Sie mir je eine Fremde waren, je wieder fremd sein könnten. Verzeihen Sie eine so schnelle Offenheit: in solcher Stunde, wie ich sie durchlebte und zu durchleben habe, ergreift man die Dinge zehnmal rascher und entschiedener als sonst in Liebe und Haß, und man trägt das Herz gern freier auf der Zunge —"

Die Thür des Zimmers öffnete sich plötzlich, und die Magd trat eilig heraus. „Der Herr ist im Erwachen. Er fängt laut an zu reden," meldete sie aufgeregt.

Konrad und Lisa wechselten einen stummen Blick und reichten sich die Hände. Beider Hände zitterten heftig, und ihre Gesichter waren tief erblaßt.

Sie traten miteinander leise in das Zimmer. Die Magd blieb nun draußen.

Lisa näherte sich zuerst dem Bette des Kranken. Dieser sah sie an und über sie hinweg mit einem fremden, ganz gleichgültigen Blicke wie über eine gewohnte, aber ihm nichts bedeutende Erscheinung. Sie richtete ein freundlich fragendes Wort an ihn, doch er kümmerte sich auch darum nicht, sondern redete verloren halblaut vor sich hin. Trotzdem fügte sie mit fester Stimme hinzu:

„Ich habe hier jemanden mitgebracht, der Sie gern sprechen möchte. Vielleicht daß Sie ihn erkennen; sonst will ich Ihnen sagen, wer es ist, und Sie werden sich freuen."

Sie lüftete den Vorhang der Glasthür ein wenig, daß etwas mehr Licht hereindrang. Konrad trat nahe an das Bett und machte eine Bewegung, sich auf die Kniee zu stürzen. Der Kranke aber blickte nach ihm hin, und alsbald durchleuchtete sein müdes Auge ein warmer, lebendiger Strahl. Doch verriet er keinerlei Überraschung; mit gelassener Freundlichkeit streckte er die Hand aus, als ob er einen längst Erwarteten oder täglich Gewohnten begrüßte, und sagte ruhig:

„Das ist recht, lieber Richard, daß du heute kommst. Ich habe gerade jetzt etwas mit dir zu reden, etwas ganz Wichtiges, weißt du. Von dem Jungen, dem Konrad nämlich. Wir haben lange nicht über ihn gesprochen —"

Der junge Mann zuckte jählings zusammen, er schwankte zitternd und suchte nach einem Halt; seine Blässe ward noch tiefer. Da trat Lisa zu ihm und flüsterte ihm zu:

„Er hält Sie für seinen Bruder. Er hat dessen Tod vergessen. Schweigen Sie einstweilen, und hören Sie ihn an. Vielleicht, daß sich später eine Möglichkeit gibt, ihn über Sie aufzuklären. Setzen Sie sich neben ihn auf den Stuhl; er hat das so am liebsten."

Er gehorchte und nahm schweigend den Platz neben dem Bette ein. Und der Kranke fuhr fort:

„Es lag mir nichts daran, über ihn zu sprechen; ich hatte meine Gründe. Jetzt aber — du weißt doch, daß meine Tage gezählt sind —? Ja, ja, es ist so, rede mir da nicht drein. Ich bin kein Narr, der sich vor dem Tode fürchtet. Ich habe auf Erden nichts mehr zu versäumen, noch zu suchen. Der Junge aber — ich werde ihn nicht mehr sehen, und das ist auch am besten so. Ich würde einen fremden Menschen an ihm sehen, und er an mir einen von Krankheit entstellten. Und dann, ich würde mit ihm nicht so reden können, wie ich möchte und sollte. Es würde mir wieder so aufsteigen, nicht der Groll, o nein, aber so etwas anderes: man ist doch der Vater und er ein dummer Junge. Dem kann man doch nichts abbitten und ihm nicht Recht geben. Darum ist es so am besten, wir sehen uns nicht mehr. Er ist doch bei mir und ich bei ihm.

„Aber mit dir, lieber Richard, muß ich sprechen. Höre mir zu. Daß der Schlingel mir durchgebrannt ist, in Ungehorsam und Trotz, bei Nacht und Nebel, ist nun nicht zu ändern. Aber nun sollst du etwas hören, was du von mir nicht erwartet hast: der Junge hat recht gethan. Er ist tapfer seiner Natur gefolgt: Klügeres kann kein Mensch im Leben thun. Er war ein Knabe und hat gehandelt wie ein Mann.

„Ich wollte, ich hätte in meiner Jugend das Gleiche gethan. Gewollt habe ich wohl einmal ähnliches; doch mein Wille war nicht hart genug oder die Verhältnisse zu stark: wir lebten ja damals in einer viel strengeren Welt. Ich blieb im Lande und nährte mich redlich nach der Weise meiner Väter. Es kam mir hart an in der ersten Zeit. Diese Welt war so eng und so rostig und abgelebt.

„Aber ich gewöhnte mich doch ein; und wie es zu gehen pflegt: wenn wir alt werden und bequem in Gedanken und Gefühlen, dann blicken wir wohl auf die Träume unserer Jugend mit feindseligem Hohn und verstocken uns in dem Hochmut, wir seien weiser als die Jungen und hätten das bessere Teil erwählt. Und so habe ich mich verstockt gegen die Träume meines Schlingels; gerade weil sie meinen eignen so gleich waren, nur um desto mehr. Was ich überwunden hatte, sollte er auch überwinden.

„Er aber war stärker und klüger als ich und ließ mich sitzen in meinem ohnmächtigen Trotz. Und er selbst war auch meines Trotzes Sohn; und so standen wir gegeneinander in verbissener Feindschaft Jahr für Jahr. Du suchtest wohl anfangs zu vermitteln, lieber Richard, doch wir waren beide noch nicht reif zur Versöhnung.

„Wenn es aber ans Sterben geht, sehen sich manche Dinge auf einmal ganz anders an als zuvor. — Aber ich bitte dich ernstlich, Bruder, laß dies läppische Schluchzen! Es schickt sich nicht für Männer. — Also, wenn der Junge zurückkommt, darfst du ihm das eine sagen, daß ich ihm vergeben habe. Das wird ihm immerhin lieb sein. Aber das andere sagst du ihm besser nicht, daß er sehr klug gethan hat mit seinem dummen Streich: das könnte ihn hochmütig machen; und es ist doch immer pietätlos für einen Sohn, sich klüger zu wissen als sein Vater! Lassen wir ihn also in dem Glauben, er habe eine Dummheit gemacht, eine nur gerade noch am letzten Ende verzeihliche Dummheit.

„So, das war die Hauptsache, was ich dir sagen wollte. Das andere nur nebenher. Sieh mal: ich habe ihn enterbt; und ich mag das Testament jetzt nicht mehr umstoßen. Die Minuten sind mir zu kostbar für solchen Quark. Reichtümer sind es ja nicht, die ich ihm entziehe: nur dies Haus und diesen Garten. Er wird das nicht weiter vermissen: er schätzte ja nur den selbsterworbenen Besitz und hielt von Haus und Heimat nicht viel.

„Aber mir ist's doch leid, daß es in fremde Hand kommen soll. Und nun ist das Merkwürdige, daß ich vergessen habe, wem ich es vermachte. Ganz vergessen.

„Nein, doch nicht ganz. Eben dämmert mir etwas. Ein Mädchen muß es gewesen sein.

„Ja, ganz recht, ein Mädchen, das mich vor Jahren in meiner Krankheit gepflegt hat, aufopfernd gepflegt hat: nein, mehr als das, mit hingebender Liebe. Ich habe so etwas nicht für möglich gehalten nach dem Tode meiner Frau. Du weißt, was ich von meiner Frau gehalten habe; es hat in der Welt nie eine bessere und schönere gegeben. Einzig dies Mädchen: vielleicht war die noch um eine Kleinigkeit lieber und schöner, ganz ehrlich gesprochen; sie hatte so etwas an sich von Frühlingssonne und von Heimatfrieden. Ich mußte ihr deshalb zumeist die rauhe Seite zeigen, daß sie nicht merkte, wie holdselig sie war, denn das taugt nicht für so junge Dinger. Jugend muß man kurz halten.

„Das Merkwürdige ist: ich weiß nicht, wo sie hergekommen war, und auch nicht, wo sie geblieben ist. Ich kenne sogar den

Namen nicht mehr: aber den muß das Testament ja ans Licht bringen.

„Sieh mal, Richard, und da habe ich mir nun gedacht: vielleicht gefällt sie dir, und du heiratest sie am Ende. Du mußt sie ja kennen lernen. Da bleibt das Haus der Familie erhalten; und sollte der dumme Junge einmal müde aus der Welt nach Hause kommen, da ist doch das alte Nest auch für ihn noch offen, und er lernt vielleicht wieder empfinden, was das Wort Heimat bedeutet. Überlege dir die Sache, Brüderchen. Du bist alt genug zum Heiraten und verständig genug auch. Zureden will ich dir nicht. Aber das wird auch gar nicht nötig sein, wenn du sie erst gesehen hast. Und ich hab' eine Ahnung, daß du ihr auch gefallen wirst. Es gibt so Sympathien; ihr seid so von einem Kaliber. Und der Konrad wäre der dritte dazu. Bloß eines weiß ich nicht: ob sie überhaupt noch lebt. Aber jung war sie und lebenslustig und gesund, und mag ja also wohl noch leben. Und dann wäre es ganz hübsch, wenn sie gleich mit in der Familie bliebe.

„Jetzt bin ich zu Ende. Mit dem Reden zu Ende. Es fängt an mir schwer zu werden. — Und mit dem Leben dann doch auch wohl zu Ende. Ich bin bereit. Nur eines bedauere ich, daß es noch Winter ist. Ich hätte den Frühling gern noch einmal gesehen. Es ist nirgends in der Welt so schön, wie aus diesem Fenster und von unserer Halle. Es ist traurig, in diesen ewig dunklen Tagen zu sterben."

Konrad wechselte einen Blick mit Lisa. Er stand auf, ging zu ihr und fragte flüsternd:

„Muß er heute sterben? Gibt es keine Möglichkeit, ihn länger zu erhalten?"

„Der Sanitätsrat hat mit aller Bestimmtheit sein Ableben für heute vorausgesagt," antwortete sie still weinend. ‚Er kann diese Sonne nicht mehr untergehen sehen,' so waren seine Worte."

„Dann soll er sie wenigstens einmal noch leuchten sehen," sagte Konrad und zog die schweren Vorhänge von den Fenstern zurück, daß der Frühlingsschein in aller Fülle hereinquoll. Darauf richteten beide den Kranken sanft so weit in die Höhe, daß er einen Blick auf die zartgrünen Wipfel der Birken und die Tannenwand dahinter gewann.

Mit glückseliger Überraschung blickte er in die milde Helle. „O wie schön ist der Frühling hier!" sagte er verständlich. „Wie sie fließen, diese Zweige, wie sie beweglich im Winde spielen! Leben ist Spielen, Fließen, Verfließen. Und die schwarze Wand steht still —"

Jetzt sank seine Stimme und erstarb allmählich ganz. Doch sein Auge schaute noch lebendig geradeaus und schien Freude auszudrücken. Aber dann erloschen auch die Blicke; seine Züge wurden starr; er war verschieden.

Der Sohn drückte ihm still die Augen zu.

Dann ergriff er die Hand des jungen Mädchens, und sie gingen miteinander hinaus in die Halle. Sie standen und blickten schweigend hinab in die lachende Herrlichkeit. Immer ging ein Klingen und Jauchzen durch diese Welt, als könne es Trauer und Sorge in ihr nicht geben. Wie in leuchtendem Festkleide stand jeder Baum und Strauch. Jede Blüte, jedes Blättchen schienen zu glänzen von eigner Glückseligkeit.

„O wie schön ist der Frühling hier!" wiederholte Konrad. „Hier in der Heimat! Und lassen Sie heute mich hoffen, daß diese mir bleiben könne. Weiter darf ich nichts sagen angesichts unseres Toten. Aber Hoffnung darf auch der Trauer zur Seite gehen."

Er hielt ihre Hand fest, und sie entzog sie ihm nicht.

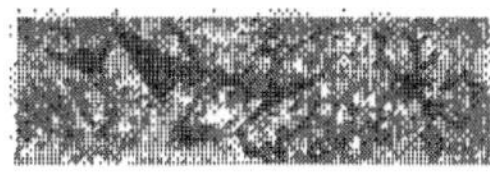

Das stille Thal.

Von

Reinhold Fuchs.

(Nachdruck verboten.)

Ein Stündlein fern vom Heerweg kaum,
Vom Schienenstrang und seiner Hast,
Ruht, friedlich wie ein schöner Traum,
Ein stilles Thal in trauter Rast.

Das ist so arm, so schlicht und klein
Wie ein verlornes Waisenkind,
Und niemand als der Sonnenschein
Besucht es und der Hochlandswind.

Hier ragt kein stolzes Felsenhorn,
Kein Gießbach vom Geklippe springt,
Doch lieblich rauscht durchs Gras ein Born,
Der leis das Herz in Schlummer singt.

Kein Adler, der zur Sonne strebt,
Zieht hier auf wolkennaher Bahn;
Ein weißer Schmetterling nur schwebt
Dort um den dunkeln Gentian. —

Wie wenig ist's und doch wie viel
Nach all dem Lärm und all dem Streit! —
Dank sei dir, Gott, für dies Asyl
In grüner Bergeseinsamkeit!

Doch mehr noch Dank, daß ich bewahrt,
Trotz mancher finstern Schmerzensnacht,
Den Blick mir, dem sich offenbart
Solch schlichter Schönheit Zaubermacht!

Ein stiller Winkel. Nach dem Gemälde von Paul Flickel.

Abb. 1. Kreuzbrunnen und Kolonnade in Marienbad.

Böhmische Bäder.

Von

Friedrich Baldena.

Mit zwölf Originalzeichnungen von Professor Anton Kriwy.

(Abdruck verboten.)

Das nordwestliche Böhmen, von den Ausläufern des Fichtelgebirges an gerechnet bis zu den fruchtbaren Niederungen der Elbe, gleicht einem einzigen großen Garten, den die Natur in eines der blühendsten, aber zugleich industrie- und kulturreichsten Thäler Europas eingebettet hat. Es sind die weltberühmten böhmischen Bäder, die in nicht gar zu großen Entfernungen voneinander in diesem Thale ihr Heim haben: das liebliche Marienbad, hierauf das anmutige, in landschaftlicher Hinsicht so vielfach unterschätzte Franzensbad, eine Bahnstunde östlich das romantische, mit unzähligen Schätzen der Natur ausgestattete Weltbad, welches den Namen Kaiser Karls IV. trägt, endlich am Abhange des Mittelgebirges, und schon nahe der Straße, welche elbeabwärts von Böhmen zum deutschen Meere führt, die schmucken und reichen Schwesterstädte Teplitz-Schönau, von welchen nordwärts, kaum eine Mannlicherbüchsenschußweite entfernt, das idyllische Eichwald sich zwischen die böhmisch-sächsischen Waldberge hineinschmiegt.

Abb. 2. Marienbader Kurgäste. „Abgenommen!“

Riesengroß ist der Zuzug, den alljährlich zur Sommerszeit diese Bäder aus allen Gegenden der bewohnten Welt erfahren. Aus Australien und Sibirien kommen Heilsuchende in böhmisches Land, um an den gesegneten Quellen nicht bloß Erholung und Zerstreuung, sondern wirkliche und wahrhaftige Gesundung zu finden. Denn Luxusbäder im üblichen Gebrauche dieses Wortes sind die böhmischen Bäder wahrhaftig nicht. Jedes von ihnen repräsentiert eine Specialität für irgend ein menschliches Leiden, und zwar eine anerkannte und berühmte Specialität. Aber darum darf man sich die böhmischen Badeorte doch nicht als Gärten eines Hospitals vorstellen, in welchen die Leidenden auf ihren Krücken dahinschleichen und Mitleid, Rührung und unbehagliche Gefühle, dem kostbaren, eigenen Ich geltend, erwecken. Im Gegenteile; es ist die Legion der chronisch Leidenden, die sich im Sommer für des Winters Ungemach Stärkung holen und schon nach kurzer Zeit Kurgebrauches zu sehr fidelen Leuten geworden. Wenn sie dann die vorgeschriebene Anzahl von Bechern aus dem sprudelnden Kreuzbrunn zu sich genommen haben, so verspüren sie aufs neue die Kraft in sich, bei Gänseleberpasteten und schweren Havannas zu sündigen. So repräsentieren diese Badestädte allerdings eine Mischung von Orten, die ausschließlich Heilzwecken und den minder seriösen Zwecken des Luxus dienen, eine Mischung, die sogar für Franzensbad zutrifft, dem Eldorado der bleichen Frauen, mit den großen, kummervollen Augen, dem schwermütigen Zug im Gesichte, der in vielen Fällen nach wenigen Wochen Kurgebrauches einem lieblichen Lächeln Platz macht.

Wir haben bei Aufzählung dieser Badeorte mit Marienbad den Anfang gemacht, weil der reizvolle Ort, der diesen Namen trägt, wenn man vom Westen ins Egerland kommt, dem die meisten dieser Heilquellen angehören, der erste in der berühmten Reihe ist. Es ist das Bad der Dicken und Wohlbeleibten, der reichen Rentiers und der von den Mühen der Saison übersättigten Frauen, für welche es in acht starkbenutzten Quellen ein salzhaltiges Arcanum zu Tage befördert, dem die umfangreichsten Schmerbäuche und die schwellendsten Formen nicht standzuhalten vermögen. Am besuchtesten ist der in der ganzen Welt wohl

Abb. 1. Bei der Franzensquelle in Franzensbad

bekannte Kreuzbrunnen, eine Glaubersalzquelle von geradezu rapider Wirkung. In Marienbad ist auf Schritt und Tritt dafür gesorgt, daß der Quellengenuß seine unmittelbare, befriedigende Wirkung finden könne, und diese Wirkung bildet sehr ernsthaft das unvermeidliche Morgengespräch aller der Patienten und Patientinnen, die sich tagtäglich vor der Frühstücksstunde der großen Wallfahrt längs der prachtvollen Kolonnade anschließen, die zum Kreuzbrunnen führt (Abb. 1).

Nach der Brunnenkur wird geruht, und dann gilt der übrige Tag den Ausflügen und wunderhübschen Spaziergängen, an welchen das in einer Seehöhe von nahezu 600 m gelegene Marienbad keinen Mangel hat. Hierbei ist einer Besonderheit Erwähnung zu thun: des den ganzen Kurort so nahe umsäumenden Waldes. Man kann ihn fast aus jedem Hause in wenigen Schritten erreichen, und er ist so außerordentlich gut gepflegt und disciplinirt, daß er mehr einem in Bataillonen formierten Armeecorps von Bäumen ähnelt, als dem, was man in deutschen Landen Wald zu nennen pflegt. Die grüne Moosdecke fehlt gänzlich, die Bäume erheben sich auf der Unterlage von weißem Kies oder grauem Sande. Aber sie ragen so herrlich schön in die Höhe, sie sind so kerngesund, die Atmosphäre, welche sie verbreiten, ist so erquickend, daß Marienbad das Epitheton einer wirklichen und wahrhaftigen Waldstadt verdient. Dieses Zuviel an Pflege, welches den Charakter der Landschaft etwas beeinträchtigt, ist das Ergebnis des an sich gewiß sehr löblichen Bemühens des Tepler Stiftes, dem die Marienbader Quellen zu eigen sind. Etwas weniger Regelmäßigkeit wäre in diesem Falle stilgemäßer gewesen. Aber, wie gesagt, im Gesamtbild schadet dieses Zuviel an Harmonie nicht, und Marienbad ist und bleibt die lieblichste unter den böhmischen Badestädten. Wie reizvoll die Scenerie ist, die man auf Schritt und Tritt durchwandert, zeigt ein Blick auf Abb. 3, die Waldquelle in Marienbad, die, mitten im Haine gelegen, gleichfalls mit einem glaubersalzhaltigen Naß an das Tageslicht tritt, das, wie es heißt, um einige Nuancen schwächer als der Kreuzbrunnen wirkt und namentlich von den weiblichen Patientinnen, solchen, die das Romantische der Landschaft mit dem Nützlichen der Kur verbinden wollen, auf-

Abb. 3. Kaiserstraße in Franzensbad, vom Kaiserpark aus gesehen.

gesucht wird. Exportiert werden die Wässer der Waldquelle nicht, dagegen werden jährlich vom Kreuz- und Ferdinandsbrunnen mehr als eine Million Flaschen in alle Weltgegenden entsendet.

Wie in den anderen böhmischen Bädern ist auch in Marienbad, österreichischer Sitte gemäß, für Speisen und Getränke trefflich vorgesorgt. In den großen Hotels der Stadt servieren zumeist junge Wirtssöhne, deren Väter anderwärts, so in Wien oder Prag, ihre Etablissements haben, während die jungen Leute sich im Weltbade Schliff, Eleganz, Sprachkenntnisse und Verständnis für die Wünsche eines internationalen Publikums aneignen. Mancher nachmalige Handelskammerrat oder Landesabgeordnete hat in jungen Jahren in Marienbad als Kellner serviert. Allerdings war er zu jener Zeit schlanker und beweglicher als später in den Würden des Alters. Die Marienbader Karriere hat ihn dick gemacht, indes die Marienbader Kur sonst das Gegenteil bewerkstelligt. Davon suchen sich die Kurgäste Tag für Tag zu überzeugen. Einer ihrer ersten Wege gilt der Wage. Unsere (Abb. 2) zeigt ein Ehepaar, das sich eben, mutmaßlich nach zehn- bis vierzehntägiger Kur, abwiegen läßt. Der Herr Gemahl ist schon ziemlich in Schlankheit verfallen, während die junge Frau, welche eben die Wage betreten hat, obgleich auch sie nicht zu den Dicksten gehört, noch so und so viele Becher trinken muß, ehe ihr Ehrgeiz, auf dem nächsten Balle in der heimatlichen Residenz als tanzende Sylphide zu gelten, in Erfüllung gehen wird.

Von Marienbad, in dessen unmittelbarer Nähe der heilverwandte kleine Kurort **Königswart** liegt — auch als Höhenkurort besucht, da er eine Seehöhe von fast 700 m erreicht — gelangt man über die alte Reichsstadt **Eger** nach dem Frauenkurort **Franzensbad**. Er liegt mitten in einer abwechslungsarmen, beinahe schattenlosen Ebene, und doch gelang es hier der Kunst und Erfindungsgabe des Menschen, mitten aus der Heide ein reizvolles Badeidyll hervorsprießen zu lassen. Wie einem Schmuckkästchen entstammend, liegt das zierliche Franzensbad da mit seinen kleinen, eleganten Häuschen, den wunderschönen Anlagen, den beinahe total durch die Stadt und außerhalb derselben sich hinschlängelnden Promenaden und den im heiteren Stile der griechischen Kunst errichteten Badehäusern. Wenn Umgebung geeignet ist, auf das Gemüt des Menschen einzuwirken, nämlich die unmittelbare Umgebung, dann muß in Franzensbad die schwermütigste Patientin über kurz oder lang wohlgelaunt in die Welt schauen. Alles atmet hier Frische, Lieblichkeit, Eleganz. Das sind erfreuliche Zugaben zu den Schätzen, mit welchen die Natur Franzensbad bedacht hat: mit den Wunderquellen, deren starker Gehalt an Salz, beziehungsweise an Eisen schon bei Tausenden von anämischen Frauen zauberhafte Wirkung erzielt hat. Der Franzensbader Moor ist in der ganzen Welt bekannt; er übertrifft im Gehalte an schwefelsauren Bestandteilen jedes andere therapeutisch verwendete Moor. Seine Heilkraft kennen die Ärzte in Südamerika und am Kap ebensogut wie die Specialisten für Frauenleiden in Japan und China. Gegen 250 000 Zentner Mineralmoor liefert das Franzensbader Moorlager alljährlich, und wenn nicht alle Anzeichen täuschen, wird die Produktion noch eine bedeutende Steigerung erfahren. Was für Marienbad der Kreuzbrunnen, bedeuten Salzbrunn und Franzensquelle in Franzensbad (Abb. 4). Freilich die Physiognomie der Frequentanten ist eine wesentlich andere. Dort Üppigkeit und überquellender Lebensgenuß, hier mehr zartes Sehnen, süßes Hoffen und ätherische Blaßheit. Das hindert nicht, daß im Punkte der Toiletten Franzensbad die Königin der böhmischen Kurorte ist. Insbesondere treiben die hier zahlreich vertretenen Russinnen enormen Aufwand. Ihren wechselnden Ansprüchen zu genügen, haben Filialen der ersten Pariser und Wiener Modefirmen in Franzensbad ein sommerliches Heim aufgeschlagen.

Ein wesentlich anderes Bild als an Wochentagen weist übrigens das Städtchen an Sonntagen auf. Das ist der Besuchstag der besorgten Ehemänner, die nicht entfernter als in zehn Stunden Kurierzugsweite wohnen und allsonntäglich bei den behandelnden Ärzten pflichtgemäße Nachfrage halten, inwieweit das Moor bereits seine Schuldigkeit gethan habe. Das Gros der Ärzte domiziliert in der reizend gelegenen Kaiserstraße (Abb. 5), die sich so recht wie die vornehmste Straße des Geheimratsviertels in einer Großstadt ausnimmt. Am Nachmittage genießen die zärtlichen Herren im Handumdrehen wohl selbst ein Stückchen Kur, indem sie das berühmte Stahlbad (Abb. 6) aufsuchen, insofern eine Specialität unter den Bädern Franzensbads, als seine Heilkraft mehr dem starken als dem schwachen Geschlecht zugute kommt.

Anderthalb Bahnstunden östlich, etwas

Abb. 6. Das „Stahlbad“ und eine Moor-bade in den Franzensbader Parkanlagen.

näher dem wald- und mineralreichen Erzgebirge zu, liegt die Metropole der böhmischen Bäder, die sagenreiche Felsenstadt Karlsbad. Am Bahnhofe angelangt, sieht man den entzückenden Ort tief unten im Thale oder eigentlich in drei Thälern, die von felsigen Anhöhen umsäumt werden und in ihrer Gesamtheit eins der entzückendsten Landschaftsbilder darstellen. Die Häuser erscheinen wie künstlich befestigt an den Lehnen der Hügel und Felsen. Im Thale selbst hat man freilich diesen Eindruck nicht. Man wandelt inmitten der

Abb. 7. Am Hirschensprung in Karlsbad.

Straßen einer eleganten Weltstadt, so z. B. auf der „Alten Wiese,“ die zur Sommerszeit einen Sammelpunkt des berühmten Europas bildet. Hier ergehen sich die Häupter der Diplomatie, der Kunst-, der Litteratur- und Finanzwelt. Hierher entsendet Westindien reiche Mulatten, Ostindien diamantenglitzernde Nabobs, der Orient und Rußland gallsüchtige und leberleidende Krösusse und das nahegelegene Galizien fadenscheinige, polnische Juden, denen es die Munificenz wohlhabender Glaubensgenossen ermöglicht hat, aus Sprudel oder Mühlbrunn Gesundung zu trinken.

Mitten in der Stadt quillt die heiße Quelle des Sprudels hervor. Vieltausendbändig ist die Litteratur, welche diese berühmteste aller Quellen hervorgerufen hat. Man weiß, daß das Erdbeben, welches im Jahre 1755 Lissabon zerstörte, zur unmittelbaren Folge hatte, daß der Sprudel drei Tage ausblieb. Das hat seine Ehrwürdigkeit und Mystik erhöht und den Respekt vor seinen unterirdischen Göttern, deren Kraft das wunderwirkende Naß in die Höhe sprudeln läßt, noch gesteigert. Die Sage erzählt, daß Karlsbads Schätze beim sogenannten Hirschensprung (Abb. 7) entdeckt wurden, woselbst Kaiser Karl IV. eines Tages birschte und bei dieser Gelegenheit eine heiße Quelle auffand. Die Wunden, welche sich dieser Monarch in der Schlacht bei Breßly holte, soll Karlsbader Wasser geheilt haben. Heutzutage sind es nicht aus Feldzügen mit-

Abb. 8. Vor dem Puppschen Etablissement in Karlsbad.

gebrachte Wunden, die man in Karlsbad zu heilen sucht, sondern eher die Folgen eines trägen, manchmal etwas schlemmerischen Lebens. Zur Fortsetzung des letzteren ist freilich trotz aller diätetischer Gebote auch in Karlsbad reichlich Gelegenheit geboten. Ein köstliches Essen, ein brillantes Pilsener Bier und ein trotz der verdächtigen Nähe der sächsischen Grenze geradezu glorreicher Kaffee erschwert es dem Patienten, sich an die Gebote des Arztes zu halten.

Der Karlsbader Kaffee ist eine Specialität. Unmittelbar nach dem Spaziergange längs der herrlichen Kolonnade sieht man ganze Scharen mit einem geheimnisvollen blauen Paket unter dem Arme den großartigen Cafés und Restaurants entgegeneilen, unter denen das hervorragendste Pupps Etablissement ist (Abb. 8). Diese blauen Pakete enthalten ein mürbes Gebäck, das sich die Kurgäste nach dem Bechergenusse selbst kaufen und mit dem

Abb. 9. Das „Kaiserbad" und das „Herrenhaus" in Teplitz-Schönau.

Abb. 10. Zur Kur in Teplitz.

ausgerüstet, sie dem Café entgegenschreiten. Dort harrt ihrer neben dem wundervollen Getränke noch eine weitere Karlsbader Besonderheit: die reizenden Kellnerinnen. Es sind dies ausschließlich Bürgermädchen aus der Umgebung, meist Töchter ganz bemittelter Bürger und Bauern, die im Verlaufe von zwei, drei Sommern genügend verdient haben, um mit einer stattlichen Mitgift ausgerüstet zu sein. Die Moralität dieser Heben ist sprichwörtlich; sie haben für jeden ein freundliches Lächeln, manchmal auch einen koketten Blick, aber in Wirklichkeit bleiben sie dem Liebsten, in dessen Besitz sie den Dienst bereits angetreten haben, getreu. Und wer nach Jahren wiederkehrt und in der durch regen Gewerbfleiß ausgezeichneten Umgebung Karlsbads Umschau hält, um Einkäufe zu besorgen auf dem Gebiete der Sprudelsteinverarbeitung, der Goldschmiede- und Juwelierarbeiten oder der keramischen Industrie, findet die ehemalige Resi vom Café „Elefant" oder Kathi vom „Pupp" als „riegelsame" Geschäftsfrau wieder, welche die Mädchen lehrt, den Buben wehrt und

Abb. 11. [illegible] von der [illegible]höhe gesehen

das Geschäft ihres Mannes versieht. Die umliegenden Ortschaften, so Schlackenwert, das landschaftlich bewundernswerte Gießhübel (Geburtsort des berühmten Sauerbrunnens) und weiter im Gebirge Joachimsthal, sind alle würdig, besucht und studiert zu werden. Indes in Karlsbad der Strom der Welt brandet, findet man ringsherum kleine Gebirgsidyllen altväterlicher Sitte und anspruchsloser Lebensführung. Gemeinsam hat Karlsbad mit dem nicht allzu weit entfernten Teplitz einen Charakterzug: es birgt nämlich alljährlich Sommers wie Winters eine starke deutsche Militärkolonie aus dem benachbarten Sachsen oder aus Preußen.

In der freundlichen Industrie- und Badestadt Teplitz, die bald mehr ersteres wie letzteres sein wird, wenn die Thermen ihre in den letzten Jahren oft unternommenen Streikversuche wiederholen, ist diese Kolonie noch stärker vertreten. Was bei den Manövern rheumatisch geworden ist, schickt man nach Teplitz zu der heißen Quelle, an welcher der alte Seume sich zu verjüngen suchte. Es war dies, wie bekannt, ein vergebliches Bemühen, denn der Erzähler des „Spazierganges nach Syrakus“ fand in der Thermenstadt einen frühzeitigen Tod. Würde er heute aus dem Grabe aufwachen, er vermöchte die nun aus zweierlei Gemeindeverwaltungen zusammengeschlossenen Schwesterstädte Teplitz-Schönau (Abb. 9 bis 11) kaum wieder zu erkennen. Seit in diesem Distrikte die Braunkohlen gefunden wurden, haben sie den heißen Quellen erhebliche Konkurrenz bereitet. Teplitz wird durch Industrie reicher, als es je durch seine Quellen gewesen ist. Eine ungemein kräftig entwickelte Kultur findet sich, je näher man den Windungen des Elbestromes entgegenkommt. Der Gau zwischen Karlsbad und Aussig, in dessen Mitte Teplitz liegt, ist mit Millionären gepflastert; aber in der Nachbarschaft lagern nicht Hunger noch Elend. Es findet sich vielmehr ein kleinbürgerliches Geschlecht von hoher Gesittung, politischer und wirtschaftlicher Intelligenz, das für sich und seine Heimat Ehre einerntet bei den Tausenden und Abertausenden, die alljährlich nach Böhmen pilgern. In diesem gottbegnadeten Landstrich war Goethe Stammgast, dieser Genius loci Karlsbads, dessen von Donndorf gemeißeltes Denkmal so weihevoll dem Walde entgegenschaut, in dessen Stille vor nahezu einem Jahrhunderte so manches unsterbliche Lied entstand.

Abb. 12. Beim Sprudel in Karlsbad.

Ernst Wichert in seinem Arbeitszimmer.

Vom Schreibtisch und aus dem Atelier.

Aus meiner frühesten Jugend.

Von

Ernst Wichert.

(Abdruck verboten.)

Geboren bin ich in dem freundlichen preußisch-litauischen Städtchen Insterburg am 11. März 1831. Das Haus, in welchem meine Wiege stand, ist kürzlich abgebrannt. Lange wußte ich nicht, ob es überhaupt bekannt sei. Als ich aber meinen sechzigsten Geburtstag feierte, wurde ich durch das Schreiben einer alten Dame überrascht, die mir mitteilte, daß ihre Eltern damals in demselben Hause gewohnt hätten, von dem sie auch eine Photographie beilegte. Nun wußte ich, wie es aussah. Irgend welche Erinnerungen an meine Geburtsstätte konnten dadurch nicht aufgefrischt werden, da mein Vater, Assessor beim Oberlandesgericht, bereits in meinem dritten Lebensjahre als Stadtgerichtsrat nach Königsberg versetzt wurde.

Ich war das erste Kind meiner Eltern, das

einzige von sechs, welches meine Mutter, trotz eines schweren Krankenlagers nach meiner Geburt, selbst genährt hat. Vielleicht hat sie mich deshalb bis an ihr Ende so sehr lieb gehabt, weil sie von mir so viel hat leiden müssen.

Meine Eltern hatten einander, nach langem Brautstande, aus innigster Neigung geheiratet, und das Verhältnis blieb auch das allerglücklichste trotz vieler schwerer Haussorgen, an denen es ihnen nie fehlte, da beide ganz ohne Vermögen waren und das kärgliche Gehalt oft für die bescheidensten Bedürfnisse nicht ausreichte. Mein Vater, dessen Rufnamen ich erhalten hatte, durch und durch Sanguiniker, meist aus rein innerem Wohlsein zu allerhand Humoren aufgelegt, mitunter aber auch infolge von augenblicklichen Bedrängnissen ganz entmutigt und tief verstimmt, trug sich gern mit utopistischen Plänen, seine Lage dauernd zu verbessern. Meine Mutter (sie war in dem kummervollen Jahr 1807 geboren und wohl nach der unglücklichen Königin Luise getauft) unendlich gutmütig, mit einem heiteren Temperament begabt, schwer niederzudrücken und rasch erfreut, dabei für ihre Person ganz anspruchslos, nahm ihn immer freundlich, wie er war, ließ seine ausgelassene Laune und seine Versunkenheit gelten, wußte mit den mildesten Mitteln zu dämmen oder aufzurichten und half ihm allezeit getreulich zu den phantastischen Aussichten hinaufzuklettern, auch wenn sie sehr gut wußte, daß sie sich in Nebel würden auflösen müssen — eine durchaus sonnige Natur und auch später bei den schwersten körperlichen Leiden, die ihrem Leben schon mit 47 Jahren ein zu frühes Ende bereiteten, nie ganz niederzudrücken.

Beide haben sich auch in ihrer Liebe Maienblüte dichterisch versucht. In die Briefe, welche sie wechselten, waren vielfach Verse eingefügt oder eingelegt. Der Vater hatte sie sorgsam nach Jahrgängen gesammelt und aufbewahrt; kurz vor ihrem Tode wünschte die Mutter aber dringend, daß ihr diese Mappen in den Sarg mitgegeben würden. Das hätte für niemand weiter Wert, sagte sie. Und so geschah's nach ihrem Willen. Es ist wahrscheinlich, daß der Vater damals auch ein Heft seiner eignen lyrischen Dichtungen, Übersetzungen und dramatischen Fragmente, woraus er auf meine von der Mutter unterstützte Bitte mitunter vorlas, versargt hat. Ich hatte den Eindruck, daß diese Poeme zu künstlich geformt und nicht ursprünglich genug empfunden seien, daß die ernsten meist an zu starkem rhetorischem Pathos, die heiteren aber an übertriebener Komik litten. In meinem Besitz ist noch das ziemlich umfangreiche Fragment eines im Jahre 1828 begonnenen, mehrmals unterbrochenen und nie beendeten Epos „Der Referendar", dessen etwas dürftige Fabel von allerhand humoristischem und satirischem Rankenwerk überwuchert ist. Er schildert darin, unzweifelhaft nach eignen Erlebnissen, eine „dichterische Ratsversammlung" von sechs Freunden, die alle vierzehn Tage „ein festliches Gelage begehen," bei dem sie „mörderlich schwatzen und beißen — sich die Lungen zerreißen — und, gleich aus dem Felde geschlagen, noch trinken." Da zeichnet er denn auch offenbar sich selbst:

„Zur Linken also sitzt Herr Ernst:
Ein langer grüner Rock, ein zott'ger Backenbart,
Drei-Zapfenduft umher, die eingefall'ne Wange,
Bekundet g'nugsam seine Pilgerfahrt.
Er ist Jurist — und dichtet auch nicht übel,
Allein sein Wissen ist ein weiter Kübel,
Worin sich Rat und Unrat durcheinander wirren,
Worinnen Sinn und Unsinn brüderlich gepaart,
Irrlichtern gleich, durch Moor und Sümpfe
schwirren.

Er ist ein sonderbarer Kauz; du lernst
Ihn nimmer aus. Heut predigt er Moral,
Wir sind bewegt, dann lockt er Lyratöne
Aus seiner Harf', ihn schützet die Camöne,
Wir sind erweicht, wir müssen ihn fast lieben;
Nun karikiert er, spießt mit feur'gem Pfahl
Die arme Menschheit, läßt kein gutes Haar
An allem, was der Mutter Erb' entsproß.
Wir müssen, wird uns gleich ein wenig bange,
Wir müssen lachen . . ., ꝛc."

Der siebente und letzte Gesang beginnt mit der schwermütigen Klage, daß „der ernste, starre Riegel, der bannend zwischen Kopf und Herz sich schob," sich nicht mehr rücken lassen wolle, daß das Leben mit der Poesie aufräume und die Kraft nicht ausreiche, des Lebens ernste Pflichten alle zu bewältigen, und schließt mit einem warm empfundenen und auch in der Form untadeligen Gedicht an den Mond:

„Wächter der Nacht!
Silberne Sichel am blauen Zelt,
Wenn die ermattete, müde Welt
Selig dem Schlaf in die Arme fällt:
Wächter der Nacht,
Hab' auf die liebenden Menschen acht!"

Später ist wohl nur noch hin und wieder ein launiges Gelegenheitsgedicht zustande gekommen; das Amt nahm ihn völlig in Beschlag.

Aber nicht an Vater und Mutter, sondern an die Tante Julie, eine ältere Schwester der Mutter, heften sich meine ältesten Erinnerungen. Geistig gut beanlagt, sehr lebhaft und in außergewöhnlicher Weise befähigt, sich in ein Kindergemüt zu versenken, Verstand und Phantasie zu wecken, schloß sie mich, der ich nach ihrem Zeugnis „ein sehr drolliger Junge" gewesen, tief in ihr warmes und treues Herz. Sie hatte die seltene Gabe, aus wenigem viel machen zu können, und so ging ihr der Stoff zu immer neuen Geschichten und Märchen nicht leicht aus, obgleich ich, unermüdlich im Zuhören, täglich nicht wenig davon verbrauchte. Sie konnte so eindringlich erzählen, so zur Heiterkeit reizen und wieder so tief rühren, daß immer der ganze kleine Mensch bei der Sache war. Ein Bilderbuch wurde mir erst dadurch wert, daß sie die Darstellungen durch ihre Erklärung und Schilderung belebte. Selbst die illustrierten „Berliner Witze" — mein Vater kaufte die Heftchen sämtlich und konnte sich daran sehr vergnügen — wußte sie dem Kinde verständlich zu machen. Als ich sie einmal im Winter in eine Apfelkammer begleitete, die sie der Kälte wegen etwas zaghaft betrat, hatte ich ihr zugerufen: „Geh'n Sie nur dreiste, Mamsellchen — ik habe Stiebeln an."

Das waren höchst wahrscheinlich dieselben Stiefel mit Schäften und hohen Absätzen, die mein Großvater von Vaters Seite der mütterliche lebte längst nicht mehr) mir geschenkt hatte, als ich vier Jahr alt war. Ich meine mich zu entsinnen, daß ich, um mich zu bedanken, zu dem kranken Manne, der im Bett lag, von der Großmutter geführt und bedeutet wurde, ganz leise aufzutreten, was mir sehr sonderbar vorkam, da das Trappen mit den Absätzen doch gerade das Hauptvergnügen war. Vielleicht deshalb ist mir der unbedeutende Vorfall im Gedächtnis geblieben. Er war Kaufmann und dann, als er durch mancherlei Unglücksfälle sein Vermögen verloren hatte, Küster bei der altstädtischen Kirche gewesen. Er muß es recht knapp gehabt haben, denn mein Vater erzählte, es hätte abends ein einziges Talglicht auf dem Tische gebrannt, an welchem er und die Geschwister Schularbeiten machten, sein Vater bei seinen Büchern, seine Mutter bei ihrer Näherei saß und auch noch ein Dienstmädchen spann. Man hatte damals bessere Augen als heut.

Die Großmutter, eine stattliche und peinlich akkurate Frau, scheute ich ein wenig ihrer Strenge wegen. Ich glaube, sie war mit meiner Erziehung gar nicht zufrieden und gab dies auch wiederholt meiner allzu nachsichtigen Mutter zu verstehen. Ich verdarb es an einem Geburtstage mit ihr. Ich hatte mir ausbedungen, daß keine „Großen" zum Besuch sein sollten. Als sie nun, ein Päckchen auf dem Arm, zur Gratulation kam, lief ich ihr schon auf die Treppe hinaus entgegen und rief ihr recht ungezogen zu, sie möchte nur dableiben, es seien heute nur Kinder geladen; sie brauche mir auch gar nichts zu schenken. Das nahm sie sehr übel, und ich empfinde noch ihren strafenden Blick.

Die andere Großmutter, Witwe des frühverstorbenen Oberbürgermeisters Marenski in Elbing, der in der Franzosenzeit der Stadt beste Dienste geleistet haben soll, lebte von einer kleinen Pension und war eine sehr gutherzige, liebe Frau, deren Wert ich recht schätzen lernte, als sie später in unser Haus zog. Während eines Sommers, den meine kränkliche Mutter still auf dem Lande zubrachte, war ich bei ihr und mußte mir das Stricken beibringen lassen, wahrscheinlich, weil ich sonst nicht ausreichend zu beschäftigen war. Das kostete viel Thränen, denn ich schämte mich, „wie ein Mädchen" behandelt zu werden.

Weiter hinauf weiß ich von meiner Familie sehr wenig. Von einem Urgroßvater väterlicherseits, der ehrsamer Handwerker und Glöckner gewesen sein sollte, wurden Anekdoten erzählt. Es ging eine oft scherzhaft gebrauchte Redensart: „Bliew vor dine Deer" (bleib vor deiner Thüre) auf ihn zurück, und er soll sie gebraucht haben, wenn die gemeinsame Schüssel mit Klößen auf dem Tische stand und einer der Mitspeisenden mit der Gabel seitwärts abirrte, um einen vermeintlich besseren Fang zu machen. Er sprach auch sonst platt. Als sich einmal ein eben angezogenes Dienstmädchen vorstellte, fragte er sie: „Wie heißt, min Dochter?" Sie antwortete schüchtern: „Achatke" (Agathchen), worauf er sie anfuhr: „Wat? Achatke? Trien sullst heete." Das bezeichnete mir seine Art. Der Name Marenski deutet auf polnischen Ursprung; wahrscheinlich stammte die Familie aus Thorn, wie auch die der Großmutter (Damus). Der Name kann aber auch polonisiert sein, wie das in dem polnischen Preußen häufig geschah. Die Wichert (auch Weichart) stammen aus dem preußischen Städtchen Mühlhausen, welches im XIV. Jahrhundert, wenn ich nicht irre, von Thüringern begründet ist. Ein gelehrter Vetter, dem diese Dinge interessanter sind, als mir, hat sich viel Mühe gegeben, aus Kirchenbüchern und anderen Urkunden eine Namenreihe aufzustellen, die ziemlich weit zurückreicht, aber meines Wissens keine Persönlichkeit von irgendwie individueller Bedeutung enthält, es müßte denn ein politischer Agent des Großen Kurfürsten in Warschau da hineingehören, auf dessen Berichte ich bei Durchsicht der Oberst v. Kalcksteinschen Strafakten des Geheimen Staatsarchivs für meinen Roman stieß.

Ich war erst fünf Jahre alt, als ich in die Schule gebracht wurde — eine Mädchenschule, in deren unterster Klasse auch Knaben unterrichtet wurden. Des ersten Tages entsinne ich mich noch sehr gut. Es war für mich eine lederne Büchertasche bestellt, und Tante Julie hatte meine Bedenken hauptsächlich durch die eindringliche Vorstellung, daß ein Junge mit der Büchertasche auf dem Rücken unmöglich mit einem Mädchen verwechselt werden könne, zum Schweigen gebracht. Unglücklicherweise war aber die Büchertasche zum bestimmten Tage nicht fertig geworden, und ich sollte nun Tafel und Fibel in einem sogenannten Pompadour tragen. Das war ganz gegen die Abrede. Heulend wurde ich nach der Schule mehr geschleppt als geführt, und dort machte ich so viel störenden Lärm, daß zuletzt nur übrigblieb, mich mit einem anderen Knaben in eine Kammer zu schicken, in der ich mich denn auch beruhigte. Aus dieser Schule ist mir sonst nur noch in Erinnerung, daß eine sehr korpulente Lehrerin, der immer der Schweiß auf der Stirn perlte, strickend auf einer Art von Katheder saß und über die Platte hin mit der Nadel die Reihe im A-B-C-Buch anzeigte, die buchstabiert werden sollte (man lautierte damals noch nicht) und auch wohl hin und wieder durch einen leichten Schlag auf die Hand eine Aufmunterung erteilte.

Darauf besuchte ich eine Elementarschule. Von da her entsinne ich mich nur noch eines Vorfalls, bei dem ich sehr bald ziemlich unverdient zu Schlägen gekommen wäre. An einem Sommernachmittage trat der Lehrer, den Hut in der Hand, in die Schulstube und begann sogleich: „Jungen, es ist heut so schönes Wetter, daß es mir hier in der engen Stube gar nicht gefällt; wir wollen einmal zusammen eine Wanderung vors Thor machen und uns da umsehen." Das war nun durchaus nach meinem Geschmack. Ich sprang also vergnügt auf und packte mit lebhafter Geschäftigkeit die Bücher in den Riemen, ohne darauf zu achten, daß die Kameraden, die wahrscheinlich diese witzige Vorrede zu einer auf die Sehenswürdigkeiten vor einer Stadt bezüglichen Lektion schon kannten, vielleicht auch klüger waren, als ich, sich ganz ruhig verhielten. Erst als sie in ein Höllengelächter ausbrachen, merkte ich, daß über meinem Haupte der schwarz-weiß gewürfelte Kantschu schwebte. Ich duckte mich rasch unter den Tisch, auf den nun der Hieb fiel. „Ich werde dich lehren, Schlingel, Spaß zu versitzen," rief der Gestrenge, recht maliziös lachend. Das ist ihm denn auch gelungen, und ich hab's mein Lebelang nicht wieder vergessen.

Als der Rektor starb und die Schule mit einer anderen, meinem Vater nicht zusagenden vereinigt wurde, ließ er mir mit zwei Söhnen eines Predigers zusammen von einem Lehrer Jahr Privatunterricht erteilen. Er war sehr gutmütig und freisinnig, beteiligte sich übrigens später in den vierziger Jahren bei den politischen Bürgerversammlungen, die der Regierung sehr unbequem wurden, verlor sein Amt und wurde Papierhändler. Der gemeinsame Unterricht führte auch sonst zu freundschaftlichem Verkehr. Wahrscheinlich hatten wir auf dem Jahrmarktsplatz eine Menagerie gesehen; jedenfalls wurde beschlossen, eine solche auf dem engen Hofe des dicht an die alte Schloßmauer gebauten Pfarrhauses einzurichten. Einige Kisten mit vorgenagelten Latten oder vorgespannten Drähten stellten die Käfige vor. Leider konnten wir sie mit wilden Tieren nicht besetzen. Zum Ankauf eines Kaninchens und einiger Vögel ließ sich aber meine gute Mutter so manchen Groschen abbetteln. Der ältere Bruder (später Musikdirektor) besaß ein Puppentheater und wußte darauf ganz artig zu spielen. Besonders liebte er Ritterstücke mit allerhand Spuk, wobei recht viel Kolophonium zu den Blitzen verbrannt werden konnte. Wir Jüngeren mußten uns mit der Rolle der Zuschauer begnügen; mit meinem Beifall konnte er aber zufrieden sein.

Übrigens muß ich damals wunderlich genug ausgesehen haben. Mein Vater hatte mir aus Berlin, wohin er den Bräutigam seiner Schwester zur Unterstützung bei einem juristischen Examen begleitete, einen mit Schnüren sehr kunstvoll besetzten Rock mitgebracht, der mir leider viel zu groß war und des Besatzes wegen auch nicht passend gemacht werden konnte. Da ich die üble Gewohnheit hatte, mich nicht gerade zu halten, mußte ich auf ärztliche Anordnung eine steife Halsbinde tragen. Dieser beiden Kleidungsstücke wegen hatte ich viel Neckereien auszustehen.

Gegen Ende des Jahres 1839 wurde mein Vater als Kommerzien- und Admiralitätsrat nach Pillau versetzt, und dort ging mir nun in der kleinen Seestadt ein ganz neues Leben auf.

An einem kalten Wintertage wurde in einer geschlossenen Kutsche die Reise angetreten. Wir brauchten für die sieben Meilen einen vollen Tag, was mir und meiner drei Jahre jüngeren Schwester eine Ewigkeit schien. Eines kleinen Brüderchens wegen war überdies der Wagen mit Betten und anderen Sachen vollgepackt, so daß man sich darin wenig rühren konnte. Schritt nach Schritt ging es weiter, erst über den verschneiten Landweg, dann hinter Fischhausen an der Burgruine Lochstädt vorüber durch den fliegenden Sand. Früh vor Abend wurde es dunkel. Zuletzt standen wir plötzlich auf freiem Felde still. Aus der Ferne ließ sich ein unheimliches Summen und Brausen vernehmen: das sei die See, hieß es, ein mir noch unfaßliches Ding. Der Kutscher kletterte vom Bock und lief eine Strecke weit fort. Der habe gewiß „den Weg verloren," äußerte die Mutter ängstlich, und das klang mir nun wieder sehr sonderbar. Wie kann jemand den Weg — verlieren? Nach einer Weile wurden Stimmen laut: „Zum Teufel! wo geht denn hier der Weg?" fragte der Kutscher. „Ja — da liegt der Hund begraben," lautete die Antwort in plattdeutscher Sprache. Ich nahm diese Redensart ganz wörtlich und wollte nun durchaus wissen, was das für ein Hund sei und warum er da begraben liege und weshalb wir seinetwegen nicht weiterfahren könnten. Es war mir wenigstens eine Erleichterung, daß unser prächtiger Pudel Ajax, der schon meine Wiege bewacht hatte, munter bellte, also nicht der gemeinte tote Hund sein konnte. Endlich ging's weiter durch den weglosen Sand auf ein Licht zu, das in einem der Häuser des Dorfes Alt-Pillau brannte. Spät, aber wohlbehalten langten wir in der Stadt an.

Mein Vater hatte eine Amtswohnung in dem einstöckigen weißen Häuschen dicht am Tief, der Wasserrinne zwischen Haff und See, von der Steinböschung nur durch die nicht breite Straße getrennt; bei schwerem Wetter spritzte der Gischt der brandenden Wellen bis an die Thür. Links erweiterte sich der Raum zu einem mit großen Pfählen zum Umlegen der Schiffstaue besetzten Bollwerk. Weiter gelangte man bald zu dem schlanken weißen Leuchtturm mit Glaskuppel, dahinter zum Binnenhafen. Rechts aber kam man etwas weiter zu einem freien Platz, auf welchem die hölzernen Baken mit Tonne, Kreuz und anderen Abzeichen zum Hereinwinken der Schiffe bei zu hohem, für den Lotsenkutter gefährlichem Seegange standen. Auch drehte dort eine Mühle ihre Flügel. Weiter hatte man vor sich die Festung mit ihren Gräben, ummauerten Wällen, engen Thoren, Zugbrücken, Kanonen, Kugelhaufen, Baugefangenen in zweierlei Tuch, zum Teil die Kette zwischen den Füßen. Über das Tief, in welchem meist Schiffe ankerten, sah man nach den niedrigen Dünen der Frischen Nehrung und dem Sandkruge. Auch in dem reinlichen Städtchen selbst war viel Fremdartiges anzutreffen. In den stattlicheren Häusern mit Wappen über den Thüren wohnten die Vizekonsuln aller Nationen; auf den Straßen und Bollwerken sah man fremde Kapitäne, englische, norwegische, holländische, schwedische, auch wohl portugiesische Matrosen, Schiffsköche aus Mohrenland, Lotsen in ihrer Ölkleidung, Rheder, die früher selbst zur See gegangen waren, alle mit ganz verwetterten Gesichtern. Immer fesselte irgend etwas die Aufmerksamkeit: da standen Leute mit Fernrohren auf dem Bollwerk und spähten nach der See hinaus, die Flagge eines Schiffes zu erkennen, das sich am Horizont blicken ließ; dann kreuzte das Lotsenboot, endlich lief das Schiff ein, reffte die Segel, warf den Anker aus und schleifte ihn noch eine Strecke am Grunde fort, bis er fest lag, ein Boot wurde ausgesetzt, den Kapitän an Land zu bringen, der dann gleich von den Gehilfen der Spediteure mit großem Lärm in die Mitte genommen und nach einem Kontor geschleppt wurde. Überall roch es so eigen nach Teer und Steinkohlendampf.

Unser Häuschen hatte nur zwei Fenster auf jeder Seite der Thür. Rechts vorn befand sich die Amtsstube. Sie stand selten leer, denn mein Vater hatte da nicht nur als Stadtrichter Termine abzuhalten, sondern auch die Rechtsgeschäfte der Schiffsleute zu ordnen; manchmal, wenn eine ganze Mannschaft abgefertigt werden mußte, standen sie bis in den Flur. Der Vater, der sich immer gern gründlich einarbeitete, lernte Englisch und studierte eifrig aus Büchern und Karten, was sich auf Seeschiffahrt, Bau der Schiffe, Benennung aller einzelnen Teile, Flaggenkunde 2c. bezog. Und wie er denn stets die Mutter bei allem beteiligte, was er trieb (mußte sie sich doch manchmal gar amtliche Berichte und Relationen vorlesen lassen!) so lernte sie auch jetzt mit und von ihm. Ich war meist dabei und verlor kein Wort. So wußte ich bald jede Stenge und jedes Tau am Schiffe zu benennen. Daß ich Seemann werden müsse und nur Seemann, verstand sich nun schon von selbst.

Aber es blieb auch nicht beim Lernen in der Stube. War ich bis dahin immer ängstlich behütet und ein rechtes Muttersöhnchen gewesen, so durfte ich's jetzt treiben wie die anderen Jungen auch. Ich tummelte mich nach Gefallen auf der Straße, ging in leichtesten Kleidern mit weit offenem Hemde, machte mir auf den Schiffen etwas zu schaffen, kletterte wohl auch in den Mastkorb hinauf und später, als ich mit Eifer turnen lernte, auch oft genug bis zum Flaggenknopf, ohne daß meine Mutter sich deshalb sonderlich besorgt zeigte. Das hat meine vorher sehr schwächliche Gesundheit dienstlichst gekräftigt.

Zuerst mag ich wohl bei der Pillauer Jugend in sehr geringem Ansehen gestanden haben. Kam ich doch aus Königsberg, und die Königsberger galten meinen Kameraden in der Rektorschule überhaupt als Weichlinge. An Körperkraft waren sie mir alle überlegen, vielleicht bis auf den einen, den Sohn eines Segelmachers, mit dem ich es wenigstens wagen durfte, mich zu messen. Es wurde beschlossen, daß wir uns zur Probe zwischen der Windmühle und der Bake zu prügeln hätten — „einmal hin und einmal zurück“. So geschah es denn auch. Der Kampf blieb unentschieden, und wir wurden dann gute Freunde. Daß ich wenigstens nicht unterlegen war, besserte meine Stellung doch einigermaßen und hob mich auch in meinen eignen Augen.

Mein Lehrmeister im Schwimmen wurde der alte Gerichtsdiener, Invalide von 1813/15, eine grundehrliche Haut. Im Sommer gegen Abend, wenn es in der Amtsstube nicht mehr viel zu thun gab, schickte ihn der Vater mit mir und anderen Knaben, die sich anschlossen, an die See zum Baden. Anfangs wird er wohl mit mir seine Not gehabt haben, mich ins kalte Wasser zu bringen, bald aber kannte ich kein größeres Vergnügen, als ein kräftiges Wellenbad. Er ließ mich über seinem Arm Schwimmversuche machen, und nach einiger Zeit war ich schon so weit, daß ich mich mit anderen Jungen vom Flößplatz aus in den Festungsgraben wagen konnte, der für uns keinen Grund hatte. Wenn wir am Strande saßen, uns abzukühlen, mußte der Alte, der mit in Frankreich gewesen war, Kriegsgeschichten erzählen und seine Kugelnarben zeigen. Recht unangenehm dagegen war mir der Herr Registrator, eine richtige Schreiberseele, steif, pedantisch, immer, wie es mir schien, spöttisch beobachtend und jederzeit zu scharfen Rügen gerüstet, wenn wir im Flur vor der Amtsstube oder in unserem Schlafzimmer hinter derselben zu arg lärmten.

Wir waren drei Jahre in Pillau. Ich besuchte die städtische Bürgerschule, in welcher lateinischer Unterricht nicht erteilt wurde. Zuletzt war ich in der dritten Klasse. Der Rektor, ein studierter Mann mit stark weingeröteten Gesicht und kralleu Augen, wurde sehr gefürchtet, weil er viel schlug. Die älteren Schüler — er gab nur auf den oberen Klassen Stunden — unterhielten sich oft darüber, wie man sich eine dicke Haut auf der Handfläche schaffen und den Rücken mit Löschpapier auspolstern könne, um die Wucht der Hiebe weniger zu fühlen. Wir Jüngeren hörten mit ehrfürchtigem Staunen zu. Der Subrektor, ein sehr hagerer Junggeselle, pedantisch und stets langweilig ernst, war wenig beliebt. Einmal aber wurde doch zu einem Geburtstagsgeschenk für ihn gesammelt. Es gingen zwei Thaler ein. Drei Jungen, unter denen auch ich war, wurden beauftragt, einen passenden Gegenstand auszusuchen und ihm mit der Gratulation der Klasse zu überbringen. Wir wählten ein Paar Leuchter von Metall mit kleiner Perlstickerei in der Mitte. Er zeigte sich sehr überrascht und ließ uns von seiner Schwester ein Stück Fladen geben, der mir so trocken vorkam, wie sie selbst. Die ganze Aufnahme befriedigte uns wenig. Ein sehr dicker Schreiblehrer gab in den unteren Klassen zugleich Geschichtsunterricht, der freilich im wesentlichen darin bestand, daß er den „kleinen Heinel“ (preußische Geschichte) auswendig lernen ließ: „Vor sechshundert Jahren sah es im Lande Preußen ganz anders aus“ 2c.

Den Namen des Lehrers, dem ich am meisten verdanke, habe ich vergessen. Er gab den Zeichenunterricht und hatte eine vortreffliche Art, uns vor allem sehen zu lehren. Auf die Platte des Katheders stellte er Holzkörper verschiedenster Form, allein oder in verschiedenen Lagen zu einander, und gab uns auf, sie nachzuzeichnen, wie sie sich unserem Auge darstellten. Dabei brachte er uns die Grundbegriffe und Regeln der Perspektive bei, indem er die gemachten Fehler besprach. Da zeigte sich nun bei mir eine entschiedene Anlage; ich war nicht nur stets der erste fertig, sondern ich zeichnete auch am richtigsten. Und weil mir das gefiel, setzte ich mir auch zu Hause erst Klötze aus dem Baukasten, dann auch andere Gegenstände auf und bemühte mich, sie zeichnerisch wiederzugeben. Daraus hat sich dann bei mir eine sehr starke Neigung entwickelt, nach der Natur zu zeichnen. Bei allen Ferienausflügen, bis in die letzte Zeit, habe ich mein Skizzenbuch in der Tasche mitgetragen und mit leidenschaftlichem Eifer alles zu Papier gebracht, was mir des Behaltens wert und zu solcher Aufnahme geeignet schien. Durch diese langjährige Übung hat sich auch mein Formengedächtnis scharf entwickelt, so daß ich imstande gewesen bin, mir ein Landschaftsbild im ganzen und in seinen Einzelheiten vorzustellen und es nach dieser Vorstellung zu zeichnen. Von dieser

Fertigkeit habe ich in unzähligen Gerichtssitzungen Gebrauch gemacht und mir dadurch die Stunden gekürzt, ohne an Aufmerksamkeit für die Verhandlungen irgendwie etwas einzubüßen. Viele Hunderte solcher mehr oder minder ausgeführter Federzeichnungen haben die Herren Kollegen an sich genommen und teilweise in Mappen gesammelt. Es wird ihnen Stimmung und Vielgestaltigkeit der Objekte nachgerühmt; auf künstlerische Ausbildung erheben sie selbstverständlich keinen Anspruch. Die Anfänge dieser Liebhaberei gehen also auf die Pillauer Bürgerschule zurück.

In meinem elften Lebensjahre machte ich den ersten Ausflug in die Welt. Das geschah folgendermaßen. Auf dem Haff verkehrten schon seit längerer Zeit die kleinen Dampfschiffe ‚Falke‘ und ‚Schwalbe‘ regelmäßig zwischen Königsberg, Pillau und Elbing. Der erste Dampfer, der sich meines Wissens weiter über See bis Danzig wagte, war die ‚Gazelle‘. Wenn sie, von Königsberg kommend, in Pillau anhielt, war immer ein munteres Getreibe am Bollwerk in der Nähe des Leuchtturms. An einem Sommertage zu Anfang der Schulferien sah mein Vater dort den jungen Lehrer Dorn (er ist später ebenso wie Jahn wegen liberaler Gesinnung gemaßregelt worden!) mit einer Anzahl größerer Knaben in Turnkleidern, das Ränzel auf dem Rücken, zur Abfahrt bereit stehen. Er wollte nach Danzig, von dort zu Fuß nach Marienburg und Elbing, endlich wieder mit dem Dampfboot nach Pillau zurück. Die Frage, ob er mich mitnehmen wolle, bejahte er freundlichst. So wurde ich denn aufgepackt, in einer Viertelstunde ausgerüstet und ihm anvertraut.

Es war mir alles wie ein Traum, in den sich doch auch ängstliche Empfindungen mischten, als nun die Ladebrücke eingezogen wurde, die Dampfpfeife schrill ertönte, die Räder sich in Bewegung setzten und das Schiff an unserem Hause vorübersauste, in dessen Thüre meine Mutter stand und gewiß mit schwerem Herzen ihren ältesten Jungen auf die tückische See hinausfahren sah. Es wehte ein frischer Wind, und hinter der Mole bespritzten die Wellen mit ihrem Schaum das Verdeck. Doch hielt ich mich längere Zeit ganz tapfer gegen die Seekrankheit. Gegen Abend aber blies uns ein so kräftiger Sturm entgegen, daß das kleine Schiff arg zu schwanken anfing und meine leichten Kleider bald völlig durchnäßt waren. In der Kajüte wurde mir unwohl; ich mußte wieder auf Deck und lag da unter einer Bank, durch den niedrigen Bord nur wenig geschützt gegen Wind und Wetter, in traurigstem Zustande. Mit einer Verspätung von vier Stunden langten wir endlich schon zur Nachtzeit in Neufahrwasser an. Am andern Morgen war freilich alle Not vergessen, als wir nach Danzig wanderten und die Wunder der alten Hansestadt anstaunten: die Festungsthore, die Straßen mit den hohen Giebelhäusern und Beischlägen, das Rathaus mit seinem mächtig aufstrebenden Turm, den Artushof mit seinen alten Bildern und Schiffsmodellen, die gewaltige Marienkirche mit ihrem wundersamen Gewölbe. Auch im Kloster Oliva schauten wir uns um, und vom Bischofsberge aus genossen wir die schöne Aussicht. Dann ging's weiter nach Marienburg, wo das alte Ordensschloß an der Nogat mit seinen stolzen Erinnerungen die jugendliche Phantasie völlig gefangen nahm. Ich hatte mir Blasen an den Füße gelaufen und war froh, daß mich auf dem weiteren Wege ein Planwagen, wenn auch nur schrittweise, beförderte. In Elbing war schließlich von dem sehr mäßigen Reisegelde für jeden nur noch ein kleiner Betrag übriggeblieben. An die Rückfahrt zu Dampfboot war nicht mehr zu denken. Da am anderen Morgen ein Frachtkahn abgehen sollte, verschafften wir uns hier gegen Vergütung von fünf Silbergroschen pro Person Unterkunft. Der Rest des Geldes wurde leichtsinnig in Kuchen angelegt. Wir meinten, nachmittags schon in Pillau zu sein, täuschten uns aber sehr. Der Kahn mußte den Elbingfluß hinab bis zum Haff mühsam getreidelt werden, lag dann eine gute Weile still, um auf Wind zu warten, und lavierte darauf Tag und Nacht und bis zum Nachmittag des nächsten Tages. Ich schlief in einem Stapel Taue und besudelte mir dabei den ganzen Anzug mit Teer. Dazu der Hunger. Zum Glück hatte der Schiffer Kartoffeln an Bord; sie schmeckten mit Salz vortrefflich. So kam ich trotz mancherlei Strapazen vergnügt im Vaterhause an. Die in Danzig und Marienburg gewonnenen Eindrücke, allerdings wiederholt aufgefrischt, wirkten noch stark nach, als ich vierzig Jahre später meinen Roman „Heinrich von Plauen“ schrieb.

Außer mit dem kleinen Segelmacher hatte ich auch mit anderen Knaben engeren Umgang, so mit den beiden Söhnen eines angesehenen Spediteurs, in dessen Hause ich kaufmännische Wohlhabenheit kennen lernte, und mit einem Nachbar auf der Schulbank, dessen Vater Garnisonbäcker in der Festung war, und mit dem ich gern mein Weißbrot gegen dünne Kommißbrotfladen austauschte, die er noch warm unter der Weste vorzog. Bei dem Spediteur waren gewöhnlich Sonntags fremde Kapitäne zu Gaste. Es stand dann auch eine Kiste sehr kräftiger Cigarren auf dem Seitentisch. Der ältere von den Söhnen wußte mitunter im Vorbeigehen einige davon zu entführen — „bauen“ war der Kunstausdruck dafür — und wir zogen dann in die Plantage zu unseren ersten Rauchversuchen, die uns nicht immer gut bekamen. In dem Sohn eines Konsuls (der einen schiefen Mund hatte, weil die Amme, als sie ihn gerade nährte, eine Ohrfeige bekam, wie sehr verwunderlich erzählt wurde) fand ich einen Spielkameraden, mit dem ich auf seinem Hof ein mit Tauwerk und Segeln wohlausgerüstetes Schiff baute, dessen wertvollster Teil doch eine in die Erde gegrabene Kajüte war, in die wir wirklich hinabsteigen konnten, um dort Schiffszwieback zu verzehren. Freundschaftliche Neigung faßte ich zu einem sehr armen, aber gut befähigten und namentlich in dem mir immer schreckhaften Rechnen äußerst gewandten Knaben, der mir aber an Lebenserfahrung weit voraus war, sich zu mir nicht ebenso hingezogen fühlte und meine schwärmerische Hingebung mit Untreue lohnte, was mir viel kindische Thränen ausgepreßt hat.

Wenn ich nun auch immer bereit war, mit den anderen Jungen mich auf den Straßen herumzutummeln, Räuber und Soldat zu spielen, auf die Schiffsmasten zu klettern, dem Reif nachzulaufen, Knopf zu werfen, mit dem Flitzbogen zu schießen und kleine Schiffe schwimmen zu lassen, so hatte ich doch nebenher stets noch meine besonderen Beschäftigungen, die mir eine stille Freude bereiteten und meiner Mutter besser zusagten. Ich las gern und viel, nicht nur Kindergeschichten und Märchen, sondern auch Bücher aus des Vaters Bibliothek, die über mein Verständnis gingen. Auch mit einem Puppentheater gab ich mich gern ab. Ehe die Eltern von Königsberg verzogen, hatten sie mich einmal ins Schauspielhaus mitgenommen, und es mochte mir von dem, was da vorging, wenigstens ein allgemeiner Eindruck geblieben sein. Nun konnte meine Mutter aus ihrer lebhaften Einbildungskraft nicht nur lange Geschichten erzählen, die mich noch mehr spannten, als die aus den Büchern, sondern sie verstand auch zu den aus den Bilderbogen ausgeschnittenen Theaterfiguren Stücke zu erfinden oder die ihr bekannten, zu welchen sie gehörten, namentlich auch Operntexte, in Puppentheaterdramen umzumodeln. Mehr noch, sie wußte zu den allerinteressantesten Schauspielen, die auf irgend einer Robinsoninsel in der Südsee vor sich gingen, die passenden, in gar keinem Buchbinderladen käuflichen Kulissen herzustellen, indem sie in der primitivsten Weise schuppige Stämme mit einem üppigen Behang von Palmblättern zeichnete, die Stämme mit Lakritzen braun, die Kronen mit einer Mischung von Berliner Blau und Gelberde saftig grün färbte. Und das ging alles so hübsch rasch! Ich lernte diese edle Kunst von ihr und wurde nicht müde, Palmwälder auf Papier zu zaubern. Mit den Aufführungen gelang es mir schlechter, da die Puppen gar zu steif und störrisch waren. Wir versuchten nun selbst Komödie zu spielen. Ich hatte Schillers „Räuber" und Goethes „Götz" gelesen. Ritter und Räuber spukten unaufhörlich in meinem Kopfe herum. Es wurden von Pappe Schilde, von Holz Schwerter fabriziert und mit Silberpapier beklebt, Armbrüste gezimmert, aus Bohnenstangen Lanzen hergestellt und auf unserem kleinen Hofe Ritterkämpfe aufgeführt, ein andermal Räuberkostüme aus roten Bettdecken, aufgekrempten Hosen, alten Hüten mit Krähenfedern hervorgebracht. Das „Verkleiden" blieb immer die Hauptsache, denn das Extemporieren nachher hatte seine Schwierigkeit. Meine Schwester und ihre Freundin, die Pflegetochter des Registrators, ließen sich meist willig als Prinzessinnen ansehen; auch entdeckte ich in den Töchtern eines Gendarmen schauspielerische Talente und zog sie, nicht ohne den mir unerklärlichen Einspruch meiner Mutter, zur Verstärkung des Personals heran. Als Theater diente unsere kleine Schlafstube, die eine Balkendecke hatte, an welcher sich Tücher und Laken leicht als Kulissen befestigen ließen. Dann erwachte aber auch der Wunsch, wirkliche Kulissen zu haben. Zu diesem Zweck wurden Schulhefte auseinander gerissen, die Blätter mit Mehlkleister zusammengeklebt und die Flächen mit Wasserfarben bemalt. Die Stücke, zu denen sie angefertigt wurden, blieben aber gemeinhin ungespielt.

Zwei besondere Ereignisse aus dem Pillauer Aufenthalt stehen noch sehr fest in meinem Gedächtnis. In einem Spätherbst starb mein kleiner Bruder, erst vier Jahre alt, nach langem Krankenlager, fast bis zum Knochengerippe abgezehrt. Ich wurde spät abends mit der Todesnachricht zu einem befreundeten Offizier in die Festung geschickt und weiß, daß mir bei meiner aufgeregten Phantasie dieser einsame Gang bei Sturm und Regen sehr unheimlich vorkam. Der Vater war untröstlich. Zum erstenmale sollte Weihnachten nicht gefeiert werden. Es brannte auch wirklich kein Baum. Für meine Schwester und mich wurden zwar kleine Geschenke auf den Tisch gelegt, eine richtige Bescherung fand aber nicht statt; der Vater ging finster schweigend im Zimmer auf und ab, die Mutter saß weinend in einer Ecke. Wir Kinder wußten gar nicht, wie wir uns zu benehmen hätten, und wagten nicht, an den Tisch heranzutreten. Endlich faßte ich mir ein Herz und sagte, wir wollten gar nichts geschenkt haben, wenn es die Eltern so traurig machte. Das hatte bei meinem Vater eine lösende Wirkung: er nahm mich beim Kopf und küßte mich, küßte die kleine Schwester und die Mutter, ohne freilich ein Wort zu sprechen, und der Abend verlief dann nicht ganz so traurig, als er angefangen hatte.

In einem Winter stellte sich überraschend so starker Frost ein, daß das Tief bis weit in die See hinaus gefror, was seit Menschengedenken nicht geschehen war und sich auch meines Wissens seitdem nicht wiederholt hat. Drei Tage lang war das Eis so haltbar, daß man nach der Nehrung hinübergehen und auf der spiegelblanken Fläche Schlittschuh laufen konnte. Ganz Pillau war auf dem Eise. Ich erhielt damals meine ersten Schlittschuhe (sie wurden mit einem durch lederne Schlaufen gezogenen Strick am Fuße festgebunden und zu besserer Haltbarkeit über dem Blatt geknebelt) und lernte das Laufen in dieser kurzen, allerdings gründlich ausgenutzten Zeit.

Morgentau. Nach dem Gemälde von E. Normand.

Abb. 1. Schloß Lazienki. Nach einem Aquarell aus der Zeit von Stanislaus August Poniatowski.

Stanislaus August Poniatowski, der letzte König von Polen.

Von

von der Brüggen.

Mit elf Abbildungen.

(Nachdruck verboten.)

Seit Polen mit dem Aussterben des jagellonischen Mannesstammes im Jahre 1572 Wahlkönigtum geworden war, ging es beständig abwärts mit diesem durch die Schwäche Deutschlands emporgekommenen Reiche. Aber während das erste darauf folgende Jahrhundert noch in Stefan Batori, den Wasa's, Johann Sobieski Fürsten brachte, die sich ihrer Haut zu wehren wußten, sind die nachfolgenden sächsischen Herren die Idealkönige eines anarchischen Adels, aber auch die rechten Totengräber dieses elenden Staates geworden. Als August III. am 5. Oktober 1763 in Dresden starb, hinterließ er, in Polen wenigstens, ein Reich, das man sich kaum zu wüst, zu arm, zu bar der Ordnung, des Rechtes, der Macht vorstellen kann. Sehr zum Glücke Deutschlands, dürfen wir hinzufügen, denn wäre Polen stärker gewesen, so hätte Friedrich II. mit seinem sächsischen Gegner nicht so leichtes Spiel gehabt und seine Siege vielleicht nicht erfochten. Aber freilich, mit einem polnischen Heer, das während des XVIII. Jahrhunderts nie über 18000 Mann gezählt hat und zudem dem Hetmann (Hauptmann) als Oberfeldherrn, nicht dem Könige verpflichtet war; mit einem Reichstage, der durch den Einspruch einer Stimme gegen Tausende aufgelöst werden konnte und auch fast immer aufgelöst wurde; mit einem Adel, der alle staatliche Gewalt in der Hand hielt und sie verwandte zur Bereicherung der eigenen Taschen oder zu ewigen Parteikämpfen um die Regierungsgewalt – mit einem solchen Staate war gegen das Preußen Friedrichs oder gegen den festen und einheitlichen Willen im russischen Nachbarstaate so wenig auszurichten, als etwa mit Äpfeln gegen geharnischte Ritter.

Es fragte sich nun, wen der am 7. Mai 1764 einberufene Reichstag zum Nachfolger Augusts wählen würde. Die Frage war indessen im wesentlichen bereits entschieden, seit Rußland und Preußen sich darüber verständigt hatten, keinen fremden Fürsten, sondern nur einen Polen, einen Piasten, auf dem Thron anzuerkennen. Polen sollte schwach bleiben, denn Preußen konnte eine starke politische Macht vor den Thoren von Berlin nicht ertragen, Rußlands Geschichte der letzten anderthalb Jahrhunderte war ein Kampf um die Existenz mit Polen gewesen; nur ein Pole bot die Gewähr dafür, daß er ein Spielball der Parteien und ein Schützling Rußlands bleiben werde.

Mit Hülfe russischer Truppen und in sehr formloser Weise setzten die beiden Brüder August (Abb. 2) und Michael Fürsten Czartoryski, die auf eine gründliche Reform des Staates sinnenden Häupter einer großen Partei, gegen den Sohn Augusts von Sachsen als den Kandidaten der von Österreich, Frankreich, Spanien gestützten Gegenpartei die Wahl ihres Neffen, des jungen Truchseß von Litauen, Stanislaus August Poniatowski (Abb. 3), durch. Am 7. September 1764 wurde Stanislaus August von einem verstümmelten Reichstage einstimmig erwählt, am 13. September beschwor er die alten unheilvollen pacta conventa, d. h. die verbrieften Rechte des Adels auf staatliche Unordnung und adlige Willkür. Die Mächte erkannten ihn sofort an. Am 25. November wurde er zu Warschau gekrönt. Poniatowski war 32 Jahre alt, als er den Thron bestieg. Sein Vater, Wojewode von Masovien und aus unbedeutendem Adelsgeschlecht, war 1762 gestorben, seine Mutter, eine Schwester jener beiden Fürsten Czartoryski, hatte den Knaben bis zu seinem 16. Jahre erzogen ohne Unterstützung durch den im Kriegshandwerk und politischen Streit beschäftigten Gatten. Durch die Oheime ist er dann auch auf den Thron gekommen. Freilich nicht durch sie allein und nicht auf ganz direktem Wege.

Abb. 2. August Czartoryski.
Nach einem gleichzeitigen Kupferstich.

Die Kindheit Poniatowskis war von dem Glanz des reichen Hauses Czartoryski und dem Geist einer Kultur umgeben gewesen, die noch in voller Kraft aus dem Paris der Ludwige herüberstrahlte. Diese Kultur, welche Geselligkeit als eine Kunst betrieb, dieses formvollendete Genußleben mit seiner Feinheit und Weichheit in Denken und Empfinden spiegelten sich bald in dem Knaben, gepflegt von ausschließlich mütterlicher Hand und willig aufgenommen von einer für sie ganz besonders geeigneten Natur.

Unter*) fünf Geschwistern zeichnet er sich durch Geist und körperliche Schönheit aus, durch ungewöhnliche Gaben eines raschen und feinen Verstandes, durch einen schmiegsamen und elastischen Charakter. Eine früh erwachende Neigung für Kunst und alle Errungenschaften der geistigen Kultur seiner Zeit hob den Jüngling über die Masse des jungen polnischen Magnatentums hinaus. Nach der

*) Dieses sowie weitere Citate sind entnommen meinem Buche: „Polens Auflösung.“

Sitte der Zeit machte er größere Reisen im westlichen Europa, eine Schule der Bildung, für deren Lehren dieser weiche Stoff ganz besonders empfänglich war. Hier, in Frankreich, sog er mit vollen Zügen die Düfte einer reichen Blütenpracht der Litteratur ein, hier wuchs sein Wesen sich wie unter einem Zauber in einem Element aus, das ihm so ansprechend war als kein anderes. Rasch war er ganz Franzose geworden in Sprache und Sitte, völlig heimisch in einer Gesellschaft, deren feiner Geschmack und höfisch elegante Umgangsformen, deren von Geist und Witz, von heiterer Philosophie, von lebensvoller Kunst und kunstvollem Leben durchleuchtete Sphäre in jeder Fiber des jungen Polen harmonisch anklangen. Wie er hier ganz Franzose wurde, so in England ganz Engländer. Im Umgang mit den berühmtesten Persönlichkeiten beider Länder versäumte er nicht, auch in die ernsten Strebungen derselben sich zu versenken; er beschäftigte sich eifrig mit dem Studium der schönen Wissenschaften und Künste, der staatlichen und wirtschaftlichen Einrichtungen. Die Geschmeidigkeit seines Geistes war so groß, daß er mit Leichtigkeit die Anschauungen der größten Gelehrten beider Völker aufnahm, daß er rasch im vertrautesten Verkehr mit Dichtern und Künstlern sich zum feinen Kenner ausbildete und über die staatlichen und wirtschaftlichen Verhältnisse treffende Urteile abzugeben wußte. Auch Deutschland wurde ihm bekannt; die deutsche Litteratur war ihm nicht fremd. Wo er auftrat, erregte er Aufsehen, erwarb er sich rasch die Gunst der Frauen, Ansehen und Achtung bei den Männern, sein einschmeichelndes Wesen gewann alle Herzen, sein gebildeter Geist alle Köpfe. Friedrich dem Großen stand er sehr nahe, näher noch der Zarin Katharina (Abb. 4).

Abb. 3. Stanislaus August Poniatowski.
Nach einem gleichzeitigen Kupferstich.

Als Zwanzigjährer wurde er Landbote für den Reichstag. Kaum zeigte er sich, so lenkte er durch seine Redegabe und sein bestechendes Wesen die allgemeine Aufmerksamkeit auf sich. Als er von seinen Reisen nach Jahren heimkehrte, wurde seine Anziehungskraft verdoppelt durch die gesellschaftlichen Lorbeeren, welche er im Westen geerntet hatte. Nie hatten seine Landsleute einen vollkommeneren Polen gesehen, so schön, so beredt, so glänzend in Geist und Haltung, so vollendet in den Formen der großen Welt von Paris, so bewandert in allem, was fremdländische Kultur bot, so vornehm unter den Magnaten und so herablassend höflich gegen Niedere. Er war das Orakel aller aufstrebenden Jünglinge in Fragen der geistigen Bildung wie der äußeren Formen: seine Sprechweise, seine Liebhabereien, seine Haltung, seine Kleidung, ja selbst der Schnitt seines Haares und seine Art und Weise, sich zu bewegen, wurden Muster für die polnische Jugend. Er war der Stolz der Männer, auf ihn richteten sich die bewundernden Blicke der Frauen. Der unwandelbar feine Ton seines Umganges mit Frauen unterschied ihn von der übrigen Jugend und vollendete seine ritterliche Erscheinung zu einem Ideal, dessen Reiz unwiderstehlich wirkte auf die leicht entzündlichen Herzen der Polinnen. Ein unfehlbarer Sieger auf dem Gebiete der Liebe hielt er die schönen Lippen in seiner Umgebung stets in sehnsüchtiger Spannung, ließ er, wo er erschien, die leidenschaftlichen Wallungen von Liebe und Haß, von Neid und Eifersucht nie zur Ruhe kommen.

Nicht ohne Erwägung dieser in seiner Person liegenden Empfehlungen wird es gewesen sein, daß Poniatowski zwei Jahre später, 1754, als Kanzleibeamter des englischen Ministers Williams nach Petersburg ging. Dort war eben Soltykow, der erste der Buhlen Katharinas, von der Kaiserin Elisabeth entfernt worden, und alsbald wurden der Verlassenen, die eben dem späteren Kaiser Paul das Leben gegeben hatte, neue Aspiranten unter die Augen geführt. Poniatowski, durch den englischen Minister Williams an den Kanzler Bestuschef (Abb. 5) empfohlen und von letzterem weitergeschoben, schlug, wie er selbst in seinen Memoiren erzählt, seinen Nebenbuhler Grafen Lehndorff aus dem Felde und wurde dann auf Betreiben seiner Geliebten von August III. dem Gefolge des nach Petersburg gehenden Prinzen Karl von Sachsen beigegeben.*) Es spielte sich nun ein Liebesverhältnis in Oranienbaum fort, das nach Poniatowskis Erzählung erst sein Ende fand durch ein Abendmahl zu vieren mit dem Großfürsten Peter und Fräulein Elisabeth Woronzow. Dieses trauliche Beisammensein muß irgendwo mißfallen haben, denn Poniatowski zog es vor, Oranienbaum und Rußland bald darauf zu verlassen.

Abb. 4. Katharina II., Kaiserin von Rußland.
Schabblatt nach dem Gemälde von Schebanoff jun.

In diesen Schäferstunden hatte Katharina den jungen Polen geprüft, und als die Zeit kam, ihn für den rechten Mann befunden, um unter ihrer männlichen Leitung Polen mit weiblicher Schwäche zu regieren. So setzte sie ihn denn auf den Thron.

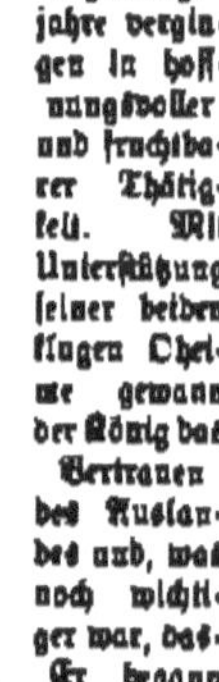

Die ersten Regierungsjahre vergingen in hoffnungsvoller und fruchtbarer Thätigkeit. Mit Unterstützung seiner beiden klugen Oheime gewann der König das Vertrauen des Auslandes und, was noch wichtiger war, dasjenige seiner Unterthanen. Er begann Ordnung in die Verwaltung, besonders in die Finanzen, zu bringen, öffnete die seit Johann III. geschlossene Münze wieder, schuf die adelige Kadettenschule, das Lieblingswerk seines Lebens; er gründete 1765 den Stanislausorden (Abb. 7), der heute als russischer Orden noch fortlebt; er begann alsbald mit der Ausschmückung seiner näheren Umgebung in Warschau, mit Bauten, mit Verschönerung seines Schlosses, und das Beispiel des Königs fand bald Nach-

*) Vgl. Mémoires du Roi Stanislas Auguste S. 33.

ahmung in den Kreisen der Magnaten. Warschau wuchs an Volkszahl, seine schmutzigen, elenden Straßen sahen bald hier bald da neue, von fremden Architekten stattlich erbaute Paläste in allen möglichen Stilarten entstehen, die, wieder nach dem Vorbilde des Königs, eifrig und verschwenderisch mit Gerät ausgestattet wurden, welches der eine von Wien, der andere von London, die meisten aber von Paris herbeischaffen ließen. Das hatte dann wieder zur Folge, daß in Warschau sich fremde Handwerker niederließen. Der König begünstigte sie; noch mehr that er für Herbeiziehung von Kunst und Künstlern. In Paris hatte er vor Jahren den Kreis besucht, der sich im Hause der Madame Geoffrin (Abb. 8) zusammenfand, und die mütterliche Zuneigung dieser berühmten Frau gewonnen, welche nun in einem uns erhaltenen Briefwechsel ihren Ausdruck fand, der bis an den im Jahre 1777 erfolgten Tod der Dame fortdauerte. Diese Freundin benutzte der König fortwährend, um sich Wagen, Bilder, Möbel in Paris zu bestellen und mit Künstlern sich in Verbindung zu setzen, von denen er so manchen dann zu sich herbeilockte. Vor ihrem Tode sorgte Madame Geoffrin noch dafür, daß der König die Wohnung aufgab, welche er in Paris bloß zur Aufbewahrung seiner vielen und kostbaren dort gekauften Sachen viele Jahre lang gemietet hatte, und daß die Sachen verkauft wurden. In der Nähe Warschaus baute er später Lazienki, das Lustschlößchen (Abb. 1), welches mit seinem vollendeten Geschmack im Stile Ludwigs XV., mit seinen Gemälden und seinem Park noch heute das Entzücken der Reisenden erweckt.

Abb. 5. Kanzler Bestuschef. Nach einem gleichzeitigen Kupferstich.

Der König war ein vortrefflicher Redner, auch ein vortrefflicher Schreiber. Hier eine Probe aus einem Briefe an Madame Geoffrin, der von Katharina II. handelt: „On a beaucoup d'esprit là bas, là bas.*) Mais on court un peu trop après l'esprit, cela est vrai. C'est le métal le plus riche, mais auquel il faut le creuset d'une main habile, guidée par un bon cœur et un bon esprit. On en convenait autrefois. Actuellement le sort, et peut-être le goût, ont changé bien des choses."

Das Mißtrauen in die Gesinnungen Katharinas, welches hier wie überall in seinen Briefen durchklingt, war begründet genug, nur irrte der König, wenn er annahm, daß erst ein Wechsel diese ihm ungünstigen Gesinnungen erzeugt hätte. Katharina hatte nie etwas anderes gemeint, als den König an einer wirklichen Kräftigung des polnischen Staates, wie er sie träumte und zu erreichen suchte, zu hindern. Das zeigte die Zarin Katharina denn auch gleich von dem Anfang seiner Regierung an.

Kaum war Poniatowski gekrönt, so traten Rußland und Preußen mit Forderungen zu Gunsten der Dissidenten, d. h. der Nichtkatholiken, hervor, welche besonders in den politischen Rechten beschränkt waren. Als 1766 der Reichstag in der Hoffnung eröffnet wurde, daß das liberum veto abgeschafft, die Steuern und das Heer vermehrt werden würden, zeigte sich unter Mithilfe des russischen Gesandten offener Widerstand, und man setzte nichts durch. Immer deutlicher ward die Stellung Rußlands, als in Anlaß der Dissidentenfrage das Land in zwei Heerlager sich schied:

*) Hindeutung auf die Zarin.

Abb. 6 Denkmünze auf Stanislaus August Poniatowski.

die Konföderation von Radom, unter russischer Führung und militärischer Hilfe, warf die bisherigen Bemühungen, die Zustände des Landes zu festigen, um und erzwang die Annahme der dissidentischen Forderungen. Es folgte eine Gegenerhebung, die Konföderation von Bar, und nun setzte sich die Anarchie fest, die man in Petersburg wünschte: auf der einen Seite der König und die Anhänger einer kräftigen Zentralgewalt und heilsamer Reformen, auf der anderen die Vertreter der altpolnischen Unordnung und sogenannten republikanischen Freiheit. In besonders blutiger und grausamer Weise im Südosten, wo die Kosaken gegen ihre polnischen Herren aufgewiegelt worden waren, aber überall im Lande hemmend, zerstörend wüteten nun sowohl die unter russischer Führung stehenden Partisane der 1768 gebildeten Konföderation von Radom, als auch die Genossen der bald darauf entstandenen Gegenkonföderation von Bar gegen einander und gegen jede Konsolidation der Verhältnisse. Im Jahre 1771 wurde der König in Warschau von einer verwegenen Schar der Gegner aufgegriffen, verwundet aus der Stadt geschleppt, und sollte zur Abdankung gezwungen werden; nur ein Zufall rettete ihn, den er während der ganzen Zeit seiner Regierung für ein Zeichen dafür ansah, daß Gott ihn trotz aller Widerwärtigkeiten zur Ausführung seiner patriotischen Pläne am Leben erhalten habe. Inzwischen aber regierte nicht mehr er, sondern, soweit in dem von Kampf überall erfüllten Lande überhaupt regiert werden konnte, der russische Gesandte, mochte er nun Fürst Repnin oder Herr von Saldern oder Baron Stackelberg heißen, gestützt von russischen Truppen, von Magnaten wie Karl Radziwill und Franz Xaver Branitzki, nur zu oft auch von dem Wankelmut des Königes selbst. Und dieser Vicekönig von Polen leitete dann gemeinsam mit Preußen die Dinge so gut, daß 1772 Polen in der ersten Teilung fast 4000 Quadratmeilen an die drei Nachbarn abtreten mußte. Von da ab ging es dann programmmäßig dem Ende zu. Rußland übernahm 1775 die Garantie einer neuen Verfassung, welche in Wahrheit die alte Anarchie unter Vormundschaft Rußlands sicherte. Polen genoß einiger Jahre der Ruhe, und dieses war auch für den König die glücklichste Zeit seiner Regierung.

Abb. 7 Stanislausorden.

Der König hatte durch die Teilung mehr als zwei Drittel seiner auf sechs bis acht Millionen polnischer Gulden (drei bis vier Millionen Mark) sich belaufenden Einnahmen verloren, und wenn auch nach Wiederkehr von Ruhe und Ordnung mit der Hebung der Volkswirtschaft die staatlichen wie regalen Einnahmen stiegen, so reichten sie doch nicht mehr aus zur Befriedigung der Bedürfnisse eines Mannes, der als Pole, König und Bewunderer des Hofes von Versailles seiner Prachtliebe auf der einen Seite, seiner Unfähigkeit, den Anforderungen des Mitleids zu widerstehen, auf der anderen nur zu sehr den Lauf ließ. Er borgte überall und dachte nicht gern ans Bezahlen; in der Not mußte dann Katharina helfen und that es natürlich nicht umsonst, sondern mit politischen guten Zinsen.

Seine Bauten, sein neuerrichtetes französisches Theater, seine Maler und Bildhauer, seine Kadetten, deren blaue Uniform mit roten Aufschlägen man auf den meisten seiner sehr zahlreichen und meist gut gemalten Bilder findet; seine sinnigen und glänzenden Feste, seine in geistreichen Gesprächen verbrachten kleinen Abendgesellschaften und endlich seine Liebesabenteuer — das war das Leben, welches seiner Natur, seinem Geschmack am meisten zusagte, und dem er sich mit Meisterschaft widmete. Von etwas über mittlerer Gestalt, vollkommenem Bau, mit Händen, deren Schönheit berühmt war, einem fein geschnittenen Gesicht, schön gebogener Nase, braunem Auge und Haar, sehr feinem, sprechendem Munde, das blaue Band des Ordens vom weißen Adler über der Brust, die Uhr am linken Ärmel — so schaut dieser Bezauberer der Weiber uns aus seinen Bildern an (Abb. 9). Vor seiner Wahl hat er sich viel mit dem Gedanken einer Heirat mit Katharina von Rußland beschäftigt, mußte aber jetzt einsehen, daß das in deren Pläne nicht paßte; dann versuchte er es mit einer Tochter Maria Theresias, was aber aufgegeben werden mußte, weil es ebensowenig in die russischen Pläne paßte. Dann verzichtete er ganz auf das Heiraten und begnügte sich damit, von einer der vielen Schönheiten seines Landes zur anderen flatternd sich mit einem ganzen Hofstaat von Priesterinnen der Liebe, der Freundschaft, des Hasses zu umgeben. Er ließ in Lazienki einen Saal mit einer Galerie der Bildnisse aller seiner Geliebten schmücken, wie er früher einen Saal im Warschauer Schlosse mit denen aller polnischen Könige ausgestattet hatte. Wer war da in Lazienki nicht alles zu sehen! Von den vier Elisabethen an, die dem höchsten polnischen Adel angehörten, bis zu der einzigen Frau, der er nachhaltig zugethan blieb, der Gräfin Grabowski, und bis zu der späten Flamme, die der Pariser Marquise Lulli geweiht

Abb. 8. Madame Geoffrin.
Nach einem gleichzeitigen Stich von Miger.

war. Jene vier Elisabethe, bald Geld von ihm erpressend, bald im Haß gegen den Treulosen und Geldlosen verbunden, eine lange Reihe anderer von seiner Tasche lebend, die Lulli in Brillanten strahlend zu einer Zeit, wo jeder Gulden hätte für Mehrung der Wehrkraft verwandt werden müssen — so schuf ihm seine verschwenderische Liebe nur all zu viel Leid und trug erheblich bei zur Schärfung der Varteiungen und zur Schwächung der Königsmacht.

Am 3. Mai 1791 gab sich Polen eine neue Verfassung (Abb. 10). Es sollte nun doch noch der Versuch gemacht werden, die uralten Schäden zu entfernen: Polen sollte Erbreich werden, an einen Sachsen, durch dessen Tochter dann an Preußen kommen; das Heer sollte auf 100 000 Mann gebracht, das liberum veto abgeschafft werden und manches andere. Preußen hatte halb verstohlen diesen Schritt gefördert, als es die große Koalition der Mittelstaaten gegen Österreich und Rußland im Schilde führte. Vier Jahre lang dauerte der Reichstag, der sich zu dieser Empörung gegen Rußland entschloß, und diese vier Jahre sahen nicht bloß die alten heftigen Parteikämpfe, sondern den flammenden Aufschwung eines Patriotismus, der sich am Vorabend einer Wiedergeburt Polens, einer Befreiung vom russischen Joche, einer Neugründung aller staatlichen Fundamente wähnte. Die Zeit dieses sogenannten langen Reichstages, 1787 bis 1791, ist der Glanzpunkt polnischen Lebens seit Jahrhunderten, ein zwar thörichter und kindisch unbesonnener, aber in seiner Weise doch reizvoller Aufschwung polnischen Geistes.

Wieder stand eine Reformpartei mit freierem patriotischem Blick einer Partei enger Vertreter adeliger Alleinherrschaft gegenüber, letztere unter dem Schutze des russischen Ambassadeurs, erstere von dem preußischen Gesandten angetrieben, dort die Branicki, Felix Potocki, Rzewuski, hier die Kollontaj, Ignaz Potocki, Piatoli. Der König ließ sich, wie so oft schon vorher, von der Gewalt, die eben am Ruder war, auch jetzt fortreißen zum Beitritt für die Sache der Konstitution. Aber während der Kampf der Parteien jahrelang tobte, genoß er gleich den Tausenden, welche zu dieser nationalen Krisis nach Warschau geströmt waren, in vollen Zügen den berauschenden Trank eines gesellschaftlichen Glanzes, wie er schäumender nicht im Paris Ludwigs XIV. noch im Dresden Augusts II. kredenzt worden ist.

Karl Radziwill war bereits der gefährlichste Gegner Poniatowskis, als dieser nach dem Throne strebte. Seither immer im Lager der Gegner, ein rücksichtsloser Verteidiger der alten Magnatengewalt, Herr eines Landbesitzes, das die Ausdehnung eines Königreichs hatte, allgewaltig in seiner Wojewodschaft Litauen, Gebieter einer ungeheuren Schar von „Klienten," von Leuten, die von ihm abhängig waren und seinem Gebote folgten, — so war er nach Warschau gezogen gleich all den anderen und gab in seinem Palast in der Krakauer Vorstadt im Jahre 1789, zur Feier des Jahrestages der Vereinigung von Litauen und Polen, ein Fest im Namen Litauens.

Ungefähr viertausend Einladungen waren ergangen. Bei der Einfahrt in den weiten Hofraum schien der Palast in Flammen zu stehen von den zahllosen Leuchtern; die Galerien und Aufgänge waren mit rotem Tuch ausgeschlagen. Außer den Sälen des früheren Theaters war eine Flucht von Gemächern für die Gäste geöffnet, an jeder Thür von den Galerien an standen je zwei Pajuken in den Farben der Radziwills. Drei ungeheure Säle waren in ein Gelaß vereinigt, in dem eine Tafel von solcher Länge stand, daß man von ihrem einen Ende aus die Gesichter am anderen nicht erkennen konnte; vier anstoßende weite Säle waren gleichfalls von Tischen eingenommen, im fünften saß an einem runden, etwa vierzig Ellen im Umfang haltenden Tische der König, neben ihm die regierende Herzogin von Kurland und im Kreise zweiundzwanzig Frauen aus den ersten Familien und der Verwandtschaft des Königs. In der Mitte des Tisches stand ein hoher Aufsatz aus Porzellan, die Eroberung von Gibraltar darstellend, eine der schönsten Arbeiten der sächsischen Fabrik zu Meißen; Messer und Gabeln, Teller, Schüsseln, auf denen gereicht ward, alles war von Gold. In den drei Nebensälen, auf jenem endlosen Tische, war das herrlichste Silbergerät von Augsburger Filigranarbeit aufgehäuft; die ebenso langen Kredenztische an den Wänden waren gleichfalls von Silbergerät überfüllt: von ungeheuren Kübeln für Flaschen, Trinkbechern, uralten Gefäßen, deren Formen auf eine entfernte Vergangenheit wiesen und an die Zeiten Olgierds mahnten, Reichbrettern, Tellern, Messern, Gabeln in mehreren hundert Dutzenden. Kandelaber und Leuchter aller Art standen und hingen überall und hielten sicher etwa zweitausend Kerzen. Außer in dem königlichen Saal war noch in drei Sälen das

Stanisław August Król

Abb. 9. Stanislaus August Poniatowski. Nach dem Gemälde von Lampi.

Silbergerät in glänzender Beleuchtung aufgehäuft; es ist schwer, diesen Glanz und diese Pracht zu beschreiben. — Sämtliche Gemächer waren zu diesem Feste mit neuen Tapeten aus Sammet, mit goldenem Saum und Quasten, geschmückt, das Zimmergerät überall den Wänden angepaßt worden.

In Warschau pflegte Karl Radziwill zu Fuß zu erscheinen, denn er verachtete die modischen Wagen. Hinter ihm wälzte sich dann eine solche Menge seiner Anhänger her, daß die Straße fast gesperrt wurde und man Mühe hatte sich durchzudrängen. Wenn er zur Audienz aufs Schloß zog oder zum Reichstage, so gelangte das eine Ende des Zuges schon vor die Reichstagsstube, während das andere Ende noch im Hofe des Radziwillschen Palastes war. Im Theater sah man ihn nie in einer Loge, sondern stets in dem Parterre, das kein

Gestühl hatte, und welches er ganz für sich zu mieten pflegte. Auf dem Wege dahin forderte er jeden, der ihm begegnete, mochte er seinen Namen auch nie gehört haben, auf, ihn zu begleiten, mit der ihm stereotypen Anrede: „Panie kochanku (geliebter Herr), ich bitte Sie in's Theater, kommen Sie gefälligst mit mir."

Karl Radziwill hatte nie die alte polnische Tracht abgelegt, wie der König und die Neuerer gethan hatten. Er trug noch den Zhupan und den Säbel, den geschorenen Vorderkopf mit dem Haarbüschel, den langen herabhängenden Schnurrbart. Während des langen Reichstages kam im patriotischen Eifer für polnische Selbständigkeit diese altpolnische Tracht wieder allgemeiner auf, und man sah da Kleidungen von dem XV. Jahrhundert anfangend bis zur kurzen Perücke Ludwigs XVI. und dem Frack der Revolution. Zuletzt langte man sogar bei den griechischen Gewändern und Sandalen des Direktoriums an. Als Beispiel aber von der Pracht, die man auf die Kleidung verwandte, sei hier noch folgendes Bild hergesetzt, welches den Auszug des 1791 zum polnischen Gesandten ernannten Adam Rzewuski schildert, wie er vor der Abreise sich dem Könige darstellte.

Er ritt auf einem arabischen Rappen in sehr reichem goldenem Geschirr, den Sattel allein schätzte man auf 45 000 Goldgulden (405 000 Mark), man konnte keinen schöneren sehen: die beiden Knäufe in Gold gearbeitet und mit Brillanten besetzt, ebenso das übrige Reitzeug; der Zaum, das Bruststück, der Schwanzriemen von rotem Korduanleder mit goldenen Verzierungen, die Bügel von Gold, äußerst kunstvoll gearbeitet; am vorderen Knauf hing ein Kantschuk (Kosakenpeitsche), der Griff von Ebenholz mit eingesetzten Brillanten. Rzewuski war von einigen Dutzenden von Reitern umgeben, die zur Gesandtschaft gehörten, alle in prächtigem Aufzuge. Dahinter kam die Kutsche des Gesandten, mit den Wappen geziert, von sechs mächtigen braunen Rossen gezogen in vergoldetem Geschirr, mit Federbüschen, Bändern und Quasten in den Mähnen, begleitet von Trompetern und Haiduken in ähnlichem Schmuck. Dann folgten noch mehrere zur Gesandtschaft gehörige Kutschen. Vor der Freitreppe des Schlosses hielt der Zug, Rzewuski stieg ab, ein Stallknecht warf über das Roß eine große, reich mit Gold durchwirkte Decke von dunkelrotem Sammet, und der Gesandte bewegte sich mit der ganzen Begleitung zum Audienzsaal.

Er trug einen Zhupan (Leibrock) von Silberlahn mit goldenen Blumen, durchwirkt mit Seide von blendenden Farben, einen Leibgurt aus Slutsker Arbeit, der vor Gold fast unbiegsam war, an der Seite einen polnischen, mit Brillanten übersäten Säbel, auf dem Zhupan das blaue Band des Weißen Adlerordens, am Halse das Kreuz des St. Stanislaus, darunter eine sehr kostbare Schnalle. Über dem Zhupan lag der lose Mantel von grünem Sammet, herrlich und reich in Gold durchwirkt, mit Zobel gefüttert, von außen geziert mit dem Stern des Weißen Adlers. Über dem männlich feinen Gesicht mit dem hart gesteiften, schwarzen Schnurrbart wurde der bis zum Scheitel glatt geschorene Kopf überragt von dem polnischen Kolpak aus Zobelfell mit weißem Reiherbusch; diesen hielt eine Agraffe, in deren Mitte ein thalergroßer Smaragd, umgeben von erbsengroßen Diamanten leuchteten; die Spitze des Kolpak war von karmesinroter Farbe mit einem Quast blitzender Brillanten. Gelblederne Stiefel mit silbernem Beschlage, über welchen die Hose von karmesinfarbenem Atlas lose hing, vollendeten die orientalisch pompreiche, aber auch lebensvolle, sinnvolle Kleidung. —

All die schönen Hoffnungen und Freiheitsträume fanden ein schnelles Ende, als Rußland 1792 die Gegner der Reformen in der Konföderation von Targowicz vereinigte, dieselbe in seine Leitung nahm und den König endlich nötigte, selbst derselben beizutreten. Der Tod Josefs II., der ewig zu beklagende Entschluß Friedrich Wilhelms II., einen Kreuzzug gegen französische Revolutionäre zu unternehmen, endlich der Friede Rußlands mit Schweden, später mit der Türkei, wodurch Suworow und die russischen Heere frei wurden — das alles wurde verhängnisvoll für Polen und seinen König. Als die Gerüchte von dem Nahen russischer Truppen sich bestätigten und die Gefahr ihrer Vereinigung mit den Konföderierten vor der Thür stand, da glaubten diese politischen Kinder, durch eine große Entflammung polnischen Mutes und polnischer

Abb. 19. König Stanislaus Poniatowski beschwört die Konstitution vom 3. Mai 1791.
Nach einem gleichzeitigen Stich.

Thatkraft die Feinde niederwerfen zu können. Prinz Josef Poniatowski sollte mit 24000 Mann Polen retten, und man hat, sehr mit Unrecht, dem Könige zum Vorwurf, selbst zum Verrat gemacht, daß nicht er selbst den Oberbefehl übernahm. Er, der nie Soldat war und sich völlig unfähig wußte, das Kommando zu führen! Man übertrug ihm jetzt, in der Angst, diktatorische Gewalt und verlangte von ihm, er solle plötzlich sich in einen Cäsar verwandeln. Verrat übte nicht er, sondern seine bisherigen Freunde, und zwar an ihm, indem sie, als alles verloren schien, auf ihn alle Verantwortung abzuwälzen suchten, und als alles verloren war, ihn dafür verantwortlich machten (vgl. Smitt, Suworow und Polens Untergang, Teil II). Der König wandte sich an Katharina mit dem Anerbieten, zu Gunsten ihres Enkels Konstantin abzudanken; aber das genügte jener jetzt nicht mehr, wo sie alles haben konnte, was sie nur wünschte. Sie forderte von ihm Beitritt zur Konföderation, und der König mußte sich fügen, nachdem er sich überzeugt hatte, daß von Preußen nicht die Hilfe zu erwarten war, auf welche zu rechnen er — wir müssen es mit Bedauern gestehen — wohl einiges Recht hatte.

Die Konföderierten traten in Grodno zum Reichstag zusammen, dem der König beitrat, und den der russische Gesandte leitete. Er zwang denselben nach längerem Widerstreben, die Landabtretungen an Rußland, dann an Preußen zu unterzeichnen, welche die zweite Teilung bilden.

„Am bedauernswertesten aber bei allen diesen Vorgängen war die Lage des Königs (Smitt, Suworow und Polens Untergang, S. 457). Er hatte das Beste seines Landes aufrichtig gewünscht, hatte meist immer das Richtige gesehen; nur die Schwäche seines Charakters und die Gebundenheit seiner Lage waren ihm überall entgegen gewesen. Auf ihn häufte man nun Verschuldetes und Unverschuldetes und warf es ihm mit Bitterkeit vor. Er saß zwischen zwei Stühlen, bedrängt von zwei sich grimmig hassenden Parteien, und diente ihnen von beiden Seiten als Zielscheibe, auf die sie ihre spitzesten Pfeile abschossen. Er wußte nicht mehr, was er sagen, was er thun sollte, und unterlag bei so vielen auf ihn andringenden Leiden fast der Verzweiflung ... Er sah sich von allen aufgegeben, geschmäht, gedemütigt, ohne irgend eine Stütze; denn auch die Kaiserin hatte ihn verlassen, wie er früher sie. Von der Nation gehaßt, von Rußland gering geachtet, von den Targowiczern verachtet, von dem Pöbel bedroht, saß er einsam und traurig in seinem Schlosse und wagte kaum auszugehen. Auch der Elendeste hielt sich berechtigt, ihm jetzt den bekannten Fußtritt der Fabel zu geben."

Poniatowski hat als Mensch dieses Elend nicht verdient, denn er hatte einen reinen Willen, sein Land aus dem Wirrnis zu reißen. Längst mag er freilich der Hoffnung entsagt haben, die ihn einst erfüllte, als er im Jahre 1787 in Kanew am Dnepr sieben Wochen lang auf die Ankunft Katharinas wartete. In Cherson hatte die Kaiserin ein Stelldichein mit Josef II. verabredet, der ihr helfen sollte, die Türken zu besiegen, und Stanislaus hatte Erlaubnis erhalten, sie in Kanew auf ihrer Fahrt zu empfangen. Aber wenn er mit Hoffnungen hinkam, so mußte ihm schon dort klar werden, daß Katharina weder ihm die Hand reichen wollte, um ihn zu wirklicher Macht zu erheben, noch sich weichmütiger Schonung des einstigen Geliebten hingeben würde, sondern daß sie in ihm nur den Verbündeten, und zwar den an ihren Triumphwagen Gebundenen sehen wollte. Denn nach siebenwöchentlichem Warten hatte sie ihn mit kurzer Vermahnung, sich keinen Illusionen hinzugeben und ihrer Freundschaft zu vertrauen, verabschiedet. All der Prunk dieser Begegnung in Kanew, für die der König drei Millionen ausgegeben, — die Kaiserin brauchte für sich und ihr Gefolge bei jedem Stationswechsel fünfhundert Postpferde — alle Pracht in der öden Steppe, all die vielen glänzenden Würdenträger und vornehmen Namen, die sich in Kanew zusammenfanden, beginnend mit dem Erfinder dieses Schauspiels, Potemkin, sich fortsetzend mit einer Schar russischer und polnischer Großer, durchsetzt von Männern wie dem Fürsten von Ligne und dem Grafen Segur — Poniatowski hätte schon aus all diesem ihn völlig verdunkelnden Glanz die Ziele herauslesen können, denen das ehrgeizig stolze Weib zustrebte. Aber wie unrettbar verloren sein Thron und Reich waren, hat er schwerlich klar durchschaut, sondern stets gehofft, — vielleicht wußte er selbst nicht genau, worauf! „Espérance et courage!" — das ruft er sich immer wieder in seinen Briefen an Madame Geoffrin zu, aber er sagt nicht, worauf und auf wen er hofft. Seit lange war Polen in wüster Auflösung, er hatte es nicht anders gekannt, und doch bestand es so fort, und warum sollte es nicht noch weiter so fortbestehen, besonders wenn er als König sich redlich bemühte, es zu civilisieren nach dem Muster der herrlichen Länder, die er kennen gelernt hatte? Unter politischen Kindern war er ein harmloser politischer Schäfer, ein Anachronismus zwischen drei so geriebenen Steinen wie Friedrich, Katharina und Maria Theresia waren. Er kam auf den Thron, regierte und glänzte wie in einem der Schäferspiele seiner Zeit und behielt seinen Anstand, auch als das Spiel zu Ende war.

Der Reichstag, der zu Grodno die zweite Teilung besiegelte, war noch nicht geschlossen, als die Erhebung losbrach, die wie eine kriegerische Ehrenrettung, nicht wie ein erstes politisches Werk das Ende Polens kennzeichnet. Nach den größten Anstrengungen der letzten Jahre hatte man ein Heer von höchstens 50000 Mann zusammengebracht, junges ungeübtes Volk, dem 100000 russische Veteranen, die eben aus dem siegreichen Türkenkriege heimkehrten, und bald auch preußische Truppen entgegentraten. Josef Poniatowski war ein junger Mann von 28 Jahren, ein Oberfeldherr von guten Gaben; Kosciuszko wurde ein hervorragender Führer; aber welcher Geist dieses Heer beseelte, bezeugt folgender Vorfall. Als ein untergeordneter Führer, Brigadier Derzko, den Befehl erhielt, mit seinen zweitausend Mann vor dem weit überlegenen Feinde zurückzuweichen, fragte er an: „ob man einen solchen Befehl ihm im Ernst oder Scherz gegeben habe? Jetzt handle es sich nicht um Zurückgehen, sondern um Kämpfen, und er werde seinen Posten nicht räumen“ (vgl. Smitt, a. a. O. S. 387). Poniatowski ließ ihn verhaften, aber er war der Typus eines altpolnischen Reiterführers, der im Dreinhauen die ganze Kriegskunst sah, und einem solchen Heere konnte auch Kosciuszko nicht die Festigkeit verleihen, um den russischen Massen unter einem Suworow mit Erfolg die Stirn zu bieten. Am 10. Oktober 1794 verlor Kosciuszko die Schlacht von Maciejowice, am 8. November kapitulierte Warschau, und eine Erklärung der drei benachbarten Mächte vom 24. Januar 1795 teilte der Welt mit, daß Polen nicht mehr bestehe.

Abb. 11. Fürst Repnin.

Schon vorher hatte Stanislaus August aus Petersburg den Befehl erhalten, Warschau zu verlassen und sich nach Grodno zu begeben, wo ihn Fürst Repnin (Abb. 11) als russischer Generalgouverneur empfing. Hier unterzeichnete er am 25. November die Urkunde seiner Entsagung. Nach langen Verhandlungen nahmen die Mächte ihre Landanteile im Jahre 1796 in Besitz, Rußland besetzte Litauen, Preußen rückte in Warschau, Österreich in Krakau ein. Das war die dritte und letzte Teilung.

Der König verlebte ein Jahr in Grodno in bequemer Ruhe. Mit reichlichen Mitteln für seine Person durch die freigebige Zarin ausgestattet, konnte er hier ungestört ein kleines Hofleben führen, umgeben von seinen Freunden und Freundinnen, die ungehindert ab und zu reisten und ihn in Verbindung mit der Politik und seinen Warschauer Interessen hielten. Fast täglich verkehrte er mit Repnin, der sich nur darüber zu beklagen hatte, daß die Weichherzigkeit und Freigebigkeit des Königs ihn fortrissen, allzu sehr den vielen Bitten um geldliche Hilfe nachzugeben, die an ihn von den Opfern all der Wirren gerichtet wurden. Seine Schwester Gräfin Branicki, Palatine von Krakau und unter dem Namen Madame de Cracovie bekannt, hatte ihre Güter und Vermögen verloren, seine Neffen und viele Magnaten waren von ihren Besitzungen vertrieben, die nach 1791 ernannten Gesandten hatten längst keine Gehälter bekommen, hatten meist ihre Güter verloren und lebten von Wechseln, die der König ausgestellt hatte. Sie konnten nicht heimkehren, der König die Wechsel nicht einlösen. Das gab mancherlei unangenehme Verhandlungen, aber Katharina weigsten geizte nicht. Endlich, 1797, bald nach dem Tode der Zarin, rief Paul I. den König nach Petersburg, wo er von einer russischen Pension lebte. Als er, 66 Jahr alt, am 12. Februar 1798 starb, eilte Kaiser Paul sofort herbei, alle Papiere wurden in Sicherheit gebracht, dem toten Könige aber die gebührenden Ehren erwiesen.

Der italienische Student.

Eine Studie zu den letzten Studentenunruhen in Italien.

Von

Woldemar Kaden.

(Nachdruck verboten.)

Einleitend, zur Orientierung, nur einige wenige Notizen und vergleichende Zahlen.

Im Deutschen Reiche zählen wir zweiundzwanzig Universitäten mit einer Frequenz von etwa 27000 Studierenden, sodaß ein Student auf ca. 1800 Einwohner zu rechnen ist. Das Königreich Italien besitzt siebzehn Hochschulen oder Athenäen, wie sie hierzulande gern genannt werden, und zwar in Bologna, Catania, Genua, Messina, Neapel, Padua, Palermo, Pavia, Pisa, Rom, Turin, Sassari, Cagliari, Modena, Parma, Siena und Macerata. Sie werden von zusammen etwa 17000 Studenten besucht, so daß das Verhältnis der Studenten zur Einwohnerzahl ungefähr das gleiche ist wie in Deutschland.

Die am stärksten frequentierte Universität Deutschlands ist die von Berlin, mit ca. 5500 Studenten, ebensoviel zählt Neapels Hochschule, die bedeutendste des Landes. In Betracht kommen noch Turin mit 2300 Schülern, Rom mit nur 1200, vielleicht Pisa, Genua, die übrigen könnten ohne Schaden auf immer geschlossen werden. Man denke, Sassari mit achtundvierzig Professoren und fünfundachtzig Studenten! Siena mit hundertundfünfzig Studenten.

Gegenwärtig sind die sieben Hauptuniversitäten Italiens auf Regierungsbefehl hin geschlossen worden, und der ganze Haß der Studentenkreise trifft den unglückseligen Unterrichtsminister.

Abbasso il ministro!

Ein italienischer Unterrichtsminister darf in den Händen der Studenten und — Professoren nichts sein als eine Wachspuppe, die man sich nach Belieben zurechtknetet. Wer in Italien hat jemals Respekt gehabt vor einem Ministro del' istruzione pubblica? Lächerlich!

Da ist in Rom der Professor Antonio Labriola, ein im Leben überspannter Mensch, der als wütender Socialist mit der akademischen Jugend dritter Güte kokettiert, ihr die tollsten Raupen in den Kopf setzt, und der zuletzt in einer feierlichen Versammlung, bei der die Spitzen der Gesellschaft, die Minister, viele Behörden und zahlreiche Damen zugegen waren, den jungen Leuten zeigen wollte, daß ein Minister und ein Stiefelputzer für ihn ein und dasselbe seien, indem er den sehr beliebten, thatkräftigen Gianturco, der gegenwärtig die zweifelhafte Ehre hat, dem italienischen Unterrichtswesen vorzustehen, auf ganz rüpelhafte Weise beleidigte und dafür die donnernden Evvivas seiner Anhänger einerntete.

Ein paar studentische Hauptbeller wurden relegiert und die Universität, um der bandenhaften Zertrümmerung aller Fensterscheiben und der Subsellien vorzubeugen, geschlossen.

Diese disziplinaren Maßnahmen, wenn sie den monarchisch gesinnten oder überhaupt ordnungsliebenden Studenten zusagten, mißfielen den Radaubrüdern von der linken Opposition und entflammten ihren Zorn. So hatte eine Anzahl von Studenten der altehrwürdigen Universität Bologna genügenden Grund, dem sie kurze Zeit danach besuchenden Minister die schweren Beleidigungen ihrer römischen Kommilitonen auf noch knotigere Weise heimzuzahlen und mit ihm einige andere treffliche Lehrer ihrer Hochschule, darunter den vornehmsten Dichter Italiens, Carducci, gröblich zu beleidigen. Die Äußerungen der Antipathie dieser Gruppe junger Socialisten waren bis dahin nur beim Pöbel der letzten Rangordnung üblich gewesen.

Der vernünftigere Teil der Studentenschaft, der in dem jungen und tüchtigen Minister gleichzeitig den anerkannten und beliebten Rechtslehrer der Universität Neapel und den feinen Kunstkenner schätzte, reagierte kräftig gegen jene sinnlosen Schreier. Eine große Rauferei hub an, die Polizei mußte eingreifen, neue Strafen mußten verhängt werden, und diese waren neues Öl ins Feuer.

In Rom begann der Tumult aufs neue, die Socialisten voran Feuer sprühend, und als ein halbes Dutzend von ihnen, die als Rädelsführer gepackt worden waren, zur Strafe auf zwei Jahre von sämtlichen 17 Universitäten des Königreichs ausgeschlossen wurden, forderte man die sämtlichen Universitäten auf, an diesen gerechtfertigten Willenserklärungen (es handelte sich um Zurücknahme des ministeriellen Strafbefehls) teilzunehmen. Allen voran die Universität Neapel, wo die pöbelhaften Straßenkrawalle und die Auspfeifereien und Fensterinwerfereien chronisch geworden sind und auf die Tagesordnung der Studentenversammlungen gehören. Außer der studentischen Solidaritätsduselei, die das Begehren ihrer römischen Brüder unterstützte, glaubte man hier noch einen anderen Grund des Hasses gegen Gianturco zu haben, der bis gestern noch der Gegenstand stürmischen Beifalls in denselben Hörsälen gewesen war, die heute von dem rohesten Toben widerhallten.

Man höre! Im Jahre 1884, da die Cholera als unbarmherziger Schnitter die schmutzigen Gassen Neapels durchzog, hatte der damalige Unterrichtsminister, in gerechter Erwägung, daß die neapolitanische Universität nicht wie in normalen Jahren rechtzeitig für die Herbstnachprüfungen eröffnet werden könnte, der neapolitanischen Studentenschaft eine außerordentliche Examensitzung im darauffolgenden März gewährt, auf daß die jungen Leute das Studienjahr nicht verlören.

Der kleine Finger war gegeben worden, jetzt wollten sie die Hand. Seit 1885 ist kein Jahr vergangen, wo die Studenten Neapels nicht tumultuierend dies Märzexamen, zu dem gar keine Veranlassung mehr vorlag, aufs neue begehrt hätten, und die Herren Minister, aus Schwäche hier, in der Absicht, sich Liebkind zu machen, bar — dann vielleicht, um regierungsfeindliche Kundgebungen zu verhüten, haben der johlenden Bummelei noch stets den Willen gethan.

Und die Universität verkümmerte mehr und mehr. Die jungen Herren, anstatt zu ihren Bänken im November zurückzukehren, d. h. nach den Herbstprüfungen, kamen, nachdem sie die schöne Zeit in den Provinzen im Bummel verbracht, erst im Januar, im Februar zurück, ihrer Sache, eines Examens im März, durchaus sicher. Rasch flickten sie sich das Allernotwendigste für dies Examen zusammen, die Hauptsache, wie in ihrem beliebten Lotto, den Würfen der unzuverlässigen Göttin Fortuna überlassend.

Das alles mochte der sehr überlegte Gianturco in Erwägung ziehen, vielleicht auch wollte er als Wahlneapolitaner*) nicht in den Verdacht kommen, in Neapel zu gestatten, was er sonst nirgends gewährte; kurzum, er schlug anfangs dieses Jahres die Bitte um ein Extraexamen rundweg ab.

Aus dieser Weigerung entsprang der diesjährige neapolitanische Krawall, in den sich auch die furchtbar grünen und unwissenden Jungen der Gymnasien und Lyceen gern mit hineinreißen ließen, an dem aber, außer einer geringen Anzahl von Studenten einer bestimmten Sorte, zahlreiche Mitglieder der Canaille, der hier blühenden, gänzlich besitz- und beschäftigungslosen Malavita, teilnahmen. Sie zertrümmerten Fensterscheiben und Laternen, prügelten die armen Polizisten, denen jede Gegenwehr strengstens verboten war, und riefen eine dreitägige tolle Unordnung hervor, die der beklagenswerten Revolte von 1893, die mit einer studentischen Demonstration wegen Aigues-mortes begann und dann so blutig ausartete, aufs Haar glich. Zum Glück ließ sich der Minister nicht ins Bockshorn jagen: die Universität von Neapel ward geschlossen, gleichzeitig mit ihr sechs andere ungezogene. Nun schwören jene Studenten (es sind immer noch nur wenige Hunderte), das Ministerium und die gesamte Regierung zu Fall zu bringen.

Das wäre die dürre kurze Chronik der Studentenunruhen. Sehen wir uns jetzt den italienischen Studenten an, der sie veranlaßte, das Leben, das er führt, und die Bestrebungen, die ihn im allgemeinen beherrschen.

Der Student von heute, der der letzten Mode, ist himmelweit verschieden von dem deutschen, himmelweit aber auch noch von dem italienischen Studenten vor der Einigung Italiens, von dem vor ca. 50 Jahren, der außer seiner ernstgenommenen Wissenschaft nur ein einziges Bestreben kannte: die Unabhängigkeit des Vaterlandes, dieses große schöne Ideal, das so viele Opfer an Gut und Blut gekostet hatte.

In der Geschichte des italienischen Ruhmes ist zu lesen von dem heldenmütigen Ungestüm der Studenten der Lombardei und Venetiens, die in den Jahren 1847—1848 mit offener Brust den österreichischen Bajonetten Trotz boten, das Feuer der Begeisterung in den Augen, im Munde die Lieder eines Giovanni Berchet, Goffredo Mameli, Francesco dell'Ongaro und Terenzio Mamiani, . . . Ferner die ruhmreiche Kühnheit der Studenten Francesco de Sanctis, die am 15. Mai 1848 die Barrikaden auf den Plätzen Neapels errichteten und, freiheitsbegeistert, unter den Kugeln der bourbonischen Söldner fielen.

Dem Studenten von heute, der den großen Traum des Jahrhunderts verwirklicht fand, erscheint das alles nur ein Stückchen Legende, es kümmert ihn nur wenig mehr. In Ermangelung patriotischer Ideale und ernster Studien, versteht er solche Begeisterung gar nicht oder denkt, ob jenes Ringen der Mühe wert war, wo der Erfolg, für ihn, so weit hinter der Erwartung zurückgeblieben ist.

In Italien ist bekanntlich niemand, wenn er achtzehn oder zwanzig Jahre alt geworden, allen voran der Student, zufrieden mit der Form der jeweiligen Regierung. Sie wird einem jungen Geiste, der eine Unmasse wirrer Anschauungen aufgehäuft hat, in seinem Herzen eine wühlende Lava fühlt und Träume pflegt, die im vollen Widerspruche stehen mit dem gemeinen Leben, immer tyrannisch erscheinen, und das Gesetz ist ihm nichts als ein Stacheldrahtzaun.

Die große Mehrheit der Universitätsjünglinge liefert die Provinz.

In den vom Schienenweg abgelegenen, recht oft noch ganz mittelalterlichen Marktflecken, Dörfern und Casali der beiden Kalabrien, des Cilento, des Molise, der Basilicata, der Terra di Lavoro darbt sich irgend ein kleinster Kleinbesitzer, der selbst nicht lesen und nicht schreiben kann, den Bissen Brot vom Munde ab, um seinem in Neapel studierenden Sohn den armseligen Unterhalt zu gewähren; ebenso geschieht es in den Bergen der Abruzzen, in Umbrien, in der rebellischen Romagna, in Venetien, dem ausgesogenen Sicilien, in Sardinien für den Sohn, der die Universität der Kapitale besucht.

Und der junge, ganz unreife Mensch, mag er noch so gutmütig sein, wird neidisch, wenn er das Darben seines Vaters und die Entbehrungen seiner tagelöhnernden Familie abschätzt und sie vergleicht mit dem meist so frech zur Schau getragenen Luxus der Großstadt; er wird begehrend — unzufrieden. Hier fängt die Hinneigung zu den Theorien des Kommunismus, des Sozialismus an, denen gut drei Viertel aller italienischen, aus ärmeren Familien rekrutierten Studenten huldigen, die erst eine Umänderung, eine Milderung erfahren mit Erreichung des bürgerlichen Zieles: einer Stellung, die ihren Mann nährt. Mit einem einträglichen oder nur erträglichen Amte verschwindet der unruhige Student von einst.

Heute aber sitzt er in den Kaffeehäusern, ein trockener Gast, denn es fehlen ihm meist die wenigen Soldi zu einer Tasse Schwarzen, und schwatzt stundenlang, tabakqualmend, Politik. Hier werden die Regierungen gestürzt, bedrückte Völker in ihre Rechte eingesetzt, das europäische Gleichgewicht abgewogen, alles in demselben Tone, in dem man von Mariettens oder Giuliettens Diamanten oder Tanzbeinen, von den leichtfertigen Liedern einer Canzonettistin spricht.

*) Gianturco stammt aus der Basilicata; er vollendete seine Studien in Neapel, wo er ein armseliges Leben führen mußte und fast einzig vom Ertrag seiner Violine lebte, die er abends im Orchester des San Carlo-Theaters spielte.

Das mag uns auf das ökonomische Leben bringen, das der zukünftige Advokat, Ingenieur oder Arzt vier, fünf, sechs Jahre führen muß. Einst, als die Freiheit der Ideen geringer war und die Mittel, sich seinen Lebensunterhalt zu verschaffen, reicher sich darboten, war der Student im allgemeinen nicht bloß fleißig, er war auch lustig, übermütig und gleich dem deutschen zu tollen Streichen aufgelegt.

Das ist heute durchaus anders. Voller Besorgnis für seine allerdings nicht rosenfarbene Zukunft, sucht er schon vor der Zeit aus seinen dürftigen Kenntnissen Nutzen zu ziehen, gibt Privatstunden, nimmt einen Posten in einer Privatadministration an, versucht sich im Journalismus, um dann dabei zu bleiben und die in Italien bestehend große Zahl der Männer vom verfehlten Berufe um einen zu vermehren.

Einstmals waren der ungekämmte Student von Padua, der leichtsinnige Turinese, der heißspornige Bolognese, der witzige Genuese, der sorglose Römer und der feuerteufelnde Neapolitaner, einst waren sie sicher, nach der Universität, die die letzte angenehme Etappe der sorglosen Jugendzeit darstellte, eine gute Stellung zu finden: einen Lehrstuhl, eine Notarkanzlei, ein Büreau als Ingenieur oder Rechtsanwalt, eine Klinik oder eine ärztliche Kundschaft, wenn man nicht Gemeindearzt werden wollte. Ämter sodann in dieser oder jener Administration gab es die Menge! So freu' dich, o Jüngling, deiner Studentenzeit, und er that das ausgiebig.

Wie ernst ist der Student von heute? Er sieht: der Advokaten sind mehr als der Klienten, der Ingenieure mehr als es Maschinen zu konstruieren gibt, der Ärzte mehr als der Kranken, der Professoren als der Schüler, und wenn ein mageres Ämtchen in irgend einem Verwaltungszweige zu besetzen ist, so stürzen sich tausend hungrige Konkurrentenfliegen darauf.

„Ich arbeite, ja! Ich verzehre mich über den Büchern — was aber nützt mir das alles, wenn ich, mein Universitätsdiplom in der Tasche, von dem mageren Geldbeutel meiner auf meine Unterstützung hoffenden Familie weiterleben muß?"

Hier beginnen die moralische Verschiebung, die Gleichgültigkeit gegen die ernsten Studien, die sozialen Befangenheiten und Vorurteile: der junge Mensch ist alt vor der Zeit, und mit zwanzig Jahren weiß er nicht, was Frohsinn oder Humor sei. Er darbt, er hungert oft, die Not macht ihn manchmal zum Schwindler.

Die Folge ist eine heftige Nervenspannung, und an dieser schürt sich das Feuer der Rebellion, das durch ein Nichts zur Feuersbrunst entfacht wird, auch durch Dinge, die mit den politischen Ideen durchaus nichts zu thun haben. Daß diese studentischen Dispositionen von anderen Parteien ausgebeutet werden, ist klar. An sie wenden sich die Unzufriedenen, die Streber, die Störer der Ordnung im allgemeinen, der unsinnige Pöbel, und ziehen leichtlich das junge Blut als Wasser auf die Mühlen ihrer Interessen. Man beginnt damit, einen Professor auszupfeifen, und endet damit, eine Regierung zu stürzen. Es ist ganz unglaublich, wie ein bißchen Rhetorik sich der unerfahrenen Jugend als Schlinge um die Füße legt; diese beißt auf den lächerlichsten Köder an.

Im übrigen ist der italienische Student — der in der Gesellschaft als Student durchaus keine Rolle spielt, im Gegenteil! — bescheiden, mäßig, anständig, begeistert für das Schöne und begabt. Kneipe und Kneipenleben, Trink- und Liederfeste, Fechtböden sind ihm unbekannt. Er trinkt wenig, besonders in Süditalien, viele trinken nur Wasser oder Kaffee. Wenige nur rauchen und dann meist nur Cigaretten. Seine Kleider, die nie etwas Auffälliges oder Exklusives haben, bezieht er aus den Massenschneidereien, sein Hut dient viele Jahre. Sein „Einkommen," wir berührten dies bereits, ist furchtbar armselig, so ist er schlecht und meist ungenügend. Sein Frühstück ist ein Brötchen mit einer Scheibe Salami oder Ziegenkäse für zwei, drei Soldi im ganzen; sein Mittagessen, in den kleinen finstern Trattorien der der Universität zunächst liegenden dunklen Gäßchen eingenommen, darf ihm monatlich nicht mehr als fünfzehn Lire — zwölf Mark — kosten.

Seine Abende verbringt er, leider, meist in den verrufenen Caféchantants, wo er sich auch meist seine Begeisterung für das schöne Geschlecht holt, die sich in Liebe für ein Putzmachermädchen oder eine Plätterin umsetzt, da er, den die Polizei immer mit mißtrauischen Augen ansieht, in bessere Familien keinen Zutritt hat.

Verbindungen, Burschenschaften, Landsmannschaften und Aehnliches sind dem italienischen Studenten durchaus fremd, und wegen eines „dummen Jungen" oder einer Ohrfeige wegen fließt auch kein Blut. Hört er aber von der „unverdienten" Bestrafung eines unbekannten Kumpans, so erhebt er seine Stimme, schreit, ereifert sich ab, diktiert entsetzliche Tagesordnungen, wird wütend, durchläuft die Straßen mit einem roten Fahne, läßt sich arretieren, verurteilen, heischt aber immer wieder die Demission des Professors, des Ministers, der Regierung.

Dieser Geist der Solidarität gibt dem Charakter des italienischen Studenten etwas Sympathisches, und dieser Charakter würde, erzogen und gebildet, ein hoch zu lobender sein, wenn er nicht durch die bestehenden Verhältnisse, die Armut des Landes, den Kampf ums Leben, vergiftet worden wäre, wenn er nicht die edelsten Bestrebungen beschmutzte, die heiligsten Ideale zerstörte.

Stille Wasser. Nach de[illegible]

[illegible] Gemälde von [illegible].

Vom heißen Stein.

Roman

von

Ernst Muellenbach (Lenbach).

(Fortsetzung.)

(Abdruck verboten.)

Fünftes Kapitel.

Herr Jobst Kannemann, derzeit jüngstes Mitglied des Rates, war kein großes Licht, aber er vereinte in seiner Person zwei wichtige Vorzüge: Reichtum und Freigebigkeit. Was er bei Ausübung der letzteren Tugend noch von dem vornehmen Takte des echten Patriziers vermissen ließ, das ersetzte er reichlich durch gute Laune, die stets bereit war, fremde Vornehmheit bewundernd anzuerkennen. Mit diesen Eigenschaften, unterstützt von einer hübschen und lebenslustigen Frau, war er der berufene Gastmeister der Stadt, und wie jeder andere Staatsgast wären auch die holländischen Herren bei ihm auf jeden Fall einer glänzenden Aufnahme sicher gewesen. Obendrein aber empfahl sie bei ihm ein besonderer Umstand: Herr Sebaldus von Halveren hatte im Rate gegen die Zulassung der Gesandten und ihre Forderungen gesprochen; Jobst Kannemann aber war mit den Halverens völlig zerfallen, seit ihre Partei bei den jüngsten Wahlen den aussichtslosen Versuch gemacht hatte, statt seiner den Junker Lambertus in den Rat zu bringen. So werfen die persönlichsten Verhältnisse, gekränkte Eitelkeit und umgegangene Freundschaft der Mächtigen, den Einschlag in das politische Gewebe. Aber während in einem großen Staatswesen die einzelnen Triebfedern durch ihre Menge und die Ausdehnung des Ganzen schwer erkennbar bleiben, treten sie in einer winzigen Republik deutlich hervor. Wer bei den Kannemanns gerne eingeladen war, der lobte trotz aller religiösen Bedenken die Holländer und war geneigt, jede Äußerung im entgegengesetzten Sinne darauf zurückzuführen, daß der Betreffende mit Herrn Sebaldus oder mit dessen liederlichem Sohne in irgend einem dunklen Schuldverhältnis stehe. Für die Menge der kleinen Leute konnte es seit mehreren Tagen keinen anregenderen Gesprächsstoff geben, als die Zurüstungen im Kannemannschen Hause; und in Scharen strömten sie am Abend herbei, um die Auffahrt der reichen Herren und Damen zu dem Bankett zu genießen, das die Kannemanns den holländischen Gesandten gaben.

Eine Auffahrt im eigentlichen Wortsinne war es allerdings nicht; denn die bequemere Mehrheit der vornehmen Gäste zog es in gerechter Würdigung des vaterstädtischen Pflasters vor, sich in Sänften tragen zu lassen, die an Gestalt und Einrichtung einer Droschke des XIX. Jahrhunderts ziemlich gleich kamen, nur reich mit Wappen und Schnitzwerk geschmückt waren. Doch fehlte es auch nicht ganz an großen, schwerfällig gebauten und mit schweren belgischen Pferden bespannten Kutschen. Zur Entfaltung dieses ganzen Trag- und Fuhrparks bot sich vor dem Kannemannschen Hause eine seltene Gelegenheit, da es an einem freien Platze, unfern des Martinsturmes lag. Der Vater des jungen Ratsherrn hatte es sich nach seinem Übertritt in die Reihen des Patriziats von einem welschen Baumeister errichten lassen, an der Stelle, wo vordem die Kannemannsche Brauerei gestanden hatte; daher hieß es im Volksmunde die Braupfanne, obzwar es mit diesem einträglichen Gerät keine Ähnlichkeit hatte, vielmehr mit seinem breiten, von ionischen Säulen getragenen Portalgiebel und der schön gegliederten, pilasterreichen Fassade überaus stilgerecht und vornehm aussah. Das ganze Haus war festlich erleuchtet, auch auf dem Platze brannten auf hohen Pfählen Pechschalen und warfen malerische glührote Lichter über das Haus, auf die dichte Menge der Schaulustigen und die farbenreichen Wappen und Beschläge des Gefährts. Rechts und links vom Portal standen städtische Dragoner im Paradeschmuck, als Ehrenwache für das niederländische Wappen, das nach der diplomatischen Sitte der Zeit für die Dauer der Anwesenheit der Gesandten über dem Portal, neben Herrn Kannemanns geliebtem Löwenschilde, aufgehängt war. Hinter diesen ernsten Wächtern regte sich in der breiten Halle eine geschäftige Menge von Dienern, bereit, die ankommenden Gäste zu empfangen und von ihren winterlichen Umhüllungen zu befreien. Hendricus, Meister Walters Page, war auch dabei. Auf sein dringendes Bitten hatte Meister Walter ihm diese Vergünstigung von Herrn Kannemann erwirkt, und nun stand er drinnen vor dem Eingang zu den Prunkgemächern und vergaß seine Dienerrolle völlig vor farben- und schönheitsfrohem Staunen über alle die Herrlichkeit. „Schöner kann es in der Kaiserburg zu Wien auch nicht sein!“ seufzte er. In Wirklichkeit aber war es auch in der Kaiserburg lange nicht so schön. Denn dort herrschte noch der einförmige spanische Hofpomp; hier im Westen aber war erst neuerdings — mitten in den Stürmen des Krieges — eine Wandlung in Schnitt und Farben der Trachten zum Siege gelangt, die mit der spanischen Steifheit und Trauerseligkeit aufräumte und der Schönheit wieder das Recht gab, einfach zu erscheinen. Das heitere, bequem genießende und männlich schaffende Niederland hatte auch in der Mode den Spanier verdrängt. Freilich war es nur ein kurzer Sieg und kein vollständiger; viele, zumal ältere Herrschaften, hielten noch an den Wulsten und Ausstopfungen, an den steifen Kragen und Drahthauben fest — ganz abgesehen von der ewig gleichen Würde der mittelalterlichen Amts- und Gelehrtentrachten — und vereinzelt wagten sich schon die Vorposten einer neuen, widerwärtigen Modeentartung heraus, die von Frankreich herkam und die schönen Linien weiblicher Formen durch Wespentaille und Ballonrock entstellte, die freie Mannesstirn unter Kräuselwolken geborgten Haares verbarg. Einstweilen aber hielt sich die feine Mode noch in der gemäßigten Zone, gleich weit von gefrorener Steifheit und von überhitzter Willkür entfernt. Sie erlaubte für die Gewandung der Herren vom Knie aufwärts einen weiten und bequemen, aber nicht weibischen Zuschnitt, der den Ausdruck der Vornehmheit und des Reichtums auch ohne spanische Wattierung und Auspuffung erreichte und den Bewegungen männlicher Kraft mit malerischem Farbenspiel folgte, während vom Knie abwärts die schöne spanische Erfindung der Tricotweberei im Rechte blieb. Bart und Haar waren durch keine eigensinnigen Friseurlaunen entstellt, die Umhüllung des Halses machte es nicht mehr nötig, den Bart zu stutzen, denn an Stelle der steifen, hohen Einzwängung war jetzt der breite, weich nach den Schultern hin abfallende Kragen getreten, über dem sich das Haupt auf freiem Halse stolz erhob. Auch die kostbaren, schöngemusterten Stoffe der Damenkleider ließ diese Mode gefällig, ohne übermäßige Einschnürungen und Wulste, nach dem natürlichen Gesetze der Bewegung und Schwere hinfallen; und selbst gewisse Launen des Reichtums fügten sich ihrem Gesamtstreben auf gesunde, lebenskräftige Erscheinung ein. Die kostbaren, fußbreiten, halb zurückgebogenen Spitzen am weiten Ausschnitt des Damenkleides hoben die von ihnen umrahmten Reize nur noch wirksamer hervor, und die weitgehende Anwendung von Edelsteinen und Perlen, die an Hals und Armen, in den Haaren und sogar auf den Gewändern ihrer schönen Besitzerinnen schimmerten, verlor den Schein des Aufdringlichen durch die künstlerische Anordnung und Fassung, welche die Goldschmiedekunst dieser Zeit ihnen zu geben wußte.

Während der hoffnungsvolle Schüler des Meisters Walter sich drinnen an so viel Pracht und Herrlichkeit berauschte, mußte sich die Menge draußen in Frost und Wind mit dem flüchtigen Anblick von Pelzmänteln und Umhängen begnügen. Um so reichlicher und lauter fielen hier die Anmerkungen über die Herrschaften selbst. Die städtische Aristokratie war das gewohnt, und sie hütete sich, dem Volke eine Neigung zu unschädlichem Räsonnieren zu verkümmern. Selbst die politischen Kannegießereien, die zwischendurch klangen, entlockten einem erfahrenen Ratsherrn nur ein nachsichtiges Lächeln.

Vornan, inmitten einer Gruppe von Handwerksleuten, stand der stämmige Schmied, der Herrn Sebaldus von Halveren schon einmal durch seine Freude über das noch immer siegreiche Niederland gekränkt hatte. Auch diesmal hielt er mit seiner politischen Weisheit nicht zurück. „Mich freut's, daß die holländischen Herren einen rechten Ehrenabend haben, wenn es auch Ketzer sind. Was geht's uns an, daß sie sich mit dem Spanier herumschlagen? Wehren darf sich jeder. Bei uns im Reich, das ist was anders, und da hat der gestrenge Herr von Halveren ganz recht: es ist eine Schande, daß unsere alte Stadt müßig zusehen soll, wie sich der Kaiser mit ketzerischen Reichsständen herumschlägt. Aber wenn der Spanier die Holländer durchaus kleinkriegen will, so ist das seine Sache. Mir haben sie nichts gethan."

„Wahrhaftig, da habt Ihr recht, Meister Anton," versetzte sein Nachbar. „Seht, ich bin ein guter Katholik, so gewiß als ich ein ehrlicher Schuster bin; und mit der Neutralität, wie's unsere gnädigen Herren vom Rat meinen, das ist nichts. Der Bruder Placidus, von den Franziskanern, hat mir's noch neulich im Beichtstuhl auseinandergesetzt, daß sie eigentlich alle dafür in die Hölle kommen. Ja, der Bruder Placidus meint, daß am Ende nur deshalb jetzt die Hexerei so überhand nehme, weil die Obrigkeit solche verkehrte Politik treibe. Weil ja doch der römische Kaiser unser gesalbter und katholischer Oberherr ist, versteht ihr. Es ist, als wenn mir mein einer Lehrjunge, der Niklas, die Zunge herausstreckt, und ich sag' dem andern, dem Peter: ‚Gib ihm eins hinter die Ohren, daß ich nicht erst deshalb vom Dreibein herunterzuklettern brauche.' Dann darf mir der Peter nicht sagen: ‚Geht mich nichts an, ich bin neutral.' Aber für die Holländer und Spanier, ja, da sind wir neutral. Das ist Ausland, versteht ihr. Und eine Freude ist's, wie sich die holländischen Kabeljauköpfe wehren gegen die spanischen Baseolosmanos! Und nun erst so Herren wie die zwei da oben, — ei wahrhaftig, was geht's mich an, ob sie Ketzer sind! Drum bin ich doch stolz auf unseren Feuerwächter, was der für ein rechter Kerl geworden ist, und wenn er wollt', macht' ich ihm alle Tag' ein Paar Reiterstiefel so gut, als ob sie für den spanischen Herrn, den Cordova, wären. Denn da bin ich neutral."

Die Nachbarn nickten und murmelten Beifall. Sie waren wirklich stolz auf den Oberst Friso, so wenig sie sich auch um ihn bekümmert hatten, als er noch auf dem Martinsturme saß und für zehn Gulden jährlich ihren Schlaf bewachte. Auch Herr Govaert Friso hatte es ihnen angethan mit seiner ehrwürdigen Erscheinung, ganz besonders aber rechneten sie es beiden hoch an, daß sie die ärgerlichen Kundgebungen bei ihrem Einzug einfach übersehen hatten.

Aber auch hier fehlte es nicht ganz an Störenfrieden. Da war ein langnasiger, kräftiger Kerl, der den einen Fuß beim Gehen nachzog und seine Reden mit einem wunderlichen Auf- und Abschieben der einen Hand begleitete, — man nannte ihn von dieser Gewohnheit den Bassuner oder Posauner; übrigens wußte man wenig von seiner Vergangenheit. Vor etlichen Jahren war er in der Stadt aufgetaucht mit seinem Weibe, einer robusten, verwitterten Zigeunerschönheit von einigen vierzig Jahren, und war dank der warmen Empfehlung einiger Ordensgeistlichen thatsächlich rasch in die Höhe gekommen, — der Rat hatte ihm nämlich das Amt eines Feuerwächters oben auf dem Martinsturm anvertraut. In seinem Amte war ihm nichts nachzusagen, sonst aber stand er in keinem guten Ruf, er galt als ein zänkischer Zechbruder und sein Weib trieb allerhand Besprechungskuren unter der Hand, beide aber waren sie sehr fleißige Kirchgänger. Dieser Kerl machte sich mit allerlei anzüglichen Redensarten über die beiden Gesandten lästig. „Der eine ist ein davongelaufener Stadtknecht, und der andere war früher Winkelpfaff bei den Oberländern, — sie passen zusammen," schrie er. Ein paar Nebenstehende, geringe Leute, lachten, der Meister Schmied aber verbot ihm derb das Maul und hatte ihn bereits am Wickel gefaßt, als die Erscheinung eines neuen, unerwarteten Festgastes ihn rettete. Dies war der Ratsherr Sebaldus von Halveren. Er war kraft seiner Würde eingeladen, aber niemand, und am wenigsten wohl der Festgeber, rechnete auf ihn. Nun erschien er doch, gemessen und ernst, wie es in seiner Art lag, übrigens zu Fuß und nur von einem Diener geleitet, der ihm die Laterne voraustrug. Die Kannegießer wußten nicht recht, was sie dazu sagen sollten; unwillkürlich stimmten sie angesichts der Amtstracht und Amtsmiene in die laute Begrüßung der Minderheit ein. Herr Sebaldus dankte mit ernster Freundlichkeit. Den lahmen Posauner, der sich besonders vordrängte, musterte er einen Augenblick nachdenklich, als koste es ihn Mühe, den Mann zu erkennen. „Ihr seid der Feuerwächter vom Martinsturm, der Hieronymus, nicht wahr?“ sagte er. „Geht auf Euren Posten, Mann, und treibt Euch hier nicht müßig herum.“ Dazu winkte er zweimal bedächtig mit dem Zeigefinger. Der Posauner nickte, anscheinend beschämt, und zog sich schweigend zurück. Die Bürger blickten mit Befriedigung hinter Herrn Sebaldus her. „Ein gestrenger, fürsichtiger Herr ist's doch!“ meinte der Meister Schmied. „Ja, auf Ordnung hat er allezeit gehalten.“ — „Aber nicht bei seinem Sohne,“ warf der Schuster ein, und es erhob sich ein Gelächter, in welchem sich die öffentliche Meinung über Junker Lambertus erschöpfend aussprach. — „Aber daß er nun doch zu den Kannemanns geht?“ — „Das will ich euch sagen: das ist Politik!“ erklärte der Meister Schmied und legte bedächtig den Zeigefinger an die Nase. „Wenn die Herren spinnefeind sind, die Ehre geben sie einander doch vor den Leuten, damit der Respekt nicht ausgeht. Seht doch, da kommt sogar die spanische Excellenz angefahren, und die liegt doch mit den Holländern im Kriege!“

Die anderen nickten, ganz dem neuen Augenschmause hingegeben. Ihre Neugier ließ nur eine schmale Gasse frei, durch welche der General Gonsalvo Fernandez de Cordova mit feierlicher Galanterie Mechthildis in das Portal geleitete.

Als dieses erlauchte Paar sich den Festräumen näherte, erwachte Hendricus aus seiner sträflichen Untätigkeit. Diensteifrig sprang er vor, verbeugte sich tief und öffnete. „Ei sieh,“ sagte Mechthildis lächelnd, „bist du auch hier? Und wie höflich und gewandt! Hast du das auch beim Meister Balther gelernt?“ Das hübsche Knabengesicht errötete vor Seligkeit. „Ja,“ stotterte er, „damals schon — als Ihr Euer Bild bei uns besehen kamt.“ Auch Mechthildis errötete, wie von einer plötzlichen Erinnerung berührt. Sie erhob den Federfächer, an dessen Knauf ein großer Rubin — einer aus dem berühmten Rubinenschatz des Hauses Mechter — funkelte, und ließ sich schweigend von ihrem Kavalier in den Saal geleiten, wo der Haushofmeister ihre Namen schon mit lautem Rufe verkündet hatte.

Sechstes Kapitel.

Herr Jobst Kannemann und seine Hausfrau empfingen ihre vornehmen Gäste mit großer Herzlichkeit. Das ehemalige Fräulein Johanna Reynolds hatte sich in der Ehe zu einer sehr stattlichen Dame entwickelt; die Lebhaftigkeit war geblieben, aber es lag etwas Beabsichtigtes, Beifallsuchendes darin. Wie sie jetzt in ihrem Prunkgewand von braunem, goldgesticktem Atlas, das die üppigen Formen unvorteilhaft deutlich hervorhob, vor der Freundin stand und sie mit zärtlichem Wortschwall begrüßte, zeigte sich der Unterschied zwischen ihnen erst recht. Denn über Mechthilds Wesen lag eine stille, große Anmut, die sie nicht erst mit Schmuck und Festgewand anlegte, und so erschien sie in dem prachtvollen Ebenmaß ihrer voll erblühten jungfräulichen Schönheit wie eine Fürstin neben der geputzten kleinen Frau.

Der Hausherr, in Talar und Amtskette, hatte sich mit Cordova in einen Austausch umständlicher Redensarten verwickelt. Als aber Herr Sebaldus von Halveren hinzutrat, brach er kurz ab und zog sich ins Innere des Saales zurück unter dem Vorgeben, nach den holländischen Herren sehen zu wollen, die dort in fröhlichem Geplauder inmitten eines dichten Kreises von Ratsherren und Damen standen.

Die anderen folgten ihm, und die beiden Gruppen vereinigten sich. Plötzlich vernahm man durch das Geschwirre von Komplimenten und Titeln die scharfe Stimme des Herrn Sebaldus von Halveren: „Seid Ihr denn wirklich in unserer Stadt von früher her schon bekannt, Herr Obrist?“

Bei dieser Frage verstummte das Geschwirre, und aller Augen richteten sich erwartungsvoll auf den jungen Reiteroberst, der sich auf einmal mit Herrn Sebaldus fast allein inmitten des Kreises fand; nur Mechthildis, mit der ihn die Hausfrau eben bekannt machen wollte, stand neben ihm. Bei der unerwarteten Anfrage des Ratsherrn hatte er sich hoch aufgerichtet und den Frager aufmerksam betrachtet; nun verbeugte er sich leicht und erwiderte lächelnd:

„Gewiß bin ich das, Herr von Halveren! Ich war damals noch ein armer Waisenjunge, mit Namen Hans Maybrunner. Ihr werdet es so gut wissen wie ich, da Ihr mich ja damals mit in den Dienst der Stadt nahmt — als Feuerwächter auf dem Martinsturm drüben. Als solcher habe ich eine gute Zeit lang dieser hochlöblichen Stadt gedient und werde mich allzeit freuen, ihr auch in meinem jetzigen Stande gefällig sein zu dürfen.“

Das beklommene Schweigen im Kreise löste sich in eine Bewegung heiteren Beifalls; die lebhafte Frau Johanna flüsterte: „Gentilhomme!“ und berührte mit dem Fächer Mechthilds Arm, die mit freudiger Genugthuung auf den ehemaligen Feuerwächter blickte. Herr Sebaldus schien seine Fragen noch fortsetzen zu wollen, aber der spanische General kam dazwischen. Er trat auf Hans zu, streckte ihm die Hand hin und sagte:

„Wir kennen uns auch schon, Herr Obrist — schon von der Pfalz her. Vor etlichen Monaten habt Ihr mir bei Fleurus großen Abbruch gethan. Es war ein glänzender Sieg, und Ihr habt ihn wider mich entschieden. Laßt mich hoffen, daß ich bald Gelegenheit finde, Revanche zu suchen.“

Hans ergriff die Rechte Cordovas herzlich und antwortete:

„Auch ich hoffe das, Euer Excellenz; denn ich habe ja noch so viel von Euch zu lernen.“

Auf die Umstehenden wirkte dies kurze Zwiegespräch noch tiefer als das vorige. Es war ja in der Form nur ein Austausch ritterlicher Artigkeiten, wie sie der Krieg zwischen den hohen Offizieren beider Parteien immer mehr ausbildete und allmählich sogar auf das Kriegsvolk übertrug, ohne dessen Sitten den friedlichen

Aus unserer Studienmappe:

Wiesenweg. Nach der Ölstudie von Ludwig Willroider.

Einwohnern gegenüber irgendwie zu mildern. Es war ein Überrest der Ritterlichkeit des Mittelalters, die vordem auch innerhalb der Reichsstädte so glänzende Blüten getrieben hatte. Aber der jetzigen reichsstädtischen Gesellschaft war es etwas Fremdes und Unerhörtes. Sie rechnete den beiden Herren persönlich an, was in ihrem Benehmen Standessitte war. Mit wenigen Worten hatten die zwei Streiter von Fleurus sich gemeinsam den Erfolg des Abends gesichert. Zumal die Aufmerksamkeit der Damen wandte sich auf Cordova und Hans in fast bedrängender Fülle. Erst nach einer längeren Weile gelang es Hans, sich Mechthildis zu nähern, die sich bis dahin ziemlich abseits gehalten und vornehmlich mit seinem Vater geplaudert hatte.

„Es ist Zeit, daß du dazwischen kommst," meinte Herr Govaert Friso lächelnd. „Ich fürchte, ich spreche gelehrter, als es sich an solchem Ort und einer schönen jungen Dame gegenüber ziemt. Aber Ihr seid selber schuld daran, edles Fräulein! Nun seht, ob Ihr mit dem da besser fahrt. Ich muß als Kavalier nach unserer Hausfrau sehen; denn mich dünkt, die Trompeten werden bald zur Tafel rufen."

Die beiden standen eine kleine Weile schweigend nebeneinander. Dann begann der Oberst lächelnd: „Auch Euch habe ich das Glück schon von damals her zu kennen — freilich nur im Bilde."

„Und ich Euch," erwiderte Mechthildis lebhaft. „Aus dem Buche des Meisters Balzer, nicht wahr?"

Sie lachten beide ein wenig und sahen einander mit großem Wohlgefallen an, bis sie errötend die Blicke abwandte. „Noch habe ich Euch von damals für etwas zu danken — eine Sendung —," sagte der Oberst und stockte verlegen.

Mechthildis nickte. Auch sie war sehr verlegen geworden. Ihre weiße Rechte spielte mit den herabhängenden Kelchen des Juwelenschmucks, der auf dem Einsatz ihres Kleides unterhalb des weit zurückgeschlagenen Spitzenkragens funkelte. Es war ein schön ciselierter goldener Schild, der zwischen Rubinen in der Mitte einen großen Onyx zeigte, eine köstliche griechische Camee mit dem Bilde der Siegesgöttin.

„Von wem wißt Ihr, daß — daß ich es war?" fragte sie leise.

„Vom Meister Balzer," erwiderte er. „Als ich nach Holland kam, hat er es mir mitgeteilt, wer mich — in die Welt hinausgeschickt hat."

Nun sahen sie sich wieder an und lachten herzlich.

„Vielen Dank!" sagte er.

„Der gebührt mir gewiß nicht," versetzte sie, legte aber doch ihre Rechte in seine breite, schwertgewohnte Kriegerhand.

Cordova, der eben einem Kreise von Damen einige strategische Erläuterungen gab, sah von fern, wie die beiden plauderten und sich anschauten, und wandte den Blick ab.

Dann rief das Signal zur Tafel.

Die Reihenfolge der vornehmen Gäste bei Tische — eine wichtige Frage — war im voraus durch die Höflichkeit des spanischen Generals erledigt, der darauf bestand, daß dem Oberst Friso hier der Vorrang vor ihm zukomme. Den Ehrenplatz, zwischen der Hausfrau und der Gemahlin des zweiten regierenden Bürgermeisters — der erste hatte zu allem Glück keine — hatte natürlich der Staatsrat Govaert Friso, zur anderen Seite der Hausfrau saß Hans, und zwischen ihm und Cordova Mechthildis.

„Köstlich," rief die muntere Hausfrau und wies lachend auf Mechthilds Geschmeide. „Die beiden Kriegshelden und zwischen beiden der Sieg."

„In der That," antwortete Cordova mit einem trüben Lächeln. „Ganz wie bei Fleurus."

Siebentes Kapitel.

Auch Herr Sebaldus von Halveren hatte seinen Platz an der Tafel eingenommen. Sein Benehmen verriet nichts davon, welchen Eindruck die Wirkung seiner Frage an den Oberst Friso auf ihn selbst gemacht habe. Man war es gewohnt, ihn zumal inmitten allgemeiner Lustbarkeit wortkarg und nachdenklich zu finden. Mit einer durch häufige Übung gestählten Geduld ertrug er die Reihe der offiziellen Tischreden, den Lärm, mit dem Zinken und Pauken jeden Trinkspruch bestätigten, und das für ihn noch peinlichere Geräusch der fröhlichen Unterhaltung. Es dauerte mehrere Stunden, bis sich die Gesellschaft in einen Nebensaal verzog, wo Würzwein und Konfekt geboten wurden, für die Mehrzahl der

Herren als Einleitung zum eigentlichen Bankett, den Damen, Geistlichen und älteren Würdenträgern als Abschiedskost. Diesen Zeitpunkt nahm Herr Sebaldus wahr, um sich still zu entfernen.

Als er hinter seinem vorleuchtenden Diener das Portal verließ, lagerte dort trotz Kälte und Regenfeuchte noch eine zahlreiche Menge. Das waren aber nicht mehr die ehrsamen Bürger, die ihn bei seiner Ankunft begrüßt hatten, vielmehr allerlei Gesindlein aus den Armeleuthäusern, aus Herbergen und Bettelgäßchen, das hier draußen auf den Abhub wartete, der ihm wie bräuchlich von der Tafel der Reichen in Körben und irdenen Schüsseln hinausgereicht wurde. Etliche Knechte besorgten die Verteilung, sie fühlten sich bei diesem Amte gegenüber dem Gesindlein als große Herren und Gönner, und Herr Sebaldus lächelte ganz eigen, als er sah, wie vornehm, herablassend und patriotisch sie sich dabei benahmen.

Das Haus der Herren von Halveren lag jenseits des Martinsturmes, ein düsteres massiges Gebäude in einem düsteren, winkligen Viertel, mit einem plumpen, spitzdachigen Rittertürmchen und allerhand verzwickten Erkern und Ausbauten. Es war ein Eckhaus; aus der Straße, auf die sich seine Hauptpforte öffnete, führte zwischen dem Hause und der Gartenmauer eines Krankenhauses ein schmales unbewohntes Gäßchen nach dem Pfahlbauernviertel hin. Nach dieser Seite lagen im Erdgeschoß, hinter unheimlich dicht vergitterten Fenstern, die Geschäftsstuben des Hauses von Halveren; die wenigen Fenster der oberen Stockwerke hatte Herr Sebaldus verblenden lassen, angeblich weil er jeden zufälligen Ausblick auf den Garten des Hospitals scheute.

Der Gegensatz zwischen der düsteren, gefängnisartigen Lage und Erscheinung dieses Hauses und dem lichten, lebenslusterfüllten Renaissancebau der Kannemanns war so aufdringlich, daß es selbst Herrn Sebaldus ergriff. Ein alter, mit einem dreiarmigen Leuchter bewaffneter Hausmeister öffnete ihm. „Ist mein Sohn zu Hause?" fragte Herr Sebaldus. Der Alte schüttelte verlegen den Kopf. Die Miene des Ratsherrn verfinsterte sich noch. „Ihr könnt beide zu Bett gehen," sagte er kurz, nahm den Leuchter und schritt die breite, knarrende Treppe hinauf zu seinen Gemächern.

Dort, nachdem er die Thür sorgfältig verriegelt, saß er lange vor seinem großen gotischen Schreibtisch, in einige Papiere vertieft, die er aus einer Schublade entnommen. Er sah jetzt, bei dem trüben Scheine der Talgkerzen, furchtbar verfallen und verstört aus. Indem er rechnete, sank sein Haupt immer tiefer, bis er mit dem spitzen, bartlosen Kinn fast die Tischplatte berührte, und seine schmalen Lippen bewegten sich fiebernd.

Dann lehnte er sich zurück, schloß die Augen halb und rechnete im Kopfe weiter, um immer wieder dasselbe trostlose Ergebnis zu bekommen. Er hatte sich verspekuliert, nicht bloß geschäftlich. Was ihm die Papiere da seit etlichen Tagen immer von neuem erzählten, war schwer genug, aber es war nichts, was nicht jeden Kaufmann treffen konnte, zumal in solchen Zeiten. Ein Warenzug im Werte von vielen Tausenden war im Bergischen in die Finger einer plündernden Bande von Marodeurs gefallen, ein lothringischer Kaufherr, mit dem er seit Jahrzehnten in Verbindung stand und bei dem er sich auch mit der größten Forderung sicher glaubte, war durch spanische und mansfeldische Kontributionen erschöpft und bat um langen Nachlaß; ein ländliches Kloster, das eine größere Summe zu üblichen Zinsen dem Halverenschen Geschäft anvertraut hatte, kündigte das Kapital, da es durch die Kriegswirren und notwendige Neubauten in die Enge geraten sei; — das alles waren unangenehme Dinge, doppelt unangenehm durch ihr zeitliches Zusammentreffen, aber sie gehörten zu den Zufällen, mit denen jeder Kaufmann in diesen unruhigen Zeiten zu rechnen hatte, und insgesamt machten sie nur einen Betrag aus, der in keinem bedrohlichen Verhältnis zu der Bedeutung seines Hauses stand. Das Schlimme aber war, daß eben diese Bedeutung seit langem nur noch leerer Schein war. Bis jetzt war es ihm gelungen, andere darüber zu täuschen, indem er mit dem verwegenen Geschick des Spielers immer ein neues Loch grub, um das vorige zu füllen, Zinsen bezahlte und Kapitalien verbrauchte; allmählich aber versagte auch diese Kunst. Noch ein oder zwei, an sich kleine Verluste, dann mußte er die Karten auf den Tisch legen, — und schon jetzt, ohne einen greifbaren Anhalt, begann sich das Mißtrauen zu regen. Er hatte, wie in allem, auch geschäftlich das Heimlichthun geliebt; damit hatte er sich, so lange es flott ging, im Volke den Ruf eines Reichtums verschafft, der weit über sein wirkliches Vermögen hinausging; aber dieser Ruf war eben kein kaufmännisch gefestigter Kredit, sondern nur das müßige Nebelbild der öffentlichen Meinung, aus Gerede und Mutmaßung zusammengeballt und ebenso leicht durch den Hauch der Schwätzer auseinander geweht.

Es war für Herrn Sebaldus nur ein geringer Trost, daß er bis jetzt keine geschäftliche Unredlichkeit im eigentlichen Sinne begangen hatte. Redlich und unredlich waren für ihn weit undeutlichere Begriffe als klug und unklug, und nichts ängstigte ihn mehr als die Aussicht, vor der Welt am Ende als ein unkluger, schlechter Rechner zu erscheinen. Er war sich bewußt, daß er es sich hatte sauer werden lassen. Von Geburt an war er mit einem Namen behaftet, der die doppelte Last auf ihn legte, mit mäßigen Mitteln den geschäftlichen und den Standesruhm seiner Vorfahren zu erhalten. Er hatte gearbeitet, um mühsam zu erringen und zu behaupten, was anderen, begünstigten Söhnen des Glückes, wie seinen beiden Vettern Andreas und Winand, spielend zufiel, und es war ihm gelungen: zweimal hatte er den Stab des regierenden Bürgermeisters geführt und war in den schmeichlerischen Anreden fremder Gesandten als einer der adligen Kaufherren gepriesen worden, „denen von alters her Merkur und Jupiter hold sind.“ Und nicht aus bloßem Ehrgeiz hatte er das alles erstrebt und erreicht. Noch ein zweites starkes Gefühl lebte in ihm: die Fürsorge für seinen Sohn, an dessen bessere Gaben er trotz aller Enttäuschungen noch immer hartnäckig glaubte. Ja, wenn es Lambertus gelungen wäre, mit seinem treuen, immer fortgesetzten Werben Mechthilds Herz zu gewinnen! „Auch in ihr habe ich mich verrechnet,“ murmelte Herr Sebaldus grimmig. „Der Vetter von Halveren ist ihr zu einfach. Nach einem glänzenderen Freier hat sie manches Jahr unter ihrer frommen Haube ausgeschaut, nun, und jetzt hat er sich ja gefunden, der Rechte: Don Gonsalvo Fernandez de Cordova, Generalleutnant, Grande von Spanien rc. rc.“

Ein Lächeln tiefen Hasses verzerrte das blasse Antlitz bei dem Namen Cordovas, in dem sich ihm zugleich das Mißlingen einer dritten, gewagtesten Reihe von Spekulationen verkörperte. Es war unklug gewesen, die Ungeduld schwankender Anhänger mit der Erfindung von einer geheimen Mission des spanischen Generals zu beschwichtigen. Wenn es so weiterging, so verlor Herr Sebaldus bei den nächsten Wahlen auch die wenigen Stimmen im Rate, die noch zu ihm hielten; er verlor vielleicht seinen eignen Sitz. Dann war er, das ehemalige Oberhaupt der Stadt, nur noch der Führer einer Straßenpartei.

Herr Sebaldus erhob sich langsam, die Faust auf die Lehne des Sessels stemmend. „So müssen wir das alte Mittel versuchen,“ murmelte er. „Flectere si nequeo superos, Acheronta movebo.“*) Dann horchte er einige Augenblicke mit verhaltenem Atem. Es war ganz still im Hause; so still, daß er das Rieseln in der auf dem Tische stehenden Sanduhr zu hören glaubte, mit der seine Finger vorhin gespielt hatten. Aus einem Geheimfach des Tisches entnahm er ein Papier und überlas es sorgfältig, worauf er mit der Feder eine Zeile durchstrich. „Die Kannemanns nicht,“ murmelte er. „Es könnte Verdacht geben — man weiß zu gut, wie wir miteinander stehen. Und der Hohlkopf ist ja nicht gefährlich.“ Dann steckte er das Papier ein und holte aus einem großen Schrank ein wunderliches Kleidungsstück hervor. Es war ein weiter hemdartiger Mantel von weißer Farbe mit schwarzer Kapuze, die den Kopf von allen Seiten bedeckte und nur für die Augen Löcher freiließ — die schauerliche Tracht gewisser Brüderschaften, die sich der Pflege und Bestattung der Aussätzigen und Pestkranken widmeten. Nachdem er sich in dieses Gewand gehüllt und eine winzige Laterne angezündet, löschte Herr Sebaldus die Kerzen und öffnete eine kleine Thüre, die auf einen langen, schmalen Gang führte. Über diesen Gang, eine enge Schneckentreppe hinab, gelangte er leisen Schrittes

*) Kann ich den Himmel nicht beugen, so ruf ich zum Beistand die Hölle.

Aus unserer Studienmappe:

An der Waldquelle. Nach der Studie von E. Weichberger.

an ein Pförtchen. Er öffnete es und stand in dem Seitengäßchen. Vorsichtig schloß er das Pförtchen wieder und machte sich auf den Weg.

Der Novemberregen hatte sich inzwischen gelegt; der Wind ging in schweren, heftigen Stößen und jagte gewaltige, wildzerrissene Wolkenmassen über den Himmel, hinter denen nur ab und zu auf kurze Zeit das Licht des unvollkommenen Mondes trübe vorleuchtete. Es war, zumal bei dem Zustand der Straßen, kein Wetter für Fußgänger. Die wenigen, die Herrn Sebaldus begegneten, hielten sich beim Anblick des weißen Bußhemdes mit der schwarzen Kapuze behutsam zur Seite und vermieden es zu sprechen oder voll Atem zu holen, bis er vorbei war; denn ebenso groß wie die Achtung vor den menschenfreundlichen Trägern dieses Gewandes war auch die Furcht vor ihrer Berührung. So gelangte er unbehindert bis in die Nähe des Martinsturmes. Dort aber verbarg er seine Laterne unter dem weißen Überwurf und wartete, in einem Mauerwinkel geduckt, bis er sicher war, daß ihn keiner beobachtete. Dann schritt er schnell auf den Turm los. Die Pforte war nur angelehnt; hinter sich verriegelte er sie fest. Dann riß er an einem Schellenzug, der in den Turm hinauf führte. Ein mißtönendes Gebimmel erfolgte, und alsbald tappte von oben der lahme Hieronymus herab.

„Pünktlich wie immer, gestrenger Herr," meinte er, während er Herrn Sebaldus aus der Vermummung half und den Verschluß der Thüre prüfte. „Gerade habe ich zwei Uhr geläutet. Der Pilger ist oben."

Herr Sebaldus nickte schweigend und folgte dem Führer, der mit vieler Behendigkeit die steilen Stufen hinaufhumpelte. Durch die Schalllöcher, an denen sie vorüberstiegen, wehte der Nachtwind fröhliche Musikklänge herein.

„Das nimmt ja kein Ende bei den Kannemanns," bemerkte der lahme Hieronymus giftig. „Nun, sie passen zusammen: der Bräuprotz, der Winkelpfaff und der Bettelhornist!"

Achtes Kapitel.

Die Ausstattung der Wächterstube hatte sich erheblich gegen jene Zeit verändert, wo Hans Maybrunner in ihr feinen Hirngespinsten nachhing und nach Taubenpost von schönen gefangenen Edelfräulein ausschaute. Von der peinlichen Sauberkeit, in der die alte Brigitt selbst dem Meister Balzer manchmal zu weit ging, war nichts mehr zu merken. Es sah so wüst in der Stube aus wie in einer Hafenkneipe. An einen ähnlichen Ort erinnerte auch der Mischdunst von schlechtem Tabak, Branntwein und Lampenschwele, der den überheizten Raum nebelgleich füllte. Unfern dem rotglühenden Ofen saß die dermalige Hausfrau, des lahmen Posauners Gespons, in einem zigeunerhaft gewagten Hauskleide, eine irdene Pfeife im Mund; auf dem Schoß hielt sie eine Schüssel, in der ein Dolch lag. Mit diesen beiden Dingen trieb sie ein geheimnisvolles Spiel, das sie so sehr beschäftigte, daß sie den vornehmen Besuch kaum eines stummen Grußes würdigte.

Mehr Höflichkeit bewies ein langer Mensch in Pilgerkleidung, der beim Eintritt des Bürgermeisters von seinem Stuhle hinter dem Tisch aufstand, die Pfeife weglegte und sogar eine Verbeugung machte.

„Ihr kommt von Bonn? Bringt mir Nachricht von des Kurfürsten Räten oder von dem kaiserlichen Kriegsrat, Herrn Damian von der Leyen?" fragte Herr Sebaldus gespannt, während ihm der lahme Bassuner einen Stuhl herbeischob.

„Von beiden, gestrenger Herr," erwiderte der Pilger. „Wird Euch aber wenig gefallen. Von einer militärischen Übertumpelung der Stadt wollen sie durchaus nichts wissen, und wenn Ihr auch gleich statt einem vier Stadtthore mit Turmmeistern von Euerer Partei besetzt."

„Ich habe mir's schon gedacht," versetzte Herr Sebaldus achselzuckend. „Sie wollen es nicht ohne die Spanier wagen, und wie die von dem Plane denken, das weiß ich jetzt zur Genüge aus Cordovas Benehmen. Es ist ein Jammer, wenn man mit Alliierten zu thun hat, die untereinander nicht einig sind."

„Das ist es nicht allein," fuhr der Pilger mit gleicher Ruhe fort. „Es ginge auch ohne Cordova. Erobern ist leicht, — das eine Regiment Collalto würde mit Euerer ganzen Stadtarmee fertig, meinten die Herren —, aber wenn man Euere hochlöblichen Bürger erobert hat, dann fangen sie an zu schreien — das haben sie ja immer gekonnt —, und in das Geschrei stimmt alles ein, denn wenn es einem freien Reichsstand an den Kragen geht, dann sind sie alle einig, die Katholiken so gut wie die Protestanten. Darum — sagt der Herr Kriegsrat — würde er auch mit dem Plan in Wien und in München nur das allerhöchste Mißfallen erregen. Er hat ihn nicht einmal dorthin gemeldet. — Übrigens unter uns, gestrenger Herr: was hättet Ihr selber auch davon, wenn statt Euerer Kollegen ein kaiserlicher oder liguistischer General hier regierte? Auf Euch bliebe nur der Haß hängen, und den Nutzen hätten andere Leute."

„Ihr sprecht wie ein Buch," erwiderte Herr Sebaldus ärgerlich. „Habt Ihr aber auch dem Herrn Kriegsrat bestellt, wie übel es vor drei Wochen, als Ihr zuletzt hier waret, mit unseren sogenannten friedlichen Mitteln geglückt war? Dann könnt Ihr ihm jetzt weiter melden, daß es noch viel schlimmer steht. Die Jesuiten und Franziskaner predigen sich umsonst heiser, und unseren Freunden auf den Zunfthäusern geht es ebenso. Aber diese beiden Holländer brauchen nur zu lächeln, so haben sie Rat und Bürgerschaft in der Tasche, als hätte sie der Oranier eigens geschickt, um anderen Leuten das Spiel zu verderben."

„Ja," meinte der Pilger gemütlich, „dazu haben sie beide ein merkwürdiges Talent. Als ich vor ein paar Stunden bei den Kannemanns vorbeikam, habe ich davon gehört, wie der Junge mit Euch auf dem Fest umgesprungen ist. Die Diener erzählten es den Bettelleuten vorm Hause, zu denen ich mich gesellt hatte, und die schrieen Vivat. Sie thaten sich ordentlich was zu gut darauf, daß einer von ihrer Art Oberst geworden ist und es nun den Ratsherren unter die Nase reibt. Nun, tröstet Euch. Mir hat der Junge auch einmal einen hübschen Spaß verdorben, — als ich noch mehr im kleinen und ohne Erlaubnis der Obrigkeit arbeitete. Damals war er schuld, daß der Herr Damian von der Leyen — der auch noch nicht so hoch stand wie jetzt — einen guten Freund von mir mit des Seilers Tochter Hochzeit halten ließ; und wenn der Herr mich erwischt hätte, würde er mich auch gehängt und sich für die Folgezeit einer schätzbaren Kraft beraubt haben. Nun, und unserem Hieronymus hier hat der Alte ja einen dauerhaften Denkzettel gegeben, — nicht wahr, Herr Bassauer?"

Der Feuerwächter zog eine greuliche Grimasse und stürzte ein großes Glas Branntwein hinunter. „Kümmert Euch nicht um meine Sache!" brummte er.

„Wohlgesprochen, edler Hieronymus," antwortete der Pilger. „Kommen wir zur Sache, die uns alle angeht. Also, gestrenger Herr, — mit Eueren bisherigen Künsten kommt Ihr nicht weiter, und mit der Überrumpelung ist es nichts. Ihr möchtet es mit einem außerordentlichen friedlichen Mittel versuchen, läßt Euch der Herr Kriegsrat sagen. Genannt hat der vorsichtige und fromme Herr das Mittel nicht; aber er kennt es, — und wirklich, was bleibt uns anderes übrig, als dies Mittel, von dem wir neulich sprachen? Ihr hattet Euere Bedenken; es ginge Euch wider das Gewissen. Aber, gestrenger Herr, was soll aus der Geschichte werden, wenn uns auf einmal das Gewissen einfällt? Man muß die Segel nach dem Wind stellen. Der Wind bläst aus dem Hexenloch. Wenn Ihr den in Euer Segel fangt, kommt Ihr vor. Die kleinen Leute haben jetzt lange genug nur immer ihresgleichen auf dem heißen Stein stehen gesehen. Ihr sollt Euch wundern, wie sie aufhorchen und einstimmen werden, wenn der Hexenruf auch einmal hinter ihren gnädigen Herren vom Rat hergeht."

Herr Sebaldus war aufgestanden und an ein Fenster getreten. Vor seinem Blick schimmerten im ungewissen Mondlicht die regenfeuchten Dächer, hier und da überragt von den hohen Giebeln und Türmen der Patrizier. Von einer Stelle her verkündeten Lichtglanz und abgerissene Musikklänge, daß dort das Bankett bei den Kannemanns noch immer fortdauerte. Deutlich tauchten vor seinem Blick die festlich gekleideten Gestalten auf, unter denen er vor wenig Stunden dort geweilt hatte, — der ganze Kreis der Standesgenossen, denen er nach Herkunft und Stellung angehörte. Es waren wenige unter ihnen, die ihm noch Freundschaft und Vertrauen entgegenbrachten, alle aber behandelten sie ihn als Mitglied einer bevorzugten geschlossenen Klasse, getreu dem obersten Grundsatze der Standesgemeinschaft, der allein die Dauer ihrer Vorherrschaft inmitten einer unruhigen, vielberechtigten Menge sicherte. Niemand in ihrem Kreise hatte diesen Grundsatz in Thaten und vertraulicher Aussprache öfter und nachdrücklicher vertreten als Herr Sebaldus; und nun war er hierher gekommen in unwürdiger Vermummung — nicht zum erstenmale —, um mit den rohen Helfershelfern fremder Fürstenräte das Netz über seine Genossen und über die Stadt zu werfen, die er selbst regiert hatte und noch mitregierte. Fast widerwillig hörte er, wie der Pilger in ruhigem Geschäftstone weitersprach:

„Die Sache muß aber jetzt entschieden werden, gestrenger Herr. In sechs Wochen haben Euere Zünfte sechsundzwanzig Ratsherren neu zu wählen. Bis dahin muß es also so weit sein, daß die Ausscheidenden an keine Wiederwahl denken können und die anderen froh sind, wenn man auch sie vor der Zeit ihres unbequemen Amtes ledig läßt. Wenn wir unseren Plan richtig ausführen, so dürft Ihr Euch auf den Erfolg verlassen. Bedenkt nur, wie bequem Ihr bei der Geschichte fahrt. Ich muß meine ganze Schauspielerkunst dabei wieder auffrischen, die beiden da riskieren sogar ein lästiges Verhör, Ihr aber braucht Euch nur zu entsetzen, daß es so viel Hexenmeister im Rat und Hexen unter den Ratsdamen gibt. Unsere Patres und Fratres werden schon dafür sorgen, daß Ihr mit Euerem frommen Entsetzen der Held ihrer Beichtkinder werdet. Bis zur peinlichen Untersuchung wider die Gnädigen braucht es ja nicht zu kommen; es wird kein Tröpflein Blut bei der Geschichte fließen, wenn das Euer Gewissen beruhigen kann. In zwei, drei Monaten sitzt Ihr als regierender Bürgermeister vor einem Rate, den Ihr Euch nach Belieben habt wählen lassen, und könnt das Bündnis diktieren."

Herr Sebaldus stand noch immer am Fenster, die Stirn wider die Scheibe gestützt. Der Pilger sah ihn ein Weilchen schweigend an, dann sagte er im gemütlichen Tone: „Also wie ist's, gestrenger Herr? Ich freue mich schon darauf, Eueren Herrn Sohn im Frühjahr als Obersten an der Spitze Euerer neugemusterten städtischen Reiterei dem Tilly zureiten zu sehen."

Herr Sebaldus wandte sich langsam um und that ein paar Schritte ins Zimmer. „Es bleibt uns kein anderer Weg," sagte er heiser. „Also wie ist es mit der da? Will sie?" Er deutete nach dem Weibe hinüber, das noch immer sein Spiel mit Schlüssel und Dolch fortsetzte und scheinbar ganz gleichgültig gegen das Gespräch der anderen war.

Auf die Frage des Ratsherrn nahm sie den Pfeifenstummel aus dem Munde und sagte, ohne den Kopf zu erheben: „Ihr wißt ja den Preis. Eintausend Gulden, die Hälfte voraus, die Hälfte vor Weihnachten."

„Billig ist's nicht," erwiderte Herr Sebaldus.

„Den Teufel auch, gestrenger Herr," knurrte der lahme Hieronymus, „'s ist nicht zu teuer für das Risiko. Wenn man ein

Aus unserer Studienmappe:

Aus unserer Studienmappe:

Frühling. Nach der Ölstudie von Carl Ludwig.

solches Geschäft wagt, so will man auch danach etwas zu verzehren haben. Seid froh, daß wir's dafür thun. Ich thät' es auch nicht, wenn es mich nicht kitzelte, den Protzen da drunten einen Tort anzuthun, — und nebenbei auch dem holländischen Pfaffen das Spiel hinterher zu verderben, der sie jetzt im Sack zu haben meint. Ich hab' noch mit ihm abzurechnen und mit dem Jungen auch."

Der Pilger schüttelte den Kopf ein wenig. „Daß den Leuten doch immer das Gefühl dazwischen kommt," sagte er. „Seine Gestrengen hat es mit dem Gewissen, und Ihr habt es mit der Rache. Nehmt Euch ein Beispiel an mir, lahmer Hieronymus. Ich treib' das Spiel aus Liebhaberei, und wer weiß, ob ich überhaupt etwas dafür bekomme, daß ich den Teufel bei der Komödie vorstellen soll? Denn der Herr Kriegsrat von der Leyen ist so knauserig, wie er vornehm ist. Aber es macht mir Spaß, wie dem Jäger das Jagen."

„Habt I h r denn g a r kein Gewissen?" stieß Herr Sebaldus hervor.

Der Pilger sah ihn fast verwundert an. „Gewissen, gestrenger Herr?" wiederholte er langsam. „Weiß nicht! Als ich noch ein Junge war, im Kloster, wo ich erzogen wurde, da redeten sie mir viel davon. Aber ich fand immer, die am meisten davon bei anderen verlangten, die gebrauchten es selber am wenigsten. Beinah wie ich es hernach lernte, als ich mich zu den Schauspielern geschlagen hatte, von denen ich dann zu den Waldbrüdern geriet: da spielt auch jeder eben seine Rolle, und mit all den großen Worten, die er hersagt, will er doch nur seinen Lohn verdienen. — Gewissen? Nein!" setzte er nachdenklich hinzu. „Ich kann mich nicht mehr erinnern, wie es aussieht. Es muß wohl so etwas sein wie die Heiligenkrankheit, die unsere anmutige Wirtin da bei den Bürgerweibern mit ihrem Dolch findet und kuriert. Sie sitzt im Menschen drin, aber er weiß es nicht. Wollt Ihr die Kur nicht auch mal probieren, gestrenger Herr? Die Kurkosten gehen wohl mit in die tausend Gulden."

Bei seinen letzten Worten hatte das Weib die Schüssel bereits gegen Herrn Sebaldus ausgestreckt und schüttelte sie wunderlich, so daß der Dolch hin und her tanzte und plötzlich herausspringend mit der

Spitze dicht vor dem Ratsherrn in den Boden fuhr. Das Weib nickte befriedigt. „Ihr habt ein heimliches Übel, Ihr kennt es nicht, es zehrt an Euerem Leben," leierte sie in halb singendem Tone, „die Heiligen wissen es, ein Heiliger kann Euch lösen, der Dolch ist geweiht, er weiß den Heiligen." Sie legte den Dolch wieder in die Schüssel, schlug dreimal ein Kreuz darüber und begann in einförmigem Tonfall eine Menge Heiligennamen herzusagen, während sie die Schüssel ganz leise runddrehte. Beim dreizehnten oder vierzehnten Namen hüpfte der Dolch wieder heraus und blieb, lange nachzitternd, in der Diele stecken.

„Also Sankt Thomas," meinte der Pilger, der dem plumpen Zauberwerk mit spöttischem Lächeln zugesehen hatte. „Ihr wißt jetzt, gestrenger Herr, wie ihr von Euerer unbewußten Krankheit geheilt werdet, — braucht nur dem heiligen Thomas eine Kerze zu stiften, so geht das Übel weg, oder es bleibt, wie es ist. Dazu habt Ihr den guten Rat noch umsonst, — bei den Bürgerweibern thut sie es nicht unter sechs Stübern. — Aber diesmal ist am Ende etwas Wahres dabei. Sankt Thomas — das ist ja just vier Tage vor Weihnachten, nicht wahr? Ei, seht, bis dahin könnt Ihr wirklich Euere Krankheit los sein, — nämlich Euere Gegenpartei. Aber wir müssen zu Ende kommen. Ist's Euch recht, gestrenger Herr, daß wir die Mine losgehen lassen? Ich denke, auf Mariä Empfängnis. Ihr wißt, die Hexen lieben es, sich in den Mariennächten zu versammeln."

„Es ist gut," sagte Herr Sebaldus. „Laßt mich jetzt aus dem Turm, Hieronymus. Hier ist die Liste, — und diese Anweisung gebt morgen Euerem Gönner, dem Bruder Placidus von den Franziskanern, er wird Euch darauf die fünfhundert Gulden auszahlen. Die andere Hälfte mögt Ihr um Sankt Thomasabend bei mir holen — Ihr wißt den Weg."

„Also auf Wiedersehen," sagte der Pilger grinsend und öffnete ihm mit einer Verbeugung die Thür.

Der Wächter geleitete den Ratsherrn die Treppe hinunter und half ihm in seine Vermummung, wobei er bemerkte, daß Herr Sebaldus wie im Frost erzitterte. „Ja," sagte er tröstend, „'s ist ein kalter Ort hier. Wenn's so nachts durch die Schalllöcher heult und pfeift, dann könnt's einem manchmal gruseln. Mit der Hexerei, das ist ja dummer Aberglauben. Aber man kann nie wissen, was es alles gibt. Ihr hättet einen Schluck Branntwein nehmen sollen, gestrenger Herr, der hält wärmer als alle Heiligen, die meine Alte aus ihrer Schüssel springen läßt. Soll ich Euch ein Glas herunterholen?"

Herr Sebaldus wehrte ihm schweigend mit der Hand und verließ den Turm, der hinter ihm pflichtgetreu verriegelt wurde. Die Gassen waren jetzt ganz still und menschenleer. Nur aus etlichen bösen Häusern, heimlichen Kneipen und Spielhöllen, wie sie in dieser Kriegszeit allen Verboten zum Trotz immer zahlreicher wurden, drangen noch Licht und Lärm durch die Ritzen der Fensterläden. Dicht vor Herrn Sebaldus öffnete sich die Thür eines solchen Hauses, eine Schar halbbezechter Gäste, zumeist Offiziere von dem städtischen Militär, schwankte unter Degenklirren und Gelächter heraus; auch Junker Lambertus war unter ihnen. Eine Dirne, die einen Soldatenmantel über ihre nackten Schultern und Arme geworfen hatte, hielt mit der einen Hand eine Laterne hoch, um den Gästen zu leuchten. Beim Anblick des gefürchteten weißen Gewandes mit der schwarzen Kapuze kreischte sie laut auf, und der Junker Lambertus von Halveren rief: „Nehmt euch in acht, ihr Herren! Kommt ihm nicht zu nahe! Der Kerl kann euch den Tod bringen!"

„Mir scheint, er ist selber nahe dran," meinte einer von den Offizieren, ein starker Mann mit langem roten Bart. „Seht nur, wie er da an der Wand lehnt. Soll man ihm nicht beispringen?"

„Um alles nicht," rief Junker Lambertus ängstlich. „Ihr seid noch neu in unserer Stadt, Herr Hauptmann, sonst würdet Ihr wissen, wie man solche Leute meiden muß."

„Unser Goldjunker hat recht," sagte die Dirne mit frechem Lachen. „Kommt nur wieder herein, ihr Herren, ihr seht, der Himmel schickt euch ein Zeichen, daß ihr noch nicht auf die Straße sollt." Damit zog sie den Rotbart am Arme ins Haus. Die anderen folgten lärmend und lachend. Keiner achtete weiter auf den Vermummten, der sich mühsam aufraffte und seine einsamen Wege weiterschritt.

Neuntes Kapitel.

Der hochweise Rat der Stadt hatte die Nachwirkung des Kannemanschen Festes ausgeschlafen und angefangen, das Geschäft mit den holländischen Herren zu erledigen. Das hätte in wenigen Stunden geschehen können; denn der Rat wußte genau, daß der Staatsrat Govaert Friso die Einwilligung seiner Regierung zum Nachlaß gewisser Zölle in der Tasche trug, und er hatte seinerseits bereits den Beschluß gefaßt, wonach auch für das nächste Jahr holländische Proviant- und Munitionsschiffe unbehelligt unter den neutralen Mauern vorüberfahren und holländische Werber Seite an Seite mit ihren spanischen Kollegen ihren Tisch in den neutralen Wirtshäusern aufstellen durften. Aber die diplomatischen Tanz- und Anstandsregeln erforderten gebieterisch, daß man vor dem Austausch der Unterschriften einige Wochen lang eine anmutige Komödie mit Fliehen und Suchen, Schmollen und Werben aufführte. Für die Ausfüllung der Pausen in diesem staatsmännischen Kotillon sorgte die Gastfreundschaft der Patrizier. Die holländischen Herren mußten viel festliche Strapazen erdulden. Sie bewiesen aber auch soviel feine gesellschaftliche Künste, daß beinahe der Zweck ihres Besuches darunter litt; denn die schönen Patrizierinnen fingen an, ihre Väter und Vettern mit allen Mitteln weiblicher List zu bestürmen, daß sie den Abschied so angenehmer Gäste möglichst lange hinausschöben.

Auch das Mechlerhaus war, nach sechs Jahren klösterlicher Stille, wieder der Schauplatz eines glänzenden Festmahls gewesen, zu dem sich der General Gonsalvo Fernandez de Cordova die Erlaubnis und den Vorsitz der Hausherrin erbeten hatte. Die holländischen Herren hatten von ihrem galanten Erbfeind eine Einladung zu diesem Feste erhalten und befolgt. Es war ordentlich, als ob sich die beiden Gegner von Fleurus verschworen hätten, den Eingeborenen dieser Oase vollkommenster Neutralität Anschauungsunterricht in der kameradschaftlichen Höflichkeit zu erteilen. Meister Balzer hatte seine größte Freude daran. Er versicherte Mechthildis, er wolle die beiden nächstens Arm in Arm malen und das Bild in eine Kirche stiften.

Dieser Treffliche gehörte allerdings nicht zu den Teilnehmern der großen Feste, nicht einmal mehr als Zuschauer. Er behauptete, sie seien einander alle gleich, und er verpflichte sich, über jedes einen genauen Bericht zu liefern, wenn man ihm nur sage, von wem und zu wessen Ehren es gegeben worden sei. An Gelegenheit, seine Freunde beisammen zu sehen, fehlte es ihm gleichwohl nicht; denn er war ja ein täglicher Besucher in Mechthilds Hause, und die holländischen Herren waren es ebenfalls. Für ihre Besuche hatte sich ein überaus triftiger, ganz geschäftlicher Grund gefällig eingefunden. Das Stift Marienforst besaß große Güter im nördlichen Gelderland, genau in der Gegend, wo sich Spanier und Niederländer wieder seit zwei Jahren mit Vorliebe zu begegnen pflegten, und wäre sie natürlich sehr gern um einen guten Preis losgeworden; denn wenn auch die Generale beider Parteien höflich genug waren, das Klostergut mit einer salva guardia zu belegen und thunlichst zu schonen, der Ertrag war unter diesen Umständen doch immer sehr unsicher, auch fühlten sich die frommen Stiftsdamen in ihrem Gewissen durch die Aussicht sehr beschwert, im Falle eines endlichen Sieges der Niederländer mit einem Teile ihres Besitztums unter ketzerischen Regenten zu verbleiben. Ein annehmbarer Kaufpreis aber war in dieser Zeit auch schwer zu bekommen. Die leidige Angelegenheit war und blieb ein rechtes Kreuz für das Stift und ganz besonders für den Domherrn von Hernoth, der es als einen persönlichen Kummer empfand, das Vertrauen auf seine makleriische Gewandtheit einmal so völlig enttäuschen zu müssen. Schließlich hatte er sich durch den Meister Balzer an Herrn Govaert Friso gewandt, der sogleich seine ganze Beihilfe zusagte und am ersten Tage nach seiner Ankunft anfing, mit dem Domherrn und den beiden Stiftsdamen die Sachlage zu erörtern. Zu diesen Besprechungen eignete sich aus mancherlei zarten Rücksichten die geistliche Wohnung des Domherrn ebensowenig wie das Quartier der ketzerischen Gesandten. Somit hatte auf den Vorschlag des Meisters Balzer Mechthildis ihre Zimmer als neutralen Ort hergegeben, und es war den beiden Stiftsdamen sehr erfreulich, zu sehen, mit welchem Eifer die holländischen Herren, der junge fast noch mehr als der alte, sich der Sache annahmen. Der Oberst Hans Friso ließ trotz schlechtem Wetter, amtlichen und geselligen Abhaltungen keinen Tag vorübergehen, an dem er sich nicht mit neuen Erkundigungen und Anfragen einfand. Meist gesellte sich auch Meister Balzer, zuweilen sogar Cordova hinzu, so daß die Stiftsdamen immer einen Zuhörer fanden, um das wichtigste geschäftliche Thema ihrer Klostergespräche wieder einmal gründlich darzulegen, während die übrigen zusammen oder paarweise über andere Dinge plauderten. Selbst der Domherr von Herzroth kam auf seine Rechnung, nachdem er in Cordova einen gewiegten Schachspieler entdeckt hatte. Mechthildis bewegte sich inmitten ihrer von so verschiedenen Gästen belebten Räume mit einem Ausdrucke stillinniger Zufriedenheit, der ihr bei aller mädchenhaften Schönheit etwas ganz Hausfrauliches gab, und wie die Hausfrau nun einmal die Hauptsache in der Familie ist, gewann die wunderliche Versammlung durch sie wirklich den behaglichen Anstrich der Familie. Draußen klatschte der greuliche Schlackerregen, der in diesem Winter dem Schnee gar nicht weichen wollte, an die runden Fensterscheiben und ließ die behagliche Wirkung des großen kunstvoll glasierten Kachelofens doppelt angenehm empfinden. Aus irgend einem bequemen Winkel klang das sanfte Gelispel der beiden Stiftsdamen, die dort, mit Plänen und Pachtrechnungen auf dem Schoß, ihrem Opfer — fast immer war es Meister Balzer — wieder einmal die traurige Geschichte von dem Stiftsgut im Geldernschen auseinandersetzten, und in einer anderen Ecke saß der Domherr mit Cordova beim Schach und gewann gewöhnlich die Partie, denn sein Partner war zerstreut; er blickte zu viel nach Mechthildis hin, die vor einer Zeichnung oder auch vor ihrem Spinnrad saß und sich von dem Obersten Hans Friso erzählen ließ, und dann zog er falsch. Kam Herr Govaert Friso einmal dazu, der viel durch seine diplomatischen Tanzübungen mit Bürgermeistern und Ausschüssen ferngehalten wurde, so pflegte er gewissermaßen das verbindende Glied herzugeben. Er war noch immer wie weiland in Bacharach der Allerweltsvertrauensmann; bald mußte er den Stiftsdamen durch die Maschen einer allzu verzwickten Rechnung helfen oder ihre Seelenpein mit Aufzählung einiger reichen Herren in Holland mindern, die das Stiftsgut möglicherweise kaufen könnten, bald hatte er als Kiebitz bei den Schachspielern die Vortrefflichkeit eines Zuges anzuerkennen. Wenn er aber neben seinem Sohne und Mechthildis stand, so schwieg er am liebsten und begnügte sich, still zuzuhören und seine Seele an dem Anblick des schönen Paares zu weiden. Meister Balzer hatte wieder einmal geflunkert, als er prophezeite, Mechthildis würde mit dem alten Herrn den ganzen Tag philosophieren.

Mechthildis schien ihm auch diese Verleumdung nicht nachzutragen. Sie wurde nicht einmal böse, als ihr alter Freund sie am Vorabend des Sankt Nikolaustages vor einem mächtigen Tische überraschte, der ganz mit Düten und Körbchen voll Konfekt und anderen Leckereien, mit Paketen in verschiedener Größe bedeckt war.

„Sieh so,“ sagte Meister Balzer, „was ist denn das?“

„Ein Geheimnis,“ erwiderte Mechthildis. „Das könnt Ihr schon daraus merken, daß Ihr Euch darum bekümmert.“

„Ich wollte, alle Geheimnisse ließen sich so leicht lösen,“ meinte Meister Balzer. „Denkt Ihr, ich habe keine Augen, um in den Kalender zu sehen, und keine Nase, um vor den Zuckerbäckerläden zu riechen, was morgen für ein Tag ist? Heute abend geht Sankt Niklas um und beschenkt die artigen Kinder, und es scheint, Ihr wollt die heilige Barbara vorstellen, die ihm die Waffeln bäckt.“

Mechthildis nickte strahlend. „'s ist alles für die Kinder von meinen Hausarmen,“ sagte sie und überblickte prüfend die Herrlichkeiten. „Am liebsten hätte ich es selber mit den beiden Stiftsdamen rundgetragen, sie freuten sich so darauf, und der General Cordova wollte uns begleiten. Nun muß ich es doch der Schwester Gertrud überlassen, weil heut abend wieder Gesellschaft bei den Konnemanns ist. Sie sind ohnedies schon böse, weil ich ihnen ihre Gäste zu viel ablockte. Wenn Ihr aber wollt, könnt Ihr als Knecht Ruprecht die Gertrudis begleiten.“

Meister Balzer verzog das Gesicht ein wenig. „Danke schön,“ versetzte er. „Eure

Frohe Jugend. Nach dem Gemälde von Eugen Klimsch im Besitz von Grimme & Hempel, Leipzig.
Photographieverlag der Photographischen Union in München.

Gertrudis mag eine ganz gute Person sein, aber Ihr wißt, sie paßt nicht recht zu mir. Ich finde, ihr Wesen hat einen Stich ins Heilige — schon mehr Lila, wißt Ihr — und es könnte ihrem Seelenheil schaden, wenn sie mit einem so gottlosen alten Kameraden herumzöge. Zudem bin ich schon versehen." Er zog einige Düten aus seinen Manteltaschen.

„Aber für wen denn?" fragte Mechthildis erstaunt. „Ihr habt doch keine Verwandten oder —"

„Ach nein," sagte Meister Balzer mit einem Anflug von Trübsinn, „das einzige Kind aus meiner Verwandtschaft bin ich selber. Daher mag's wohl auch kommen, daß ich so gern Süßes esse. Ich glaube, die ganze Schleckerei, die sich sonst auf die Familie verteilt, hat sich bei mir vereinigt — wie alle anderen Untugenden. Aber nachher will ich noch ein Stündchen durch die Gassen trollen, da werd' ich schon hier und da ein Kinderschühchen am Fenster stehen sehen, das nicht aussieht, als ob andere Leute den Niklas spielen und viel hineinlegen werden, und da kann der Meister Balzer immer noch aushelfen."

Mechthildis sah ihn nachdenklich an. „Wenn nun aber —" begann sie zögernd.

„Ihr meint, wenn nun aber das Kind es gar nicht verdient?" ergänzte Meister Balzer. „Das ist freilich ein ernstes Bedenken, und ich möchte wissen, was aus uns würde, wenn der Herrgott sich das Bedenken auch jedesmal kommen ließe."

Mechthildis errötete. „Verzeiht," sagte sie nach einer Weile fast demütig. „Ich glaube, nun habt Ihr mir wieder ein welkes Blatt abgestoßen."

„Wie meint Ihr das?" fragte Meister Balzer.

„Ach," sagte Mechthildis, „es soll nur ein Gleichnis sein. Wißt Ihr, es kommt mir immer öfter so vor, als ob gar vieles von dem, was einem mit sonderlichem Fleiß von klein auf gelehrt und eingeprägt und so von einem Geschlecht zum anderen gegeben wird, — all die Urteile und Vorurteile, die Weltklugheit und Wohlweisheit, eigentlich doch nur wie das dürre Laub wären, das wintersüber an den jungen Eichen hängen bleibt. Manchmal aber kommt etwas darüber, ein gutes Wort aus weisem Munde oder auch ein gutes Beispiel, das streift wie der Frühlingswind Blatt um Blatt ab und läßt wieder Licht und laue Luft an die Zweige."

„Ihr müßt Euch das Ding im nächsten Frühjahr noch einmal ansehen, Fräulein Weisheit," versetzte Meister Balzer. „Mit den dürren Eichblättern, das hat seine Richtigkeit, aber nicht der Frühling, der von außen darüber weht, streift sie ab, vielmehr der neue Blätterfrühling, der von innen heraus keimt und mit den jungen kräftigen Keimen die raschelnden dürren Reste der früheren Herrlichkeit abstößt. Seht Ihr, so ist das. Und solches ist Euch in der letzten Zeit besonders aufgefallen?"

Mechthildis schien die Frage zu überhören. Sie ordnete ein Weilchen an ihren Paketen herum, dann blickte sie ihm herzlich ins Gesicht und sagte: „Mit Euch ist es ja etwas ganz anderes, Meister Balzer. An Eurer Seele ist nichts verwelkt und braucht nichts zu welken. Ihr seid immergrün, wie die Tannen und Fichten, bei denen allezeit Frühling ist."

„Oder wie die Stechpalmen," fügte der alte Maler ein.

„Auch das, wenn Ihr wollt," sagte Mechthildis lachend. „Wo habt Ihr denn Euren getreuen Famulus gelassen?"

„Den Hendricus? Der sitzt zu Hause. Ich werde mich hüten, den Jungen Euch unter die Augen zu bringen. Ihr stiftet ohnedies schon Übel genug an mit der Andacht, die Ihr in seinem Herzen für Euch entflammt habt. Seit vierzehn Tagen verbessere ich ihm an der Abzeichnung einer Gipshand herum. Vorgestern dachte ich nun endlich, er habe es erfaßt. Ich verließ ihn mit der angenehmen Hoffnung, daß er bei meiner Rückkehr das Sorgenwerk fertig gebracht habe, und wie ich nach ein paar Stunden unversehens dazu komme, hat sich der Lümmel über mein altes Skizzenbuch hergemacht und ist dabei, die Rötelzeichnung, die ich einmal in einer guten Stunde von Euch genommen habe, mit Farben abzumalen. Natürlich, Ihr lächelt dazu; aber Ihr würdet andere Augen machen, wenn Ihr sähet, mit was für Farbentönen Euer jugendlicher Bewunderer Euch ausgestattet hat. Wenn ich einmal einen besonderen Hang zur Eitelkeit an Euch bemerke, werde ich Euch sein Opus schicken, zur Beschämung und christlichen Selbsterkenntnis."

„Ihr solltet mir lieber das Original aus Eurem Buche schenken," bat Mechthildis. „Dann ist es vor seinen Studien sicher."

Meister Balzer schüttelte den Kopf und sah ihr behaglich ins Gesicht. „Das geht nicht so schnell," sagte er. „Wißt Ihr nicht, was ich Euch damals versprochen habe, als Ihr's zuerst saht? Wenn Ihr's einmal einem Liebsten schenken wollt, solltet Ihr es für den bekommen. Seid Ihr denn —"

„Entschuldigt, Meister Balzer," fiel Mechthildis hastig ein, „ich muß mich jetzt wirklich zu dem Feste vorbereiten. Ihr wißt, Frauen und Katzen brauchen viel Zeit, um sich zu putzen. Und dann muß ich auch noch darüber nachdenken," setzte sie lächelnd hinzu, während sie den alten Freund zur Thür geleitete, „ob ich nicht ein braves Kind vergessen habe, das auch gern etwas vom heiligen Mann hätte."

Zehntes Kapitel.

Als Meister Balzer am folgenden Morgen in seine Werkstatt trat, saß Hendricus schon sehr brav und emsig an der Arbeit. Auf dem Tisch des Meisters aber prangte ein großer Schuh aus Pappe, zierlich mit Goldpapier überklebt und ganz mit Konfekt angefüllt.

Meister Balzer musterte abwechselnd den goldenen Schuh und den fleißigen Schüler. „Das ist ja in jeder Hinsicht überraschend," schmunzelte er und kostete.

„Ja," meinte Hendricus unschuldsvoll, „der heilige Niklas muß es Euch gebracht haben. Ich fand es draußen auf Euerer Fensterbank."

„So?" brummte Meister Balzer. „Dann läßt der heilige Mann wohl neuerdings im Mechterhause backen. Gib dir weiter keine Mühe, Junge, die Backformen kenne ich und den Geschmack auch. Lügen kannst du gottlob noch nicht ordentlich. Da, greif nur zu. Wann hat sie's denn geschickt?"

„Nicht geschickt, Meister!" berichtete Hendricus erinnerungsselig. „Sie hat es mir ja selber gegeben, als sie gestern abend hier vorbeifuhr, im Wagen mit dem spanischen Herrn, der immer so traurig aussieht. Und sie hat mir ganz genau gesagt, wie ich's hinstellen, und was ich Euch weis machen sollte."

„So?" machte Meister Balzer. „Da hast du ihr wohl als Belohnung das Konterfei geschenkt, das du neulich von ihr gemacht hast?"

Hendricus wurde dunkelrot. „Ach, Meister!" bat er, „sagt ihr doch nie etwas davon! — Wenn ich Euch aber etwas fragen darf, — neulich war ich zu bang dazu —, wer ist denn der junge Mann in Eurem Buche, gerade auf dem Blatt neben ihr?"

„Das ist einer, der auch zu freundlich gegen dich gewesen ist," erklärte Meister Balzer. „Willst du dich etwa auch an ihm vergreifen? Der Oberst Friso ist es, der holländische Herr, der dir auf dem Fest bei den Kannemanns den Dukaten geschenkt hat."

„Ich dachte es mir schon," meinte Hendricus, „aber ich wußte es nicht sicher. Das war, als er noch auf dem Turm da drüben Hauslaube war, gelt? Seitdem hat er sich aber sehr geändert. Ich meine, ich hätte noch nie einen so stattlichen Kavalier gesehen; so fröhlich und freundlich, und dann doch wieder auch so ernst und vornehm mit den großen nachdenklichen Augen und der Narbe auf der einen Wange. Wißt Ihr, jetzt würde er schon eher neben das Fräulein passen."

„Hm," meinte der Meister Balzer, „mach dich jetzt wieder an deine Arbeit, Junge. Am Ende wird doch noch mal ein ordentlicher Maler aus dir." —

Auch noch an einer anderen, vornehmeren Stelle beschäftigte man sich an diesem Morgen mit dem Paare, das dem Knaben Hendricus jetzt so schön zusammenzupassen schien. Der General Cordova hatte sich zu einem Anstandsbesuch bei Frau Johanna Kannemann melden lassen. Er kam ihr gerade recht. Wie die meisten glücklich verwählten jungen Frauen fühlte sie sich zur Ehestifterin berufen, sie hatte den spanischen Herrn schon vom Tage seines Einzuges an in Gedanken mit ihrer Freundin Mechthildis verlobt und wartete ungeduldig darauf, daß man ihrem Scharfblick, sei es durch Anzeige der Verlobung oder was ihr noch mehr zugesagt hätte — durch Bitte um ihre Vermittlung die gerechte Anerkennung darbringe. Um so weniger gefiel ihr das gedrückte, fast wehmütige Wesen, welches Cordova in der letzten Zeit zeigte, und womit er eher einen Leidtragenden als einen glücklichen Freier vorstellte. Da war etwas nicht in der Ordnung, und es war klar, daß sie eingreifen mußte. Somit benutzte sie die Gelegenheit, da ihr Gemahl zu einem fremden Besucher, der ihn durchaus sprechen wollte, abberufen wurde, und begann vertraulich scherzend:

„Was ist das nur mit Eurer Excellenz? Ihr seht nicht aus wie ein fröhlicher Mann, so stattlich Ihr Euch auch tragt und so zierlich Ihr sprecht. Habt Ihr etwa meiner Freundin Mechthildis gar zu tief in die schönen braunen Augen geschaut?"

Cordova seufzte tief und erwiderte, ganz im Stile seines Lieblingsbuches: „Es geziemt einem Kavalier nicht mehr, zu viel in Augen zu schauen, die bereits einem anderen huldvoll entgegenleuchten."

„Was meint Ihr damit?" fragte Frau Johanna verwundert.

„Was ich Euch schon damals sagte, als die holländischen Herren bei Euch angekommen waren," erwiderte Cordova wehmütig. „Cupido hat mir ein zweites Fleurus bereitet."

Die rundliche Dame sah ihn mit ungeheucheltem Schrecken an. „Es ist nicht möglich!" rief sie. „Wie kommt Ihr nur auf solche Gedanken? Ihr wollt doch nicht etwa sagen, daß Ihr Vertraulichkeiten zwischen – –"

Cordova schnitt ihr mit einer stolzen Handbewegung die Rede ab. „Was denkt Ihr nur, edle Frau?" sagte er. „Ich meine, Ihr kennt das Fräulein Mechthildis besser, und Ihr wißt auch, daß der Oberst Friso ein Kavalier von Ehre ist; vorab aber laßt Euch sagen, daß es einem Cordova nicht anstehen würde, fremde Vertraulichkeiten zu belauschen oder gar zu verraten. Aber Ihr wißt, ich habe von Natur eine unglückselige Gabe; ich lese aus den Augen. Gar manchem werten Kameraden habe ich vor der Schlacht im Herzen Lebewohl gesagt, während er noch frisch und voll Lebenszuversicht neben mir ritt, weil ich schon in der Pupille seiner Augen den Tod lauern sah. Und so zwingt mich jetzt mein Geschick, seit der Ankunft des jungen holländischen Kameraden in den Augen Eurer Freundin eine Schrift zu lesen, die vorher nicht darin stand, und die mir gewisse Kunde von ihrem Herzen gibt."

Frau Johanna schüttelte unwillig den Kopf. „Alle Achtung vor dem Scharfblick Eurer Excellenz," sagte sie, ganz rot vor Ärger und Aufregung, „aber diesmal müßt Ihr falsch gelesen haben. Bedenkt doch nur, Excellenz! Der Oberst Friso ist ja ein Kavalier comme il faut, er weiß sich zu benehmen und hat, wie Ihr so großmütig anerkennt, seine militärischen Verdienste, aber bei alledem bleibt er doch ein junger soldat de fortune, der unserer Stadt noch vor sechsthalb Jahren als Knecht diente. Und wenn ihn auch ein alter wohlhabender Herr nachmals adoptiert hat, was ist denn dieser Herr selber? Doch auch nur ein früherer Schiffsprediger, der sich etwas zusammengespart hat und heraufgekommen ist, wie es die Holländer eben verstehen. Ganz zu geschweigen, daß sie beide Ketzer sind. Und nun Mechthildis – –! Sie ist ja manchmal gar zu gutmütig und herablassend gegen Leute geringerer Herkunft, aber glaubt nur nicht, Excellenz, daß sie darum ihre eigne vergißt. Ich kenne sie ja noch von der Klosterschule her. In der steckt der ganze Stolz ihres Hauses – – man kann beinah sagen der Hochmut; denn hochfahrend sind die Kare von Mechter allezeit gewesen, und sie wußten auch, warum. Wißt Ihr auch, was der Name in den Chroniken unserer Stadt bedeutet? Dagegen müssen wir anderen alle zurückstehen, — sogar die Halverens, die Hardenrath, die Mülheim und auch wir Reynolds, obzwar wir immer schon ein paar hundert Jahre alt sind und nicht so jung wie die Kannemanns. Aber die Kare von Mechter! Sie stammen ja von den dreißig ältesten Geschlechtern, die ihren Ursprung zugleich mit dem der Stadt von den alten heidnischen Römern herleiteten, und der selige Herr Winand, ihr Oheim, hatte den Stammbaum ja bis auf Julius Cäsar hinauf mit Namen und Daten ausgerechnet. Und da meint Ihr, die letzte dieses Hauses sollte sich so weit vergessen, daß sie – –?! Nein, Excellenz, nehmt mir's nicht übel, da kennt Ihr unseren Adelsstolz noch nicht."

„Er kann nicht stärker sein, als der hispanische," erwiderte Cordova etwas gereizt, „und auch, mit Eurer Erlaubnis, nicht begründeter. Ich habe gottlob unter meinen Ahnen bis zur Zeit des Königs Wamba aufwärts keinen, der nicht ein echter Hidalgo von altem Christentum war. Aber es ist in keinem Lande ohne Beispiel, daß Verdienst und Liebe immer neue Reiser in den Adelsgarten pflanzen, und was unter den Granden von Kastilien möglich ist, das wird auch wohl bei Euch nicht unmöglich sein. Ich weiß, was ich weiß, und Ihr werdet Euch darein fügen müssen, denn, wie der große Cervantes sagt, es wird schlimmer, wenn man daran rührt. Was mich angeht, so denke ich nächstens auf das Gut meiner edlen Wirtin, nach dem Rechterhof, überzusiedeln. Es ist besser so."

Trotz der Versicherung des großen Cervantes war aber Frau Johanna keineswegs gewillt, nicht „daran zu rühren." Einstweilen wurde das Gespräch freilich durch Herrn Jobst Kannemann unterbrochen, der sehr ärgerlich und noch rot von zornigem Sprechen aus seinem Arbeitszimmer zurückkam. „Daß diese Dickköpfe von Dienern sich auch gar so schlecht auf die Menschen verstehen," polterte er. „Wißt ihr, wer der wichtige Besucher war, den sie mir da in meine Stube gelassen hatten? Ein wandernder Wunderdoktor war's, ein langer Kerl, angethan wie ein Gelehrter und mit einem Mundwerk wie ein Jesuit. 's war derselbe, von dem schon gestern etliche Kollegen erzählten. Er sagte mir auch eine ganze Reihe her, die ihn in diesen Tagen angenommen und von seinem Theriak und seinen Gichtsalben gekauft hätten. Mit aller Mühe habe ich ihn vor die Thür gebracht. Es wird Zeit, daß man gegen diese Tagediebe einmal einschreitet. Ich werde gleich in der nächsten Session darauf antragen. Und wie vornehm sie es schon treiben! Der Kerl ist in der Roten Kanne abgestiegen, das ist unsere feinste Herberge in der Stadt."

„Er ist auch bei mir gestern nachmittag gewesen," bemerkte Cordova. „Die Hausnonne des Fräuleins war ihm unter dem Portal begegnet und gleich ins Gespräch mit ihm geraten; aber sobald ich merkte, was er wollte, habe ich ihn durch meine Ordonnanz hinausweisen lassen. Solche Leute gehören vor die Inquisition."

Frau Johanna hörte kaum zu. Ihre Gedanken waren ganz beschäftigt mit der vermeintlichen Entdeckung Cordovas. Sie glaubte zwar nicht daran und war geneigt, das Ganze als eine bloße eifersüchtige Grille des schwermütigen Spaniers zu betrachten. Indes nahm sie sich vor, jedenfalls ihre Freundin einmal gründlich auszuhorchen und nötigenfalls einer weiteren Abirrung Mechthilds aus dem Schatten ihres Stammbaums vorzubauen. Eigentlich war es ja eine recht anziehende Aufgabe, die ihr für die nächsten Tage eine reizvolle Aufregung versprach.

Aber diese nächsten Tage sollten für Frau Johanna und für ihre gesamten Standesgenossen noch ganz andere Aufregungen bringen.

Elftes Kapitel.

Die Zahl der herumziehenden Wunderärzte hatte sich seit Beginn der Kriegszeit erstaunlich gemehrt. Es gab viele Abstufungen in diesem Gewerbe, von dem invaliden Soldaten, der sich auf Bauernkirmessen zwischen Harfenmädchen und Degenschluckern herumdrückte und seine Wunderpillen in irgend einer verschwiegenen Scheune aus Brotteig und Sägemehl verfertigte, bis zu den Marktschreiern im großen Stil, die mit stattlichem Gefolge auf eignen Wagen die großen Messen besuchten und goldene Ehrenketten zur Schau trugen. Die allervornehmsten Virtuosen der Heilkunst aber verzichteten ganz auf den Apparat des Jahrmarktes. Sie reisten still und einsam, wie es dem Gelehrten ziemt, und warben sich ihre Kunden unter den Reichen und Mächtigen im geheimen, oft gestützt auf fürstliche Empfehlungen. Zu dieser Art zählte dem Anscheine nach jener Mann im grauen Barte, der zwei Tage vor Niklas in der Roten Kanne eingekehrt war. Er kam von Frankfurt, wie er sagte, erschien ohne Begleiter, nur mit einer Tasche von mäßigem Umfang ausgerüstet; übrigens benahm er sich sehr würdevoll, hatte seinen langen Leib in dunkle Kleider vom Gelehrtenschnitt und einen durchaus professorisch anmutenden, pelzbesetzten Mantel gehüllt, und seine Pässe, die auf den Namen des Doktors Peregrinus Sanatas lauteten, waren in der schönsten Ordnung. Verschwiegenheit schien nicht zu seinen

Tugenden zu zählen; den Bürgern, die in der Roten Kanne abends vor dem Nachtmahl ihr Glas Wein oder ihre Maß Warmbier, mit geriebener Muskatnuß gewürzt, zu trinken pflegten, nannte er ungefragt die Namen der Ratsherren, in deren Häusern er seine Salben und sein unfehlbares rotes Pulver abgesetzt hatte; und er ließ durchblicken, daß er mit dem und jenem unter den Herren auch noch andere geheimnisvolle Händel abgeschlossen habe. Im ganzen war es ein unheimlicher Gesell; sein Wesen hatte etwas Hämisches, Lauerndes, und die ehrsamen Bürger wunderten sich, mit was für Leuten ihre Regenten und deren Damen sich manchmal einließen. Am Nachmittage vor Mariä Empfängnis, etliche Stunden nach seinem Besuche bei Herrn Jobst Kannemann, versuchte er auch auf dem Kontor des Herrn Sebaldus von Halveren anzukommen. Der aber verstand keinen Spaß; er wies den verdächtigen Gesellen barsch und so laut, daß man es durch alle Räume des Geschäftes hörte, vor die Thür und machte sich sogleich auf, um die städtischen Gewaltmeister in Person aufzufordern, daß sie den fremden Wunderdoktor aus der Roten Kanne abholen und durch die Stadtknechte über die Stadtgrenze bringen ließen. Als aber der Büttel mit zwei Stadtknechten gegen Abend in der Roten Kanne erschien, war der Fremde verschwunden, kein Mensch wußte, wohin. Der Wirt hatte noch gehört, wie er beim Weggehen murmelte: „Diesmal haben wir einen fetten Fang gethan.“ Seine Stube mußte man durch den Schlosser aufbrechen lassen; sie war von einem greulichen Schwefeldampf erfüllt, und auf dem Tische lagen drei tote Mäuse.

Durch die Stammgäste der Roten Kanne, die Büttel und ihr zahlreiches Gefolge müßiger Zuschauer verbreitete sich die Kunde von diesen unheimlichen Dingen erstaunlich schnell in der Stadt; sie wurde in den Gesindestuben und Küchen der Patrizierhäuser noch eifriger erörtert als in den Wirtshäusern, und mehrere Ratsherren, die dem verschwundenen Unhold Audienz

Aus unserer Bildermappe:

Mondnacht. Nach dem Gemälde von L. Douzette.
(Mit Genehmigung der Photographischen Gesellschaft, Berlin.)

gegeben hatten, verwunderten sich mit ihren Familien über das aufgeregte, scheue und verschlossene Wesen, mit dem sie heute abend bedient wurden. Dagegen war der Name des Herrn Sebaldus von Halveren seit langem nicht mehr so volkstümlich gewesen.

Am folgenden Festmorgen war die Frühpredigt bei den Franziskanern ungewöhnlich stark besucht. Man wußte, daß heute der Bruder Placidus predigte, der eifrigste Bekämpfer der Neutralität selbst unter seinen Ordensbrüdern. Wegen heftiger Ausfälle auf den Rat in seiner vorigen Predigt hatte er sich eine scharfe Vermahnung zugezogen; die Spannung, ob er seine Kühnheit gleichwohl wiederholen werde, trieb heute noch mehr Zuhörer zu ihm als die Andacht. Aber der Bruder Placidus ließ diesmal die Tagespolitik unberührt. Er wolle, so begann er, aus Anlaß eines wunderbaren Ereignisses, von dem reden, was am letzten Ende wohl auch alle Sünden der Regenten verursache — von den greulichen Umtrieben des Teufels. Nachdem er eine gute halbe Stunde über dieses ergiebige Thema im allgemeinen gesprochen und die Spannung der Zuhörer bis zum Siedegrad gesteigert hatte, lenkte er in die Erzählung über. Er erwähnte den verdächtigen Schwarzkünstler, der unter dem Namen Peregrinus Sanatas etliche Tage lang die Stadt unsicher gemacht und leider, wie verlaute, auch in mehr als einem angesehenen, christlichen Hause günstige Kundschaft gefunden habe, bis er durch das heilsame Mißtrauen des hochweisen Ratsherrn Sebaldus von Halveren verscheucht worden sei. Weitläufig erörterte er die Hinterlassenschaft des Verschwundenen, den Schwefeldampf und die toten Mäuse, deren Zahl sich auf dem Wege des Gerüchts bis zu den Ohren des Bruders Placidus bereits auf dreiunddreißig vermehrt hatte. Endlich rückte er mit der großen Neuigkeit heraus. „Da ist ein frommer, glaubensstarker Mann, der sein ganzes Leben guten Werken geweiht hat, indem er für andere Wallfahrten und dergleichen übernimmt — es ist ein Landsmann von mir, ein Oberländer. Sie nennen ihn den langen Pilger, vielleicht kennt ihn auch mancher unter euch." Zustimmendes Gemurmel erhob sich aus irgend einer dunklen Ecke. Der Redner nickte befriedigt und erzählte nun das Erlebnis des langen Pilgers, „genau so, meine Lieben, wie es der fromme Mann mir selbst und meinen Brüdern heute früh mitgeteilt hat, worauf er sogleich seine Pilgerfahrt fortgesetzt hat, obgleich er schon die halbe Nacht marschiert war. Sehet da einen rechten Eifer im Dienste des Guten! Kaum eine Stunde hat der fleißige Mann sich in unserer Stadt aufgehalten, — und doch hatte er sich in dieser Stunde ein herrliches Verdienst um die Stadt erworben." Unterm dem Martinsturm war er dem besagten Schwarzkünstler begegnet. Dieser hatte ihm sehr freundlich angeboten, zusammen zu wandern. Der Pilger aber hatte Verdacht geschöpft, hatte ein Kreuz geschlagen und gerufen: „Alle guten Geister loben Gott den Herrn!" — und alsobald hatte sich der Versucher in Flammen und Dunst aufgelöst. — „Denn, meine Lieben, wer war dieser vorgebliche Doktor Sanatas? Stellet nur die drei mittleren Buchstaben um, so habt ihr seinen rechten Namen, und ihr werdet mit mir den Heiligen danken, daß er diese fromme Stadt vor der ferneren Heimsuchung eines solchen Doktors durch die Wachsamkeit christlich gesinnter Männer bewahrt hat! — Oremus . . ."

Als die Zuhörer, erschüttert und aufgeregt, die Kirche verließen, strömte dort schon von zwei Seiten die Menge mit anderen, ergänzenden Neuigkeiten auf sie ein. Die Umwohner des Martinsturmes, so erzählten die einen, hatten in dieser Nacht vergeblich auf das Wächterglöckchen gelauscht. Gegen Morgen hatten etliche Nachbarn, banger Ahnung voll, nachgeforscht und den Turm offen, droben aber in seiner Stube den Feuerwächter starr und gleichsam scheintot am Boden gefunden. Erst als einer der Männer in seiner Bestürzung ein Gebet herzusagen begann, war der Scheintote langsam wieder zu sich gekommen und hatte endlich, nach erheblichen Stärkungen mit Wein und Branntwein, folgendes berichtet: Sein Weib sei gestern abend plötzlich krank geworden. In seiner Not habe er seinen Posten verlassen und sei hinunter auf den Platz gestiegen, um sich auf die Suche nach einem Arzt zu machen. Da habe plötzlich vor der Pforte der fremde Wunderdoktor aus der Roten

Kanne gestanden, habe ihn gefragt, was ihm fehle, und nach Anhören seines Berichtes ihm ein Döschen mit etwas grüner Salbe gegeben. Damit solle sein Weib sich Füße und Hände salben, so werde er Wunder sehen, wie das wirke. Nach vielen Dankesworten, die der Fremde lachend angehört, sei er zurückgeeilt, habe wohl gar in seiner Freude die Pforte nicht einmal ordentlich geschlossen. Als aber sein Weib sich mit der Salbe Füße und Hände bestrichen, sei sie mit einem Male verschwunden gewesen, er selbst aber sei gleichsam wie von einem Keulenschlage zusammengebrochen und so liegen geblieben bis zu dieser Stunde.

Dies war die Erzählung des lahmen Hieronymus, gruselig, aber nicht im mindesten befremdend für seine Zuhörer; denn daß der Teufel oder auch einer seiner irdischen Anbeter einem Menschen Hexensalbe aufschwatzte, daß man durch den Gebrauch dieser Salbe unsichtbar wurde und stracks zum Hexensabbath flog, und daß der bei solcher Salbung etwa anwesende Zeuge in Ohnmacht versenkt wurde, — das gehörte sozusagen zu den Elementarkenntnissen, die man aus jedem Hexenprozeß kannte. Die Fortsetzung der Geschichte aber lieferten die Leute, die sich von der anderen Seite der Stadt dem Auflaufe zugesellten. Dort, auf den Ruinen eines im Herbste abgebrannten Hauses unfern des Sankt Clarenklosters, hatte man des lahmen Feuerwächters Weib am Morgen gefunden, übel zerschlagen, halberfroren und schier ganz leblos; und nachdem man sie im Kloster wieder ein wenig zu sich gebracht, hatte sie erzählt, wie sie nach dem Gebrauch der vermeintlichen Heilsalbe sich sogleich von hinnen gehoben und augenblicks durch die Luft getragen gefühlt habe. Auf dem großen Platz am Domkloster habe es sie unsanft niedergesetzt, inmitten einer ungeheuren Menge von Hexen und Hexenmeistern, in welcher der Teufel in Person den Vorsitz führte und, wie üblich, auch die Beleuchtung lieferte, vermittelst seines glühenden Stirnhornes. Des Teufels Ceremonienmeister, mit einem Stabe in der Hand, habe den Namensaufruf begonnen, nach dem zwanzigsten Namen habe er sie angesehen, und da habe sie ihn erkannt: „O Jesus, das ist ja der Herr Ratssyndikus!“ habe sie rufen wollen, aber bei dem Namen Jesu sei auch schon alles verschwunden gewesen, etwas wie ein ungeheurer Wirbelwind habe sie aufgehoben und mit schrecklichem Stoße an jenem Ort niedergesetzt, wo man sie nachmals aufgefunden.

Auch in dieser Aussage war kein Punkt, der nicht in zahlreichen amtlich beglaubigten Aussagen aus Hexenprozessen sein Gegenstück fand. Es war, um mit dem Pater Kleutermann zu reden, ein ganz normaler Fall. Was jedoch den Fall so aufregend machte, waren die Namen, deren sich die Hauslaubin erinnerte. Es waren zwölf Namen, sämtlich von Ratsherren oder deren weiblichen Angehörigen. Andere waren bei der Versammlung gewesen, deren Namen das Weib vergessen hatte und deren Gesichter es wegen der Masken, die sie — nach Gewohnheit der meisten vornehmen Hexen und Hexenmeister — tragen, nicht erkennen konnte. Acht oder neun beschrieb sie nach äußeren Kennzeichen so genau, daß jedes Bürgerkind die betreffenden vornehmen Personen erkennen mußte; wieder bei anderen war die Beschreibung unsicher und ließ der Vermutung freien Raum. Insbesondere galt dies von derjenigen Hexe, die als „Königin“ neben dem Bösen gesessen hatte, ganz in ein weißes Gewand verhüllt, durch welches nur auf der linken Seite, sechs Zoll unter der Achsel, das Mal zauberisch durchschimmerte, welches der Teufel bekanntermaßen seinen liebsten Anbeterinnen dort einzuprägen pflegte.

Alle diese Aussagen waren bereits von dem Beichtvater und den Insassinnen des Sankt Clarenklosters festgestellt und in wenigen Stunden durch die ganze Stadt verbreitet, ehe die Ratskommission sich zur Vernehmung eingefunden hatte. Totschweigen ließ sich die Sache nicht mehr. In tiefster Bestürzung versammelte sich der Rat in der Frühe des anderen Tages. Von den offen Beschuldigten waren nur wenige erschienen, die Mehrzahl wagte ihre von einer schadenfrohen Menge umlagerten Wohnungen nicht zu verlassen; und viele, deren Namen nur erst vermutungsweise genannt wurden, zitterten bei dem Gedanken, daß auch sie dem Gedächtnis der Zeugin nachträglich wieder einfallen konnten. Natürlich wiesen alle die Aussage als Hirngespinst einer Verrückten entrüstet zurück; aber damit war nichts geholfen in einem Verfahren, welches selbst den Alibibeweis für kraftlos erklärte. Sie konnten ja nicht abstreiten, daß sie wirklich den Doktor Sanatas bei sich empfangen, seine angeblichen Schönheits- und Heilmittel gekauft hatten, und diese Thatsache wog schwerer als alle Verwahrungen.

Sogleich zu Anfang der Beratung erklärte der Ratsherr Sebaldus von Halvern, daß er fürs erste nicht weiter an den Sitzungen teilnehmen werde. Er hoffe, daß es allen angeschuldigten Ratsgliedern gelingen werde, ihre Unschuld darzuthun; inzwischen aber sei die Möglichkeit gegeben, daß ein Hexenmeister — und wenn es auch nur einer wäre — die Beschlüsse des Rates durch seine Künste beeinflussen werde, ja vielleicht schon seit langem beeinflußt habe. Unter diesen Umständen verbiete es ihm sein Gewissen, mitzuraten, bis zur völligen Aufklärung der Sache. Etliche ängstliche Gemüter, auch solche, die nicht zur Partei des Sprechers gehörten, fielen ihm bei; es schien einen Augenblick, als werde der ganze Rat sich auflösen. In dieser Lage brachte das jüngste Mitglied, Herr Jobst Kannemann, der nicht auf der Liste der Beschuldigten stand, den Rat wieder zur Besinnung, indem er Herrn Sebaldus aufforderte, ausdrücklich zu erklären, ob er seine Würde niederlege? Und da dieser etwas verlegen erwiderte: er werde sich nur einstweilen der Mitberatung enthalten, denn seine Würde sei ihm von den Bürgern gegeben und er müsse sie wahren, erwiderte Herr Jobst Kannemann: „So haben wir auch unsere Würde von den Bürgern und wollen sie wahren, damit wir mit Gottes Hilfe herausbekommen, wo hier eigentlich der Teufel sitzt.“ Und dabei sah er Herrn Sebaldus bedrohlich an; denn wenn er auch den Zusammenhang der Dinge nicht ahnte, so war es ihm doch geläufig, den Mann, der ihm beinahe die Ratsherrnstelle verwirkt hätte, für alles Böse im Staate verantwortlich zu machen. Diesmal aber hatte ihm sein dunkler Haß ein gutes Wort eingegeben. Der Rat schöpfte aus diesem Worte Mut, und als Herr Sebaldus den Saal verließ, folgten ihm nur zwei oder drei Anhänger. Die Zurückbleibenden beschlossen, daß die Sache streng untersucht werden, inmittelst aber der Rat unter geziemender Fernhaltung der Angeschuldigten die laufenden Geschäfte unbeirrt erledigen solle. Gegen die Feuerwächterin sei bis auf weiteres gütlich und ohne peinliche Befragung zu verfahren, andererseits sei bei der Untersuchung thunlichst Rücksicht auf Ehre und Namen der beschuldigten Standespersonen zu nehmen. Diese letztere Klausel, gebräuchlich bei Kriminalprozessen gegen Vornehme, bedeutete die strengste Geheimhaltung der Akten, in denen die Namen und besonders belastende Aussagen überdies chiffriert wurden. Auch sie war von Jobst Kannemann beantragt worden, und er that sich viel darauf zugute; aber sehr nutzlos war sie diesmal schon deshalb, weil die Feuerwächterin im Gewahrsam des Sankt Clarenklosters gelassen wurde, wo die Nonnen und zahllose Neugierige ihre Aussagen um ein Bedeutendes früher erfuhren als die Kommission.

Ein weiterer Antrag des mutigen jungen Ratsherrn kam allerdings nicht durch, besserte aber die Stimmung seiner zaghaften Kollegen noch erheblich. Herr Jobst Kannemann wußte nämlich mitzuteilen, daß sein Staatsgast, Herr Govaert Friso, in dem Feuerwächter Hieronymus einen Strolch wiedererkenne, der vor sieben oder acht Jahren auf Herrn Govaert in Bacharach einen Mordversuch verübt habe und auch sonst schlimmer Dinge verdächtig sei. Der Antrag, den Herr Jobst Kannemann daran knüpfte: den Hieronymus unverzüglich einzusperren, wurde zwar von älteren Kollegen beanstandet, weil man dem Feuerwächter leider bei seinem Amtsantritt das Bürgerrecht bewilligt hatte, das eine Verhaftung nur unter gewissen Umständen zuließ; auch fand man es nicht ratsam, Verdacht im Volke zu wecken, als wolle man den Hieronymus und sein Weib unterdrücken. Aber es war tröstlich zu wissen, wessen der Kerl fähig sei. Auf jeden Fall hatte man einen Grund, ihm seinen Posten zu nehmen und unter der Hand über sein und des Weibes Vorleben Ermittelungen anzustellen. Auf den Martinsturm wurden an seiner Stelle einige Stadtsoldaten abkommandiert.

Aus unserer Bildermappe:

In Erwartung. Nach dem Gemälde von F. Sonderland.
(Photographieverlag der Photographischen Union in München.)

Zwölftes Kapitel.

Im ganzen hatte der Rat sich diesmal brav gehalten, durchaus im Sinne der Lehren, die Herr Sebaldus von Halveren seinen Standesgenossen vordem so eifrig eingeschärft hatte. Aber der Mut des Standesgeistes reichte nicht über die Wände des Rathaussaales hinaus. Die Familien, die nur ein Tropfen des verleumderischen Giftes getroffen hatte, sahen sich gesellschaftlich mit einer Angst gemieden, als ob die schlimmste Seuche bei ihnen eingekehrt sei. Ihre Dienstboten verließen sie heimlich oder mit offenen Beschimpfungen. Ihre Häuser, vor wenigen Tagen noch der Schauplatz glänzender Feste, empfingen keinen feierlichen Besuch mehr als den der Kommission, die geschäftig und umständlich in allen Räumen umhersuchte, insbesondere alle Salben und Pulver in Beschlag nahm und Protokolle von ungeheuerer Länge verfaßte, während draußen auf der Straße eine lärmende Menge ihrem Groll gegen die „vornehmen Hexenleute“ freien Lauf ließ. Viel herausbekommen hatte die Kommission nirgends, trotz der Unmenge von Protokollen und Salbendosen, die sie in acht Tagen ansammelte. Es war wie bei allen Anklagen auf Hexerei: Beschuldigung und Ableugnung standen sich gegenüber, und was an sachlichen Beweismitteln vorlag, ließ sich so gut natürlich wie übernatürlich deuten. Die Salben und Pulver, die der unheimliche Wunderdoktor seinen allzu leichtgläubigen Kunden aufgeschwatzt hatte, enthielten nach Aussage der Sachverständigen einen geheimnisvollen Stoff, den die einen als Ziegelmehl, die anderen als gepulverte Krötenzungen ansprachen. Viel kam nicht darauf an, da ja der Böse jeden Stoff zum Träger seines Höllenzaubers machen konnte; und daß jener Doktor Sanatas wirklich der Satan in Person gewesen war, ließ sich kaum mehr bezweifeln, nachdem der lange Pilger seine entscheidende Aussage zu Bonn, vor einer geistlichen Kommission des Kurerzbischofs, wiederholt hatte. Der Erzbischof hatte diese Aussage mit einem Hirtenschreiben übersandt, das auf den Kanzeln zur Grundlage aufregender Predigten gemacht wurde. Übrigens ließ sich der erzbischöfliche Offizial, der in der Reichsstadt das geistliche Gericht leitete, durch diesen oberhirtlichen Erlaß nicht abhalten, den meisten der vornehmen Angeschuldigten gegen die vorschriftsmäßigen Gebühren und üblichen „Verehrungsgelder“ Zeugnis über ihre bisherige bewährte kirchliche Gesinnung auszustellen. Solche Zeugnisse von hoher geistlicher Gerichtsstelle waren ein wirksames, aber noch lange kein unfehlbares Verteidigungsmittel gegen Anklagen auf Hexerei, übrigens waren sie nur hochgestellten und wohlbemittelten Leuten zugänglich, nach demselben Grundsatz, der bei Angeklagten geringen Standes drei triftige Verdachtsgründe, bei vornehmen aber sechs oder acht verlangte, ehe sie der Untersuchungsrichter an das peinliche Gericht überliefern durfte. Wie die Dinge lagen, fiel es der Kommission nicht schwer, festzustellen, daß bis jetzt gegen keinen ihrer angeschuldigten Standesgenossen diese Mindestzahl von sechs Verdachtsgründen vorliege; aber es gelang ihr auch nicht, einen entscheidenden Unschuldsbeweis aufzutreiben, mit dem sich der gute Ruf der Angeklagten und vor allem das Vertrauen der Bürger zu der Regierungsfähigkeit der verdächtigten Ratsherren wiederherstellen ließ. Man hatte den lahmen Hieronymus, der sich jetzt in einer verrufenen Kneipe aufhielt, unter der Hand überwacht und auch einige Äußerungen des Trunkenen aufgefangen, die auf ein gewisses Geschäftsverhältnis zwischen ihm und Herrn Sebaldus hinzudeuten schienen; aber was ließ sich damit machen, angesichts der Volkstümlichkeit, die Herr Sebaldus seit seinem Austritt aus den Ratsverhandlungen genoß?

Herr Sebaldus selber hielt sich seit jener Stunde den öffentlichen Dingen möglichst augenscheinlich fern. Es schien, als ob er seine Zeit nur noch zwischen der Leitung seines Geschäfts und Werken kirchlicher Erbauung teilen wolle. Mit unsichtbarem Faden die Meinung der Menge zu zügeln, war von je das erste und letzte seiner Politik gewesen, und niemals hatte er diese Kunst meisterlicher geübt. Nur auf dringendes Bitten mehrerer Abordnungen ließ er sich herbei, seine zustimmende Ansicht über die Liste der neuen Ratskandidaten zu sagen, die er selber seinen Anhängern auf den Zunfthäusern von langer Hand her eingegeben hatte. Er selbst, so erklärte er schwermütig, trage sich mit dem Gedanken, überhaupt der Welt zu entsagen und in klösterlicher Zurückgezogenheit Buße zu thun für das, was er vielleicht als Mitglied eines vom Einfluß des Bösen beherrschten Rates unwissentlich mitverschuldet habe. Aber noch immer gebe er nicht ganz die Hoffnung auf, daß das Übel sich doch am Ende geringer erweisen werde, als es leider den Anschein habe. Der Bruder Placidus und andere Eiferer nahmen mit Verwunderung wahr, daß ein so frommer und wahrhaft weiser Herr noch Hoffnungen hegte, wo sie doch schon den ganzen Umfang der Verderbnis dargethan. Sie verschärften demgemäß ihre geistlichen Ermahnungen und trieben Herrn Sebaldus immerzu Wasser auf die Mühle. Der gelehrte Pater Kleutermann widmete ihm eine eigne Abhandlung, die Frucht von zwölf emsigen Stunden am Schreibtisch, um ihn zu überzeugen. Herr Sebaldus konnte mit seinen geistlichen Freunden zufrieden sein; aber er fand bald, daß sie es zu weit trieben. Denn das Übel fraß weiter wie Feuer im dürren Gras. Die Aufregung, genährt durch die Predigten klösterlicher Eiferer, begnügte sich nach wenigen Tagen nicht mehr mit dem Stoffe, den ihr die Aussagen der Feuerwächterin gegeben. Es war eine gar teuere Zeit; Wein und Brotkorn standen hoch im Preise, die ungewöhnliche Witterung, die bis tief in den Dezember hinein mit Regen und Nebel und ungesunden Winden anhielt, hatte sich mit der Teuerung vereinigt, um Not, Elend und Seuchen unter die Leute zu bringen. Nun war die Formel gefunden, mit der jeder zu dem allgemeinen auch sein besonderes Ungemach gedankenlos erklären konnte: es war Hexerei! Der Haß, der Brotneid, die Klatschsucht kramten alle ihre Erinnerungen wieder aus. Die geistlichen und weltlichen Behörden, die Kommission, der Rat selber wurden überlaufen von Denunzianten, welche das albernste Zeug mit dem größten Ernste und zu dem schrecklichsten Zwecke: einen Mitmenschen der Folter und dem Tode auszuliefern, vorbrachten. Dem einen war im vorigen Herbste das Obst im Garten mißraten, nun fiel ihm ein, daß er seine Nachbarin im Sommer Thee aus Obstblüten kochen gesehen, und er war überzeugt, daß sie ihm das Obst verhext habe. Einem andern hatte die Frau seines Geschäftskonkurrenten Hühneraugen an die Füße gezaubert. Trauernde Mütter kamen und klagten, daß ihnen der Arzt ihre kranken Kinder mit einem Hexentrank „gesterbt" habe. Bereits ging der Wahn bei manchen bis zur Sinnestäuschung: kränkliche Mädchen hatten gesehen, wie ihnen aus einem behexten Finger Nadeln, Glasscherben, zolllange Eisennägel hervorgingen, gesetzte Männer von gutem geschäftlichen Rufe schilderten mit ruhiger Bestimmtheit die Hexenzüge, die sie durch die Luft fliegen gesehen, die Teufelsgestalten, die ihnen auf der Straße begegnet waren. Mit den Banden der Vernunft lockerten sich auch die der öffentlichen Ordnung: die Ratssitzungen mußten durch Militär gegen das Eindringen einer wüsten Menge gedeckt werden, die den Rücktritt des „verhexten Rates" forderte und unter die altgewohnten Hochrufe auf den Kaiser und die Liga den Namen des Herrn Sebaldus von Halveren mischte. Man sah Gestalten auftauchen, die sich nur in den Tagen des Aufruhrs aus ihren Schlupfwinkeln auf den offenen Markt wagen, und mancher nächtliche Spuk fand am Morgen seine natürliche Aufklärung in erbrochenen Fenstern und ausgeraubten Spinden.

Als aber die Sache mit großer Schnelligkeit so weit gekommen war, begann schon der Rückschlag. Die besseren Bürger, die noch etwas zu verlieren hatten, fingen an, dem Pöbel die Straße zu überlassen, und zogen sich auf ihre Zunfthäuser zurück, um von dort aus den Rat mit Bitten um Beschleunigung der großen Untersuchung zu bestürmen, damit wieder Ordnung in der Stadt werde. Der Rat versprach alles mögliche, er setzte den Thomastag für die entscheidende Beschlußfassung fest und errichtete zur Sicherung der öffentlichen Ordnung ein Freiwilligencorps von Bürgern, in welches auch der Junker Lambertus von Halveren auf Betreiben seines klugen Vaters als Rottenführer eintrat. Durch dieser Schritt steigerte sich noch die Stimmung der Bürger für Herrn Sebaldus, so gering sie auch von den soldatischen Fähigkeiten des Sohnes dachten. „Er ist vom vornehmsten Geschlecht," meinten sie, „aber darum ist er sich doch nicht zu gut, seinen Einzigen mit unseren Kindern in Reih' und Glied zu stellen. Solche Leute brauchte man, um in diesen Zeiten das gemeine Wesen zu regieren."

Dreizehntes Kapitel.

In diesen trübseligen Tagen allgemeiner Verstörung hatten sich auch die Geister der beiden Freundinnen Mechthildis und Johanna geschieden. Mechthildis blieb sich inmitten der allgemeinen Einschüchterung völlig treu. Ihrer stolzen Seele war es ganz unfaßbar, daß sie aus selbstischer Feigheit Leute verleugnen sollte, mit denen sie eben noch gastlich verkehrt hatte und gegen die nichts vorlag, als die vagen Beschuldigungen eines verrückten oder verleumdungssüchtigen Weibes. Trotz der verstohlenen Abmahnungen des Domherrn und sogar des Meisters Balzer, die sie nur in Erstaunen setzten, hatte sie ihren Verkehr in den verfemten Familien fortgesetzt; und nachdem sie gesehen, wie es dort stand, wiederholte sie ihre Besuche täglich, um sich mit den Frauen und Töchtern in die Arbeit der entlaufenen Mägde zu teilen, Ordnung zu schaffen, Kinder zu pflegen und die Mahlzeiten zu rüsten, zu denen sie oft das Nötigste erst mitbringen mußte. Die unglücklichen Insassen jener Häuser blickten zu ihr, die sie so oft bald als hochmütig und bald als Begutne bekrittelt hatten, wie zu einem höheren Wesen auf, nun sie als die einzige mit ihrem ruhigen Stolze durch die trüben Fluten der Verleumdung den Weg zu ihnen fand und ihnen vor allen anderen Gaben auch wieder ein wenig Selbstvertrauen brachte. Die Menge folgte ihren Wegen mit Mißtrauen und drohendem Zischeln, in ganz besonderem Maße aber zog sie sich den Unwillen ihrer Standesgenossinnen zu, bei denen sich das Gefühl der Beschämung mit der Angst vor dem ansteckenden Verkehr mischte. Zumal Frau Johanna Kannemann war im Innersten empört über ihre ehemalige Gespielin. Schon zuvor fühlte sie sich als Hauswirtin durch die allzu häufigen Besuche ihrer Gäste im Nechterhause gekränkt, dann hatten die Äußerungen Cordovas ihr die Gefahr einer unwürdigen Neigung Mechthilds zu dem ahnenlosen holländischen Glücksoffizier eröffnet, und nun drohten ihr die Holländer noch auf dem Umwege über Mechthilds Haus das Hexengeschrei in ihr eignes zu bringen. In dieser Aufregung griff sie endlich zu einem Mittel, das ihr um den Preis einer ganz kleinen Lüge alle drei Uebel mit einem Schlage zu lösen schien: „Fürchtet Ihr denn nicht, Herr Obrist, mit Euren Aufmerksamkeiten bei meiner herzliebsten Freundin Mechthildis Seiner Excellenz, dem spanischen Herrn, zu nahe zu treten?" fragte sie Hans eines Tages mit ihrem schönsten schalkhaften Lächeln. Und da sie aus seiner Bestürzung zu merken glaubte, daß Cordova doch am Ende einige Ursache zu seiner Befürchtung gehabt habe, schlug sie rasch entschlossen noch einmal in die Kerbe: „Ja, wißt Ihr das denn nicht?" rief sie ganz verwundert. „Es ist doch, glaub' ich, nicht erst seit gestern richtig zwischen den beiden. Seine Excellenz hat Ihre Wohnung ja deshalb schon, unter dem

Aus unserer Bildermappe:

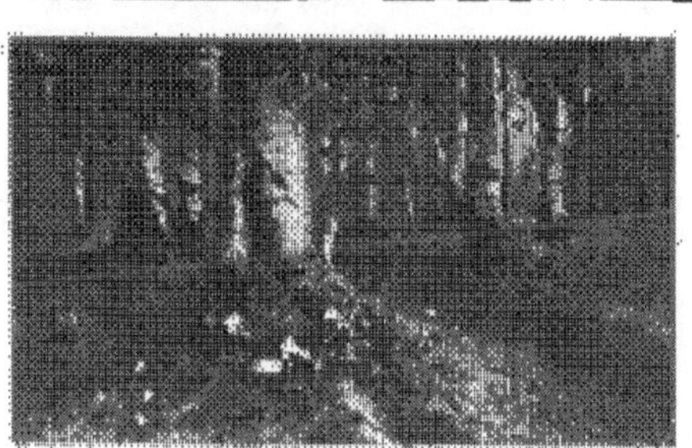

Stilleben im Walde. Nach dem Gemälde von J. v. Kiesel.
(Mit Genehmigung der Photographischen Gesellschaft, Berlin.)

Vorwand, daß er sich über das ewige Hochrufen ärgere, auf den Mechlerhof hinaus verlegt, — denn Ihr versteht, wenn sie erst öffentlich versprochen sind, dann muß er ja doch anderswo wohnen ... Aber natürlich gratulieren darf man ihnen noch nicht," setzte sie schnell hinzu, denn es fiel ihr ein, daß Lügen kurze Beine haben.

Der Oberst Friso verließ bald darauf das Zimmer, um mit seinem Vater eine lange ernste Unterredung zu haben, bei welcher Herr Govaert Friso erst als Beichtvater und dann als Tröster wieder einmal die ganze Fülle und Weisheit seines Herzens bewähren mußte. Herr Jobst Kannemann aber, der die Neuigkeiten seiner klugen Frau mitangehört hatte, fragte sie ganz verwundert: „Du, woher weißt du denn das, was du eben dem Oberst sagtest?"

Frau Johanna wurde sehr rot. Ihrem Manne eingestehen, daß sie gelogen habe, — nein, dann lieber noch eins weitergelogen. „Ach Gott," sagte sie, „so was merkt eine Frau gleich ... Übrigens kümmere dich nicht um Frauendinge. Sorg' lieber, daß ihr im Rat endlich mit den Holländern zum Schluß kommt!"

„Am Sankt Thomastag wird die Akte unterzeichnet," versicherte Herr Jobst, „wir haben es heute in geheimer Sitzung abgemacht, und dann reisen sie gleich ab, denn an einen ordentlichen Abschiedstrunk ist ja bei all dem Hexenlärm nicht zu denken. Aber sag mal, ist das denn auch sicher mit dem Spanier und Mechthildis?"

„Mein Gott, ja," erwiderte die gequälte Hausfrau, „sei doch nicht so unausstehlich, Jobst!"

„Holla," sagte ihr Gatte. „Da weiß ich aber einen, den man damit ärgern kann —," und verließ sehr aufgeräumt das Zimmer.

Für Mechthildis hatte das niedliche Manöver ihrer ungetreuen Freundin sehr traurige Folgen. All die widerwärtigen Erfahrungen und Enttäuschungen dieser allgemeinen Unglückstage hatte sie still in ihrem Herzen abgemacht, ohne sich etwas merken zu lassen; nun aber kam eine neue Wahrnehmung hinzu, der sie fast erlag.

Meister Balzer ertrug es nicht, sie lange stumm leiden zu sehen. Da sie ihm die Ursache ihres Kummers nicht von selbst offenbaren wollte, so beschloß er nach etlichen trübseligen Tagen, zu sondieren, und fing frischweg an, mächtig auf die Feigheit der Patrizier zu schelten, die für ihre eignen Standesgenossen und Verwandten in der Stunde der Gefahr nicht zu sprechen seien.

„Andere Leute machen es nicht besser," seufzte Mechthildis.

„Ach so," sagte Meister Balzer, dem plötzlich ein Licht aufging, „Ihr meint, weil die holländischen Herren sich in den letzten Tagen so rar machen und so kühl benehmen? Ja wohl, da habt Ihr recht. Eure liebe Freundin hat ihnen wohl einen Wink gegeben, daß sie sich schaden würden, wenn sie viel mit Euch verkehren, so lange Ihr zu den vermeintlichen Hexen und Hexenmeistern geht. Und da nehmen sie sich eben in acht."

Mechthildis sprang plötzlich auf und trat zornig auf ihn zu. „Schämt Euch, Meister Balzer," rief sie, „daß Ihr so etwas sagt, was Ihr selber in Eurem Herzen den beiden Herren nicht zutraut!"

„Du lieber Gott," erwiderte Meister Balzer ganz gelassen, „ich meine, Ihr hättet es eben selber gesagt? Aber hört mal, wenn Euch der Oberst Friso — oder meinetwegen auch sein Vater — mit seinem neuen Benehmen ärgert, warum fragt Ihr ihn denn nicht in aller Freundschaft selber, was zum Kuckuk ihm auf einmal einfällt?"

Aber diesmal hatte der Wind an ein dürres Blatt gerührt, das noch nicht ganz lose saß. Mechthildis schüttelte heftig den Kopf, dann brach sie in Schluchzen aus und verließ wortlos das Gemach.

Meister Balzer blickte ihr mit einem unverhohlenen Vergnügen nach. „Daß etwas mit diesem Querkopf, dem Hans, nicht in Ordnung ist, das ist klar," brummte er, „und er soll mir dafür beichten, sobald ich ihn irgendwo fasse. Denn in sein Quartier lassen mich die Kannemanns ja einfach nicht hinein. Aber daß sie darüber ins Schluchzen kommt, das freut mich. Wahrhaftig, ich kann mir nicht helfen, es freut mich ausnehmend!"

Vierzehntes Kapitel.

Im grauen Mantel unendlichen Schneegewölks war Sankt Thomas herangekommen, — ein gefürchteter Tag für die Langschläfer; denn wer sich an diesem fürzten Tage des Jahres verschlief, war für das nächste Jahr der „blinde Thomas“ im Hause und hatte viel Spott zu dulden. Der Rat, der sonst in keinem Sinne früh aufzustehen pflegte, hatte sich's diesmal zu Herzen genommen und auf denselben Tag beide wichtigen Fragen: den Bericht der Hexenkommission und die Verabschiedung der holländischen Gesandten angesetzt. Es war den Holländern nicht zu verargen, daß sie auch aus der so ungemütlich gewordenen Stadt ungeduldig heimverlangten. Von den üblichen Abschiedsschmäusen und Staatsvisiten mußte man ja unter den obwaltenden Umständen doch absehen.

Frau Johanna, die kluge und gefällige Wirtin, übernahm es, Mechthildis die Abschiedsgrüße ihrer Gäste zu übermitteln. Sie hatte sich jetzt schon so weit in die Folgen ihrer ersten Lüge hineingelebt, daß sie nur noch ganz leicht bei dem Auftrag errötete. Mit Befriedigung blickte sie dem Wagen nach, der die Gesandten zur Abschiedsaudienz nach dem Rathaus führte. „Es ist ja ein recht schmucker Offizier,“ dachte sie, „und ich gönne ihm alles Gute, soweit es sich schickt; aber gleich ein Fräulein von Mechter? Nein, Art bei Art, so gehört sich's. Gott sei Dank, daß sie heute nachmittag abreisen.“

Unterdes saß der Oberst Friso neben seinem Vater im Wagen und blickte finster sinnend in das Schneegestöber hinaus. Als ihm Herr Govaert mit bekümmertem Blick die Hand auf den Arm legte, richtete er sich entschlossen auf, faßte seinen Degengriff fester und sagte: „Gott sei Dank, daß wir diese Stadt bald hinter uns haben, die ich besser nie wieder betreten hätte.“

Um dieselbe Zeit stand Don Gonsalvo Fernandez de Cordova, gestiefelt und gespornt, vor dem Herrenhause auf dem Mechterhof vor einem würdig und betrübt ausschauenden kleinen Manne, der eine riesige grüne Schneebrille trug und trotz seines langen pelzbesetzten Gelehrtenmantels erbärmlich zitterte. „Also Ihr wißt jetzt meine Meinung, Herr Doktor Alonso Perez,“ sagte Cordova. „Bis jetzt habe ich alle Hochachtung vor Euren ärztlichen Ratschlägen gehabt, aber die Stadt hättet Ihr mir besser nicht als Winterquartier vorgeschlagen. Seit vier Wochen habe ich mich alle Tage minder wohl in ihr gefühlt. Ich hoffe, daß Ihr mir ferner bessere Ratschläge gebt. Was mich angeht, so hoffe ich, daß dies mein letzter Ritt in die Stadt ist, die ich besser nie betreten hätte. Ich werde mir draußen bei meinen Regimentern ein Quartier suchen, wie es sich für einen General schickt, und wenn es Euch hier zu kalt ist, so könnt Ihr ja nach Neapel heimgehen.“ Bei den letzten Worten saß er schon im Sattel und sprengte seinem Adjutanten voran, und der Doktor Alonso Perez blickte ihnen traurig durch seine hoffnungsfarbene Brille nach.

Auch im Mechterhause hatte der Thomastag trüb und verworren begonnen. Als Mechthildis sich nach einer meist schlaflosen Nacht wider ihre Gewohnheit spät erhob, fand sie die beiden Stiftsdamen und das ganze Haus in großer Aufregung; die Laienschwester Gertrudis, Mechthilds Gehilfin, die seit ein paar Tagen krank lag, hatte sich in der Frühe heimlich aus dem Hause entfernt. Es war am Ende kein unersetzlicher Verlust für Mechthildis: aber in ihrer traurigen Stimmung schmerzte es sie doch bitter. Sie hatte das Mädchen, das sehr verstört und fieberig aussah, in den letzten Tagen zu Hause gehalten, ihm selber Arznei gereicht und eine halbe Nacht an seinem Lager gewacht. Es schien aber, daß sie eben hierdurch in seiner kranken Seele das wahre Übel, eine durch die aufregenden Ereignisse der letzten Zeit wiedererwachte Wahnvorstellung, noch verstärkt hatte. Denn die beiden Stiftsdamen berichteten ängstlich und häufig stockend, daß die Entflohene unter den anderen Mägden allerhand wirre Verleumdungen über ihre Herrin und deren Verkehr mit den verdächtigen Familien ausgestreut habe: und das scheue Gebaren eines Teiles der Dienerschaft zeigte, daß die schlimme Saat auch hier Wurzel trieb.

Mechthildis hörte die wohlmeinenden Vorstellungen der beiden alten Damen mit finsterer Fassung an. „Nun gerade!“ sagte sie sich mit dem trotzigen Stolze einer starken Seele, die sich inmitten immer neuer Enttäuschungen ganz auf sich allein stellt. Wenn sie ihren Besuch im Hause des Ratssyndikus nicht schon angezeigt hätte, so wäre sie nun doch gewiß hingegangen.

Allein, zu Fuß machte sie sich auf den Weg. Es war ihr eben recht, als sie bei ihrem Besuche merkte, wie sehr man ihre Hilfe brauchen konnte. Ein Kind war in der Nacht plötzlich erkrankt, das ganze Haus in doppelter Aufregung, da sich an demselben Tage das Schicksal des Hausherrn, der ganzen Familie entscheiden sollte. Da konnte sie eingreifen, thätig sein und in der Pflege und Beruhigung anderer zu vergessen suchen, was ihr eignes Herz bedrückte.

Aber sie vergaß es doch nicht. Immerfort bei allem Thun und Reden mußte sie dem Streite lauschen, den in ihrer Seele der Stolz der Jungfrau, — vielleicht auch der Edeldame mit einem anderen, immer mächtiger gewordenen Gefühle führte; und als sie bei Beginn der Dämmerung das fremde Haus verließ, war der Streit entschieden; fast ohne es zu wissen, schlug sie den Weg zur Wohnung des Meisters Balzer ein, um ihrem alten Freunde zu beichten -- und durch seinen Beistand Klarheit zwischen sich und einem anderen zu schaffen.

Sie war so in ihre Gedanken vertieft, daß sie kaum auf ihre Umgebung achtete. Sie gewahrte es nicht, welch unheimliches Gefolge sich zischelnd und fingerdeutend an ihre Fersen heftete. Erst als sie, unfern des alten Zeughauses, ein kleines Mädchen vor sich im Schnee stehen sah, welches sie mit sonderbar ängstlichen Blicken anstarrte, machte sie verwundert Halt. Sie kannte das Kind, es gehörte zu ihren Schützlingen, und sie hatte es während des vorigen Herbstes, als es krank in seinem ärmlichen Bettchen lag, oft gepflegt und getröstet. „Nun, Mariechen,“ sagte sie freundlich, „was stehst du denn da? Nimm dich in Acht, du wirst dich in dem kalten Schneewasser wieder erkälten.„ Sie streckte die Hand aus, um den blonden Scheitel des Kindes zu streicheln. Dieses aber fuhr mit einer Gebärde des Entsetzens zurück und spuckte aus vor ihr. Im selben Augenblicke brach ein verworrenes, gellendes Geschrei um sie los: „Helft Leute, die Hexe!“ „Sie will auch das Kind vergiften!“ „Faßt sie! Bringt sie vor die Schöffen!“ Und als Mechthildis aufsah, fand sie sich von einer zerlumpten Weiberrotte umringt, sah wut- und angstverzerrte Gesichter auf sich gerichtet und schmutzige Hände nach sich ausgestreckt. Eine Flut von Schimpfreden und Beschuldigungen übertäubte ihre Fragen; durch allen Lärm aber gellte die Stimme der Gertrudis hindurch, die mit Gebärden und Blicken des Wahnsinns unter dem Pöbel vornan stand und in einemfort schrie: „Das ist die Hexenkönigin; sie hat das Zeichen, ich habe es selber gesehen, reißt ihr die Kleider vom Leibe, ich habe es selber gesehen! Und damit hat sie euch die Kinder vergiftet, und damit hat sie mich auch vergiften wollen!“ Und indem sie immer wieder diese tollen Rufe wiederholte, schwang sie in ihrer rechten Hand das Fläschchen Arzenei, das Mechthildis ihr vierundzwanzig Stunden zuvor aus ihrer Hausapotheke gegeben hatte.

Mechthildis stand gegen die Mauer des Zeughauses gelehnt, ihr Antlitz war marmorblaß, mit Blicken, aus denen nur Verachtung und Ekel sprach, maß sie, ohne ein Wort zu verlieren, den Haufen verrückter Weiber vor ihr und schien ihn fast zu beherrschen. Bereits aber gesellten sich verkommene männliche Gestalten hinzu, und als sie auch diese Elenden schreien hörte: „Die Hexenkönigin! Wir wollen selber nachsehen, ob sie das Zeichen hat!“ und ihre gierigen Blicke fühlte, durchfuhr sie ein ungeheures Entsetzen. Sie wollte um Hilfe rufen, ihre Zunge war gelähmt.

Aber die Hilfe erschien jetzt von zwei Seiten.

Meister Balzer hatte sich bei seiner Wirtin, der Tante des Knaben Hendricus, Apfelkuchen bestellt. Es war sein größter häuslicher Kummer, daß die treffliche Frau diese harmlose Speise noch immer nicht so bereitete, wie sie ihm als Jugendideal vorschwebte. Um diesem Übel abzuhelfen, hielt er es sogar nicht für unmännlich, selber einmal in die Küche zu steigen und belehrend einzugreifen. Diesmal schien das Ding zum erstenmal zu geraten; Meister Balzer hatte eben das erste der rundlichen Küchlein mit einem Küchenmesser aus der Pfanne gespießt und bemühte sich, ihm durch Blasen die zum Probieren ausreichende Temperatur zu geben, als Hendricus mit den Worten hereinstürmte: „Helft, Meister! Helft! Unser Fräulein! Sie wollen unser Fräulein umbringen!“

Im nächsten Augenblick war Meister Balzer, das Messer mit dem Kuchen in der Hand, hinter seinem Lehrling her, auf der Straße, um zu sehen, wie ein schmieriger rotnasiger Strolch an Mechthilds Mantel zerrte, während die wahnsinnige Gertrudis vor ihr stand und mit weit offenem Munde ihre Schimpfreden brüllte. Plötzlich aber verstummte sie, — der heiße Kuchen, von Meister Balzers Messer wie mit einer Schleuder abgeschossen, hatte ihr buchstäblich das Maul gestopft; und zugleich flog der rotnasige Strolch in den Schnee, da ihn Hendricus' Kopf wie ein Mauerbrecher mitten vor den Bauch getroffen hatte.

Und zugleich erschien auch, durch Meister Balzers kraftvolle Rufe beschleunigt, die Hilfe an der nächsten Straßenecke; Junker Lambertus von Halveren mit dem rotbärtigen Hauptmann und einem anderen militärischen Zechgenossen.

Junker Lambertus hatte Mut genug, aber seine Fassungskraft war nicht sehr behend. Als er begriff, daß er hier nützlich sein könne, hatten seine beiden Begleiter schon die Degen gezogen, um der Dame beizuspringen, und es blieb ihm kaum etwas zu thun übrig, dank der ausbündigen Feigheit des Pöbelhaufens, der sich beim bloßen Anblick einiger wohlgekleideter Männer mit blankem Eisen johlend flüchtete, die verrückte Gertrudis mit sich reißend.

Die Männer geleiteten Mechthildis in das Haus. Sie hatte sich bis dahin aufrecht erhalten. Nun sie aber die sichernde Thür hinter sich zufallen hörte, übermannte sie das Bewußtsein der Gefahr, in die sie geraten war, ihre Kniee bebten, und sie ließ sich halb ohnmächtig auf eine Bank im Hausflur nieder. Vor dem wohlgemeinten Beistand der Hausfrau schrak sie mit einem Laut des Entsetzens zurück, als könne sie in jedem alten Weibe nur noch die Verfolgerin sehen.

„Aber so besinnt Euch doch nur, liebes, liebes Fräulein," rief Meister Balzer beinahe weinend, „die will Euch nichts zuleide thun, es ist eine ganz verständige Frau, und wenn sie auch in der Küche etwas Ketzerei treibt, einiges hat sie doch schon von unsereinem angenommen!"

„Aber so sagt doch nur, was bedeutet dies alles, Base Mechthildis?" fragte Junker Lambertus.

„Was das bedeutet?" rief Meister Balzer, dessen Gefühle jetzt den richtigen Ableiter gefunden hatten, „was das bedeutet, das fragt Ihr noch? Das bedeutet, daß Euer nichtsnutziges Straßenvolk sich mit seinem Hexengeschrei jetzt auch an die eine wagt, die viel zu gut für Eure muffige Stadtluft ist, und daß Euer Bürgerkorps natürlich nicht da ist, um dem Unfug zu steuern, Herr Rottenführer!"

Junker Lambertus klappte ordentlich zusammen vor dem zornigen Blick des alten Mannes. „Ich — ich wußte wirklich nichts davon," stammelte er. „Wirklich, Base Mechthildis, ich kam nur rein zufällig dazu, weil wir drüben im Grünen Anker noch eine Flasche Malvasier auswürfeln wollten. Ihr könnt die Herren da fragen, ob es nicht so war!" Und da Mechthildis trotz ihrer Schwäche über seine Entschuldigung und seine Haltung lächeln mußte, so gewann er aus diesem Lächeln wieder Mut und fuhr mit einer Gebärde zärtlicher Verehrung fort: „Wahrhaftig, Base, wenn ich je wüßte, daß Euch eine Gefahr bedroht, so sollte Euch mein Degen nicht fehlen, wenn Ihr mir auch den spanischen Herrn vorgezogen habt!"

„Was schwatzt Ihr denn da nun wieder?" fuhr Meister Balzer unwirsch heraus. „Könnt Ihr denn nichts anderes vorbringen als Unsinn?"

Das war zu viel für Junker Lambertus, zumal in Gegenwart seiner militärischen Bekannten. „Ich ermahne Euch, Meister Balzer, seht zu Euren Worten!" sagte er würdevoll. „Tretet meiner Ehre nicht zu nahe. Ich weiß, was ich sage, wenn es auch dem edlen Fräulein selber beliebt hat, ihre nächsten Verwandten noch nicht auf eine Verlobung vorzubereiten, die die ganze Sippe angeht. — Um Gott, Base, was ist Euch?" rief er erschrocken und wollte Mechthildis beispringen, die plötzlich aufgefahren war und ihn ängstlich anstarrte.

„Nichts, nichts," murmelte sie abwehrend. „Aber woher habt Ihr —"

„Woher ich es weiß?" fiel der Junker ein. „Ja, 's ist traurig genug, daß unsereins es erst auf dem Umwege hören muß. Jobst Kannemann hat mir's vor drei Tagen gesagt, — natürlich um mich zu ärgern. Und der hatte es von seiner Frau, die hat es ihm und den Holländern unter der Hand gesagt."

(Schluß folgt.)

Auf der Lauer. Gruppe von Karl Zender.

Lenzesklänge.

Illustriert von Albert Richter.

Das Wunder.

Als ich in meinen Garten sah
Im Monat Januar,
Lag er wie eine Leiche da
Und alles Lebens bar.

Auf ewig schien er tot zu sein,
Erstarrt vom eis'gen Hauch,
Der Boden war ein harter Stein,
Ein Besen jeder Strauch.

Da sagt' ich mir: Wenn Wunder noch
In dieser Welt geschehn —
Das größte Wunder ist es doch,
Das wir im Frühling sehn!

Dann taucht aus diesem Schnee hervor
Manch zärtliches Gebild,
Dann öffnet sich das [illegible] Thor
Und Grün und Blüte quillt.

Dann kräuselt sich der starre See,
Die Bächlein [illegible] [illegible],
Im Birkenwäldchen, im Blütenschnee
Stehn Busch und Baum und Strauch.

Dann singt die Lerche überall,
Wo nun die Krähen schrei'n,
Im Rosenbusch die Nachtigall,
Die Drossel in dem Hain.

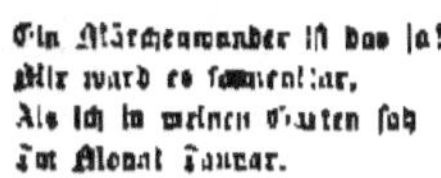

Ein Märchenwunder ist das ja!
Mir ward es sonnenklar,
Als ich in meinen Garten sah
Im Monat Januar.

Märzkätzchen.

Als ich die Kätzchen heut' im Wald geschnitten,
Verschlossen sie sich trotzig noch der Luft,
Ich aber küßte sie mit leisen Bitten
Und barg die Kleinen heimlich an der Brust.

Und sieh, ein Stündchen nur, und aufgesprungen
In tausend Blüten war ihr jung Gemüt,
Die ganze herbe Sprödigkeit bezwungen
Vom Liebestraum, der mir die Brust durchglüht.

Anna Ritter.

Maienschnee.

Vorzeitig weckte mich ein böser Traum:
In meinem Kirschengarten Baum an Baum,
Ich sah sie mitten in der Maienzeit
Wie einst im kalten Januar verschneit.

„Der Traum nicht hat dich aus dem Schlaf geschreckt,
Die Schwalbe war's, die freundlich dich geweckt.
Du träumtest wahr, doch schafft es dir kein Weh:
Die Bäume blühn, — sie tragen Maienschnee!“

Ernst Muellenbach.

Frühling.

Mit Brausen gar absonderlich
Der Lenz fährt durch die Lande;
Noch sträubt und sperrt der Winter sich
So sträube dich und sperre dich
Ein Weilchen noch,
Du mußt ja doch
Entfliehn mit Schimpf und Schande!

Der König kommt, der Lenz zieht ein,
Man merkt's an allen Enden;
Macht auf das Thor! Doch laßt es sein
Recht hoch und weit: für groß und klein
Birgt sein Gewand
So allerhand
An freudenreichen Spenden.

Im Wald schon rauschen grün und schlank
Belaubte Siegesbogen:
Mit Flöten- und Schalmeienklang,
Bei Wachtelschlag und Amselsang,
Im Fliederduft
Kommt durch die Luft
Der König Lenz gezogen!

Die [illegible] schon
Die Häupter als [illegible]
In Veilchenpolstern [illegible] sein Thron,
Und eine rote Rosenkron'
Sein junges Haupt
[illegible] umlaubt.
Und blaue Fahnen wallen.

Wie er sein Lilienszepter schwingt,
Jauchzt jung und alt in Lüsten.
Schatz, weißt du, was er uns denn bringt? —
Hochzeit! — Sieh, wie mein Häuschen winkt,
Drin wir zu zweit
In Lust und Leid
Einträchtig wollen nisten!

Richard Zoozmann.

Weißblüh'nde Kastanie.

Weißblüh'nde Kastanie und weißer Flieder!
Mein Herz schlägt froh.
Die Sonne funkelt so blank hernieder.
Es heimt mich so!
Es heimt mich wieder so fein hienieden
Im Blütenduft,
Im Sonnenscheinfrieden,
In der Maien schmeichelnder Kindheitsluft.
Wie hat mir das weiche goldne Scheinen
So wohl gethan.
Tausendschön blühn auf Wiesen und Rainen
Und Löwenzahn.
Die Kinder spielen mit Blumenglöckchen,
Sie selber blühn.
O rote Röckchen
Im jungen Grün
Und helle Löckchen,
Mit weißen Kastanienblüten beschneit!
O Frühlingszeit, Frühlingszeit,
Liebe du!
Machst mich so froh,
Bringst mich zur Ruh,
Giebst mir Frieden.
Es ist mir wieder so wohl hienieden,
Es heimt mich so!

Frida Schanz.

Frühling über Nacht.

Gestern noch ein windverwehtes,
Letztes Flocken in der Luft,
Heute schon ein duftbesätes
Feld und Farben rings und Duft.

Gestern noch ein stilles Träumen
Hinterm Ofen. Mädchen spinn'!
Heute schon an Waldessäumen
Schweift die Frühlingsschäferin.

Alles rührt sich, welch ein Leben,
Lauter Glück und lauter Glanz.
Alles will die Füße heben
Mit zu großen Freudentanz.

In den Lüften schwirrt's von Flügeln,
Oben, unten froher Schall,
In den Thälern, auf den Hügeln,
Frühling, Frühling überall.

Gustav Falke.

Frühling.

Ein Cyklus von Alice Freiin **von Gaudy**.

I. Italischer Frühling.

Die Sonne dichtet ein Märchen
Voll glühender Farbenpracht:
Das ist der Frühling Hesperiens,
Unter Myrten und Lorbeer erwacht!

Ein strahlender Liebling der Götter
Durchzieht er jauchzend das Land.
Von Eros lieh er die Schwingen,
Von Bacchus den Stab in der Hand.

[illegible] Träumer
Wirft er ein lachendes [illegible],
Und zwischen den Grabessäulen
Läßt er [illegible] Veilchen erblühn.

Er spielt im Haine Verstecken
Und schüttelt den schlummernden Baum,
Da fallen die Goldorangen,
Und Blüten [illegible] wie ein Traum.

Und zieht er an schattigen Lauben
Mit lachendem Gruße vorbei:
Da knospen die duftenden Rosen,
Und heimlich küssen sich zwei . . . . .

Die Sonne dichtet ein Märchen
Voll glühender Farbenpracht:
Das ist der Frühling Hesperiens,
Unter Myrten und Blüten erwacht!

II. Frühling im Bois de Boulogne.

Um die Kronen der Kastanien
Webt das erste, zarte Grün.
Bunte Krokus, frühe Tulpen
Auf den runden Beeten blühn.

Durch Alleen rollt der Wagen
Stolze Pracht. In welchem Sitz
Lehnt die junge Modeschönheit,
Schleier dämpft der Augen Blitz.

Traurig öde diese Ausfahrt!
Täglich gleiches Einerlei . . . . . .
Muß sie stets *vergebens* hoffen,
Daß hier etwas *Neues* sei?

Plötzlich schaut sie der Duenna
Aufgeregt ins Angesicht:
„Sahn Sie denn, Madame Therese,
Sahn Sie die Präfektin nicht?

III. Deutscher Frühling.

Mutter Sonne spricht:

„Komm, deutscher Frühling, tritt herein.
Wer wird denn gar so schüchtern sein?
Noch starrt vom Winterreif dein Hut.
Den klopfe ab. Komm, meine Glut
Wärmt bald dir die erfrorenen Glieder.
So, kleiner Schelm — nun setz' dich nieder
Und schau' mich an: Die alte Art —
Nur etwas mager, bleich und zart!
Doch in dem Aug' verstohlnes Blitzen,
Ein Zucken in den Fingerspitzen —
Als wolltest du mit vollen Händen
Die Fliederblüten wie verschwenden
Und unter übermüt'gem Rütteln
Auf blonde Mädchenköpfe schütteln!
— Mein Kind — ich drück' ein Auge zu:
Was andre dürfen, darfst auch du.

Die Brüder, tief im Süden, machen
Mir oft recht ausgelass'ne Sachen —
Doch du — du wirst verständig bleiben,
Und nicht zu wild die Knospen treiben.

Nun geh — nimm meinen Kuß als Weihe,
Daß alles stolz und froh gedeihe;
Erstarke — werde groß und schön!
Doch eile dich, sonst muß ich strafen,
Daß heuer wieder hübsch verschlafen
Der Sonnwendstürme Weckgeton!

Solch Tadel mag dir nicht gefallen.
Gelt? Mäulchenziehn? Nein, Kindchen, du weißt,
Daß stets von meinen Söhnen allen
Der deutsche Lenz mein Liebling heißt!"

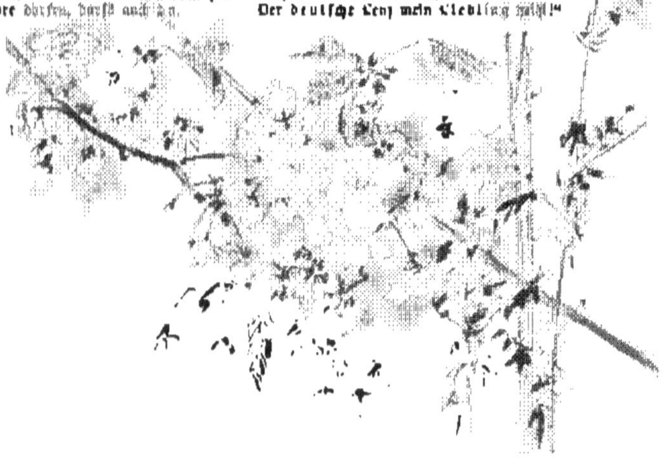

Balkanhalbinsel und Orientfrage.

Von
Albanus Srolar.

„Πολλῶν δ'ἀνθρώπων ἴδεν ἄστεα καὶ νόον ἔγνω —“

Es war einmal ein alter Fuchs, der hatte ein Huhn gestohlen und trug es nach Hause. Da kam der Wolf und machte ein mißgünstiges Gesicht. „Nichts für ungut,“ sagte der Fuchs, „um des lieben Friedens willen laß uns teilen.“ Und er legte dem Wolf das Huhn vor die Schnauze. Noch ehe der aber zupackte, kam die Köhlerfrau mit ihrem eichenen Knüttel und schrie den Fuchs an: „Wo hast du das Huhn gestohlen?“ „Geht dich's was an?“ meinte der Fuchs; „doch, um des lieben Friedens willen, wenn dir Isegrim seine Hälfte gibt, sollst du auch die meinige haben.“ Die Köhlerfrau sah, wie der Wolf mit den Zähnen fletschte. Und seine Augen wurden glührot. Der Wolf sah nach dem eichenen Knüttel. Der war sehr dick. Und es ward ihnen angst und bange. Und auch Reineken schien guter Rat teuer! —

So weit meine alte Lieblingsfabel! Oft ist sie mir wieder eingefallen, — aber klassischer mag kein Beispiel für sie sein, als das neueste „Concert de l'Europe“, dieses einigen Humors nicht entbehrende Sextett der Mächte, deren Botschafter und Vertreter, feierlich um das obligate Goldene Horn gruppiert, den siebenstimmigen Chor der Orientfrage exekutieren! Der angstvollen Orientfrage: „Wenn nur keiner zugreift! Um des lieben Friedens willen!“

Wir Deutsche fürchten ja nichts in der Welt. Wir haben auch unmittelbar von der Orientfrage am allerwenigsten zu fürchten. Schon weil wir nichts zu hoffen haben. Insofern ist's eine ausgemachte Sache, daß ihre Lösung „nicht die Knochen eines einzigen Pommern“ wert ist. Das ist der deutsch-politische Standpunkt, der des praktischen deutschen Staatshandelsmannes; ebenso unerbittlich wahr ist auch das gelassene Wort Bismarcks aus seiner großen Orientrede: „Die Orientfrage kann nur etappenweise gelöst werden!“ Aber der späte Geschichtsschreiber wird dennoch einmal mit berechtigtem Zorn ausrufen: Wie ist es möglich, daß noch bis zum Jahre 1878 die gesamte Balkanhalbinsel bis an die Donau, daß noch auf der Neige des letzten Jahrzehnts des XIX. Jahrhunderts an den Grenzen Österreichs, in Albanien, in Macedonien und Thrakien nach Millionen zählende indo-germanische Völker sich unter das schmachvolle türkische Joch beugen mußten!

Und auch Deutschland wird dieser Vorwurf treffen! Wer nicht handelt, unterläßt. Wer dem einen nicht hilft, unterstützt dadurch den anderen! Im Februar 1897 unterstützten wir sogar mit Blokadevorschlägen und Kanonenschüssen auf Kreta — scheinbar die Türken! —

Lasse man einmal die Politik beiseite! Nur einen Tag braucht man in einem albanesischen oder macedonischen Garnisonort geweilt zu haben, um einen tiefen Abscheu vor dem schmutzigen Fremdling mitzunehmen, der wie ein Vampyr auf dem unterdrückten Volke kniet, das er durch fünf Jahrhunderte hindurch angestiert in sklavischer Tiefe erhielt, dem er hier die Lebenskraft aussog, dort die Freude am Fortschritt nahm. — Man braucht auch nur einmal jene kulturlosen Länder auf steinigen, verlassenen, kaum passierbaren Pfaden durchquert zu haben, um neben dem Groll gegen den Eroberer ein tiefes Mitleid mit seinen verwahrlosten Opfern zu empfinden. Mit jenen Balkanvölkern, über die verheerend nacheinander die Stürme der Völkerwanderung, des Bruderstreits, der Religionskriege, des Interregnums und der Türkeninvasion hinweggingen — die seitdem so oft vergeblich, weil nicht vereint, sich zu befreien versuchten und teilweise noch immer im Zustande der „türkischen Kultur," dem einer völlig barbarischen, kriegerischen Horde verharren. —

Spricht man bei uns in Deutschland von Slovenen, von Serben, Bulgaren und Kroaten, schwebt einem stets ein Häuflein verkommener Kerle vor, so à la Rastelbinder — Mausefallen! Eine große Mehrzahl der Politiker am Biertisch ist geneigt, den Türken noch „für den besten von der ganzen Gesellschaft" zu halten, der nur einer besseren Regierung bedürfe. — Mir wenigstens ging es so, als ich beschloß, durch die Balkanländer nach Griechenland zu wallen.

Nach Griechenland hauptsächlich! Denn die Griechen waren die einzigen, die ich über die Türken stellen zu dürfen glaubte. Mußte doch in ihnen etwas von dem Glanze des Altertums nachleben! Waren es doch, wie ich aus der neugriechischen Grammatik sah, dieselben Schriftzeichen, in großer Zahl die unveränderten altgriechischen Worte, deren sie sich bedienten, — mit einer kleinen Wandlung der Aussprache! Wohnte der einzige Mann, den ich in Athen kannte, doch in der Euripidesstraße! Waren doch gerade die Olympischen Festspiele mit Pomp verrauscht! Zeigten die Briefmarken doch den herrlichen Diskoswerfer auf veilchenfarbenem Grunde, den Wagenkämpfer in grauem Felde! Den Höhepunkt erreichte diese hellenophile Stimmung bei mir, als ich zum erstenmale, vom Schiffe aus, im roten Lichte der aufgehenden Sonne die Akropolis von Athen über das Meer hinglänzen sah!

Ein schöner Traum! Wohl sind die Neuhellenen eine Nation für sich, mit einem trotz aller Variierung erkennbaren Typus, mit eigner Sprache, — ihre staatliche Existenzberechtigung ist damit erwiesen. — Aber wie kommt der Diskoswerfer auf die Marke? Wie kann man ihn nötigen, ein verwildertes, schmutziges Mischvolk im Auslande zu vertreten?

Nicht der mindeste Anklang an altgriechische Formen (ausgenommen auf einigen Inseln) ist zu entdecken: Eine unproportionierte Figur mit langen Armen, — der langen Finger nicht zu gedenken! — krumme Haltung, ein unschön brettschädliger Kopf, durchgehend unreine, graue Gesichtsfarbe, hauptsächlich auch bei den niemals jungen Frauen — übermäßiger schwarzer Haarwuchs, der das unedle Gesicht noch unkultivierter, „barbarischer" erscheinen läßt — so präsentiert sich der „Nachkomme der Kämpfer von Marathon" in seinem Äußeren!

Verschmitzt und handelsfroh sind ja die alten Griechen auch gewesen. Der *πολύμητις Ὀδυσσεύς*, der listenreiche, war gewiß der populärste von Homers Helden. Den Zug hat der Neugrieche geerbt — er betrügt, wo er kann — er bemitleidet den, der es nicht ebenso versteht. Mein Schuhmacher an der Ecke der Byron- und der Dionysosstraße *(ὁδὸς Βύρωνος καὶ ὁδὸς Διονύσου)* schenkte mir einen Blick voll erstaunter Hochachtung, als ich ihn beim Ankauf von drei Paar dort ganz vorzüglicher Lackstiefel um einige Drachmen gekränkt hatte — es gibt beliebte, ihrer Schlauheit wegen populäre Diebe in Athen, wie „Perikles Naphtopulo!" Alle Zeitungen in Athen waren seines Lobes und des Mitleids voll, als er in Paris bei einem schweren Diebstahl gefaßt worden war. Er hatte den Kassenschrank eines berühmten Antiquitätenhändlers gesprengt, um alte Münzen zu stehlen! —

Diesen Geschäftssinn darf man einem Orientalen nicht so übel nehmen! Wollte der Neuhellene endlich die damit so lächerlich kontrastierende Pose des Olympischen Wettspielers aufgeben, mit der er seine stark ausgebildete, wiederum echt orientalische Eitelkeit und Ruhmredigkeit befriedigt, so würden ihm seine zähe Elastizität, sein Fortschrittstrieb und Handelsgeschick ein stetiges Vorwärtskommen sichern. Seine Zukunft liegt im Handel.

Es ist gewiß keine Kleinigkeit, daß trotz der ewigen Vernichtungszüge, die über sie hereinbrachen — zu Lande Slaven, Bulgaren, Türken, Albanesen; zu Wasser Araber, Normannen, Genuesen, Venezianer — trotz der entsetzlichen Zerstückelung des Landes in eine Unmenge Kleinherrschaften die Griechen immer wieder unverdrossen ihren Handel neu belebten! Schon unter türkischer Herrschaft 1813 besaß die griechische Handelsflotte 600 meist gut bewaffnete Schiffe — 1882: 3224 Schiffe, wovon 60 Dampfer! In allen Städten der Levante, von Triest bis Odessa, zählen Griechen zu den reichsten Leuten — und

Aus unserer Bildermappe:

Kapelle in Klausen (Südtirol)
(Nach einer Photographie aus dem Kunstverlag von Otto Schmidt in Wien.)

„Aus einem Griechen kann man zehn Juden machen“ heißt ein bulgarisches Sprichwort! —

Nur das eine eben ist den Griechen noch nicht eingefallen, — daß man in Rom regieren kann, ohne immerfort vom Kapitol zu reden und sich als civis Romanus ante Christum zu fühlen!

Allerdings, Hand in Hand mit jener geschichtlichen Anmaßung geht ihre glühende Vaterlandsliebe: sie zeigt sich nicht nur in stürmischen Versammlungen zu Gunsten der Kreter oder der übrigen Griechen „in der Diaspora“ (auf den noch türkischen Inseln, im südlichen Epirus, in Macedonien), nicht nur im Liede — auch in einer wirklich imponierenden praktischen Thätigkeit! Wer durch die Straßen von Athen geht, wer die Akademie, das Museum, das Ausstellungsgebäude, die Bibliothek, die Universität, das neuerbaute Stadion für die Olympischen Spiele bewundert, alles in kostbarstem Marmor, im altgriechischen Stile, mit goldenen Fresken ausgeführt — der fragt sich wohl, woher der gläubigerumlagerte Staat die Mittel zu solchen Prachtbauten genommen hat. — Er gab sie nicht! Die freudige Begeisterung für das neue Vaterland hat alles geschaffen. Reiche Kaufleute, Griechen aus der ganzen Welt, die unermeßlich reichen Gebrüder Zappas obenan, haben die Gelder dazu hergegeben. Aus derselben Quelle flossen die Mittel für das in Griechenland hochentwickelte Unterrichtsleben.

Hieran sind wir Deutsche unmittelbar beteiligt: in Leipzig gedruckte Lehrbücher, an deutschen Hochschulen gebildete Professoren, nach deutschem Muster aufgestellte Studienpläne, deutsche Musiklehrer und Musikschulen führen den modernen Griechen zum modernen Parnaß! — Eine junge Griechin hat mir sogar auf einem Stuttgarter Klavier auswendig die Mondscheinsonate vorgespielt — Gott verzeih' ihr's! . . .

Die beständige Aufputzerei des modernen Griechenlands mit dem ihm viel zu weit gewordenen Gewande der Perikleischen Zeiten ist nicht nur deswegen zu verdammen, weil darin ein Anachronismus ärgster Art enthalten ist. Denn, mögen die Neugriechen es noch so laut bestreiten, die Ethnographen sind sich darüber seit lange einig, daß man in ihnen ein slavisch-albanesisch hellenisches Mischvolk zu sehen hat, an dem hellenisches Blut vielleicht ein Drittel Anteil hat. Die nördliche Grenze des heutigen Königreichs, festgestellt durch den Berliner Vertrag von 1878 und seine Ergänzung von 1881 (Thessalien), ist etwa die gleiche, wie die des alten Hellas; Olymp und die kambunischen Berge sind politisch und ethnographisch immer der äußerste Punkt des Hellenentums für das eigentliche Binnenland gewesen. Die Kolonisation der Griechen ging weiter nur zu Wasser, zu fremden Küsten.

Wohl aber drangen, durch Makedonien im Nordosten oder Illyrien-Epirus im Nordwesten kommend, fremde Völker in den Süden der Balkanhalbinsel.

Zwischen Adria und dem Schwarzen Meere saßen als erste bekannte Balkanvölker die Illyrier, Makedonier, Daker und Thraker.

Sie alle wurden in einem Jahrhundert voller Kämpfe von Rom unterworfen. Das letzte Jahrhundert vor und das erste nach Christus stehen unter dem Zeichen der römischen Kolonisation; die Unterworfenen wurden „Romaioi.“

Die Nachkommen der kolonisierten Daker, Dako-Romanen, sind die heutigen Rumänen. Ihre Sprache unterscheidet sich vom Altlateinischen nicht mehr, als das Neugriechische vom Platonischen. Mittlere Statur, weiche geschmeidige Formen, schwarzes Haar und dunkle Farbe haben sie von den Römern geerbt. Nördlich der Donau, vom Schwarzen Meer bis Siebenbürgen, wohnen heute etwa 9 500 000 Rumänen. Das seit 1856 fast selbständige Fürstentum, seit 1879 völlig souverän, seit 1881 Königreich, hat keine Interessen auf der Balkanhalbinsel. Es hält sich den dortigen Wirren fern, vollauf beschäftigt mit seiner inneren wirtschaftlichen Entwickelung.

Rom ging seinem Untergang entgegen:

Nachdem die ersten Stürme der Völkerwanderung durch die Balkanländer gegangen waren, Quaden, Sarmaten und Goten (denen Theodosius I. 382 Thrakien und Dakien anweisen mußte) sie nacheinander heimgesucht hatten, teilte sich Ost- und Westrom in ihren Besitz.

Im Jahre 488 zog Theoderich mit seinen Goten nach Italien von dannen! Die beginnende Germanisierung des Balkans hatte ein Ende; die damalige Orientfrage war in slavischem Sinne entschieden.

Slaven bezogen seitdem nicht nur die freigewordenen Sitze der Goten (Slovenen und Anten); — vom V. Jahrhundert an, hauptsächlich aber im VII. und VIII., überschwemmten Slaven die ganze Balkanhalbinsel, drangen bis in den äußersten Peloponnes; Kroaten und Serben nahmen den Nordwesten bis an die Save ein, wo ihnen Avaren und Illyrier weichen mußten, und erschienen sogar an den Grenzmarken Deutschlands, in Tirol.

Zwischendurch, zuerst im VI. Jahrhundert, begannen die uralaltaischen „Bulgaren," finnisch-tatarischen Ursprungs, ihre räuberischen Züge von Norden über die Donau bis nach Thessalien und Epirus auszudehnen. Damals vertrieb sie Belisar. Aber 679 brach der letzte und mächtigste Bulgarenschwarm über die Donau herein. Im heutigen Bulgarien zwischen Donau und Hämus entstand, Byzanz bedrohend, ihr neues Reich. — Unter Fürst Boris, der dem vielgeschmähten, jetzt ja auch griechisch-orthodoxen modernen Thronfolger den Namen gab, traten die Bulgaren 862 zur griechischen Kirche über. Und seltsam! Obwohl unter seinem Sohne Symeon (893 bis 928) das neue Bulgarenreich fast die ganze Balkanhalbinsel dominierte, obwohl Byzanz mit genauer Not der Eroberung entging — um 900 war bereits die Sprache der Bulgaren im Slavischen aufgegangen. Der Sieger ward von den Besiegten aufgesogen, wenige Sprachstämme und der Name blieben.

Im wechselnden, greuelvollen Kampf mit den griechischen Kaisern sank das bulgarische Kaiserreich zweimal dahin und erhob sich wieder: 971—1014, 1186—1241 sind seine Glanzzeiten, zu denen es von der Adria bis zum Schwarzen Meere und bis nach Thessalien reichte.

Andere Slavenreiche waren unterdessen im Nordwesten entstanden:

Das nördliche Königreich Kroatien, das jedoch schon 1091 an Ungarn kam.

Südlich davon das der Serben: Diese waren schon 700 zur römischen Kirche übergetreten, je nach bulgarischem Kriegsglück unter bulgarischer oder byzantinischer Herrschaft gewesen, machten sie sich 1043 unabhängig. Ihre Geschichte ist reich an religiösen Wirren, die von Rom, Byzanz und der Sekte der Bogomilen (Dualisten) ausgingen. Die Dynastie der Nemanja bedeutet für die Serben ihre ruhmvollste Zeit: Stephan Duschan regierte als serbischer Kaiser 1335—1350 über Makedonien, Nordgriechenland, Epirus, Rascien, Westbulgarien, Bosnien und das heutige Serbien. Schon unter seinem Nachfolger begann der Niedergang, der 1389 auf dem Amselfelde durch völligen Zusammenbruch besiegelt wurde. — —

Nicht von Römern und Sarmaten, nicht von Hunnen und Goten, nicht von Slaven und Bulgaren überwunden, saßen, alle Stürme überdauernd in unerschrockener Wildheit, in dem unzugänglichen, urwaldbestandenen Berglande des heutigen Albaniens, zwischen Montenegro und Griechenland an der Adria, rein und frei die Nachkommen der alten illyrischen Urwohner, die Schkypetaren („Bergbewohner"), die Albanesen. Älter als Griechen und Römer, deren gemeinsame Vorfahren ihre Vettern gewesen sind, noch heute unvermischt, fast unabhängig. Serben und Bulgaren haben wohl vermocht, einzelne ihrer Gebiete, Küstenstriche und kleine Landstrecken zeitweise zu okkupieren. Nie aber sind die albanesischen Berge erobert worden! Ja, zur Zeit, als die Herrschaft der Osmanen bereits bis an die Donau sich erstreckte, als die Ungarn vor Murad II. flohen, als Muhammed II. Konstantinopel eroberte, konnte Skanderbeg, ihr kühner Nationalheld (1443 bis 1467) bis zum Korinthischen Meerbusen hinab in gefürchteter Selbständigkeit sein christliches Reich regieren.

Während des ganzen XIV. Jahrhunderts besetzten in steigender Menge Schkypetaren das damals überwiegend slavische Nordgriechenland und den Peloponnes. Erst als die Türken 1456 dort als Eroberer einzogen, wanderte ein großer Teil von ihnen in die sichere Heimat!

In den griechischen Freiheitskriegen waren Albanesen im Norden und Süden die gefürchtetsten Palikaren — und heut?

Ich hatte das Glück, mit einem dieser herrlich konsequenten Räuber Blutsfreundschaft schließen zu können. Nur daraufhin konnte ich an das Wagnis denken, einen Vorstoß in die Waldberge Albaniens von Skutari aus zu unternehmen. Mit türkischer Militäreskorte, wie sie mir zur Verfügung stand, wäre ich wohl am ersten Tage verloren gewesen; unter Begleitung von vier „Stammesgenossen“ meines Freundes war es möglich, heil wieder herauszukommen!

Seltsames Gefühl, nicht weit von den Grenzen Österreichs, in einer Höhe mit Rom, kaum hat man der türkischen Garnisonstadt den Rücken gekehrt, sich fast ohne Weg und Steg in einem paradiesisch schönen Thal zu sehen! Rechts und links süßduftende, blütenübersäte Oleander, klematisumrankte Cypressen; weiter oben Nadelwälder in unberührter Wildnis. Vorn auf ihren feurigen Pferden die vier abenteuerlichen „weißen“ Albanesen in ihrer enganschließenden Tracht, groß und geschmeidig, mit der langen Büchse in der rechten Hand, den Patronenkranz um die Hüften, den breiten Gürtel voller Dolche und Revolver. Es geht im Trabe, die weißen Büschel am weißen Fez flattern, die kurze, übergezogene schwarze Weste macht einen unheimlichen Eindruck; man sieht sich selber an und bemerkt, daß man in dem Kostüm — kurz gesagt: ein dickes, weißes, rauhes Trikot mit schwarzem Litzenbesatz — nicht weniger unheimlich aussieht. Man schläft eine erste Nacht in einem Dorfe, das wie ein Banditennest am Felsen hängt, bei Stammesgenossen, eine zweite in der Hängematte im Walde; man gibt sich Mühe, zu lachen, wenn man plötzlich am Wege einen Toten findet, vielleicht eins der vielen Opfer der grausigen Blutrache. Man denkt an die Möglichkeit, zu einem Stamm zu gelangen, der mit dem Blutsfreund in Blutsfehde liegt; am nächsten Tage wird aus dem Hinterhalt auf uns geschossen, wir sprengen ins Dickicht und müssen wieder lachen, wie eine Kugel in einen nahen Baum hineinklatscht. Dann blühen aber die Rosen wieder so schön am wilden Strauch, daß man alles vergißt und sich den Gürtel schmückt — schließlich sieht man, wieder am nächsten Tage, ja schon das Meer in der Ferne!

Es ist ein Märchen, dieses Albanien!

Zwei Hauptstämme, die auch dialektisch voneinander verschieden sind, Tosken im Süden, nördlich des Schkumbiflusses die Ghegen, zerfallen wieder in eine Unzahl selbständiger Gaue, die in republikanisch-patriarchalischer Verfassung mit einem „Barjaktar“ (Präsident) an der Spitze ihre „angestammten“ Berge bewohnen, Viehzucht und notdürftigsten Ackerbau, Jagd und Kriegshandwerk treiben.

Nur die Mirditen (Stamm Skanderbegs) haben eine Art erblicher Monarchie. „Oroschi“ ist auch eine europäische Residenz fin de siècle, es sind die stolzesten und mächtigsten Schkypetaren neben den „Hotti,“ die bei etwaiger allgemeiner Stämmeversammlung in Zeiten gemeinsamer Gefahr den Vorsitz führen, eine von Heldenthaten in Türkenkriegen herrührende Bezeichnung!

Die wie die Männer oft klassisch schönen Frauen leben in einer sklavenähnlichen Stellung. Nur der Held gilt etwas, der Krieger.

Krieger lieben die Feder nicht! Wieder echt albanesisch. Die sonst mit keiner anderen näher verwandte Sprache, die älter ist, als die lateinische und griechische, ein Unikum in der indogermanischen Sprachenreihe, sie hat keine Schriftzeichen! Orthographie braucht man also nicht in Albanien zu lernen; im Süden schreibt man mit griechischen, im Norden mit lateinischen, im Nordosten mit serbisch-cyrillischen Lettern, d. h. wenn man überhaupt schreibt!

Und doch gibt es eine allgemein verbreitete Litteratur! Aber mündlich aufbewahrt! Heldenlieder, wenige Liebeslieder, doch das Schönste: Märchen, die an die deutschen heranreichen!

Doch, so gern ich möchte, ich darf nicht länger in Albanien verweilen, es ist zu gefährlich!

* * *

Im Nordwesten bis über die Save hinaus serbisch-kroatische Südslaven, als ihre östlichen Nachbarn am rechten Ufer der unteren Donau bis nach Makedonien hinein slavisierte Bulgaren, im Süden die Neuhellenen; als Schlußstein, als westlich-centrale Basis dieses Völkerdreiecks die Albanesen, am Bosporus ein morsches Staatsgebäude, das nur mit Mühe auf Grund seines „ehrwürdigen“ Alters ein klappriges Scheindasein fristete: das war das Bild, das sich den 1357 zum erstenmale nach Europa vordringenden Osmanen bot!

Wie ähnlich heut! Noch jetzt sitzen westlich vom Timok, dem Serbien und Bulgarien trennenden Donaunebenfluß, bis hinauf nach Klagenfurt, Marburg, bis längs der Drau beinahe ausschließlich Serben-

Kroaten, östlich vom Timok Bulgaren, die auch aus Makedonien nur um weniges zurückgedrängt worden sind, bis zu den cambunischen Bergen hinauf von Süden die Neuhellenen, in den uralten Bergsitzen an der Adria die Schkypetaren, und am Goldenen Horn wankt wiederum ein altersschwaches, nicht minder ehrwürdiges Gebäude!

Das gleiche Bild 1357 und 1897! Wohl rückte die wilde Türkenhorde siegend, sengend und brennend in die Balkanländer ein; wohl flohen viele der Besiegten aus ihren Sitzen — noch 1690 überschritten 37 000 fliehende serbische Familien die ungarische Grenze, noch 1740 wurden 100 000 abziehende Serben von den Osmanen niedergemetzelt oder in die Sklaverei geschleppt; in die von ihnen verlassenen Gebiete des südlichenOsteuropas rückten Albanesen nach.

Nie aber ging die türkische Herrschaft über eine militärische Besetzung des eroberten Landes, über ein Aussaugesystem in den verschiedensten Formen, über eine Paralysierung jeglicher Entwickelung der Provinzen hinaus! Nie vermischte sich türkisches Blut mit indogermanischem: Nationalstolz der Osmanen, Abscheu des Indogermanen vor dem weichlichen, aufgeschwemmten, unsauberen Fremdling haben das verhindert! Nie begann unter türkischer Herrschaft, auch nicht in Konstantinopel, sich auch nur die geringste Spur einer Kultur zu zeigen: das litt der Islam nicht, der größte Kulturfeind des ganzen Orients!

„Es steht ja alles im Koran! Was mühen Sie sich ab, zu studieren, zu lehren, Erfindungen zu machen? Was nutzt Ihre ganze Wissenschaft, mon pauvre Monsieur!?"

»Mon pauvre Monsieur!« das waren die Worte, die der Sohn eines Herrn Generalgouverneurs (Wali) mir mitleidig-großmütig an den Kopf warf! In Filzpantoffeln empfing er mich. — Ich hätte ihm am liebsten mit dem Tschibuk, den er mir für die erste halbe Stunde dumpfen Schweigens — dies ist dort nobel — verabfolgt hatte, auf seinen bodenlosen Dünkel geantwortet! Aber er hatte recht: meine ganze abendländische Bildung half mir nichts diesem bornierten asiatischen Schmutzfinken gegenüber, der allen Ernstes behauptete, die Röntgenstrahlen müßten schon im Koran beschrieben sein!

So der Gläubige! Es gibt auch aufgeweckte Türken, es gibt sogar eine ganze Reformpartei, die Jungtürken, das ist richtig. Aber ganz abgesehen vom Islam, hätte der Osmane auch nur die geringste Kultursendung zu erfüllen gehabt, 500 Jahre absoluter Herrschaft mußten doch zu ihrer Entfaltung genügen!

Nichts dergleichen ist zu bemerken; nur daß eine große Zahl der Unterdrückten zum Islam übertrat: aus Not und Angst, wie die nächstwohnenden Bulgaren; aus Politik, wie der bosnisch-serbische Adel, der sich damit die Lehnsherrschaft in seinen angestammten Landen erhielt: — endlich aus Kriegslust, wie viele Albanesen (kein Christ darf unter der Fahne des Propheten kämpfen), die neben den aus geraubten Christenkindern herangebildeten Janitscharen einen Hauptfaktor der türkischen Kriegsmacht bildeten, die als „Arnauten" unter dem Zeichen des Islam Wien und Bagdad bestürmten und in Ägypten die Mamelukenpaläste plünderten, zu ihrem Heldenvergnügen, zu Allahs Ehre! —

Einige Millionen slavische und albanesische Muhammedaner also das einzige Erbe, welches der scheidende Osmane in Europa hinterläßt!

Wenn außer der Zwietracht der Mächte ein Umstand die Lösung der Orientfrage erschwert hat, so ist es dieser!

Der Islam kennt keine Nationalität, genau wie der Ultramontanismus! Ein Staat ohne hierarchisches Centrum ist ihm ein Unding. Daher die Unmöglichkeit, daß reformfreundliche Strömungen in der Türkei jemals hätten Boden gewinnen sollen!

In dem unbändigen Janitscharenkorps, das noch bis in unser Jahrhundert hinein die Stärke des Halbmonds bildete, das selbst die Sultane durch seine Gewaltthaten erzittern machte, das unangenehme Herrscher selbstmächtig ihres Thrones entsetzte, ist die allem Fortschritt abholde militärisch-theokratische Natur des Islam verkörpert gewesen. Mahmud II. löste mit blutiger Gewalt im Jahre 1826 das Janitscharenkorps auf. Dennoch scheiterte seine Reformthätigkeit an ihrer inneren Unvereinlichkeit mit dem Koran, nicht zum mindesten an der Zähigkeit der während der türkischen Herrschaft teilweise zu fanatischen Muhammedanern gewordenen — Slaven. Bezeichnend sind die Erhebungen der bosnischen Muhammedaner in den Jahren 1828—1832 unter dem religiösen Schwärmer Hussein Aga — ein wirklich einziges Beispiel für Apostateneifer!

„Wiederherstellung der alten Osmanenverfassung, Abschaffung aller europäischen Neuerungen, Erklärung der Rechtlosigkeit aller ‚Rajah' (aller Nichtgläubigen)": das verlangten noch vor 70 Jahren die aufständischen Bosnier von der Pforte. —

Hier liegt nicht zum wenigsten der Grund, wenn die von der Pforte versprochenen „Reformen" niemals verwirklicht werden. Die Hatischerif von 1839 und 1845, Hatt Humajun von 1856, Verfassung von 1876, die neuen „Reformen", haben alle von der Gleichberechtigung der Konfessionen gesprochen: das ist für die Türkei ein Schnitt ins eigene Fleisch, eine Unlogik, ist unausführbar! — Wer das einmal eingesehen hat, dem kommen die Reformberatungen der Botschafter vor, wie die einer Ärzteschar, die den kranken Mann absichtlich ganz langsam homöopathisch zu Tode kuriert, oder aber wie Auguren, die, die Wahrheit zu sagen, nur durch die Existenz ihrer eigenen Gesamtheit verhindert werden.

Füge ich hinzu, daß von den etwa 5 000 000 Bewohnern der heutigen europäischen Türkei noch nicht eine Million Osmanen sind, daß ihre Zahl aus erklärlichen Gründen, die hauptsächlich in ihrem Privatleben zu suchen sind, alljährlich reißend sinkt, daß die Türken in kompakter Masse auf dem Lande fast nirgends, höchstens in einigen Landgemeinden Thraciens, sonst nur in den Städten, als Garnison, als Beamte, seltener schon als Privatgrundbesitzer zu finden sind, deren Zahl nachweisbar infolge geistiger und körperlicher Erschlaffung, infolge rüstiger Konkurrenz der Slaven und Griechen stetig abnimmt, so ist das Bild des verscheidenden Türken vervollständigt.

Abgesehen vom Islam, und, mahnte nicht die grausige Verödung fast der ganzen Halbinsel an ihn, wird ihm nichts ein bleibendes Denkmal sein!

* * *

Nicht nur eine „Türkenherrschaft" hat von Konstantinopel aus über die unterdrückten Balkanvölker ihre segensreiche Macht entfaltet! Ist der Moslem von Religionswegen nach außen indolent und ungebildet, so waren es die beherrschten Christen nicht nur deswegen, weil das Schwert des Islams über ihnen schwebte! Dessen bester Bundesgenossen einer — und war er in einzelnen Fällen auch einmal unbequem, wie alle solche sauberen Freunde — war durch Jahrhunderte hindurch der byzantinische Patriarch, das Oberhaupt der morgenländischen Christenkirche, die unter ihm stehende Heilige Synode und der Fanar.

Patriarchat und Synode sind nie aus den Händen der Griechen gekommen.

Die slavische Balkanhalbinsel, Bulgaren und Serben zu hellenisieren, sie ihre eigne Sprache vergessen zu lehren, sie in niedrigster Unwissenheit und Unbildung, im widerwärtigsten Aberglauben zu halten, dafür aber um so sicherer dem Kirchenregimente zu unterwerfen — das ist das ewige Princip der Fanarioten gewesen.

Frei soll der Patriarch gewählt werden nach der Kirchenverfassung: ist jemals ein Nichthellene Patriarch geworden? Seit im XVI. Jahrhundert die Schätze des Fanars von den Sultanen „praktisch" verwendet worden waren, ist dort eine echte Griechenschacherei Mode gewesen, echter als aller Handel und Betrug in Athen!

Im Fanar wurden und werden noch heute die Patriarchensitze an den besten Zahler, Wahlstimmen für immense Gelder verschachert. Der „Gewählte" und von dem Sultan „Bestätigte" — auch dies soll viel kosten — beginnt sein Seelsorgeramt damit, daß er die von ihm zu vergebenden Bischofssitze wiederum an den Meistbietenden verleiht; die Bischöfe thun ein Gleiches mit ihren Diöcesen, und die Pfarrer saugen im Dorfe aus den Rajahs, was der Türke übriggelassen hat. Später gilt es, durch Pfarrgeschenke die Freundschaft mit Byzanz zu erhalten. „Große Geschenke erhalten die Freundschaft," sagt der Patriarch.

Nimmt es wunder, wenn der sonst so unduldsame Türke den treuen Gehilfen bei der Knechtung der Rajah bei der Verdummungsarbeit ungeschoren ließ?

Der Pope bestimmt auch die Höhe der Abgaben seiner Herde ganz souverän. Bedenkt man, daß in türkischem Lande der Christ auch unter bischöflicher „Verwaltung" steht, daß Ehe und Scheidung, Testament, ja selbst die meisten anderen Civilstreitigkeiten vor ihn gebracht werden — daß über ihn der einzige Weg zu den türkischen Paschas und Effendis, den Regierungsräten, geht, zu diesen nicht minder dunklen Ehrenmännern —, hat man nur einen Blick in die elle Wirtschaft auch dieser Volksseelsorger gethan, so kann man sich einen Begriff davon machen, wie es in der Seele eines Balkanslaven aussehen mag.

Es ist gewiß kein Zufall, daß die Mehrzahl der südslavischen Aufstände unseres Jahrhunderts sich zunächst gegen die entsittlichten christlichen Bedrücker in Konstantinopel wendeten. Es ist wohl einzusehen, weswegen die Bulgaren bulgarische, besoldete Bischöfe — nicht in Konstantinopel erschacherte, mit allen Lastern des lüsternen Fanariotentums behaftete Griechen — haben wollten!

Wer anderen eine Grube gräbt —: das bewährte Werkzeug des Sultans hat sich gegen ihn gewandt. Mit dem Bestreben nach kirchlicher Unabhängigkeit erstarkte der nationale Sinn, die Sehnsucht nach nationaler Freiheit! —

Das allerköstlichste Glanzlicht in diesem Bilde ist die Selbsterkenntnis der Griechen, der Neuhellenen in Athen. Mit wahrhaft Sokratischer Einsicht erklärten sie sich unmittelbar nach den Freiheitskriegen 1833 auch kirchlich von Byzanz unabhängig. Erst 1850 gab sich der gekränkte Patriarch damit zufrieden. —

Er ist, wie sein moralischer Vetter, der Sultan, ein von der Zeit der schweren Not bedrängter Herr!

Seit Peter der Große (1702) den Patriarchenstuhl von Moskau nicht wieder besetzen ließ, seit er sich selber Patriarch aller Russen nannte, war das große russische Reich auf immer dem byzantinischen Einfluß entzogen. — Die Hellenisierung der Balkanhalbinsel durch den griechischen Klerus hatte im Anfang unseres Jahrhunderts ihre Höhe erreicht. Da erwachten auch die Südslaven. Sie verlangten wieder nach bulgarischer Schrift, nach serbischem Gebet. Gegen Patriarch und gegen Sultan das erreicht zu haben, dürfen sich die beiden nördlichen Balkanvölker getrost zu ihrem Ruhme nachsagen lassen. Serbien ist eigentlich ausschließlich orthodox. Dennoch hat es einen völlig nationalen Klerus. Der Metropolit von Belgrad wird vom König bestätigt; er steht nur formell dogmatisch unter dem Patriarchen.

In Bulgarien aber bemächtigte sich, noch zu türkischer Zeit, in den 60er Jahren jene große kirchliche Bewegung der Gemüter, die die Entsetzung aller griechischen Kleriker von Volkes wegen zur Folge hatte. Bulgaren wurden erwählt. 1872 nahm sich notgedrungen der Sultan dieser Bewegung an; er befahl die Ernennung eines bulgarischen Exarchen. Anthim von Widdin wurde ernannt; der Patriarch that ihn in den Bann. Auch Bulgarien hat seitdem seine nationale Kirche. Aber noch immer wartet das bulgarische Schisma der Anerkennung — oder des Sturzes des Patriarchen. Es zeugt doch von einem großen religiösen Ernst, daß trotz dieser erbitterten Feindseligkeiten die zu allen Zeiten unternommenen energischen Versuche der römischen Kirche, hier Erbe zu werden, so gut wie gänzlich erfolglos gewesen sind. Auch die rege protestantische Mission — in Bulgarien die der Amerikaner — bringt es nur zu belanglosen Resultaten!

Die Zahl der bulgarischen Protestanten beträgt heute etwa 1500, die der Orthodoxen 2400000, die der Muselmanen 675000!

Auch Griechenland ist rein orthodox. Von 2000000 Einwohnern sind nur 24000 Muselmanen (meist in Thessalien und Epirus), nicht ganz 15000 nicht-orthodoxe Christen! —

Anders sieht es allerdings an der Nordwestseite der Balkanhalbinsel aus. In Dalmatien hat sich Roms Einfluß vorwiegend erhalten — seit der Teilung des Römerreiches! 83 % der Bevölkerung (475000 im ganzen) sind römisch-, 16½ % griechisch-katholisch; der Islam ist dort verschwunden.

Es ist schon jetzt, nach noch nicht 20jähriger Besetzung, zu bemerken, daß Österreich in gleicher Weise seine neuesten Provinzen wieder verchristlichen wird: Bosnien, die Herzegowina und Nowi-Basar zusammen weisen nahezu 500000 Orthodoxe, 210000 Katholiken und nur noch 435000 Muselmanen auf! Eine gewaltige Veränderung gegen die Zeiten Hussein Agas! —

Die bergrauhe, unzugängliche Herzegowina allerdings ist immer gut christlich gewesen. Daran war schon das nachbarliche Montenegro schuld, das aus einem kleinen Vasallenstaat des großen Serbenreichs seit der Schlacht auf dem Amselfelde die Zufluchtsstätte aller nicht zum Islam übertretenden Christen geworden war. Von 1516 an stand es unter priesterlicher Regierung. Erst als 1851 Danilo, der letzte der streitbaren „schwarzen Mönche“ die schöne Kaufmannstochter Darinka dem Priesterkleide vorzog, wurde Montenegro weltliches Fürstentum. Von den 236 000 Einwohnern sind 15 000 Muhammedaner, nur 500 Katholiken. —

Unter den schmucken Soldaten (750 Mann Infanterie!) Nikitas sah ich auch einige, die den Turban, nicht das runde Montenegrinerkäppi trugen: es waren die wenigen Muselmanen. Sie haben das Recht, bei einem Kriege mit der Türkei nicht mitzukämpfen; ein höchst charakteristischer Zug ritterlicher montenegrinischer Denkungsart!

Ein Unikum, gerade wie in jeder anderen, so auch in kirchlicher Beziehung, bildet Albanien. Nur im Süden hat eine rein politische Propaganda im Interesse Griechenlands durch Geld der albanesischen Habgier beizukommen gewußt; Janina und sein Bezirk sind nun von Herzen griechisch gesinnt. Aber in die dunklen Schluchten Mittel- und Nordalbaniens politisch einzudringen hat noch keiner recht gewagt. Da macht man es denn wie in Afrika: Hilflose, geldlose, durch ihr Kleid verhältnismäßig gesicherte Missionare sind dort die Vorkämpfer — wessen eigentlich? Griechische Missionare, italienisch-römische, österreichisch-römische, französisch-römische, russisch-orthodoxe, von ihren Regierungen als moderne Apostel ausgesandt und unterstützt, — alles Vorposten des Christentums!

Ich habe eine Nacht bei einem solchen natürlich nur im Interesse der Kirche thätigen Gottesmann zugebracht. Er war Italiener. Im nächsten „Dorflager“ erfüllte ein Österreicher die gleiche Mission augenscheinlich sehr gut! Denn mein sonst so freundlicher Wirt lehrte mich bei dessen Erwähnung eine solche Fülle italienisch-christlicher Ausdrücke, wie ich sie in Monaten mühseligen Studiums nicht zusammengebracht hätte!

Vergegenwärtige man sich, daß nach Skanderbegs Zeiten die große Mehrzahl der Albanesen zum Islam übertrat, um in türkische Dienste aufgenommen zu werden, daß noch heute etwa 700 000 Albanesen Muselmanen sind! Es wäre mir ein Rätsel, wie ich, von dem Raubwesen Albaniens ganz abgesehen, mit heiler Haut die Gefahren einer oft dorfweise konfessionsverschiedenen, verhetzten Bevölkerung überstanden haben könnte, wüßte ich nicht das: dem Albanesen ist die Religion meist so gleichgültig wie alles, was über Freiheit und Kampf hinausgeht! Er lacht gewiß im stillen über die abendländischen Priester, die sich gegenseitig das Feld streitig machen und ihm doch Demut und Bescheidenheit und christliche Nächstenliebe predigen! Unter diesem Gesichtspunkt gesehen, entbehren die Missionen Albaniens nicht einiger Lächerlichkeit. Doch sei der Vollständigkeit wegen angeführt, daß im Süden die griechische, im Norden die römische Kirche vorherrscht, und daß die Zahl der Muhammedaner in nördlicher Richtung wächst. — Annähernd richtig wird man die Katholiken auf 150 000, die Orthodoxen auf 350 000 Köpfe schätzen können. —

Wie bei den Slaven kann man auch aus den bisherigen Aufständen der Albanesen auf ihren Charakter schließen: niemals ist eine Religionsfrage, wie dort, die Veranlassung zu solchen gewesen! — Da war's nur ein Freiheitsgelüste, ein unbequemer Gouverneur, der zu viel Steuern aus der ihm für schweres Geld vom Sultan verpachteten Verwaltung herausschlagen wollte — oder endlich ein Pascha, wie Mustafa, der Bundesgenosse Husseins von 1829, der gern ungestört und selbständig über Albanien regieren wollte, und dem der reformfreundliche Mahmud II. in Stambul zu stark werden zu können schien!

* * *

Die Albanesen haben in ihren Kämpfen von 1830—1850 nicht ihre nationale staatliche Auferstehung erreicht.

Sie hatten nicht die mächtige Unterstützung eines für eigne Zwecke arbeitenden Brudervolkes, wie die Serben und Bulgaren durch Rußland in den Tagen, wo sie noch artige Kinder waren; sie hatten auch nicht die Sympathie des gebildeten Abendlandes, wie die Griechen zur Zeit Byrons!

Heiterer Sinn. Nach dem Gemälde von C. Zaparelli.

Klein war ja das neue Serbenreich von Belgrad bis Nisch, das in den Freiheitskriegen Czerny Georgs von 1804 bis 1815 sich ankündigte, das unter den Gefahren des wühlenden Panslavismus, der unpopulären Freundschaft Österreichs, der Bürgerkriege, bis 1878 um seine Freiheit rang und endlich 1882 Königreich wurde.

Klein ist auch im Vergleich zu der alten Herrlichkeit das junge Bulgarenreich von 1878, selbst nachdem Ostrumelien durch den kühnen Staatsstreich des Fürsten Alexander 1885 so gut wie einverleibt worden ist.

Größer wird auch Griechenland allen Flottendemonstrationen und allem Gläubigergeschrei zum Trotz werden; denn auf den Inseln des Ägäischen Meeres ist die hellenische Rasse reiner erhalten, als auf dem Festlande!

Immerhin ist doch etwas erreicht. — Albanien wird warten müssen, bis auch Macedonien geteilt wird, bis zum letzten und allergefährlichsten Akt des Balkandramas.

Hier an Macedonien hängt nicht nur die letzte Hoffnung des Sultans und des Patriarchen. Hier prallen auch die jungen Balkanstaaten selbst aneinander! Ich kann sagen, jeder Grieche, mit dem ich darüber sprach, behauptete, Macedonien sei völlig griechisch und müsse zu Griechenland; jeder Serbe behauptete dasselbe, wenigstens von der nordwestlichen Hälfte Macedoniens, in Bezug auf Serbien; die Bulgaren sind empört, daß Macedonien nicht längst zu Bulgarien gehört, wie Rußland in den Zeiten guter „Freundschaft“ (im Frieden von St. Stefano) gewollt hatte! Ja, — auch mein albanesischer Freund hatte weitgehende macedonische Prätensionen!

Dieses Ansichtenkaleidoskop ist praktisch verwirklicht in der Errichtung einer Unzahl griechischer, serbischer und bulgarischer Schulen in Macedonien, die von Patriotenkomitées in den verschiedenen Ländern unterstützt und geleitet werden.

Neuerdings beginnen die Griechen, ihr altes Hausmittel, die Bildung von Freischaren, wieder zu versuchen: Von der Grenze Thessaliens machen diese aus ausgesucht tapferen und bewährten Männern gebildeten Banden ihre Streifzüge nach Macedonien hinein und erregen die Bewunderung und den Neid der dortigen Bewohner!

Und schließlich verlangt die serbische Regierung für die Serben in Üsküb einen serbischen Bischof — die Bulgaren halten dort einen bulgarisch-schismatischen Bischof für nötig und nützlich — die Griechen erfreuen sich des unfreiwilligen tüchtigen Bundesgenossen, des Patriarchen, der weder den einen noch den anderen Bischof gestatten will, sondern seine Üsküber Pfründe ruhig weiter im Fanar versteigern möchte oder, wie noch jüngst in der Zeitung zu lesen war, die Schließung der Kirchen befahl, so daß die armen Leute das heilige Weihnachtsfest nicht kirchlich feiern durften und in Angst und Not um ihr Seelenheil gerieten.

Tüchtig wird auch von den „Nationalgesellschaften,“ die jeder kennt und die doch niemals zu entdecken sind, mit Geld- und Waffenverteilung gewirtschaftet; das ist jetzt eine schwache Seite der Bulgaren!

Macedonien also ist die Orienthexenküche par excellence. Wehe, wenn hier der Sabbat anbricht!

In Macedonien leben nicht ganz 600000 Türken, und zwar hauptsächlich in den größten Orten wie Adrianopel, Seres, Kjöprülü, Üsküb. 212700 Griechen wohnen längs der ganzen Küste und in den Städten, meist handeltreibend; die dreifingerige Chalkidike ist ganz griechisch; das Vorgebirge Athos krönen ja die berühmten Klöster, aus denen nicht nur die tausendjährige griechische Kirchenwissenschaft, der griechische Klerus eine Unzahl ihrer besten Vertreter bezogen haben — von denen aus nicht nur einer der wunderherrlichsten Blicke über das lichttrunkene Ägäische Meer sich dem andächtig werdenden Wanderer bietet, sondern in denen — devinit in pleno — derselbe Wanderer auch mit echt mönchischer Gastfreundschaft aufgenommen wird:

„*Τί ἀγαπᾶτε;*“ Was wünschen Sie?

„*Καληπέρα!*“ Ach, guten Abend, man sagte mir, ich käme hier zur Nacht unter!

„Große Ehre; *καλῶς τονε* — der Zufall will es, daß wir gerade etwas Besseres für Sie haben; — doch Sie werden trotzdem noch fürlieb nehmen müssen —“

Diesen „Zufall“ wird man dort täglich erleben können; wir speisten lukullisch, Lammbraten und Pilaf (Reisspeise); und einen Wein gibt es, golden anzusehen, duftend, als wenn alle Wohlgerüche des Orients sich leise darin abgeklärt hätten, — selig machend! —

Das Abendglöcklein läutet. Draußen auf der blumenbesäten Wiese liegend, träumt man in den Mondschein und in das Meer hinaus. —

Die Glocke ruft auch zum Morgengebet.

Der „Higumenos" begleitet den „Fremdling" ein Stückchen Weges — er läßt sich ein „weniges" für den „Ausbau" der Kirche verabfolgen. —

„Εἰς πολλὰ ἔτη!" Gott vergelt's in alle Zeiten! „Ἔχε ὑγίεια, ξένε!" O Fremdling, mög es dir wohl ergehen! —

Sollte man meinen, man wäre in Macedonien?!

Doch, — hier im Kloster Chilandar hat auch 1762 ein bulgarischer Mönch wieder das erste Buch in bulgarischer Sprache nach den Zeiten ihrer stillsten Vergessenheit, eine bulgarische Geschichte, geschrieben; — sie wird als der Anfang der bulgarischen Emancipation vom Hellenismus betrachtet.

Früher oder später wird fast ganz Macedonien den Bulgaren zufallen müssen: mögen die nordwestlichen Gegenden um Üsküb serbisch werden, mag Südmacedien den Albanesen zukommen, — die kompakte Landbevölkerung vom Schwarzen Meer südlich der Donau bis zum Schardaghgebirge, zum Ochrida- und Presbasee, bis an die Kambunischen Berge ist bulgarisch. Man braucht ja nicht gerade mit meinem bulgarischen Studienfreunde zu behaupten, in Macedonien lebten 1 400 000 Bulgaren, 350 000 Türken und 150 000 Griechen! Aber richtig ist ohne Zweifel, daß die Zahl der Bulgaren in Macedonien heute ungefähr 1 000 000 beträgt.

Am buntesten sind wie gesagt die macedonischen Städte, z. B. Saloniki, das vielgenannte! Kaum eine Sprache, die man dort nicht hörte — oder verstünde; man sieht elegante Toiletten fin de siècle neben den abenteuerlichsten Trachten; man wohnt abendländisch und morgenländisch; Tschibuk oder Nargileh rauchend und türkischen Kaffee trinkend, wird man am Hafen nicht müde, das laute Treiben und Schaffen zwischen dem ungeheuren Mastenwald und am Kai zu beobachten. Eine Hyperbel: Der Neapolitaner scheint mir still wie ein mecklenburger Bauer, wenn ich an die griechischen Hafenarbeiter denke! — In Saloniki ist der österreichische Handel stark engagiert; hierher führt die Orienthandelsstraße, die Oesterreich sich über Bosnien-Serbien-Nowi-Basar durch seine bisherige Politik gesichert hat und weiter sichern möchte. Daß in Saloniki „Geschäfte" zu machen sind, mag man daraus ersehen, daß es zu einem Drittel Griechen, einem Drittel Türken, einem Drittel Juden beherbergt! Es hat die herrlichsten Moscheen fast der gesamten Türkei (einzelne davon sind vom Venustempel der Römer zu christlichen Kirchen geworden und dann zur Moschee degradiert) — es hat zwölf teilweise prachtvolle Synagogen!

Noch origineller ist die Bevölkerung Monastirs: Etwa zu gleichen Teilen teilen sich in 18 000 Bewohner nicht weniger als sechs verschiedene Nationalitäten: Türken, Bulgaren, Griechen, Albanesen, Juden, Zinzaren (Macedovlachen)! — Die vor der Inquisition zu Ende des XV. Jahrhunderts geflohenen spanischen Juden finden sich ja in der ganzen Levante.

Die Zinzaren sind wohl der merkwürdigste Teil der Balkanbevölkerung: ein Volk lateinisch-rumänischer Sprache, dessen Herkunft zu bestimmen den Ethnologen bisher noch nicht gelungen ist. Nirgends sind sie zahlreich, kompakt vertreten. Im Peloponnes, im Pindus, in Thrakien, in Albanien (Durazzos Vorstadt), in Makedonien (75 000) zerstreut, leben sie zum Teil als Nomadenhirten in den Bergen, hauptsächlich aber als rührige Gewerbetreibende: gold- und silbergetriebene Waffen mit eingelegtem Schmuck, Becher und Gefäße aus Edelmetall sind ihre Hauptstärke.

Doch haben sie einen gefährlichen, wenn auch faulen Konkurrenten! Die gesuchtesten Waffen sind die der Zigeuner! Über die ganze Balkanhalbinsel hin führt dieses merkwürdige Indervolk sein heidnisches Wanderdasein.

In den Vorstädten, am Dorfende, meist in zerlumpten Zelten, oft Männer und Frauen ohne jegliche Bekleidung, stolz und geringschätzig dreinschauend, vom Raube lebend und vom Tanz der Mädchen, ernst und leichtsinnig, morallos und schmarotzerhaft, lungern sie da herum; der ganze Stolz und Hochmut, die aller Kultur abholde Indolenz und Sinnlichkeit, das verborgene, plötzlich auflodernde Feuer, die

Stammesliebe (nicht Vaterlandsliebe), die ureigensten Züge des wahren Orientalen zeigen sich hier in reinster, unverhülltester Form!

In Janina war es, der „Hauptstadt“ des südlichen Albaniens: mein Kamerad und ich saßen über der Karte und suchten nach dem besten Wege zur Küste, als ein verschmitzter alter Zigeuner im langhaarigen Schaffell um uns herum seine immer enger werdenden Kreise zog, bis er uns blinzelnd und demütig den Vorschlag machte, ob wir nicht tanzen sehen wollten. Ich habe sonst eine gründliche Abneigung gegen alles, was aussieht wie Ballett! Aber diese Sondervorstellung in einem mit gestohlenen Teppichen drapierten Raume, eine steigende-fallende Tanzweise von ein paar Zigeunerjungens ausgeführt, Beckenschläge und ein mir gänzlich unbekanntes Holzinstrument, halb Flöte, halb wie Oboe klingend, ein wildes schönes Mädchen, eine „tanzende Mänade,“ die ihr Tambourin schwang und schlug, den Kopf hintenüber sinken ließ und wieder zurückwarf, daß die schwarzen Haare über die bronzenen Schultern wallten, das war denn doch ein Ballett, über dem man die Abreise vergessen konnte! Die Paschas sollen ja darüber Regierung und Schulden vergessen; der von Janina, der ärmste, der allezeit auf die griechische Empörung und sein jähes Ende wartet, war eben da gewesen!

* * *

Wann wird sein Stündlein gekommen sein? Wann werden die 13500000 Menschen der Balkanhalbinsel zur Ruhe und zum rechtmäßigen nationalen Staatsleben gelangen?

Lange wird's noch dauern! Neben der unseligen Zwietracht untereinander schwächt noch ein zweites Moment ihre eigene Kraft!

Es war ein unverzeihlicher Fehler (oder war's beabsichtigt?), daß man Serben, Bulgaren und Griechen mit dem Danaergeschenk einer nach abendländischem Muster gebildeten Verfassung, der konstitutionellen Monarchie, beglückte! Alle drei jungen Reiche haben das durch ihre kurze Geschichte schon bewiesen, jede enthält einen Dynastiewechsel!

Dem unklugen Drängen seiner politisch völlig unreifen Unterthanen nach übereilter Machterweiterung, dem rohen Unverstande der alten Klephthen, die da glaubten, mit der Albanesenbüchse über der Schulter, angethan mit dem weißen, um die Kniee flatternden Fustanellaröckchen die Türkei und die ganze Welt gewinnen oder „befreien“ zu müssen, und die für Kultur und Friedensthätigkeit recht wenig Sinn hatten, fiel 1862 König Otto von Griechenland zum Opfer; er kehrte zurück nach Bayern. Schule und Erfahrung haben seitdem manches gebessert. Doch noch immer treibt sich in den Straßen Athens jene unsympathische Menge politisierender Tagediebe umher, man erlaubt sich dort schon mit 15 Jahren, ein „Programm“ zu haben, — die einer verständigen Regierung ihr Dasein fast unmöglich macht. Eine „verständige Regierung,“ d. h. eine solche, die sich nicht zu sehr auf ihr gutes nationales Recht, sondern nur auf eigene oder sichere fremde Macht verläßt!

Nach dem Tode eines der besten Griechen, Trikupis, ist das „Verwechselt-das-Bäumchen-Spiel“ mit dem Ministerium seines Gegners, des viel unbedeutenderen Delyannis, unmöglich geworden. Viele geeignete Männer gibt es auch heute noch nicht für den Ministerpräsidentenposten; so ist denn mit Delyannis einigermaßen Ruhe in die *βουλή* (Parlament) eingezogen — cum grano salis! Ich habe dort eine liebliche Katzenmusik mit Pfeifen und Blechkasserolen erlebt!

Doch, König Georg I. mag immerhin mit seinen Erfolgen zufrieden sein, wenngleich man vor der Kretafrage, durch die er wohl populärer geworden sein mag, alle Tage in der *ΠΑΛΙΓΓΕΝΕΣΙΑ*, der *ΕΣΤΙΑ* oder anderen Blättern lesen konnte, er sei ein recht fauler Betrüger!

Der *βουλή* höchst gleichwertig ist die serbische Skuptschina! Die Zahl der bisherigen serbischen Ministerien ist Legion!

In Belgrad laviert man zwischen Panslavismus, Großserbentum und — klugem Abwarten der nächsten „Bismarckschen Etappe“ hindurch. 1859 mußte Alexander Karageorgiewitsch seiner Friedensliebe (alias Einsicht, daß der Krieg vorläufig nichts nütze!) und seiner Österreicherfreundlichkeit wegen abdanken. Milosch Obrenowitsch, der alte Kämpe aus den Freiheitskriegen, wurde zum Fürsten berufen; noch regiert sein nun königliches Haus; aber noch 1889 entzog sich König Milan dem unfruchtbaren Parteitreiben und machte seinem Sohne Alexander I. Platz!

Nun gar Bulgarien! Dort ist es freilich nicht das Volk, nicht die Sobranje, denen die Schuld an der Abdankung Alexanders von Battenberg zur Last zu legen sind. Gutmütig und einsichtig, dankbar und an Gehorsam gewöhnt ist der kleine, so lange geknechtete Bulgare. Der Staatsstreich von 1881, durch den Alexander sich des radikalen Ministeriums und des Einflusses der russisch-radikalen Agitatoren entledigte, indem er sich von einer außerordentlichen Volksversammlung für sieben Jahre absolute Vollmacht ohne Parlament gewähren ließ — wäre in Hellas oder Serbien nicht möglich, wenn auch ebenso einzig richtig gewesen!

Was die Bulgaren leisten können, zeigte sich dann im Jahre 1885 bei der kühnen Annektierung Ostrumeliens und weiter in der Schlacht von Slivnitza, in der sie unter dem bewundernswürdigen Alexander und jungen, bulgarischen Offizieren ihre neue rechtmäßige Provinz gegen das neidische Serbien so siegreich verteidigten.

Aber das Jahr 1885 ist auch dasselbe, in dem der russische Streich vom 21. August das Land um seinen thatkräftigen Herrscher bringen sollte. In aller Erinnerung ist diese romanhafte Umzingelung des Palastes und gewaltsame Entfernung Alexanders!

Zwar ließ das dankbare Volk so leicht sich seines schwärmerisch verehrten Fürsten nicht berauben. Es war ein Triumphzug, als Alexander wieder in Tirnowa einzog.

Aber dennoch mußte er dem rohgewaltigen Nachbar nachgeben. Es wird sich noch einmal blutig rächen; noch heute trauert der Bulgar um Alexander I.; der Koburger Ferdinand kann ihn nicht ersetzen. Man denke an Boris und sein schönes Bild im Kladderadatsch aus der Zeit seiner Umtaufung!

Der größte Frevel liegt jedenfalls darin, daß man dem einzigen Balkanstaat, der sich unter einem besonnenen, thatkräftigen Fürsten zu einer ruhigen Entwickelung anschickte, die Regierung, der das Volk vertraute, und so den inneren Frieden nahm! — Auch noch um des lieben Friedens willen?!

* * *

Hier zeigte sich so recht die wahre Gerechtigkeits- und Friedensliebe einiger der großen Herren, der bewußten „Choristen" am Goldenen Horn. Nicht genug, daß man Bulgarien des Fürsten beraubte! Auch Österreich wollte sein Verdienstteil um Bulgarien haben, seine drohende Haltung brachte Bulgarien um jede Frucht des so glänzenden Sieges über Serbien. Und Serbien war ohne Grund der Störenfried gewesen!

Es war aber eben eine zu gute Gelegenheit, Serbien zu schützen, Serbien, das der rein serbischen Provinzen Bosnien, Herzegowina, Dalmatien und Rascien wegen sich vielleicht sonst einmal an Rußlands Seite stellen könnte, um die Stammesbrüder mit sich zu vereinigen!

Oder sollte einst Montenegro, der Rest des Serbenreiches Kaiser Stefans — Montenegro, in dem das serbische Blut sich in reinster Schönheit erhalten hat, wo jeder Mann nicht nur in der gegenseitigen Anrede, sondern auch äußerlich ein „Held" ist und in seiner riesigen Größe und Blondheit eher einem alten — Germanen ähnelt, als dem Bilde, das man sich bei uns vom Südslaven macht — sollte dies Montenegro, der „einzige Freund" Rußlands, berufen sein, Stefan Duschans Vermächtnis zu erfüllen? —

Rußlands Wünsche, Besetzung der Pforte, Erreichen des Mittelmeers, sind mit dem Erstarken eines bulgarischen Reiches, welches doch berufen ist, das Erbe am Goldenen Horn anzutreten, unvereinbar. In bulgarischer Feindschaft wird es jederzeit bei den Griechen Unterstützung finden, die ihre heimlichen Prätensionen in Byzanz, die thörichten Erinnerungen an das alte griechische Kaiserreich nicht aufgeben können.

England, Frankreich und Österreich, die bei der schon hinter uns liegenden Teillösung oder „Etappe," nach Bismarck, jedes seinen fetten Bissen (Ägypten, Tunesien, Bosnien 2c.) verschluckt haben, bedürfen der Ruhe zur Verdauung; sie sprechen mit Vorliebe — Goluchowski und Salisbury in jeder Rede! — von der sogenannten Aufrechterhaltung des status quo!

Italien sieht sich von Frankreich um Tunesien betrogen. Ehe es aber daran denkt, einen modernen punischen Krieg zu beginnen, wird es versuchen, sich im Osten zu entschädigen. Ich erwähne die Propaganda in Albanien, neuerdings spricht man von Kreta, das früher oder später dennoch einmal griechisch werden wird; denn es — ist griechisch! Für Italien wäre es ein Danaergeschenk, wie Bosnien für Österreich.

Sicher ist es verhängnisvoll, daß

Österreich im Vertrage von Berlin mit „der Verwaltung Bosniens und der Herzegowina beauftragt“ worden ist.

Sollte eine kluge Voraussicht späterer „Etappen“ diesen Euphemismus gewählt haben, um die Möglichkeit auch äußerlich anzuzeigen, daß dieser Auftrag einmal erledigt sein sollte!?

„Die orientalische Frage beginnt für die deutsche Politik da, wo die Lebensinteressen Österreichs gefährdet werden,“ sagt Bismarck. Er berührt hier den letzten Gesichtspunkt, den man bei ihrer Betrachtung nicht außer acht lassen darf!

„Gott erhalte Franz, den Kaiser!“ Schon weil er ein Deutscher ist! — Aber, wenn einst Sultan und Patriarch europamüde Arm in Arm über den Bosporus hinausgewandert sind, wenn der russisch-bulgarisch-griechische Streit geschlichtet sein sollte, dann wird sich die Orientfrage in eine österreichische verwandeln!

Schon in unseren Tagen ist die Kulturaufgabe Österreichs, des deutschen Österreichs, seine slavischen Nationen zur politischen Mündigkeit zu erziehen, ihrer Lösung nahe! Jedes Gespräch des Fremden in Österreich führt auf diese brennende Nationalitätenfrage! Ja, eine große deutsche Partei sehnt sich nach dem Ende der undankbaren Gemeinschaft mit den Slaven.

Noch ist der Sultan da, noch muß gegen ihn und Rußland der rumänische Hohenzollernkönig Anlehnung bei Österreich suchen! Aber ein ungeheurer Teil österreichisch-ungarischer Bevölkerung, etwa durch die Linie Czernowitz-Weißkirchen bezeichnet, ist rumänischer Nationalität!

Hier im Südosten wird einst die Lösung jener neuen Frage beginnen; Rußland rollt sie vielleicht auf; die Serben, Montenegriner und Kroaten im Südwesten werden sich nicht vergeblich ihrer Zusammengehörigkeit und Nationalität erinnern!

Und dann — ob's dann nicht an der Zeit sein wird, auf die Melodie vom Kaiser Franz von Nordwesten her das viel schönere „Deutschland über alles“ zu singen? Die Italiener spielten im Südwesten mit: Es sollte die letzte Etappe werden —

Doch, es heißt vorläufig noch lange „verständig“ abwarten!

Noch liegt das Huhn zwischen dem Fuchs und dem Wolf, die Köhlerfrau droht mit dem Knüttel —! Auch ist die Geschichte unterdessen etwas weitergegangen: Es langte der Luchs an, und wie der Wolf wieder mit den Zähnen fletschte, raunte er ihm zu: „Um des lieben Friedens willen! Ich helfe dir gegen die andern, wenn du mir einen Flügel abgibst!“

Der Wolf sagte gar nichts.

Es kam eine noch viel dickere Köhlerfrau mit einem noch größeren Prügel —

Cetera desiderantur —! Ich kann mich nicht mehr besinnen, wie es weiterging!

Ich glaube, der Wolf wollte zupacken, die Köhlerfrau schlug auf ihn ein, die andere aber, die ihr gram war, überfiel sie von hinten, der Fuchs hatte den Luchs am Kragen, sie zerschlugen und zerbissen sich alle miteinander.

Nur das Huhn stand plötzlich wieder auf und stiefelte laut gackernd von dannen. Das hatte der Herrgott gemacht; den ärgert der Neid der Choristen! —

Abb. 1. Mädchen aus Hallau.

Schweizer Volkstrachten.

Von

J. C. Heer.

Mit dreizehn Abbildungen.

Sitte und Brauch, Spiel und Tracht sind so charakteristische Kennzeichen eines Volkes, daß jeder, der Sinn für die volkstümlichen Regungen des Kulturlebens hat, ihnen den höchsten Anteil entgegenbringt. In Deutschland arbeiten Freunde der Volkskunde überall an der Sammlung der Gegenstände, Bilder, Beschreibungen, die geeignet sind, die Eigenart der Bewohner verschiedener Landstriche und Gegenden ins Licht zu stellen. Angeregt durch den deutschen Eifer, ist in letzter Zeit auch in der Schweiz das Bedürfnis erwacht, sich nach dem umzusehen, was sich der Gegenwart an örtlichen Sitten und Gebräuchen, Spielen und Trachten erhalten hat.

Ein großes schweizerisches Volkstrachtenfest, das letzten Winter in Zürich abgehalten worden ist und im nächsten Jahr zur Einweihung des schweizerischen Landesmuseums in der gleichen Stadt auf breiterer Grundlage wiederholt werden soll, gab den Anstoß, daß durch das ganze Land bis in die entlegensten Bergthäler, insbesondere der lang vernachlässigten Trachtenkunde eifrige Forscher und Förderer erstanden sind.

Abb. 2. Appenzeller.

Verloren, bis auf das letzte Stück verloren, hat sich gar manches Kostüm, das zu den ursprünglichsten und eigenartigsten gehörte, ja einige kennen wir nur noch aus Bildern vom Anfang dieses Jahrhunderts. Andere sind in der Weise verschwunden, daß sich zwar die Frauentracht erhalten hat, die der Männer aber erloschen ist, noch andere haben sich modernisiert, indem sie nur die auffälligsten Bestandteile, namentlich die oft abenteuerlichen weiblichen Kopfbedeckungen ablegten, während sie die übrigen Formenstücke beibehielten.

Man schätzt die Zahl der Trachten, welche die Schweiz noch vor fünfzig Jahren besaß, auf über hundert. Sie wechselten nicht nur von Thal zu Thal, sondern in manchen Gegenden von Dorf zu Dorf, und jeder Gau besaß deren einige, z. B. der Zürichgau deren wenigstens acht. Sie waren ein Spiegelbild der socialen Lage des Volkes, äußerst bescheiden in den Gegenden, wo das Leben hart einherging, voll prunkenden Reichtums in anderen. Am farben- und formenfreudigsten entfalteten sie sich in den katholischen Landesteilen, einmal weil sich die Bevölkerung bis Ende des vorigen Jahrhunderts durch die Söldnerdienste ihrer jungen Männer in Frankreich, Spanien, Italien, Holland einer steten Wohlhabenheit erfreute, und sodann, weil die Geistlichkeit der Spiellust des Volkes freien Lauf ließ. In der protestantischen Schweiz war vielleicht die Neigung zum Kleiderprunk nicht kleiner, aber da man dort die Verderblichkeit der Reisläuferei schon seit dem Anfang des XVI. Jahrhunderts einsah und sie nach Möglichkeit hinderte, so blieb sie ärmer, und der strenge Geist der Reformation unterdrückte ein ausschweifendes Trachtenwesen durch Sittenbehörden, die sogenannten „Ehegaumer,“ die die Übertretung der Kleidergesetze rücksichtslos straften. Ganz die Farbenfreude des Volkes zu ersticken vermochte der Protestantismus nicht, die Wehnthalerinnen im Kanton Zürich, die Oberländerinnen im Kanton Bern besitzen noch jetzt Kostüme, die zu den reizendsten der Schweiz gehören.

Die Ausbildung und das Aufkommen der Trachten hängen auf das engste mit der politischen Geschichte der Schweiz zusammen. Sie sind keineswegs so alt, wie man wohl vermuten möchte; älter als etwa vier Jahrhunderte ist nur eine, die überaus einfache und

Abb. 4. Bäuerin aus dem Knonaueramt, sogenannte „Burefeusi.“

Abb. 5. Deutsch-Freiburgerin.

schlichte Sennen- und Älplertracht im Kanton Uri, die dadurch allgemein bekannt geworden ist, daß sie der Zürcher Bildhauer R. Kißling in glücklicher Intuition für das Nationaldenkmal Tells in Altorf herangezogen hat. Sie besteht aus schwergenagelten Holzsohlen, die mit Lederriemen an die Füße gebunden sind, kurzen, bis auf die Kniee reichenden Hosen und einem Überhemd mit Kapuze. Das Sommerkleid ist rauhe Leinwand, das Winter- und Sonntagskleid braune Wolle. Als Schmuck gönnt sich die Tracht höchstens silberne Hemdenhaften. Alle Anzeichen, namentlich das vereinzelte Vorkommen in anderen Gegenden, lassen vermuten, daß sie früher viel verbreiteter war und als die ursprüngliche Tracht der schweizerischen Alpenbewohner angesehen werden muß.

Abb. 6. Landleute aus dem Wehnthal.

Soweit die wenigen vorhandenen Bilder einen Schluß zulassen, war die Kleidung in der Schweiz bis in das XV. Jahrhundert hinein überhaupt schlicht und schmucklos, sie bestand im wesentlichen aus einem langen, dunklen Rock von Wolle nach Art der Mönchskleider. Das änderte sich, als die großen Freiheitsschlachten gegen Karl den Kühnen von Burgund geschlagen waren, das Land als erste Kriegsmacht in Europa im Zenith seines Ruhmes stand, die fremden Fürsten mit ungeheuren Summen Schweizer für ihre Söldnerheere warben, eine Menge Blutgeld in die bisher armen Thäler floß und das nationale Selbstbewußtsein erwachte.

Damals, am Ausgang des XV. und am Anfang des XVI. Jahrhunderts, als das Land auf allen Gebieten des Kunsthandwerks eine Blüte erlebte, aus deren Reichtum sich seit fünfzig Jahren die öffentlichen und die Privatmuseen aller Länder gespeist haben, und der dennoch hinreicht, das schweizerische Landesmuseum mit Prunkwaffen, Prunkgeschirr, Glasgemälden und Zimmergeräten glänzend auszustatten — in jener schönheitsfrohen Zeit entstanden die Anfänge der späteren Trachten.

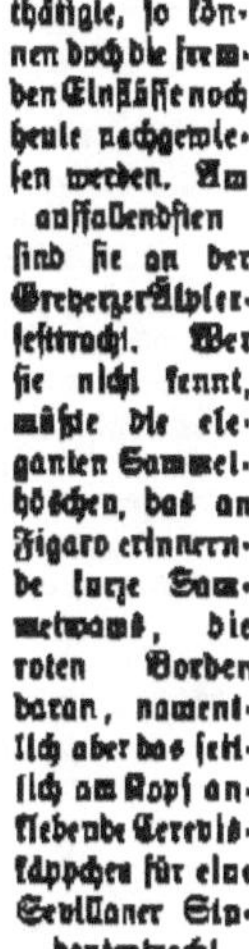

Sie haben sich aus fremden Vorbildern, insbesondere aus den damaligen spanischen Moden, die von den Söldnern heimgebracht wurden, gestaltet, und wenn auch die eigne Phantasie des Volkes sich daran schöpferisch bethätigte, so können doch die fremden Einflüsse noch heute nachgewiesen werden. Am auffallendsten sind sie an der Greyerzer Älplerfesttracht. Wer sie nicht kennt, müßte die eleganten Sammethöschen, das an Figaro erinnernde kurze Sammetwams, die roten Borden daran, namentlich aber das seitlich am Kopf anklebende Cerevis-käppchen für eine Sevillaner Stu-

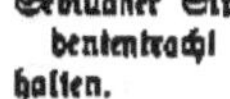

dententracht halten.

Nach einer Zeit des Schwankens und Fließens mögen die Formen und Farben der verschiedenen Trachten in der Mitte oder am Ende des XVI. Jahrhunderts durch den Allgemeingebrauch feste geworden sein, jedenfalls reicht ein großer Teil des getriebenen, ciselierten oder filigranierten Trachtenschmuckes von Gold und Silber, der jetzt noch getragen wird, ins XVI. Jahrhundert zurück und ist das Werk der berühmten Gold- und Silberschmiede, die Zürich, Basel, Luzern und andere Orte damals besaßen. An manche Trachten wurden für mehrere hundert Gulden Silber und Gold, oft auch Edelsteine und Gemmen verschwendet, und die Kosten des weiblichen Kopfputzes allein werden uns durch das alte Sprichwort erklärt: „En Wibergrind chost' as em Stahl es Rind," d. h. der Kopfschmuck einer Frau kostet so viel, wie man für ein Rind löst, das man aus dem Stall verkauft. Ging ein Trachtenkleid ab, so wurden seine Edelmetallteile auf ein neues genäht, und starb die Mutter, so trugen das Kind, die Enkelin die Zier. Auf diese Weise hat sich durch die Trachten alter Edelschmuck bis in unsere Zeit vererbt.

Die schöneren Kostüme waren immer sehr teuer, eine neue Appenzellerinnen- oder Bernerinnentracht (Abb. 2 u. 11) mit dem zugehörenden Silber kostet gegenwärtig etwa fünfhundert Franken, andere Trachten, an die Jahre fleißiger Seiden- und Goldstickerei aufgewendet wurden, sind wegen der übergroßen Kosten kaum mehr herzustellen.

Alle Trachten verraten mehr oder weniger einen Zug zur Koketterie, einzelne sind ein geradezu raffiniertes Spiel der Gewandungsfarben und Formen. Von weitem läßt sich unterscheiden, ob die Trachtenträgerinnen Mädchen, Bräute oder verheiratete Frauen sind, auch ihre sociale Stellung wird manchmal durch Abzeichen des Kostüms ausgedrückt. So tragen die Wehnthaler Frauen heute noch weiße, die Mädchen dagegen farbige Vorsteckhemdchen, in Obwalden flechten die „Bauernjungfern" weiße, die „Herrenjungfern" braune Bänder in die Zöpfe.

Das einst als Abzeichen der Braut heilig gehaltene Schapel hat sich meines Wissens in der Schweiz nirgends erhalten, ebensowenig die Brautkrone, der festliche Kopfputz der Braut am Hochzeitstage. Die oft 30–40 cm hohen Kronen trugen aus farbigen Steinen und Goldstickerei gebildete Zeichnungen, welche ein Marienbild und ein Schiff darstellten und symbolisch andeuteten, daß man die Trägerin dem Schutz der Gottesmutter empfehle und ihr glückliche Fahrt durchs Leben wünsche.

Da die Brautkronen sehr teuere Stücke waren, so besaßen nur die reichen Familien eigne, die anderen waren Gemeingut der Dörfer, wie in einigen Ortschaften des Wallis das Brautkleid jetzt noch Gemeindeeigentum ist, das je nur für den festlichen Tag hergeliehen wird.

An die Zeit der Brautkronen erinnert jetzt noch die Tracht, welche die Deutsch-Freiburgerinnen (Abb. 3) bei den Prozessionen tragen, denn ihr Hauptbestandteil ist eine rundliche schillernde Flitterkrone. Dieses Kostüm ist auch im übrigen eines der malerischesten des Landes. Um den Hals einen steifen blauen Kragen, der an die Krausen der alten Ratsherren mahnt, ein feingefältelter, scharlachroter Rock, eine rote Jacke mit engen Ärmeln, ein geblümtes Mieder, an den Hüften ein handgroßes silbernes Amulett, das sogenannte Agnus dei, mit eingravierten religiösen Symbolen, schwarzseidene Schürze, blaue Strümpfe und in den auf den Rücken fallenden Zöpfen bunte Bänder eingewoben — so gehen die Mädchen andächtigen Sinnes im kirchlichen Zug.

Die Freiburgerinnentracht ist zugleich eine der ältesten, das beweist der feingefältelte, wie es die Bewohnerinnen nennen, „gekratzte" Rock, der eine ungeheure Stoffverschwendung bedingt. Solche Röcke gehörten früher fast zu allen Schweizertrachten, sind aber im Laufe der Zeit durch glatte „Juppen" ersetzt worden.

Gewiß war die Kostbarkeit, vielfach auch die Unbequemlichkeit der Kostüme ein Hauptgrund, daß

Abb. 4. Thurgauerinnen.

Abb. 7. Landleute aus dem Kanton Waadt.

sie in vielen Gegenden eingegangen sind, so die originellste und durchgebildetste der Schweizertrachten, die der Guggisbergerinnen, welche dafür die Berneroberländerinnentracht angenommen haben. Durch nicht weniger als sechzig Stechläden mußte das Mieder über der Brust zusammengezogen werden, der obere Teil der Schürze bis zur Hälfte mit fast ebenso vielen; das Aufsetzen der Haube, die zierlich wie zwei durchbrochene Libellenflügel auf dem Haupte saß, das Ordnen des Rockes, das Anziehen der engärmeligen Jacke erforderte Stunden der Toilette. Der Spott, dem diese Tracht nach und nach durch das Volk anderer Gegenden preisgegeben wurde, die Karikaturen, die von den Guggisbergerinnen in den Kalendern erschienen, halfen mit, ihr den Untergang zu bereiten.

Der ironisierende Volkshumor, die abfälligen Urteile der Städter über die Trachten haben überhaupt keinen kleinen Anteil, daß manche verschwunden sind.

Im westlichen Teile des Kantons Zürich war bis vor einigen Jahrzehnten eine sehr hübsche Tracht, das „Bauerufüni" (Abb. 4), gebräuchlich. Sie hieß so, weil auf dem dunkeln Rücken ein helles Sammetband auf genäht war, das die Form eines römischen V bildete. Nach und nach erhielt aber das Wort „Bauerufüni" eine übertragene Bedeutung, man bezeichnete damit ein etwas beschränktes Landmädchen. Das gab der Tracht den Todesstoß, vom Markt in Zürich verschwanden die weißen Ämtlerhauben, die letzte Trägerin starb vor einigen Jahren als altes Mütterchen in Hedingen, und das „Bauerufüni" besteht nur noch in drei oder vier Exemplaren im Besitz der ethnographischen Gesellschaft in Zürich.

Andere Ursachen wirkten zum Untergang der Kostüme mit, so politische Umstände zu dem der Männertrachten. Als sich am Ende des vorigen und in den ersten drei Jahrzehnten unseres Jahrhunderts die aristokratisch verwalteten Stände der Schweiz in demokratische Kantone verwandelten, als die Vorrechte der Städte, die Unterthanenschaft der gemeinsam regierten Herrschaften Thurgau und Aargau fielen, da gaben die Männer dieser Landschaften der errungenen Gleichberechtigung dadurch Ausdruck, daß sie sich wie die Städter, wenn auch etwas bescheidener kleideten. Ein Beispiel dafür ist das zürcherische Wehnthal. Der Bauer mit den weiten weißen, gefältelten Plumpkniehosen, an

Abb. [illegible] Walliser und Walliserinnen.

welche die Strümpfe festgenäht waren, mit dem langen Zwilchrock, der roten Weste, dem Dreimasterhut oder einer Sammetkappe mit grünem Pelzrand gehört ziemlich der Vergangenheit an, die Frauentracht aber ist mit Ausnahme der Tellerhaube, dem Schmuck älterer Frauen, geblieben. Die sauberen Wehnthaler Rot- und Schwarzbrüstchen mit dem weißen, röschen- und vergißmeinnichtbesteckten Koller, mit den blanken gefältelten Halbärmeln, welche die braunen Vorderarme freigeben, mit den silbernen Schnallen und Haften, sind ständige, von Fremden und Einheimischen gern gesehene Gäste des Gemüse- und Blumenmarktes an der Bahnhofstraße in Zürich (Abb. 5)*).

Eine ähnliche, nicht sehr reiche, aber geschmackvolle Tracht finden wir bei den Weinbäuerinnen des Rafzerfeldes, jenes zürcherischen Landesteils, der in das Großherzogtum Baden vorgreift. Bei den Dörflerinnen des Aargaues und bei den Schaffhauser- und Hallauerinnen kann man den Uebergang vom Wehnthalerkostüm zu den benachbarten Trachten des Schwarzwaldes beobachten.

Abb. 10. Unterwaldner.

Betrachtet man unsere Abb. 6 „Thurgauerinnen,“ so wird man allerdings gestehen müssen, daß die großen korbähnlichen, zartdurchbrochenen Hauben schlecht in das Zeitalter der schmalen Eisenbahnwagenthüren passen.

Die Ursache, daß die Frauentrachten in Niedergang gerieten, ist in den veränderten wirtschaftlichen Verhältnissen zu suchen. Die Kostüme haben eben nur so lange Wurzeln im Volk, als es die Tuchstoffe, die dazu gehören, selber erzeugt und selber verarbeitet. Das gemütliche Spinnrad in der Bauernstube aber ist eine Erinnerung aus Großmutters Zeiten. Während früher der Bauer alles selbst erzeugte, was er für den Haushalt bedurfte, pflanzt er jetzt kaum mehr das Brot und die Kartoffeln für den Eigenbedarf, denn das Ausland liefert ihm die Erzeugnisse des Ackerbaues billiger, als er sie bei den durch die Industrie gesteigerten Arbeitslöhnen aus seinem Boden ziehen kann.

Ein Blick auf die Trachten genügt übrigens, um den Zusammenhang zwischen ihnen und den Industrien des Landes einzusehen. Die seidenen Schürzen, die ein Bestandteil fast aller Schweizerkostüme bilden, wären kaum so verbreitet ohne die seit einem halben Jahrtausend in Zürich blühende Seidentücherfabrikation; die Seidenbandweberei

Abb. 9. Mädchen aus dem Kanton Tessin.

*) Unsere Illustrationen stellen zum Teil Gruppen des schweizerischen Volksfestes in Zürich dar, die durch das photographische Atelier Johannes Meiner in Zürich aufgenommen worden sind.

Basels gab den Anlaß zu der Bänderverschwendung, und die Mousselinenfabrikation Neuenburgs und Genfs zu der reizenden, duftigen Winzerinnentracht an den Gestaden des Genfersees.

Sie ist trotz ihrer Einfachheit die koketteste der Schweiz. Reblandgrüner Rock, weißseidene Schürze, schwarzes Sammetmieder ohne jede Zuthat von Schmuck, darein gesteckt ein den Hals umfassendes, die Mitte desselben und etwas Brust offenhaltendes, duftiges Mousselinetuch, auf dem Haupte der blumengeschmückte, leichte Montreuxstrohhut, der in der Mitte eine faßspundartige Erhöhung trägt — man muß eine Waadtländerin in diesem Kostüm sehen, um seine Eleganz zu würdigen (Abb. 7).

Die ärmsten Trachten waren diejenigen, die sich mit den Erzeugnissen der Glarner Kattunfärberei behalfen, mit gemusterten, oft beblümten Baumwolltüchern; sie sind so früh verschwunden, daß wir sie kaum kennen; an ihre Stelle trat das kattunene Modekleid für die Frauen, Berner Halbwollstoff, das sogenannte „elbene" Tuch von rotbrauner Farbe für die Männer, volkstümliche Kleider, die in manchen Gegenden der Schweiz bis in die Gegenwart geblieben sind.

Die Gegenden, wo auch jetzt die Trachten noch festsitzen, müssen wir in den Alpen suchen. Appenzellerland, Urschweiz, Berneroberland, Freiburg, Wallis (Abb. 8) und die Alpenthäler des Tessins (Abb. 9), das sind die Heimaten der verbreitetsten Volkstrachten; auch die Männer halten dort die Tracht noch in Ehren.

Die Appenzellerin der Innern Rhoden trägt einen dunkelroten gefältelten Rock, ein schwarzes Sammetmieder mit reichgesticktem seidenem Einsatz, über den die silbernen Nesteln geschnürt werden, ein Koller von farbiger, feingefältelter Seide, eine gleiche Schürze, eine zehnfache, silberne Kette, die im Nacken von einem breiten kunstvoll gearbeiteten Schloß festgehalten wird, einen Gürtel, von dem an Kettchen allerlei Silberschmuck niederhängt. Über die von Natur aus gewellten, blonden Haare setzt sie ein rotes Käppchen, an hohen Festtagen auf dieses auch noch zwei große feine Flügel, die sich wie ein riesiger Schmetterling ausnehmen. Alles an dieser Tracht ist zierlich, und zierlich ist meist auch die Trägerin, denn nirgends gibt es soviel Madonnengesichter vom feinsten Teint wie im Appenzellerland.

Abb. 11. Bernerin.

Die bäuerliche Herbheit und Derbheit finden wir bei den Sennen des Landes. Kurze, gelbe Lederhosen, rote Weste, Hosenträger und Brustgurt, deren Messingplatten in eingravierten Zeichnungen die Alpauffahrt schildern, die silberne Uhrkette mit zahlreichen Anhängseln, Schnallen an Strümpfen und Schuhen, goldene Gehänge an den Ohren, so tritt der Senne auf den Tanzboden und lädt das „Zischgeli" zum Ländler.

Ein rechtes Trachtenland ist auch die Gegend am Vierwaldstättersee, besonders Unterwalden, wo die Männer auf dunkler

Bluse helle, reiche Seidenstickereien tragen und den schlichten Rundhut mit dem Edelweiß schmücken (Abb. 10). Die Mädchen tragen Zöpfe, in denen weiße, Frauen solche, in denen rote Bänder eingeflochten sind, beide einen großen silbernen Haarpfeil, dessen breites Ende von Filigran durchbrochen und mit Steinen besetzt ist. Um den Hals zieht sich ein breites Koller, dessen goldene Glieder durch Reihen Granaten und Korallen verbunden sind. Das brettharte Mieder und das Vorsteckhemdchen sind reich mit Seidenstickereien verziert, die silbernen Filigranrosetten durch Ketten miteinander verbunden und die Ärmel von seidenbestickten Sammetmanschetten gehalten, von denen Spitzen- und Häkelarbeiten niederhängen.

Die Tracht gehört zu den reichsten, aber auch zu den unbequemsten, die es gibt, und sticht merkwürdig gegen das arme Kostüm des benachbarten Urnerlandes (Abb. 12) ab, das sich fast ohne Schmuck in dunklen Tönen hält.

Abb. 12. Sennen aus dem Kanton Uri.

Das bekannteste schweizerische Kostüm ist die kleidsame Berneroberländerinnentracht (Abb. 11), die sich weit über ihren ursprünglichen Bezirk verbreitet hat, in der Stadt Bern ebenso häufig wie auf der Landschaft getragen wird und fast als schweizerische Nationaltracht gilt. Man sieht sie an allen Aufwärterinnen der oberländischen Gasthöfe, und in den zahlreichen Bernerkolonien in Amerika wird sie ebenso in Ehren gehalten wie im Heimatland. Ein schwefelgelber Strohhut, von dem lange Bänder niederflattern, oder eine zarte, dunkle Spitzenhaube bilden die Kopfbedeckung; auf dem Rand des dunklen Sammetmieders schimmern Rosetten, Haken von Silberfiligran, die reichen Silberketten erklingen, und über die Büste wölbt sich duftig das feingerippte weiße Vorsteckhemdchen, während die gesteiften, weißen Ärmel die Ellenbogen und Vorderarme freigeben und die hellblauseidene Schürze auf dem Untergrund des dunklen Rockes die Tracht hübsch abschließt.

Die Berneroberländerinnen-, Appenzellerinnen- und Waadtländerinnentrachten rufen bei den Fremden immer Bewunderung hervor, die Trachtenschneiderinnen von Bern, Herisau, Lausanne erhalten im Sommer immer Aufträge ins Ausland, besonders nach England, auf dessen Schlössern kleine Schweizer Trachtenfeste Mode sind.

Einzelne Thäler des Berneroberlandes haben übrigens eine abweichende Tracht, so das Hasli- (Abb. 13) und Simmenthal. Im Haslithal tragen die Frauen weiße oder gelbe, breitgefältelte Röcke und am Hinterkopf ein schwarzes Filzkäppchen, auf welches die Bräute ein Schäppelchen stecken, im Simmenthal ganz abweichend vom sonstigen Trachtenbrauch, der kurze Röcke vorschreibt, ein langes Kleid, oft sogar mit Schleppe. Sehr hübsch ist das aus Spitzen gebildete Vorsteckhemdchen, ein großes, gefranstes Seidentuch, das über die Schulter hängt, sowie das feine Spitzentuch der Haube. Vielleicht haben es die Simmenthalerinnen ihrer malerischen Tracht zu verdanken, daß sie im Rufe stehen, die schönsten aller Schweizerinnen zu sein.

Kleidsam ist auch die Männertracht des Berneroberlandes, die namentlich bei den Sennen üblich ist: kurze, roteingefaßte Sammethosen, enganliegendes Sammetwams mit Halbärmeln, aus denen das weiße Hemd hervorquillt, schwarzledernes Käppen mit rotem Sterne, nägelbeschlagene Schnürschuhe. So ziehen sie zur Sennenkirchweih.

Ueber die Trachten des Wallis ließe sich eine eigne Abhandlung schreiben. In dieser abgeschlossenen Gebirgsgegend werden wenigstens noch ein Dutzend verschiedener, malerischer Trachten getragen, von denen unser Bild „Walliser und Walliserinnen," Abb. 8, einige Beispiele gibt. Das Kennzeichen der Deutschwalliserinnen ist ein Strohhut, dessen Ränder kunstvoll aus Bändern zusammengestellt sind. Die Evolenerinnen tragen einen Schild auf der Brust und ein Filzhütchen mit Silberschnur schräg auf dem Haupt, die Savieserinnen breite Strohhüte mit langen, hellfarbigen Bändern, die Frauen von Champéry keinen Rock, sondern rauhe dunkle Hosen und auf dem Kopf ein feuerrotes Tuch. Die Hosen als Frauenkleid dürfen nicht so sehr auffallen, wenn man weiß, daß sie fast durch das ganze schweizerische Alpengebiet für gewisse Arbeiten der Älplerfrauen, z. B. für das gefahrvolle Wildheuen, wo ein Rock Verderben bringen kann, getragen werden.

Seltsamerweise hat das Bündnerland, das doch eine Hochgebirgsgegend ersten Ranges ist, schon lange keine Trachten mehr, wohl aber der Tessin, wo die Farbenfreude des Volkes in einer großen Zahl bunter Kostüme aufjubelt. Wie könnte es anders sein im Land der Seide! Wenn sich in Locarno oder Lugano der Markt entfaltet, dann strömen aus allen Thälern glutäugige Mädchen; die Soccoli, die eleganten Holzschuhe, klappern, die weißen Hembärmel flattern, die buntfarbigen Schürzen scheinen, die Korallenhalsbänder blitzen auf. Die größte Koketterie entfalten aber die Tessinerinnen in der Kopfbedeckung, die bald aus bunten Seidentüchern, bald aus einem Bogen von Silberpfeilen besteht, der das Gesicht wie ein Strahlenkranz einrahmt. Unsere Abb. 9 schildert diese reizenden Kostüme, die ihren italienischen Charakter nicht verleugnen.

Abb. 13. Mädchen aus dem Haslithal.

Wenn wir auch dem schweizerischen Trachtenwesen jenes wehmütige Interesse widmen müssen, das wir einer erhaltungswürdigen, aber doch nicht zu haltenden Kulturform entgegenbringen, so dürfen wir doch mit Vergnügen feststellen, daß manche der Trachten noch für Jahrzehnte, ja überhaupt für absehbare Zeit gesichert erscheinen, daß sie sogar plötzlich eine Wertschätzung erfahren, die in einem eigentümlichen Gegensatz zu der Gleichgültigkeit tritt, mit der man seit langem ihrem Verfall zusah. Im gleichen Sinne wie das Volkstrachtenfest in Zürich wirkte während des letzten Sommers das Schweizerdorf in Genf, wo in Gebäuden, welche die volkstümlichen Baustile der Schweiz zur Darstellung bringen, ausgewählt hübsches Volk den Besuchern die Pracht der Trachten zeigte. Die bevorstehende Einweihung des schweizerischen Landesmuseums in Zürich wird eine großartige Kundgebung zu Gunsten der Tracht, überhaupt der bodenwüchsigen Sitten und Spiele und Volkspoesie werden. Neuestens ist in Zürich auch eine „Gesellschaft für schweizerische Volkskunde" entstanden, die sich die Pflege der Volkstrachten angelegen sein läßt.

Das Beste aber, was heute für die schweizerischen Volkstrachten geschieht, verdanken wir den unermüdlichen Bestrebungen einer Frau, nämlich der Frau Privatdozent Heierle in Hottingen-Zürich. Sie ist die einzige Kennerin, die einzige, die seit vielen Jahren in aller Stille ihre Reisen bis in die entlegensten Thäler des Landes unternahm, sammelte und sichtete; ihr haben wir es zu verdanken, daß eine der größten Sehenswürdigkeiten des schweizerischen Landesmuseums die alten Volkstrachten sein werden, die darin Ausstellung gefunden haben.

Möge der Eifer für die Erhaltung der Volkstracht nicht so rasch erlahmen, wie er gekommen ist!

Aus der Theelaubenzeit.

Erzählung

von

Ilse Frapan.

Mit zwei Zeichnungen von **Werner Zehme.**

(Abdruck verboten.)

Nee, alles was recht is, Hamburg is immer schön und wird jawoll tagtäglich feiner mit all den großen Etagenhäusern mit Gas und Wasserleitung, und was da noch sonst all' an bimmelt und bammelt. Das heißt, ich möchte da nich in tot sein, in so 'n schrecklich großen Kasten. Nee, einstöckig und 'n kleinen Garten dabei, das is mein Leben! Allein das Kommeniern von all den Leuten — ich könnt das nich mehr ab, das muß ich Ihnen offen sagen.

Achott, und was schwögen sie nich über all den Verkehrsmitteln! Von 'n Dampfboot in die Ringbahn und von 'e Verbindungsbahn in 'n Omnibus, und nu haben wir je noch die ganze neue zugekriegt, die elektrisch is — je wat helpt dat all! Zu meine Zeit, da war das ganz was anders, als ich so jungverheirat'e Frau war! Da war das 'n ganzen andren Kram, wenn wir denn mit 'n Jolle nach Neumühlen runterruderten, August und ich! Butterbrot und 'n Tüte Kaffee und Zucker nahmen wir denn mit, und mein Mann hatte seine Klarinette bei sich, und denn, wenn so der Mond über'n Wasser schien, denn ging das los: „Du — du — liegst mir im Herzen —“ oder:

„Gute Nacht, gute Nacht, liebste Anne-Dorothee,
Gute Nacht, gute Nacht, schlaf wohl!
Solch ein Engel, wie du bist,
Nirgends mehr zu finden ist!“

Und wenn er mich denn so ankuckte achhott nee, kucken Sie mich nu man nich an, nu is nichts mehr an mir zu sehn, aber vor vierzig Jahren, da hatte ich 'n ganz niedliches Gesicht, 'n büschen voll, wissen Sie, und 'n ganzen Kopf voll Haar, solches Nest! Nee, da waren denn romantische Stellen, sag ich Ihnen, daß ich nich anders konnte, ich mußte 'n büschen weinen, und das hab ich heute noch so! Komisch, nich? Aber wenn das irgend wo so romantisch is, oder wenn ich da auch bloß von lese — aber es thut einem gut, wissen Sie, mein seliger August sagte das auch immer gleich. „Wein 'n kleinen Strämel, mein gute Deern, daß du wieder klare Augen kriegst!“ Natürlich, so alle Tag konnte man sich das ja nich leisten, als Musikus is das ja nie 'n sicheres Brot, und große Sprünge konnten wir da nich von machen. Aber wie wir drei Jahr verheiratet waren, da sagte ich: „Hör 'mal, mein August, so und so, und du weißt, daß ich für das Romantische bin, und in Meiers Garten vor'n Holstenthor, da haben sie so 'n reizende Theelauben, und wenn wir so eine mieten könnten, das wäre mein einzigster Wunsch; Berkemeiers haben auch all eine.“ Mein August gab mir 'n Kuß und sagte: „Mein gute Deern, da kann woll leichter Rat zu werden, als du glaubst. Denn sieh mal, wir haben uns mit vier Mann verabred't, daß wir diesen Sommer Gartenkonzerte geben wollen, und Meiers Garten zur Glashütte steht mit auf der Liste.“ Nee, wissen Sie, es is doch nichs, wenn man alt wird! Achhott ja, ich hab' das je soweit sehr gut — und was meine Adelheid immer sagt — ich sitz hier in meiner kleinen Leihbibliothek je recht wie die Perle im Golde, denn Lesen — das is mein Leben! Und meine Augen sind ja, Gottlob! stark und gut, ich brauch' auch keine Brille. 'n büschen Staub macht das ja, all die Bücher, und manche sind auch all 'n büschen schmutzig, weil ich die Leihbibliothek je für alt übernommen hab', aber in dem Ganzen is es je immer 'n leichtes und anständiges Brot, und meine Adelheid besorgt das Schriftliche, wo ich nich mehr so mit umzuspringen weiß. Aber — was hab' ich sonst in der Welt? Ob das Sommer is oder Winter — ganz selten komm' ich mal vor Thür, denn zuschließen geht wegen der Kunden nich, und meine Adelheid is so gesucht, Gottlob! die hat das ganze Jahr kaum 'n Tag frei, und die Taillen nimmt sie gewöhnlich noch mit zu Hause, da legt sie denn die letzte Hand an.

Hören Sie mal, wie wir die Theelaube kriegten. — „Mein gute Deern,“ sagt mein seliger August, „sei doch nich so aus der Tüt, es is noch nich aller Tage Abend, wer weiß, am Ende gibt das 'n Regensommer.“ — „Denn sitz ich unter 'n Regenschirm in der Theelaube, denn bläst du mir auf deiner Klarinette vor Herzliebchen mein unterm Regendach', denn is das auch schön!“ sagte ich. Und wie ich nu den ersten Tag da saß mit meiner Kafferkanne auf'n Tisch — Berkemeiers hatten ordentlich 'n Messingkomfor und kochten mir mein Wasser da aus Gefälligkeit mit — und mit meinem Nähzeug, und in 'n Sand spielten Berkemeiers und Stubbes Gören so vergnügt, und die Sonne schien warm und doch nicht heiß, und Zirren und Goldregen und Schneeball — alles eine Blüte — ich kann Ihnen nich sagen, wie mir da zu Mute war! Und miteins ging das Konzert an, und meinen seligen August seine Klarinette war aus allen Instrumenten 'raus zu kennen, und nachher blies er noch „die Post“ allein, wenn Sie das vielleicht kennen, und ich sagte zu mir selber: nein, dies is zu romantisch, und der St. Paulianer Kirchhof hier grade gegenüber, der paßt da so recht zu, wie der mit seinen weißen Kreuzen und großen Bäumen alle rüberkuckt! Und kaum hatt' ich das ausgedacht, so kam da 'n Leichenzug mit voller Musik vorbei, so 'n rechte schöne Soldatenleiche, mit Trompeten und Trommeln und Fahnen, und die Menschen, die liesen man so, und Madam Berkemeier kommt und nimmt mich unterm Arm und sagt: „Da müssen wir auch achter an, schade, wenn wir das verpassen thäten!“ Oh, wie manchesmal bin ich noch von meinem Kaffee weg auf den Kirchhof gelaufen! Das machte sich da einzig schön, und denn dieses Fried-

Auf der Weide. Nach dem Gemälde von Heinrich Zügel.

liche nachher wieder in der Laube. All die Frauen da kannten sich natürlicherweise, und einmal hatte ich gebratne Kartoffeln mit Zwiebeln mit für meinen August nach dem Konzert. Auf Berkemeiers Komfor wurden sie wunderschön warm, aber wie das zum Klappen kam, da hatte ich die Gabeln vergessen, und mein August und ich mußten die Kartoffeln mit lange Nähnadeln essen. Da haben wir noch manchesmal über gelacht, besonders weil unser Einlogierer, den wir damals hatten -- er hieß Stürmer und war en gelungener Kerl, bloß 'n büschen lippelmonsch — glaubte, das wäre nu das feinste. „Gebratene Kartoffeln mit Nähnadeln gegessen — nee, das war zu meiner Zeit nich Mode," sagte er, „davon kriegt man 'n kleinen Mund," sagte er, „das will ich auch mal probieren." Ja, da haben wir manchen Spaß mit gehabt. Und denn kam da das Bürgermilitär und aß da Abendbrot! Madam Berkemeier und ich, wir boten das Madam Meier an, daß wir uns bei den belegten Butterbröten nützlich machten, und da gab das denn stramm zu schmieren, all' den ganzen Vormittag. Und was die Offiziere und Unteroffiziere waren, für die machten wir jeden 'n kleines Bukett, gewöhnlich von Jasmin und Granium oder Sturzikum — das ging denn lustig zu in dem Garten, das krimmelte und wimmelte da von Leuten und Kindern und Kindermädchen, und abends war denn 'n Faß Bier aufgelegt, und an den Kommandantentisch gaben wir immer 'n Lampe hin, aber die andern saßen in 'n Dunkeln, und das war ihnen woll im großen Ganzen auch viel lieber, es sah auch viel romantischer aus, wenn das bloß so 'n büschen hell durch die Büsche schimmerte.

Und einen Tag — das war im zweiten Sommer — ich hatt' das gar nich erwarten können, bis das Frühling wurde und ich wieder in meine Theelaube konnte -- da passierte mir da ganz was Unerwartetes. Ich war nach meinen Schrank auf Meiers Vordiele gegangen, wollt' da meine Tassen wieder wegstellen, denn mein August konnte nich kommen, er hatte in Hartmanns Garten auf den Rotenbaum Monsterkonzert, und es wurde all 'n büschen schummerig und so 'n büschen kühl. Die Berkemeiern war all weg. Wie ich wieder an meine Laube geh — Gott, ich seh das wie heute! sie war noch nich mal ganz dicht — da wird da 'n Schwefelholz angesteckt! „Mein August, bist du doch da?" ruf ich. Aber nee — wie ich 'reinkomm' — das war 'n ordentlich tiefe Laube, wie so 'n kleine Stube — da is niemand zu sehn. Ich bin je nu ganz verwundert und greif' nach meine Mantille, miteins — ich will grade machen, daß ich wegkomm' — wieder so 'n blauer Schein und so 'n kleine Flamme, und ich seh je nu — das is untern Tisch. Es war beinah 'n büschen unheimlich, aber ich bückte mich doch flink und sah da nu in der Ecke untern Tisch 'n kleine Deern sitzen, eben streicht sie das dritte Schwefelholz an, lacht wie 'n Schelm und plinkt mit den Augen, weil das Schwefel ihr jewoll weh thut. Es waren solche lange Küchenschwebelstücken, wie man sie nu beinah gar nich mehr hat. „Gieb mir die Schwebelstücken!" sag ich. Das kleine Gör lacht mir was aus. „Kannst ja Feuer machen und dich ausbrennen," sag ich und nehm sie ihr weg. Sie wollt' anfangen zu schreien, aber da hatt' ich sie all unter'n Tisch 'raus und auf'n Arm. Sie war federleicht, hatte kleine dünne Arme und Beine, aber 'n kluges kleines Gesicht und that gar nich fremd. Das wußt' ich gleich — ich hatt' sie nie gesehn bei den andern Kindern, und nu saß sie so bekannt auf meinen Arm und legte ihren Kopf an. „Wie heißt du, klein Deern?" sag ich. „Heiß du, klein Deern?" fragt sie wieder. „Wohnst du wohl hier?" „Du wohl hier?" sagt das kleine Gör und lacht so müde. „Wo is deine Mutter?" „Mutter?" murmelt die kleine Deern und legt ihren Kopf an und macht die Augen zu. Mir war ganz merkwürdig zu Sinn, ich hatte ja keine eigene, und weil wir man eben zu essen hatten, waren wir auch so zufrieden und hatten da nie nich über gesprochen. Aber nu dachte ich miteins, wie sich die kleine Deern so weich und warm an mich drückte, als wenn das so 'n klein verlaufen Lamm wär' — könnt' ich sie man mit zu Haus nehmen! Und vor meinen Ohren spielte das:

„Ach, wenn du wärst mein eigen,
Wie lieb sollst du mir sein!"

Ich sah mich ordentlich nach meinem Mann um, ob das nich seine Klarinette thäte, aber nein — er war ja bei Hartmann und konnte nich hier sein, und immer schummeriger wurde das auch all, und das kleine anthunnliche Gör machte Miene, auf'n Arm bei mir einzuschlafen. Ich hätt' es für mein Leben gern mitgenommen, aber das war je doch nu nich, das hörte doch Leute zu, die da vielleicht in tausend Ängsten um saßen. Ich frag Madam Meiern — keine Idee; ich frag Louis, den Kegeljung: er weiß auch nich, was das für'n Kind is. „Bringen Sie ihr man auf 'n Polizeiposten," sagte Madam Meier, „das is 'n verlaufnes Kind, und auf den Polizeiposten is die beste Richtigkeit." Mir ging das durch und durch! 'n kleine Deern von drei bis vier Jahr auf 'n Polizeiposten. So 'n Unmenschlichkeit hatt' ich Meiern gar nich mal zugetraut. Also — was zu thun? Ich ging auf die Wache und sagte so und so, und diese kleine Deern saß unter meinem Tisch mit Schwefelhölzer und alles haarklein. „Geben Sie sie man her, wir haben hier 'n Bettstelle, ihre Mutter wird woll kommen und sie hier suchen, das haben wir all öfters gehabt." Aber nein, das Kind, das wollte nich. Das fing an zu schreien und steckte den Kopf weg und klammerte sich an mir an wie 'n Klette. „Ich möcht sie mit zu Haus nehmen, sie is woll durstig und müde, Sie können mich ja genau aufschreiben; sehn Sie mal, sie hat je einen Schuh und einen Strumpf socken an, das is je 'n Jammer." Also wurden wir beide aufgeschrieben, und ich kriegte die Kleine richtig mit zu Haus. 'n klein Hemd und 'n gestrickte Jacke, das war das Ganze, was sie anhatte. 'n karrierten Tuch war als 'n Rock um die Jacke getüdelt und schlappte bis auf die Erde nach. Aber so 'n süße kleine Deern war das, wenn sie auch nich schön angezogen war! Ich wollt warten, bis mein Mann kam, aber ich wußte all, bei Hartmann wurde das immer spät, das war nämlich gleichzeitig mit Flügelball verbunden, und wie das Kind 'n bischen warme Milch und 'n halb Rundstück gekriegt hatte, da war es auch all weg, und mir fielen denn auch so bei kleinen die Augen zu, wie ich erst in 'n Bett lag. Das kleine Gör hatt' ich in 'n Arm behalten, das rührte sich die ganze Nacht nich. Den andern Morgen — nee, den vergeß ich nich, und wenn ich noch so alt werden sollte! Mein August wacht auf und kuckt das Kind an und wird ganz verbaf't. „Wie kommst du da bi, dat segg mi mal, Line?" „Wie ich da bei komm? So und so, und ich wollt, ich könnt das ganz behalten! So 'n süße kleine Deern, und ihre Mutter bekümmert sich da woll nich viel um. Kuck, wie das lacht und sich högt! Ich wollt, ich könnt' seine Mutter sein." Da sagt mein August miteins: „Line, dat helpt di Gott spreken!" und drückt mir die Hand und kuckt mich so durchdringlich an — ich wußt 'rein nich, was ich sagen sollte. „Ihre Mutter wird sie aber nich hergeben, das is es man," sag ich. Er hatte die Kleine aus 'n Bett genommen und jachterte mit ihr, und sie griff ihm immer nach den Schnurrbart. „Line, da kann woll eher Rat zu werden, als du denken thust!" sagt mein August. „Allmächtiger Gott, so sprich dich doch aus! Kennst das Kind denn?" Da setzte er mir das wieder auf 'n Arm und kriegte seine Klarinette her, und blies mir vor:

„Solch ein Engel, wie du bist,
Nirgends mehr zu finden ist!"

Und denn faßte er mich um und erzählte mir, wie das all zugegangen war. 'n arme Deern, und er wollt' sie ja ehrlich heiraten, aber sie war weggegangen, nach Amerika, und hatte das Kleine in Kost hier gelassen, und das Kostgeld hatte natürlich mein August bezahlt. „Warum hast mir das nich gesagt?" „Ich wußte ja nich, wie du da über denken thätest!" Na, Gott, wie soll ich da nu woll über denken! „Das war vor deiner Zeit, und ich weiß selber nich recht, wie ich dabeigekommen bin, das kannst du mir zu glauben." Achott, ich glaubte ihm das gern. Wir haben je alle unsere Fehler, is es nich wahr? Und ein Augenblick is nich wie der andere im menschlichen Leben. Nee, ich konnte nu nich so sein! So 'n kleinen Gast und hatt' mich gleich so umgefaßt. Wie die Altsche ankam, wo unsere Kleine so lange in Kost gewesen war, und wollt' sie abholen, sagte mein August: „Meine Frau will das Kostgeld selber verdienen." Na, die war natürlich doll, aber da machten wir uns nichts aus. Ich kam den ganzen Tag nicht aus 'n Weinen; das war von Gott, daß klein Adelheid, wie sie von der Altsche in 'n Spielen weggelaufen war, sich grade in meiner Laube, unter meinen Tisch gesetzt hatte, um ihre Schwefelhölzer anzustecken. Mein August sagte das auch. „Line," sagt er, „jetzt zum erstenmal freu' ich mich, daß das Kind auf der Welt is. Ich hab da all manche schlaflose Stunde um gehabt," sagt er. „Ich mochte und mochte dir da nichts von sagen, aber daß das Kind da nich gut aufgehoben war, das konnt' ich ja mit 'n Fuß fühlen. Wenn ich man bloß 'n sicheres Brot hätte." „Mein August," sag ich, „du bist ja doch nu mit deiner Klarinette, du kannst ja doch nich beigehn und schustern oder schneidern, aber ich will sehn, daß ich was zu nähen krieg, die Theelaube kost' je nichts, da geh ich mit klein Adelheid nach wie vor alle Nachmittag hin, das arme Gör muß an die frische Luft, da fahren ja keine Wagen bei Meiers in 'n Garten." Na, wir hatten Adelheid nu natürlich für eigen angenommen, und die war auch eigen! Ich kann da nich gut über sprechen, was ich an ihr hatte. Das is nu all die Jahren her: aber glauben Sie, daß ich die kleine Kiste mit ihren Sachen anfassen kann? Ich bin es nich imstande, das Herz wird mir zu groß. Wie das da eingepackt is, all was ich ihr genäht hab', und was sie so schenkt gekriegt hat von Nachbarn — denn sie mochten die kleine Deern woll leiden —, so ist das liegen geblieben und soll das bleiben, bis ich mal tot bin. Ich kann da auch nich viel über sprechen, wie ich das Kind verloren hab'! Das war 'n zu schreckliche Zeit, wie sie da lag, ohne Bewußtsein, wie 'n Wachspuppe nach dem unglücklichen Fall. Das passierte am achten September, nachmittags um halb sechs. Ich hatt' es 'n büschen hild mit Nähen, und meine Adelheid wollt' gern schaukeln. Die Schaukel war in 'n Hintergarten bei Meiers, meine Theelaube war in 'n Vorgarten, aber wer konnte sich so was ahnen! „Mutti, darf ich nich 'n büschen schaukeln?" Sie sprach nu alles, sie war in den fünfviertel Jahren, wo wir sie bei uns hatten, so klug geworden. „Mutti ihre große Tochter," hieß das immer, so nannt' sie sich auch selbst. So oft hatt' sie da an der Schaukel gespielt, sie jauchzte man so, wenn das hoch ging, bis in 'n Baum. Welches Kind is nich wild! Das is je besser, als wenn das duckmäuserig in 'n Ecke sitzt. „Hältst dich auch schön fest, mein Adelheid?" „Ja, mein Mutti, ganz schön fest!" Ach, nee, mir is das unmöglich, ich kann da nich über weg kommen! Wärst du mitgegangen! Gott, wie hunderttausendmal hab' ich mir das schon gesagt, und hilft doch all nich. Ich war förmlich von Verstand; mein August fand sich da bedeutend leichter in. „Das hat so sein sollen, Line, das kann passieren, wenn man dabei steht, daß 'n Kind aus der Schaukel fliegt." Ja, so 'n guten Mann hatt' ich an ihm, das können Sie gar nich glauben. Und der Doktor sagte, das wär 'n Gehirnerschütterung, und wenn sie das durchholte jetzt — lebenslänglich blödsinnig. Ich wußt' nich, was ich mir wünschen sollte — mein Mann sagte: „Lieber tot, als so was," aber ich, wissen Sie, dieses Stille um mich 'rum, kein Laut, all die Zeit, bis mein Mann kam, und so viel Platz, alles leer, ihr klein Spielzeug — das war ordentlich, als lauerte da was in den Ecken, — das kleine Wachsgesicht — und nachts hört' ich immer ihre Stimme: „Mutti, büschen schaukeln!" — So 'n Mann hat gut sagen; jeden Tag 'n Stunde sieht er das mal, aber eine, die da immer mit umgeht, die das wäscht und anzieht und hegt und pflegt wie 'n rohes Ei — — Und denn gab das noch Leute, die sagten: „Es war ja nich mal ihr eigen Kind." — — —

Mein August bracht' mir 'n Butellje in Papier gewickelt. „Line, das is Weißbier, da wird man vergnügt nach; wenn ich das man so hätte, denn solltest du jeden Tag 'n Butellje trinken." Er meinte das ja gut, aber was konnt' mir nu woll Weißbier helfen! „August," sag ich, „das geht ja bloß in 'n Magen, und mir is das Herz groß; spar' dein Geld, mein guten Jung," sag ich. „Line," sagt er, „wenn das bloß zum Frühjahr ginge, daß du wieder tagtäglich in deiner Theelaube sitzen könntst!" „Mein guten Jung," sag ich, „in den Unglücksgarten könnt' ich keinen Tritt wieder 'reinsetzen, und wenn das zehnmal Sommer wär! Wenn ich bedenk', daß da die Schaukel is und bloß hundert Schritte davon die Theelaube, wo unser Adelheid dazumal untern Tisch saß, und wie das all so gekommen is, und ich wollt' ihre Mutter sein und hab da weniger auf acht gegeben, als die Alliche, wo sie die Jahren in Kost gewesen is —" „Das is Tiefsinnigkeit bei dir," sagte mein August, „du mußt 'n büschen Zerstreuung haben, denn gibt sich das. Wenn du tiefsinnig wirst, was soll ich denn einmal anfangen; 'n tiefsinnige Frau, das is je traurig für 'n Mann, wenn er zu Hause kommt und immer rote Augen. Diesen Winter spielen wir im Varietétheater, da kriegst du denn 'n Freibillet, für alle Abend. nächste Woche geht es all los, ganz sicher is es noch nich mit 's Billet, aber ich will mal mit unserm Direktor Rücksprache nehmen, das is so weit 'n ganzen anständigen Mann, nich schofel und nich knickerig is Müller, alles was recht is."

Na, ich kriegte je nu das Billet, und Müller kam sogar persönlich selbst 'n paarmal in meine Reihe und erkundigte sich, ob mir das gut thäte. Ich muß sagen, das war 'n netter Mann, aber meinen August seinen Verdienst war den Winter ziemlich schlecht, das Theater war beinah immer leer, und ich konnt' sitzen, wo ich wollte, das kam da gar nich auf an. Berkemeiern ging oft mit mir für 'n halben Preis, das war immer noch besser als gar nichts. Die Logenfrau mit ihrer kleinen Deern saß gewöhnlich auch mit drinnen, daß das 'n büschen mehr aussah. Das war 'n Wittfrau und hatte all viel durchgemacht: Mann tot, vier Kinder tot, und sie selber auch bloß Haut und Knochen. Das konnte ihr kein Mensch mehr ansehen, daß sie mal 'n Sängerin gewesen war. Immer heiser, manchmal konnt' sie keinen Ton 'rauskriegen, der Doktor hatt' ihr gesagt, das wär' mit der Luftröhre, und Hülfe wär' da nich bei, sie müßt' sich in Geduld fassen. Und nu immer da in 'n Zug; wissen Sie, die Frau, die war zu bedauern. „Ich möcht' man bloß so lang leben, bis meine Line sich allein helfen kann," sagte sie zu mir, „aber sie is je erst zehn Jahr, und so lang' leb' ich nich." Ich redet' ihr das aus, aber das half nich. Sie konnt' denn nachts oft nich schlafen wegen den Asthma, und denn quälte sie sich um Line ihre Zukunft. Ja, Line hieß die Kleine, ebenso wie ich, und war all 'n vernünftig Mädchen, thätig und pflegsam, und ihre Mutter konnt' sich da ganz auf verlassen, wenn sie mal nich gut war und nich in'n Theater gehn konnte. Und da versprach ich ihr das: „Madam Krumpf, wenn Ihnen mal was Menschliches passiert — Ihre Line will ich nich verlassen, und ich hab 'n guten Mann, Gott Lob und Dank, mein August, der thut das gern, da können Sie ruhig um schlafen." Na, und so kam das. Die Madam Krumpf, nach anderthalb Jahr hatte sie ausgelitten, sie wußt' es nich, sie meinte, sie würd' wieder besser, und wie ich ihr zwei Stunden vor ihrem Ende 'n Glas Wein gab, da sagte sie noch: „Sie haben mich gerettet." „Mein August," sag ich, „so und so, und ich hab' das Krumpfen in die Hand versprochen, daß wir Line nehmen, bis sie groß is. Ich denk', du wirst da nichts gegen haben, sie wird woll mit satt." Aber mein August kriegte doch 'n Schreck, und ihm war das nicht ganz recht, das konnt' ich woll sehn. „Wir können so knapp durchkommen, und nu noch eine!" sagt er. „Wenn mein Adelheid gelebt hätt', denn wärst du da froh über gewesen," sag ich. „Das is je auch nich all egal!" sagt er. Kurz und gut, er mocht' Line nich so gern. „Das Mädchen, da is kein Leben in," sagt er oft, „das is all, wie so 'n alte Frau, ich mag was Munteres und Lustiges leiden, aber so 'n Gesicht wie Matthäi am letzten, Tag aus, Tag ein, das is nich angenehm." Na, sie strickte je nu all mit zwölf Jahr für Geld, nee, das wollt' sie nich anders. „Tante, laß' mich man, ich kann all was verdienen, ich weiß nu wieder 'n Laden, wo ich mal nach Arbeit fragen kann." Aber natürlich, so anthunlich und süß wie so 'n klein Kind war sie ja nich, mehr so 'n büschen fremd, wissen Sie, — daß sie einen mal 'n Kuß gegeben hätt', Gott bewahre, nich rühr an, und mit meinen Mann, da war sie so steif, sie fühlten das jewoll gegenseitig. Ich mußte da oft über weinen. „August," sag ich, „ich will dir mal was sagen; wenn wir nu statt Line Adelheid zu ihr sagten? Line is immer so dumm, weil das mein Name is, und vielleicht wär' das denn 'n büschen zutraulich." „Kannst sie gern Adelheid nennen, aber werden thut sie doch keine Adelheid," sagt mein August. Den Abend kriegt ich meine Line vor. „Hör' mal, so und so, und wir haben 'n süße kleine Deern gehabt, die is gestorben. Adelheid hieß sie; nu sag mir mal, Line, willst du das, daß wir, Onkel und ich, dich nu Adelheid nennen?" Da fing meine Line miteins furchtbar an zu weinen und nickte mit 'n Kopf, und denn nahm ich sie in 'n Arm, und wir weinten alle beide. Aber mit meinen Mann machte das immer noch wenig Unterschied.

Einmal hatten wir 'n Tour nach 'n Dieböteich, die Musiker mit Damen. Das war 'n wundervoller Sommertag, und wir in drei Breaks mit volle Musik, — nee, das war zu schön. Als das Mittagessen vorbei war, war die ganze Gesellschaft müde, denn wir waren all morgens um fünf los, und wir nahmen uns jeder 'n Schal oder 'n Tuch untern Kopf und legten uns in Gras. Das wurde still, man hörte bloß noch die Mücken surren, da rögte sich kein Blatt, und Sonne und Mond standen zugleich an'n Himmel. Das war so romantisch; ich kuckte und kuckte und fühlte mich so recht glücklich. Miteins fängt das hinter den Gebüsch an zu singen: „Ich weiß nicht, was soll es bedeuten —", erst leise und denn immer stärker. Das war 'n prachtvolle klare Stimme; ich denk', das is 'n junges Mädchen von unsern Klub. Mein August kommt mit 'n Kopf in die Höhe und sagt: „Wer is denn das? Wer singt so schön, Line?" „Scht! Ich weiß nich!" mach ich so. Das singt auch ruhig weiter, bis zu Ende; ich kann Ihnen sagen, nie in 'n Leben hatt' ich so was Schönes gehört. Wir stehen leise auf, und mein Mann macht die Zweige auseinander. Da steht meine Adelheid mit dem Rücken nach uns zu und singt auf das Wasser hinaus. Mein Mann war rein aus 'n Wolken gefallen. „Deern, Adelheid, wer hat dich das gelernt?" Er hatt' sie bei 'n Arm gekriegt, und Adelheid hatt' sich jewoll furchtbar erschrocken, sie zitterte man so. „Von meiner Mutter," sagte sie. „Solange du bei uns bist, hast aber noch nie gesungen." Sie schüttelte ihren Kopf. „Ich kann nur, wenn ich allein bin, Onkel." Das hatten noch mehr von unserm Klub gehört, und alle hatten sich gewundert, daß es 'n Kind von zwölf Jahren war, so 'n himmlische Stimme. „Die muß ausgebildet werden, die hat Gold in ihre Kehle," hieß das. „Segg mi nichs!" schrie mein August, „dat weet ick ebenso good wie du! Wofür bün ick 'n Musikus? Adelheid, von morgen ab kriegst du Singstunde, und das gute, und wenn ich mir das an'n Mund absparen soll! Aber nu sing' das noch mal, mein Deern, daß wir alle noch mal zuhören." Der ganze Klub hatte sich bei kleinem um uns 'rum gestellt, in'n großen Kreis, und mein Adelheid mit ihr weißes Kleid in die Mitte. Erst wollt sie nich. „Ach, Tante, ich kann ja nich, wenn ich nicht allein bin," sagt' sie. „Kneif' die Augen zu, und denk an gar nichs, als wie du deinen Onkel 'n Freude machen willst," sagte ich. Die Stimme zitterte ihr, wie sie da mit zuen Augen zwischen all den Leuten stand, mitten in 'n Sonnenschein und an den blauen Wasser. Das war noch viel rührender, als das erste Mal. Mein August kriegt sie her und küßte sie ab, bis sie dunkelrot war; das war 'n Freude, sag ich Ihnen. „Morgen singt in 'n Stadttheater Therese Tietjens, die hat auch klein angefangen, auch en armes Hamburger Kind. Adelheid, Adelheid, wer weiß, was uns noch all bevorsteht! Wir können noch alle unser Glück machen." Und denn erzählte er, wieviel die Tietjens für den Abend kriegte, an Gage, wissen Sie; das ging wie 'n Mühle durch 'nander, und vor lauter Freude gab das den Abend noch Streit mit 'n Kollegen; mein August hatte das manchmal, daß er so ausbrausen that, er meinte das aber nich böse. Der Kollege sagte nämlich: „Nu all singen? Nich rühr' an: da is die Deern noch viel zu jung zu, das kann sie noch nich ab." Und sehn Sie mal, der Mann, der hatte ganz recht, aber wer wußt' das nich? Mein August wollt' ja nu mit Hitze und Frost anfangen mit Singstunde und hatte keine Ohren zu so 'n Warterei. Adelheid war je auch fleißig, und das dauerte nich lang', da konnt' sie in „Donauweibchen" singen. Sie übte sich Tag und Nacht. „Da ruh' ich nu nich für — nu muß sie auf 'n Theater!" sagte mein Mann. Ach nee, diesen Tag, wo sie bei Damm in 'n Tivoli auftrat! Das war 'n Gefälligkeit von Damm; mein August, der war überall beliebt. Sie können sich denken, was ich geweint hab', wie sie da 'raus kam in ihren kleinen Kostüm, den wir selber zurecht geschustert hatten, mein Adelheid und ich. Sie war man klein gewachsen, und mein Mann hatte ihr für acht Jahre ausgegeben, er sagte, das zöge denn noch besser. Und das that es auch, das war 'n förmlichen Jubel bei 'n Publikum. Sie kriegte nachher 'n schönen schottischen Wintermantel schenkt von einer Dame, wissen Sie, und denn noch drei Puppen. „Kuck' mal, Tante, was soll ich da nu mit?" sagte sie, „das is je was für Kinder." Aber nach 'ne kleine Zeit fiel ihr das ein, sie wollt' die Puppen jede 'n ordentliche Aussteuer machen, und denn sollt' Schlütern sie in ihr Ausbauer stellen in ihr Holländischwarengeschäft. „Adelheid," sag ich, „du bist 'n praktische Deern; klug soll leben!" sag ich, „du mußt notwendig 'n Paar Stiefeln haben, wenn wir die so dafür kriegten." „Du brauchst erst recht welche, Tante, du läufst je auf Schrubbers 'rum." Nee, ich will man sagen, is das nu nich viel von 'n Kind? Und richtig — Puppen sind verkauft, und mein Adelheid kommt mit 'n Paar Stiefeln anzuschleppen: „Tante, vertrag sie mit Gesundheit!" Ach nee, wissen Sie, wenn man so was sieht, so 'n Gutheit. — — Wenn das was geworden wär' mit ihr Singen, sie hätt' uns alle glücklich gemacht. Aber das hat je nu nich sein sollen! Das kam je bald an 'n Tag. Heute mal Husten, und morgen rauh in 'n Hals, und denn heiser, daß sie nich 'n Wort 'rauskriegen kann, an Singen kein Gedanke. Mein Mann verstand das erst nich so: „Sing' frisch los, Deern, das fegt und scheuert die Kehle rein!" Aber das wurd' man immer schlimmer. Wir probierten das mit Brustkätzler, mit allerlei probierten wir das: je, wenn sie denn 'n Weile nich singen that, denn war das gleich wieder besser. Noch 'n paarmal trat sie auf 'n Theater auf, aber das war 'n Angst, denn alle Minute konnt' sie heiser werden. Nu fing mein Mann an: „Sie hat das wie ihre Mutter, sollst es erleben." Ich kriegte 'n Schreck, das zog mir in die Beine, daß ich nich stehen konnte. Ich wußt' je doch, wie das mit Krampfen gewesen war, und was die ausgestanden hatte. Ich sah mein Adelheid auch all da liegen. „Allmächtiger Gott, morgen geh ich mit ihr nach 'n Doktor!" sag ich. „Je, das thu du man, aber so was vererbt sich," sagt mein August. Also andern Tag ich mit Adelheid nach 'n Doktor. „Wie alt is sie?" „In zwei Monat wird sie sechzehn." „Da is sie klein für, hätt' sie für zwölf gehalten." „Das is wegen den Hals, Herr Doktor, so und so, und immer gleich heiser." Er untersucht das je nu: „Total überanstrengt," sagt er; „Singen is Gift, das muß sie aufgeben." Hören Sie mal, wie wir zu Hause gekommen sind, das vergess' ich nich! Und auf den Weg, da begegnete uns ein Zug Soldaten nach 'n andern, und alle mit vollen Gesang: „Es braust ein Ruf wie Donnerhall," das war nämlich in 'n Juli achtzehnhundert und siebzig, und da kamen soviel Truppen hier durch, und überall sang das „die Wacht am Rhein." In vollen Marsch, mit Fahnen und Trommeln, und denn wieder mit Gesang, und die Sonne schien man so auf all das blanke Zierat und auf die frischen roten Backen von all den jungen gesunden Menschen. „Tante! Tante!" weinte mein Adelheid, „darf ich nich mal mehr ‚die Wacht am Rhein' singen?"

Nu kam 'n ganze traurige Zeit. Mein Mann hatt' so wenig Verdienst wie noch nie im Leben, und er nahm sich das so zu Herzen, daß er ganz allmählicherweise mit das Trinken anfing. Immer meinte er, wir müßten verhungern, und bloß wenn er was in 'n Kopf hatte, war er 'n bißchen munterer. Er wollt' das nu durchaus nich anders, mein Adelheid sollt' in Dienst gehen. „Wenn sie nu nich in 'n Dienst geht, denn hab' ich sie für ewige Zeiten auf 'n Hals." Er konnt' sich auch nich recht mit ihr vertragen. Einmal hört' ich das, da sagte sie zu ihm, daß er zu viel trinken thäte, und daß Tante keinen Schilling hätte für Essenkochen. Und da gab ein Wort das andre, wissen Sie woll, daß mein Adelheid das selber einsah, das wär' besser, wenn sie ginge. Wir hatten uns das zusammen überlegt, daß sie wollt' Schneidern lernen, wo sie so große Lust zu hatte, aber mein Mann sagte, das dauerte zu lange; wenn sie in Dienst ginge, denn hätt' sie gleich was. „Du weißt nich, wie drall und ausfallend sie gegen mich is, Line; das is 'n undankbare Deern für all die Wohlthaten! Laß sie man mal sehn, wie das anderswo is, ich hab' nu genug von ihr." Ach nee, und ich da nu immer zwischen — das war hart, sag' ich Ihnen. Sollt' ich mich mit meinen Mann erzürnen, wo ich noch nie 'n Duwort mit gehabt hatte? Ich konnt' das nich, ich sprach Adelheid zu: „Sei nett mit Onkel, er meint das gut in Grunde." Achott, Adelheid meinte das je auch gut, das waren man zwei harte Steine, und die mahlen nich gut zusammen. Das wurde immer doller, und zuletzt mußt' ich das erleben, daß Adelheid mir das auch verdachte, und daß sie sagte: „Meintwegen je eher je lieber, es thut mir leid, daß ich euch so lange zu Last gewesen bin." Und plitzplatz ihre Sachen in 'n Bündel gepackt! „Halt' dich munter, Tante, und sag' Onkel adjüs, nu wird er mich los." Weg war sie. Ach, was hab' ich geweint und um die Ecke gekuckt, und den Abend konnt' ich nich zu Bett gehn, immer meint' ich, sie müßt' wieder kommen. Aber mein Adelheid war da nich und kam da nich. Nu ward' mein Mann je erst recht ärgerlich: „Heff ick di nich seggt, dat is 'n undankbare Deern? Nu is all' zu schande geworden, was man auf ihr gebaut hat." Ich wußt' nichts darauf zu antworten, ich machte das noch mal wieder durch, wie mit mein erste Adelheid, aber doch nich ganz so schlimm, denn gottlob, leben that sie doch, und daß mein Mann ihr unrecht that, das wußt' ich gut genug. Aber wie verlassen, so 'n arme Deern von knapp siebzehn Jahr! Was konnt' ihr nich all' ankommen, und wo wollt' sie ihr Brot finden! Wenn er denn so auswärts war zu spielen, und ich saß allein mit meinen Nähzeug, und das regente und wehte, als wollt' der Wind das Dach mitnehmen, immer sagte mir was in 'n Ohr: „Nu is sie auf 'n Wasser, und das Schiff sinkt weg, und sie steht da und ruft: Tante! Tante! und streckt ihre Arme aus, und ich kann ihr nich helfen!" Mit 'n Geschäft ging das mehr als flau. „Man gut, daß da ein' weniger mit satt zu machen is," sagte mein August. Ich wollt' ihm das auseinandersetzen, daß Adelheid mit ihr Nähen all manchen Thaler verdient hatt', aber er hörte da nich hin, er meinte immer, sie hätt' uns wunder was für Kosten gemacht. Das ging ein Jahr, zwei Jahr, drei Jahr — warten Sie mal, wie lange danach war das, wo ich meinen Mann verlor? Sieben und 'n halb Jahr nach Adelheid ihren Weggang. Ich kann woll sagen, das waren die traurigsten Jahre, die ich durchgemacht hab'. Wir konnten uns einrichten so klein wir wollten — das langte nich: und denn immer dies Unregelmäßige! Mal 'n Abend spielen, und denn wieder sechs Tage Feierabend. Wir gingen da beide bei kaput, und wenn nich meinen Mann seine Kollegen gewesen wären, mit mein büschen Näherei konnt' ich uns nich allein über Wasser halten. Wenn ich mal was sagte, dann hieß das: „Was jammerst du? Bist je bis jetzt noch nich verhungert." Bloß das letzte halbe Jahr — da ging das miteins wieder flotter. Das war der neue Pavillon, da hatte mein Mann schön zu thun und spielte beinah alle Abend. Sie können sich nich denken, was das für 'n Veränderung war! Er bracht' was zu 'n Essen mit, er lachte und machte Spaß, und trinken that er beinah gar nich. „Line, ich bin noch 'n jungen Kerl, ich fühl' das, Line; das Leben, das soll nu erst los gehn, heidi! Sühst mi woll? Ander Woche is 'n Ausfahrt nach Othmarschen, da woll'n wir mal ordentlich einen aufspielen! Nu steh ich anders da, nu kann ich mal was spandieren! Och, was das Leben schön is, wenn man Geld in de Tasch' hett!" Bloß von Adelheid wieder herkommen lassen, wollt' er nich auf eingehn. „Was bekümmerst dich um die? Hat sie sich vielleicht um uns bekümmert? Hättst nich sterben und verderben können für ihretwegen? Nee, Line, sie is das nich wert — unsere glücklichen Jahren, das war doch, wie wir beide alleine waren, und ich möcht' man zusehn, daß ich wieder irgendwo 'n Theelaube kriegen thäte, — hier 'n beten snacken und dar 'n beten klönen, wie ihr Frauensleute das am allerliebsten thut." Und richtig, er ruhte da nich für, ich mußt' eine haben, der Wirt hieß Thede, und es war 'n ganze schöne Laube soweit — schutzig und still — wenig Leute in' ganzen. So manchen Abend saß ich da und hatt' meinen Besuch, ganz für mich. Bei meiner Seite da saß meine große Adelheid und nähte so fleißig und seufzte manchmal vor sich hin, wie sie das woll so that, und auf meinen Schooß da saß meine kleine Adelheid und legte ihren Kopf an und schmeichelte mit ihrer kleinen Kinderstimme. Und wenn ich denn aufkuckte, und da war nichts als 'n leisen Wind in den Goldregenbusch: und die Sperlinge zwitscherten vor'n Zubettgehen, dann wurde mir das oft ganz schudderig, und das lief mir so kühl über'n Puckel — ich mußte denn auf und weggehn, konnt' da nich dauern. Das war, als wenn sich da was ansagte, auch in meine Wohnung 'n paarmal. 'n großen schweren Klapptisch hatte ich auf der Diele stehn, der kriegte einen Abend das Rollen, ganz von selber, das war all nach elf, und ich hatt' noch spät was für 'n Laden fertig zu machen. „Das gibt 'n Veränderung," sag ich so zu mir. „Ob ich selbst das woll bin? Für mein' August wär' das traurig, wenn der so allein bleiben thät'." 'n andermal fällt mein kleinen Spiegel von der Wand, so, patsch auf Erde, da war kein Mensch an gekommen. „August," sag ich, ohne daß ich das wollt', „sollst sehn, das bedeut' was." Mein Mann war auch ganz verdutzt, bloß er wollt' sich das nich merken lassen. „Du bist unklug," sagt er, „das is 'n Kalkwand, da hält kein Nagel in. Schneid' dich man nich mit 'n Glassplitter, da is je Quecksilber hinter, das soll je ungesund sein."

Je, das hätt' ich nie und nimmer gedacht, daß ich mein Mann überleben sollt. Er gab da erst nichs auf. „Das war bloß 'n Erkältung," sagte er, „weil er auf 'n nassen Stuhl geseissen hätt'. Das greift mich noch so an, da mag ich nich von sprechen. Genug, er lag je nu, und miteins kommt da 'n Herr. So und so, und mein August sollt' fufzehnhundert Mark bezahlen, hier wär 'n Wechsel auf ihm. Nu denken Sie sich, wie mir zu Mute war. „Ich wär' froh, wenn ich fufzehnhundert Schilling hätt'," sag ich, „mein Mann is bettlägerig, wo könnt' er woll jemand so viel Geld schuldig sein!" Ich ging mit den Herrn die Treppe 'runter, ich wollt' je nich, daß mein August das hörte. „Das is von 'n Kollegen," sagt der Herr, „da hat Ihr Mann Bürgschaft für geleistet, und nu is er ausgekniffen, und wir müssen uns an Ihren Mann halten." „Achgott, er hat je nichts! Sehn Sie doch, wie uns das einmal gehen thut." „Thut mir leid, aber denn müssen wir pfänden, was Sie irgend entbehren können, Madam, Recht muß seinen Lauf haben." Ich bin zu den Direktor, wo mein Mann spielte: „So und so geht mir das, und ich weiß je nich mal, ob das die Wahrheit is." „Die Wahrheit is das. Er is all bei mir gewesen, wollt' Beschlag auf den Gehalt legen. Ihr Mann hat leichtsinnig gehandelt, ich kann je kein Gehalt bezahlen, wenn er nich spielt. Nu müssen Sie die Folgen tragen." „Wenn Sie weiter nichts wissen," damit nahm ich die Thür in die Hand. Sollt' ich da meinen August noch schlecht machen lassen um nichs und wieder nichs? Ich war ganz verzweifelt. Aber was sollt' ich woll machen, als das bißchen Kram, was wir hatten, und was wir noch entbehren konnten, auf Diele und in die kleine Vorderstube zusammenstellen, daß bloß mein kranker Mann das nich merkte. Das mußt' ihn ja schaden, so 'n Aufregung; ich sagte das auch den Beamten, und sie waren nu wirklich ganz leise und so nett, wie sie man sein konnten. Ich konnt' ihnen ansehen, daß sie das nich gern thaten. „Madam, wir thun das nich gern; wenn das auf uns ankäm', denn sollten Sie kein Stück von Ihren Eigentum missen, aber das geht uns je nich selber an, das is je Geschäft. Mit jede mögliche Rücksicht, Madam, was Sie irgend verlangt sein können." Aus der Stube, wo mein Mann lag, trug ich das Stück bei Stück 'raus; mein August kuckte woll mal auf, aber denn seufzte er bloß: „Ach, du bist woll beim Reinmachen." Stück für Stück trugen sie das aus der Hausthür, leise wie auf Strumpfsocken. Bloß unsere Betten und zwei Stühle und 'n kleinen Tisch und denn zwei Kochtöpfe und 'n Theekessel hatten sie uns gelassen. Wir hatten so 'en kleinen niedlichen Hausstand, wie wir uns verheirateten, und wenn man denkt, wie man da mit 'rum puppt, daß man das in 'n Stande erhalten will — und nu ging das so. Wissen Sie, ich kam da so leicht über weg, weil mein August so schlecht lag, glaub' ich. Ein Unglück vertreibt das andere. Vor lauter Angst, daß er das merken könnte, merkte ich da selber man das Halbe von. Wie er einmal hoch kam und sagte: „Line, is da was los?" da kriegt ich 'n Schreck, als hätt' ich was auf 'n Herzen, was nich recht wär. Aber ich begrapste mich noch flink und sagte: „Was soll da los sein? Das is je bloß der Mauermann, die Wand is kaput." „Reimers is woll nich hier gewesen?" fing er miteins an. Ich schüttelte bloß mit 'n Kopf, sagen konnt' ich nichs; das war je der Schweinigel von Kerl, der mein' Mann so zu Schaden gebracht hatt'. Mit 'ne Choristin von 'n Varietétheater war er über alle Berge, und seine Frau und vier Kinder konnten Hungerpoten saugen. Aber schwer war das, schwer, wo einen immer das Wasser in die Augen kommen thai, und man durft' sich das nich merken lassen. Mit Angst auf und mit Angst zu Bett, und wie die Angst aus war, und mein Mann seine Augen zugethan hatte, da war ich so mürbe, wissen Sie, — wenn mich einer in Wasser geworfen hätt', ich wär' jewoll untergegangen wie 'n Bleiklotz.

Ich saß und mocht' mich nich rühren, nich von 'n Stuhl aufstehn. Da kam ein und andere anzulaufen: „Kommen Sie mit, ich hab' gerade Kaffee gemacht. Sie müssen doch was zu essen und zu trinken haben.“ „Nee, laßt mich man, ich kann je doch nichs 'runterkriegen! Laßt mich man still zufrieden.“ „Das wird je all dunkel! Soll ich nich 'n Lampe anstecken?“ „Ach, is ganz egal! Dunkel oder hell — was hab' ich groß zu sehn? Machen Sie sich keine Umstände.“ „Herrjes, Se könnt' hier doch nich die ganze Nacht besitten bleiben,“ sagten die Nachbarsfrauen, aber ich sagte: ja, ich könnte das, und sie sollten man ruhig zu Haus gehn. Miteins kommt da so 'n eiliger Tritt an die Thür, und da schreit was: „Tante! Tante! Tante!“ Ich war 'n büschen tanmelig, wie ich aufstehn wollt'; ich sagte blos: „Es is je woll nich wahr,“ und denn mußt' ich wieder sitzen gehn. Aber das war doch wahr, mein' Adelheid war gekommen,

und sie wußt' das noch nich; sie wußt' bloß, daß wir gepfändet waren. „Ich komm' von Apenrade, Tante, aber weggehn thu ich nu nich wieder, und wenn Onkel mir zehnmal die Thür zeigt.“ „Adelheid, weißt, wo dein Onkel is? Heut' morgen haben sie ihn abgeholt.“ Das war 'n furchtbaren Schlag für sie: „Gott Lob und Dank, daß ich gekommen bin, Tante! Ich bin 'n perfekte Schneiderin, ich hab' das durchgesetzt, nu kannst du ohne Sorgen sein für deine alten Tage.“

Ja, alles was recht is — meine Adelheid! — — Wer sie einmal als Hausschneiderin gehabt hat, der will sie immer wieder haben; die Leute kochen ordentlich, was sie am liebsten mag, manchmal geben sie ihr sogar was mit für ihre alte Tante. Und Sorgen haben wir nich mehr, wir haben zusammen all zwölfhundert Mark abbezahlt, daß doch mein August rein dastehen soll, und das Notwendigste von meinen früheren Hausstand haben wir auch wieder gekauft.

Aber ich sag man: was is das einmal schade, daß man immer man ein Teil zu gleiche Zeit haben kann! So is das in 'n Leben! Mein Adelheid hab' ich nu bei mir, aber wenn sie aus is, denn hör' ich oft, wie ganz, ganz von weiten mein August seine Klarinette blasen:

„Du, du — liegst mir im Herzen,
Du, du — liegst mir im Sinn —“

und denn denk' ich, ich möcht' man noch einmal auf 'n paar Stunden wieder jung sein und mit ihn in Mondschein die Elbe 'runter fahren! — — Komisch, nich?“

Neues vom Büchertisch.

Von

Heinrich Hart.

Der Lenz ist nicht nur die Zeit des Keimens und Sprießens, der Schwalbenheimkehr und des neuaufblühenden Lebens in Wald und Garten, auf Acker und Wiesenflur. Er ist auch die Zeit jungen und frischen Kampfes: mit brausenden Stürmen bricht er dem milden Regiment der Sonne die Bahn. Der ewige Kampf zwischen Licht und Finsternis, der in den Höhen und Tiefen des Lebens, in den Herzen der Einzelnen wie im Ringen der Völker ausgefochten wird — im Lenz scheint ihn auch die Natur jedes Jahr von neuem zu kämpfen. Und immer wieder sammelt in der Dunkelheit der langen Wintermonde das alte Reich des Natürlichen und Unterirdischen Mut und Kraft; trotzig nimmt es immer wieder im Lenz den Streit mit der neuen Welt des Geistigen auf. In den Nebeln, die um Walpurgis aus allen Thälern emporwallen und rings um die Bergesfirsten tollende Schlachten mit den Frühlingsstürmen schlagen, in diesen Nebeln steigen auch die alten Götter und ihre Gesellen noch einmal zur Oberwelt empor und versuchen es mit frischer Hoffnung, die Herrschaft dem Christengotte streitig zu machen. Wohl haben sie vor einem Jahrtausend Krone und Scepter ausliefern und sich knirschend für besiegt erklären müssen, aber ihre Macht ist nur der Würde entkleidet, heimlich dauert sie noch fort; noch immer haben sie im Lande der nächtlichen Helfer genug, und ihr Einfluß auf die Seelen ist noch heute stärker, als wir für gewöhnlich zugeben mögen. Man braucht nicht den Blocksberg zu erklimmen, um die Versammlungen der Entthronten zu belauschen, Sonntagskinder wissen überall ihre Spuren aufzufinden und von ihrem geheimen Treiben Kundschaft zu geben. Ein solches Sonntagskind ist Arthur Bruns, dem wir das jüngsterschienene Buch „Deutscher Glaube" (Heilbronn, Eugen Salzer) verdanken. Das ist nicht etwa eine Sammlung altgermanischer Religionslehren oder ein gelehrter Nachweis über die Reste des Heidentums im heutigen Deutschland. Das Buch gibt Gedanken eines einsamen, eigenartigen Denkers über den Kampf der Weltanschauungen, den Stand des Christentums in unserer Zeit, Streitworte gegen den Materialismus und Mahnungen an die Christenheit, das eine Mal in mehr direkter Ansprache, das andere Mal in Träumen und Gesichten. Bruns erinnert lebhaft an den Dänen Sören Kierkegaard, und gleich diesem bietet er keine Kost für zarte, mit Leckereien verwöhnte Seelen; er ist ein Rufer zum Streit, und er sucht das derbe Wort mehr, als er es scheut. Für denjenigen aber, der ihn vertragen kann, fließen in seinem Buche lebendige Quellen und lebendige Gluten, das Ganze ist eine große aufrüttelnde Predigt, die jedoch nicht aus dem Verstande, sondern aus Herz und Phantasie geboren ist, eine Predigt gegen die Banalitäten des Materialismus wie gegen den Mammonsgeist, gegen die Menschenvergötterung à la Nietzsche wie gegen die verknöcherte Staatskirchlichkeit. Anregend wirkt die Schrift auf jeder Seite, zustimmen freilich wird den Ausführungen in ihrem vollen Umfang wohl niemand, ich selbst am allerletzten. Es ist nicht leicht, mit nüchternen Worten die Endabsichten, die der Verfasser mit dem Buche verfolgt, seine Grundanschauungen zu umschreiben. Wenn ich ihn recht verstehe, so findet er, daß das alte Heidentum noch immer in deutschen Landen lebendig ist, und daß diese Fortdauer ihre sehr bedenkliche, aber auch eine Seite hat, die, wenn sie recht ausgenutzt wird, dem Christentum förderlich sein kann. Über das Bedenkliche spricht er sich an einer Stelle folgendermaßen aus: „Der stürmische Herrgott unserer Ahnen, der wilde Jäger da draußen in der Nacht, hat die Fesseln der Nacht zerbrochen. Im hellen Lichte der Sonne tobt er durch die neue Welt der Liebe, um einen Übermenschen nach seinem Bilde zu schaffen. Bei uns im Dorfe hält ihn noch die Nacht. Er hat noch nicht die Tagesstimme gefunden. Aber in jedem Bauernherzen ist er wach und ein mächtiger flüsternder Gott. Er diktiert das Ehrgefühl der Bauern, er gibt ihrem Thun sein Gesetz. Schmale Tribute geben sie dem Christengott: einige Pfennige jeden sechsten Sonntag in der Kirche, einige Pfennige dem reisenden Vagabunden, einen Groschen mit Schimpfen der Hauskollekte. Aber Eier und Speck, Musik und Tanz, die wachsten Stunden ihres Lebens, fast all' ihr selbständiges Denken und ihre ganze Arbeit opfern sie dem alten Gott, dessen Zehngebot lautet: den Geldbeutel zu! als erstes, Trinken als zweites, Nichts gefallen lassen als drittes, du sollst deine Eltern schmal halten als viertes, du sollst deinen Feind verachten und wenn möglich vernichten als fünftes, du sollst herrschen über dein Weib als sechstes, du sollst deinen Vorteil holen, wo du ihn findest, als siebentes, du bist zum Richter gesetzt über alle Mitmenschen als achtes, Rücksichtslosigkeit als neuntes und Mißtrauen und Prozessieren als zehntes Gebot." Wie man merkt, versteht Bruns unter „Bauern" noch mehr Leute, als im Dorfe wohnen. Was ihn quält, das ist die Thatsache, daß auch heute der Christengott noch kein „Volksgott", sondern nur ein „Kirchengott" ist. „Die Kirchen sind keine Burgen. Alle sieben Tage ist große Volksmusterung, und er hält eine Ansprache an seine ‚Getreuen'. Dann ziehen sie wieder ins Blachfeld des Alltagslebens. Eine Weile lang schimpfen sie noch, eine Weile lang lachen sie noch über das, was der Fremdherrscher, der Frohnherr ihnen sagte, dann ist es vergessen. Sie holen ihre alten Götter aus der Verborgenheit, die weise Frau und den Schäfer, der alte gute Zauberformeln kennt. Und sie arbeiten nach dem Zehngebot ihrer alten Erbherrscher." Der Egoismus ist es mithin, die nackte Selbstgier, die verknöcherte Selbstsucht, die trotzige Selbstüberhebung des Individuums, das alles ist es, was das heutige Geschlecht noch immer von der heidnischen, natürlichen Art zäh festhält und allem christlichen Liebesgebot zum Trotz behauptet. Der „wilde Jäger," der Gott des „natürlichen" Menschen, der die Herzen hart und enge macht, das ist der Gott, den Bruns bekämpft. Aber dieser Gott zieht nicht nur als Nachtgespenst einher, er war als Wodan einst ein Ase des Lichts, und so lebt mancherlei Edles in ihm fort, an dem das Christentum sich wohl bereichern kann. Bruns meint, daß unser Glaube seit Luthers Tagen sich arg verweichlicht und verweiblicht habe, daß er zu viel Thränenseligkeit, Demut und Zagheit predige. Und daher soll es aus dem Jungbrunnen des alten Germanentums neue Kraft und Stählung schöpfen, zu einer Religion der Freude werden und von einer „Seligkeit der Helden" künden. Über diese Ansicht, diess Verlangen mit Bruns zu rechten, ist hier nicht der Platz. Es läge sonst nahe, dem „einsamen Träumer" entgegenzuhalten, daß die christliche Demut schließlich keine Erfindung der Mönche und Nonnen, daß sie nicht erst unter dem Druck des 30jährigen Krieges erblüht ist. Gerade in ihr, die „auch den andern darbietet, so dir jemand einen Streich gibt auf deinen rechten Backen," gründet sich der tiefste Unterschied zwischen Christus und Wodan. Verstimmend an dem prächtigen Buche wirkt das überquellende Selbstbewußtsein des Verfassers, mit dem er Gegner seiner Anschauungen einfach als „lahme Gesellen" hinstellt. Er wird es schon gelten lassen müssen, daß man auch auf seinen Standpunkt von noch höherer Warte „hinab"sehen kann; aber warum soll der Höhere den noch unterhalb Klimmenden schmähen, wenn der nur ehrlich und tapfer aufwärts ringt?

Zu den Göttern der alten Germanen führt uns Bruns, in eine noch weitere Vergangenheit aber verlockt uns Hermann von Schelling, der ehemalige Justizminister Preußens. Er, der Sohn des großen Philosophen, der auch ein großer Dichter war, hat die Muße seines Alters dazu verwandt, uns eine neue Übersetzung jenes Werkes zu spenden, dem unter allen litterarischen Schöpfungen das unvergänglichste Leben innewohnt, der „Odyssee" (München, R. Oldenbourg). Die Form, welche Schelling gewählt hat, ist die achtzeilige Reimstrophe, wie sie Ariost und Tasso gebrauchten, und die längst in der deutschen Dichtung Bürgerrecht erlangt hat. Ich selbst, der ich jedes Jahr mindestens einmal das ewige Werk lese und immer wieder neue Lust, neue Anregungen aus dieser Urquelle schöpfe, ich selbst habe mich derart an die Voß'sche Übersetzung gewöhnt, daß es mir schwer wird, mich in eine neue Übertragung hineinzuleben. Aber nicht jeder ist in meiner Lage. Und ich verkenne keineswegs die Mängel, welche der Voßschen Neuschöpfung in der Form wie im Ausdruck anhaften. Ein natürliches Gewächs am Baum der deutschen Sprache ist der Hexameter nicht, und gerade mit der Odyssee, deren Inhalt so nahe an das streift, was wir Romantik nennen, die in mehr als einer Hinsicht an die Romane des Mittelalters erinnert, verträgt sich ohne Frage der Reimvers sehr wohl. Ob Schelling freilich nicht besser das einfache schlichte Reimpaar, statt der allzu klang- und prunkvollen Ottave, gewählt hätte, darüber wage ich, ohne einen Versuch im Reimpaar, kein Urteil abzugeben.

Die Odyssee in Schellings Form macht, wie leicht erklärt, auf den ersten Anblick einen fast fremdartigen Eindruck; man glaubt ein Epos aus den Renaissancetagen zu lesen, die griechischen Helden nehmen etwas von der Art des Rittertums an, und der Olymp gewinnt einige Verwandtschaft mit den Fürstenhöfen Italiens im Cinquecento. Aber je mehr man sich in die neue Verdeutschung vertieft, desto mehr schwindet jener Eindruck. Eine gewisse Modernisierung des Stoffes hat der Übersetzer wahrscheinlich gewollt; im übrigen aber hat er es wohl verstanden, den Homerischen Geist zu wahren und die bezaubernde Naivität der Erzählung mit dem Reim zu verschwistern. Die erste Forderung, die man an eine Übersetzung zu stellen hat, daß sie allen Wendungen des Originals zwanglos und ohne gequälte Mühe folge, erfüllt die Arbeit Schellings im allgemeinen durchaus. Seine Verse sind voll Reiz und Anmut; sie gewähren in höherem Grade, als die Voßschen Hexameter, „ein Abbild der Klangfülle des griechischen Textes." Daß freilich unter den tausenden auch mancher schwächliche sich findet, ist beinahe selbstverständlich; ganz mißraten ist aber nur weniges. Schwerfälligkeiten wie die auf S. 385: „Athene selbst wollt aus den Höh'n, den lichten, den Wuchs dem Völkerhirten zu verdichten," wird der Übersetzer gewiß auch ohne Mahnung ausmerzen, so daß sie eine künftige Auflage nicht mehr verunzieren. Ohne Zweifel wird es meinen Lesern willkommen sein, an einigen Proben zu erkennen, wie der alte Homer im neuen Reimgewande sich ausnimmt. Ich wähle zunächst die Schilderung der Grotte Kalypsos. Als Hermes, der als Bote der Götter zu der Nymphe geht, Ogygias Gestade gewahrte, —

Bog er hinüber zu dem Inselrande,
Ließ hinter sich des dunklen Meers Gebraus,
Und zu der hochgewölbten Grotte wandte
Er seinen Schritt; hier war der Göttin Haus,
Der schöngelockten; von dem Herde sandte
Ein mächtig Feuer seinen Duft heraus,
Und würzig wogte durch das Eiland weiter
Der Brandgeruch der cederholznen Scheiter.

Und aus der Grotte Tiefen drangen Lieder
In Hermes' Ohr mit silberhellem Klang;
Die Göttin ging am Webstuhl auf und nieder
Und spann am goldnen Stab, indem sie sang.
Der Erlen, Pappeln grünendes Gefieder
Nebst der Cypresse krönte rings den Hang,
Und viele Vögel wohnten, flügreiche,
In des Gehölzes schattigem Gezweige.

Die Eule heckte hier, der Falk, der Rabe,
Der züngelnd auf der See erjagt den Schmaus;
Ein Weinstock, strotzend von der saft'gen Gabe,
Umschlang in Jugendpracht das Felsenhaus.
Vier Quellen sprudelten die reinste Labe
In nachbarlich verschlungne Bächlein aus,
Und draußen prangten sanftberaste Wiesen,
Auf denen Eppich wächst und Veilchen sprießen.

Als Gegenstück nähme ich gern das Bild, wie Odysseus den Kyklopen Polyphem blendet oder wie er die Freier erlegt, denn diese Schilderungen halte ich für besonders wohlgelungen, aber sie wirken beide, aus dem Zusammenhang gerissen, zu grell und grausig. Mag denn an ihre Stelle noch eins der lichten, lieblichen Bilder treten, die Darstellung der Ausfahrt Nausikaas zur „großen Wäsche.“ Alkinous der König hat seinem Töchterchen den Wagen, den sie begehrt, bewilligt.

Er rief, die Knechte kamen aus der Halle
Und rüsteten das Fuhrwerk vor dem Thor,
Die Mäuler zogen sie dann aus dem Stalle
Und schirrten das Gespann dem Wagen vor.
Die Jungfrau holte die Gewänder alle
Und reichte sie auf das Gefährt empor,
Die Mutter trug viel herzerfreu'nde Speise
Und Wein im Lederschlauch herbei zur Reise.

In einer Truhe bringt sie diese Gaben,
Dazu noch mildes Öl in goldnem Krug,
Um nach dem Flußbad salbend sich zu laben.
Die Maid, die aufs Gefährt sich schwang im Flug,
Ließ das Gespann, die Zügel fassend, traben,
Indem sie durch die Luft die Geißel schlug.
Die Mäuler schüttelten rastlos die Geschirre,
Und weithin tönt das rasselnde Geklirre.

So eilte hurtig das Gespann von hinnen,
Das die Gewänder und die Jungfrau zog,
Zu Fuß begleitet von den Dienerinnen.
Sie fanden an dem schönen Strom den Trog,
Durch den die Bäche so beständig rinnen,
Daß aus der Wäsch' im sprudelnden Gewog
Unsauberkeit und Flecken rasch verschwinden.
Sie eilen nun die Mäuler loszubinden.

Die grasen an dem Fluß auf duft'gen Wiesen,
Indes die Mädchen vom Gefährt herab
Die Kleidungsstücke einzeln niederließen
Und sie versenkten in das Wassergrab.
Sie sprangen selbst nun in die Grub' und stießen
Die Wäsche mit den Füßen auf und ab;
So spülten sie in eiferndem Verbande
Bis nun gesäubert waren die Gewande,

Da breiteten die Mädchen sie am Strande
Der See zum Trocknen aus in langen Reihn
Auf einer Zunge, die mit Meeressande
Bespült war und mit glattem Kieselstein.
Sie nahmen nun ein Bad am Stromesrande
Und salbten die erfrischten Glieder ein,
Dann setzten sie am Hügel sich zum Mahle;
Die Wäsche dampft indes im Sonnenstrahle.

Die Jungfrau nun, als an der Mahlzeit Spenden
Sie und die Zofen sich gelabt genug,
Beschloß den Tag mit Ballspiel zu beenden;
Sie nahmen von dem Kopf das Schleiertuch,
Und aus der Königstochter weißen Händen
Begann der Ball von Hand zu Hand den Flug …
Wie Artemis, bewehrt mit Pfeil und Bogen
Aus des Gebirges Schluchten kommt gezogen,

— Wenn sie nach Hirschen und nach Eberwilde
Im Taygeton und Erymanthos jagt,
Und rings umspielt von Nymphen der Gefilde
An Hoheit doch die schönsten überragt,
Und Leto sich ergötzt an diesem Bilde,
Wo jeder Zug die Herrscherin besagt —
So trug die Fürstenmaid im holden Reigen
Zur Schau der Jugendschönheit Siegeszeichen.

Das ist die Odyssee im Gewande Ariosts. Ich glaube, sie wird auch in der neuen Form den alten Zauber ausüben.

Recht frühlingshaft und lenzeswonnig nimmt sich der Titel aus, den Lisa Weise einer Sammlung kleiner Geschichten und Skizzen gegeben hat; „Lebensfreude“ (Dresden, H. Minden) nennt sie ihr Buch. Aber diese Lebensfreude ist von sehr oberflächlicher Art, mehr Spielerei, Schmetterlingsgaukeln und Flirt, als wahres Herzensglück und innere Gemütsbefriedigung; selbst an heißere Sinnenlust reicht diese Freude nicht heran. „Flirtation“ nennt sich denn auch eine der fünf Skizzen, die zumeist mehr flüchtige Momentbilder als ausgeführte Erzählungen bieten; Flirtation könnten sie eigentlich alle heißen. Flirt auf der Straße, Flirt beim Lawn Tennis, Flirt auf der Soirée, Flirt in der Kunstausstellung, Flirt im Kurbad — mit diesem kurzen Register ist der „Geist“ der Sammlung erschöpfend gekennzeichnet. Und doch ist das kleine Buch nicht ohne Reiz. So nichtssagend sein Inhalt ist, so gewandt und leichtflüssig ist die Form. Besonders versteht es die Verfasserin, durch einen, ich möchte sagen impressionistischen Dialog, der sprudelnd hin und herflackert, ihre Geschichten realistisch zu beleben.

Zu der schillernden Äußerlichkeit dieser Erzählerin, der die Toilette im Grunde wichtiger ist, als der Mensch, steht die Innerlichkeit, nach der Alfred Graf zur Lippe in seinen Novellen (Dresden, H. Minden) strebt, im schärfsten Gegensatz. Er hat ein Recht, seine Sammlung „Innenleben“ zu taufen. Melancholie ist ihr Grundzug, aber diese Stimmung hat nichts Gemachtes, sie kommt aus dem Herzen und dringt zu Herzen. Die ausgeführteste der Erzählungen, die vom Wesen des Glücks handelt, ist auch die fesselndste; sie ist reich an feinen seelischen Zügen und an ethischer Weisheit. Baronin Helene, die Heldin der Erzählung, besitzt alles, was ihr Herz verlangt; sie ist reich, spielt in der Gesellschaft die Rolle, die sie beansprucht, und hat einen Gatten, der ihr zärtlich ergeben ist. Mithin gehört sie nach ihrer Ansicht zu den Erkorenen, denen nichts mehr fehlt, denen die Erde soviel Glück spendete, wie sie zu bieten hat. Glück ist ihr eins mit ungestörtem, mühelosem Behagen. Spöttisch sieht sie von ihrer olympischen Höhe auf die Frauen nieder, die das Glück in der Arbeit finden, in der Sorge um ein geliebtes Kind, in der Teilnahme am Wohl und Wehe der Mitmenschen. Da trifft sie eines Tages mit einem Jugendfreunde zusammen, dem dereinst ihre erste Neigung gehörte. In dem Umgang mit ihm, der ein Leben voller Erregungen und Kämpfe hinter sich hat, lernt sie empfinden, daß ihr zum Glücke denn doch etwas fehlt, nämlich Herzenswärme, daß sie sich bisher mit den Dingen nur abgefunden hat, nicht kalt und nicht heiß, und infolgedessen ihr Gefühl über eine müde Lauheit nicht hinausgekommen ist, daß sie weder von den Höhen noch von den Tiefen des Lebens etwas weiß, sondern nur von der Oberfläche. Sie lernt empfinden, welche Seligkeit aus der selbstlosen Hingabe an ein Ideal oder an ein geliebtes Anderwesen erblüht. Dies Erwachen aus der Apathie wird der jungen Frau zunächst verhängnisvoll. Kaum entdeckt sie auch in sich die Sehnsucht nach Licht und Flamme, nach einer über das Alltägliche hinausgehenden Erregung, da wendet sich ihre auflodernde Leidenschaft, wie natürlich, zunächst demjenigen zu, der ihr die Augen oder vielmehr das Herz öffnete. Er aber fürchtet sich vor neuer Unruhe, neuem Kampf und entzieht sich ihrer Liebe. Aufs tiefste beschämt und verwundet, bricht sie zusammen und verfällt einer langwierigen Krankheit. Als sie genesen, ist sie innerlich gereift, sie sieht ein, daß auf den neuen Frühling ihres Herzens ihr Gatte das erste Anrecht hat, und sie wird ein neues, reicheres Eheleben beginnen. Die Darstellung Alfred zur Lippes ist klar, bestimmt und lebendig; eine starke Eigenart verrät sich freilich weder in der Sprache, noch in der Gestaltung. Wenn ich recht sehe, ist der Verfasser ein vorzüglicher Prosaist, während das eigentliche Dichterische nur in Spuren zu Tage tritt.

Ein Thema, das ethisch vielleicht noch tiefer fesselt, als die Frage nach dem rechten Glück, behandelt Adolf Voegtlin in seinem Roman „Das neue Gewissen" (Leipzig, H. Haessel). Ein junger Schweizer Bauer, dessen geistige Bildung aber das Durchschnittsmaß weit überragt, gerät in einen argen seelischen Konflikt. Er liebt ein junges, blühendes Mädchen, arm wie er selbst. Aber er wird nicht nur von ihr wiedergeliebt, auch eine andere Maid, die Tochter des reichen Dorfwirts, hängt sich an den schmucken Burschen mit ihren Liebes- und Ehehoffnungen. Und wie das so zu gehen pflegt, begünstigt die Mutter unseres Jörg die Liebhaberin, welche imstande ist, mit ihrem Gelde den Sohn von seinen Lebenssorgen zu befreien und ihm den Weg zu Ehre und Ansehen zu bahnen. Jörg aber hört nicht auf die Zureden der Mutter, er traut sich selbst, seinen eigenen Kräften zu, auf die Höhen des Lebens zu gelangen. Nicht lange hernach aber liegt die Mutter auf dem Sterbebett, und als sie den Sohn flehend beschwört, zuguterletzt noch ihren Rat anzunehmen, als sie hinzufügt, daß sie nicht getrost sterben könne, wenn er auf seinem Willen beharre, da läßt sich Jörg in dem Schmerz und der Verzweiflung der Stunde hinreißen, der Sterbenden zu schwören, daß er der Armen entsagen und die Reiche heiraten werde. Kaum aber ist die Mutter tot, so empfindet er, wie unmöglich es ihm ist, den Schwur zu halten. Seine Liebe ist zu stark und die Treue gegen die Lebende erscheint ihm heiliger und wichtiger, als die Treue gegen die Tote. So holt er sich schließlich doch die geliebte Elsbeth in sein Haus. Aber jetzt beginnen erst die aufreibendsten Kämpfe für ihn. Fast das ganze Dorf stellt sich gegen den „Eidbrüchigen," er wird geschmäht, verhöhnt, verfolgt in jeder Art. Als aber die Verfolgung seine Kraft nur stählt, als er durch seine Tüchtigkeit nicht nur sich selbst, sondern auch die Gemeinde fördert, als von den bösen Folgen, die jedermann prophezeit hat, keine eintritt, da beugt sich das Dorf dem Erfolg, und Jörgs „Schandthat" wird vergessen. In ihm selbst ruhen jedoch die Dämonen nicht: wohl hat er im Trotz gegen die Meinung der Welt die Stimme seines Gewissens niedergekämpft und sich kraftvoll alles äußere Glück erobert, aber den inneren Frieden hat er nicht gefunden. Die Erinnerung an die Untreue, welche er gegen die Tote verübt, lastet auf ihm wie ein Fluch. Endlich wird er auch von dieser Qual erlöst. Seine Frau entdeckt Briefe der Verstorbenen, aus denen hervorgeht, daß die Mutter dereinst selbst schwer unter einem Treubruch gelitten hat, aber im entgegengesetzten Sinne wie der Sohn. Sie ist um der Eltern willen dem Geliebten untreu geworden. Und da schreibt sie: „Gott hat mich schwer geprüft und gezüchtigt. Zwei meiner Kinder liegen im Grabe. Ich sah es als Strafe für meinen Treubruch an . . . Ich habe auch den Groll, den ich meinen Eltern nachtrug, mitbegraben. Vielleicht wird der Herr mich mit ihnen versöhnen und mich in ähnlichen Fällen erleuchten und mir beistehen. Möge er verhüten, daß ich je ein verständiges Kind, welches das Gute und Rechte selbst erkennen kann, verleite und zwinge, gegen sein Gefühl zu handeln, wenn es gilt, den folgenschwersten Schritt im Leben zu thun. Warum sollen Vater und Mutter, die hinwegsterben, die größte Verantwortung auf sich nehmen, da sie den Ausgang nicht absehen und niemals verantworten können? Soll denn nicht das Eingehen der Ehe eine Handlung der höchsten Selbstverantwortung sein?" Diese Worte, welche die Mutter in der Blüte ihres Lebens niedergeschrieben hat, sind für den Sohn ein Stählungsbad; denn was gilt gegen sie die Mahnung, die sie in der letzten und schwächsten Stunde des Lebens ausgesprochen? So anziehend aber dieser Ausgang der Verwicklung ist, unbedingt befriedigend wirkt er nicht, denn der Brief wirkt immerhin wie ein deus ex machina. Es ist doch schließlich ein Zufall, daß das Schreiben entdeckt wird. Über das ethische Grundproblem mich mit dem Verfasser auseinanderzusetzen, ist nicht meines Amtes. Ich habe nur den ästhetischen Wert der Erzählung zu prüfen. Künstlerisch aber halte ich den Roman für eine ebenso eigenartige, wie echt dichterische Erscheinung. Fesselnd wirkt besonders die Stimmung, in welche das ganze Werk getaucht ist, eine klare sonnige Herbststimmung, voll Erdgeruch und Reifeduft. Alle Gestalten des Buches umweht es wie ein Hauch herber Frische; selbst die Sinnlichkeit, die stark und lebensvoll hervortritt, hat einen herben und keuschen Zug. Nur gegen die Sprache, wenn sie auch in den Schilderungen voll sonnigen Glanzes ist, habe ich etwas einzuwenden. Sie ist mir, vor allem in den Reden der Bauern, zu stilisiert und zu gleichmäßig; ein derberer Realismus würde hier und da wie eine Erfrischung wirken.

Eine Erzählung, die nur stofflich, kaum aber künstlerisch interessiert, ist Hans Dahlmanns „Wahn oder Wahrheit?“ (Dresden, H. Minden). Eine Frau, die im Irrenhaus stirbt, hinterläßt ein Manuskript, in welchem sie die Tragödie ihres Lebens berichtet. Sie entstammt einer alten, angesehenen Familie, die aber völlig verarmt ist. Aus Leichtsinn und durch ihre Verwandten gedrängt, heiratet Lydia einen Amerikaner, der allgemein für einen Krösus gilt. Die Ehe wird sehr unglücklich, wenn sie auch nach außen hin als Musterehe erscheint. Der Mann ist nicht nur ein roher Patron, er ist auch als Geschäftsmann ein Schwindler, der sich durch Betrug aller Art über Wasser erhält. Je mehr sie ihn kennen lernt, desto wütender haßt ihn die Frau, die zur Gemeinschaft mit ihm verdammt ist. Als sie im Wochenbett einen toten Knaben gebiert, verfällt sie in ein bösartiges Fieber. Eines Nachts erwacht sie, von fürchterlichen Schmerzen gequält. Die Wärterin schläft und läßt sich nicht erwecken. Da erhebt sich die Frau und schleppt sich ins Wohnzimmer, um der Hausapotheke ein Linderungsmittel zu entnehmen. Sie findet nicht gleich, was sie sucht, dafür entdeckt sie aber ein Fläschchen, das die Aufschrift ‚Gift‘ zeigt. In diesem Augenblick dringen aus dem Nebenzimmer laute, häßliche Töne an ihr Ohr. Ihr Mann liegt dort und schläft und schnarcht. Sein Anblick regt all die Haßempfindungen, die in der Kranken bisher geschlummert, zu wilder Stärke auf. Sie sieht, daß vor ihm auf dem Tische eine fast geleerte Flasche Berbranz steht, daneben ein halbvolles Glas. Und ohne zu zögern, ohne zu denken, einem unwiderstehlichen Drange gehorchend, schüttet die Frau das Gift, das sie gefunden hat, in das Glas. Und schleppt sich dann wieder in ihr Bett. Mehrere Wochen noch liegt sie krank darnieder. Als sie der Genesung entgegengeht, theilt man ihr mit, daß ihr Mann inzwischen — sich vergiftet habe, daß sie Witwe sei. Sie meint anfangs, man wolle sie wegen ihres Zustandes schonen. Bald aber merkt sie, daß die „Welt“ in der That an einen Selbstmord glaube. Alle Umstände sprechen dafür. Es hat sich ergeben, daß der Mann dicht vor dem Bankerotte stand, außerdem ist ein Brief bei ihm gefunden, der in sehr zweideutiger Weise auf eine Reise nach „drüben“, auf ein „Verschwinden vom Schauplatz“ anspielt. Lydia erkennt sofort, daß der Schwindler den Plan gehabt hatte, mit dem Raube des Dollars auf und davonzugehen, und sie gesteht nun, getrieben von dem Drange, ihre Schuld zu büßen, das Verbrechen, das sie begangen. Niemand aber glaubt ihr. Jeder ist überzeugt, daß die Geschichte, die sie erzählt, eine Ausgeburt ihrer erregten Phantasie ist, unter den Nachwehen des Fiebers entstanden. Umsonst beteuert sie ihr Wort, selbst der Staatsanwalt, an den sie sich wendet, hat nur ein mitleidiges Lächeln für ihre Behauptung. In ihr aber wird, je weniger Gehör sie findet, der Eifer, gerichtet zu werden, um so brennender. Die lächelnde Abweisung erregt ihren Grimm, sie tobt und rast und schreit nach Gerechtigkeit, und so gelangt sie schließlich ins Irrenhaus. Es läßt sich nicht leugnen, daß der Geschichte ein gewisser Spannungsreiz innewohnt. Aber selbst in krimineller Hinsicht könnte der Fall doch nur dann ein lebhafteres Interesse erregen, wenn in der That ein Zweifel wäre, ob die Angaben der Irren „Wahn oder Wahrheit“ sind. In der Wirklichkeit wäre es möglich, daß ein solcher Zweifel entstände und vielleicht unlösbar bliebe. Die Erzählung jedoch läßt uns keineswegs in Ungewißheit, daß es sich in der That um Wahrheit, nicht um Wahn handelt, und damit entbehrt sie des eigentlichen psychologischen Interesses. Eine feinere Erfindung wäre es wohl, wenn wir annehmen könnten, daß die haßerfüllte Frau die That nur in ihrer Phantasie geplant, die Strafe aber, weil ihre Absicht durch den Selbstmord des Mannes gleichsam erfüllt worden, wie für ein geschehenes Verbrechen begehrte.

Eine wahre Erquickung ist es, nach diesem Buche, das nur die Nerven erregt, eine Dichtung zu lesen, die den ganzen Menschen anregt, Herz, Phantasie und Geist in gleicher Weise. Eine solche Dichtung ist der jüngste Roman Jonas Lie's, des Norwegers, der mit Björnson und Ibsen zu den „Vätern“ und Führern der neueren skandinavischen Litteratur gehört. „Dyre Rein“ (Leipzig, G. J. Göschen) betitelt sich das Werk, „eine Geschichte aus Urgroßvaters Hause.“ Die Handlung ist ganz nebensächlich, die Hauptsache sind die Schilderungen des Landlebens. Mit idyllischem Behagen zeichnet Lie, wie man im Anfang unseres Jahrhunderts droben im Norden aß und trank, zankte und scherzte, liebte und träumte: vor allem wie man Feste feierte unter einem ungeheuren Aufwand von Leckereien, Punsch und guter Laune. Eine köstliche Frische atmet jeder Zug, und wenn auch die Liebesgeschichte, die den Mittelpunkt des Buches bildet, tragisch ausläuft, so hat doch diese Tragik nichts Beklemmendes. Wir sagen mit dem Verfasser: wem eine so große Liebe im Leben beschieden war, wie der Heldin des Idylls, der hat ein Glück genossen, dem auch der Tod von seinem Reichtum kaum etwas nehmen kann. Daß in die Geschichte allerlei Gespensterhaftes hineinspielt, paßt ganz zu dem „urgroßväterlichen“ Rahmen.

Im H. Zügelschen Tieratelier.
Nach einer Aufnahme von L. Schaefer in München.

Zu unsern Bildern.

(Abdruck verboten.)

Der bildliche Schmuck unseres Heftes ist auf die Jahreszeit, den sonnigen Frühling, abgestimmt. Farbenfreudig leuchten die sinnigen, überaus geschickt komponierten Illustrationen von Albert Richter zu den „Lenzesklängen“, voller Duft und Frische sind die Bilder von Professor Lewy zu dem Artikel „Böhmische Bäder“; das schöne Titelbild, die anmutige „Blumenfreundin“ von Professor Franz Simm, mahnt an die Wunder des Maimondes.

Aber noch mehr: unser Heft gibt eine größere Reihe von sommerlichen Landschaftsbildern und in diesen einen kleinen Überblick über die deutsche Landschaftsmalerei. Selbstverständlich erhebt diese Zusammenstellung durchaus keinen Anspruch auf Vollständigkeit nach irgend einer Richtung hin. Der in einem Heft verfügbare Raum verbietet das von selbst: so fehlen denn sowohl einige unserer trefflichsten Meister, vor allem G. Schoenleber, auf den zurückzukommen sich hoffentlich bald besondere Gelegenheit bietet, und es reicht ja andererseits ein Bild, eine Studie nicht aus, den ganzen Umfang der Thätigkeit eines Malers zu charakterisieren. Immerhin dürfte die Auswahl unsere Leser interessieren.

Die Berliner Meister Louis Douzette und Karl Ludwig seien zuerst genannt: beide fast gleichalterig, jener 1834, dieser 1839 geboren. L. Douzette hatte sich frühzeitig eine Art von Specialität geschaffen, die Mondscheinlandschaft, die er mit erstaunlicher Kunst, freilich auch mit einer Neigung zu starken Effekten, behandelte und mit der er immer neue Wirkungen erzielte, gleichviel ob er den Mond über die venezianische Lagune oder über einen märkischen See aufgehen ließ, wie auf dem von uns wiedergegebenen Gemälde. Karl Ludwig galt lange neben Otto von Kameke und Graf Kalckreuth dem Älteren als der berufenste Maler der ernsten Hochgebirgswelt. Viele grade seiner schönsten Arbeiten aber geben Motive aus den deutschen Mittelgebirgen wieder, für die er selbst, ein Sohn der Thüringer Berge, stets eine besondere Vorliebe hegte. Auch die Studie, die er uns gab, ist für ihn charakteristisch: er wählt gern eine weitausgedehnte Scenerie, einen freien Blick über ein Thal hinweg auf einen Höhenrücken und weiß solch einem Bilde durch die sorgsame plastische Durchbildung der Einzelheiten und stimmungsvolle Beleuchtung einen eigenen Reiz zu verleihen. Karl Ludwig mag sich der etwa gleichaltrige Düsseldorfer C. v. Bernuth anreihen mit seiner „Waldblöße am Teutoburger Walde“.

In einer gewissen Verwandtschaft zu diesen älteren Meistern steht der im Jahre 1845 geborene

Münchener Ludwig Willroider. Sein Schaffen zielt auf die Widerspiegelung des Erhabenen in der Natur. Vielfach tragen seine Schöpfungen geradezu den Charakter heroischer Landschaften, aber auch wenn er sich einfachere Motive, wie in unserer Studie wählt, liebt er es, ihnen einen Zug ins Große zu geben. Von C. Weichberger bringen wir einen Waldausschnitt mit einem langsam rieselnden Bach.

Man liebt es heute, eine schroffe Scheidegrenze zu ziehen zwischen der älteren Schule der Landschaftsmalerei und der jüngeren Richtung. In Wirklichkeit ist diese Scheidegrenze durchaus nicht so schroff. Es ist weder wahr, daß jene ausschließlich nach Theatereffekten haschten, daß sie stets „Sonne und Mond verpufften“, um eine Wirkung zu erzielen — noch ist es zutreffend, daß die Landschafter, die heute im Vordergrund des Interesses stehen, ganz auf die Ausdrucksmittel der älteren verzichten. Nur die Exzentrischen hüben und drüben stehen sich schroff gegenüber. Gewiß bestehen starke Gegensätze, unüberbrückbar aber sind sie nicht. Das beweist z. B. Paul Flickel, der den romantischen Schönheitsdrang der älteren sehr wohl mit dem eigenen Zauber der modernen Paysage intime, mit der künstlerischen Vertiefung in die heimische Natur, ihre Licht- und Luftstimmungen, zu verbinden weiß. Man schaue nur sein Gemälde „Ein stiller Winkel“ an, um das recht zu verstehen: hier sind Schönheit, Schlichtheit, Wahrheitsliebe vereinigt. Und auf diesem Wege liegt gewiß die Zukunft der deutschen Landschaftsmalerei.

J. v. Klever, dessen „Stilleben im Walde“ wir bringen, lebt in St. Petersburg. Aber seine Kunst ist deutsch, wie sein Name, und auch er strebt nach der Vereinigung von Wahrheit und Schönheit.

Es sei hier auch das Gemälde „Stille Wasser“ von Yeend King angereiht, einem jüngeren englischen Künstler; das stimmungsvolle Bild voller Weiche in Formen und Farbe, war eine der schönsten Landschaften auf der vorjährigen Münchener Ausstellung. —

Das Heft enthält außer den Landschaften noch eine Reihe recht verschiedenartiger Bilder, wie es unser Bestreben, den bildlichen Schmuck mannigfaltig zu gestalten, bedingt. Da ist, als ein Beispiel klassischer Kunst, eines der Meisterwerke Gabriel Metsu's reproduziert, die „Musikliebhaberin“, eine der Perlen der an Schätzen so reichen königlichen Galerie im Haag. Der moderne Italiener E. Zaporelli ist mit einem seiner reizenden Mädchenköpfe vertreten; die heutige Plastik durch eine Gruppe Karl Senzels „Auf der Lauer“, zwei junge Burschen darstellend, die auf der Jagd nach einem Frosch begriffen sind.

Nicht ohne ein Gefühl der Wehmut wird man das Bild „Frohe Jugend“ von Eugen Klimsch betrachten. Es war eines der letzten Werke des Frankfurter Meisters, der, in der Blüte seines Schaffens stehend, vor Jahresfrist in einem Anfall von geistiger Umnachtung Hand an sich selbst legte. Nichts im Leben, nichts in den Werken des Künstlers wies je auf diesen Entschluß hin. Ja, was er schuf, trug fast stets das Gepräge sonnigen Frohsinns, eines glücklichen Temperaments, gleichviel ob es eines seiner herzanmutigen Staffeleibilder, ob es ein dekoratives Gemälde oder der Entwurf zu einer der zahllosen Adressen, Huldigungsbriefe u. war, die er mit virtuoser Leichtigkeit, nie banal, immer frisch und originell gezeichnet hat. —

Auch von denjenigen unserer Leser, die sonst vom Interesse für die Kunst getrieben, gern einmal ein Atelier aufsuchen, einen Maler in seinem Schaffen zu belauschen, werden nur wenige ein „Tieratelier“ gesehen haben. Bis vor kurzem gab es in ganz Mitteleuropa unseres Wissens auch nur ein einziges, zu diesem Zweck gebautes Atelier; das in der Kunstschule zu Karlsruhe nämlich, in dem der verstorbene H. Baisch lange Jahre wirkte. Sein Nachfolger wurde Professor Heinrich Zügel, der aber schon nach Jahresfrist wieder nach seinem geliebten Isarstrand heimkehrte. Hier in München hat man für ihn und seine Lehrthätigkeit jetzt das zweite „Tieratelier“ errichtet, von dessen Innerem wir über diesen Zeilen eine Abbildung geben. Sie mag eine Ergänzung zu dem schönen Bilde „Auf der Weide“ von Heinrich Zügel geben.

Als der Sohn schlichter Landleute wurde Zügel 1850 zu Murrhardt in Württemberg geboren, unter schweren Kämpfen und Ringen hat er sich emporgearbeitet, der heute wohl unbestritten an der Spitze der deutschen Tiermaler steht und an urwüchsiger Kraft sich dreist mit den großen Franzosen, mit Troyon und der Rosa Bonheur, messen kann. Er ist der berufene Maler alles Herdenviehs: der Ochsen Schar — sein prächtigstes Ochsenbild brachte wohl die Münchener Ausstellung von 1892 — gelingt ihm so gut wie die Schafherde oder das weidende Ziegenpaar. Aber er ist zugleich ein ausgezeichneter Landschafter. Wie er seine Tiere zu der Landschaft in Beziehung setzt, wie er das Sonnenlicht über sie hinfluten läßt — das macht ihm so leicht kein zweiter lebender Künstler nach.

H. v. W.

Zuschriften sind zu richten an die Redaktion von Velhagen & Klasings Monatsheften in Berlin W, Steglitzerstr. 53.

Für die Redaktion verantwortlich: Theodor Hermann Pantenius in Berlin.

Verlag von Velhagen & Klasing in Bielefeld und Leipzig. Druck von Fischer & Wittig in Leipzig.

www.ingramcontent.com/pod-product-compliance
Lightning Source LLC
Chambersburg PA
CBHW020108010526
44115CB00008B/744

* 9 7 8 3 7 4 1 1 4 7 0 5 0 *